信州年鉴

XINZHOU NIANJIAN

上饶市信州区地方志编纂委员会 编

主　编　　胡心田

副主编　　梁丽娟

　　　　　蒋德贤

　　　　　李　霞

国家图书馆出版社

图书在版编目（CIP）数据

信州年鉴.2018/上饶市信州区地方志编纂委员会编.
—北京：国家图书馆出版社，2019.11

ISBN 978-7-5013-6689-7

Ⅰ．①信… Ⅱ．①上… Ⅲ．①区（城市）—上饶—

2018—年鉴 Ⅳ．①Z525.64

中国版本图书馆 CIP 数据核字(2019)第 043707 号

国家图书馆出版社官方微信

书　　名	信州年鉴（2018）
著　　者	上饶市信州区地方志编纂委员会　编
责任编辑	潘肖蔷
特邀编审	夏红兵

出版发行　国家图书馆出版社（北京市西城区文津街 7 号 100034）
　　　　　　（原书目文献出版社　北京图书馆出版社）
　　　　　　010-66114536　63802249　nlcpress@nlc.cn（邮购）

网　　址　http://www.nlcpress.com

印　　装　江西龙莹印务有限公司

版次印次　2019 年 11 月第 1 版　2019 年 11 月第 1 次印刷

开　　本	889 × 1194 （毫米） 1/ 16
印　　张	22
字　　数	618 千字
书　　号	ISBN 978-7-5013-6689-7
定　　价	200.00 元

▲8月18日，信州区委、区人民政府主办的"第十一届中国网络品牌大会"举行

◀6月28日，上饶市中心城区城市管理重心下移工作交接

▶8月，信州区"马上落实办公室"在区行政服务中心正式成立并运行，图为服务大厅工作人员为群众办理业务

▶ 江西最大的阳光保险呼叫中心

▲ 上饶数字经济服务园

▲ 信息服务业集聚发展

▲ 宇瞳光学产业园生产车间

▲ 北京三纺机气弹簧制造
（上饶）有限公司

▲索密特生产车间

▲ 江西饶电电杆企业生产车间

▲ 4月1日，全区90辆公务车辆正式亮明身份、阳光运行，
公开接受社会各界和广大群众的监督

▲ 信州区首家院士工作站成立

▶ 朝阳镇蓝莓采摘园

▶ 沙溪镇宋宅村枇杷基地

▲11月27日，上饶城东文化旅游综合体项目开工

▲现代农业示范园建设步伐加快，完成7100亩核心区规划、建成占地1万平方米的智能温控大棚，引入鲜禾科技、仕林蔬菜、乐村淘电商等企业进驻

▲ 为美化城市环境，提升城市形象，通过在工地围墙上手工绘画，把上饶的历史名人、名胜古迹、民俗文化、地方美食、城市愿景等文化元素搬上街头墙面

▲ 茅家岭街道塔水村秀美乡村

▲ 信江南岸景观带改造项目二期顺利完工

▲ 中心城区龙潭新苑公租房

▲ 汪家园三期棚改项目顺利推进

▶现代化的信州区社会综治中心整合了智慧网格、智慧天网、智慧城管、智慧控违等多项功能

▶信州区建设局加大建设工程安全生产检查力度，保证工程施工安全。图为5月8日，区建设局安监站执法人员在施工现场进行安全检查

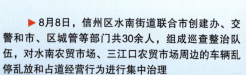

◀7月14日，区城管、茅家岭街道等单位联合对辖区内户外沿街违建广告牌统一拆除

▶8月8日，信州区水南街道联合市创建办、交警和市、区城管等部门共30余人，组成巡查整治队伍，对水南农贸市场、三江口农贸市场周边的车辆乱停乱放和占道经营行为进行集中治理

▲3月4日，信州区与江西医学高等专科学校联合举办大学毕业生首场大型就业招聘会。共有4400余名学生参加了此次招聘会，来自全国各地共计230家单位进场招贤纳士

▲3月10日，信州区"三八"表彰会暨旗袍秀大赛举办，来自全区17支表演队近200名旗袍爱好者进行了精彩表演

▲7月24日，信州区红十字会"博爱扶贫基金"成立仪式举行。图为爱心企业举牌捐赠现场

▲ 8月1日，海外华裔青少年"中国寻根之旅"夏令营——魅力信州营开营。德国、美国、加拿大等国的华裔青少年和信州区学生代表共70余人参加

▲ 9月9日，信州区庆祝第三十三个教师节表彰展演举行

▲ 9月24日，信州区首届夏布传统工艺制作技能赛在"夏布之乡"——沙溪镇举行，125名选手现场比拼夏布制作技能

▲"5·15"打击和防范经济犯罪宣传日活动

▲区纪委组织"笔舞清风 墨凝廉香"家规家风家训廉政书法展

▲11月1日，《幸福山歌》在沙溪宋宅开拍。该电影以"民歌奶奶"姚金娜为创作原型，影片在信州区取景拍摄，集中展现信州秀美风光和厚重的人文历史

▲农贸市场食品安全情况检查，看好市民"菜篮子"

▲城区公共自行车入驻

▲加大贫困村改善基础设施建设步伐，精心实施58个项目，很好地完成了年度减贫任务

▲ 福海老年公寓被确定为"全国民政标准化示范单位"，是江西省社会福利和养老机构中唯一一家

▲ 开展"残疾人康复体育进家庭"活动

▲ 市立医院荣获全市首家县级"三级综合性医院"

编辑说明

一、依法编纂

本年鉴是根据《地方志工作条例》关于"以县级以上行政区域名称冠名的地方志书、地方综合年鉴,分别由本级人民政府负责地方志工作的机构按照规划组织编纂,其他组织和个人不得编纂"的规定,由上饶市信州区人民政府组织,信州区地方志编纂委员会办公室依法承编的以信州区行政区域名称冠名的地方综合年鉴。是"全面系统地记述本行政区域自然、政治、经济、文化、社会等方面情况的年度资料性文献",是集权威性、史料性、实用性为一体的地情百科工具书。

二、指导思想

本年鉴以马克思列宁主义、毛泽东思想、邓小平理论、"三个代表"重要思想、科学发展观和习近平新时代中国特色社会主义思想为指导,坚持以辩证唯物主义和历史唯物主义为编纂指导思想。

三、文体与文风

本年鉴文体采用规范的语体文,以记述为主,说明为辅,两者结合。作为年度资料性文献,"重在记述,述而不论","寓观点于记述之中",用第三人称据事直书。除了辑录的原始文献外,本年鉴文风力求严谨、朴实、简洁、流畅。

四、记述范围及时间

本年鉴记述时间起自 2017 年 1 月 1 日,截至 12 月 31 日。为了事物的完整性,记述时间适当上溯或下延。书中"建置沿革"类目内容记述时间起自事物发端。

信州区地方志编纂委员会办公室编纂的首卷年鉴《信州年鉴(2012)》出版时间为 2012 年,记述时间以 2011 年 1 月 1 日至 12 月 31 日为限。本卷为第 7 卷。

五、全书框架结构

本年鉴按照方志体例横分门类，以类目、分目、条目 3 个层次为框架结构，以条目为主要载体，条目标题统一用黑体加"【 】"表示。本年鉴由卷首、特载、大事记、专记、信州概况、中国共产党信州区委员会、信州区人民代表大会常务委员会、信州区人民政府、中国人民政治协商会议信州区委员会、中国共产党信州区纪律检查委员会、民主党派、人民团体、法治、国防建设事业、工业、农 林 水利、园区建设、财政 税收、贸易、旅游、公路交通、非公有制经济、信息产业、金融业、教育、体育、文化艺术、人力资源和社会保障、卫生 计划生育、科学技术、城镇建设与管理、经济管理与监督、社会事务、镇 街道、人物、重要文献等栏目。

为便于检索，目录置于书首，书后设索引。

六、行政区划名称、机构名称及专用词的使用

本年鉴中未冠有行政区划专名的"省""市""区"称谓，分别指代"江西省""上饶市""信州区"。其他各级行政区划则冠以行政区划专名。

本年鉴中行政区划名及地名用时称，必要时括注今称；对于跨不同历史时期且称谓各不相同的同一行政区划名及地名，一律用今称。

七、统计口径及资料来源

本年鉴采用的文稿、图表由信州区及其所辖镇街道、党政机构、企事业单位提供，人口数据为上饶市公安局信州分局提供的户籍人口数。全区性数据均以区统计局公布的数据为准。

信州区党政机构的领导人员名单由中国共产党信州区委组织部提供。

本年鉴中各类数据一般保留小数点后 2 位数。

八、计量单位

本年鉴中计量单位名称、符号的使用，除特例，一律采用中华人民共和国法定计量单位。其中，长度单位用"米"或"千米"，重量单位用"克""千克""吨"。

1. 保留"亩"之处

（1）记述农业事项时，面积单位保留了"亩"。

考虑到历史原因及习惯，在中国广大农村"亩"仍是最主要的土地面积计量单位，本年鉴在记述农业事项时仍使用"亩"作为土地面积的计量单位。

（2）记述房地产业土地转让价格时，面积单位保留了"亩"。

记述房地产业土地转让价格时，仍保留政府行政管理部门及当前行业通行的计量单位，即以"1亩"为土地转让的基准计价单位。

2. 记述运输事项时，按照行业惯例使用"吨公里"和"人公里"

鉴于目前我国运输行业现行货物运输周转量的计量单位为"吨公里"，旅客运输周转量的计量单位为"人公里"，本年鉴中记述相关事项使用行业通用计量单位"吨公里"和"人公里"。

3. 保留其他非法定计量单位之处。

引用文献中的计量单位尊重原文，不做改动。例如：对于"特载"部分收录的4个报告中使用的计量单位，未做改动。

撰稿和编纂人员名单

（按姓氏笔画为序）

方佳佳	毛霏羿	王坚	王泳	王贤彬	王姿予
王贵平	王晓兰	王晓媚	王烨鹏	王梓京	王珺英
付瑶	冯圣华	包晓清	包靖	占永华	占晓英
卢红	叶春燕	叶翁鑫	刘文静	刘玉萱	吕清越
朱泉	朱智青	朱雅雯	江兴	江鹏	许超
何丽萍	余纪元	余纪元	余接满	余塱	吴秀萍
吴剑	吴雪珍	吴璇	宋媛媛	张涛	张小梅
张宁辉	张炳波	张锴	张翼	李冬平	李志群
李佩龙	李祎俊	李荣州	李隽琛	李琼	李璇
杜凯	杨文洁	杨冰冰	杨祖春	杨骏	杨谱江
汪丽娟	汪新平	汪群	肖勇	肖堂松	苏伟
苏珊梅	邹辉	陈佳佳	陈怡戎	严厚斌	陈蒙
陈影	陈慧娟	陈熹晖	周卫娟	周发杲	周红权
周丽芝	周椿蔓	周嘉伟	周磊	周璨	林上洪
林芳锋	林谋俊	罗来坤	范文昇	范炉敏	郑小慧
郑共剑	郑宇丽	郑行懿	郑孝康	郑志军	郑贤斌
郑玲	郑曼华	郑琳	郑慧青	俞城渡	俞慧
姚润森	姜玲	柳如群	洪肖辉	洪明国	项招敏
饶泽权	倪凌燕	奚萌君	徐文积	徐乐文	徐国萍
徐海军	徐益民	徐腮明	徐鹏	秦珊珊	翁小玲
翁福纯	袁振兴	郭占军	陶燕堂	高悦	高铭阳
章国辉	章斌	黄克权	黄宗波	黄炫达	黄海娟
黄梦琚玺	黄婷婷	黄镇	龚海洪	曾雷淋	温晓建
谢文艳	程浩	程璨加	童明轩	童淑泽	蒋金彪
薛璐	管飞珍	缪斌	蔡旭华	滕蕙泽	潘瑞越
	戴吟秋	魏士秀			

目　　录

中国共产党信州区委员会

信州区人民代表大会常务委员会

信州区人民政府

中国人民政治协商会议
信州区委员会

中国共产党信州区
纪律检查委员会

民主党派

人民团体

法　治

国防建设事业

工 业

农 林 水 利

园区建设

财政　税收

严管善待凝心聚力

贸　易

旅　游

公路交通

金融业

教　育

体　育

科学技术

城镇建设与管理

社会事务

镇　街道

人　物

重要文献

索　引

特　载

在区委四届三次全会暨
全区经济工作会议上的讲话

（2017 年 1 月 24 日）

这次全区经济工作会议的主要任务是，深入贯彻党的十八届六中全会、省、市、区党代会以及中央、省、市经济工作会议精神，认真总结 2016 年经济工作，安排部署 2017 年经济工作，动员全区上下进一步统一思想，坚定信心，干在实处，走在前列，加快推进省域副中心城市核心区建设。刚才，心田同志对去年经济工作进行了全面总结，对今年的经济工作做了具体部署，请大家务必认真领会，切实抓好落实。下面，我就今年工作再强调三点意见。

第一，怎么看?

一是中央、省、市经济工作会议为我们提供了科学指南。中央经济工作会议的精髓体现在 5 个"重大"，即我国经济发展进入新常态这个重大判断、新发展理念这个重大创新、推进供给侧结构性改革这个重大任务、三大国家发展战略这个重大布局、稳中求进这个重大原则。全省经济工作会议的要旨体现在"两个大"，即"稳为基础、进为导向、新为动力、好为目标"的大原则，深化供给侧结构性改革这个大任务;"四个新"，即壮大新动能、发展新经济、打造产业新优势、推动新发展;"五个着力"，即着力扩大有效需求，着力振兴实体经济，着力培育壮大新动能，着力建设国家生态文明试验区，着力打好脱贫攻坚战。全市经济工作会议

的要义主要体现在"六个更加"，即更加注重新经济的发展、更加注重实体经济的发展、更加注重县域经济尤其是滨湖地区的发展、更加注重投资和项目建设、更加注重棚户区改造和秀美乡村建设、更加注重民生事业特别是脱贫攻坚。

二是新常态为我们提供了基本遵循。认识新常态，适应新常态，引领新常态，是当前和今后一个时期我国经济发展的大逻辑。新常态下我国经济发展的主要特点是，增长速度要从高速转向中高速，发展方式要从规模速度型转向质量效率型，经济结构调整要从增量扩能为主转向调整存量、做优增量并举，发展动力要从主要依靠资源和低成本劳动力等要素投入转向创新驱动。国际比较下的数字可以证明:2016 年我国在世界上仍属于经济增长率最高的国家之一，6.7% 左右的经济增速大大高于 1.5% 左右的美国经济增速、0.6% 左右的日本经济增速、1.5% 左右的欧元区经济增速。需要说明的是，我国经济总量已经超过 10 万亿美元，在这个基数上每增长 1 个百分点，GDP 增量就超过 1000 亿美元，相当于 2010 年经济增长 1.8 个百分点的增量。换句话说，现在实现 6.5% 的增长率所带来的 GDP 增量，相当于 2010 年 10% 以上的增长率所带来的 GDP 增量。从这个角度看，不能不说 2016 年中国在低迷的世界经济中创造了耀眼

的经济增长亮点。同时，新技术革命有力推动全球经济结构调整，信息技术和其他技术深度融合，有利于我们加快创新驱动发展步伐，加快发展新产业、新业态和新模式，拉动经济新增长。这方面，十三年前，美国《纽约时报》专栏作家托马斯·弗里德曼已在《世界是平的》一书中作了阐释，他说："当世界是平的，就只有两种国家，高创想型国家和低创想型国家。"面对新常态，我们毫无疑问属于前者。根据世界知识产权组织统计，近两年来，全球技术创新的成果有80%来自互联网领域。以浙江为例，近年来，电子商务、智慧物流、互联网金融等新业态蓬勃发展，网络零售额约占全国的五分之一，活跃电商主体约占全国的四分之一，2016年前三季度，浙江信息经济核心产业增加值2728亿元，占全省GDP比重达8.46%，互联网成为推动浙江经济发展的新引擎。管中窥豹，新常态下的中国经济正在从汗水型走向智慧型。因此，新常态既是挑战，更是机遇，只要科学应对，我们就可以大有作为。

三是现实区情为我们提供了客观依据。在1月19日的巡查工作点评会上，我已就2016年的工作亮点作了盘点，不再赘述。这里，我谈谈光鲜背后的问题和不足。先看看我们的家底。我们的财政总收入虽然过了20亿元，自己跟自己比，有这样的成绩确实不容易。但是，我们花点心思琢磨下我们的财税结构，就会觉得芒刺在背、坐立不安。大致情况是：房地产业占了14.16%，物流业占了13.49%，信息服务业占了11.41%，重点工程税收占了11%，工业占了6%，金融保险业占了6.37%，总部经济占了0.86%，大型商贸（不完全统计）占0.7%。用数字说话，我们的发展仍是单一的、资源型的、项目带动型的，有根的税源不多，离新常态下的创新驱动发展还有很大的差距，发展不足、发展不优是摆在我们面前最为紧迫的问题。再看看我们在全市的发展状况。今年上班的第一天，我和区长带领部分在座的同志到周边县市转了一圈，无论是弋阳的城中村改造、余干的棚户区改造，还是鄱阳的现代农业、工业制造业，还是婺源的全域旅游，还是德兴的先进制造业，都让我们叹为观止，更让我们有一种不进则退、慢进也是退的紧迫感。这里，我只说两项指标，招商引资和工业，这两项可以较为客观地反映我区在全市经济竞争中的后劲，就会更加觉得如坐针毡、寝食难安。招商引资方面：2016年，全市共签约项目372

个，其中10亿元以上项目53个、30亿元以上项目14个；我区全年共签约落户2000万元以上项目27个，预计在全市排名第7；亿元以上项目16个，预计在全市排名第8；10亿元以上项目为零。工业方面：2016年全市新增入统企业240户，全市规上工业企业总数达到1194户；我区新增入统企业67户，占全市的28%，全年新增规上企业9家，总数达到27家，仅占全市的2.3%，在全市排名第12；主营业务收入预计22.3亿元，占全市1%，在全市排名第12；利润负2200万元，在全市排名第12。鲜活的数字说明，发展动力不足、发展后劲不足是我们当前最大的困境，是制约我们建设省域副中心城市核心区最大的瓶颈。对此，我们深有一种危机感。危机，辩证地看，其一半是"机会"，把握得当，就会转化为发展的机遇和动力。比方说，近年来，我们大力发展信息服务业，就是较为前瞻、得体的应对。而今，我们的信息服务业实现了从无到有、从有到大、从大到强的蝶变，吸引了以大型多人在线游戏运营、应用软件开发、网络技术服务和人力资源大数据数字平台等为主营业务的企业315家，有6家企业在新三板挂牌上市，交出了一份漂亮的成绩单：2016年全区信息服务业企业营业额34.7亿元，税收2.6亿元，位居全市第一，占据全省互联网信息服务业的半壁江山。事实证明，只要我们坚定信心，充分认识新常态，积极适应新常态，主动对接新常态，清醒认识困难和挑战，化压力为动力，做到抓发展的力度不减，速度不慢，措施不弱，我们一定能书写信州发展别样的创业史。

同志们，今年是实施"十三五"规划承上启下的重要一年，是贯彻落实市、区党代会精神的关键一年，是我区实现"率先小康、率先翻番"的攻坚之年，做好今年的经济工作意义重大。今年全区经济工作的总体要求是：以党的十八大和十八届三中、四中、五中、六中全会精神为指导，深入贯彻习近平总书记系列重要讲话精神、治国理政新理念新思想新战略，特别是视察江西重要讲话精神，以及中央、省、市经济工作会议精神，全面贯彻落实市委"678"战略部署，坚持稳中求进工作总基调，适应把握引领经济发展新常态，坚持以提高发展质量和效益为中心，坚持以推进供给侧结构性改革为主线，坚持以民生改善和社会稳定为根本，抓重点，攻难点，出亮点，不断壮大经济实力，提升城市品位，打造富裕美丽幸福信州，加快推进省域副中心城市核心区建设,以优异的成绩迎接党的十九大召开。

做好今年经济工作,关键在于"四个把握",即把握好新常态的发展内涵,把握好我们铁公机的交通格局和区位优势带来的发展机遇,把握好四省交界区域中心城市、省域副中心城市、高铁经济试验区、国际医疗旅游先行区、国家全域旅游示范区、数字经济示范区等发展布局,把握好建设富裕美丽幸福江西、"决胜全面小康、打造大美上饶"的发展要求,跳出城区看城市,坚持"为市服务、借市发展、实现共赢",提升信州发展的新境界。

第二,怎么想?

一句话,就是要走在前列。主要有七个方面:

(一)发展理念要走在前列。理念是行动先导,理念如同大脑,指挥着脚往哪儿迈、劲往哪儿使。这就要求我们脑中要有新理念。一要着眼全局,谋内涵式发展。要彻底打破一亩三分地的思维定式,跳出城区、胸怀全市、放眼合福、沪昆高铁沿线城市,瞄准信江河谷城市群半小时经济圈和高铁沿线小时经济圈,加速融入东南沿海,实施"六区联动"战略,即打造现代服务业集聚区、高铁和临空经济示范区、全域旅游示范区、数字经济示范区、都市型工业样板区、生态宜居示范区,不断提升中心城区承载力、吸引力、凝聚力、带动力和竞争力。二要立足区情,谋城乡一体发展。坚持城乡发展一盘棋,坚持既要有全国优秀旅游城市的标准,又要有最美田园城市的风格,更要有沪昆、合福高铁沿线节点城市的魅力,着力把信州建成一个适合休闲的城市、养老的城市、养生的城市、创业的城市、旅游的城市,成为老百姓喜欢的城市、大家愿意落户的城市、幸福感强的城市。三要强化赶超,谋特色化发展。要充分发挥中心城区的比较优势,坚持用未来思考今天,集中人力、集中精力、集中资源,大力发展优势产业,做到人无我有、人有我优、人优我特。按照布局合理、产城融合、产业集群的原则,抢抓新经济发展机遇,全力促进新兴经济业态加速集聚,让我们不求赢在起点,但求赢在转折点,实现弯道超车。

(二)改革创新要走在前列。知常明变者赢,守正出新者进,改革创新是当代中国最鲜明的时代特征。对我们来说,向这个时代特征看齐,就要抓住"政""产""人""地""钱"五个关键去努力。一是以政府自身的革命推进"放管服"改革,让市场在资源配置中的决定性作用发挥到位。要在巩固行政审批制度改革、商事制度改革、政务服务改革、政府机构改革等系列组合拳的基础上,进一步将"放管服"改革向纵深推进,以政府自身的革命把束缚市场活力的绳索解开,做到"一个主体对外,一枚印章审批,一个平台服务",实现"不添堵、少跑腿、好办事"的目标,着力营造"三个环境",即宽松便捷的准入环境、公平有序的竞争环境、安全放心的消费环境。二是围绕产业转型升级,因地制宜探索产业创新发展的路径。这方面,2013年以来,浙江省以"四换三名"引领产业转型升级,打造实体经济的升级版,为我们提供了很好的经验借鉴。"四换",即腾笼换鸟、电商换市、空间换地、机器换人,"三名"即名企、名品、名家工程。其典型成就之一就是特色小镇。2015年以来,浙江着力创建承接创业创新、引导工业跃升、传承经典产业的特色小镇,打造了梦想小镇、基金小镇、青瓷小镇等一批富有产业支撑、文化内涵、旅游功能的发展平台,构筑起活力无穷的"小镇经济",为加快供给侧改革,适应引领经济新常态抢占了先机。结合区情,我认为,我们可以在沙溪苎麻小镇以及融合现代农业示范园打造风情小镇、秦峰乡愁小镇、高铁新城数字小镇、大学城创业小镇等方面大胆探索,敢于跳起来摘桃子,勇于第一个吃螃蟹,为区域经济创造有效新供给。三是进一步完善人才机制,大力实施"人才兴区"战略,激活"双创"的源头活水。要牢固树立"人才是金"的理念,在市委《引进高层次人才暂行办法》的基础上,进一步细化"创业信州"人才计划,充分挖掘利用饶商、上饶籍高校毕业生、上饶本土高校毕业生资源,不断创优人才环境,加快人才集聚,让各类优秀人才成为信州跨越发展的智力支撑。进一步细化激励"双创"政策措施,全力支持本土创业、返乡创业、大学生创业,充分发挥50万信州人的聪明才智和创造力,让创新创业创造在信州遍地开花。四是探索要素配置改革,提高土地产出效益。要以发展新经济为突破口,探索资源要素市场化配置改革,围绕"两区两城两园"的布局,立足当前,着眼长远,统筹推进城郊村庄规划、乡村全域旅游规划,突出抓好新、老320国道、上丰大道、丰溪东路沿线产业发展规划,有效吸引各类中高端要素的集聚,切实提高土地产出效益。同时,结合旧城改造和城市"二次开发",谋划并启动老城区专业市场外迁,实现城市功能优化、土地利用率提高、产业经济效益提升。五是继续深化投融资体制改革,市场化运作破解资金难题。以三江导托渠项目为样板,进一步降低门槛、拓宽领域,推行政府与社会资本合作(PPP)等融资模式,引导更多的民间资本进入公共设施领域,加速补齐城市建设的短板。在深化国资监管模式改革和推动城投、沙投、绿投、信投高效运营的基础上,努力探索,大胆尝试,进一步创新市场资本化、资本股权化的运作模式,全面提升投融资能力,充分合理地用好资源、资产和资本,为项目建设、产业发展提供坚实的资本支撑。

(三)经济发展要走在前列。处大事贵乎明而能断,临大势贵在顺而有为。我们要顺应大趋势,加快转变经济发展方式,加快调整经济结构,加快培育形成新的增长动力,推动信州经济迈上新台阶。其一,聚焦内涵式提升,加速三大产业转型升级,持续做大总量。一是在巩固、提升商贸流通、金融保险、信息服务、现代物流的基础上,进一步拓展现代服务业业态,加速壮大健康服务业、文化旅游业、创意产业以及楼宇经济和总部经济。二是在继续深耕苎麻、汽摩配、光学产业的基础上,借力"两光一车",强化"经营园区"的理念,创新园区管理与发展新机制,突出在项目融资、土地集约利用和生产性服务等方面推行市场化运作,促进园区自我滚动发展,加速做旺园区人气、做大工业总量。三是聚焦绿色特色,围绕"一园一品一业",持续升级现代农业示范园,大力发展高附加值、高品质的现代农业;依托新320国道、上丰大道的路网设施,谋划打造现代都市农业样板,围绕"吃、住、行、游、购、娱",创新"农业+",实现农业和乡村旅游互动双赢发展。其二,聚力外延式拓展,大力培育和发展新经济,持续提升质量。顺应城市发展规律和有序扩张,围绕新空间、新服务、新业态、新技术、新规模、新增长,着力培育以绿色、循环、低碳为特点的"美丽经济"。同时,瞄准新实体经济,推动传统产业、传统商业和新技术、新平台的融合,带动商业创新、产业创新,形成经济新增长点。比方说,今天的电商、互联网经济,已经不是简单地建一个电商的网站去买卖商品,而是形成了一个大市场,凝聚了将近5亿网购人群的消费者市场、10亿件商品、上千万卖家,形成了物流快递、制造业制造商、经销商、零售商、消费者的分工协作体系。数字可以证明,2016年前三季度,我国网上商品零售额增长25.1%,比社会消费品零售总额增速高出14.7个百分点,极大促进了国内市场消费。仅仅一个"双11",全网交易额就高达1800亿元,掀起新一轮消费巨浪。全球235个国家和地区的消费者通过中国电商平台购物,中国电商辐射全球,正在实现全球买、全国卖。因此,电商、互联网经济变成了"新零售"行业,变成了新的实体经济,是市场经济发展的高级阶段。今年1月4日,李克强总理已经在开年的第一次国务院常务会议上亮出了这个观点。用时髦的话讲,这就是跨界,这就是混搭,我们应该热情拥抱,更应该以实际行动去践行。其三,聚神质量齐升,狠抓招商引资一号工程,持续增强后劲。要从"政府出地、客商出资"的传统招商模式向"政府筑巢引凤、企业为主招商"转变,要从招商引资向招商引智、引观念、引技术、引机制、引管理、引人才等综合招商转变。要抢抓江浙沪制造业转移的机遇,高效承接有利于信州区长远发展的中高端产业,快速补齐工业短板。要瞄准新经济,着力引进互联网、大数据、云计算、人工智能、虚拟现实、物联网等数字经济、智慧经济、分享经济形态,以及环保、时尚、高端装备等产业业态,抢占未来产业的制高点。

(四)城乡建设要走在前列。城市三分靠建、七分靠管。要坚持软件、硬件同向发力,人的素质与城市品质同步提升,加速信州向多功能综合性都市转型。一是在"颜值高"上下功夫,加大项目建设力度,持续完善城市功能。牢固树立市区联动理念,主动服务中心城市建设,加速推进高铁新区建设,快速完善城东基础设施,以产城融合为抓手,促进农民就地市民化,尽快做旺城东人气、商气、财气。以传承城市文脉和彰显城市个性为指引,谋划改造花大门、理学旧第,实现地域历史文化与水南文化艺术创意街区融合发展;结合水南街地质灾害点治理,加紧谋划周边棚户区改造,实现空间换地、危房换绿、变害为利;以茶厂改造为契机,融合饶信文化、都市文化、时尚文化和城市记忆,秉持商业为体、文旅为用的理念,谋划建设商旅文产业发展特色街区,实现城市建设向传承历史、融合文化、彰显个性的"特色化"转变。主动作为,以三江工业园区"退二进三"为契机,加速腾笼换鸟,拓展三江新城滨水休闲、商业居住和商务商旅新空间,实现三江新城和空港新区优势互补、协同发展,打造信州城市新名片。二是在"气质优"上做文章,加强城市精细化管理,持续提升城市形象。顺应城市管理体制改革,理清市、区、街、社区、小区、物业各方职责,形成以市级为主导,区、街道为主力,各方共同参与的城市管理和执法格局。深入开展"全民共建、美丽上饶"城市形象提升活动，打造"全省一流、全国先进"的城市环境。继续保持控违拆违高压态势，为城市发展和项目建设营造良好环境。以提升乡村规划为抓手，总结提炼农民建房管理实践经验，全面加强城郊、农村土地流转、土地建设管控，集约高效建设秀美乡村。持续深入开展"美丽家园"行动，开展"七改"即改房、改路、改水、改厕、改线、改环境、改陋习专项行动，重拳整治"乱搭乱建、乱挖乱采、乱堆乱放、乱埋乱葬"四大乱象，推动秀美乡村品位升级，全力争取全省秀美乡村建设现场会在我区召开。三是在"重共享"上去努力，综合涵养城市文明，持续提升城区吸引力。文化是城市的灵魂。城市文明的塑造首当其冲的是城市文化。要按照建设区域文化中心的标准，着重加大对教育、卫生、科技、文化、体育设施的投入，均衡布局公共文化设施，满足多样化、个性化的社会公共服务需要，提升信州软实力。借鉴杭州市整体提升城市文明、成功举办 G20 峰会的典型经验，出台《信州文明公约》，既正面激励文明市民，又严厉惩罚各类不文明现象，引导市民遵守公共秩序、尊重公共空间，并逐渐内化为一种自觉、一种习惯，不断提升市民文明素质。

（五）民生保障要走在前列。改善民生是最大政务，民生幸福是最大政绩。今年，要把改善民生放在更加突出的位置，不断提升群众幸福指数，奋力书写富裕美丽幸福江西的信州答卷。其一，助民脱贫是第一任务。要以时不我待、只争朝夕、一抓到底的精神抓好扶贫脱贫工作，决不让任何一个群众在全面小康路上掉队。一方面，结合建档立卡贫困户具体实际，巩固提升粮食、水产、蔬菜、生猪、苗木花卉、茶叶、油茶等优势扶贫产业，在每个贫困村重点发展 2~3 个扶贫主导产业，不断壮大村集体经济，变输血式扶贫为造血式扶贫。另一方面，结合秀美乡村建设和乡村全域旅游开发，加强贫困村道路、饮水、商贸、文化、信息网络、休闲娱乐、康体健身等基础设施建设，改善贫困村生产生活条件，提高贫困群众生活质量，巩固提升扶贫脱贫成果。其二，为民解忧是关键所在。近年来，我区始终坚持以民为本，大力推进民生事业发展。2016 年，区财政用于民生的支出比例持续加大，全区民生事业投入达 19.59 亿元，增长 25.03%，占总支出的 73.7%。今年，要继续加大对教育、社保、医疗卫生、社区建设、农村基层等民生领域的财力投入，重点解决群众就学、就医、就业、

住房、出行、买菜等事关群众切身利益的热点难点问题。进一步完善社会保障体系，加大社会救助力度，逐步提高低保、五保等特困人员的生活保障水平，对符合条件的困难群众实行应保尽保。巩固城乡居民基本医疗保险整合成果，逐步提高城乡居民基本医疗保险报销比例和住院封顶线标准；逐步提高退休职工养老金标准。顺应"二孩"时代，扎实做好人口和计划生育工作，统筹发展好教育、卫生、文化、体育等各项社会事业。以改革创新的手段解决市中医院运营不佳问题，以滴水穿石的韧劲保障城东三甲医院、城东学校、滨江东路景观改造、三江片区雨污水管网等各类重点民生工程建设和同心棚改、汪家园棚改三期、三宝街、磨湾、龙潭等棚户区改造，让群众安居乐业。其三，保民平安是重中之重。要以创建平安信州为抓手，不断提高社会治理工作水平。坚持以群众工作统揽信访工作，继续实行大接访、大下访制度，强化包案责任，消化信访存量，减少信访增量；巩固、提升警务制度改革创新成果，延伸合成警务站触角，完善社会治安防控体系，增强公共安全保障能力，切实保一方平安、守一方稳定、促一方发展。要高度重视社情舆情，积极妥善对待热点难点问题，加强对公共突发事件的舆论引导能力。要加大安全生产监管力度，全面落实安全生产"党政同责、一岗双责"，深刻吸取丰城市"11·24"事故的教训，杜绝重特大事故发生；加大维稳责任落实力度，对发生严重影响社会稳定问题的单位和责任人，严肃追究责任和实施"一票否决"。

（六）党的建设要走在前列。全面完成今年的各项任务目标，关键在党、关键在人。要严格按照中央和省委、市委部署和要求，始终坚持把加强党的建设作为各级党组织和党组织主要负责人的首要任务，不断提高党的建设科学化水平。一要砥砺一流的作风。作风建设是攻坚战，也是持久战，永远在路上。要牢固树立"四个意识"，坚持挺纪在前，坚决贯彻执行《准则》和《条例》，严格落实"两个责任"，实践监督执纪"四种形态"，继续保持查办案件高压态势，严格执行约谈和问责制度，持之以恒纠正"四风"，营造风清气正的政治生态。二要淬炼一流的干部。当前，我们党员干部队伍整体是好的，但不容回避的是，居其位不谋其政者有之，说空话不干实事者也有之，工作不落实或落不实的现象仍然存在，不能讳疾忌医。要抓住想干事、敢干事这两个关键点，进一步完善考核评价

体系，结合贯彻执行市委《推进领导干部能上能下实施细则（试行）》，严格兑现奖惩；对忠诚事业、干净做人、担当任事的给予表彰，对遇事退避三舍、谋事浅尝辄止、干事虚与委蛇的给予惩处，树立能者上、庸者下、劣者汰的鲜明导向，绝不能干与不干一个样、干好干坏一个样。三要展现一流的作为。面对经济发展新常态、区域发展大格局，全区上下要"咬定发展不动摇、解放思想不停步、勇争第一不懈怠"，把创新、协调、绿色、开放、共享"五大理念"贯彻到发展的全领域全过程，把建设富裕美丽幸福江西、决胜全面小康、打造大美上饶、高标准建设省域副中心城市核心区的目标体现到工作的各方面各环节，深入践行"事事当争第一流，耻为天下第二手"，不断以新状态展现新作为，确保信州在全市挑大梁、在全省当先行。四要打造一流的品牌。以基层党建创新为抓手，以特色化为支撑，积极探索农村党建、社区党建、机关党建、非公经济组织和社会组织党建新路径，着力实现商务楼宇、各类园区、商圈市场、网络媒体党建全覆盖，积极推动党建向城市新兴领域拓展和延伸，不断夯实党的执政基础，打造信州党建第一品牌。

（七）法治建设要走在前列。"奉法者强则国强，奉法者弱则国弱"，法治是我们执政的根本遵循。2016年12月6日，资溪县农民徐晓洪一家手续齐备的新房刚刚开工不久，就被副县长带领二十多个城管队员强拆了。今年1月8日，"江西资溪农民在建房遭强拆"在网络中被刷屏，视频中执法工作人员的雷人雷语，"老板说拆我们就拆！权大于法！"把资溪县推向舆论浪尖，让我们看到了网络阵地"洪荒之力"的同时，更让我们看到了基层法治建设麻痹不得、马虎不得、大意不得。今年，我们要重点突出三个方面：一要提升法治能力。要着重处理好五大关系，即法治和决策的关系、法治和改革的关系、法治和发展的关系、法治和维稳的关系、法治和民生的关系，始终坚持以法治来解决问题、化解矛盾、推动工作，征地拆迁、控违拆违、信访维稳、项目建设、招商引资等各项工作都始终做到坚持法律至上，坚守法律底线。二要让司法回归本位。要巩固司法体制改革试点成果，完善依法独立公正行使审判权和检察权制度，维护司法尊严，构筑社会公平正义的重要防线。深入开展"七五普法"活动，不断加强村居法治阵地建设，探索建设村居法治文化广场和"法治超市"，为法治信州建设营造良好的生态。三要加强

和创新社会治理。完善社会风险评估、重大民生项目咨询听证等公众参与机制，深化网格化社会服务管理体系，不断增加居民群众的认同感和归属感。探索优化社区治理体制，推动重心下移、力量下沉、权力下放，逐步形成以村居为主导，村居民为主体，其他经济组织、群众团体、社会组织、群众活动团队等共同参与的基层治理架构，促进村居治理现代化。

第三，怎么干？

一句话，就是要干在实处。具体来说，有五个方面的要求：

一要勤于学习干。要持之以恒学习新理论、新知识、新理念，不断完善自身知识结构，提升能力素质，克服本领恐慌。这方面，习总书记为我们树立了榜样。去年，他的自述《我的文学情缘》就刷爆了朋友圈。他读的书包罗万象，为今天的治国理政新理念新思想新战略提供了丰富的养分。要善作善成学习发达地区的好经验、好做法。2015年12月21日至28日，《江西日报》在头版连续刊发了8篇"我们向兄弟省市学什么"系列评论员文章，至今值得我们好好学习。要带着问题去学习，有思考、寻借鉴、找答案，学先进、比先进、追赶先进。要向群众学习智慧和胆识。高手在民间。我们要牢固树立"拜人民为师"的观念，充分尊重群众的首创精神，善于发现、总结和提炼群众创造的有益经验，不断提升新形势下抓发展、保稳定、做好群众工作的本领。

二要勇于担当干。有多大担当才能干多大事业，尽多大责任才能有多大成就。我们要坚决做到矛盾面前不绕道、脚踏实地地干，问题面前不回避、理直气壮地干，困难面前不退缩、大张旗鼓地干，展示信州干部敢作敢为、敢抓敢管、敢挑重担的精气神，争做破解难题的"主攻手"，决不当"二传手"。在此，我再次重申，区委一定会为敢于担当的干部担当，真正做到理解、宽容、重用和爱护。

三要抓住重点干。实干不是乱干，不是蛮干，也不是不讲技巧的苦干，在座的都是信州50万群众的精英，素质都很高，悟性都很好，执行力都很强，前面部署的"七个走在前列"就是我们实干的支点，年底要严格兑现。各个单位的负责人都在，我也告诉大家：天上不会掉馅饼，做事的岗位绝对不能让不做事的同志占着，拜托大家知责、明责、尽责。

四要善于落实干。一分部署，九分落实。对

我们来说，就是要盯住重点人、重点事、重点问题，哪壶不开提哪壶，抓住关键，关注到底，直到成功解决为止。要有钉钉子精神，锲而不舍地而不是时紧时松地抓落实；要有工匠精神，具体地而不是大而化之地抓落实；要有战士精神，亲力亲为地而不是只作号召讲要求地抓落实。今年，要重点加大区委常委会、书记办公会、区长办公会等决定的重大工作的督办，加强对棚改项目征收、精准扶贫、重点项目建设、招商引资、秀美乡村建设、信访积案化解等重点工作的催办，严格执行区委问责办法，抓住"不落实的事"，紧跟"不落实的问题"，严肃追究"不落实的人"，确保各项工作抓铁有印、踏石留痕。

五要干干净净干。干干净净干事，就是干事

是本职，干净是灵魂。我们要时刻牢记，共产党人的权力只能围着党和人民"公转"，不能围着个人利益"自转"。全区党员干部要自觉摆正公私关系，畏权如用火，慎权如履冰，时时自警、处处自省、事事自律，守得住清贫、耐得住寂寞、稳得住心神、经得住考验，守住做人、处事、用权、交友的底线，做到思想干净、用权干净、生活干净。

同志们，积力之所举，则无不胜也；众智之所为，则无不为也。做好今年的经济工作，任务艰巨，意义重大，让我们在市委、市政府的坚强领导下，凝心聚力，开拓创新，不忘初心，继续前进，撸起袖子加油干，以优异的成绩向党的十九大胜利召开献礼！

岁末年初，是一年工作的"收官"和来年工作谋划准备的关键时期，今天我们召开经济工作会议，既是区委作出的一个重大的决策，也是我们全面学习贯彻落实党的十八届六中全会和省、市经济工作会议精神的重大举措。我想，在这关键时刻召开这次重要的会议，充分体现了以其中同志为班长的区委敏锐的政治意识、科学的决策艺术和民主的工作作风。等一下，其中同志还要给我们做重要讲话，请同志们务必认真学习领会，切实抓好贯彻落实。下面，根据区委研究的意见，我谈三个方面，一是认知新常态，全面破难题。二是树立新坐标，全速上台阶。三是把握新路径，全力抓发展。

一、认知新常态，全面破难题

常态，就是我们发展的现实状况、环境、背景和形势，认知常态就可以认知当前和今后一个时期我区经济发展的逻辑，可以摆脱惯性思维、把握时不我待的机遇，就可以因时而谋、顺势而为，就能推动我区经济闯关夺隘、更上层楼，实现良好开局。

过去的一年，新一届区委、区政府深入贯彻落实党的十八大和十八届六中全会和习近平总书记系列重要讲话精神，在市委、市政府的正确领导下，以新发展理念适应新常态，抢抓机遇、攻坚克难，实现了"十三五"的良好开局：我们强化调度、精准施策，经济运行平稳健康；固本强基、加快转型，产业发展提档升级，工业经济发展更具前景，现代服务业发展亮点纷呈，农业现代化进程加快；

攻坚克难、统筹推进，城乡面貌日新月异，城市形象加快刷新，城乡规划管理不断规范，秀美乡村创建初显成效，生态文明建设扎实推进；改革创新、扩大开放，发展活力持续迸发，重点改革蹄疾步稳，开放合作不断深化，创新创业蔚然成风；以人为本、增进福祉，社会事业全面进步，民生福祉持续改善，社会大局稳定和谐；求真务实、依法行政，政府效能有效提升。

分析过去，常态体现在好的一面。干部善战。信州区的干部具备为民谋利的公仆情怀、拥有奋发有为的担当精神、裹着扎实细致的工作作风、蕴含果敢管用的方法策略，在全区大小工作中始终围绕中心、服务大局，始终心系群众、着眼民生，始终务实干事、比学赶超。总而言之，可以说是能征善战的。实力趋强。经过全区上下艰辛努力，稳中求进的信州经济焕发出勃勃生机，经济综合实力显著增强：截至12月底，实现生产总值209.2亿元，增长9.2%；财政总收入21.89亿元，增长4.22%；税收收入占财政收入比重83.5%，全市第二。城镇以上固定资产投资163亿元，增长16%，全市第二；社会消费品零售总额129.3亿元，增长10%，全市第一；实际利用外资8100万美元，增长10.56%，全市第一；规模以上工业增加值6亿元，增长6%，规模以上服务业企业营业收入44.75亿元，增长7.7%，全市第一；城乡居民可支配收入分别达31640元和14800元，分别增长8%和10.6%；

全区个人存款余额263.19亿元，增长12.75%。全区银行业金融机构人民币贷款余额590.51亿元，增长11.29%，全市第一。镇街发力。各镇街整合资源、因地制宜、精准发力，加快建设本地特色产业，特色镇街初见端倪。比如，灵溪凭借位处高铁试验区的优势，有序推进总部经济园、旅游集散中心等23个重点项目建设。沙溪镇依托"千年古镇、夏布之乡"的经济、产业和文化优势，聚力争创全省首批特色小镇。大局稳定。民生的支出比例不断加大，全年民生事业投入占总支出的66%。就业创业扶持力度加大，新增转移农村劳动力就业3276人。社会事业全面进步，义务教育均衡发展。社会大局稳定和谐，在全省首创合成警务工作站，打造了永不熄灯的"警务超市"，社会治安状况明显好转，公众安全感、满意度得到提升。全面落实领导定期接访和包案制度、积极化解信访积案，及时化解各类矛盾纠纷，保障了重大活动期间的社会稳定。严格落实安全生产"一岗双责"制度，加强重点区域、重点行业的集中整治，杜绝了重特大事故发生。

常态体现在压力上有三个方面。与兄弟县市比，仍然存在着经济总量不大、发展速度不快、结构质量不优的问题。与广丰区相比，广丰区财政总收入完成43.55亿元，总量超过我们21.66亿元，财政盘子是我们2倍，增速与我们差不多，经济学的基数效应告诉我们，高基数的增速要达到低基数的增速，要困难得多。如果与发达县市相比，差距更大。因此，我们要有强烈的危机意识。从既定目标看，去年区党代会上确定了五年的奋斗目标，但受国内外经济形势的大环境影响，随着国内"转方式、调结构、促转型"的推进，从全国到省、市，经济发展速度将放缓。我区2016年的几项经济指标相比2015年同期增速有所下滑，如工业固定资产投资、外贸出口就分别下滑了78.5和52.6个百分点，与"五年的奋斗目标"要求的增速相比还有差距。目标我们坚决不变，如何在经济下行的大环境下实现逆势上扬、弯道超车，这就需要我们在2017年的工作中创新思路、加大干劲，付出更多的辛勤和努力。于内部自身找，从我到一些镇街调研和了解的情况来看，虽然近年来，各镇街都在加速发展，纵向比，进步不小。但是，横向比，各镇街的差距和发展的不均衡还是明显存在的。因为工作关系，我先后到厦门、重庆、成都、深圳、上海、杭州、山东等地考察，让我特别触动的是他们城市中处处蕴含的敬业精神。因此，我们内部比，千万不要故步自封，古人云"行百里者半九十"，虽然我们进步很快，但后面的路会更加艰辛，更加需要我们戒骄戒躁、加倍努力。

面对发展的新常态，我区在长期快速发展中，积累了经验，也出现了不少矛盾和问题，破解发展不平衡、不协调、不可持续的问题更为迫切，许多关系群众切身利益的问题亟待解决。目前制约我区发展的瓶颈因素，突出表现在工业综合实力不强、投融资改革尚未到位、财税结构调整迫在眉睫。限于政策、现实条件等因素制约，虽然我们在一些问题上取得了一些成绩，但在实际操作上，压力还很大，需要我们通过精心谋划、大胆探索来破解。

二、树立新坐标，全速上台阶

坐标，就是我们应有的位置、就是我们确定的方向、就是我们达到的目标。"一了千明，一迷万惑"，坐标建立了，定位合理了，我们才能从粗放走向集约、从混沌走向清晰，使我区的经济发展快速迈上新台阶。

具体来说，坐标的建立要考虑三个层面上的把握。

第一个层面是市委市政府下达的任务。我区经济之所以出现快速健康发展的良好态势，原因在于市委、市政府对我区经济工作的指导思想清晰、目标任务明确、政策措施有力，所以对市党代会和政府工作报告中提出的目标和市委、市政府下达我区的经济考核指标以及相关任务，全区上下必须决不动摇，坚决完成。要对接好市经济工作会议上市委的安排和市政府提出的七个方面的重点工作。第二个层面是我们自己确定的目标。根据区委的安排，今年经济工作的总体要求是：以党的十八大和十八届三中、四中、五中、六中全会精神为指导，深入贯彻习近平总书记系列重要讲话精神、治国理政新理念新思想新战略，特别是视察江西重要讲话精神，以及中央、省、市经济工作会议精神，全面贯彻落实市委"678"战略部署，坚持稳中求进工作总基调，适应把握引领经济发展新常态，坚持以提高发展质量和效益为中心，坚持以推进供给侧结构性改革为主线，坚持以民生改善和社会稳定为根本，抓重点，攻难点，出亮点，不断壮大经济实力，提升城市品位，打造富裕美丽幸福信州，加快推进省域副中心城市核心区建设，以优异的成绩迎接党的十九大召开。全区经济发展的主要预期目标是:财政总收入增长 5%;地区生产总值增长 10%,其中三产增长 10.2%,力争增长12%,规模以上服务业企业营业收入增长 15%;社会消费品零售总额增长 12%,限额以上消费品零售额增长 15%;500 万元固定资产投资增长 16%;规模以上工业增加值增长 40%;城镇居民人均可支配收入增长 8.5%,农村居民人均可支配收入增长 10%;居民消费价格总水平涨幅控制在 3%左右,城镇登记失业率控制在 4%以内,节能减排完成省市政府下达的目标任务。第三个层面是应该奋力一搏的目标。在不折不扣完成市里下达的目标任务和保证完成区里确定的各项经济指标的基础上,我们应该结合区情实际、适度自我加压,科学谋划、合理确定年度奋斗目标,把区域经济做大、做强、做实。财政总收入在完成任务基数的上要有所提升,在工业上,无论是工业主营收入、工业增加值和引进工业项目都要有新突破。我想特别强调的是,各镇(街)必须把镇(街)域经济做优、做活、做实,必须要有快速的增长,绝不能盲目乐观,故步自封,心存侥幸,得过且过,要树立"前有标兵,后有追兵"的忧患意识,营造"手把红旗不放,争当先进不让"的干事氛围,在确保各项工作扎实推进的基础上,勇于拼搏、开拓创新的抓项目、促招商、搞转型,要敢于跳起来摘桃,挑战更高更远更大的目标。

三、把握新路径,全力抓发展

路径,就是我们发展的渠道、要走的路,它既有思路层面上的又有操作层面上的。今年,我们要坚持稳、准、活、实的政策思路,全面做好稳增长、促改革、调结构、惠民生、防风险各项工作,全力以赴推进我区经济和社会朝着更高质量、更有效率、更加公平、更可持续的方向发展。

具体来说要把握一个总基调、抓牢三个着力点、处理好四个关系、做好六个方面工作。

1. 把握一个总基调

就是要牢牢把握稳中求进。稳不是无所作为,不是不敢作为,而是要在把握好度的前提下奋发有为。要坚持问题导向和底线思维,加大工作力度,保持经济平稳增长,保持社会和谐稳定,努力在建设信州上迈出新步伐、取得新突破、彰显新成效。

2. 抓牢三个着力点

一是着力供给侧改革。推进供给侧结构性改革是适应和引领经济发展新常态、加快转变发展方式、

努力开辟新的发展路径的"牛鼻子",是我区当前和今后一个时期经济发展和经济工作的主线,我们务必坚持以质量和效益为中心,稳中求进,开拓创新,在思想认识、推进路径、政策措施上不断深化,要积极对接市里的重点工作、重点工程、重点项目、重点企业,加快建设与之配套的延伸产业,形成优势供给,进一步完善产业链,达到互推发展、实现共赢的效果。二是着力把经济做实。实体经济是经济的根基,是我们的命根子,没有实体经济的支撑,金融资产投资和交易的回报就没有坚实的基础,尤其要把工业做强作为发展实体经济的主攻方向,把振兴工业经济作为经济工作的一项突出和重要任务来抓,鼓励工业企业通过质量提升、效能转化、品牌建设、创新驱动来增强竞争力,扩大高质量产品和服务供给,推动工业经济朝高技术、优质量、精细化、智能化的方向发展。要进一步加强调研、加快出台为企业减负松绑、鼓励实体经济发展的措施,积极营造勤劳创业、实业致富的氛围,让干实业的人有奔头,在实体经济中笑到最后。坚持紧抓实体产业不放,通过优选项目、提前布局、积极转型、深耕细作,保障实体产业有序、稳定,助推全区经济健康持续较快发展。三是着力让创新成为长久驱动力。创新是引领发展的第一动力。突破发展瓶颈,解决深层次矛盾和问题,其根本出路在于创新。要瞄准核心区的目标,厚植创新沃土,优化创业平台,激发"双创"新动能。要建设创新支撑平台。要运用符合市场运行的手段打造、升级信息服务业产业园、朝阳产业园、现代农业示范园,积极创建微商产业园、总部经济园、饶商总部、定制家居园,孵化更多创业创新基地,以产业化的创新来培育和形成新的经济增长点,为经济持续健康较快发展提供驱动力。

3. 处理好四个关系

一是为市服务和借市发展的关系。信州区独特的区位决定了市区两级的鱼水关系。市级需要区级的土壤让项目落地生根,区级需要借助市级的政策推动发展,两者相得益彰。我们要进一步深化"为市服务、借市发展、实现共赢"理念,凝聚共识、珍惜机遇、把握机遇,捕捉新常态下的增长点,搭建优化发展大平台,在基础设施、信息产业、现代服务业等方面做好各项政策的衔接、争取、落实等工作,实现从政策到项目、由项目到发展的转化,加快推进我区经济提档升级。二是一二三产业之间的关系。宏观上讲,三产互相提供产品和劳务,保证各自发展的需要,相互依赖,互为因果,

我们要以融合发展的角度处理好三产关系，进一步做优一产、做强二产、做活三产。比如实施"接二连三工程"，将农产品生产、加工与精准扶贫、秀美乡村、休闲旅游有机结合。积极探索"企业+基地+农户"的产业化经营模式；实施"互联网+商贸流通"战略，推动传统商业和外贸的转型升级，鼓励电子商务与实体经济融合发展；全力主攻工业，建立起符合我区经济新常态的工业主导产业。三是统筹推进和重点突破的关系。面对经济新形势，要把握好统筹和突破的关系，统筹表现在"稳"，突破体现在"进"，"稳是主基调""进是关键词"。我们要将统筹推进和重点突破结合起来，加快财税结构调整、投融资体制改革，以重点突破的"落一子"，带动全区经济棋局的"全盘活"。四是经济发展与民生福祉的关系。让老百姓过上好日子是我们一切工作的出发点和落脚点。要始终坚持民生至上的原则，工作中融入"共享"理念，推动经济与社会同频、群众与发展共振，让经济发展更有"温度"，让群众幸福更有"质感"。今后，我们还将进一步加大财政投入力度，落实各项惠民政策措施，大力发展教育、科技、医疗、卫生、文化等各项事业，确保区财政用于民生领域的支出不断提高，以经济大发展促进民生福祉大提升。

4. 做好六个方面工作

一是立足服从服务，谋求共赢发展。依托上饶核心区的区位优势，密切围绕市委、市政府做大做强中心城区的总体部署，主动融入"大美上饶"建设，坚持贯彻"为市服务、借市发展、实现共赢"的理念不动摇。着力推进涵盖产业发展、基础设施、民生改善类区本级实施投资228亿元的144个项目建设和服务中心城区类投资2122亿元的90个项目建设。持续发力决战决胜棚改。棚改是新一届区委、区政府彰显新作为的一场硬仗，也见证了全区干部的能力与意志、责任与担当。区政府将继续用前所未有的热情、前所未有的决心、前所未有的力度，一以贯之、持续发力，实施好棚户区改造和征迁工作。升级服务平台。区政府将着力强化平台建设、完善机制配套、营造宽松环境、汇聚发展要素，进一步提升平台承载能力、服务能力、吸引能力。围绕上饶高铁经济试验区、空港经济区、上饶国际医疗旅游先行区和大数据产业园、朝阳产业园、信息服务业产业园、沙溪苎麻产业园等市、区产业平台和新老320国道、上丰公路等交通大动脉，结合"十三五"规划，努力寻找地方需求

与国家政策支持的结合点，有针对性地挖掘、储备、布局一批质量高、成长性好、辐射面广的项目，使大平台成为大项目的承载地，交通大动脉成为产业带、经济带。无缝对接市级简政放权。理清市区两级审批权限，认真做好业务衔接，围绕高效便民、创新管理、激发活力的目标，强化和市级部门的业务联络。对明确下放的城市管理等权限事项，结合自身承接能力，制定有效的实施方案，确保职能下划后工作不断、秩序不乱、力度不减。

二是立足实干巧干，推进产业升级。坚持产业差异化发展、特色化发展，通过发展促总量、转型促升级。通过实干加巧干，强力推动项目建设、布局新经济，不断扩容提质，开创产业发展的新局面。信息产业要形成格局。着力引进、培育一批具备纳税效益、具有发展前景、能带动聚集更多企业的信息服务业龙头企业，同时有序清理一批无根基、无税源、无前景的企业。继续扶持一批电子商务骨干企业在新三板挂牌上市。依托市大数据产业园等平台，推动大数据、云计算、物联网等信息技术应用，加快数据服务、软件和游戏开发、互联网传媒、网络影视制作和跨境电子商务等行业发展。工业产业要实现突破。坚持"主攻工业、决战园区"战略不动摇，以"五年决战三百亿"为目标，设立5000万元的工业产业发展资金，为工业发展打开资金渠道，力争全年实现工业主营业务收入50亿元，推动工业跨越式发展。积极拓展发展空间，加快朝阳产业园区两路两房两校建设，完成200余亩闲置土地清理工作和朝阳大道路口两侧600亩土地的征用，加快调园扩区步伐，推进5.83平方公里的园区建设。坚定不移化解落后产能，将产能落后的企业逐步"请出去"。对重点企业进行精准帮扶，做大产业规模，促进索密特、宇瞳光学等新引进企业加快建设和投产，力争2017年新增规上企业15家。主动融入对接上海、浙江、福建等沿海地区产业转移，引进一批产业关联度大、带动力强的投资项目。围绕汽摩配、光学、定制家具、苎麻等产业进行重点招商，打造与我区发展相匹配的产业集群。商贸业要上台阶。抢抓机遇、创新发展，提高商贸流通领域的供给能力。在释放消费潜力上，着眼强化内需拉动、加强消费引导，支持社区商业扩大餐饮、家政、养老、咨询等便民服务，鼓励城市商业延伸流通网络，激发农村消费活力。稳步发展健康养老产业，继续强化品牌建设，鼓励社会资本兴办养老机构，逐步构建起较

高品质的健康养老产业体系。在消费品质提升上，倡导绿色消费、信息消费、健康消费，对接引进一批知名企业的入驻。壮大楼宇经济，放大信州总部经济园政策优势，探索建立"一园多点"发展模式。积极推进主题购物休闲旅游商业的发展，以点带面，不断夯实发展格局。实施"互联网+商贸流通"战略，推动传统商业和外贸的转型升级，鼓励电子商务与实体经济融合发展，加快跨境电子商务发展，支持电子商务进社区、进农村、进工厂、进学校。现代农业要升级。大力推进现代农业示范园区建设，通过市场化手段引进经营主体，不断提升农业组织化、规模化、科技化和产业化水平，促进农业增效、农民增收、农村增色。加快推进农产品"三品一标"认证，启动市级、省级商标申报工作，打造一批市优、省优品牌。加快产业融合，实施"接二连三工程"，将农产品生产、加工与精准扶贫、秀美乡村、休闲旅游有机结合。积极探索"企业+基地+农户"的产业化经营模式，加快发展专业大户、家庭农场、农民专业合作社。

三是立足结构调整，扩大财源税收。受营改增影响，我区财政收入增速放缓，收入总量下降，亟须调整和优化税收结构，培育新的竞争优势，抢占发展先机，主动应对税收新变化，构筑平衡收支新战略。一方面把外面的引进来。引进一批税收增长点，主动对接融入"一带一路"、长江经济带国家战略，积极承接上海、浙江、福建等沿海地区产业转移，加大项目招引力度，采用小分队招商、精准招商、专业招商、定点招商、以商招商等多种方式，围绕光学、苎麻、汽配、铜业加工、现代服务业、都市农业、城市工业等产业，全力引进一批产业关联度大、带动力强的投资项目。全年引进5000万元以上工业项目20个以上，其中，亿元以上项目4个以上。镇街、区直部门，全区上下都要加大引进实体经济的力度，为增加财政收入、提高干部职工的幸福感打牢基础。另一方面把里面的管起来。加强税收综合管理工作，要严格执行《信州区重点工程税收征收管理办法》《信州区自然人股权转让税收综合治理实施办法》等规定，按照"统一领导、部门配合、综合协调、分别入库、验票拨款、审计追究"原则，明确各部门应提供的涉税信息，加强各阶段税收管理，细化操作程序、堵塞日常征管漏洞、合力防止税收流失。

四是立足深化改革，激活投融机制。投融资是市场经济条件下配置资源的重要手段，也是供给和需求两端发力的重要引擎，要通过深化政府性投融资体制改革，同时，鼓励社会资本、吸引民间资本参与，激活投融资体系这池春水。加快扩大融资的步伐。积极应用PPP模式、产业发展基金、专项建设基金等各类方式，拓宽投融资渠道，激发投资潜力和创新活力。充分发挥好城投、信投、绿投等融资平台作用，全年力争新增融资20亿元。确立企业投资主体地位。要平等对待各类投资主体，放宽、放活社会投资，让企业自主决定、自担风险、自行调节，同时发挥好政府"过桥"资金的引导作用和放大效应。加强政府性投融资的监管。要运用互联网的平台和大数据的手段、要严格按照《信州区政府融资资金管理暂行办法》《信州区政府投资建设项目预算评审暂行办法》《信州区投融资企业改革实施方案》的规定加强对政府性投融资的监管，使过程更透明、服务更有效、运行更规范。

五是立足民生福祉，建设秀美乡村。全面把握"大美上饶"的内在含义，通过绿色发展，赋予信州乡村更多个性禀赋。通过产业富民，增强群众幸福感，多方位惠及民生福祉。规划引领，有序创建。按照"山清水秀、村容整洁、民风淳朴、留住乡愁"的标准，按照已经编制好的规划，积极推动秀美乡村创建工作上台阶。抓好监管，遏制乱象。要严格落实审批程序、"四个统一"的标准，继续施行"五到场一公示"制度，进行网格化的巡查，建立投诉举报制度，铁腕整治违章、违法建筑，严肃问责，形成"秀美乡村"创建的上下联动机制。进一步全面治理殡葬乱象，深入推进城乡环卫一体化工作，继续推进高铁、高速、新老320国道、上丰公路沿线环境卫生整治工作。解决资金，做活文章。要整合危房改造、农业、水利、新农村建设等各种涉农资金，区直各部门要积极向上争取政策和资金并分类纳入年终绩效考核，要积极采取资本运作的办法取得金融部门的贷款等方式解决资金的问题，进一步做活农村产业的融合文章。

六是立足规范运行，促进依法行政。坚持依法行政，确保权力规范运行、政府有序运作。进一步规范政府运行，将完善政府工作流程视作政府履行职能的必要条件，着力提高政府的执行力和公信力。重视构建统计数据的整体性。加强外部的协调沟通和系统内的数据整合，确保系统数据的准确可靠、相互对应、完整统一。积极发挥统计的参谋作用，做到既真实反映发展实际，又科学预判发展趋势，为决策提供支撑。政府运行纳入法治轨道。涉及重大行政决策要履行征求意见、论证、审核、风险评估、集体讨论等法定程序。另外，经决定后的决策，要不遗余力的执行，保证重大行政决策在法治的轨道上运行。把权力关进制度的笼子。全面推进政务公开，让权力在阳光下运行，严格执行权力清单和责任清单制度。完善法律顾问制度，规范标准化执法，压缩执法权力滥用的弹性空间。简政放权激发社会活力。处理好政府与市场、政府与社会的关系，把该放的权力放掉，把该管的事务管好，深化行政审批制度改革，提高取消和下放许可事项的"含金量"，变"部门端菜"为"群众点菜"，激发市场主体的创造活力，增强经济发展的内生动力。

同志们，"凡是过去，皆为序章"，今天的努力将成就明天的荣光。新的一年里，大家共同努力，用奋斗点亮目标、让实干丰富梦想，咬定目标不放松、撸起袖子加油干，推进全区经济社会持续健康发展，以优异的成绩迎接党的十九大胜利召开！

大 事 记

1 月

1日起　常住上饶中心城区的65岁以上老人，可以免费乘坐公交车。

1日起　调整企业和机关事业单位退休人员基本养老金，总体调整水平按照略高于全省2016年退休人员月人均基本养老金的5.5%、企业平均增幅略高于机关事业单位平均增幅的原则确定，此次调整在7月底前发放到位。

3日—4日　信州区党政代表团赴弋阳县、余干县、鄱阳县、婺源县、德兴市等县（市），学习和弘扬方志敏精神，学习借鉴其他县（市）经济社会发展的成功做法和先进经验。

5日　信州区2016年第四次工业项目集中开（竣）工活动在朝阳产业园举行。市委副书记、市长颜赣辉出席活动并下达开工令。此次集中开（竣）工项目共有25个（其中开工项目24个，竣工项目1个），主要包括汽配、光学、医药、服装和电子科技等。

9日　省委常委、常务副省长毛伟明到信州区考察信息产业发展情况，省政府副秘书长涂琼理等随同。市委副书记、市长颜赣辉，市委常委、副市长廖其志，市政府秘书长郑彦芳，市长助理王万征，区委副书记、区长胡心田，区委常委、副区长郑文等陪同。毛伟明一行到信息服务业产业园，认真观看了信州区信息产业发展的视频，听取了相关人员的介绍，并走进江西省首家在新三板上市的信息企业——巨网科技，详细了解企业的人员配置、运营模式和发展状况。

11日　省司法厅厅长沙闻麟到信州区走访慰问了重点优抚对象、低保户、困难企业、福利院和基层司法所。市委书记马承祖，市委常委、政法委书记陈荣高，市委秘书长杨建林，区领导胡心田、王兆强、李红等陪同。沙闻麟还走访了灵溪镇和北门街道司法所，慰问了基层司法工作人员，希望大家努力提高业务水平，在基层法治宣传、矛盾化解、法律服务以及特殊人群管理等方面作出更大的贡献。

同日　信州区委召开2016年度镇（街）党委书记抓基层党建述职评议会。区委书记主持会议并讲话，区委副书记、区长胡心田，区委副书记王兆强，区委常委吴武华、周福花、汪东军、俞文强、李红等出席会议并做点评。会上，东市街道、西市街道、水南街道、北门街道、茅家岭街道、沙溪镇、灵溪镇、朝阳镇、秦峰镇的党委书记，围绕履行党建"第一责任人"职责，谈成绩、说举措、找问题、话将来，"晒"出了2016年抓基层党建的"成绩单"。

13日　以"创新，别样的忠诚"为主题的全国公安机关改革创新大赛颁奖仪式在公安部大礼堂举行。信州公安"24小时街头合成警务工作站"获得优秀奖。

15日　组织全区在职县级、科级、一般干部深入9个镇（街）的66个村（居）开展千名干部扶贫送温暖活动。全区36位县级领导干部及1000余名机关干部深入基层，把慰问金和慰问品送到走访对象手中，深入了解结对帮扶对象家中的基本情况，还存在什么样的困难需要帮助解决，同时复核完善精准扶贫"一证两册"，落实扶持具体办法，完整填写2016年年底走访帮扶困户记录，切实把党和政府的温暖送到群众手中。

18日—19日　区委副书记、区长胡心田，区委副书记王兆强等区四套班子在家领导以及各镇、街党政主官，区委各部门、区直各单位负责人组成巡查组，先后深入茅家岭街道、东市街道、西市街道、北门街道、水南街道、朝阳产业园、朝阳镇、灵溪镇、沙溪镇和秦峰镇,就各镇(街道)经济社会发展和党的建设情况进行巡查。实地巡查结束后,巡查组在沙溪镇召开全区经济社会发展和党的建设情况巡查总结点评大会,对各镇(街)2016年经济社会发展和党的建设情况进行了测评打分,灵溪、北门并列第一、沙溪第二、秦峰第三。各镇(街)负责人进行了自评,巡查组主要领导对巡查内容进行了点评。

23日 市委书记马承祖到信州区实地调研信州区经济社会发展情况。马承祖一行先后到万达中央商务区、信州社会综合治理指挥中心、信江南岸景观带改造项目(二期)、朝阳产业园(北京三纺机、阳光保险电销呼叫中心)、信州数字经济服务园、郭门城中村综合改造项目、稼轩城建民生组团项目、城东片区基础设施建设工程、沙溪秀美乡村项目和现代农业示范园,通过看展板、听汇报、问情况等方式,详细了解信州区工业、农业、信息业、商贸业、重点项目建设和秀美乡村建设等经济社会发展情况。

同日 中国侨联副主席康晓萍,中国侨联权益保障部副部长黄晖,中国侨联文化交流部副调研员韩艳华,江西省侨联党组书记张知明等一行到信州区走访慰问归侨侨眷。

24日 中共信州区委四届三次全会暨全区经济工作会议召开,181人出席会议。会议书面传达中央、省、市经济工作会议精神,审议《信州区委常委会工作报告(送审稿)》,并总结2016年度全区经济社会发展工作,部署2017年全区经济社会发展工作。

同月 上饶市惠明科技有限公司获评2016年度国家高新技术企业。中镁镁业有限公司研发的合金铸棒输送装置、上饶市云龙实业有限公司研发的超级电容铅炭电池及制备技术获批国家发明专利。

同月 城区的公共自行车系统建设启动,一期在站前大道、凤凰大道、志敏东大道、滨江路、书院路、庆丰路、带湖路、中山路、五三大道、赣东北大道、三清山大道等30条道路上建设100个站点。凡公民年满14~70周岁,可凭IC卡、手机APP等借车。单次骑车在1个小时以内免费;超时每小时1元,累计计费不足1小时按1小时收费。

2 月

4日 市委副书记、市长颜赣辉率全市经济社

会和党的建设情况巡查组,对信州区经济社会和党的建设发展情况进行了巡查。巡查组一行先后到万达中央商务区、信州区社会综合治理指挥中心、信江南岸景观带改造项目(二期)、朝阳产业园、信州数字经济服务园、郭门城中村综合改造项目、稼轩城建民生组团项目、城东片区基础设施建设工程、沙溪秀美乡村、现代农业示范园、春华菌菇产业扶贫基地等地,实地考察了信州区社会经济发展情况。

7日—10日 上饶市逸夫小学四年级(1)班学生尚子煜代表江西队参加在山东烟台市举行的2017年"英发杯"全国少儿游泳冠军赛(2007年组),夺得男子400米自由泳、50米蝶泳、100米蝶泳、50米蝶泳技术及50米蝶泳全能5项冠军,获男子200米混合泳和50米自由泳2项亚军,获男子4×50米混合接力及男子4×50米自由泳接力第五名。尚子煜成为此次小年龄组获奖最多、成绩最好的运动员。

7日 国家民政部门户网站发布民函(2017)21号《民政部关于确定41个民政标准化示范单位的通知》,上饶市信州区福海老年公寓被正式确定为"民政标准化示范单位",是江西省社会福利和养老机构中唯一一家"民政标准化示范单位"。

12日 信州区召开领导干部会议,传达市委书记马承祖,市委副书记、市长颜赣辉在全市经济社会发展和党的建设情况巡查时的讲话精神,通报信州区在全市经济社会发展和党的建设情况巡查中的排名。在2016年全市经济社会发展和党的建设情况巡查中,信州区获得全市第三、县(市、区)第二的优异成绩。

14日 省委常委、宣传部部长赵力平到信州区调研宣传思想文化工作。省文明办主任张天清随同,市领导吴井勇、丁晓胜、郑少薇,区领导王兆强等陪同。调研组一行到北门街道东都花园社区,听取社区宣传工作汇报,实地察看文化宣传展板,检查了社区活动相关记录并与社区干部、志愿者代表、优秀社区居民代表交谈。

15日 区政府发布通告,为有效控制H7N9传染源,切断传播途径,保障人民群众身体健康和生命安全,决定对信州区活禽市场交易场所临时休市。休市范围包括全区范围内所有活禽交易市场(含活体鸟类交易区域和杀白家禽交易区域)。休市时间为2月16日—3月2日,共15天。休市期间,全区范围内所有活禽交易场所严禁活禽流

入,各市场开办方及禽类经营户对经营场所要进行彻底清洗消毒。

17日　广丰区委副书记、区长郑华森率党政考察团到信州区参观考察。信州区委副书记、区长胡心田,区人大常委会主任徐志勇,区政协主席程茹等陪同。考察团一行先后到郭门城中村棚改项目现场、万达中央商务区和信江南岸景观带改造项目二期,听介绍,看变化,实地了解信州区经济社会发展情况。

21日　中国人民政治协商会议信州区第五届委员会第二次会议开幕。区政协主席程茹向大会作政协信州区第五届委员会常务委员会工作报告,区政协副主席柴莉萍作政协信州区第五届委员会常务委员会第一次会议以来提案工作情况的报告。

21日—24日　区人民政府信州区第五届人民代表大会第二次会议开幕。区长胡心田作政府工作报告。会议提请审议关于信州区2016年国民经济和社会发展计划执行情况与2017年国民经济和社会发展计划草案的报告(书面)、关于信州区2016年财政预算执行情况与2017年预算草案的报告(书面)、关于信州区生态文明建设和生态环境状况的报告(书面)。会议还开展了对"一府两院"及其有关职能部门的工作满意度测评。

22日　信州区召开下派干部参加市区重点工程项目誓师动员大会,再次打响城东片区征迁攻坚战。

24日　信州区被国务院教育督导委员会办公室认定为2016年全国义务教育发展基本均衡县(市、区)。江西省有42个,上饶市共4个,信州区名列上饶市第一。

27日　信州区召开2016年度脱贫攻坚工作总结表彰大会。会议表彰了沙溪镇等6个精准扶贫工作先进单位和吴宝梁等8位精准扶贫工作先进个人。区长胡心田在表彰会上作了讲话,通过表彰大会的召开进一步营造了信州区浓厚的扶贫氛围。

3 月

3日　信州公安分局组织开展了混编查缉和重点场所集中清查整治统一行动。出动警力220余人,检查车辆730余辆次、盘查人员850余人次,清查旅馆160余家、网吧57家、娱乐场所20家、游

戏厅10家;破盗窃案1起,刑拘1人;查赌博案3起,抓获涉赌人员20人,收缴赌具2副;查涉毒人员6人;抓获网逃2人;配合交警查处酒驾2起,其他交通违法25起。

4日　墨西哥尤卡坦半岛华人华侨联合会会长白义,南方大学校长、墨西哥高等教育联盟主席埃弗拉因古铁雷斯罗德里格斯,墨西哥尤卡坦半岛华侨中文学校执行校长李筠一行到信州区参观考察。代表团一行到水南文化街区、市第四中学等地,了解信州区文化和教育方面的情况。

同日　经过精准扶持贫困村和帮扶贫困人口各项措施的深入实践,经省、市2016年年底严格评估考核和批准,沙溪镇铅岭村、灵溪镇日升村、秦峰镇老坞村3个村成功退出省定贫困村。

6日　抚州市委书记肖毅,市委副书记、市长张鸿星率抚州市党政代表团到信州区考察。市委副书记、市长颜赣辉,市委常委、组织部部长黄玉剑,市委常委、政法委书记陈荣高,区委副书记王兆强,区政协主席程茹等市、区领导陪同。考察团一行到信州区现代农业示范园和沙溪镇东风村,实地考察信州区的现代农业发展情况、秀美乡村建设情况和环境整治工作。

20日　上饶经开区党工委书记张爱平率考察团到信州区考察棚改征迁工作。上饶经开区党工委副书记郑清、夏毅等参加考察。考察团一行到郭门城中村综合改造项目和枫炉塘城中村改造项目现场,通过看展板、听介绍、问情况的方式,详细了解信州区棚改征迁工作开展情况以及所取得的成效。

23日　"高铁枢纽大美上饶——上海'画'上饶"主题展示活动的上海文化界人士走进信州采风考察。"高铁枢纽大美上饶——上海'画'上饶"主题展示活动,共分为3个阶段。此次活动旨在为加强上饶文化艺术交流,进一步做好"高铁枢纽、大美上饶"的对外宣传推介,彰显上饶通衢要地、人文盛地、精神高地和人间福地的宜居宜业宜游城市文化定位。

24日　信州区委中心组学习(扩大)会在上饶国际会议中心一楼大会议室召开。同济大学经济与管理学院工商管理系张科平教授受邀到信州区讲授《工匠精神——赢在执行力》。

26日　市委书记马承祖到沙溪镇东风村外立面改造点、现代农业示范园、沙溪镇集贸市场改造点、向阳村、秦峰镇岩坑村、朝阳镇青石村等地,围

绕秀美乡村、农业示范园建设、村集体经济培育、农民建房、违法建筑管控、民宿经济建设、脱贫攻坚、农村基层组织建设等工作进行调研。

31日 上饶·信州信息服务业产业招商推介会在北京国家会议中心举行。会议邀请了国家工信部科技成果转化中心特聘专家安永平等参加,市长助理王万征出席并致辞,信州区信息服务业产业园、信州区国税局、地税局、财政局、建设局、部分镇街和相关信息服务业企业等负责人参加,共有6家信息服务业公司集中签约。

同月 上饶市第一小学拍摄的3部语言类作品《放学路上》《友善》《环境接力赛》分别荣获第十三届全国中小学校园影视评选活动全国一、二、三等奖。

同月 由团中央学校部、全国学联秘书处、中国青年报社共同举办的2016年度全国"最美中学生""最美中职生"寻访活动结果正式揭晓,上饶市实验中学16岁的李丽娜荣获全国"最美中学生"光荣称号。

同月 江西蓝天救援队组织骨干到信州区开展了一次针对性强、贴近实战的应急救援特训。在为期2天的特训期间,156名来自上饶、鹰潭、景德镇、赣州等省内各地的蓝天救援队队员,接受了军事队列、体能训练、团队协作、索降救援等科目的实战演练,救援心理咨询和防火宣讲等理论课程学习。

4 月

1日 全区90辆公务车统一标识全部张贴完毕,这标志着全区公务车辆正式亮明身份、阳光运行,公开接受社会各界和广大群众的监督。根据使用性质不同,此次公车标识分为公务用车、行政执法用车和执法执勤用车,标识上面全部印有公务用车监督电话:0793-8259123,接受群众的监督。

5日 《江西日报》头版大篇幅刊发报道了信州区沙溪镇铅岭村脱贫实践。

6日 由浙江省衢州市衢江区文广新局和区文广新局联合举办的"浙赣一家亲 五养衢江 美丽信州"两地文化走亲文艺演出在会议中心举行,为信州观众送上了一道汇集浙赣两地文艺特色的文化大餐。

12日 信州区2017年第一次工业项目集中开(竣)工活动在朝阳产业园举行。此次集中开

(竣)工项目共4个,其中开工项目3个,竣工项目1个。开工项目分别是上饶市浩钰铜业有限公司、上饶市钰帛麻纺织品有限公司、上饶市勤鑫实业有限公司;竣工项目是上饶市洪瑞鞋业有限公司。

20日 全市2017年第一次工业项目巡查组到信州区,市委副书记、市长颜赣辉,副市长俞健,市工信委、市商务局、市统计局主要领导,各县(市、区)政府分管工业领导和工信委主任、园区主要负责人、商务局局长,上饶经开区分管领导及经发局长、招商局长等参加此次巡查,区委书记、区委副书记王兆强、副区长顾海敏在点上汇报情况。

23日 信州区图书馆新馆开馆。该馆位于繁华的市中心,建筑面积5127.18平方米,内设少儿室、报纸期刊阅览室、外借室、电子阅览室、古籍室、地方文献室。图书馆内藏书18万余册,有珍贵古籍善本7000余册,包括《留侯天师宗谱》和记载上饶文明发展史的《饶州府志》《广信府志》《上饶县志》《林夫人血书碑帖》等一批有研究意义的藏书。

同日 世界读书日当天,信州区举办"走向阅读社会,共享阅读快乐"系列活动,同时"壹品书吧"暨区图书馆水南分馆举行了开馆揭牌仪式。

同日 区青年志愿服务总队、区红十字志愿公益联盟总队、区文明单位志愿服务总队、区社会组织志愿服务总队揭牌成立。

27日 2017上饶文化创意产业博览会开幕。信州区共展出了上饶石、黄蜡石、夏布画、夏布刺绣、剪纸、奇石等6大类近300件信州文化展品,吸引了大批参观者驻足观赏,签订了2个文化创意项目。

同日 上饶市"劳模美 劳动美 工匠美"服务活动暨迎"五一"招聘大会在市中心广场举行。活动由市总工会、市人力资源和社会保障局主办,市人力资源服务管理中心、区总工会、区人力资源和社会保障局承办。招聘大会共有招聘企业146家,共4699个岗位,涉及金融、餐饮、娱乐等十几个行业。现场设立砚雕、玉雕、泥塑、甲路伞制作、糖画等12个传统工艺展示区,开展了劳动关系协调师、律师、健康工程师等"三师"服务活动,以及职工互助保障和职工普惠活动,吸引了众多市民参加。

28日 2017年,信州区民营企业招聘周专场招聘会在明珠广场举行。现场有百余家民营企业向广大求职者提供工作岗位。此场招聘会的主题是"创新发展迎五一,就业创业惠民生",服务对象以2017届高校毕业生、民营企业、中小微企业为重点,同时面向农村进城务工人员等各类求职者和

鼓励各类企事业单位参加招聘活动。

同月,国家减灾委员会、民政部发文公布了2016年"全国综合减灾示范社区"名单,信州区东市街道现代社区上榜单。这是上饶市首个荣获此称号的社区,全省也只有3个社区获此荣誉。

同月 信州区以打造"最美高铁线"为目标,集中对辖区北门街道和灵溪、朝阳、秦峰3个镇21个行政村进行环境综合治理,并开展植被恢复行动,打造高铁"品质景观带"。

5 月

4日 信州区召开区委中心组学习(扩大)会,邀请中国当代著名军事专家徐光裕将军,为全区领导干部作爱国主义教育主题讲座。中国行为法学会金融法律行为研究会副秘书长王家和出席。区委中心组成员,各镇(街),区委各部门、区直各单位,区人大各工委、区政协各办,各人民团体,各民主党派副科级以上领导干部,各驻区条管单位负责人,专武干部、青年干部、学生代表以及通过微信预告慕名而来的市民朋友,共700余人聆听了此次讲座。

同日 信州区开展"清剿传销"行动。查获涉传人员143人,捣毁传销窝点16处,后通过深挖再查获10人,捣毁传销窝点17处,查封涉传出租房16家,查获一批手机、银行卡、电脑、传销书籍等涉案物品。

5日 全市基层党组织标准化建设现场会在信州区召开。上午,与会人员参观了上饶市实验小学、上饶爱尔眼科医院、东市街道建新路社区、信州区工信委、灵溪镇灵溪村、福海老年公寓等地的党支部,实地了解信州区基层党组织标准化建设情况。

10日 完成3798个残疾人"两项补贴"发放工作,发放补贴资金300余万元。其中生活补贴3192人次,护理补贴1824人次。补助由区残联通过农商行"一卡(折)通"或中行账号,直接拨付到补贴对象或其监护人个人账户,实行社会化发放。

11日 第十三届中国(深圳)国际文化产业博览交易会在深圳会展中心开幕。全区有5家文化企业参展,有4件佳作荣获金奖,分别是:徐绍麟的夏布刺绣《春晖》;饶万龙的黄蜡石雕件《和谐之家》;林光赛的黄蜡石雕件《一品清莲》;江西泰来文化发展有限公司推出的夏布画《仙山领上居松

幽》。信州区叶建辉的黄蜡石雕件《闲趣》和江西泰来文化发展有限公司推出的铜雕《贵鹿平安》荣获银奖,江西泰来文化发展有限公司推出的夏布画《富贵猫》和铜雕《福禄满堂》荣获铜奖。

15日 市、区公安经侦大队、区打击和处置非法集资工作领导小组办、人民银行、赣州银行上饶分行、区市场和质量监督管理局等单位在上饶师院、上饶师范、江西医专同时举办"5·15"全国公安机关打击和防范经济犯罪宣传日活动。活动现场通过发放宣传单、宣传手册,开展现场咨询,循环播放车载移动播音,公布举报电话等形式展示了公安机关打击和防范经济犯罪的成效,揭露常见多发的经济犯罪手段,提高社会公众,特别是学校教职工和即将步入社会的高校学生等特定群体对传销、非法集资、电信诈骗、假币、洗钱以及校园贷款等方面涉及的经济犯罪的识别能力和防范意识。

18日 由区文化广电新闻局、区博物馆主办的"饶城记忆"老照片展在信州区博物馆开展。由周云辉、潘宏斌拍摄、收藏的69幅老照片,首次向市民公开展示。

23日 区委召开中心组学习(扩大)会,邀请了华东师范大学心理与认知科学学院教授、博士生导师梁宁建教授现场为信州区干部进行情感疏导与认知心理指导。

24日 全区2017年第一次招商引资项目集中签约仪式顺利举行。全区在家副县级以上领导,信州区70余位各镇街、各相关部门单位负责人,32位来自全国各地的签约客商参加。

28日 上午11时3分,四川航空航班号为3U8157的空客320飞机,从成都起飞,历经两个多小时的飞行后稳稳地降落在上饶三清山机场,标志着上饶三清山机场顺利实现首航。

同月 沙溪草根歌手郑德显原创歌曲《屈原》,列中国2016年卡拉OK歌曲排行榜第四。

6 月

1日 全市脱贫攻坚通道提升工作现场推进会召开。市委书记马承祖,市委副书记、市长颜赣辉率全市脱贫攻坚通道提升工作现场推进会参会人员到信州区巡查。区委副书记、区长胡心田,区委副书记王兆强等区领导介绍了信州区通道提升工作推进情况。

2日 上午10时10分,在淘宝网司法拍卖平

台上,信州法院首例网络司法拍卖以 225864 元的价格成功"落槌",溢价率高达 57%,标志着信州院司法网络拍卖工作正式迈入"互联网+"时代。据悉,此次成交的标的物为一辆奥迪 TTS 牌小车。

8 日　全省棚户区改造工作现场推进会在上饶市召开,副省长、省公安厅厅长郑为文率现场会参会人员到信州区视察棚改工作,省政府副秘书长吴龙强随同。市委书记马承祖,副市长李高兴,区委副书记、区长胡心田,区委副书记王兆强,区委常委、常务副区长郑文,区委常委、政法委书记李红等市、区领导参加推进会或介绍情况。

同日　区委、区政府在灵溪镇召开上饶市中心城区城东胜利片区棚户区(城中村)综合改造项目征迁工作动员大会。上饶市中心城区城东胜利片区棚户区(城中村)综合改造项目为信州区今年重点服务的市级项目,位于信州区五三大道东延伸段以南、葛仙山路以东、饶北河以西的信江两岸区域,总占地面积约 233.33 万平方米,总投资约 300 亿元,计划分三期 5 年完成,是上饶市历史上投资规模最大、征迁面积最大、受益群众最多的棚户区综合改造项目。其中,项目一期征迁面积约 974 亩。

12 日　信州区"笔舞清风墨凝廉香"家规家风家训廉政书法展在上饶国际会议中心开展。此次书法展共展出了上饶知名书法家、文化工作者、书法爱好者的作品 110 幅。

20 日　信州区全面推行河长制和防汛抗旱工作,区委副书记、区长胡心田,区领导王林、徐艺华、赵建颖、苗天红等参加会议。会上,赵建颖作了河长制工作报告及部署防汛抗旱工作。水利、环保、农业、农工部等部门汇报了本单位开展河长制工作情况;沙溪、灵溪、朝阳、秦峰镇作表态发言。

23 日　中国老年人体育协会常务副主席盛志国到信州区视察调研老年体协工作。省老协主席张逢雨、市老协主席王国梁随同,区委副书记王兆强、区老年体协主席付德峰等陪同调研。在信州区老年人活动中心,盛志国一行参观了活动中心内的多功能会议厅、健身房、棋牌室、乒乓球馆等老年人活动场馆,听取了区老年体协工作汇报,观看了区老协京剧票友们的演出,详细了解了信州区老年体育工作情况。

28 日　上饶市中心城区城市管理重心下移工作交接会召开。按照市级统筹、属地管理的原则,

从 7 月 1 日起,由市城管局移交给信州区具体管理的事权主要包括环境卫生、市容市貌管理、市政设施、园林绿化、违法建筑管控、城市供水、燃气管理、城管执法等 8 个方面。

30 日　由区委、区政府主办,区旅发委承办的中国旅游网红大会暨互联网+旅游创新创业论坛活动在龙潭湖宾馆举行。市委常委李瑞峰致辞,区委副书记王兆强,区委常委、农工部部长俞文强,区人大常委会副主任刘丽群,区政协副主席缪红芳等参加活动。此次活动吸引了三清山管委会、上海企信、美空网、三清旅游集团、婺源旅游股份、华艺传媒、驴妈妈、中涵文旅信息技术有限公司、小石磨文化创意、北京艾漫数据等近百家企业 500 多人参加,并特邀了新华网、中国江西网、新浪、腾讯、网易、搜狐等 50 余家知名媒体到现场采访。

7 月

1 日起　在一、二级汽车客运站内经营的省际、市际班线(不含毗邻县间班线)正式实施实名制管理。旅客需凭有效身份证件购票,持一张有效身份证件在同一客运站当日发出的同一车次只允许购买一张实名制车票;持身份证以外的其他有效身份证件只能到客运站人工售票窗口实名购票;丢失或未携带有效身份证件的旅客,可到就近的公安派出所办理临时身份证明后,凭临时身份证明办理购票。

4 日　全区生态环境整治工作动员部署会暨中央环保督察问题整改工作推进会召开,进一步贯彻落实全省、全市中央环保督察反馈问题整改工作调度推进会精神,传达副市长李高兴调研中心城区大气污染防治工作时提出的意见,对全区生态环境整治工作进行全面部署安排,尤其是对中央环保督察反馈问题整改以及大气和水环境整治工作进行再部署、再推进、再落实。区委副书记、区长胡心田出席并讲话,副区长徐艺华、赵建颖参会。区政府办、农工部、建设局、商务局、市环保局信州分局、区城管执法局、各镇街等主要负责人参会。

18 日　棚户区改造工作推进会召开,区四套班子在家领导,区委各部门,区直各单位、各集团公司,管委会,各人民团体单位主要负责人等 700 余人参加会议。会上,传达了全省棚改现场会精

神,通报和部署了全区棚改工作;东市街道、西市街道、北门街道、茅家岭街道和灵溪镇党委书记作了表态发言;基层先进典型代表林晓红、张志强、周中均、柳兰辉、马丽萍就各自的工作感想进行发言。与会人员还集体观看了《棚改·让生活更美好》宣传片。

19日　上饶市立医院和三清山管委会签订了枫林卫生院托管协议,标志着信州区与三清山两地医疗资源跨区域合作取得一个良好开端,是医疗体制改革的一次新尝试,也是创新管理服务的一个新模式,对全面提升景区管理服务水平,打造全域旅游样板景区将产生积极的作用。

21日　信州区2017年第二次工业项目集中开(竣)工活动在上饶经济开发区朝阳产业园举行。此次参加集中开(竣)工企业有2个,开工企业是上饶市力波实业有限公司,竣工企业是上饶市钰帛纺织有限公司。

24日　信州区红十字会"博爱扶贫基金"成立仪式举行。仪式上开展了爱心企业举牌捐赠活动,现场为13名贫困大学生发放了救助金,爱心企业代表及受助学生代表先后作了发言。活动捐赠所得由区红十字会统一登记、保管,用于信州区精准扶贫对象和"六类"特困群体的救助。

25日　宜春市委书记颜赣辉,市委副书记、市长张小平率宜春市党政代表团到信州区考察棚户区改造工作,市委书记马承祖,市人大常委会主任汪东进,市委常委、常务副市长廖其志,副市长李高兴,区委副书记、区长胡心田,区委常委、常务副区长郑文,副区长徐艺华等市、区领导陪同考察。考察团一行先后到龙潭村棚改项目、桐子坞棚改项目、城东堤路景棚改项目现场,通过实地察看和听取项目负责人汇报的方式,了解了信州区棚户区改造的工作经验。

25日　全省非公有制经济组织党组织书记示范培训班参训人员到信州区参观学习,参训人员一行到信息服务业产业园参观了巨网科技股份有限公司党支部和产业园党员活动室,通过翻阅台账、听取介绍、询问情况等形式,详细了解了信州区非公有制经济组织党建工作开展情况。

28日　区四套班子领导、区直机关主要领导、镇(街道)党政主官、镇(街道)组织员和组织干事、区直机关和镇(街道)武装部部长等共190余人参加"英雄碑前赞英雄、清贫园里颂清贫——纪念建军90周年暨过军事日"活动。

同月　区市场和质量监督管理局联合区商务局、城管局以及各街道办事处,对中心城区29个农贸市场开展相关整治工作,进一步提升农贸市场综合管理水平,全面改善市场环境,提升文明经营水平。

8 月

1日起　上饶市住房公积金调整与规范政策,恢复公积金贷款额度为正常缴存余额的16倍,暂停户籍不在上饶市的异地缴存职工申请住房公积金贷款。

1日—10日　由国务院侨务办公室、江西省外侨办主办,上饶市外侨办和信州区外侨办共同承办的2017年海外华裔青少年"中国寻根之旅"夏令营——魅力信州营开营。德国、美国、加拿大等国的华裔青少年和信州区学生代表共70余人参加。

3日　横峰县委书记饶清华率党政代表团到信州区参观考察。考察团一行到茅家岭街道塔水村秀美乡村建设点、信江南岸二期项目点、龙潭棚改项目现场和稼轩大道北延(信州区段)项目点。

4日　全区秀美乡村建设暨主要通道沿线整治提升现场推进会召开。

8日　连通上饶高速东出口和上饶高铁站的富饶路开始启动施工。富饶路位于城东片区,西起紫阳北大道,东至高铁交通枢纽,为双向四车道,总长1725米、宽24米,其中机动车道15米,人行道各4.5米。

13日　省军区副政委兼纪检书记李晓亮少将率调研组一行到信州区人武部调研,了解并指导信州区人武部全面建设情况和征兵工作,上饶军分区司令员沈根火,政委李云龙,副司令韦情,区人武部政委张银昌等陪同调研。李晓亮一行实地察看了人武部办公区、建军九十周年书画展厅、训练场地等基础设施建设和规范化管理制度,并逐个科室进行参观,听取了信州区人武部民兵应急分队建设、装备器材贮备等情况汇报。

22日　宜春市宜丰县委书记张俊率党政代表团到信州区考察城市棚改项目建设工作。代表团一行先后到龙潭棚改和桐子坞棚改项目现场,通过现场察看、听取汇报等方式,对区棚户区改造和房屋征收等工作的机制、举措、成效和经验进行了深入细致的了解。

22日—30日　信州区"就业招聘大篷车"活

动到全区各镇(街)、村(居)对企业招聘信息进行巡回宣传;在村(居)主要中心场所设立活动现场,开展建档立卡贫困劳动力、未就业大中专毕业生等求职人员与园区企业岗位对接洽谈活动。

29日 2017江西上饶信州(温州)汽配产业招商推介会在温州市瑞安举行。区政协主席程茹,区委常委、组织部部长周福花,区人大常委会副主任章淑英等出席,副区长顾海敏主持,瑞安市汽摩配行业协会常务副会长章金木,江西海德汉自动化科技有限公司、温州市富特标准件有限公司、瑞安市邦众汽车部件有限公司、温州广信电机有限公司等80余家企业相关负责人、区委办、财政局、朝阳产业园、招商局等部门单位及各镇街相关负责人共110余人参加。

9 月

1日 信州区"马上落实办公室"(简称"马上办")在区行政服务中心正式成立并运行。

3日 "服务革命老区院士专家行"中科院院士、中科院水生生物研究所研究员桂建芳到信州区刺鲃鱼发展有限公司,通过实地察看、听取介绍等方式详细了解了信州区刺鲃鱼人工驯化繁殖情况。

16日 由信州区委、信州区政府、上饶市文广新局、上饶市文联联合主办的全国京剧票友汇演暨庆祝上饶市传统文化艺术促进会成立10周年、上饶市信州区京剧票友协会成立20周年演唱会在上饶师院音乐艺术学院音乐大厅举行。汇演汇聚了北京、山东、浙江、广西、辽宁、江西等12省26地市200多名名伶、名票、戏友前来观看。

18日 上饶市公安局交警支队车管所将正式切换全国统一版机动车号牌选号系统。在原可用号牌上新增了"赣E××V××、赣E××W××、赣E××Y××、赣E××Z××、赣E×××A×、赣E×××B×"6个号段。

19日 2017年上饶市"全国科普日"活动启动仪式在逸夫小学举行。

24日 信州区首届夏布传统工艺制作技能赛在"夏布之乡"——沙溪镇举行,125名选手齐聚一堂,展开角逐,比拼夏布制作工艺。

10 月

11日 区委中心组学习(扩大)会召开,邀请中国人民大学新闻学院院长、国务院新闻办公室原主任赵启正作题为《坚定文化自信 讲好中国故事》的专题辅导。

13日 由区委党史工作办公室组织编纂的《中国共产党信州历史(1949—1978)》由中共党史出版社出版发行。此书的出版,为信州地方党史研究填补了空白。

16日 2017信州区文化产业项目集中签约仪式在6号库文化创意园举行。此次签约和推介文化产业项目有17个。这些项目中既有利用高新技术改造提升传统文化产业的项目,也有"文化+科技"融合发展的项目,充分体现出信州区文化产业融合发展的成果,完善了信州区文化产业链条,对提高行业集中度和产业效益起到了引领示范作用。

17日 信州公安移动警务室正式亮相中心城区。2台功能完善的移动警务室正式配发到基层一线用于执法执勤和便民服务。

19日上午 省委常委、统战部部长陈兴超到信州区调研统一战线工作,省委统战部常务副部长张勇随同,市委副书记吴井勇,市委常委、统战部长陈洪生,区委常委、统战部部长汪东军等陪同调研。在汪家园畲族社区,陈兴超认真听取讲解员的介绍,了解了畲族的起源传说和民族文化,并参观了社区民族事务服务中心,翻阅蓝氏族谱及相关文字资料。

同月 区委宣传部组建了区委宣讲团、"信州论坛·百姓大讲堂"宣讲团和基层群众宣讲团进行十九大精神的宣讲。

11 月

1日 由上饶市政协、区委、区政府、江西南国影视联合摄制,北京君正文化传媒有限公司承制的电影《幸福山歌》在沙溪宋宅开拍。该电影由著名作家程建平、史俊担任编剧,以区"民歌奶奶"姚金娜为创作原型,经过艺术的再创造,讲述了赣东北当地著名的民歌妈妈姚冬妹从民国时期在红军宣传队唱红歌,一路唱到国家级舞台的坎坷经历,集中展现了主人公一辈子为党歌唱并获得幸福生活的感人故事。影片拍摄周期20多天,全部在信州区取景拍摄,集中展现信州秀美风光、厚重的人文历史和多彩的艺术魅力。著名电影演员陶玉玲饰演老年姚冬妹,电影拍摄完成后拟在央视电影频道播放。

同日 上饶市立医院正式获得三级综合医院

执业许可证,标志着上饶市立医院正式成为三级综合医院。

9日　"体育惠民、健康信州"信州区第三届运动会暨第四届老年人运动会在上饶师院拉开帷幕。参赛的49支代表队参加拔河、乒乓球、羽毛球、赛跑等体育项目。

10日　全省第二个群团服务中心——信州区北门街道吉阳山社区群团服务中心正式揭牌。

13日—14日　央视法治在线、中央人民广播电台、澎湃新闻、《人民公安报》《法制日报》等5家重量级媒体集中报道了"赣剑1号"行动及信州公安抓获"赣剑1号"行动公安部A级通缉盗窃嫌犯何某某。该行动由公安部统一指挥,江西省公安厅与多地公安机关密切协作,省厅刑警总队牵头成立专案组,上饶市公安局刑侦支队主侦,信州公安刑侦大队具体侦办,行动成功摧毁了多个特大攀爬入室盗窃团伙,抓获犯罪嫌疑人89名,破获案件1000余起,涉案财物价值1000余万元。

15日　信州区2017年第三次工业项目集中开(竣)工活动在沙溪镇苎麻产业园举行。此次集中开(竣)工项目共计32个,其中开工项目14个、竣工项目18个。

27日　上饶城东文化旅游综合体项目开工,上饶城东文化旅游综合体项目位于高铁新区核心区,占地233.33万平方米,距高铁站2千米,主城区4千米,地理位置优越。以"全域文旅发展的集散中心,文体休闲、公共配套的核心地带,全国知名的会议会展目的地"为发展目标,打造文化体育、文化娱乐、文化生活、文化教育、文化旅游、商务居住等板块为一体的国际化商旅文化中心。

28日　信州区国家监察体制改革试点工作动员部署会召开。

12 月

1日　信州区全面放宽符合人才条件的流动人口申领居住证条件。符合以下人才条件之一的流动人口,在居住地派出所办理居住登记后,即可申领居住证:具有国家承认大专及以上学历;具有中级及以上专业技术职称;持有高级工及以上国家职业资格证书;工业园区组织人事部门认定的企业急需人才;县级以上组织部门或人力资源社会保障部门认定的企业急需人才;个人在当地投资30万元以上。

2日　上饶市职业中学为信州区建档立卡扶贫对象家庭中义务教育超龄辍学农村青年劳动力举办短期就业技能强化培训。该批学员共64名,培训课程有化妆、美甲、计算机、电子商务、育婴员等。

5日—6日　信州区党政代表团一行到万年县、鄱阳县、余干县、铅山县、三清山风景区、广丰区、上饶经济技术开发区、上饶县等县(区),学习借鉴其他县(区)经济社会发展的成功做法和先进经验。

6日　商务部电子商务司副巡视员朱炼率商务部调研督查组一行先后到江西盛元电子商务有限公司和上饶万达商业广场,实地调研了信州区信息服务业和商业综合体建设发展情况。

8日　市委书记马承祖率巡查组到信州区,实地检查秀美乡村建设及农村宅基地管理试点工作成果。巡查组一行先后到茅家岭街道塔水村秀美乡村建设点、秦峰镇老坞村农村宅基地管理试点等地,通过看资料、听汇报、问情况等方式,详细了解了区秀美乡村建设及宅基地改革工作。

18日　区委中心组学习(扩大)会在上饶国际会议中心召开,在家区四套班子领导及全区科级领导干部,区法学学会会员,共计700余人参加会议。会议邀请了华东政法大学法律学院副教授潘小军博士为大家作《深化依法治国实践 全面依法治国进入新阶段》专题讲座,潘教授围绕从顶层设计、立体构建、全面推进3个方面,深入全面解读了中共十九大报告关于依法治国的论述。

13日13时　成都航空航班号为EU6675的ARJ21国产飞机,经过两个半小时的飞行,从成都安全抵达上饶。它的平稳降落标志着成都到上饶航线首航成功。成都至上饶航班,成都起飞时间为10:25,上饶到达时间为13:00;上饶至成都航班,上饶起飞时间为15:00,成都到达时间为18:05,每周三、四、六执飞。

16日　信州区组织570余名在职科级党员领导干部参加了严肃党内政治生活及中共十九大报告相关知识的考试。考试地点在上饶市逸夫小学进行,考试形式为闭卷,考试内容为中共十九大报告、《关于新形势下党内政治生活的若干准则》和中共上饶市信州区委印发《关于在全区党员干部中建立严肃党内政治生活长效机制的意见》的通知等相关知识。

18日　市委常委李瑞峰主持召开城东文化旅游综合体项目推进会议,副市长李高兴,市政府副秘书长谢军,高铁新区党工委书记辛鲁冀,区委副书记、区长胡心田,区委副书记王兆强,区人大常委会副主任黄爱玉,副区长梁丽娟等参加会议。会上,市、区各部门汇报了项目用地征地拆迁、信江南岸规划调整、吴楚大道以东地块建设、自来水取水口上移等工作的情况,并就下一阶段工作发表了意见。

19日 鹰潭市委书记曹淑敏,市委副书记、市长于秀明率党政代表团到信州区,围绕棚户区改造、秀美乡村建设等工作进行考察。上饶市委书记马承祖,市委副书记吴井勇,市人大常委会主任汪东进,市委常委、常务副市长廖其志,副市长李高兴,市委秘书长杨健林,市政府秘书长郑彦芳,信州区委副书记、区长胡心田,区委副书记王兆强,副区长赵建颖、梁丽娟等市、区领导陪同或在点上汇报。

21日 省委副秘书长、农工部部长毛祖逊率省委农工部调研组到区调研。省委农工部副部长、省新村办常务副主任刘伟随同。市委常委、政法委书记陈荣高,市委副秘书长吴奋,区委常委、农工部部长俞文强,副区长赵建颖等陪同或在点上介绍。毛祖逊一行先后到区茅家岭街道塔水村和秦峰镇老坞村,实地调研信州区秀美乡村建设和农村宅基地改革工作开展情况。

23日 省人大常委会委员、环资委主任委员陈尚云率全省人大环境与资源保护工作座谈会与会人员到茅家岭街道塔水村,考察信州区秀美乡村建设工作情况。市人大常委会副主任郑卫平随同考察,区人大常委会主任徐志勇,副区长赵建颖等到点上作汇报介绍。在茅家岭街道塔水村秀美乡村建设点,陈尚云一行通过看资料、听汇报、问情况等方式,详细了解了信州区秀美乡村建设及宅基地管理试点工作。

25日 区首家院士工作站——信州区刺鲃渔业院士工作站举行揭牌仪式。中国科学院水生生物研究所研究员、博士生导师、中国科学院院士桂建芳,省渔业局局长张金保,市委组织部副部长江文升,区委副书记、区长胡心田,区委副书记王兆强,区委常委、组织部部长周福花,副区长梁丽娟出席活动并为院士工作站揭牌,王兆强主持揭牌仪式。

28日 举办科级主要领导干部学习贯彻中共十九大精神专题研讨班暨区委工作务虚会召开。区委副书记、区长胡心田主持,区委副书记王兆强、区人大常委会主任徐志勇、区政协主席程茹等区四套班子在家领导出席会议。西市街道、交通运输局、人社局、朝阳产业园、团区委负责人就"2017年怎么看,2018年怎么干"进行了大会交流发言。

28日 区委书记、区深化国家监察体制改革试点工作小组召开第四次会议,审议通过了《上饶市信州区深化国家监察体制改革试点转隶工作方案》和《信州区纪委机关干部培训班工作方案》。区领导吴武华、周福花、李红、夏子福、区人民检察院检察长章晖出席。

同年,上饶城乡医保8类人可享政府全额补贴:特困供养人员;城乡最低生活保障对象;城镇重度残疾的学生和儿童;城镇丧失劳动能力的重度残疾成年人;城镇低收入家庭的未成年人和60周岁以上的老年人;已失业又未纳入城镇职工基本医疗保险的14类退役士兵;其他建档立卡贫困人口;统筹地区地方政府规定,可以享受城乡医保缴费全额补助的其他人群。

专　记

2017年度脱贫攻坚工作情况

2017年以来，信州区全力落实省市脱贫攻坚问题整改工作，通过对贫困对象的再识别、再入户、再复核，在国家扶贫信息平台上确定的建档立卡贫困户有2909户8737人，其中2017年年初未脱贫人口为1155户3115人。通过全面推进脱贫攻坚战，深入推进"八大扶贫工程"，全年共投入各类扶贫资金2500余万元，2017年成功脱贫377户1137人，未脱贫人口降至792户2000人。农村贫困发生率降至0.95%，广大农村特别是省、市级7个贫困村基础设施、生产生活环境日趋完善，农村居民人均可支配收入增幅高于全省平均增幅（9.44%），较好地完成了年度减贫任务。

一、以责任为先导，脱贫攻坚保障进一步提升

1. 进一步加强组织领导。严格落实区委书记"第一责任人"要求，调整了信州区扶贫开发领导小组，由区委书记任第一组长，区长任组长，相关领导任副组长。领导小组下设办公室，统一协调组织和督查指导。同时落实镇街党政主要领导为第一责任人，各镇街相应成立了扶贫工作站，村扶贫工作室有专门的办公场所，专职的工作人员。落实八大扶贫工作牵头单位责任，负责行业和专项扶贫工作推进。成立"百日行动"专项领导小组，查漏补缺精准发力，持续纵深推进。

2. 制定完善脱贫攻坚规划和减贫滚动计划。在2016年全区精准脱贫目标基础上，制定了2017年-2020年脱贫攻坚工作规划，细化路线图，明确时间表，按时间节点扎实推进，并调整滚动脱贫计划，明确2017年至2019年3年每年确保脱贫1000贫困人口计划。

3. 精准选派驻村帮扶工作队。按照"单位帮村、干部帮户"的要求，向66个村（居）选派了第一书记和驻村工作队员共171名，其中副科级及以上干部85名，安排结对帮扶干部1624人，并动员十大企业开展村企共建。做到"四个全覆盖"，即全区所有村扶贫工作队全覆盖，第一书记派驻全覆盖，区领导联系镇（街）帮扶全覆盖和区直单位参与精准扶贫全覆盖。

4. 适时出台相关制度文件。相继出台了《信州区关于进一步推进精准扶贫工作实施意见》《信州区关于坚决打赢脱贫攻坚战的实施意见》《信州区脱贫攻坚工作干部问责办法（试行）》《信州区脱贫攻坚常委负责制实施意见（试行）》《2017年度脱贫攻坚督查考核工作方案》《关于深入推进脱贫攻坚工作实施意见》《关于落实市委第五巡察组扶贫领域专项巡察反馈意见的整改方案》《信州区脱贫攻坚百日行动方案》等一系列文件，为坚决打赢脱贫攻坚战提供新部署新要求。

5. 狠抓基层基础建设。各地深入推进党建引领脱贫攻坚工作，选好配强贫困村"两委"班子，有效提升了村级组织率领贫困群众自我脱贫的能力。同时，各镇（街道）扶贫工作站的"八有"材料、村扶贫工作室的"十有"材料、一户一档的"三有"材料等均有序落实。各镇街实行了领导干部包片、一般干部包村、结对帮扶干部包户、第一书记和驻村工作队驻村的"三包一驻"工作机制。区直部门（单位）结对帮扶干部实施了定对象、定政策、定措施、定责任、定目标的"五定"帮扶责任制，一对一、点对点地实施结对帮扶。

6. 从严跟踪督查抓整改落实。严格落实了省市脱贫攻坚问题整改工作，以问题为导向，真抓实干，精准发力，进一步夯实了脱贫攻坚基础。8月中旬，先后组织迎接了省脱贫攻坚第三督察组和市委第五巡察组的专项巡察，对巡察组指出的问题和不足做了有效整改，并以落实巡察整改为契机，坚持目标导向和问题导向，全力以赴打好全区脱贫攻坚战。全省脱贫攻坚"百日行动"以来，集中开展问题整改督查8次，下派区级督查组定期、不定期对脱贫攻坚工作进行督查，采取不打招呼暗访与随机抽查等方式，（区委组织部）通报第一书记4人、通报结对帮扶单位5个，做到督查不走形式、问效不走过场，促进了各项工作较好落实。对照省及市各级督查问题高位推动抓整改问效，有效推进基础工作巩固提升和完善。

二、以精准为核心，脱贫攻坚数据平台进一步提升

我们严格落实2017年度动态调整工作要求，按照"七步法"的程序，采取"五查五看"的办法，把贫困对象登记造册，建立动态档案和帮扶台账，做到了"户有卡、村有册、镇有簿、区有案"。通过2017年年末动态调整再甄别、再更新，整户新增识别户24户76人。并对全区建档立卡户基本信息进行了全面复核完善，网上数据清洗。目前全区扶贫信息平台全库建档立卡贫困人口为2909户8737人，其中2017年度成功脱贫377户1137人，贫困发生率降至0.95%。

三、以落实为生命，脱贫攻坚成效进一步提升

1. 产业发展扶贫工程。严格贯彻产业扶贫核心要义，采取分类施策，因症施治。2017年以来，共投入财政专项扶贫资金1300多万元，其中区财政投入近400万元。产业扶贫投入近800万元，实施产业扶贫项目14个，帮助近1200户困难户4000余贫困人口人均增收近500元，500余户贫困户实现稳定脱贫。积极引导贫困村、贫困户借助农民专业合作社、农业龙头企业、村级扶贫车间等载体，通过以土地参股等形式发展特色种养殖。围绕"农村电商"，帮助贫困户开办网店，鼓励电商企业帮助群众销售农产品；借助丰富的旅游资源，引导贫困户发展乡村旅游、休闲农业等产业，全面落实扶贫小额信用贷款，推进贫困户实施创业和发展生产。2016年开始实施的食用菌产业与贫困户嫁接的"三到三零"（菌包到户，技术到位，回收销售到点，到达的效果实现贫困户零成本投入，零风险经营即保底保价收益分红，零距离就业即在本村范围内就业）模式得到省、市领导的充分肯定，本地优势农业产业得到充分提升和扩展。光伏扶贫正式启动，6个贫困村有望参加光伏收益。农业产业化奖补政策进一步落实。

2. 就业扶贫工程。一是精准识别贫困劳动力。比对人社部农村贫困劳动力系统，反复筛选出区籍建档立卡户贫困劳动力882人，已实现就业504人。对未就业贫困劳动力，根据其实际情况，正在实施有针对性的帮扶措施。二是进村入户送技能。先后举办扶贫对象电商、家政、现代农业种植、计算机等8期就业创业技能培训班，392名建档立卡劳动力参加培训，累计发放交通费生活费补贴31440元，对有培训需求的建档立卡贫困劳动力实现了全覆盖。三是创建就业扶贫车间。成功创建宇瞳光学国家级就业扶贫示范点，省级就业扶贫示范点企业6家，创建10个就业扶贫车间，84名建档立卡贫困劳动力实现就业增收；四是及时送岗送政策。市、区两级就业部门联合举办大型人才招聘会35场，在各镇、街道开展送岗下乡、民营企业招聘等活动100余次。8月22日至9月30日开展了"2017年信州区'服务企业发展，送岗进村入户'就业扶贫直通车活动"，累计走访建档立卡户2909户，精准对接就业岗位272个，达成就业意向156人，累计发放就业精准扶贫宣传资料4万余份。五是开发扶贫就业专岗。将公益性岗位与就业扶贫工作充分结合，切合实际开发镇村扶贫就业专岗70个，目前61名贫困劳动力在农家书屋、乡村保洁员、山林、水库巡防员等公益性岗位实现就业。六是实施创业扶贫。对稳定创业6个月以上的，给予5000元的一次性创业补贴，2名自主创业贫困劳动力发放一次性创业补贴1万元。同时在"信州就业"微信公众号、移动彩信、中心广场大型电子显示屏、村居创业就业宣传栏、各类就业招聘会等宣传媒体定期推送发布、张贴、现场宣传就业扶贫政策信息，努力做到了就业扶贫政策家喻户晓、不留死角。

3. 社会保障扶贫工程。一是提高农村低保保障标准和特困人员供养标准。根据全区农村人均纯收入增幅、农村人均消费支出增幅和物价上涨等因素，逐年提高农村困难群众和五保供养人员补助水平，促使其消除绝对贫困，做到精准救助与精准扶贫有效衔接，实现扶贫支持和社会救助两条路径脱贫致富。月人均补差水平达225元，标准提高至 305 元。截至目前，累计发放最低生活保障金 2235 万元。二是不断提高民政医疗救助水平。对城乡医疗救助政策进行调整和完善，将建档立卡贫困对象中农村低保对象医疗救助比例在原有的基础上提高 5%。突出对重特大疾病的救助，逐步提高支出型贫困低收入家庭重特大疾病患者的自负医疗费用救助比例，全年共为 2194 名贫困对象实施了民政医疗救助，发放资助金 864 万元。发放临时生活救助 117 万元。

4. 教育扶贫工程。采取教育资助一批、学校免费一批、财政支持一批、社会资助一批、部门助学一批的办法切实减免贫困家庭就学负担。为 1025 名学前教育阶段的城乡贫困户入园幼儿、764 名义务教育阶段的困难学生、308 名高中教育阶段的困难学生、137 名大学新生、75 名中等职业教育阶段全日制正式学籍的特困中职学生、190 名在校孤儿及准孤儿发放了资助金，确保全区所有贫困对象学生应助尽助、应贷尽贷，不让一个贫困对象学生因贫失学。实行教育扶贫校长负责制，确保保学控辍工作不留死角。

5. 健康扶贫工程。建立六道保障线：城乡居民基本医疗保险→城乡居民大病保险→大病关爱→重大疾病医疗补充保险→民政大病救助→康健工程，通过前四道保障线，使建档立卡贫困人员医疗费用报销比例达 90%，未达到 90% 的由第五道保障线进行兜底，确保建档立卡贫困人员医疗费用个人自付部分不超过 10%。对前五道保障线仍有缺口的，通过政府启动康健工程给予补助，由 2017 年康健工程（区财政安排专项资金）解决。贫困患者住院自付医疗费用比例 9.3%，落实贫困人口重大疾病专项救治政策，实行按病种定额救治，实行 10 种重大疾病免费救治，同时提高 15 种重大疾病基本医疗保险保障水平。目前全病种类及救治 841 人，1241 人次，救治率 64.43%。其中，22 种重大疾病应救治 331 人，已救治 188 人，救治率 56.8%。目前全区贫困人口电子建档率为 92%，对辖区内所有贫困人口开展家庭医生签约服务，签约服务覆盖率达 100%。全区范围内 9 家公立定点医疗机构（上饶市立医院、上饶市中医院、信州区二院、北门医院、沙溪中心卫生院、灵溪卫生院、朝阳中心卫生院、秦峰卫生院、茅家岭卫生院）落实"先诊疗后付费"政策，设立了"一站式"服务综合窗口。贫困患者在区外市内医保定点医院和区内非指定医院就医前三道保障线由医院直报，不

足 90% 的人员由医院将资料报送至区医保局一站式结算窗口进行再次报销。

6. 安居扶贫工程。对全区建档立卡贫困对象危房户进行了信息采集和鉴定级别工作，把住房困难贫困户全部列为安居扶贫帮扶对象。2016 年，我区共实施 217 户危房改造，其中 132 户建档立卡贫困户已全部竣工，并于 2017 年 7 月通过省级交叉验收。按照上级文件要求，2017 年主要以"四类对象"为主（建档立卡贫困户、五保户、低保户、残疾人家庭），实施农村危房改造 106 户（建档立卡贫困户 91 户），由区级托底为 9 个镇街相关 C 级危房进行全面修缮解决资金和脱贫户住危房问题。

7. 村庄整治和基础设施建设扶贫工程。对已确定有贫困人口的村居，安排了 1360 万元新农村建设项目资金用于基础设施建设和村庄整治，把 3 个省定贫困村和 4 个市定贫困村作为重点巩固提升对象。2016 年年底 3 个省级贫困村已通过退出考核程序，基本实现消除绝对贫困现象。2017 年扶贫村庄整治整村推进工作结合新农村建设，全面完成省级贫困村改水、改厕、改路、改房、改沟、改塘、改环境及通电力网、电视网、互联网等"七改三网"基础设施建设，进一步加强贫困村生活垃圾治理工作，25 户以上（含 25 户）的自然村配齐保洁员、垃圾收集点，确保村庄生活垃圾日产日清，实现了全区 25 户以上宜居自然村的道路硬化，75% 硬化户户通。同时进一步优化村道路间的连通，全面提升了农村公路路网的密度和质量，全区农村生产生活条件大为改善。

8. 结对帮扶扶贫工程。在原有"321"结对帮扶架构基础上，鉴于干部调整、人员调动，及时更换帮扶干部，并要求各结对帮扶单位保持帮扶村（居）不变，保持驻村帮扶队伍不变，保持帮扶力度不变，有效确保帮扶工作的连续性、稳定性。根据省委组织部《关于集中选派干部到村（社区）担任第一书记及其他职务帮助指导工作的通知》（赣组字〔2015〕52 号）、《关于进一步加强第一书记和驻村工作队工作的通知》（赣组字〔2016〕178 号）、《关于重申第一书记和驻村工作队工作有关要求的通知》（赣开发〔2017〕7 号）等文件精神，在实现第一书记和驻村工作队全覆盖的基础上，先后 8 次对第一书记和驻村工作队开展培训，确保提高政治站位，以最严纪律补齐工作短板；制定《信州区驻村"第一书记"管理办法（试行）》，印发《信州区关于在脱贫攻坚工作中实行"三晒两考一先"管理

办法的实施方案》《信州区关于在脱贫攻坚工作中开展"三帮两带"活动的实施方案》《关于对驻村"第一书记"、驻村工作队员、帮扶单位、帮扶干部进行考核的通知》等文件，探索抓党建促脱贫攻坚的有效方式及加强对第一书记和驻村工作队考核、管理、使用。同时，在全市率先出台了《脱贫攻坚常委负责制工作意见》，并建立自上而下的责任落实办法，注重发挥区委常委的示范作用，凝聚起脱贫攻坚的强大合力。

9. 脱贫攻坚舆论支撑。区委宣传部、区扶贫办等单位紧紧围绕脱贫攻坚目标任务和重点工作，坚持抓导向、促引领、抓部署、促落实，积极为脱贫攻坚加油鼓劲、凝心聚力。利用报纸、电视、微信公众平台开辟专栏，全方位解读精准扶贫政策措施，深层次讲好脱贫攻坚故事，形成了强大的舆论声势。电视《信州新闻》、《新信州》报纸、《信州人家》网站、"信州资讯"微信公众号开辟了《聚焦精准扶贫》《砥砺奋进的五年》专栏。电视《信州新闻》共报道96篇，《新信州》报纸共报道46篇，《信州人家》网站共报道214篇，"信州资讯"微信公众号成了思想共识。在省市区各级媒体报道精准扶贫精准脱贫的生动实践、成功经验、先进典型、感人事迹共352篇，充分反映宣传贫困地区干部群众努力改变贫困落后状况的精神面貌和工作，引导了干部群众树立正确的思想观念，鼓励贫困户自强不息、不等不靠，靠自己的勤劳和才智脱贫致富。在《江西日报》、江西电视台、全球赣商网等有效媒体平台陆续刊载信州区的扶贫实践、经验、典型，共报道17篇，与外省市形成了交流合力

的扶贫宣传平台。另外，适时开通了"信州扶贫"微信公众号，建立了"心系扶贫""扶贫工作"和"驻村第一书记工作"微信群，及时发布脱贫攻坚政策、工作动态等信息内容，为深入推进新一阶段脱贫攻坚工作动员更多的资源、凝聚更大的力量、形成更好的合力。

10. 推进社会扶贫网工作。制定下发了《关于印发〈"中国社会扶贫网"信州区上线推广工作方案〉的通知》（饶信扶办字〔2017〕8号），明确各项规定和措施。信州区贫困户注册2309人、爱心人士注册898人、管理员注册124人，并在饶信扶办字〔2017〕8号文中明确社会扶贫网各类数据纳入各级党委和政府扶贫开发工作成效考核的加分项。明确了9个镇（街道）、66个行政村扶贫工作站（室）共76位负责管理社会扶贫网的工作人员，确保扶贫+互联网取得实效。目前贫困户注册率100%，爱心人士注册突破2万人。

四、以扶志为根本，脱贫攻坚内生动力进一步提升

直面政策宣讲不统一、群众对政策了解不够等问题，组织各镇街、扶贫办等部门、单位通过召开学习会、培训会、专项推进会，着力解决一线扶贫干部对政策不熟悉的问题。同时，6次开展集中入村宣讲帮扶活动。组织帮扶干部、中小学校校长、卫生院长、各驻村第一书记等上门进行脱贫攻坚政策和技术技能宣讲，全覆盖宣传到户、宣传到人，鼓励贫困对象自力更生，拒绝"等靠要"思想，通过自身劳动实现脱贫致富。

（上饶市信州区扶贫开发领导小组）

2017 年度棚户区改造征迁工作情况

2017 年对于信州区来说是棚改大年,全区共有 43 个项目纳入棚改工作范围,涉及 6204 户、18926 人共 320.76 万平方米的房屋及 7158.8 亩的土地征收工作,其中北门、茅家岭、灵溪三个镇街的棚改征收任务均过百万平方米。主要采取了以下做法:

一、在态度上,上下一心,合力攻坚

一是成立了高规格的工作机构。专门组建成立了由区委主要领导任第一总指挥长、区长任总指挥长、人大、政协主要负责人任指挥长、各有关常委和政府分管领导任副总指挥长,区委各部门、区直各单位、各相关镇街主要负责人为成员的棚改项目征收工作指挥部,负责研究、部署、协调、落实项目征迁各项工作。指挥部下设办公室和各类工作组小组,各司其职、各负其责,形成了一套行之有效的工作机制。

二是召开了声势浩大的动员会。2017 年 7 月 18 日,区四套班子全体成员、区委各部门、区直各单位主要负责人、各镇、街道党政主要负责人、各相关村居、社区负责人、指挥部全体成员,共计 700 余人参加了信州区棚户区改造工作推进会。区委区政府主要领导专题部署,各有棚改任务的镇、街道做表态发言,签订责任书,使全区上下营造起浓厚的棚改工作氛围。

三是组建了强有力的攻坚队伍。明确每个项目由 1~2 名县级领导挂点,从区直单位、各镇、街道和村居抽调一批富有征迁经验的党员干部参加征迁工作。大项目大兵团作战;小项目集中攻坚,以最快的时间扫除。

二、在尺度上,公正公开,体现公允

工作中,坚持一把尺子量到底、一个方案推进到底、一个标准执行到底,做到拆前拆后一个样、拆贫拆富一个样、拆官拆民一个样、拆善拆恶一个样,做到公平、公正、公开。

一是制定切实可行的方案。征收补偿方案是征迁工作是否可以顺利推进的重点和基础。每个方案的制定都要做好跟踪入户调查,掌握好拆迁户的房屋面积、产权类型、住户情况、安置意愿、社会关系等基本信息,做到"不留死角、不留盲区"。

初步拟定征收方案后,张榜公示,广而告之;邀请征迁户、法律顾问团召开座谈会,面对面听取群众意见,反复讨论、反复修改,从初稿到定稿,往往要几十易其稿。

二是党员干部带头示范。群众看党员,党员看干部。党员干部拆不拆,成了改造工作能否顺利推进的"风向标"。为打消群众"先签约吃亏,后签约得利"的思想,各项目部根据前期摸排出来的征迁户信息,积极动员党员干部带头支持,带头签约,通过党员干部的引领示范,群众签约的积极性明显提高。

三是严厉打击各类违法建设。违法建设是影响棚改公平正义的一个毒瘤。对即将纳入改造的棚改项目区域,控违工作人员提前进场,并用无人机巡航拍摄,严密防范顶风搭建违法建设。对未经规划部门审批的各类存量违建,一律拆除、一律不予补偿。可以说棚改未落地,控违已先行,拆迁的过程也是拆除存量违建的一个良好契机。

三、在温度上,以人为本,共建共享

一是就近安置。大多数群众,特别是过惯了镇村生活的老百姓,都有很深的"故土"情节。因而在安置地的规划选址上,我们积极对接市委市政府,尽量争取安排就近安置。如三江片区(汪家园三期)棚改、桐子坞棚改等项目,都是因为就近安置,而加快了签约率。

二是让利于民。维护失地农民的切身利益,充分考虑村集体的发展需要,在征迁的同时,给当地村民留下了一定资产。如郭门片区的棚改,市委市政府拿出城东片区最好地段,约 2.87 万平方米土地建设了一座现代化村集体经济大楼,以商贸服务业、信息服务业带动失地农民再就业,真正体现了"让征迁群众同享城市化发展成果"的理念。

三是重点帮扶。征收工作组在入户调查摸底时,特别留心一些困难户,并详细记录。如,龙潭棚改项目部一本特别的册子上,记录着从 2600 多户被征收户中筛选出来的困难户详情表:有的患重病、有的生活困难、有的长期失业在家……针对这些困难户,龙潭棚改项目指挥部一一列出帮扶办法:为符合条件的居民申请保障性住房;为重病患者申请大病救助;为低收入家庭申请城市低保或临时救助;为有官司的家庭申请法律援助。

四、在速度上,铆足干劲,不断突破

一是密集调度。区委、区政府主要领导定时不定时到棚改一线实地查看、调度进展情况,特别是针对重大棚改项目,如胜利棚改,项目总指挥是由胡心田区长担任,副指挥由王兆强副书记担任,配备4个县级领导,天天坐镇指导,他们把办公室、会议室全部搬到指挥部一线办公,每天对项目进度、每户的签约,进行每日调度,每日汇报,并分析问题,解决问题,绝不让问题过夜。建立重点项目督查群,通过微信,每日晒进度。与市城投成立联合指挥部,建立了每周两例会制度,及时沟通、协调解决棚改工作中的问题。

二是挂图作战。各项目部将征迁任务上墙,每一小组、每一个组员都有明确的任务。各个重点棚改项目的指挥部前移至征收一线,由原来的在宾馆办公调整为在棚改范围内就近租房子,方便了群众签约。

三是严格督查。成立了由区纪委、区委组织部、城东指挥部办公室联合督查组,将每次召开的棚改调度会形成会议纪要,并按照会议明确的工作要点列入督查督办事项,并对落实情况全程督查。对没有按照时间节点推进的,在全区范围内通报批评,对先进典型及时组织媒体宣传报道,对贡献突出的干部优先提拔使用,切实让肯干事、能干事、不出事的干部有荣誉、有平台、有空间。

信州区通过优化棚改工作举措、强化节点意识、深化责任担当,为中心城区的可持续发展交上了一份满意的信州答卷。

(区政府办)

信 州 概 况

综 述

　　信州因位于信江上游,唐、宋、元代是州治所在地得名。全境总面积339平方千米。地处江西省东北部,上饶市东部,信江上游。东、东南与广丰县接壤,南、西与上饶县毗邻,北与玉山县相连。信州区是上饶市的主城区,区人民政府驻茅家岭街道。

　　区位优势明显。素有"豫章第一门户""信美之郡"的美誉,地扼赣、浙、闽、皖四省之要冲,是长三角经济区、海西经济区、鄱阳湖生态经济区的结合部,既是沿海发达地区的经济腹地,又是承东启西的咽喉要地,同时也是实现上饶在江西崛起的桥头堡。1小时可达杭州、南昌、武夷山、衢州、景德镇等5个机场,境内4C级支线机场——三清山机场已通航。区域内有德上高速、上武高速、沪昆高速、浙赣铁路、320国道等交通大动脉,杭长、合福两条高铁在区内呈"十"字交会,使信州区成为目前全国第一个拥有2条高铁客运专线的县级区。

　　文化积淀深厚。自东汉建安年间设县以来,已有1800多年的历史。2000年10月1日,经国务院批准撤销县级上饶市,改设信州区。这里是世界第一部《茶经》的作者——唐代"茶圣"陆羽茗茶之地,南宋爱国词人辛弃疾的久居20年之处,被誉为"文献、政事、文学为一代冠冕"的南宋词人韩元吉闲居之地,明朝内阁首辅夏言晚年寓居之所,鸳鸯蝴蝶派代表作家张恨水的出生地。辖区内有五代十国时期的巨型铜钟,被誉为镇馆之宝的有明确纪年的元青花一对,建于明代万历年间的五桂塔和龙潭塔,明代理学旧第娄氏宗祠,明朝万历年间礼部侍郎杨时乔府邸,建于康熙三十三年(1694)的信江书院等文物古迹。国家级红色教育基地——上饶集中营着落于此,方志敏、邵式平等老一辈无产阶级革命家都曾在这里留下过战斗的足迹。

　　风光秀丽宜人。信州区"北枕灵山、南带冰溪,东揽琅琊,西瞻山献"。信州山环水绕、两岸三江、景色秀丽,境内有国家级森林公园——云碧峰森林公园,江西省五大水系之一的信江河穿城而过,汇入鄱阳湖。城区山水环绕,是全国13座空气、水质量最好的城市之一,是一座山水与生态完美结合,极具魅力和充满生机的山水园林城市,荣获"中国绿色名区"称号,是中国最具幸福感20座城市之一。

　　商业贸易发达。信州地处"吴头楚尾",自古就是赣、浙、闽等省边际贸易重镇,商贾云集,店铺林立,史称"信之为郡,江东望镇也"。城区有40余家各类市场、18条特色商业街区,形成了"城内大商场、城郊大市场、城中特色街、城外大物流"的商贸格局。

　　创业氛围浓厚。水、电、劳动力资源丰富,原材料价格、基础设施费用相对较低。工业发展的主平台——上饶经济技术开发区朝阳产业园被授予国家高新技术产业化基地、国家科技兴贸创新基地、省级苎麻纺织产业基地。上饶信息技术产业园被授予江西省第一批省级电子商务示范基地和首届朱雀奖——电子商务园区十佳创新奖。在信州区域范围内可以有效对接海内外相关产业的梯度转移,投资回报率高。信州区还荣获了"浙商投资最佳城市"、外商眼中"最具投资潜力的中国城市""首届江西投资环境十佳城市"等称号。

　　2017年,在市委、市政府的正确领导下,全区上下紧紧围绕"高标准建成省域副中心城市核心区"的目标,实现了经济社会"稳中奋进、好中加快"的发展预期。全年完成地区生产总值243.7亿元,增长9.2%;财政收入 23.9 亿元，增长 9.1%，税占比为 85.05%；固定资产投资 180.1 亿元，增长 13.8%；规上工业增加值增长 9.8%；社会消费品零售总额 144.6 亿元，增长 11.9%；第三产业增加值 178.3 亿元，增长 9.1%；共签约 2000 万元以上项目 118 个，签约总额 227 亿元，其中工业项目 70 个，合同资金总额 121.5 亿元；全年出口总额 3.53 亿美元，增长 50.8%；城镇、农村居民人均可支配收入分别达到 34549 元、15692 元，增长 9.1%、9.3%。9 个镇、街道财政收入全部过亿元。提出了"五年决战三百亿"的目标，补齐发展短板，2017 年规上工业增加值、工业投资增速位居全市第一。信息服务业实现稳定集聚发展，新业态蓬勃发展，电子商务、电子竞技、呼叫和服务外包等企业迅猛增加。新增信息产业企业 77 家，总数达 415 家，实现税收 2.71 亿元，增长 8.67%。规上工业增加值、工业投资、财政收入、外贸出口的增速全市第一，第三产业增加值、税收收入占财政总收入比重、社会消费品零售总额、限额以上消费品零售额、电子商务交易额、金融机构人民币存贷款余额、外贸出口实际完成数、生产型企业出口额全市第一。

历史概况

【建置沿革】　信州区原为上饶县地。夏为扬州之域，春秋时属楚，吴取楚地，属吴，越灭吴，属越，楚败越，复属楚。秦属九江郡余汗县。汉高祖六年（前 201）隶豫章郡。东汉末期建安年间（196—205）始置上饶县，初属豫章郡，不久改属鄱阳郡。晋初并入葛阳县，隶鄱阳郡。南朝宋复置上饶县，属鄱阳郡。隋开皇九年（589）又并入葛阳县，属饶州。开皇十二年（592）废葛阳称弋阳。唐武德四年（621）复置上饶县。武德七年（624）撤销上饶县，并入弋阳县。宋，仍属信州。元至元十四年（1277），隶于江浙行中书省信州路。元至正二十年（1360）改信州路为广信府。明洪武四年（1371），广信府隶于江西行中书省。清因之。民国 3 年（1914），上饶县隶于豫章道。民国 15 年（1926），直属于江西省。民国 21 年（1932），隶于江西省第六行政区。民国 35 年（1946）为上饶县中山镇、西大镇；民国 36 年（1947），中山镇、西大镇合并称广平镇（今信州区）。

1949 年 5 月，上饶县全境解放，划广平镇及附近部分地区设上饶市，辖 3 个区、21 个街公所、14 个村公所，隶属上饶专区；10 月 1 日，中华人民共和国成立。1950 年 4 月，改上饶市为上饶镇，辖 21 个街公所、10 个村公所，直属上饶专区。1951 年 2 月，经政务院批准复设上饶市，辖 21 个街公所、10 个村公所，直属上饶专区。1960 年 9 月，经国务院批准，上饶县、市合并为上饶市，辖 2 个镇、27 个人民公社、2 个垦殖场。1964 年 11 月，经国务院批准，上饶县重新分出，上饶市辖 5 个人民公社，隶属上饶地区。1993 年 5 月，上饶县沙溪镇、灵溪乡、朝阳乡、秦峰乡划入上饶市，辖 2 个街道办事处、1 个镇、6 个乡。2000 年 7 月，经国务院批准，撤销上饶地区和县级上饶市，设地级上饶市，原上饶市更名信州区，辖 2 个街道办事处、2 个镇、5 个乡，下设 95 个居民委员会、75 个村民委员会。2013 年年末，辖水南、东市、西市、北门、茅家岭等 5 个街道办事处，沙溪、朝阳、灵溪等 3 个镇，秦峰乡，共 9 个乡级政区；分辖 54 个社区居民委员会、18 个居民委员会、50 个村民委员会。2014 年，秦峰乡撤乡设镇，信州区辖 4 镇、5 街道。

【历史述要】　新石器时代，境内就有人类繁衍生息，西周已有村庄。秦、汉间出现集镇。东汉建安初年建上饶县，一说因傍上饶江得名，又说因"山郁奇珍"得名，寓"上乘富饶"之意。唐乾元元年（758）置信州，在所废上饶古镇设治，筑城墙，此后，历为州、府治所，为赣东北地区的政治、经济、文化中心。城墙历朝因水屡圮屡修。宋大观三年（1109），因被雨水冲塌，遂行修筑，改四门为八门，取名望云、葛溪、玉溪、香濠、渌津、春浦、三港、信溪。明洪武初年（1368），也因墙体坍塌，再行修复，设东、南、西、北和春浦五门。以后历代又几经修筑，仍留五门。民国 19 年（1930），赣东北红军攻占上饶城时，拆除其中西濠边一段。今区境中华人民共和国成立后，因城市建设需要，渐次拆除其余部分，今已无存。境内经济开发较早，秦、汉时期，信江流域和其他河谷地区，就有农业和简单的制陶业。唐代开始植茶、制茶。宋代，农业生产的种稻、种茶、种麻，作坊的制陶、冶炼、纺织迅速发展。明代，商业繁荣，上饶城成为赣东、闽北的重要货物集散地。民国时期，经济有新发展。民国 24 年（1935），浙赣铁路全线通车，上（饶）玉（山）、上（饶）广（丰）、上（饶）横（峰）等公路相继建成，并有电话、电报等通信设备，促进了经济的发展，境内出现机械纺织、机械采煤、火力发电、机械制造等工业。民国 27 年（1938），国民政府第三战区长官司令部迁驻上饶，东南沿海沦陷地区部分工商界人士流亡上饶，办厂经商，上饶愈加繁荣。

中国共产党诞生后，中国共产党人在上饶的革命斗争，对中国革命的胜利作出了重要贡献。民国 16 年（1927），原上饶中学学生黄道、邵式平回到上饶中学执教，宣传马克思主义，传播北伐战争的胜利消息。民国 19 年（1930），方志敏率领赣东北红军 3 次攻克上饶城，分浮财，烧田契，宣传共产党的政策。此后，中国共产党在上饶的地下组织与活动逐步发展。民国 28 年（1939）5 月，中共福建省委在上饶建立中心支部，统一领导上饶及邻县各所属支部的斗争；6 月，新四军驻赣办事处迁驻上饶，周恩来、叶挺、陈丕显等人先后到此指导工作。民国 30 年（1941），被囚于上饶集中营的中国共产党党员相继建立党的秘密组织，领导狱中革命志士向敌人展开多种形式的斗争，相继发动了闻名全国的茅家岭暴动和赤石暴动，给敌人以沉重打击。今区境中华人民共和国成立前夕，中共闽浙赣边区党委和中共江西工委又先后派员在上饶城内建立党的秘密工作机构。信州区山清水秀，风光旖旎，自然条件优越。信江河、丰溪河纵横贯穿市区，城东的森林公园风景秀丽奇美，把信州区点缀成独具特色的水中城、城中水、绿中城、城中绿的自然生态城市。境内文物众多，现尚存古屋宇 6 处，古塔 2 座，古墓葬 10 余座，名石刻 10 余通，还有古泉、古钟以及众多的古钱币、古陶瓷等。其中，始铸于五代吴顺义三年（923）的鸡应寺铜钟，刻有唐著名画家阎立本绘像的"璎珞观音"碑，刻有南宋理学家朱熹书法的"紫阳遗墨"碑和《六经图说》碑等，是价值甚高的珍品；唐代茶圣陆羽寓居上饶时所凿的陆羽泉，始建于宋绍兴年间的东岳庙、建于明万历年间（1573—1620）的奎文塔、建于清康熙年间的信江书院等，都是赣东北地区的重要胜迹。全区有文物保护单位 11 处，其中全国重点文物保护单位 1 处（上饶集中营旧址），省级文物保护单位 3 处（信江书院、鸡应寺铜钟、黄道烈士墓），市级文物保护单位 7 处（杨益泰旧第、太子庙、东岳护国禅寺、杨时乔府第、龙潭奎文塔、五桂塔、陆羽泉）。区博物馆内共收藏国家一级文物 3 件（宋木叶贴花黑釉盏和元青花茂叔爱莲玉壶春瓶、元青花荷莲纹玉壶春瓶），二级文物 9 件，三级文物 24 件；另有参考品 1062 件，待处理品 400 余件。

（缪　斌）

自然环境

【区域位置】　信州区位于江西省东北部，地处信江中上游与丰溪河的交汇处，其地理位置为北纬 28°23′46″—28°40′15″，东经 117°55′28″—118°10′00″。东、东南与广丰区接壤，南、西与上饶县毗邻，北与玉山县相连。

【地质地貌】　信州区地貌类型以丘陵、河谷平原为主，属丘陵地区。北东丘陵属怀玉山脉，有将军山、饭甑山、牛头山、黄尖山、青尖山、睦州山等，一般海拔 150~200 米，以黄尖山最高，海拔 594.3 米。西南、西北为低丘及岗地，一般海拔 50~100 米。全境流域总体属于长江流域、鄱阳湖水系、信江流域区。水资源特征主要是客境水为主，流经境内的河流有 5 条，主要是信江及其主支流玉山水和丰溪水。

【土地资源】　信州区境内土壤共有土类 4 个（水稻土、潮土、紫色土、红壤），亚类 6 个（潴育型水稻土、潜育型水稻土、潮土、酸性紫色土、红壤、红壤性土），土属 19 个（红砂泥田、潮砂泥田、棕砂泥田、麻砂泥田、黄砂泥田、鳝泥田、紫砂泥田、红砂泥田、壤质潮土、砂质潮土、紫色砂砾岩类酸性紫色土、红砂岩类红壤、泥质岩类红壤、红砂泥土、中性结晶岩类红壤、酸性结晶岩类红壤、石英岩类红壤、中性结晶岩类红壤性土、红砂岩红壤性土）。

截至 2017 年年底，信州区土地总面积 50.85 万亩，其中耕地 10.81 万亩，园地 0.152 万亩，林地 18.88 万亩，草地 1.27 万亩，城镇村及工矿用地 10.04 万亩，交通运输用地 1.75 万亩，水域及水利设施用地 3.44 万亩，其他土地 1.05 万亩。

【矿产资源】　信州区境内变质岩和岩浆较为发育，矿产资源主要有磷、煤、石灰石、滑石、花岗岩、黑滑石、大理石等。磷矿位于朝阳乡境内，矿层分布面积约 25

平方千米，已探明磷储量居华东六省之首。其中，磷矿主要蕴藏于朝阳乡境内，已勘探查明矿体东西长约7000米，南北宽约1550米，最大垂深460米，地质储量10703万吨，为华东地区最大磷矿床。矿藏以黑滑石、高岭土为主。黑滑石矿床约1平方千米，矿储量约千万吨左右，表面覆盖层约5米，开采成本低，该矿品位高，含镁量27.78%，高岭土矿储量超过亿吨以上，面积达300亩。

【河　流】　全境流域总体属于长江流域、鄱阳湖水系、信江流域区。水资源特征主要是客境水为主，而自身的产水量较小，多年平均径流量仅3.565亿立方米。流经境内的河流有5条，主要是信江及其主支流玉山水和丰溪水。

信江　发源于浙赣边界仙霞岭西侧及怀玉山玉京峰东侧平家源。其中，金沙溪、玉琊溪为信江的两大源流，汇集于玉山县城冰溪镇后，称玉山水；其水从沙溪镇向阳村龙门额沿该镇与广丰区接壤处南流，至沙溪镇下李家与秦峰镇上湖头接界处流入信州区境，经灵溪镇、北门街道于城区与丰溪汇合后，始称信江，并从茅家岭街道同心村出境。信州区境内河道长度为3800米。控制流域面积为5015平方千米，河道纵坡0.38%。

玉山水　经冰溪、沙溪、秦峰、灵溪等乡镇后，在汪家园汇入信江。总流域面积2756平方千米，主河道长度110千米。流域内雨量充沛、支流发达，多年平均降水量1700毫米，多年平均径流量100立方米/秒，多年平均径流深1105毫米。河道纵坡为0.5‰。有饶北河、黄家溪

等主要支流汇入。流经境内河道长度为27.5千米。

丰溪河　发源于福建省浦城县北部的仙霞岭洋碧山南麓，西南流经棠岭，至温坑入江西省广丰区境，再流经桐畈、杉溪、永丰、洋口等乡镇，从朝阳镇盘石村流入信州区境，在汪家园汇入信江。总流域面积2490平方千米，主河道长度138千米。有十都港、二十四都港、石杉溪、排山溪、赵塘溪、枧溪、碧溪、丁溪等21条支流及军潭、七星等21座大中型水库之水汇入。流域多年平均降水量1750毫米，多年平均径流深1054毫米，多年平均产水量23.82亿立方米。流域平均坡度0.3‰。流经境内河道长度为8.5千米。

饶北河　又称灵溪，发源于横峰县西北部金龙山西移的爬拦岗。东流入上饶县境，经大济、九牛、樟涧、郑家坊，转南过煌固、八都，至灵溪镇桥头街汇入玉山水。饶北河流域面积619平方千米，主河道长度71.8千米，流域平均坡度0.9‰。流域内雨量充沛，多年平均降水量为1995毫米，多年平均产水量约7.4亿立方米。流经境内河道长度为3.7千米。

槠溪　又称罗桥河，发源于上饶县北部灵山南之水晶岭与抬峰之间。南流经铜坝、清水塘，转东南过淤里、罗桥、旭日镇，从北门街道龙潭村黄家自然村流入信州区境，再从该村观音桥汇入信江。流域面积172平方千米。流域平均坡度1.7‰。流域多年平均降水量1800毫米，多年平均产水量2.0亿立方米。主河道长度39千米。其中，境内河道长度2千米。

此外，还有发源于境内的5

条溪流，即郭门溪、解放河、沽塘溪、秦峰溪和朝阳溪。郭门溪长9.2千米，流域面积为14.74平方千米；解放河长7.74千米，流域面积为11.74平方千米；沽塘溪长5.35千米，流域面积为7.42平方千米。解放河、沽塘溪分别经区内的杨家石桥和铁路西立交桥汇入信江。20世纪90年代以后，解放河河面已全部被建筑物覆盖而成为暗河。

【水资源地下水】　信州区水资源比较丰富，境内雨量丰沛，多年平均降水量1954立方米。流经境内的河流5条，总长45.50千米，检制流域面积5015平方千米，多年平均径流量55.55亿立方米。全境有中型水库1座，小（1）、小（2）型水库60座，总库容2438万立方米，有水塘1035口，总蓄水量2154万立方米，灌溉面积5.455万亩。

境内的地下水主要呈带状分布于信江、玉山水、丰溪和饶北河两岸的砂砾石孔隙中，属松散岩类孔隙水，水量丰富，地下水埋深在0.5~5.0米之间。水位和水量随季节变化明显，旱季和雨季水位差2.49米。钻井单孔（井径1.5米）出水量为400~1600立方米/日。水质良好，主要为碳酸钙型水，矿化度一般小于0.5克/升；酸碱值（pH）适中，为6~7。地下水的补给主要靠降水及地表水通过上覆的亚酸土直接渗入。在一般情况下，地下水补给河水；在洪水期或抽取地下水时，河水补给地下水。

富含水层地层属黏土质松散岩组，下复基岩为灰岩。构造岩性上部为灰黄色亚砂土，砂石厚3.85~9.96米，从上往下，泥质减少，含沙量逐渐增加，与下

部砂砾层呈渐变关系。下部为砂卵石层,厚度为 1.04 ～ 5.4 米。卵石主要为石英石、砂岩、水成岩等,分选性较好,自上往下,由小变大,砾径一般为 2 ～ 3 厘米,圆度较好,呈滚圆或半滚圆状。该层二元相结构明显,含丰富孔隙潜水,属第四系松散岩类孔隙水。

弱含水地层地质属半坚硬陆相碎屑岩组,岩性为红砂岩、粉砂岩、砂砾岩,局部有岩浆岩,岩石软硬相间,抗风化力较差,风化带厚 2 ～ 15 米,地型低矮,切割不深,含水不足。地下水资源估算,以江西省地质矿产局赣东北地质大队《上饶市 1∶20 万区域水文地质调查报告》为依据,全区多年平均总储量约 0.57 亿立方米。因全区地表水较为丰富,除特枯年份在个别地区需要利用地下水外,一般未利用地下水资源。

【环境质量状况】 2017 年度信州区环境质量总体保持良好,信江河(城区段)Ⅰ ～ Ⅲ 类主要河流断面水质达标率为 97.2%,城区集中式饮用水水源地水质达标率为 100%,水质为优。城区环境空气质量从 2015 年 1 月 1 日开始,上饶市执行新的《环境空气质量标准》(GB3095 - 2012),空气质量级别为超二级,主要污染物为 PM2.5(细颗粒物),城区环境空气质量达标天数 311 天,优良天数比例为 85.9%。降水 pH 年均值为 5.64,酸雨频率为 38.6%,比 2016 年下降 24.6%,达到国家推荐标准。城区声环境质量总体较好,区域声环境质量为二级(较好);道路交通噪声平均等效声级均符合道路交通噪声强

度为二级(较好)标准;各类声环境功能区达标情况较好。

【地表水环境质量状况】

1. 信江河水质状况

2017 年,信江河(城区段)Ⅰ ～ Ⅲ 类水质断面比例为 97.2%,水质为优。

2. 饮用水源地水质状况

2017 年,信州区城区集中式饮用水水源地水质达标率为 100%。

【城区环境空气质量状况】

1. 城区环境空气质量状况

2017 年执行新的《环境空气质量标准》(GB 3095 - 2012),空气质量级别为超二级,主要污染物为 PM2.5。城区环境空气质量达标天数 311 天,优良天数比例为 85.9%。其中:

二氧化硫年平均浓度值为 37.9μg/m³,符合国家环境空气质量二级标准(60μg/m³),比上年上升了 5.9μg/m³。

二氧化氮年平均浓度值为 30.8μg/m³,符合国家环境空气质量一级标准(40μg/m³),比上年下降了 0.2μg/m³。

颗粒物 PM10 年平均浓度值为 73.1μg/m³,超过国家环境空气质量二级标准(70μg/m³),相比上年上升了 3.1μg/m³。

一氧化碳 24 小时平均浓度值为 1.8mg/m³,符合国家环境空气质量一级标准(4 mg/m³)。

臭氧日最大 8 小时平均浓度值为 180.0μg/m³,超过国家环境空气质量二级标准(160μg/m³)。

颗粒物 PM2.5 年平均浓度值为 44.0μg/m³,超过国家环境空气质量二级标准(35μg/m³)。

2. 降水环境质量状况

上饶市城区降水 pH 年均

值为 5.6,比上年 pH 年均值升高了 0.2,降水酸性减弱;酸雨频率为 38.6%,比上年下降 24.6%,酸雨污染大幅减少。

【城区声环境质量状况】

1. 城市区域环境噪声

2017 年,城区区域环境噪声昼间平均等效声级为 53.2 分贝,声环境质量为二级,较好。

2. 城区城市道路交通噪声

2017 年,城区道路交通噪声昼间平均等效声级为 68.4 分贝,声环境质量为二级,较好。

3. 城区功能区噪声

2017 年,上饶市城区各功能区噪声昼间达标率为 98.8%,夜间达标率为 80.5%。

(程 浩 周卫娟 蔡旭华)

气候状况

【概 况】 2017 年(1 月—12 月,下同)信州区主要受大雾、雷雨大风、暴雨、高温、台风、寒露风,这些灾害性天气贯穿全年不同季节。各类气象灾害天气给工、农业生产造成不同程度损失,给人民生活带来不利影响。

【气 温】 全年全区平均气温 18.7℃,比历年同期平均偏高 0.8℃,极端最低气温为 -1.9℃,出现在 2 月 12 日。

冬季(12 月、1 月、2 月,下同):全区平均气温 8.8℃,比历年平均偏高 1.4℃。其中,2017 年 12 月全区气温 8.4℃,比历年同期高 0.3℃;2017 年 1 月气温为 9.2℃,比历年同期高 3.1℃;2 月气温 9.2℃,比历年同期高 1.2℃。

春季(3 月—5 月,下同):全

区平均气温为17.9℃,比历年同期平均高0.5℃。其中,3月份全区气温为11.9℃,比历年同期高0.2℃;4月份气温为18.5℃,比历年同期高1.0℃;5月份全区气温为23.3℃,比历年同期高1.0℃。

夏季(6月—8月,下同):全区平均气温为27.5℃,比历年同期平均低0.1℃。其中,6月份全区气温为23.3℃,比历年同期低1.9℃;7月份全区气温为29.9℃,比历年同期高1.0℃;8月份全区气温为29.3℃,比历年同期高0.8℃。

秋季(9月—11月,下同):全区平均气温为20.7℃,比历年同期平均高1.2℃。其中,9月份全区气温为27.2℃,比历年同期高2.3℃;10月份全区气温为20.8℃,比历年同期高1.0℃;11月份全区气温为14.2℃,比历年同期高0.3℃。

【降　水】　全区年降水量为1851.3毫米,比历年年降水量多3.2毫米。

冬季:全区降水量为119毫米,比历年同期少160.9毫米。其中,12月全区降水量35.7毫米,比历年同期少25.2毫米;1月降水量41.3毫米,比历年同期少53.9毫米;2月降水量42.0毫米,比历年同期少81.8毫米。

春季:全区降水量为775.9毫米,比历年同期多55.7毫米。其中,3月份平均降水量293.1毫米,比历年同期多75.9毫米;4月份平均降水量为339.1毫米,比历年同期多80.7毫米;5月份平均降水量为143.7毫米,比历年同期少101.3毫米。

夏季:全区降水量为736.3毫米,比历年同期多114.2毫米。其中,6月份降水量600.3毫米,比历年同期多239.2毫米;7月份降水量为50.7毫米,比历年同期少105.2毫米;8月份降水量为85.3毫米,比历年同期少19.8毫米。

秋季:全区降水量为220.1毫米,比历年同期少5.8毫米。其中,9月份降水量为17.2毫米,比历年同期少64.4毫米;10月份降水量为29.5毫米,比历年同期少28.9毫米;11月份降水量为173.4毫米,比历年同期多86.7毫米。

【日　照】　全区年日照为1729.1小时,比历年平均少40.8小时。

冬季:全区日照为359.1小时,比历年同期多49.8小时。12月份日照为146.5小时,比历年同期多9.1小时;1月份日照为86.0小时,比历年同期少6.5小时;2月份日照为126.6小时,比历年同期平均多47.2小时。

春季:全区日照为427.5小时,比历年同期多73小时。其中,3月份日照为79.9小时,比历年同期平均少11.1小时;4月份日照为148小时,比历年同期多33.5小时;5月平均日照为199.6小时,比历年同期平均多50.6小时。

夏季:全区日照为510.2小时,比历年同期少107小时。其中,6月份日照为33.0小时,比历年同期少116.6小时;7月份日照为262.3小时,比历年同期多21.6小时;8月份日照为214.9小时,比历年同期少12小时。

秋季:全区日照为432.3小时,比历年同期少56.6小时。其中,9月份日照为179.2小时,比历年同期少4.6小时;10月份日照为161.8小时,比历年同期少2.0小时;11月份日照为91.3小时,比历年同期少50小时。

【主要灾害性天气】　全年全区主要受大雾、雷雨大风、暴雨、高温、台风、寒露风等灾害天气影响。

高温:7月13日—29日连续17天日最高气温≥35℃。

暴雨:一年内全区共出现7次区域性暴雨天气过程,造成部分地区出现内涝和山洪地质灾害及农田渍害,其中4月8日—10日受中低层切变、西南急流和冷空气共同影响,全市出现了一次强对流和区域性暴雨天气过程,信州区达到大暴雨。

台风:8月1日受2017年第十号台风"海棠"影响,农业和交通受到一定影响。

【气候条件对农作物的影响】全区主要农作物为油菜、双季早稻、晚稻、蔬菜,其中早稻为持平略减年景,油菜、晚稻、蔬菜均为平偏丰年景。

油菜从2016年9月下旬进入生育期以来,油菜生长期间气象条件有利,特别是冬前及越冬期热量条件好,油菜长势良好,虽入春以来出现阴雨天气,但未对油菜生长产生不利影响。2月开始,油菜先后进入开花期,期间晴多雨少、温度偏高、光照充足,土壤墒情较适宜。3月份气温偏高、日照偏多,光热条件有利于油菜生长,气象条件对油菜生产总体较有利。4月—5月上旬气温偏高,没有出现"倒春寒"天气,虽经历了多轮降雨天气,但未影响产量形成,也未造成大规模病虫害的发生。到 5 月中下旬,全市油菜将收获完毕。总体来说,2017 年油菜全生育期间气象条件对油菜生长发育利大于弊,为平偏丰年景。

2017 年双季早稻生育期间气象条件总体适宜。播种期间气温偏高、降水偏少,热量条件基本满足早稻育秧需要,没有出现烂种烂秧现象。4 月份气温偏高,没有出现"倒春寒"天气,温光匹配良好,有利于早稻播种育秧。5 月—6 月上旬,气温略偏高,光温水总体匹配良好,气象条件有利于早稻分蘖和拔节孕穗。受高空低槽、中低层切变和西南急流共同影响,全区 6 月 21 日—29 日出现持续性强降雨过程,因降雨强度大、持续时间长,局部处抽穗扬花期的早稻,出现暴雨洗花,授粉受阻;持续阴雨寡照,导致灌浆缓慢,生育期延长,千粒重下降;少部分淹水较深且持续时间长的稻田,长势减弱,个别灌浆早的稻穗上有发芽现象,影响产量。7 月上旬光温适宜,有利于早稻灌浆结实;7 月中下旬气温偏高,虽不利于灌浆,但有利于收割晾晒,全区早稻于 7 月底完成收割任务。综合而言,2017 年早稻生育期间弊略大于利,为持平略减年景。

6 月下旬晚稻处于播种育苗期,期间受持续性强降雨过程影响,低洼地段或是靠近河道的秧苗被洪水冲走或被淤泥掩埋,重新进行补种,天气条件不利于晚稻的播种育秧工作。7 月上旬全区前雨后晴,有利于秧苗长势恢复。7 月中下旬气温明显偏高,不利于晚稻移栽返青。8 月全区气温光温适宜,降水偏多,有利于晚稻分蘖和拔节;但高温高湿的环境同时也有利于晚稻病虫害的发生发展。9 月上旬至中旬全区以晴天多云天气为主,墒情适宜,光照充足,未出现寒露风和连续低温阴雨天气,晚稻孕穗抽穗正常。大部分地区晚稻于 9 月下旬开始灌浆,灌浆前期日较差大,对二晚灌浆和粒重增加十分有利;后期雨多寡照,尤其是 10 月 10 日晚—12 日,全区出现一次大风强降温天气过程,导致部分晚稻出现倒伏。10 月 21 日—11 月 6 日全区无降水,天气条件对晚稻成熟收晒十分有利;11 月中旬以阴雨寡照天气为主,对少部分未收割的二晚收晒有不利影响。总体来说,2017 年双季晚稻全生育期间气象条件对晚稻生长发育利大于弊,二晚为平偏丰年景。

【综合气候年景评价】

综合评价,信州区全年年景为一般年景。冬季为较好年份,春季为一般年份,夏季为偏差年份,秋季为一般年份。

中国共产党信州区委员会

综　述

2017年，信州区委在以中共中央总书记习近平为核心的党中央的坚强领导下，在省委省政府和市委市政府的正确领导下，把喜迎中共十九大、学习宣传贯彻中共十九大精神作为全年工作主线，认真贯彻习近平新时代中国特色社会主义思想，深入贯彻落实省委第十四次党代会精神和市委第四次党代会精神，紧紧围绕区第四次党代会提出的"干在实处再出发，走在前列谱新篇"的工作方针，坚持"为市服务、借市发展、实现共赢"的工作理念，瞄准"奋力打造现代服务业新高地、区域发展新引擎、生态宜居幸福城""高标准建成省域副中心城市核心区"的工作目标，大力弘扬勇闯新路的"井冈山精神"、清贫奉献的"方志敏精神"、团结拼搏的"女排精神"、精益求精的"工匠精神"，推动全区经济社会发展和党的建设取得了新成绩。全年完成地区生产总值243.7亿元，增长9.2%；财政收入23.89亿元，增长9.1%；固定资产投资 180.1 亿元，增长13.8%。第二产业、规上工业增加值、工业投资等指标增速全市第一，第三产业增加值、税占比、社会消费品零售总额、限额以上消费品零售额、规模以上服务业企业营业收入、金融机构人民币存贷款余额、外贸出口实际完成数、城乡居民人均可支配收入总量全市第一。

始终坚持把党的政治建设放在首位不动摇。牢固树立"四个意识"，坚决维护以中共中央总书记习近平为核心的中共中央权威和集中统一领导，严守政治纪律和政治规矩，用坚强的党性确保党中央政令畅通。尊崇党章、维护党章，严格执行新形势下党内政治生活若干准则，进一步完善、运用严肃党内政治生活"一本清"。认真落实民主集中制，不断提高科学决策、民主决策、依法决策水平。全年召开区委常委会 29 次，开展中心组学习35次。牢牢掌握意识形态工作领导权。出台了《信州区党委(党组)意识形态工作责任制考核办法》，层层传递党管意识形态责任。研究制定《喜迎党的十九大胜利召开的实施方案》《关于认真学习宣传贯彻中共十九大精神的通知》，做好了喜迎中共十九大、学习宣传贯彻中共十九大精神的各项工作。对标对表中共十九大精神，对照中央和省市工作要求，提出了"五个坚定不移"的思路，即坚定不移抓发展、坚定不移改革创新、坚定不移扬优成势、坚定不移改善民生、坚定不移全面从严治党，为开创新时代信州改革发展新局面把牢了方向，明确了路径。

始终坚持加快发展不松劲。工业经济强势上扬，实现"三个前所未有"，即工业招商引资力度前所未有，全年签约工业项目70 个，签约总数超过前 3 年总和。工业项目落地见效前所未有，年度内开展工业项目集中开(竣)工活动 4 次，开竣工项目总数 63 个，项目总数超过前两年总和，并在全市 2017 年第三次工业项目巡查中取得平均分全市第一的好成绩。工业主要经济指标增速之快前所未有，规上工业增加值、工业总产值、主营业务收入、工业固定资产投资、利润总额五大指标增速全年一路飘红，持续保持增幅全市第一。秀美乡村建设成为全市样板。投入各项资金 3.9 亿元，安排秀美乡村建设点 115 个，覆盖主要通道 7 条，打造精品点 5 个。这 5 个精品点成为全市秀美乡村样板。现代农业示范园3000 亩核心区已初步形成，农村宅基地改革顺利推进，高产农田示范区全面完成土地确权。农民建房"五到场一公示"做法得到省长刘奇批示："就应该这样抓监管、抓落实。"现代服务业集聚成势。按照"建设四省交界区域商贸物流集散基地"和"建成省域副中心城市核心区"的要求，大力实施"商贸富区、商贸强区"战略，着力发展商贸服务业首位经济，形成了"一心三圈"商业发展格局。先后被评为全省现代服务业集聚区，连续3年获得"省市搞活流通扩大消费先进县市区"荣誉称号，商业综合体数量全省第一、商业特色街数量全省第一、商业楼宇总数全省第一、经济指标全市第一。新经济业态迅猛发展，打造了数字经济服务园。"滴滴呼叫城"呼啸而来，应声落地。

始终坚持"为市服务、借市发展、实现共赢"理念不含糊。把工作重心牢牢放在为市服务上，强调要不折不扣执行好、落实好市委、市政府各项重大决策、重大项目、重大部署。全年服务市级重点项目77个，已按市委市政府要求全部交账。全年拆迁320.76万平方米，平均每天超过1万平方米；全年征地1431.76万平方米，平均每天1.33万平方米；全年迁坟8241座，平均每天迁坟23座。在服务市委、市政府的同时，借助市委、市政府项目落地、政策落地，抓住机遇，乘势而上，加快发展，取得了"为市服务，借市发展"的双赢。

始终坚持改革创新不止步。以壮士断腕的勇气推进8大领域9个方面改革。组建了"马上办"，推进了"放管服"改革，区域投融资体制改革，各项改革顺利推进。坚持招商引资"一把手工程"，把招商引资当作区域发展的生命工程。全年签约2000万元以上项目数超过前两年总和。

始终坚持增进民生福祉不懈怠。坚决打赢脱贫攻坚战。全年新增脱贫377户1137人，贫困发生率由上度的1.56%下降至0.95%。城镇、农村居民人均可支配收入分别达到34347元、15794元，增长8.5%、10%。着力改善城乡环境。坚决推进棚户区改造，全年实施了43个棚改项目，完成拆迁320.76万平方米，让17000多户家庭生活环境得到了改善。承接城市管理重心下移，信州区城市管理与行政执法局挂牌成立。全面实施城乡环境卫生一体化，顺利通过全省农村生活垃圾治理考核验收。沙溪镇荣获省级生态乡（镇）荣誉称号，实现了信州区省级生态乡镇零的突破。沙溪镇宋宅村荣膺全省第八批"省级生态村"。民生福祉持续增进。全年完成8项民生支出21.9亿元，占财政总支出近八成。新建学校4所、改扩建3所，推进城乡教育均衡发展，打造全市一流的教育，顺利接受省政府教育督导评估复查验收。社会治理不断创新。全省公众安全感测评由上年排名全省72位跃升至第17位、全市第一位。群众安全感大大提升。建成了全市首个禁毒教育基地。

始终坚持全面从严治党不放松。将党的政治建设摆在首位。扎实推进"两学一做"学习教育常态化制度化，扎实开展"争当方志敏式好干部""我是党员我带头"和"双报到双服务"活动，党员学习教育实现了"两个延伸"，即从"关键少数"向广大党员延伸，从集中性教育向经常性教育延伸。制定实施了《信州区关于落实严肃党内政治生活长效机制的工作办法》，指导各级党组织严格标准、细化要求，推动开展积极健康的思想斗争。稳步推进民主政治建设，加强统一战线工作，广泛凝聚社会各界力量。加强干部队伍建设。选派62名区直机关党员干部到村任"第一书记"；新增调整非公有制经济和社会组织党组织23个；全年提拔基层一线干部占提拔总数的51%。加强基层组织建设。推进基层党组织标准化建设，全市基层党组织标准化建设现场会在信州区召开。打造了党群服务站、乐邻中心、"四方联席"议事平台等多个社区党建新品牌，在全市城市基层党建工作部署会上作经验介绍。加强党风廉政建设。区委常委会先后29次研究党风廉政建设工作，支持纪委履职，全年受理群众信访举报165件，受理问题线索169条，党政纪处分83人。加大对扶贫领域监督执纪问责力度，风清气正的政治生态取得新的成效。广泛凝聚社会各界力量。区委出台了共青团、工会、妇联、科协、侨联等改革方案，加强和改进文联、残联、红十字会等群团工作，在北门街道吉阳山社区成立了全市首个社区群团服务中心，努力打通服务群众的"最后一公里"。认真贯彻中央《关于依法治理民族宗教事务促进民族团结的意见》，做好全区民族宗教工作。认真落实党管武装责任，巩固和深化军地军民共建，进一步提高双拥共建水平。开展了"英雄碑前赞英雄、清贫园里颂清贫——纪念建军90周年暨过军事日"活动，组织全区科级以上主要领导干部赴怀玉山寻根，丰富了国防教育形式。大力发展基层民主，深入推进党务、政务、事务公开，保障人民民主权利和合法权益。

（郭占军）

重要会议

【区委四届第十二次常委会议】

1月12日晚，区委书记主持召开。会议集体观看廉洁教育电视专题片《永远在路上》第四集和警示教育片《"蝇贪"之害——江西基层干部违纪违法案件警示录》。会议传达学习了全市扶贫攻坚会议精神。会议研究并原则通过区委宣传部提交的《中共上饶市信州区委中心组2017年理论学习计划（送审稿）》。会议听取并原则同意区纪委提交的关于召开纪委四届二次全会有关工作安排会议。会议审议并原则通过区纪委提交的《信州区党风廉政建设巡察工作办法（试行）》。

【区委四届第十五次常委会议】

1月24日下午，区委书记主持召开。会议传达学习了《关于8起扶贫领域腐败问题典型案例的通报》（赣纪字〔2017〕1号）、《关于5起扶贫和移民领域腐败问题的通报》（饶集中整治办字〔2017〕1号）。会议传达学习了市委书记马承祖在信州区调研经济社会发展与党的建设时的讲话精神。会议传达学习了市纪委四届二次全会精神。会议审议并原则通过区纪委提交的《信州区落实市委第十巡察组巡察反馈意见整改工作方案（送审稿）》。会议研究并原则通过区政府党组提交的《政府工作报告（送审稿）》。

【区委四届第十六次常委会议】

2月25日下午，区委书记主持召开。会议传达学习了全市"五年决战七千亿"工作会议精神，并研究贯彻落实意见。会议传达学习了《关于3起基层站所干部侵害群众利益典型案件的通报》（饶集中整治办字〔2017〕2号）。会议审议并原则通过2017年度纪检监察、宣传、统战、农业农村工作要点。会议听取并原则通过区政府党组提交的《2017年财政预算收支情况（送审稿）》。会议研究并原则同意区委办提交的《2016年度全区经济社会发展和党的建设工作总结表彰大会方案（送审稿）》和《全区工业"五年决战三百亿"工作大会方案（送审稿）》。

【区委四届第十七次常委会议】

3月21日下午，区委书记主持召开。会议传达学习了全国"两会"，省、市领导干部会议以及全市"两会"精神。会议传达学习了中组部新修订的《党委（党组）讨论决定干部任免事项守则》。会议听取了迎接省、市保密专项督查工作组检查情况汇报，并研究部署了2017年保密工作。会议审议并原则通过《信州区推进领导干部能上能下实施细则（试行）（送审稿）》《中共上饶市信州区委关于进一步加强党管人才工作的实施意见（送审稿）》。

【区委四届第十八次常委会议】

4月5日上午，区委书记主持召开。会议传达学习了《关于开展"争当方志敏式好干部"活动的意见》（饶字〔2017〕7号）。会议传达学习了全市景区党建工作会议精神，会议审议并原则通过了《关于开展基层党组织标准化建设的实施意见（审议稿）》《信州区干部选拔任用署名推荐工作的暂行办法（送审稿）》。会议研究并原则通过了《关于举办全区科级干部学习贯彻党的十八届六中全会暨省、市、区党代会精神专题研讨班的工作方案（送审稿）》。

【区委四届第十九次常委会议】

4月17日下午，区委书记主持召开。会议传达学习了市委全面深化改革领导小组第八次会议精神，并研究贯彻落实意见。会议研究并原则同意召开区委中心组学习（扩大）会暨全区廉政警示教育大会。会议传达学习了《关于我市两起违规使用公务用车问题典型案例的通报》（饶纪字〔2017〕13号）。会议审议并原则通过了《关于调整中共信州区委人才工作领导小组成员的通知（送审稿）》《关于推荐评选2017年上饶市五一劳动奖状、奖章和上饶市工人先锋号的报告》。

【区委四届第二十次常委会议】

4月25日晚上，区委书记主持召开。会议传达学习了《中共中央关于部分纪检监察干部违纪案件及其教育警示的通报》（中发电〔2017〕5号）、《中共江西省纪委关于深入学习贯彻〈中共中央关于部分纪检监察干部违纪案件及其教育警示的通报〉精神的通知》（赣纪发〔2017〕4号）。会议传达学习了《关于7起扶贫领域腐败问题典型案例的通报》（赣纪字〔2017〕9号）。会议传达学习了《中共中央办公厅印发〈关于健全人大讨论决定重大事项制度、各级政府重大决策出台前向本级人大报告的实施意见〉的通知》（中办发〔2017〕10号）。会议审议并原则通过了《信州区2017年农业和农村工作意见（送审稿）》《2017年度信州区新农村建设工作方案（送审稿）》《信州区秀美乡村建设行动规划（2017—2020）（送审稿）》《2017年度脱贫攻坚督查考核工作方案（送审稿）》。

【区委四届第二十一次常委会议】　5月12日下午，区委书记主持召开。会议传达学习了全省脱贫攻坚现场推进会、《江西省脱贫攻坚责任制实施细则》《江西省设区市党委和政府脱贫攻坚工作成效考核办法》《江西省扶贫开发领导小组关于进一步加强脱贫攻坚基层基础工作的指导意见》《江西省脱贫攻坚工作检查督导方案》《关于重申第一书记和驻村工作队工作有关要求的通知》精神。会议听取了脱贫攻坚整改工作推进情况汇报，传达学习了《上饶市脱贫攻坚督导工作实施方案》，研究并原则通过了区扶贫办提交的《迎接市脱贫攻坚工作专项督导组来区督导工作方案》。会议传达学习了《关于我省5起违反中央八项规定精神典型问题的通报》（赣纪字〔2017〕18号）。会议听取并原则通过了2016年度经济和社会发展先进单位有关考评奖励和补助事宜。会议审议并原则通过了《白鸥园运营管理实施方案（送审稿）》。

【区委四届第二十二次常委会议】　5月27日下午，区委书记主持召开。会议传达学习了省、

市端午节期间安保维稳工作会议精神、省政法委督导组督查汇报会精神，原则同意区委政法委提出的贯彻落实意见。会议听取了各镇、街挂点领导关于端午节期间安保维稳工作落实情况的汇报。会议研究部署了端午节期间党风廉政建设工作。会议审议并原则通过了《信州区脱贫攻坚常委负责制工作意见（试行）》。

【区委四届第二十三次常委会议】　6月14日上午，区委书记主持召开。会议传达学习了《〈江西省贯彻《县以上党和国家机关党员领导干部民主生活会若干规定》的实施细则〉的通知》（赣发〔2017〕11号）精神。会议传达学习了全市脱贫攻坚通道提升工作现场推进会议精神，原则同意区委农工部提出的贯彻落实意见。会议传达学习了全省旅游产业发展大会精神。会议审议并原则通过了《信州区"两学一做"学习教育常态化制度化实施方案（送审稿）》。会议研究并原则同意了《信州区庆祝中国共产党成立96周年大会及"七一"走访慰问活动工作方案（送审稿）》。

【区委四届第二十四次常委会议】　6月26日上午，区委书记主持召开。会议传达学习了省委书记鹿心社就中共中央办公厅、国务院办公厅《关于甘肃祁连山国家级自然保护区生态环境问题督查处理情况及其教训的通报》上作出的重要批示，全市生态环境整治工作动员部署会暨中央环保督查问题整改工作推进会议精神，原则同意区环保局提出的贯彻落实意见。会

议传达学习了《省委办公厅关于当前我省意识形态领域有关情况的通报》（赣办发电〔2017〕35号）精神，原则同意了区委宣传部提出的贯彻落实意见。会议研究并原则同意了《信州区庆祝建党96周年暨"七一"表彰大会、区委中心组党史专题学习工作方案（送审稿）》。会议审议并原则通过了《关于在推进"两学一做"学习教育中开展系列活动的工作方案（送审稿）》。

【区委四届第二十六次常委会议】　7月17日下午，区委书记主持召开。会议专题传达学习市委赴鹰潭市考察农村宅基地改革工作有关情况。会议传达学习了关于习近平总书记近几年在召开跨省扶贫工作座谈会上的讲话精神及中央、省、市扶贫领域监督执纪问责工作电视电话会议精神。会议听取了2017年上半年全区脱贫攻坚工作开展情况汇报，原则同意了区扶贫办提出的下一步工作打算。会议传达学习了《中共上饶市委组织部关于对个别领导干部未如实报告个人有关事项情况的通报》（饶组字〔2017〕57号）。会议听取了朝阳镇朝阳村"5·6"非法开采山石致机械伤害一般安全生产事故的调查情况汇报。会议审议并原则通过了《2016年度全区公共机构节能工作先进单位名单（送审稿）》。会议研究部署了组织收看电视专题片《将改革进行到底》有关事宜。

【区委四届第二十七次常委会议】　7月27日，区委书记主持召开。会议传达学习了省委十四届三次全体（扩大）会议和市

委四届四次全体（扩大）会议精神，并研究了信州区贯彻落实意见。会议明确，7月31日召开区委四届六次全体（扩大）会议，原则同意出台《中共上饶市信州区委全委会工作规则（试行）》和《信州区委、区政府关于贯彻落实〈国家生态文明试验区（江西）实施方案〉的实施意见》，制定并出台《关于在全区党员领导干部中建立严肃党内政治生活长效机制的意见》以及《信州区党员领导干部严肃党内政治生活一本清（试行）》。会议研究了省委第八巡视组"回头看"整改情况，原则通过了区委办提出的整改"回头看"工作方案。会议传达学习了《鹿心社同志对收看电视专题片〈将改革进行到底〉作出重要批示》精神。会议听取并原则同意了区委四届六次全体（扩大）会议有关事宜。会议审议并原则通过了《中共信州区委关于构建大督查工作的实施意见（送审稿）》。

【区委四届第二十八次常委会议】 8月11日上午，区委书记主持召开。会议传达学习了中共中央总书记习近平在省部级主要领导干部"学习习近平总书记重要讲话精神，迎接党的十九大"专题研讨班上的讲话精神，习近平总书记出席庆祝中国人民解放军建军90周年大会重要讲话精神和在阅兵时重要讲话精神，中共中央总书记习近平在深度贫困地区脱贫攻坚座谈会上的讲话（《中办通报》〔2017〕第17期）精神。会议传达学习了《关于修改〈中国共产党巡视工作条例〉的决定》（中发〔2017〕19号）。会议传达学习了《市委书记马承祖关于信访工

作的批示》精神。会议审议并原则通过了《关于在全区党员领导干部中建立严肃党内政治生活长效机制的实施意见（送审稿）》。会议研究部署了关于进一步加快推进城东旅游综合体、茶圣路改造、铁路既有线、龙潭棚改收尾、三江数字产业新城、功能性项目建设等有关事宜。

【区委四届第二十九次常委会议】 8月28日上午，区委书记主持召开。会议传达学习了中共中央总书记习近平在中央政治局第四十一次集体学习时的讲话精神，会议传达学习了《江西日报》头版"担当实干"系列评论员文章。会议审议了并原则通过了《信州区贯彻落实市委四届四次全体（扩大）会议精神责任分工（送审稿）》。会议听取了关于中央环保督查问题整改工作有关情况的汇报。

【区委四届第三十次常委会议】 9月11日上午，区委书记主持召开。会议传达学习了习近平总书记关于主体责任的重要论述。会议听取了关于落实省委第八巡视组反馈意见整改"回头看"执行情况汇报，原则同意了区纪委提出的意见建议。会议传达学习了省委书记鹿心社在第29次省委常委会议上的讲话精神，并研究了贯彻落实意见。会议传达学习了《中共江西省委、江西省人民政府印发〈关于认真贯彻中央有关文件精神进一步做好下半年经济工作的实施意见〉的通知》。会议研究并原则同意了2017年度"三支一扶"岗位分配事宜。会议听取了关于省委第三督察组对信州区督察工作反馈情况的汇报。

【区委四届第三十一次常委会议】 9月22日上午，区委书记主持召开。会议传达学习了市委办公厅转发省委办公厅《关于组织学习〈习近平关于制度治党、依规治党论述摘编〉的通知》精神，专题学习了习近平总书记关于严明党的纪律和规矩论述摘编。会议明确，"十一"假期过后，组织四套班子对《习近平关于制度治党、依规治党的论述》进行集体学习。区委办要及时向省委办公厅和市委办公厅报送学习和贯彻落实情况。会议审议并原则同意了《信州区喜迎党的十九大、学习宣传贯彻党的十九大精神初步安排》。会议研究并原则通过了组建上饶市信州区扶贫和移民办公室、上饶市信州区河长制办公室及其机构编制事宜。

【区委四届第三十二次常委会议】 10月12日上午，区委书记主持召开。会议专题学习了习近平总书记关于创新社会治理重要论述。会议专题传达学习了市领导到城东胜利片区调研座谈时的讲话精神。会议传达学习了中纪委十八届八次全会公报精神。会议传达学习了省纪委《关于我省7起违反中央八项规定精神问题的通报》（赣纪字〔2017〕34号）《关于扶贫领域督察问责典型案例的通报》（赣纪字〔2017〕35号）精神。会议传达学习了全市扶贫领域监督执纪问责工作座谈会。会议审议并原则通过了《关于加强党内法规制度建设工作的意见（送审稿）》。会议听取了关于信州区棚户区改造专题片制作情况的汇报。

【区委四届第三十三次常委会议】 10月25日上午，区委书记主持召开。会议专题学习了中共中央总书记习近平在中共十九大上的报告精神。会议听取了区政府党组关于区政府部分领导分工调整的情况汇报。会议研究并原则同意了《关于在全区全员开展党的十九大精神学习宣传培训的工作方案(送审稿)》。会议审议并原则通过了《信州区脱贫攻坚"百日行动"实施方案(送审稿)》。

【区委四届第三十四次常委会议】 11月3日上午，区委书记主持召开。会议传达学习全市深入推进扶贫领域专项巡查整改落实会议精神，专题研究落实市委第五巡察组扶贫领域专项巡察反馈意见整改工作。会议审议并原则通过了《关于落实市委第五巡察组对信州区扶贫领域专项巡察反馈意见整改方案》，审议成立了信州区扶贫领域专项巡察整改工作领导小组。会议专题学习了中国共产党第十九次全国代表大会部分修改，2017年10月24日通过的《中国共产党章程》。会议传达学习了中共中央办公厅《关于五年来中央政治局贯彻执行中央八项规定并以此带动全党加强作风建设情况的报告》精神。会议审议并原则通过了《关于在全区结合脱贫攻坚工作开展组团进村(居)宣讲党的十九大精神的工作方案(送审稿)》。

【区委四届第三十五次常委会议】 11月17日上午，区委书记主持召开。会议传达学习了《中共上饶市委关于认真学习宣传贯彻党的十九大精神的通知》

(饶发〔2017〕15号)，审议并原则通过了《中共上饶市信州区委关于认真学习贯彻党的十九大精神的通知(送审稿)》。会议听取了全区中共十九大期间信访稳定工作情况汇报，审议并原则通过了《关于调整2017年度信州区重点信访积案和突出信访事项县级领导包案意见》。会议研究并原则同意了成立中共上饶市信州区扶贫和移民办公室(老区贫困建设委员会办公室)党组事宜。会议研究部署了迎接全市宅基地改革现场会及全市年底经济社会和党的建设巡查事宜。

【区委四届第三十六次常委会议】 11月27日下午，区委书记主持召开。会议传达学习了全省现代农业发展暨产业扶贫现场推进大会精神，原则同意了区政府党组提出的贯彻落实意见。会议传达学习了全市国家监察体制改革试点工作动员部署会精神。会议审议并原则通过了《中共上饶市信州区委办公室关于调整信州区委权力公开透明运行工作领导小组等11个领导小组的通知》。

【区委四届第三十七次常委会议】 12月4日上午，区委书记主持召开。会议传达学习了中共上饶市委组织部《关于建立全市基层党建工作巡查机制的实施意见(试行)》(饶组字〔2017〕101号)《关于开展全市基层党建巡查工作的通知》(饶机发765号)文件精神，原则同意了区委组织部提出的贯彻落实意见。审议并原则通过了《关于建立全区基层党建工作巡查机制的实施意见(试行)》《关于开展

全区基层党建巡查工作的通知》，要求根据常委会讨论意见，进一步修改完善后下发。会议传达学习了上饶市县(市、区)深化监察体制改革试点实施方案会审会精神，会议传达了全市县级主要领导干部学习贯彻中共十九大精神专题研讨班精神。会议审议并原则通过了《关于进一步加强镇(街道)人大工作的若干实施意见(讨论稿)》。会议研究部署了棚户区改造、迎接市人大代表巡查、全区经济工作会、2018年工作谋划等事宜。

【区委四届第三十八次常委会议】 12月4日上午，区委书记主持召开。会议传达学习了《中共中央办公厅印发习近平总书记关于进一步纠正"四风"、加强作风建设重要指示的通知》《省委办公厅关于深入学习贯彻习近平总书记重要指示精神，进一步纠正"四风"、加强作风建设的通知》和《市委办公厅关于深入学习贯彻习近平总书记重要指示精神的通知》，并就深入贯彻中央八项规定精神、持续加强作风建设作出安排部署。

【区委四届第三十九次常委会议】 12月24日上午，区委书记主持召开。会议传达学习了《中共中央办公厅国务院办公厅关于印发〈领导干部自然资源资产离任审计规定(试行)〉》的通知精神。会议传达学习了《江西省安委会办公室关于深刻吸取"11·24"特别重大事故教训切实加强岁末年初工程建设领域安全生产工作的通知》。会议审议并原则通过了《信州区关于深入学习贯彻习近平总书记重要批示精神进一步纠正"四风"、

加强作风建设的通知（送审稿）》。会议研究部署了组织棚改干部参加集体活动、区委工作务虚会议前期准备等事宜。

【区委四届第四十次常委会议】
12月28日下午，区委书记主持召开。会议审议《上饶市信州区深化国家监察体制改革试点转隶工作方案（送审稿）》。会议要求，年关将至，各项工作都到了收官阶段，全区深化国家监察体制改革所涉及的各部门、单位要统筹安排时间、人员和精力，坚持推进工作与深化改革"两不误、两促进"，确保工作作风、反腐倡廉力量不减，工作进度与中央和省、市要求同步。

【区委工作务虚会】　1月18日晚，区委副书记、区长胡心田，区委副书记王兆强分别主持会议。全区副县级以上领导，各镇、街党政主官，区委各部门、区直各单位负责人参加会议并发言。会议主题为"适应新常态、践行新理念、培育新动能、开创新局面"。全区工作务虚会在形式上进行大胆创新，与会领导会前进行了认真调研和深入思考。会上，始终坚持问题导向，不汇报工作、不讲成绩，直面矛盾和问题，谈意见、谈思路、谈对策。大家发言突出重点，结合中央、省、市精神，结合信州发展要求，结合各地、各部门工作实际，就如何扩大有效需求、如何振兴实体经济、如何培育壮大新动能、如何推进社会和谐稳定、如何打好脱贫攻坚战、如何加强党的建设等内容进行广泛交流、深入探讨，谈发展思路、工作举措和意见建议。"继续打造秀美乡村和开展控违拆违行动""大力发展民宿旅游""怎样更好服务城市发展需求，做好城市旅游和社区管理""进一步做好农民建房工作"。

【全区脱贫攻坚工作推进会】
4月24日，区委书记参加会议并讲话。区委副书记王兆强主持会议，区委常委、纪委书记吴武华，区委常委、组织部部长周福花，副区长赵建颖等参加会议。会议听取了区脱贫工作进展情况及存在的主要问题，详细了解了农林水利、教育体育、民政等八大行业以及各镇（街道）脱贫工作的开展情况。会上，7个省、市贫困村的支部书记和"第一书记"作了表态发言。在听取汇报后，就脱贫攻坚工作，对各镇（街道）、部门和村支部书记现场进行提问，面对面地进行了考察。会上，吴武华就脱贫工作的纪律问题作了强调，赵建颖就整改期间脱贫工作落实情况进行了具体的安排部署。

【全区农村工作会议】　4月28日，区委副书记、区长胡心田，区委常委、农工部部长俞文强，区人大常委会副主任黄爱玉，副区长赵建颖，区政协副主席胡频萍等参加会议。会议由胡心田主持。会议发放了《信州区2017年农业和农村工作意见》《信州区秀美乡村建设行动规划（2017—2020年）》和《2017年度信州区新农村建设工作方案》等相关文件，并对2016年度全区新农村建设和农村生活垃圾治理工作先进单位进行了表彰。

【庆祝建党96周年暨"七一"表彰大会】　6月29日，区委副书记、区长胡心田主持会议，区人大常委会主任徐志勇、区政协主席程茹等区四套班子在家领导出席会议。会议宣读了区委表彰《决定》，对全区50个先进基层党组织、99名优秀共产党员和50名优秀党务工作者予以表彰，并向受表彰的先进集体和优秀个人代表颁奖。部分先进典型代表进行了发言。

【城乡环境综合整治工作会】
7月18日上午，区委副书记、区长胡心田出席并讲话。区委副书记王兆强、区人大常委会主任徐志勇、区政协主席程茹等区四套班子在家领导和其他副县级以上领导出席会议。会上，副区长徐艺华通报了信州区城乡环境方面存在的问题，市环保局信州分局负责人通报了信州区大气、水环境污染情况。水南街道及沙溪、朝阳、秦峰镇党委书记先后作了表态发言。与会人员还集体观看了城乡环境乱象暗访拍摄短片。

【区委四届六次全体（扩大）会议】　7月31日下午，区委书记主持会议，区领导胡心田、王兆强、徐志勇、程茹、吴武华、郑文、周福花、徐建饶、汪东军、俞文强、李红等出席会议。在第一次全体会议上，会议书面传达了省委、市委全会会议精神。书记代表区委常委会作2017年上半年工作报告。书记从6个方面总结了上半年区委常委会工作：强化向中央看齐，以持续深入学习提升发展力；坚持将改革进行到底，以勇毅笃行激发创新力；适应新常态，以三产齐发展提升经济竞争力；坚持城乡一体，以共建共享提升城乡融合力；发力民生福祉，以统筹联动提升社会和谐力;全面从严治党,以五措并举增强干事创业凝聚力。区委副书记、区长胡心田就《中共上饶市信州区委、上饶市信州区人民政府关于贯彻落实〈国家生态文明实验区(江西)实施方案〉的实施意见(讨论稿)》起草情况作了说明。区委副书记王兆强就《中共上饶市信州区委全会工作规则(试行)(讨论稿)》起草情况作了说明。会议期间,与会同志听取并分组讨论了区委常委会工作报告,认真讨论了《中共上饶市信州区委全会工作规则(试行)(讨论稿)》《中共上饶市信州区委、上饶市信州区人民政府关于贯彻落实〈国家生态文明实验区(江西)实施方案〉的实施意见(讨论稿)》。在第二次全体会议上,胡心田区长报告了上半年全区经济社会发展情况,部署了下半年全区经济社会发展工作。会议表决通过了《中共上饶市信州区委全会工作规则(试行)》。

【区委全面深化改革领导小组第五次全体会议暨农村宅基地管理工作推进】 8月9日下午,区委副书记、区长胡心田,区委副书记王兆强等区委全面深化改革领导小组成员,各专项小组副组长、区委改革办全体成员、联络员、纳入改革督办单位负责人及各镇、街道党委书记等参加会议。会上,与会人员集中观看了政论专题片《将改革进行到底》第一集《时代之问》,8个改革专项小组组长就政论专题片《将改革进行到底》并结合2017年改革工作进行了发言。区委常委、常务副区长郑文就设立信州区马上落实办公室相关事项作了说明,副区长徐艺华就《信州区关于开展农村

宅基地管理试点工作的实施意见》作了说明。部分镇(街道)党委书记、区直单位负责人结合《时代之问》,围绕农村宅基地管理工作及设立马上落实办公室工作作了发言。会议书面传达中央、省委、市委全面深化改革领导小组系列会议精神,书面审议了改革要点计划、分类考核评价办法和2017年督察计划。

【"两学一做"学习教育专题学习会】 9月22日,区委书记主持并讲话,区委副书记、区长胡心田,区委副书记王兆强,区人大常委会主任徐志勇,区政协主席程茹等区四套班子在家领导及其他在职县级领导出席会议。全区镇(街道)、区直单位主要负责人参加会议。会上,与会人员集中观看了电视专题片《巡视利剑》第二集《政治巡视》,区四套班子领导和部分街道、部门负责人代表就学习体会进行了发言。在会上大家重温了习近平总书记对全面从严治党,加强党内监督、发挥巡视利剑作用和深化政治巡视等方面的论述,并分别从政治巡视的对象、内容和发现问题的方式以及目的上,对政治巡视进行了全方位的阐述。区委常委、组织部部长周福花,区人大常委会副主任王林,副区长梁丽娟,区政协副主席苗天红以及西市、水南街道、区财政局、区卫计委和农林水局负责人依次结合部门职责和自身工作实际,对观看纪录片的所思、所想、所悟进行了深入发言。

(张　涛　陈　影　王梓京)

信州区委办公室工作

【概　况】 在区委的正确领导和倾心关怀下,区委办班子紧紧围绕区委各项中心工作,以"坚强前哨"和"巩固后院"为目标,全面提升"三服务"水平,在保障区委政令畅通、推动区委决策部署落地上取得了明显实效,为信州区高标准建成现代化省域副中心城市、赣浙闽皖四省交界高铁枢纽城市核心区、决胜全面小康等方面作出了积极贡献。信州区委机要局荣获2017年度全省机要密码工作优秀单位,区保密局荣获2017年度全省保密工作先进集体,区委改革办荣获2017年度全面深化改革工作先进县(市、区)。

【办公规范高效办会严谨有序】 在公文处理上,办公室切实抓好公文的程序关、格式关、文字关、政策关和政治关,每一个环节都始终怀着战战兢兢、如履薄冰的心态,确保政令准确无误、畅通无阻。力争少发文、发短文,切实精简文件数量、杜绝不规范文件。2017年,共发文350余份,同比下降19.5%。在办文过程中逐步落实了协同办公系统,通过无纸化办公进一步推进了公文办理的高效流转,按照公文的性质和内容,准确区分轻重缓急,确保急件急办、特件特办。同时强化时间观念,及时办理每一份公文,做到不拖、不压、不误、不漏。在会务工作上,切实加强统筹协调和对接服务,力求做到会场布置整洁庄严、会场服务细致周到、会议材

料齐全无误、会议流程顺畅合理，确保区委各项重要接待任务高质量完成。全年，办公室共承办了区委常委会29次，圆满完成了区委四届七次全会、全区2017年度经济社会发展和党的建设情况巡查考评等重要会议和活动的服务工作。

【信息、文稿服务"量""质"双提升】 办公室紧贴区委决策、紧随工作进展、紧盯社情民意，及时网罗区委领导的关注点、社会矛盾的突出点，为领导科学决策赢得先机。同时，注重挖掘亮点、向上推送精点，全年共编辑报送信息400余条，基层反映类信息50余篇。其中，被中办刊物综合采用2篇，被省委办刊物采用18条（篇），被市委办刊物采用61条（篇）。其中，《信州区"四个一"抓实城乡环境综合整治 努力打造"美丽江西"信州样板》（《参阅信息》第79期）获得省委书记鹿心社圈阅，《上饶市信州区创新"五到场一公示"制度合理规范农民建房》（《今日信息汇要》第199期）获得省长刘奇批示。调研工作有声有色，紧跟领导思路，高水准落实以文辅政。全年完成62篇领导讲话稿、2篇领导书面发言稿，其中在全区干部会上的讲话《翻篇归零再出发，撸起袖子加油干》、在区委四届六次全体（扩大）会议上的讲话、在区委四届七次全体（扩大）会议上的讲话等文稿都获得领导的较高肯定。深入开展党办调研活动，从中提炼了大量有思想高度、有实践深度、有视野广度的建设性意见和建议供领导参阅。全年通过编发《会议纪要》合计29期、《每周信息汇要》合计52期，传达区委核心要义。

【深化改革成效显著】 改革工作走在前列。办公室切实承担起区委改革办职能作用，统筹推进好各项深化改革工作。全年共部署推进了8个领域9大类别的改革事项，审议出台改革实施方案94个，研究重大改革事项65项，完成专项改革73项。围绕深化改革各项工作，早谋划、早部署，举全办之力牵头完成了《信州区全面深化改革督察实施办法（试行）》《信州区全面深化改革工作分类考核评价办法（试行）》的起草工作。

【督查督办落地有效】 2017年，在现有督查人员严重紧缺的情况下，办公室始终围绕区委重大决策部署，立足工作、科学调配，抓好重点议题事项的督查，通过提高督查的公信力和执行力，树立区委言必信、行必果的作风。确保区委各项决策部署件件有落实、事事有回音。

【机要保密万无一失】 紧紧围绕习近平总书记"三个不动摇"的基本要求，优质缜密做好机要日常工作，始终坚持全年无休、全天不离，贯彻"零"（电话接听"零错过"、政令传达"零差错"）的延续。全年共办理电报1311份，其中明电882份、密电429份，从未出现任何一起丢报、压报、误报以及泄密事故。信州区机要、保密工作一直保持省市先进，荣获2017年度全省机要工作优秀单位、2017年度全省保密工作先进集体等荣誉称号。广泛开展保密宣传教育，举办保密培训班，提升各级机关保密工作水平，不定期开展涉密载体和涉密信息系统保密大检查，保障了党政机关核心秘密安全。

【为民服务真心用心】 一方面，民声通道工作室作为办公室面对群众的重要窗口，想民所想、急民所急，认真接听群众每一个来电、耐心接待群众每一次来访，切实解决了一大批群众反映强烈的问题，拉近了区委与群众的距离，成了党委联系群众的"连心桥"。另一方面，办公室合理统筹，稳步推进精准扶贫。全年办公室集中送温暖2次，全办干部自行入户不少于12次，切实帮助灵溪镇邵新村的帮扶贫困户解决了各类困惑120余起。

（周丽芝）

组织工作

【概　况】 2017年，全区组织工作在市委组织部的精心指导和区委的正确领导下，深入贯彻落实中共十九大、省十四次党代会、市第四次党代会、区第四次党代会精神和习近平总书记系列重要讲话精神，扎实推进"两学一做"学习教育常态化制度化，统筹推进区镇两级集中换届工作，从严从实优化领导班子和干部人才队伍建设，有效推进基层党组织建设和党员队伍建设，着力加强组织部门自身建设，为把信州区建成为"诚信之州，美好之城"提供坚强的组织保证。全区共设28个基层党（工）委，73个社区党委，辖28个党总支，477个党支部，14376名党员，全年共发展新党员160名。

【"两学一做"学习教育扎实开展】 创新"党员主题活动日"，将"两学一做"学习教育常态化制度化抓在日常、抓在经常，制定《关于在全区开展"党员主题活动日"的通知》，各基层党组织每月选择相对固定的时间，召集党员开展学习党章党规和习近平总书记系列讲话精神，以及研究讨论党内有关工作，切实增强了党员参与组织生活的自觉性和自律性，强化了党员党性意识。7月中旬，全区组织万名党员开展"诵读红色家书"活动1140场；组织观看电影《信仰者》714场；推行"智慧党建"采取"线上线下"双渠道督导"两学一做"学习教育，确保真学真做。全年开展区级理论中心组学习34次，全区机关党员领导干部深入基层联系点上党课791次，各党支部上党课1910次，开展集中学习5310余次。坚持真抓实做。将"两学一做"融入正常的党建工作体系。8月起，自主党建品牌"党课主播"延伸村(社区)、"两新"组织、学校、机关等，通过视频直播讲学等方式，使得普通党员能利用新技术新手段成为党的知识的传播者，使得外出务工党员能通过手机直播的形式，及时了解支部相关情况。2017年，全区139支"党课主播"服务队，累计开展党课直播活动1140场次，党员覆盖率达92%以上，累计运用"党员主播"平台服务党员群众5.2万人次。

【基层党建工作走在全市组织系统前列】 出台了《关于规范村(社区)干部报酬并建立正常增长机制的实施意见》，全面提高基层干部待遇。对67个任期届满未及时换届的基层党组织进行专项整改，配齐书记；将全区126个村(社区)党组织工作经费和干部报酬等纳入财政预算；按照每名村(社区)党员100元的标准配套落实党员活动经费。坚持"党建+"思维，强化党建统领。以"党建+精准扶贫"为切入点，助脱贫攻坚。组织党员干部与困难户结亲，落实共建帮扶单位结对。以"党建+重点工程"为着力点，开展"亮身份、比贡献、作表率"活动，把党建工作融入重点项目建设中。以"党建+村容村貌"为落脚点，发挥农村(社区)党组织的核心领导作用和党员的先锋模范作用，全面落实定人、定岗、定责、定标准、定奖惩的"五定"工作法，形成"村组织牵头+村骨干带头+群众自治"的农村环境卫生管理新模式，推进秀美乡村建设。聚焦特色亮点，打造党建品牌。对全区列入党建工作基数的895个非公有制经济组织、306个社会组织、16612个个体工商户均进行了党的组织和党的工作两个全覆盖。5月4日，全市党建标准化建设现场会在信州区召开，此项工作走在全市前列。茅家岭街道钟灵社区党委代表上饶在全省工作会议上进行发言，福海老年公寓荣获全国先进基层党组织，已成为信州区在全省乃至全国一张响亮的"党建名片"，标准化建设工作相关受到《江西日报》等党报党刊的关注。注重"经络链接"，激发党员活力。开展了"党在我心中"征文、党章党规党纪知识竞赛、"党旗下的承诺"主题演讲及"重温入党誓词"活动，在全区范围内选送了23名"我是党员我带头"和"争当方志敏式好干部"典型人物到全市参评。在元旦和"七一"前夕对200名老党员和生活困难党员进行走访慰问并发放慰问金，并在"七一"对50个基层党组织、99名党员、50名党务工作者进行了表彰。扎实抓好了流动党员教育管理服务，专门组织相关干部前去参加北京流动党支部的支部"党员主题活动日"，使得在北京、福建、遵义、义乌等地流动党支部切实感受到家乡党组织的温暖，使外出务工的流动党员离乡不离党、流动不流失。认真抓好城市基础党建工作。按照省委市委要求将全区73个社区党组织全部升格为社区党委，建立"一委一居一站"运行模式，创新设置"党员首管制"和"四方议事平台"。该项工作的《加强城市党建工作问题研究——以江西省上饶市信州区为例》获得全市调研一等奖。

【加强干部教育监督管理】 强化政治标准、品德标准、素质标准，牢牢树立正确的选人用人导向，开展竞争性选拔公务员调任人选、从优秀村(社区)党组织书记中选聘事业编制人员等工作，共7名事业干部通过竞争性选拔进行了公务员调任，9名村(社区)党组织书记走上了镇(街道)事业编制岗位。紧扣新时期干部教育培训的新要求，用好区委中心组学习和组织部门干部轮训两个抓手，组织34个批次的全区干部大培训。大力选派干部到经济一线、征迁一线、扶贫一线挂职锻炼，全共选派优秀骨干和后备干部参加重点工程项目140余人，参加经济一线招商引资工作20余人，选派62名区直机关党员干部任帮扶村"第一书记"。出台《信州区推进领导干部能上能下实施细则(试行)》《关于区委管理的领导班子成员分工调整报备有关问题的通知》等文件,进一步完善干部监督工作机制。与区委办、区纪委共商出台《信州区党员干部问责实施办法》,将提醒和监督制度化、常态化。全年消化超职数配备干部87名,全面完成超职数配备干部整改消化任务;加大科级干部因私出国、操办婚丧喜庆事宜的备案管理工作力度,开展领导干部退(离)休后在企业、社团兼职问题清查整改工作。

【强化人才队伍建设】 12月,区第一家院士工作站成功揭牌成立,开创了信州区高端人才工作新局面。引进了上饶市聚微星科技有限公司负责人应忠,被市委人才工作领导小组认定为上饶市第四类全职引进高层次人才。坚持招商同步引才、项目与人才并重的工作方法。实施"筑巢引凤"工程,依靠总部经济园、信息服务业产业园和文化创业街等产业平台,实施"双引",即通过人才引进项目,通过项目引进创新团队,增强人才工作对全区经济社会发展的贡献率。建立了区委领导和组织部领导联系服务优秀人才制度,利用春节期间,共对21名优秀人才进行了走访慰问;区委组织部通过定期开展人才座谈、人才联谊等活动,加强与各类优秀人才的交流联系;帮助高层次创业领军人才应忠申报了省"双千计划"项目;计划分两年为桂建芳(信江刺鲃鱼)院士工作站建设配套资金50万元,已配套25万元;为中国油画大师马松林举办

个人油画展一次性补助6万元等。

【组织部门自身建设成效明显】

建立理论学习制度,提高组工干部政治理论水平和业务能力。按照年初制定的《2017年理论学习计划》,采取理论学习与业务学习相结合、集中学习与个人自学相结合、辅导学习与岗位交流相结合的"三结合"学习方法,每周开展1次专题学习活动。每月安排2名干部开展"业务大讲堂"活动,每名干部从自己开展的业务工作入手,讲专业、讲政策、讲知识。在组织集中学习的同时,充分利用业余时间开展了自学,自学中坚持做到学习有笔记、读书有心得、交流有内容,干部全年学习笔记不得少于3万字,撰写心得体会不少于2篇。通过学习基层党组织建设、干部教育培训与监督、党员教育、人才工作及信息化建设等组织工作业务知识,有效提高了组工干部的政治理论水平和业务能力。建立信息考核制度,提高组工干部的写作能力和调查研究能力。坚持领导带头,全员参与、责任到人的原则,按照制定的《信息调研工作量化考核办法》,将信息考核量化分解到了逐人逐月逐篇,要求《组工信息》核心信息员每人每周完成1篇,骨干信息员每人每月完成2篇;调研文章(理论文章)每人年内完成2篇。为了有效督促信息报送工作的完成,部里坚持月通报与季检查相结合、半年小结与年终考核相结合的办法,由办公室逐人逐月逐篇统计并公示,年终对照完成情况,真奖实罚,并作为年终考核评定等次的重要依据。通过建立信息考核

制度,有效提高了信息写作质量和组织工作宣传力度,进一步提高了组工干部的写作能力和调查研究能力。建立工作汇报制度,提高组工干部的创新能力和组织工作能力。部内每周召开一次工作汇报会,会上每名干部汇报上一周工作完成情况和下一周工作打算,并由部领导对每名干部的阶段工作进行点评,及时指出工作中取得的成绩和存在的问题,通过一对一的指导、一对一的要求,有效改变了部内干部工作效率不佳、质量不高、思路不清的问题,有力地促进了组工干部比学业务知识、提高自身素质、争做岗位标兵的工作热情,有效提升了组织工作水平。建立管理考核制度,调动组工干部的积极性和能动性。为了最大限度地调动全体组工干部的工作积极性,部里坚持目标管理与领导评价、定量考核与定性考核、平时考核与综合评价相结合原则,将组工干部工作分为文稿服务、会务服务、工作配合、工作纪律4个部分进行考核,从起草材料、文件处理、信息报送、会务服务、协作配合、工作创新、加班情况、坚守岗位、制度落实、工作态度、工作程序、值班情况等方面进行了量化,逐月进行考核,并将考核结果作为工作人员评先选优和提拔调动的主要依据。扎实开展了组织部门自身"两学一做"学习教育、"党员主题活动日"活动。加强"三公"经费管理,严格控制支出,建立固定资产登记制度,营造了干净整洁、文明有序的办公环境。

(曾雷淋)

宣传工作

【概　况】 2017年,信州区委宣传部在市委宣传部的精心指导和区委的正确领导下,各项工作都取得了新突破、新成效。全年共组织区委中心组学习35次,全区各级党委(党组)中心组开展专题学习300余场次。全年共在中央、省、市级主要媒体完成对外宣新闻稿件1025篇。

【理论学习提质增效】 2017年,共组织区委中心组学习35次,全区各级党委(党组)中心组开展专题学习300余场次。打造"信州论坛"品牌,举办"信州论坛·科学发展观专题""信州论坛·新经济专题"等学习活动。针对党员领导干部思想、工作、生活中存在的问题,紧扣廉政、党建、经济、法制、文化、社会管理等工作,设立了12个学习专题,做到每月有主题、有专场。开展了"书记讲党课、专家讲理论、干部讲政策"活动;通过层层示范、层层带动,全区涌现出秦峰镇的"秦峰主讲日"、东市街道的"党员主题活动日"、文明办的"道德讲堂"等一批基层学习教育新模式。

【宣传工作新成效】 开辟"出彩信州人""十大最美暨首届感动信州十大人物创评活动"等特色栏目,做到了对各项中心工作精心策划、全程跟进、及时推进、步步深入、挖掘特色、展现亮点,取得了很好的收视效果。建起了以区新闻中心为依托的"中央厨房"全媒体采编发布平台,实现了电视、报纸、网站、微信等媒体融合,共发布文章1700余条,总阅读数过540万人次,其中头条阅读量最高达30万人次,平均阅读数4600,阅读量和影响力稳居江西省县(市、区)政务微信前六名,上饶市前三,成为区对外宣传最为有效、最便捷、最重要的宣传平台。

【拓展对外宣传平台】 进一步加强与中央、省对口媒体的联系,深入实施对外宣传"请进来"工程,积极邀请主流媒体来信州区开展集中专题采访活动,并积极与中央、省对口媒体建立密切的指导关系、合作关系,不断提高外宣稿件的针对性。全年在中央、省、市级主要媒体完成对外宣新闻稿件1025篇。有30余批次300多名媒体记者到信州采风,完成各类稿件300余篇。全年分别与《新华社》江西客户端、《江西手机报》客户端、《上饶日报》、上饶电视台签订战略合作关系,推出了棚改、信息服务业、现代农业等专栏、专题,拓展信州区对外宣传的平台,扩大影响力。

【舆情监控构建网络防火墙】 加强网络舆情监控,及时收发并按时完成上级工作指令,对涉区网络舆情给予了及时处理。全年涉区网络舆情共402条,编辑舆情周报48期,更新官方微博近2000条。根据省及市要求,依法对区属网站和公众微信账号进行了治理整顿,关闭了7个违规网站,关停了7个微信公众账号,删除了4条违法违规信息,约谈了1家微信公众号,为全区营造了健康清朗网络空间。

【抓实文明创建平台建设】 按照省、市要求,完成了区属第十五届省级文明单位的复查工作。开展以"五个一"为抓手的文明村、居创建,积极推动诚信信州建设。在杨家湖湿地公园积极建设诚信公园,增设了多块大型诚信宣传栏和标牌,宣传了诚信理念。加大区法院失信被执行人曝光平台建设,促进"法媒银"一体化诚信工作机制的建设。

【扎实推动全区移风易俗工作】 按照中央、省、市部署,以成立红白理事会,加强社会主义核心价值观、中国梦、好家风家训户外宣传,推荐评选信州好人等为重点,扎实推动工作开展。制作移风易俗宣传品对口板块《误解的背后》、小品《村长办喜事》,其中《村长办喜事》获全市小品大赛一等奖。

【合力打造信州志愿服务中心】 联合团区委、区红会,选址水南文化街,全力打造集志愿服务团体和个人注册、管理、培训等功能为一体的志愿服务平台,该平台于4月23日揭牌成立。同时积极发展志愿队伍,成立了区青年志愿服务总队、区红十字志愿公益联盟总队、区文明单位志愿服务总队、区社会组织志愿服务总队、区文化志愿服务队等志愿服务队伍,全区志愿服务组织得到进一步的壮大和发展,志愿注册人数超过3.5万人。

【"信州好人""十大最美人物""首届感动信州人物"评选活动】 深入贯彻《关于在全区大力开展"信州好人"推荐评选工作的实施意见》,通过发布、选树和表彰"信州好人",在全社会营造追求讲道德、遵法纪、守礼仪的氛围和风气，形成向上向善向好的强大正面力量。截至年底，全区发布信州好人1000多人次，郑美兰等入围中国好人榜候选人，入选一季度全省好人榜。开展了"十大最美人物"创评和首届感动信州人物评选，李祖德、郑顺海、郑三梅、陈目细、谢显乐、林春仙、杨德财、潘明清、刘莲菊、徐明亮被评为十大最美保洁员；万良华、刘湘、王登云、上官洪洋、章惠明、张灵莉、徐绍萍、许正生、宋恒泉、刘婷被评为十大最美创业者；廖怀慈、徐功猫、郑加忠、占志忠、付冬莲、宋恒柱、姚名军、祝龙贵、黄铖、黄启湖、陈文峰被评为十大最美基层干部；杨芳、吴木兴、严蕾、郑标安、黄美仙、翁俊水、王俊杰、张桦飞、罗卓华、周莹被评为十大最美教师；周建华、徐伟丽、童志强、夏雪、汪桂红、卢伟、徐伟、王莹、董小芬、余明被评为十大最美志愿者；蔡骏、诸斌、邱峰、苏雪莉、刘小海、李旭升、林观涛、张玉葛、张峻豪、郑君被评为十大最美政法干警；卞蓓华、徐富良、徐忠兴、叶建辉、林丽珍、单志海、秦宏刚、余利强、李文兵、苏桂勇被评为十大最美工匠；戴光海、翁兴光、余春富、刘青翰、梁倩、许正华、林燕萍、李宇、苏小燕、朱园园被评为十大最美医护人员；胡周缘、蔡雨含、蒋张子怡、占钟灵、潘昕童、赖佳怡、刘星雨、姜昕成、顾雨涵、徐小小被评为十大最美好少年；郑美兰、李祖德、万良华、廖怀慈、杨芳、周建华、蔡骏、卞蓓华、戴光海、胡周缘被评为十大最美信州好人暨首届感动信州十大人物。

【城市公共文化服务体系建设雏形初现】 先后出台了《推进全区公共文化服务设施建设方案》《关于加快构建现代公共文化服务体系的实施细则》，召开了公共文化服务体系推进会。投入660万元用于镇、村（社区）三级公共文化基础设施建设。区图书馆新馆正式对外开馆，省级文保单位相府路17号民宅（杨益泰府第）维修基本完工。以城市书吧建设为重点，形成了水南壹品书吧、伴山火堂书吧、藏拙书吧、蓝山书吧、师院壹品书吧5个不同投资主体的城市书吧。推进区图书馆总分馆制建设，信州区作为全省县级图书馆总分馆制试点单位，年内已建成水南街道、北门街道、东市街道、朝阳镇4个图书馆分馆。

【群众文化活动精彩纷呈】 春节前夕，举办了2017年"信州之春"群众迎新春文艺晚会，凸显了信州鲜明的地域文化特色；元宵节在星河国际举行2017元宵灯会；2月上旬与某部队举行了"军民鱼水情 共筑强军梦"元宵联欢晚会；4月中旬与浙江省衢州市衢江区举行了浙赣一家亲"五养衢江·美丽信州"两地文化走亲活动；4月23日世界读书日当天，举办"走向阅读社会，共享阅读快乐"系列活动，同时"壹品书吧"暨区图书馆水南分馆举行了开馆揭牌仪式；5月上旬，"劳动美、工匠美""五一"劳动节慰问演出在朝阳产业园火热开演；6月10日中国第12个"文化和自然遗产日"，信州区非物质文化遗产进校园启动仪式在上饶市第一小学举行；6月23日，"舞比快乐"广场舞比赛拉开序幕；7月17日，上饶美术精品邀请展在六号库文创园开展；10月16日，"书香信州"朗读分享会在六号库文创园举行。

【六大文化产业平台提升核心竞争力】 先后打造了以数字经济发展为重点的上饶呼叫城，以信息、互联网+为重点的信息服务产业园，以信江黄蜡石、雕刻、夏布画及刺绣为重点的水南文化产业园，以古玩交易为重点的东湖花园古玩市场，以创意文化为重点的7890众创空间和六号仓库文化创业产业园等六大文化产业发展平台。通过产业平台的搭建，吸引和培育了一批文化企业。4月上旬，"2017上饶文化创意产业博览会"信州区参展的上饶石、黄蜡石、夏布画、夏布刺绣、剪纸、奇石等6大类近300件文化展品，展示了信州区的特色文化和工艺水平，吸引了大批参观者驻足观赏，5月，举行的第十三届深圳国际文化产品博览会上，夏布刺绣《春晖》、黄蜡石雕件《和谐之家》、黄蜡石雕件《一品清莲》、夏布画《仙山领上居松幽》等4件作品荣获"中国工艺美术文化创意奖"金奖，参展产品交易额为45.6万元，签订意向订单41万元。

【非遗保护硕果累累】 建立了信州区"非遗"数据库，信州区的省级项目《夏布制作技术》《姚金娜民歌》《信州火针》和市级项目《信州茶灯》《信州串堂》《陈文武石雕石砚》录入省数据库系统。收集并挖掘"信州采茶戏"项目的资料。组建的民俗艺术团和"永鸣堂"串堂班参加了"2017非遗闹元宵"灯会。夕阳红民间艺术团组织赴各地演出，宣传上饶民歌20余场，观众达万人以上,为上饶传统音乐的推广普及作出了卓越贡献,获得了社会各界的一致好评。

(张炳波)

精神文明建设

【概况】 2017年,信州区精神文明建设工作紧紧围绕中央、省、市委重大决策部署,突出重点、狠抓落实,扎实开展各项工作。以社会主义核心价值观建设为根本,提升市民素质和城市文明程度为目标,突出文明村镇、文明单位两大创建活动,推进未成年人思想道德建设,使志愿服务制度化常态化。全区精神文明建设呈现出积极、健康、向上的良好发展态势。

【开展创建活动】 按照省、市要求,与市文明办一起组成联合考评组进行考评,完成了全国文明单位、文明校园的申报推荐工作和2015—2016年度区级文明单位申报推荐工作。在2015年文明村、居创建的基础上开展以"五个一"为抓手的文明村、居创建。即建立一个学雷锋志愿服务工作站、成立一个"信州好人"评议会、设立一块先进文化导向栏(讲文明树新风公益广告栏)、配设一套公共文明标识牌、帮扶一项群众性创建活动。在已有社区基本完成的基础上,全年仍将工作重点放在街居并向镇村延伸,再打造9个文明村、居示范点。推动全区移风易俗工作。按照省及市部署,以成立红白理事会,加强社会主义核心价值观、中国梦、好家风家训户外宣传,推荐评选信州好人等为

重点,扎实推动工作开展。

【社会主义核心价值观实践活动】 2017年,以培育和践行社会主义核心价值观为核心,开展公益广告宣传。利用大型户外公益广告牌、建筑围挡、楼宇墙面、路灯柱杆、街道灯箱、社区宣传栏、横幅、张贴海报、电子显示屏、本地报刊、网站、电视台等多种宣传载体开展"三个倡导"24个字的社会主义核心价值观宣传。利用"怀集发布""文明怀集"等微信公众号开展核心价值观微宣传,推动核心价值观在社区落地生根。

【"信州好人"的评选活动】 加大"信州好人"评议、发布和宣传工作。制定下发了《关于在全区大力开展"信州好人"推荐评选工作的实施意见》。通过发布、选树和表彰"信州好人",引导人们从小善小德小事做起,从一点一滴一处做起,体现"爱国、敬业、诚信、友善"的社会主义核心价值观,体现中华民族传统美德,体现群众公认,社会认可,在全社会营造讲道德、遵法纪、守礼仪的氛围和风气,形成向上向善向好的强大正面力量。截至12月底,全区发布信州好人1000多人次,郑美兰等入围中国好人榜候选人,入选一季度全省好人榜。利用市中心广场广告位,分期分批制榜宣传2016年度"信州好人",志愿服务、红十字会等方面的宣传。

【志愿服务活动】 加大全区志愿注册,积极发展志愿队伍,全区志愿注册人数超过4.9万人。成立了区青年志愿服务总队、区红十字志愿公益联盟总队、区文

明单位志愿服务总队、区社会组织志愿服务总队等4支志愿服务队伍,新成立了区文化志愿服务队,全区志愿服务组织得到进一步壮大和发展。

【加强未成年人教育平台建设】 以培育和践行社会主义核心价值观为主线,围绕修身养德,利用暑期、"六一"及传统节日,组织"扣好人生第一粒扣子"教育实践活动。做好优秀童谣推广传唱活动,在已征集原创童谣中,遴选优秀童谣报送省文明办。结合信州特色,进一步推送符合未成年人特点的童谣,用多种艺术表现形式进行推广、组织传唱。乡村少年宫建设在沙溪、朝阳、秦峰中心小学、灵溪中心小学申报成功的基础上,茅家岭中心小学申报成功,实现乡村少年宫中心小学全覆盖。年内秦峰中心小学获全省优秀乡村少年宫,朝阳中心小学获全省优良乡村少年宫。

(戴吟秋)

统一战线工作

【概况】 2017年,信州区统一战线进一步围绕深入学习中央、省、市统战会议精神,在谋求区域经济发展下功夫,牢固树立"大统战"思维,充分发挥统一战线独特优势,不断巩固统一战线共同思想政治基础,把改革创新贯彻于统一战线各领域各个方面,在服务经济发展、维护稳定大局、促进社会和谐等方面取得了新的成绩,为全区改革发展稳定大局凝聚共识、凝聚智慧、凝聚力量。

【服务区委中心打造统战亮点工作】 服务棚改工作，抽调 7 名统战部干部助力棚改、系统征迁、招商等中心工作。打造具有统战特色的"6 号"库，民主党派、无党派知识分子创业实践基地；服务经济发展工作，以工商联、侨台组织为载体，做好政府与非公企业的桥梁和纽带。维护社会团结，从大团结、大联合这一统战工作本质出发，汇聚统一战线各个界别呼声和诉求，协调各方面关系。在全市统战巡查中，对上述的创新亮点工作，给予高度的肯定和好评。

【共建党外人士知情参政平台】 组织开展非公经济人士评价工作，对 128 名非公经济人士进行了综合评价，严把非公有制经济代表人士作为代表候选人的"入口"，确保代表候选人政治素质过硬、道德品行优良、履职能力较强、社会口碑较好，加大了非公经济人士在社会职务履职方面的管理，加强了建言献策及提案议案综合水平。推行组织部统战部党外干部工作联席会议制。定期或不定期开展联席会议，专题研究、协调和解决党外干部培养选拔中涉及的重大问题，分析党外干部情况向区委提出政策性建议，研究党外干部共同考察的工作安排和部署、建立后备干部名单、加强动态跟踪管理，对条件成熟的党外后备干部及时研究、提出使用意见，为推进民主政治建设提供制度保障。探索打造统战与政协 3 个平台。打造知情明政、委员管理及会商共建 3 大平台，合理运用统战工作的政协思维及政协工作的统战视角，对政协委员的各类活动进行定期沟通，完善了通报机制，共同形成解决意见，不断激发政协统战工作的活力，广泛凝聚政协统战工作的合力，稳步提升政协统战工作的贡献力。在年初的政协会议上，民主党派委员共提案 55 篇，优秀提案 7 篇，大会发言材料 6 篇。在 12 月 29 日成立了区新的社会阶层联合会，为进一步引导新社会阶层人士构筑了平台。

【共商精准扶贫发展大计】 积极引导全区非公企业经济人士参与参加到扶贫工作中来，全面启动了"企业进村助力精准扶贫行动"，对 3 个省级、4 个市级贫困村全面覆盖，一对一帮扶、靶向施策，筹集挂点企业捐赠的现金 5 万余元，45 名贫困学生接受助学捐赠。努力探索产业扶贫，增强内生动力，以现代农业科技示范园和春华菌菇扶贫基地为纽带，逐渐形成"洼地效应"，采取"公司+基地+贫困户"的生产经营模式，带动周边 2000 余名贫困户脱贫致富。科学部署统战系统单位助力驻点村精准脱贫。下派统战部常务副部长徐平深入秦峰镇占村任第一书记，同时选派 11 名统战干部进驻扶贫村，与 28 名贫困户进行一对一联系帮扶，及时帮助贫困户解决生产和生活难题。占村"油菜种植"产业扶贫项目，种植油菜 170 亩，用于扶贫的投入资金 12 万元，预计产生效益 24 万元，整体增收 12 万元。

【共谋统战新局面】 成功举办 2017"海外华裔青少年中国寻根之旅——魅力信州营"，通过学习交流、参观访问、寻根访祖，增进海外华人华侨青少年对祖（籍）国的了解，鼓励他们向旅居国或地区的社会各界宣传介绍中国发展实情，进一步增进新一代华侨华人青少年对中华民族和中华文化的认同感和归属感。打造北门稼轩社区"大统战工作进社区"示范点，完善社区"侨之家"建设，将"侨之家"建设成为联系归侨侨眷与社区的纽带，成为他们的精神家园。8 月，区台办组织了 8 名区党政负责人赴台湾地区考察，增进了两岸联系和友谊。

【共筑和谐特色民族宗教】 加强少数民族聚居地建设。完成了 2016—2018 年度民族发展资金项目库建设，完善了 2017 年少数民族发展资金项目建设计划前期调研工作，本年度争取民族发展资金扶持项目 4 个，争取项目资金 29 万元，用于基础设施建设和社会公共事业发展，促进少数民族和少数民族聚居区经济社会发展。推动民族工作进社区试点工作。完善茅家岭街道汪家园畲族社区和东市街道中山路社区为"民族工作进社区"和"城市民族工作连心共建活动"试点社区，建立健全了社区民族工作的各项工作制度，各项民族团结进步宣传活动有序开展，3 月，汪家园畲族社区和中山路社区被评为全市第一批"民族团结进步创建活动示范社区"。强化民族宗教培训和宣传工作。举办区党政分管宗教工作领导干部培训班和宗教代表人士培训班。积极开展民族团结进步宣传月活动。9 月，在全区范围内开展"民族团结进步宣传月"活动。结合实际，组织"三开展"活动，即：开展党的民族理论和民族政策宣传、开展增进民族团结宣传教育、开展民族团结进步文艺汇演（在凤凰社区举办)。11 月 10 日,少数民族流动穆斯林群众联合街道社区开展民族政策法规宣传、组织承办"中华民族一家亲、同心共筑中国梦"喜庆中共十九大民族团结文艺汇演。11 月 19 日,汪家园畲族自治村举办成立 10 周年庆典活动,汪家园畲族社区被评为"全省第一批民族团结进步创建示范单位"。依法加强对宗教事务的管理。举办新修订《宗教事务条例》培训班,11 月,组织全区宗教团体负责人举办培训班一期;严格把好"三关"(政治关、政策关、政审关),科学合理安排宗教活动场所;申报寺观教堂维修补助资金项目 1 个,争取项目维修资金 4 万元。引导宗教与社会主义社会相适应。组织引导宗教界人士关爱弱势人群,回报社会,引导宗教界以宗教特有的道德感召力,发扬乐善好施、扶危济困、关怀社会、服务大众的传统美德,在组织宗教慈善周等慈善活动中,募捐 2 万余元,用于社会公益活动。

【打造信州区特色的"亲清"政商关系之路】 努力为民营企业发展提供服务,为广大会员对接区就业局的创业贷款和建设银行、邮储银行的商业贷款,及时解决了部分会员资金短缺的问题。重视做好非公有制经济代表人士的政治安排推荐工作,区委统战部积极向各级党委、人大、政协推荐,为非公有制经济代表人士参政议政搭建平台。换届以来,2 人被推荐为市政协委员,3 人当选区人大代表,18人被推选为区政协十届委员(其中区政协常委 5 人)。助力推进"万企帮万村"和"精准扶贫"行动,积极引导非公经济人士把企业发展与产业扶贫、智力扶贫、劳务扶贫、捐赠扶贫相结合,参与精准扶贫工作。区工商联(总商会)联合会员企业家们在精准扶贫行动中累计资助 65 名贫困生和 23 户贫困户,累计捐赠6.92 万元、捐赠书籍 5000 余册。

(杨冰冰)

政法综治工作

【概　况】 2017 年,在省及市政法委、综治委的关心指导下,在区委、区政府的正确领导下,全区上下以"保安全、护稳定、深改革、促公正、强队伍"为抓手,突出现代科技应用,强化社会治理创新,深入推进平安信州、法治信州、幸福信州建设,为高标准建成省域副中心城市核心区,营造了更加安全稳定的社会环境、公平正义的法治环境、优质高效的服务环境。2017 年度被国务院防范和处理邪教问题办公室授予"全国创建无邪教示范区",被评为"全省平安县(市、区)""全市综治工作先进""全市国家安全人民防线工作先进",区维稳办荣获"全省先进集体"。

【推进社区网格化服务管理提升】 以"网住平安、定格幸福、化为常态"为目标,从"投、实、融、享"等 4 方面入手,探索建立了具有信州特色的社区网格化服务管理体制。以"投"为切入点。高标准建成区级综治中心和 9 个镇(街道)综治中心(社区网格化服务管理中心),搭建了"智慧城市管理综合服务平台",实现了"一个平台"指挥、"一张图"作战、"一个中心"流转,打造了社会治理运营新模式。以"实"为着力点。按照300 户、1000 人的标准,将全区 9个镇街、126 个村居划分为 581个网格,在每个网格中都配备了1 名网格员、1 名包干民警和一批网格信息员,实行"定格、定人、定岗、定责"管理。以"融"为关键点。"跳出综治来抓网格",将基层党建、社会保障、城市管理、安全生产、农业生产、精准扶贫、新农村建设等 30 个大项 150 余个小项的工作都下沉到网格中,让服务管理更精准、更便捷、更高效。以"享"为落脚点。依托现有的资源,注重共建共享,实现了"天网、地网、人网"的互联互通,依托综治平台和 QB("情报")平台,实时关联重点涉稳群体、肇事肇祸精神患者、重点管控人员等轨迹信息。社区网格化服务管理提升工作成效显著,在全市走在前列,省、市综治委(办)先后在信州区召开 4 次社区网格化服务管理提升工作推进现场会,总结推广好经验好做法。省长刘奇、市委书记马承祖对信州区社区网格化服务管理提升工作的做法和成效作出批示,给予了高度肯定。6 月、11 月,省委常委、政法委书记尹建业和省委政法委副书记、省综治办主任刘烁先后到信州区开展专项调研考察。

【坚决维护社会安全稳定】 强化维稳措施。成立中共十九大专项维稳安保工作领导小组,制定下发《党的十九大专项维稳安保工作方案》,尤其是在中共十九大召开前期,先后 5 次召开全区信访维稳工作专项部署会,聚焦重点人、重点事,以问题为导向，落实责任主任，明确工作重点，细化工作措施。中共十九大期间，组建中共十九大期间安全维稳信访工作应急指挥中心，全区政法各部门入驻指挥中心，开展24小时值守联勤确保了全区的和谐稳定。强化矛排调处。建立健全矛盾纠纷排查调处机制，以公安和信访部门为依托，以各级调处中心为平台，以网格化管理为抓手，充分发挥各类网格员、信息员的主体作用，形成上下贯通、纵横联系的"大排查、大化解、大稳定"的矛盾纠纷排查调处机制，最大限度地将矛盾化解在当地。开展了防范和处理邪教问题工作标准化建设，创新实施了"双六"工程，从"队伍建设、情报信息、打击处理、防范控制、教育转化、警示宣传"等6个方面精准发力，推动全区反邪工作再上新台阶。启动了一级"网格化"的巡逻联防机制，军警联勤联防联巡，24小时屯警街面，加强治安防控"点、线、面"的建设。

【深化平安法治建设】　紧扣政法工作重点，组织开展了综治与平安建设宣传月，深度挖掘工作中的特色亮点、工作经验、执法为民的典型事例，大力开展主题报道，宣传政法打击战果和防控成效，展示了区政法机关的工作成效以及政法队伍良好的精神风貌。实施"五防措施"。坚持情报导防，打造"情指行一体化"联勤中心，将指挥调度、情报研判、合成作战高度融合，实时关注警情动态，围绕可防性、多发性和可能影响辖区治安稳定的警情开展研判。坚持巡逻助防，以"社区网格化"为基础，将特警、机关大队、派出所、警务站等巡逻警力捆

绑，根据警情科学划分巡逻警区，实施24小时全方位巡逻。坚持打击促防，根据发案特点，成立专门的图侦、反扒、打传等专业队伍，真正做到以专业打职业。全区全年共查处治安案件5636起，查处违法人员1648名。坚持科技强防，深推"天网"三期建设和城乡地区支网补点，新增高清探头1074个；以"雪亮工程"建设为契机，积极拓展社会面的视频资源汇聚融合，打造全时空、全领域、全覆盖的立体防控网络。针对入室盗窃问题，探索引入"智能门禁"和"智慧管家"等服务系统，打造13个智慧安防小区。坚持重点盯防，创新思路，采取"明控暗盯两条线""打击化解两手抓"等举措，确保敏感节点重点人员不失控，特殊群体不滋事；开展了"清障护航"行动，保障重点项目的顺利实施推进；创新"4点半网络学校"和高峰期无人机巡逻等方式，对校园及周边开展重点防控，保障校园安全。

【做好"三个强化"】　强化法治意识。紧扣"七五"普法的要求和任务，积极推进法治信州建设，高规格建成了公共法律服务中心，为区群众搭建了一个集社会性、专业性、便民性的"一站式"综合法律服务平台。积极开展"一月一法"宣传活动，自活动以来，共发放宣传资料10000余份，解答群众法律咨询300余人次，展出宣传展板100余块，出动宣传车10余辆。强化大局意识。不断完善项目建设风险评估机制，严格评估程序。全年共评估项目14个，做到应评尽评，确保了项目建设零风险上马。加强区境内铁路沿线治安管理，认真组织开展铁路沿线社

会治安环境整治活动。强化服务意识。以执行攻坚常态化为突破口，努力打赢"基本解决执行难问题"攻坚战。健全了常态化的党委领导、政法委协调、人大监督、政府支持、法院主办、部门配合、社会参与的解决执行难工作大格局。制订出台《关于加强失信被执行人联合惩戒全面支持人民法院执行工作的实施意见》，推动形成各部门联合惩戒失信被失信执行人机制和社会诚信体系建设。加大执行信息公开力度，通过执行微信公众号、各类媒体公布法律政策、"老赖"名单，加强法律宣传和引导工作。切实加大对失信被执行人的惩戒力度，积极向"法媒银"平台、综治网格化平台推送失信被执行人信息，调动全社会力量参与执行关注执行。

【加强政法队伍建设】　健全完善区、镇（街道）、村（社区）三级综治机构规范化建设，建成三级综治信息化平台，形成完备的社会治理工作网络。动员和组织全区干部走进基层、走进群众，增进感情、促进和谐，建立了一支长期联系服务群众的队伍，切实掌握了基层第一手资料，破解一批群众反映集中的热点难点问题，进一步凝聚人心、汇聚力量，增强平安创建的活力。

【组织学习中共十九大精神】做到"学懂、弄通、做实"，在武装头脑、指导实践、推动工作上下功夫，在统一思想、凝聚力量上、见诸行动上取得实效。深入开展机关作风建设，严格按照党内政治生活准则办事，保持清清爽爽的同志关系、规规矩矩的上下级关系，认真落实"三会一

课"、领导干部双重组织生活、民主评议党员、谈心谈话制度。认真开展"两学一做学习教育"，政法各部门深入社区，开展"我是党员我带头"活动。通过党建工作引领，政法部门党员干部进一步坚定理想信念，牢记根本宗旨，促进了执法司法为民，强化了维护公平正义的担当。

（朱　泉）

农村工作

【概　况】　2017 年，区委农工部全面贯彻中共十八届六中全会精神，坚持以中共中央总书记习近平系列重要讲话精神和中央、省农村工作会议精神为指导，紧紧围绕"十三五"规划，充分发挥区内高铁、区位、山水林田湖和绿色生态等综合优势，加快农业发展方式转变，不断深化农业农村改革，围绕"整洁美丽、和谐宜居"的目标，按照"山清水秀、村容整洁、民风淳朴、留住乡愁"的标准，着力打造以主要通道沿线整治提升、新农村建设和农村生活垃圾治理为重点的秀美乡村建设，努力构建城乡一体化发展新格局，有力促进了全区农村经济持续快速增长和社会各项事业的全面进步。全年实现农业总产值 11.01 亿元，农村居民人均可支配收入达 15692 元，同比增长 9.3%。

【农产品产量保持平稳】　粮食总播种面积 12.95 万亩（复种指数），粮食总产量 4.95 万吨；蔬菜播种面积 4.5 万亩（复种指数），总产量 9.14 万吨；果园面积 0.2445 万亩，水果总产量 0.1178 万吨；全年生猪出栏 4.85 万头、存栏 2.82 万头；家禽出笼 46.85 万只，存笼 24 万只，肉类总产量达 6673 吨。

【农业和农村体制改革深入推进】　制定《信州区农业和农村体制改革专项小组 2017 年工作计划》和《2017 年深化农业农村体制改革工作要点》，改革计划包括深化农村集体产权制度改革、加快构建新型农业经营体系、健全农业支持保护体系、健全城乡发展一体化体制机制、加强和创新农村社会治理 5 个方面 13 项改革工作，同时出台印发《信州区 2017 年农业和农村工作意见》《信州区 2017 年新农村建设方案》《信州区"整洁美丽、和谐宜居"新农村建设行动规划（2017—2020）》等一系列文件，对所涉及的改革工作进行了专项部署，各项改革工作达到预期目标。

【农业产业化发展方兴未艾】　全区共有规模以上种养殖基地 98 个（其中种植基地 56 个、养殖基地 32 个、特色水产基地 10 个），有一定规模的农业休闲农庄 33 家，规模以上农业企业 29 家（省级 3 家、市级 11 家、区级 15 家）。市级以上龙头企业固定资产达 2.1 亿元，实现年销售收入 5.3 亿元，年创利润千万元，可带动农户 1.5 万户，可辐射带动 2 万余人就业。全区有各类农民专业合作社 262 家，已创建市级以上农民专业合作社示范社 11 家，其中省级 3 家、市级 8 家。全区经工商登记家庭农场 8 家，提前实现了年初区政府提出的目标任务。

【农村土地确权颁证基本完成】　全区确权工作涉及 7 个镇（街）、61 个行政村（居），728 个村民小组，37089 户农户，86088 亩耕地。2014 年 6 月正式启动，完成合同订立即登记簿建立的农户数 36770 户，完成率 99%。已完成归户表签字确认的农户数 36770 户，完成率 99%。具备颁证条件的行政村（居）数为 58 个，完成率为 95.9%

【水利设施建设稳步实施】　2017 年度，实施了区 2017 年农村饮水巩固提升工程和高效节水示范县项目，已完成建设任务，完成整治山塘 21 座。

【农村生活垃圾治理成效显著】　有效落实农村卫生保洁长效机制。全面落实"户分类、村收集、镇转运、市垃圾填埋场填埋"的垃圾收集处理体系，进一步完善垃圾中转站、运输车辆、垃圾桶等环卫设施，鼓励引导农户和保洁员对垃圾进行分类，探索推行回收利用的减量化、资源化、无害化处理方式，新建一批垃圾兑换银行。出台史上最严格的《农村生活垃圾整治工作问责办法》。问责办法对相关责任人从约谈提醒到诫勉谈话直至免职处理，全面将农村生活垃圾治理工作向纵深推进。加大投入力度。年初全区安排保洁经费 1190 余万元，11 月初又安排资金 200 万元，用于农村生活垃圾治理工作，使全年农民人均区财政投入资金达 74 元。各镇、街纷纷投入资金开展集中整治，平均每个行政村达 5 万余元。

【壮大村级集体经济全部消除"空壳村"】　全区共 66 个行政

村（含村改居）涉及发展壮大村级集体经济工作。经年初摸底统计，66个村居中"空壳村"27个，占40.9%；按照"积极稳妥、因地制宜、村为主体"的原则，通过加大扶持力度，拓宽发展路径，积极推进不同类型村级集体经济发展等方式，全部消除"空壳村"，村级集体经济收入5万元以下的村34个，占51%；5万元以上10万元以下的村14个，占21%；10万元以上20万元以下的6个，占9%；20万元以上100万元以下的10个，占15%；百万元以上的2个，占3%。

新农村建设

【概　况】　2017年，全区共有新农村建设村点115个（其中省级村点95个，区级自建点20个），涉及全区4个镇和茅家岭街道的24个行政村，惠及农户8488余户34800余人口，共投入建设资金2680万元，村点"七改三网"工作基本完成。同时，按照"产业兴旺、生态宜居、乡风文明、治理有效、生活富裕"要求，着力打造了茅家岭街道塔水村、秦峰镇老坞村、沙溪镇向阳村等3个精品示范村及7条主要通道沿线整治提升工作，进一步提升全区农村"颜值"。

【精心规划重布局】　在推进新农村建设中，始终坚持站在统筹城乡一体化发展的高度，从选点布点的合理布局，到村庄建设的空间布局，要求各镇进行科学统一规划，优化村民居住环境，把旧村庄改造成新社区。全面组织开展新农村建设产业发展规划、村庄整治建设规划和农村新社区建设规划。各村点在建设前期要规划制定"项目安排表、资金预算表、推进时间表"三表。

【突出重点抓落实】　针对不同村点的实际情况，坚持做到因地制宜，进行分类指导。对于一般自然村，要求重点做到"七改三网"等基础设施建设，让群众实实在在地感受到新农村建设所带来的人居环境改善的实惠。对于生态环境优美、人文底蕴深厚的村庄，严格按照"基础设施好、公共服务好、生态环境好、产业发展好、乡风民俗好、社区治理好"的"六好"标准，结合乡村旅游，实行高起点规划，充分衔接项目资金进行建设，并坚持以人为本，深入推进公共服务平台、学校、文化广场等设施建设，将公共服务延伸到村，努力加强精神文明建设，使物的新农村和人的新农村有机结合，如茅家岭街道塔水村、秦峰镇老坞村、沙溪镇向阳村等秀美乡村建设点，充分彰显出城郊新农村建设特色。

【完善机制下功夫】　针对乡镇换届的人事调整和秀美乡村建设的新要求，全面组织各镇分管领导、新村办主任和建设村点支部书记开展业务培训工作。定期组织召开调度会，每周编制简报通报工作进展情况、工作成效和存在问题。为强化新农村建设资金管理，区农工部结合集中整治基层侵害群众利益不正之风有关要求，对所有新农村建设项目实行公开招投标，不断完善资金的拨付程序和规范使用。

（余接满）

信访工作

【概　况】　2017年，在区委、区政府的正确领导下，紧密结合"三严三实""两学一做"专题教育活动和"精准扶贫"活动，信州区信访工作着力推进"信访积案攻坚年""网上信访拓展年""基础工作提升年"活动，以积案化解"秋季行动""百日攻坚"活动为契机，领导深入接访下访，信访积案化解与矛盾源头预防共治，畅通群众诉求渠道，规范信访秩序。大力解决群众合理诉求，维护群众合法权益，有效地维护了社会和谐稳定。

【高位推动信访工作】　区委、区政府高度重视信访工作，将信访工作视为解民忧、除民困的头等大事抓落实。区主要领导坚持按照每天信访接待日程安排亲临接访一线，各街镇、各部门分管领导及工作人员共同参与，明确分工落实责任。区信访局将过往来访工作过程中信访人反映的不同诉求进行细化分类，进一步调整完善区主要领导接访日程安排，确保信访人的上访事由与区领导分管领域对口。全年区主要领导接待群众1008人次。为进一步推动信访积案和突出疑难信访事项的化解，先后两次调整县级领导包案，对全区各单位排查出的重点积案、老案、钉子案，按照"三定四个一"和"领导倒序择案包案法"原则，落实县级领导包案，在县级领导的高位推动下高效化解一批疑难问题。

【强化定期排查科学研判】 2017年,区信访局将定期排查与动态排查相结合进一步推动集中排查,每月定期开展一次矛盾纠纷及突出信访隐患大排查,对重大政治敏感时期有针对性地开展动态排查,全年共开展排查工作18次,排查各类信访隐患问题180余件,对排查出的事项逐一建立台账、逐一落实责任单位、逐一明确责任人。将着力建设大信息平台,通过信访信息平台、"两微一端"等信息平台收集各类访情信息,加以分析研判,进行预警处置,及时传递、分享、反馈信息,及时有效地处理各类访情和突发事件。全年共收集上报各类信访信息45条,成功有效地遏制越级访的发生。

【大力化解积案】 采取高位推动、领导包案、政策化解、"活动"化解、部门联动、联合会商等措施,将积案化解整治工作进一步深入,创新工作方法,有效化解息访了一大批信访积案。2017年,在区委、区政府主要领导亲自接访、包案的高位推动下,化解集体访、疑难案件10余件。运用财政、司法、政策等手段,充分发挥好信访特殊疑难救助资金、司法救助金等款项作用,通过各级特殊疑难救助实现6件疑难积案办结息访。以"三年"活动、"秋季行动""百日攻坚"活动为突破口,加强领导,强化责任,区联席办将市级交办信州区的18件重点信访事项,全部明确了责任单位,落实了领导进行包案化解,其中事属信州区的共有11件,已全部办结,办结率100%。

【依法维护信访秩序】 始终以法律为底线,更加有效地维护好正常的信访秩序。坚持一手抓诉求渠道的畅通,一手抓正常信访秩序的维护。引导群众正确行使信访权利,自觉遵法守法敬法,服从处理结果,维护社会秩序。强化源头化解稳控、劝防并举,干群之间以心换心、真情理解。在化解问题上下功夫,不断创新化解机制,加强基层基础工作,努力做到"小事不出村,大事不出镇,难事不出区,矛盾不上交,信访不上行"。注重从源头上减少信访增量,化解突出矛盾,掌握工作主动权。强化依法治访,提高运用法治思维和法治方式化解矛盾、维护稳定的能力,对缠访闹访、非正常上访和三级终结信访事项,坚持依法依规办事,有效遏制住"以闹求解决,以访谋私利"等不正常现象和违法行为。

(黄炫达)

对台工作

【概　况】 2017年度,紧紧围绕加强两岸血肉联系,倾力构建两岸沟通交流平台,细致服务台胞台商台企,为涉台人员排忧解难,狠抓中央各项对台政策方针的贯彻落实,扎实创新,在两岸交流、宣教调研、为涉台人员排忧解难作出了一定成绩。

【与台湾方面交流频繁】 借台商往返信州区探亲和考察之机,加强与台商交流,并积极达成合作意愿。全年共接待台商来访126批次。组建了由赵建颖副区长带队的台湾交流学习团,加强了两岸沟通与交流。

【做好招商工作】 充分利用各种场合推介区委优势与优惠政策,利用台属赴台、台商返台、台胞到信州区考察、赴外地开会的机会,对信州区进行宣传。10月份,通过参加在南昌举办的"第十四届赣台经贸文化合作交流大会"实现签约项目1个,台企蜂巢网络科技有限公司落户信州。

【为台胞台企排忧解难】 信州区领导约见台胞4次,协同其他部门解决台企实际问题3次,定期走访台企、台胞、台属,对前来寻求帮助的台属,做到笑迎欢送,帮助解决问题。

【扶贫见成效】 参加市里组织的国家扶贫日募捐活动,发放慰问金2次,为3名贫困户办理残疾证,号召台企新升橡胶有限公司向茅家岭街道畴口村贫困户捐赠物资。

(陈熹晖)

老干部工作

【概　况】 截至12月30日,信州区有离休干部62人,退休干部3600余人,其中曾担任副县以上实职的42人。全区设立离退休干部党支部32个。2017年度,区委老干局被省委老干局评为全省老干部宣传思想工作先进单位。

【落实老干部政治待遇】 全区各级党组织坚持离退休干部阅读文件、通报情况、参加重要会议和重大活动、就近就地参观考察等制度。老干局坚持以离退休干部党支部建设为抓手，突出政治引领，把握为党和人民事业增添正能量的价值取向，引导各离退休干部党支部及时组织老党员学习中共十八届六中全会精神和中共十九大精神，特别是习近平新时代中国特色社会主义思想，切实增强广大老党员、老干部的政治意识、大局意识、核心意识和看齐意识，进一步坚定老干部的理想信念。老干局出资订购学习资料，给每个离退休干部党支部赠送《十九大报告辅导读本》、新《中国共产党章程》和中组部编印的月刊《学习参考》。

【落实老干部生活待遇】 每逢重阳、元旦、春节等节日，区四套班子和区委各部门、区直各单位都要组织不同层级、不同形式的老干部走访慰问活动。元旦，区老干局对全区 3600 余名离退休干部进行新年慰问；春节，区四套班子领导带队走访了全区副县以上实职离休干部和正县实职退休干部，老干局领导逐一走访了全区特困离退休干部、副县实职退休干部和副县以上实职离休干部的遗孀，并以发放慰问品的形式对全区离休干部进行慰问；元宵节开展老干部益智猜谜活动，全区 300 多名老干部参加；重阳节，区老干局组织全区副县以上实职离退休干部赴秦峰镇参观老坞村和五石村的秀美乡村建设，老干部们兴致很高，对农村的发展和新貌赞叹不已。

【离休干部"三个机制"运行平稳】 离休干部的离休费保障机制、医药费保障机制和财政支持机制保障有力、运行平稳，确保了离休干部的离休费按时足额发放、医药费实报实销。2017年，全区离休干部医药费统筹标准为 3 万元/人。继续抓好赣老发〔2016〕3 号《关于提高因瘫痪等原因生活长期完全不能自理离休干部护理费标准的通知》精神的落地生根，对符合政策规定的离休干部，老干局从速办理相关手续，保证其每月 3000 元的护理费执行到位。例行开展了健康体检，组织全区离休干部和副县以上退休干部近两百人到市立医院进行体检，对查出问题的老干部及时予以告知并建议其复检。

【强化老干部党支部建设】 开展老干部支部书记参观学习活动，组织他们到全国先进基层党组织——福海老年公寓参观学习、座谈取经。以老干部党支部为依托，开展"畅谈十八大以来变化，展望十九大胜利召开"主题调研活动和"我为建设大美上饶献一策"金点子征集活动，形成 3 篇调研文章和 23 条金点子上报市委老干部局。在老干部党支部中开展"正能量之星"评选推荐工作，郭安海被省委老干部局评为"全省首届最美老干部"，卢斌、王国英、张宗德 3 人被市委老干部局评为"上饶市老干部正能量之星"。区委组织部按离退休干部党支部留存 50%党费的规定拨给老干部党支部活动经费，解决了离退休干部党支部书记开展支部工作必要的通信、交通补贴。继续在老干部党支部中推行"划片管理、分片活动、互学互促、共同提高"的工作模式，全区 32 个老干部支部划分为 3 个片区，原则上各片区每个季度开展一次学习交流活动，以相互借鉴、共同提高，多年来得到老支书、老党员们的肯定和支持。

【加强国有改制企业退休干部的管理服务工作】 省属企业凤凰光学集团改制后，移交了 2 位市厅级、6 位县处级退休干部作为区委老干局的管理服务对象，由老干局落实其相关的政治、生活待遇，老干局建立了春节走访慰问制度和住院探视制度。班子成员在春节前逐户上门走访，送去节日慰问，遇有生病住院，班子成员也及时探望慰问，送去组织的关怀和温暖。

【老干部宣传工作有新突破】 建立了一支专兼结合的老干部宣传报道工作队伍，聘请了 5 位老干部作为特约通讯员，对写稿用稿按制度实行奖励。继续做好《老友》杂志征订、发放工作，完成《老友》订刊 1861 份。2017年，区委老干局连续第十三年被省委老干局评为全省老干部宣传思想工作先进单位。

【做好老干部信访工作】 认真贯彻《国家信访条例》，按照"属地管理、分级负责、谁管理、谁负责"的原则，建立了老干部信访首问责任制和老干部来信来访接待制度，以认真对待每一件信访诉求，妥善处理老干部反映的各类问题。2017 年，共接待老干部上访 18 次，回复上访信件 2 封，回复信访电话 50 多次，全年没有发生一起老干部越级上访事件。

【关心下一代工作】 为贯彻落实习近平总书记对关心下一代工作的指示，区委下发了〔2017〕19 号文件，提出了加强和规范全区镇、街和机关关工委建设。深化争创"五好"关工委活动，分别在沙溪镇和商务局召开了全区关工委工作规范化、常态化现场推进会。扎实开展"大手握小手，听党话、跟党走"活动，帮扶了1296名特困、孤儿、残疾、重病青少年，筹措资金达167万元，其中江西际洲集团董事长陈波松为全区9个镇、街各捐助5万元，并公开、及时发放到贫困学生手中。继续在青少年中深入开展"党史、国史、家乡史"教育，区关爱报告团成员和一大批退休老干部、老教师纷纷走进课堂宣讲，向下一代传递正能量。

（洪明国）

机关党建工作

【概　况】　信州区机关工委有业务单位53个，下辖117个支部，17个党总支和1个机关党委，共有1600名党员。2017年，区直机关工委坚持以习近平新时代中国特色社会主义思想为指导，全力宣传、全面贯彻落实中共十九大精神，按照区委的部署，以"两学一做"常态化教育为重要举措，大力加强区直机关党的思想建设、组织建设、作风建设、制度建设，全面推进区直机关党的各项建设，各项工作在新时代取得开局的新进步。

【发挥党建服务大局作用】　坚持统筹党建一起抓、统筹资源一起用、统筹工作一起推，以"党建+"理念在服务改革发展中找准定位、创设载体、贡献作为。采取召开"党建+"工作现场会等形式，指导和推动区直机关党组织在助推中心工作、完成重点工作任务中融入党建元素、发挥党建作用。组织开展"走前头，立标杆，共筑'四强'当先锋"主题实践活动，深化"先锋创绩""党员示范岗"创建，引导机关党员干部在急难险重工作和服务基层群众中走前头、当先锋。通报表彰一批"四化四型"标杆党组织、"四讲四有"先锋党员和优秀机关党建工作项目，扎实推进区直机关党组织在服务大局中走前头、党员干部在服务发展中做表率。动员和组织机关党员干部积极投身"兴家风、淳民风、正社风"活动，通过"我的家风家训"讲评、"三风"书画作品大赛和巡展等活动，引领机关党员干部努力成为弘扬"三风"的模范。

【规范基层党组织建设】　强力推动"星级支部"创建深化升级，着力打造一批班子强、基础牢、机制活、工作优的坚强堡垒，审查考核评定"五星级支部"，进一步提高"星级支部"覆盖面，营造规范抓建、创星达标的浓厚氛围。扎实推进基层党组织规范化建设，着力抓好组织生活报备和情况通报、党员组织关系排查、党费补缴追纳、党组织按期换届等专项工作，使党组织建设更加规范；强化党务干部教育培训，分批组织百余名机关党组织书记和190名基层党支部书记进行集中培训，有效提升机关党建队伍能力水平。工委还开展中共十九大精神宣讲会，参会人员有区直机关党务干部、党务工作者及社区的部分党员和村委会干部。真正使十九大精神进机关、进社区、进村入户和进贫困户。建立党内"三会一课"备案、检查、通报制度，进一步落实严格党内政治生活制度的各项要求，使党建工作党味更浓、党组织建设更加规范、党员党性意识更加强烈，整体提升基层党建的规范化建设质量和水平。开展评选优秀共产党员及优秀党务工作者活动。在"七一"期间暨纪念建党96周年之际，为树立典型，表彰先进，工委在区直机关基层党组织中开展了评选表彰活动。共表彰了50个先进基层党组织、50名优秀共产党员、50名优秀党务工作者。

【强化从严治党主体责任落实】　注重以明确责任、细化责任、落实责任为推动，切实把全面从严治党要求落实到机关党建工作各方面，党员干部队伍作风建设全过程。完善区直机关党组织落实党风廉政建设"两个责任"的实施意见并抓好执行，落实党员党性分析、民主评议、党风廉政建设责任制三项机制，开展落实中央八项规定督查暗访，先后处理违法违纪党员10名。进一步健全和深化考评机制，组织机关党组织书记向全体党员述职，并将考评结果与年度评先评优相结合、同运用，形成全面从严、层级负责，以上率下、齐抓共管的机关党建工作格局。

【推进机关文化建设】　坚持党建带群团组织，深入开展身边"我是党员我带头"和"争当方志敏式好干部"评选、道德讲堂、岗位学雷锋创评等活动，推荐一批优秀党员、劳动模范、"三八"红旗手、青年文明号，增强机关的凝聚力和向心力。通过组织丰富多彩的群众性文化体育活动，丰富和活跃机关文化生活。

【打造机关党建工作品牌】　顺

应全面从严治党和互联网时代发展新要求，围绕"门户网站、在线考核、数据化管理、在线学习和自媒体运用"5个重点，推进区智慧党建平台建设。组织开展机关党员干部开展大调研、大交流，利用机关智慧党建平台、微信工作群对机关党组织开展"党建+"工作和党建优秀项目、创新举措等进行宣传推广，着力打造具有信州特色的机关党建品牌。

（何丽萍）

党史工作

【概　况】　2017年，信州区委党史办在区委区政府的领导和市委党史办的指导下，牢固树立围绕中心、服务大局理念，不断加强自身建设，提升班子凝聚力和战斗力，认真贯彻落实党和国家的方针、政策以及区委、区政府重大决策部署，开拓创新，务实工作，圆满完成了全年各项工作任务。

【出版发行《中国共产党信州区历史》（1949—1978）】　在党的十九大即将召开之际，信州区委党史办编纂的《中国共产党信州历史》（1949—1978）由中共党史出版社正式出版发行。该书以中共中央《关于建国以来若干历史问题的决议》为准绳，运用辩证唯物主义和历史唯物主义的立场、观点和方法，全面地阐述了1949年5月信州解放至1978年12月中共十一届三中全会召开这30年间探索前进、曲折发展的历史进程，秉承尊重历史、存真求实的原则，客观公正地记载了这一时期信州政治、经济、社会、文化和人民群众精神面貌的重大变化。该书的出版，为全面了解信州这一时期的奋斗历程提供了资料参考。对于推动全区党员干部了解并学习党的历史，提高执政意识和水平有着重要意义。《中国共产党信州历史》（1949—1978）是由区委党史办编纂的第一部地方党史著作，为信州区地方党史研究填补了空白。

【编纂《中国共产党信州区历史大事记（2001.1—2017.12）》】　1月，信州区委常委会会议审议通过了区委党史办公室提请的关于编纂《中国共产党信州区历史大事记（2001.1—2017.12）》的工作方案。方案通过后，区委先后相继成立了编纂领导小组及编纂委员会。该书的编纂工作得到了众多单位的大力支持。市委党史工作办公室给予了业务上的指导。区委办公室、区政府办公室、区人大办公室、区政协办公室、区人武部政工科、区政法委办公室、区纪检委办公室、区委组织部办公室、区委宣传部办公室、区委统战部办公室、区公安分局办公室、区检察院办公室、区法院办公室、区总工会、区民政局、区国资办、团区委、区人社局、区卫计委、区司法局、区招商局、区妇联、区财政局、区发改委、区统计局、区教体局、区农水局、区建设局、区审计局、水南街道、西市街道、灵溪镇、秦峰镇等为本书的编纂提供了稿件。编委会用时8个月，组织力量完成了2017年的史料收集工作。12月底完成了两轮的资料审核及条目筛选工作。

【筹建信州区党史馆】　为将信州区的地方党史理论研究、党建工作形成亮点和特色，将资政育人工作推向一个更具有核心引领性和代表性的高度，以优异的党史研究成果和党史教育成果向党的百年诞辰献礼，区委党史办特申请设立信州区地方党史研究馆。9月14日，市委党校副校长封肖平、区委组织部部长周福花及区委相关部门负责人随行，赴中国共产党杭州历史馆考察学习建馆及展陈工作。8月15日，召开专家脉诊信州党史座谈会，10月27日，召开中国共产党信州历史馆展陈方案评审会，与会党史专家、学者对信州党史馆的筹建提出了宝贵的指导建议。

【召开《中国共产党信州历史（1949—1978）》出版发行座谈会】　10月13日上午，《中国共产党信州历史（1949—1978）》出版发行座谈会召开。区委副书记王兆强主持会议，市党史办主任盛瑮，副主任周育中及部分编委人员参加。座谈会上，与会人员围绕此部信州党史的出版过程及章节内容进行了交流讨论。与会领导对信州区此次地方党史著作出版发行表示祝贺，对信州区在编纂中精益求精的精神给予了充分的肯定。

【创建"信州党史"微信公众号】　为进一步发挥党史资政育人的作用，更加翔实准确地为信州区领导及各相关部门提供党在信州区90多年的革命、建设、改革的党建发展史料，年内信州区委党史办公室创建开通了"信州党史"微信公众号。微信搜索"信州党史"微信公众号即可关注。收编内容包括党史今日、党史名人、党史图册、红色故事、红色旅游等。

（李志群）

党校工作

【概　况】 2017年，信州区委党校对实施"智库建设"工作有所侧重，理论研讨工作得到上级党校的充分肯定；率先在全市党校中开通的"信州党校"微信公众号创出理论特色；创新推出的微信在线考试方式更加科学高效，辅助教学工作提升了学员学业水平，严格检验学员学业水平工作，将教学管理和学员管理工作提高到了一个新层次。

【十九大精神宣讲工作】 中共十九大精神宣讲进基层，掀起学习热潮。中共十九大召开一周后，班子成员带头下基层宣讲，主动到了脱贫攻坚帮扶村秦峰村、党建结对共建点滩头村、五三（1）社区、区建设局、市实验小学等10多个基层宣讲。12月初，按照区委统一部署，党校教师分赴各镇、街道及村、居，朝阳产业园宣讲，掀起学习贯彻中共十九大精神的新高潮。

【开展培训教育】 全年共举办各种班次10期，培训学员1780人。其中，4月举办入党积极分子培训班2期（249人）、党员发展对象培训班2期（190人）、全区部分支部书记讲党课业务交流培训班1期（20人）。11月举办基层党组织书记学习贯彻中共十九大精神专题轮训班4期（611人）、12月份科级领导干部学习中共十九大精神培训班1期（710人）。

【理论研讨等工作硕果累累】 坚持党建立校、科研兴校、制度管校，着力实施"智库建设"，全市党校系统理论研讨会获一等奖。在12月举行的上饶市党校系统学习贯彻党的十九大精神理论研讨会上，校长郑维民撰写的论文《黔桂全域旅游对我市的借鉴》，荣获一等奖。副校长王小仙参与区人大常委会教科文卫工委调研组就信州区中小学大班额课题开展调研，撰写《关于信州区中小学"大班额"问题的调研报告》，为区委区政府决策提供了全面系统的思考路径和数据资料。

【创新开展教学活动】 党校教学向基层延伸，送课下基层。主动适应新形势，针对基层干部工作在一线不能缺位，基层党组织学习和培训的任务不能放松的两重性情况，转变工作理念，创新教学模式，将教学向基层党组织延伸。起到了主动补位，把党课、培训辅导与实际需要联系起来，协力基层党建工作的作用。把党员教育和培训工作与全区的大党建结合，把自身打造成为提供党课和党员行政干部培训工作的主要力量，转变观念，提升服务中心、服务基层的能力。采取"党校流动讲台""调研服务组"和"微型党课"等形式，把新课送到基层，用新鲜活泼、短小精悍的课程适应基层群众和干部的接受需要，以及为基层单位和部门总结工作经验、探索工作方法提供调研方面的服务。

【率先在全市党校中开通了"信州党校"微信公众号】 "信州党校"微信公众号推送党校新闻、党校工作动态、重要思想、理论文章，传播党校声音，展示党校形象。实现与学员的即时互动，满足党员干部多样化、个性化的学习需求。把微信公众平台真正建设成为传播党的声音的重要窗口、基层党建的前沿阵地、下情上达的便捷渠道、服务广大群众的重要载体，为区委党校开创出了理论工作的新阵地，2017年全年共出67期。创新推出微信在线考试方式提升学员学业水平。取代了以往的纸质试卷考试方式，有效地促进了学员认真学习。考试工作利用云计算平台进行，学员们利用手机登入党校的考试平台后，所有学员的题序和答案次序因为随机生成而不同，学员答完试题提交后系统立即给出分数，确保了考试的公平公正性和准确性。该考试系统题库数据庞大，平时也可以给学员供练习使用，方便学员检验自己的学习成效。

（林谋俊）

档案工作

【概　况】 2017年，深入学习、宣传、贯彻落实《关于进一步加强和改进新形势下要全省档案工作的实施意见》和《关于进一步加强和改进新形势下全市档案工作的实施意见》精神，围绕区委、区政府中心工作，切实加查强档案资源体系、档案利用体系和档案安全体系建设，档案工作法制化、规范化、信息化建设水平进一步提高，档案部门服务民生服务经济建设的能力和水平进一步提升。信州区档案馆为省一级先进档案馆,全年档案工作在全市档案系统综合考评中荣获先进单位。

【档案收藏】　2017 年度,区档案馆共保存档案 116 个全宗 93688 卷 172221 件,资料 9760 册。其中,2017 年新接收进馆档等 20 个单位 3271 卷 4181 件。馆藏档案的内容和形势日趋丰富多样,在以文书档案为主的基础上,同时兼有科技、统计、人事(死亡干部)、音像、文物(领袖题词、书法原件)、名人、婚姻登记、独生子女登记等多种门类和载体的档案。其中,征集和收藏 20 世纪 50 年代党和国家领导人周恩来、刘少奇、朱德等人的题词手迹;60 年代郭沫若《途次上饶》诗歌手迹;90 年代党和国家领导人为上饶集中营烈士陵园的题词手迹。收藏了 90 年代 90 余位军旅知名人士和著名书法家为筹建"江南碑林"题写的书法原件;征集和收藏中共中央、国务院、省委和省政府领导人视察上饶的照片;收藏了公安部门形成和移交的上饶集中营专案档案,胜利大桥和区委、区政府大楼等重点工程档案,1998 年抗洪救灾录像和照片,原上饶市针织总厂、磁性材料厂、塑料厂等国有企业破产档案;收集了作曲家晓河、民间歌唱家姚金娜、书法家王维汉、雕刻家陈文武等名人档案,原县级市委、市人大、市政府、市政协、市纪委、市各民主党派、市直各单位、各乡镇、街道形成和移交的档案。收集了区委、区人大、区政府、区政协、区纪委、区直各单位、街道形成和移交的档案等。区档案馆馆藏民生档案有婚姻、独生子女、土改、精简下放、知情下放、居民下放、机关企事业单位人员下放、山林权等档案。2017 年,区档案馆新接收了书法家王维汉的题词"上饶市信州区档案局",商务局编写的"上饶传统小吃""上饶百年老店"等特色档案。

【提高档案管理水平】　深入贯彻落实国家档案局第 9 号令和第 10 号令,按照国家档案局第 9 号令《各级各类档案馆收集档案范围的规定》,档案馆基本上按要求接收了依法该接收本级各组织机构的档案。12 月 5 日—13 日,区档案局到辖区内朝阳镇、秦峰镇、西市街道、水南街道、北门街道、茅家岭街道等 25 个单位进行执法检查。从而增强基层领导、机关档案干部对保护档案的意识。继续开展档案目标管理工作,对已晋升省级先进档案管理单位定期复查,促进先进单位档案服务水平不断提高。12 月协助信州区国税局"档案工作省二级先进单位",区工信委"档案工作省三级先进单位",通过上级档案部门的复查认定。

【做好档案安全保障工作】　按照"八防"要求,消防配备了先进的高压细水喷雾设施,同时还配备了安全监控、中央空调及除湿等设施。加强安全检查,定期对库房进行卫生保洁。并对部分年久馆藏档案、重要珍贵档案及时进行了抢救。

【档案惠民成效显著】　6 月 21 日,江西省卫计委下发了赣卫字庭发〔2017〕4 号《关于印发江西省城镇居民独生子女父母奖励办法操作细则》,细则上规定独生子女父母要向有关部门提交《独生子女证》《结婚证》等材料。许多独生子女父母丢失了《独生子女证》和《结婚证》,需要到档案馆查找婚姻档案、独生子女档案(为四化只生一个孩子登记表),全年共查阅 500 余人次。7 月,区社保局根据江西省人社厅"关于下放人员在农村年满 16 周岁计算工龄"的通知,开始落实当年部分下放人员补工龄。信州区(原上饶市)有千余户居民下放农村,随家下放农村几千人,当时退休都没有计算工龄。这两个惠民政策的出台,惠及大量人员来档案馆查档获取材料复印件到社保局落实补工龄、到社区(或单位)领取独生子女资金。7 月 10 日—8 月 4 日,20 个工作日区档案馆共接待了千余人查询下放落实政策及独生子女政策档案,高峰期一天近百人查档;其他提供婚姻类服务共 1100 余人次,用于市民房产交易、司法诉讼等提供相关依据;提供其他类服务共 200 余人次。

【档案数字化建设项目】　由省档案局拨入专项经费,通过政府招标委托加工方式,对区民政局(婚姻)、城镇落实政策办、区委办、区政府办、区档案局的档案进行全文数字扫描,截至 2017 年年底共 939000 画幅,数字化目录录入 43 个全宗,共 418279 条。为查档提供高效快速的途径,使查档案人员高兴而来满意而归,充分展现馆藏档案数字化的优越性和档案管理现代化的必要性。

【加大档案宣传力度】　6 月 9 日,区档案局和市档案局在市中心广场联合举办了以"档案与我们共同的记忆"为主题的宣传活动。举办了黄世华家庭档案,此次展览展出展板共有20块,包括历史类、照片类、工作成果类、成长记录类、证件荣誉类、亲情交流类、契约票证类、医疗健身类、收藏类等九大类。现场还发放新出版的《上饶集中营被囚志士斗争纪实(上)》书籍和2018精美档案挂历等。12月,开展了一次档案执法宣传月活动,重点对《档案违法违纪行为处分规定》进行宣传。同时开展了《中国档案》杂志、《中国档案报》的征订工作,征订档案报26份,档案杂志28份,超额完成了市档案局下达各订22份的征订任务。档案干部积极投稿宣传档案工作,全年在各类杂志发表文章报道多篇,其中《风范》杂志1篇《中国档案》杂志上发表一篇通讯报道;在中国档案网站、省档案局网站、信州区政府网站共发送信息32条。

【提升档案服务】　2017年,区档案馆累计接待查阅档案者2800人次,提供档案查阅3100卷(件),复印档案材料3600份。为参保人员办理养老保险,为查阅婚姻、独生子女等民生档案者提供了原始凭证。为区领导决策、经济建设、工作参考、落实政策、解决纠纷、编史修志等各项工作提供档案服务。

(叶翁鑫)

机构编制工作

【概　况】　2017年,信州区委机构编制委员会办公室(简称区委编办)紧紧围绕区委、区政府工作重点,继续努力组织实施重点领域改革、事业单位分类改革、行政审批制度改革、事业单位登记管理和机构编制日常管理等各项工作,以更好质量更高水平,为信州建设提供强有力的体制机制保障。

【认真组织实施重点领域改革】　按照省、市城市管理重心下移和综合执法改革要求,2月,成立上饶市信州区城市管理和行政执法局及4个下属事业单位(城市管理和行政执法大队、市政园林管理所、环境卫生管理所、燃气管理所);贯彻执行党和国家及省、市、区关于扶贫开发和移民工作的方针、政策,10月12日,组建上饶市信州区扶贫和移民办公室;根据省、市党委关于加强巡察工作的有关精神,7月,设立中共信州区委巡察工作领导小组办公室。

【动态管理权力责清单工作】　信州区根据《江西省人民政府关于取消和调整一批行政权力项目的决定》(赣府发〔2016〕45号)和《上饶市人民政府关于取消和调整一批行政权力的决定》(饶府字〔2017〕5号)文件精神,经研究论证,印发了《上饶市信州区人民政府关于取消和调整一批行政权力项目的决定》(饶信府字〔2017〕69号)文件,决定取消和调整区本级行政权力事项131项。其中,取消暂停39项,新增和承接省及市下放19项,调整变更73项,信州区政府部门行政权力项目更新合计为3433项。

【有序推进事业单位分类改革】　根据《国务院办公厅关于印发分类推进事业单位改革配套文件的通知》(国办发〔2011〕37号)中《关于事业单位分类的意见》《江西省事业单位分类改革实施方案》精神,参与事业单位分类的有293家,256家划分为公益一类、14家分为公益二类、2家划分为生产经营类,另有21家暂缓分类。

【进一步清理规范事业单位】　根据《关于印发〈上饶市信州区控编减编工作方案〉的通知》(饶信办字〔2015〕43号)精神,进一步清理规范区直部分事业单位中的机构编制,对职能明显弱化或已丧失职能、工作任务量明显减少的,进行撤并、整合;对长期有编无人的,机构编制予以收回;对虽能履行职责,但有空编的,余编予以收回。对12家事业单位收回事业编制131名,由区委编办统一管理。

【推进乡镇政府政务服务事项清单制度】　按照江西省人民政府办公厅《关于推行乡镇政府政务服务事项清单制度的通知》(赣府厅字〔2017〕36号)文件精神和信州区人民政府办公室《关于印发〈信州区推行乡镇政府政务服务事项清单制度工作方案的通知〉》(饶信府办字〔2017〕73号)工作部署,编制了《上饶市信州区乡镇政府政务服务事项清单》共计205项,并在区政府信息公开统一平台、政府门户网站正式公布。

【持续推进"一次不跑"和"最多跑一次"改革】　区委编办联合行政服务中心、马上落实办公室,以江西政务网和部门自有体系为依托,开展政务服务事项改革,全面梳理区直单位的"一次不跑"和"最多跑一次"事项,推进"互联网+政务服务"。

【严格落实控编减编工作】　结合超编消化整治、超职数配备整治、"吃空饷"整治,认真落实《上饶市信州区控编减编工作方案》(饶信办字〔2015〕43号),以2012年底机构编制年报统计数为基数,实行总量控制。截至12月底,区直行政超编59人已全部消化,区直事业单位实现财政人员只减不增。

【机构编制日常管理工作】　全年办理上下编860余人次,并做好机构编制统计及实名制网络管理系统的维护工作。7月12日,成立上饶市信州民兵训练基地、上饶市信州区网络宣传管理办公室、上饶市信州区政协文史馆,将上饶市信州区劳动保障监察大队更名为上饶市信州区劳动保障监察局,将上饶市信州区信息服务业产业管理中心确定为区政府直属的正科级全额拨款事业单位;10月12日,成立上饶市信州区电子数据审计办公室、上饶市信州区交通工程质量监督站、上饶市信州区产业扶贫指导中心;同时,将清理规范后收回的编制用于信息服务业产业管理中心、城市居民最低生活保障局、民间组织管理局、人民群众来访接待中心等重点领域、民生领域事业和基层一线。

【事业单位登记管理】　全区登记的事业单位合计273家,其中注销登记30家,243家事业单位已全部完成法人统一社会信用代码换证工作。全年办理设立登记事业单位4家,变更登记事业单位25家,并对以上29家单位进行实地核查。应年报事业单位239家,实际年报事业单位239家,年报公示239家,年报完成率为100%。

(黄婷婷　王珺)

信州区人民代表大会常务委员会

综　述

2017 年,在区委的坚强领导下,区人大常委会深入学习贯彻中共十九大精神,坚持以习近平新时代中国特色社会主义思想为指导,坚持党的领导、人民当家作主、依法治国有机统一,紧紧围绕发展大局,全面依法履行职责,顺应新形势,展现新作为,卓有成效地开展各项工作,充分发挥地方国家权力机关作用,为推动全区经济社会发展和民主法治建设作出积极贡献。

在服务发展大局中贡献人大力量。围绕助推经济发展,组织主任会议成员深入园区、企业视察调研全区工业经济运行情况,组织开展了"助推旅游强区建设"系列活动,听取审议区政府关于招商引资工作情况报告、关于现代农业产业发展情况报告,对新沙溪中学和三江片区污水管网工程两个项目进展和资金使用情况开展检查。围绕助推棚户区改造,听取审议了区政府关于棚改征迁工作情况报告,并派出 3 位常委会副主任深入棚改项目征迁一线参与征迁。为助推秀美乡村建设,听取审议了区政府关于秀美乡村建设情

况报告、关于贯彻执行"坚决遏制违法建设、规范城乡建设秩序"决议情况的报告。常委会还全力助推我区脱贫攻坚,听取审议了区政府关于脱贫攻坚工作情况报告,组织开展了"脱贫攻坚人大代表在行动"专项活动,组建了驻灵溪镇灵湖村帮扶工作队。

在依法监督中彰显人大作为。围绕财政经济持续监督。听取和审议了上半年国民经济和社会发展计划执行情况的报告。建立预决算审查监督咨询专家库,制定《关于区级财政预算审查监督暂行办法》。听取审议了 2016 年度区本级上级财政转移支付资金安排使用情况、2016 年度区级预算执行和其他财政收支审计工作、2017 年上半年预算执行情况等报告,审查并批准了 2016 年区本级决算,对区安监局开展了部门决算审查。制定了审计查出问题整改监督办法,首次对 10 个单位审计查出问题整改情况进行满意度测评。围绕民生工作持续监督。开展了"食品药品安全信州行"活动、"赣鄱农产品质量安全行"活动、"环保信江行"活动。专题调研了中心城区菜市场、农贸市场建设管理情况,对社会保障、基层医疗卫生体系、中小学"大班额"问题等开展调

研。围绕法治建设持续监督。听取审议了区政府关于"六五"普法工作和"七五"普法规划的报告,听取审议了区法院关于司法公开、区检察院关于生态检察、区公安分局关于禁毒工作情况的报告,继续组织开展"百名代表听百案"活动,对《中华人民共和国旅游法》等 6 部法律法规实施情况开展执法检查,开展规范性文件备案审查工作,同时认真做好人大信访工作。不断创新监督方式。开展了专题询问和满意度测评,监督刚性和实效明显增强。

在强化代表履职中激发人大活力。加强代表履职培训,举办了首期人大代表业务培训班,组织了 84 名代表赴全国人大培训基地学习,积极选派代表参加上级人大各类专题培训,选派专工委主任深入镇街开展业务知识培训。拓展代表履职平台,按照"六有"标准规范化建设了 28 个实体代表联络站,并在沙溪镇试点创建了全区首个网上代表联络站。强化代表建议办理,利用会议督办、现场督办、重点督办、持续督办、办理反馈、满意度测评、评选建议先进承办单位等方法,不断提升代表建议办复率和满意率。健全代表工作机制,建立常委会组成人员联系代表、代表联系选民的"双联"制度,

健全代表履职登记制度，坚持代表向选民述职制度，开展优秀代表评选活动。

在加强自身建设中展示人大形象。抓好机关党建，采取多种方式深入开展中共十九大精神和习近平新时代中国特色社会主义思想学习宣传活动，组织开展"两学一做"学习教育。抓好制度建设，制定出台了《人大机关委室工作管理考核办法》《镇街人大工作考核办法》《人大宣传工作考核办法》等3个办法，年底评选出人大工作先进单位和先进个人。抓好能力提升，举办"信州人大讲坛"，开展人大业务知识竞赛，开展机关干部职工运动会、乒乓球比赛等，不断提升干部综合素质。抓好宣传工作。在办好《信州人大》、信州人大网、"信州人大"微信公众号的同时，积极对外投稿，在中央、省、市区各级各类媒体上稿共1445篇。同时抓好与上级人大、外地人大、镇（街道）人大（工委）联系交流。

重要会议

【区五届人民代表大会第二次会议】 2月21日至24日，在区国际会议中心召开，应到代表184名，实到180名，列席人员377名。会议听取和审议了区人民政府工作报告、区人大常委会工作报告、区人民法院工作报告、区人民检察院工作报告、信州区生态文明建设和生态环境状况的报告（书面）、信州区2016年国民经济和社会发展计划执行情况与2017年国民经济和社会发展计划草案的报告（书面）、信州区2016年财政预算执行情况与2017年预算草案的报告（书面），并通过上述报告的决议。会议期间还收到代表建议、批评和意见86件。

【区五届人大常委会会议】 1月23日至12月29日，区五届人大常委会召开了第3至第9次会议。第3次常委会会议于1月23日召开。会议审议通过了人事事项；讨论了《政府工作报告》（征求意见稿）；听取和审议了区人民政府《关于提请审议信州区2016年一般公共预算和政府性基金预算调整方案（草案）的议案》、区人民政府《关于全区"六五"普法工作和"七五"普法规划安排情况的报告》、区人民政府《关于区五届人大一次会议代表建议、批评和意见办理工作情况的报告》；审议通过了《关于表彰2016年度优秀区人大代表、优秀区人大代表建议、代表建议先进承办单位、组织人大代表撰写建议先进代表团的名单》、《信州区人大常委会关于召开信州区第五届人民代表大会第二次会议的决定（草案）》、区五届人大二次会议相关事项；审议了《区人大常委会工作报告》（审议稿）。

第4次常委会会议于5月5日召开。会议审议通过了人事事项；颁发了"2016年度人民满意单位"荣誉奖牌，满意度测评排名最后两个单位的主要负责人作表态发言；听取和审议了区人民政府《关于脱贫攻坚工作的情况报告》；审议了区人大常委会2017年工作要点（审议稿）。

第5次常委会会议于6月9日召开。会议听取和审议了区政府关于棚户区改造征迁工作情况的报告、区政府关于2016年度上级财政转移支付资金安排使用情况的报告、区政府关于《江西省血吸虫病防治条例》贯彻实施情况的报告、区法院关于推进司法公开工作情况的报告、区人大常委会关于2017年"一年三问"及工作满意度测评的实施方案。

第6次常委会会议于7月25日召开。会议审议通过了人事事项；审议了《王良福辞去上饶市第四届人大代表职务的请求》；听取和审议了区人大常委会主任会议关于提请确认许可对侯清富采取拘留强制措施的决定（草案）；审议了侯清富辞去信州区五届人大代表职务的请求；听取和审议了区政府关于秀美乡村建设工作情况的报告、区政府关于现代农业产业发展情况的报告、区公安分局关于禁毒工作情况的报告。

第7次常委会会议于9月26日召开。会议审议通过了人事事项；书面传达了全省县乡人大工作和建设经验交流会精神；补选了市四届人大代表；听取和审议了区政府贯彻执行《中华人民共和国反家庭暴力法》情况报告、区政府关于2017年上半年国民经济和社会发展计划执行情况报告、区政府关于2016年区本级决算和2017年上半年预算执行情况报告、区政府关于2016年度区本级预算执行和其他财政收支的审计工作报告；批准了2016年区本级决算；审议了区人大常委会《关于区级财政预算审查监督的暂行办法》《关于对审计查出问题整改监督的办法》《关于审计查出问题整改满意度测评办法》《关于提高区人大代表建议、批评和意见办理质量实施办法》《关于进一步加强"双联"工作实施办法》《关于进一步加强全区人大代表联络工作站建设工作实施办法》等6个办法。

第8次常委会会议于11月29日召开。会议审议通过了人事事项；听取和审议了区政府关于全区招商引资工作情况的报告、区政府关于《中华人民共和国安全生产法》实施情况的报告、区政府关于三江片区污水管网工程、新沙溪中学项目建设情况的报告、区政府关于贯彻《关于遏制违法建设、规范城乡建设秩序决议》情况的报告。

第9次常委会会议于12月29日召开。会议审议通过了区人大常委会代表资格审查委员会《关于补选代表资格的审查报告》；进行"一年三问"年末问结果测评和审计查出问题整改情况测评；听取和审议区政府关于区五届人大二次会议代表建议、批评、意见办理工作情况报告，并进行满意度测评；听取和审议区政府2017年一般公共预算和政府性基金调整的议案；听取区政府关于区人大常委会开展《江西省血吸虫病防治条例》执法检查情况的整改报告（书面）、区人大常委会农工委关于"2017年赣鄱农产品质量安全行"活动情况报告（书面）、区人大常委会教科文卫工委关于"2017年食品药品安全赣鄱行"活动情况报告（书面）、区人大常委会教科文卫工委关于"2017年助推旅游强区建设"系列活动情况报告（书面）、区人大常委会城建环资工委关于"2017年环保信江行"活动情况报告（书面）；审议补选区人大法制委员会委员人选；审议2017年度优秀区人大代表、优秀区人大代表建议、组织代表撰写建议先进代表团、优秀区人大代表联络站、镇（街道）人大工作先进单位、人大宣传工作先进单位和先进个人名单；审议了区五届人大三次会议的有关事项。

选举和任免

【概　况】　2017年，区人大常委会依法任免国家机关工作人员50人次，其中任命11人次，决定任命8人次，免去和决定免去31人次。所有任免均严格按照法律程序施行，未出现一起差错，为党委把好选人用人关，加强了国家机关的组织建设。

【严把人事任免关】　区人大常委会坚持党管干部原则与人大依法行使任免权相统一，规范程序，加强监督，进一步强化了任命人员的宪法意识、宗旨意识和接受人大监督意识。在人事任免过程中，严把提请关、初审关、表决关、任免关、任后监督关，加强任免前与党委组织部门及提请机关的联系协调，任命前对拟任人员进行认真审查，全面了解其现实表现情况；坚持法律知识考试，促进国家机关工作人员遵法、学法、守法、用法；坚持履职承诺公开制度，要求被任命人员就任期工作思路、目标、措施等在区人大常委会会议上作出承诺，接受监督；开展任命人员向宪法宣誓活动，促进国家机关工作人员增强宪法意识，维护宪法权威，履行法定职责。

监督工作

【财政经济监督】　密切关注经济运行，听取和审议了上半年国民经济和社会发展计划执行情况的报告，督促各项指标按序时进度完成；加强预决算监督，首次通过座谈会的方式，在预算审查前广泛听取区人大代表和社会各界意见建议，主动回应关切，提高预算编制的合理性、规范性。建立预决算审查监督咨询专家库，制定《关于区级财政预算审查监督暂行办法》，对预算编制、执行、调整及决算实行全程监督，促进依法科学理财，看好人民的"钱袋子"。听取审议了2016年度区本级上级财政转移支付资金安排使用情况、2016年度区级预算执行和其他财政收支审计工作、2017年上半年预算执行情况等报告，审查并批准了2016年区本级决算，对区安监局开展了部门决算审查；制定了审计查出问题整改监督办法，首次对区财政局、民政局、朝阳镇等10个单位审计查出问题整改情况进行满意度测评，推动解决审计整改"宽松软"和"屡查屡犯"问题，督促审计查出问题整改落实到位。

【民生工作监督】　区人大常委会坚持把解决好人民群众最关心、最直接、最现实的利益问题作为工作的出发点和落脚点，开展了"关注群众健康，保障药品安全"为主题的"食品药品安全信州行"活动、"提升农产品品质"为主题的"赣鄱农产品质量安全行"活动，保障食品药品安全；开展了以"加强水源地保护、保障饮用水安全"为主题的"环保信江行"活动，督促加大污染源整治力度，保障饮用水质达标；市区两级人大联动，专题调研了中心城区菜市场、农贸市场建设管理情况，聚焦问题整改落实，市场环境大为改观；对水利建设、直属粮库管理、社会保障、基层医疗卫生体系、森林防火、农村空巢老人和留守儿童关爱工作、中小学"大班额"问题等开展系列调研，提出了意见、建议，推动了一大批民生问题得到关注或解决。

【法治建设监督】　区人大常委会听取审议区政府关于"六五"普法工作和"七五"普法规划的报告，推进"七五"普法工作全面启动；听取审议区法院关于司法公开、区检察院关于生态检察、区公安分局关于禁毒工作情况的报告，有针对性地提出意见、建议；继续组织开展"百名代表听百案"活动，增强法院审判工作的透明度；对《中华人民共和国旅游法》《江西省旅游条例》《中华人民共和国反家庭暴力法》《中华人民共和国安全生产法》《中华人民共和国残疾人保障法》《江西省血吸虫病防治条例》等实施情况开展执法检查，保证了法律法规正确实施；开展规范性文件备案审查工作，维护了法制统一；认真做好人大信访工作，全年，区人大常委会领导开展专题督查 17 次，接待群众来访 103 人次，办理群众来信 12 件，办理上级部门转办信访件 3 件，及时化解社会矛盾，维护社会和谐稳定。

【注重监督方式创新】　区人大常委会创新监督举措，对全区国有资产经营管理工作开展了专题询问，并跟踪督办专题询问审议意见有关问题的整改落实，为理顺国资监管机制，提升监管能力，发挥了积极的促进作用。建立健全了"一年三问"和工作满意度测评机制，加强对区委决策部署、区人大常委会决议审议意见落实、代表建议办理和部门年度任务目标完成情况的跟踪问效，先后组织区人大常委会委员和人大代表对 42 个"一府两院"组成部门、工作部门 2016 年度工作开展了满意度测评，对 9 个部门 2017 年工作进行了"一年三问"和满意度测评，对 24 个单位代表建议办理情况开展了满意度测评，评出了威信，评出了干劲，推动了目标任务的完成。

重要活动

【全力助推经济发展】　区人大常委会组织主任会议成员深入园区、企业视察调研全区工业经济运行情况，帮忙出主意、想办法，助推"五年决战三百亿"战略目标实施；听取审议区政府关于招商引资工作情况报告，针对部分镇街、部门主要领导对招商引资工作重视不够、招商专业人才缺乏等问题，提出针对性意见和建议，助推招商引资工作实现新突破；对新沙溪中学和三江片区污水管网工程两个项目进展和资金使用情况开展检查，针对项目建设中存在的突出问题，要求政府及相关部门依法依规实施项目，重视问题整改，确保项目资金安全、项目建设各项资料手续齐全；听取审议区政府关于

现代农业产业发展情况报告，提出了抓好产业规划、加大政策扶持力度、走科技化信息化路子等意见、建议，为区现代农业产业发展把脉问诊、献计支招；组织开展了"助推旅游强区建设"系列活动，助推旅游经济发展。

【全力助推棚户区改造】　棚改事关千家万户家庭生活改善，是亮市容、惠民生的民心工程。区人大常委会紧盯棚改征迁这一"重中之重"任务，深入项目一线开展调研，听取审议区政府关于棚改征迁工作情况报告，帮助出谋划策、加油鼓劲，并派出 3 位区人大常委会副主任深入到城东胜利片区、铁路既有线两侧、龙潭棚改等项目征迁一线参与征迁。区、镇两级人大代表也充分发挥联系群众紧密的优势，纷纷投入或配合征迁工作，与区政府共同化解征迁工作难题，取得日均拆迁过万平方米、全年拆除 320 万平方米的棚改佳绩。

【全力助推秀美乡村建设】　为提升乡村"颜值"和"气质"，区人大常委会组织调研组深入实地开展秀美乡村建设专题调研，并听取审议区政府关于秀美乡村建设情况报告，提出增强乡村发展后劲、加强建设资金管理、规范宅基地使用等意见、建议。区人大常委会连续两年听取审议区政府关于贯彻执行"坚决遏制违法建设、规范城乡建设秩序"决议情况的报告，要求进一步提高农民建房审批时效、加大对违建者打击力度、擦亮控违拆违品牌、规范城乡建设秩序保驾护航。

【全力助推脱贫攻坚】　脱贫攻

坚是重大政治任务、头号民生工程，区人大常委会听取审议区政府关于脱贫攻坚工作情况报告，要求提升扶贫精准度、用好用足国家政策、增强贫困对象造血功能，做到脱真贫、真脱贫。组织开展了"脱贫攻坚人大代表在行动"专项活动，充分发挥全区各级人大代表在脱贫攻坚中的表率作用、一线作为，活动开展以来，共有300余名区镇两级人大代表参与扶贫工作，投入资金约220万元。区人大常委会机关组建了驻灵溪镇灵湖村帮扶工作队，派驻第一书记，并对机关扶贫干部开展了培训和业务考试，19名科级以上干部结对帮扶46户贫困户，通过每月走访慰问、宣传扶贫政策、解决生产生活困难、帮助扶贫村发展产业和加大基础设施建设等形式，有力推动灵湖村脱贫攻坚工作。

代表工作

【加强学习培训】　举办了换届以来首期人大代表业务培训班，邀请了省人大常委会选任联工委副主任和市委党校教授就宪法和人大业务知识为全体区人大代表授课；分批次组织了84名区人大代表赴全国人大北戴河和深圳培训基地学习；积极选派人大干部和人大代表参加省、市人大组织的各类专题培训；选派专工委主任深入镇街开展业务知识培训6次。一系列举措，使代表素质和履职能力有明显提升，为民代言的责任感、使命感明显增强。

【拓展履职平台】　为让代表活动有阵地、履职有场所，区人大常委会出台了《关于建立人大代表联络站的工作方案》，制定站点工作职责、工作制度以及评优方案，并强化督查，推进各站按照有场所、有牌子、有人员、有设施、有制度、有台账的"六有"标准进行规范化建设。全年，全区9个镇（街道）28个代表联络站，共接待选民1500余人次，收集意见、建议2000余条，评选出优秀站点4个，并在沙溪镇试点创建了信州区首个网上代表联络站，实现了线上线下同步发展。省人大常委会副主任周萌到信州区考察时，充分肯定了代表联络站建设工作，江苏省东台市、赣州市安远县、横峰县等县（市）人大专程到信州区考察学习。

【强化建议办理】　区人大常委会专门出台了提高代表建议办理质量实施办法，利用会议督办、现场督办、重点督办、持续督办、办理反馈、满意度测评、评选建议先进承办单位等方法，不断提升代表建议办复率和满意率。区五届人大二次会议收到的86件代表建议均按法定时限办理完毕，办复率和满意率较往年都有较大提升，并评选出优秀代表建议10件、先进承办单位4个、撰写建议先进代表团1个。

【健全工作机制】　建立区人大常委会组成人员联系代表、代表联系选民的"双联"制度，进一步密切区人大常委会组成人员与代表、代表与选民的联系；健全代表履职登记制度，完善代表履职档案；坚持代表向选民述职制度，全年共有27名代表向区选民进行述职，主动接受选民监督；开展优秀代表评选活动，

2017年度共评选出优秀区人大代表8名。一系列举措，有效地激发了代表履职的积极性、主动性，提高了代表工作质量。

机关建设

【开展形式多样活动提升干部素质】　采取会议专题学习、专题讲座研讨、驻村宣讲、座谈交流等多种方式，广泛深入开展中共十九大精神和习近平新时代中国特色社会主义思想的学习宣传活动，做到入脑入心，并转化为推动工作的强大动力。组织开展"两学一做"学习教育，组织人大干部积极参与全区"两学一做"征文比赛、知识竞赛、演讲比赛，开展党章党纪知识考试，在职党员到社区"双报到、双服务"活动，涌现出3名"争当方志敏式好干部""我是党员我带头"先进典型，人大党组的战斗堡垒作用和党员干部的先锋模范作用不断凸显。积极组织收听收看省、市"人大讲堂"，加强党组中心组学习，举办"信州人大讲坛"8期，开展人大业务知识竞赛，人大干部履职能力不断提升。组织开展机关干部职工运动会、太极拳活动，组织参加全市人大系统乒乓球比赛、全区"三八"节旗袍秀活动和区第三届运动会，干部综合素质不断提升。

【完善制度建设】　制定出台《人大机关委室工作管理考核办法》《镇街人大工作考核办法》《人大宣传工作考核办法》等3个办法，对人大各项工作实行量化考核、积分管理，年底评选出2017年度人大机关和镇（街）人大工作先

进单位和先进个人，推动了机关、镇（街）人大工作整体上新台阶，有效激发干事热情。

【宣传工作出成效】　建立考核机制，注重内宣外宣相结合，在办好《信州人大》、信州人大网、"信州人大"微信公众号的同时，积极对外投稿，取得丰硕成果。全年，在中央、省、市区各级各类媒体上稿共1445篇，其中《全国人大》上稿3篇，《人民代表报》上稿35篇，《当代江西》《时代主人》上稿11篇，省人大新闻网上稿7篇，市人大网上稿1266篇。人大宣传工作得到了市人大区人大常委会主任汪东进的高度肯定。

【加强联系交流工作】　加强和上级人大的工作联系，省、市人大到信州区开展立法调研、执法检查、工作视察调研12次。加强对镇街人大工作的督促指导，实行区人大常委会领导分片联系指导镇街人大工作制度，全年召开区、镇两级人大工作联席会议8次。加强与外地人大的交流，积极参加全国十一县区人大区人大常委会第十六次和十七次联席会议，开展工作研讨，交流工作经验。

（徐文积　项招敏）

信州区人民政府

综 述

2017年，是中共十九大胜利召开之年，也是全面贯彻落实省第十四次党代会、市第四次党代会、区第四次党代会精神的第一年。在市委、市政府和区委的坚强领导下，在区人大、区政协的监督和支持下，全区上下紧紧围绕"高标准建成省域副中心城市核心区"的目标，深入贯彻新发展理念，坚持稳中求进工作总基调，坚持发展为要、民生为本，统筹做好了稳增长、促改革、调结构、优生态、惠民生、防风险等各项工作，圆满完成了区五届人大二次会议确定的目标任务。

主要指标争先进位。全年完成地区生产总值243.7亿元，增长9.2%；财政收入23.89亿元，增长9.1%；固定资产投资180.1亿元，增长13.8%；规上工业增加值增长9.8%；社会消费品零售额144.6亿元，增长11.9%；第三产业增加值178.3亿元，增长9.1%；税占比为85.05%，高于全市平均水平8.45个百分点。城镇居民人均可支配收入34549元，增长9.1%；农村居民人均可支配收入15692元，增长9.3%。第二产业、规上工业增加值、工业投资、外贸出口的增速全市第一，第三产业增加值、税收收入占财政总收入比重、社会消费品零售总额、限额以上消费品零售额、规模以上服务业企业营业收入、金融机构人民币存贷款余额、外贸出口实际完成数全市第一。

项目建设热火朝天。谋划并推进了区本级的项目182个，总投资约230.6亿元，占全市投资项目数10%，增长100%。其中，产业发展类项目71个，总投资约177亿元；基础设施类项目43个，总投资约26.4亿元；民生改善类项目36个，总投资约27.2亿元。

发展平台加速形成。朝阳产业园形成了光学、汽配、定制家居等特色园，园区实际开发面积增加1平方千米，新建标准厂房3万平方米，省级经济技术开发区正在申报之中；苎麻产业园破题开建；信息服务业产业集聚区形成；现代农业示范区基础建设进一步完善；信州区投资控股集团组建成立，城南城投取得"AA"信用等级。

棚户区改造全力推进。全区贯彻"为市服务、借市发展、实现共赢"的工作理念，怀着"言必行、战必赢"的饱满信心，严格按照市委、市政府的部署，啃硬骨头、攻难险关。区、镇（街）、村干部都站在征迁最前沿，坚持一把尺子量到底、一个方案管到底、一个政策宣传到底，坚持拆官拆民一个样、拆富拆贫一个样、拆先拆后一个样，全程公开、全面阳光、全心服务，创造了信州棚改的新篇章。全年服务市级重点项目共77个，共推进实施了43个棚改项目，完成26个项目征迁工作，累计完成征地477.25万平方米，拆迁320.76万平方米、平均每天拆迁近1万平方米，迁坟8241座、平均每天迁坟25座。

工业迈出铿锵步伐。"五年决战三百亿"吹响冲锋号。产业体系日益完善，苎麻、光学、汽配等主导产业初步形成，新开工项目42个，建成项目21个，宇瞳光学、浩瑞光学等11家光学企业全部建成投产，北京三纺机（上饶）气弹簧、江西邦德科技等7家汽配项目快速推进，苎麻产业园基础设施基本建成，3家企业开工。工业竞争力逐步增强，工业固定资产投资25.6亿元，增长317.6%；工业用电量1.6亿千瓦时，增长26.21%；年销售收入超亿元企业达6家；完成规上工业主营业务收入26.99亿元，增长37%；新增规上工业企业13家，总数达38家。

农业彰显区域特色。20兆瓦华西农光互补项目落地。培育市级以上农业龙头企业 11 家、特色种养基地 98 个、农民专业合作社 253 家。共创建绿色食品标志 1 个、无公害生产产地 10 个、无公害农产品 13 个,获省级名牌农产品企业 2 家、市知名商标企业 4 家。增加建设高标准农田 5000 亩。

服务业实现量扩质提。全区规模以上服务业企业完成营业收入 59.1 亿元,增长 11%。新增规上服务业企业 42 家,总数达 109 家,全市第一。信息服务业集聚发展,新增信息产业企业 91 家,总数达 424 家,实现税收 2.71 亿元,增长 3.85%,位居全省县(市、区)信息服务业纳税额第一。新增商贸流通企业 223 家,总数达 334 家,实现税收 2.33 亿元,限上商贸企业实现零售额 73.5 亿元。新建商贸综合体 7 个,新培育特色商业街区 18 条。文化旅游产业快速发展,全年接待旅游人数 2250.3 万人次,增长 46.4%;实现旅游综合收入 173.1 亿元,增长 31.9%。

秀美乡村点上出彩。完成全域规划、乡村旅游规划和农民建房点设计。加大农村基础设施建设力度,改造硬化农村公路 36.6 千米,改造危桥 7 座,"七改三网"工作基本完成,"8+4"公共服务配套建设不断完善。投入秀美乡村建设资金约 2 亿元,扎实推进 115 个秀美乡村点建设,精心培育了塔水村、老坞村、向阳村、灵溪村、溪边村等秀美乡村示范点,直接受益农户达 8488 户 3.48 万人。溪边村通过土地流转发展种植草皮、杨梅基地等产业,使农民可享受土地入股租金或分红外,村集体也获得收益并得以继续投入壮大集体经济。农民建房"五到场一公

示"制度在全省推广。宋宅村获"江西省省级生态村"。

通道整治线上结果。大力推进了新老 320 国道、机场大道、丰溪东路(一期、二期)、上广公路、吴楚大道灵溪段、朝阳产业园通道等七条主要通道沿线共 82.67 千米的整治工作,整体面貌焕然一新。拆除沿线废弃危旧房、空心房和违章建房 14.88 万平方米,外墙粉刷 210 余万平方米,老百姓对徽派建筑的接受度在加强,具有徽派建筑元素的赣东北民居特色初步形成。加大殡改力度,深埋、遮挡、搬迁沿线坟墓 1212 座,完成绿化 2 万余株。

城市建设面上开花。大力整治"两违",累计拆除各类违建面积达 39.1 万平方米,其中拆除 4353 户存量违建 20.65 万平方米,责令停建或整改 1103 户。稼轩大道北延段、吴楚大道、茶圣路东延段建成通车,仕铨路、槠溪南路改造完毕,瑞昌路、信府路等断头路打通,三江片区雨污水管网、三江黑臭水体整治项目有序推进,信江南岸及三江大道改造工程二期、滨江东路及防洪堤等景观工程顺利建成。扎实推进"去杂乱、补短板"工程,实施综合管廊、城市公厕及小公园、小游园等项目 26 个。城市卫生实现清脏治乱,主次干道和里弄小巷全部纳入保洁范围,中心城区农贸市场集中整治、道路本色行动、"牛皮癣"整治等活动深入推进。

深化改革蹄疾步稳。"放管服"改革扎实推进。组建成立"马上办",对审批事项实行"一站式"审批。农村土地确权登记档案整理归档工作已基本完成,农村宅基地管理试点工作全力推

进。医疗改革深入推进,全区所有公立医疗机构全部实行药品"零差价"销售,为群众减少购药费用 430 余万元,结束"以药养医"的历史。承接城市管理重心下移,区城市管理和行政执法局挂牌成立。全面开展"多证合一、一照一码"商事制度改革。

招商引资成效明显。全区共签约 2000 万元以上项目 118 个,签约总额 227 亿元。签约的 70 个工业项目,完成工商注册 62 个,注册率达 88.57%、进资率达 77.3%、开工率达 59.1%。22 个项目实现了当年引进、当年开工、当年投产。推动省际交流和经贸合作,与上海、温州等地建立了长期招商合作机制,全年组织参加省及市招商活动 14 次,引进华荣股份等一批大项目。

创新驱动活力显现。全区专利申请量 645 件、专利授权量 261 件,发明专利 18 件,全市第一。信州区首个院士工作站——刺鲃渔业院士工作站正式成立。互联网与各行业加速融合,完成电子商务交易额 103 亿元,总量列全市第一。"双创"蓬勃开展,完成创业培训 1609 人次、发放创业贷款 1.05 亿元,扶持 591 人创业。新登记市场主体 4457 户,增长 32.77%;新注册企业 3116 家,增长 92.22%。

强化保障,民生福祉有效增进。公共投入持续加大,八项民生支出 21.85 亿元,增长 11.6%,占财政总支出 91.5%。全面打响精准脱贫攻坚战,深入推进"八大扶贫工程",实现"四个全覆盖"。全年共投入扶贫专项资金 1978.4 万元,实施产业扶贫项目 14 个,脱贫 381 户、1167 人,贫困发生率降至 0.95%。城镇新增就业 5668

人、新增转移农村劳动力就业7839人、困难群体就业622人，为21625名被征地农民办理社保。发放高龄老人长寿补贴23833人次，累计发放金额495.8万元。发放计划生育奖励资金1300余万元。发放城市低保金2316.25万元、累计救助63109人次，发放农村低保金2262.54万元、累计救助98964人次，发放重度残疾人护理补贴和困难残疾人生活补贴325.08万元，惠及残疾群众4188人。发放廉租房租赁补贴111万元，惠及6045人。

注重均衡，社会事业全面发展。校建项目快速推进，投入资金9920万元，新（改、扩）建校舍7.15万平方米，改造薄弱学校40所。义务教育得到巩固，办学质量不断提升，教育合作更加密切。顺利通过省级语言文字工作专项督导、义务教育均衡发展"回头看"省级督导评估、省教育技术装备专项督导评估检查。市一小荣获首届全国文明校园称号。大力实施基本公共卫生服务，受益人数12.3万人，免费受益金额776.27万元。强化了卫生应急机制，改善了就医环境。市立医院荣获全市首家县级"三级综合性医院"、灵溪镇卫生院被评为全省"2016—2017年群众满意的乡镇卫生院"。文化体育事业繁荣发展，公共文化基础设施不断完善、群众文化活动日益丰富。新建村级文化服务中心22个，区图书馆新馆正式开馆，省级文保单位杨益泰府第维修基本完工。3项省级和3项市级文化遗产保护项目录入省数据库系统。圆满承办2017上饶国际半程马拉松赛和"2017海外华裔青少年

中国寻根之旅——魅力信州营"活动。举办了第九届社区文化艺术节、"书香信州"朗读会等百余场群众文化活动。

补齐短板，社会治理创新强化。"七五"普法全面启动，法律服务体系不断升级。成立信州区法律服务中心，全年办理各类公证事项3153件、法律援助案件215起。安全生产形势稳定向好，全年未发生较大及较大以上安全生产事故。深入开展"信访积案化解攻坚"活动，中共十九大期间实现进京涉访"零登记"。严厉打击各类犯罪，建立禁毒教育基地，公众安全感测评跃升至全省第17、全市第一。社区管理水平和能力不断提升，以东市街道紫园社区的"妇女儿童之家"、西市街道网格化服务管理的"西市格格"、水南街道书院路社区的"乐邻中心"、北门街道吉阳山社区的群团服务中心、茅家岭街道钟灵社区的"四苑一中心"为代表的社区服务亮点频显。治超专项整治行动有力开展，实现连续12年道路春运安全零事故。"净水、净空、净土"行动深入推进，启动扬尘、油烟、机动车尾气专项治理。全面推行"河长制"，实施"清河行动"。山塘专项整治工作在全省绩效考评中荣获全省第一名。

重要会议

【第5次政府常务会议】　1月10日，区长胡心田主持召开。会议传达学习省纪委《关于我省6起违反中央八项规定精神问题的通报》《关于5起基层侵害群众利

益不正之风和腐败问题的通报》《关于8起扶贫领域腐败问题典型案例的通报》；传达马承祖书记、颜赣辉市长关于安全生产隐患整治工作的批示精神并研究信州区贯彻落实情况；审议了2017年信州区500万元及以上投资建设项目安排意见；审议了《信州区2016年度退役士兵安置工作方案（送审稿）》；审议了《在全区经济工作会议上的讲话》和《2017年区政府工作要点》。

【第6次政府常务会议】　1月13日，区长胡心田主持召开。会议对2017年秀美乡村建设；工业经济发展；信投公司运作；融资工作；关于设立5000万元工业发展引导基金；争取市里支持问题；争取项目工作；经济巡查筹备工作；下达财税任务工作；土地收储工作；沙湖新城建设；金融业发展；信息产业发展；农业工作；现代服务业；统计工作进行了部署。

【第7次政府常务会议】　1月23日，区长胡心田主持召开。会议听取了春节期间森林防火、安全生产、信访维稳、城乡环境卫生（含小区物业管理）、控违拆违等工作安排汇报；审议了《关于命名表彰2015—2016年度文明单位的决定（送审稿）》；审议了《关于要求理顺市、区部分体制机制的建议（送审稿）》；审议了《政府工作报告（送审稿）》。

【第8次政府常务会议】　2月23日，区长胡心田主持召开。会议传达学习了市集中整治办《关于3起基层站所干部侵害群众利益典型案件的通报》；传达

省、市安全生产工作会议精神并研究全区贯彻落实意见；传达全市"五年决战七千亿"工作大会精神并研究了全区贯彻落实意见；审议了《上饶数字经济服务园建设方案（送审稿）》；听取春节前工程款支付情况汇报；听取信州区人感染 H7N9 禽流感防控工作情况汇报；审议了《2017年全区招商引资工作实施意见（送审稿）》和《2017年信州区开放型经济工作目标及考核评价办法（送审稿）》；审议了《信州区 2017 年一般公共预算》《信州区 2017 年政府性基金预算表》《信州区 2017 年国有资本经营预算表》《信州区 2017 年社会保险基本预算表》；审议了《信州区教育事业发展"十三五"规划（送审稿）》和《关于成立信州区人民政府教育督导委员会的通知（送审稿）》；审议了 2017 年信州区教师招聘计划和定向培养乡村教师岗位需求计划；审议了 2016 年度全区经济社会发展和党的建设考评先进单位和先进个人名单；审议了《关于进一步规范信州区"财园信贷通"工作的管理办法（送审稿）》并听取中小企业贷款担保工作有关事宜汇报；审议了《信州区三江片区环境卫生作业市场化服务政府采购项目实施方案（送审稿）》；审议了《关于加快构建现代公共文化服务体系的实施细则（送审稿）》；审议了《秦峰镇镇东区块控制性详细规划》；审议了《信州区主要通道整治提升工作实施方案（送审稿）》；会议通报了《江西省上饶市生态科技小镇合作框架协议（送审稿）》；研究了成立信州区推进上饶国际医疗旅游先行区建设领导小组组成人员名单；审议了《上饶

市中心城区城东片区松山村城中村综合改造（高铁农都一期）项目集体土地上房屋征收补偿方案》《上饶市中心城区城东片区樊家山城中村综合改造（稼轩大道北延）项目集体土地上房屋征收补偿方案》《上饶市中心城区东瓦窑片区城中村综合改造（东岳护国寺改扩建）项目集体土地上房屋征收补偿方案》《上饶市中心城区东瓦窑片区城中村综合改造（东岳护国寺改扩建）项目国有土地上房屋征收补偿方案》；研究了区政府领导分工调整事宜；听取了城南城投公司近期融资计划报告。

【第9次政府常务会议】　4月24日，区长胡心田主持召开。传达学习中共中央总书记习近平关于安全生产重要批示精神和中发〔2016〕32号文件精神及全区贯彻落实意见；传达国务院、省、市第五次廉政工作会议精神和省纪委《关于王国华、胡圣辉等人违反中央八项规定精神问题的通报》《关于7起扶贫领域腐败问题典型案例的通报》和市纪委《关于我市3起违反中央八项规定精神典型案例的通报》；传达全国"两会"和全省、全市领导干部会议以及市"两会"会议精神；传达省、市农村工作会议主要精神、研究全区贯彻落实意见和审议通过了《信州区2017年农业和农村工作意见（送审稿）》等4个文件；听取全区一季度经济运行情况汇报并研究部署下一步经济工作、审议并原则通过了《信州区经济运行分析联席会议制度（送审稿）》；传达学习了省、市环境保护工作会暨工业园区环境整治动员部署会议主要精神，原则同意市环

保局信州分局提出的贯彻落实意见；传达学习了全省、全市粮食流通工作会议精神，原则同意区粮食局提出的贯彻落实意见；传达2017年上饶市第二次"工业日"会议主要精神及全区贯彻落实意见；传达学习了全市人防办主任会议精神并原则同意区人防办提出的贯彻落实意见；传达全市旅游发展大会暨创建国家全域旅游示范区动员大会精神并研究全区贯彻落实意见；传达学习了2017年市级河长制总河长制第一次会议精神并审议了贯彻落实意见；审议并通过了《信州区 2017 年防汛工作实施方案（送审稿）》和《关于调整区防汛抗旱指挥部成员的通知（送审稿）》；审议并通过了《关于开展"环境提升年"活动工作方案（送审稿）》；审议并同意以区政府办名义转发《上饶市人民政府办公厅关于印发开展长期护理保险试点工作实施方案的通知》，审议并通过《信州区企业军转干部医疗专项救助暂行办法（送审稿）》；审议并原则通过《关于进一步加强建筑业和房地产业增值税管理的通知（送审稿）》，要求以政府名义印发实行；审议《关于要求解决农村贫困人口重大疾病医疗补充保险经费的报告（送审稿）》；听取2016年度符合政府安排工作条件退役士兵安置工作情况汇报；审议《表彰2016年度全区行政服务工作先进集体和先进个人名单（送审稿）》和《2017年全区政务服务工作要点（送审稿）》；审议并通过了推荐评选 2017 年上饶市五一劳动奖状、奖章和上饶市"工人先锋号"荣誉单位和人选名单，会议要求，按程序组织好表彰活动；听取扶贫攻坚工

作开展情况并部署下一阶段工作；审议并原则同意《关于信州区沙湖新区投资开发有限公司购买建筑工程意外伤害保险的请示》；审议并原则通过了《关于加强和改进全区应急救护培训工作的实施意见(送审稿)》；审议并原则通过了《信州区加快特色型知识产权强区建设实施细则(送审稿)》；审议《上饶市动车组存车场(紫阳北大道以西信州区范围)城中村综合改造项目集体土地上房屋征收补偿方案(送审稿)》《上饶市中心城区北门片区龙潭棚户区综合改造项目集体土地上房屋征收补偿方案(送审稿)》；听取了城南城投公司近期融资计划报告。

【第10次政府常务会议】 5月9日，区长胡心田主持召开。传达了省纪委《关于我省5起违反中央八项规定精神典型问题的通报》和市纪委《关于我市4起违反中央八项规定精神典型案例的通报》《关于3起基层党员干部违规收费问题的通报》；传达全国"一带一路"国际合作高峰论坛工作部署会并研究了贯彻落实意见；审议并原则通过《整治乱埋乱葬进一步规范公墓管理的实施意见(送审稿)》；研究2016年度经济和社会发展先进单位有关考评奖励和补助事宜；审议并原则通过《关于取消和调整一批行政权力项目(送审稿)》；审议并原则同意《关于改善征管办公和纳税人办税条件的报告》；审议并原则通过《白鸥园运营管理实施方案(送审稿)》；审议《信州区教体局要求增加学生公用经费及非义务教育教师绩效工资待遇所需经费的请示(送审稿)》；审议《信州区

关于促进汽配产业发展的若干意见(送审稿)》。

【第11次政府常务会议】 6月6日，区长胡心田主持召开。传达了省纪委《关于骆开提、徐爱文等同志违反中央八项规定精神问题的通报》和市纪委《关于德兴市法院院长吴社保违反中央八项规定精神问题的通报》《关于3起违反中央八项规定精神典型案例的通报》；传达全市脱贫攻坚通道提升工作现场推进会议精神并研究全区贯彻落实意见；传达全市降成本优环境专项行动领导小组电视电话会议精神并原则同意全区贯彻落实意见；传达全市禁毒工作会议精神并原则同意信州区贯彻落实意见；传达学习全市6月份"工业日"会议精神；审议并原则通过《上饶市信州区人民政府办公室关于理顺市、区部分体制机制现场推进会纪要任务分工(送审稿)》；审议并原则同意《关于在信州总部经济服务园设立城东办税服务点的报告》；听取信投组建工作情况汇报；审议并原则通过《关于增设居委会的请示(送审稿)》；听取朝阳产业园总体提升规划(提升内容及完成的时间节点)、调园扩区工作安排、1—5月园区工业经济运行情况、丰溪东路二期建设推进情况及时间节点安排、1—5月朝阳镇征地拆迁情况等工作情况汇报，原则同意总体提升规划和下一步工作安排；听取国际医疗健康小镇项目建设基本情况并原则同意下一步工作安排；审议并原则通过《信州区龙潭村城中村改造构思及框架协议》；听取苎麻产业园总体规划、征地情况及完成的时间节点、入园企业

合同文本、苎麻种植、当前有意向进驻企业情况、建设安排及完成的时间节点等工作情况汇报，并原则同意总体规划和下一步工作安排；审议并原则通过《信州区中心城区农贸市场集中整治工作方案(送审稿)》；听取当前脱贫攻坚工作开展情况及下一步工作安排；审议《上饶市中心城区城东片区城中村综合改造项目(大数据产业园一期)集体土地上房屋征收方案》《上饶市中心城区铁路既有线两侧棚户区改造项目集体土地征收方案》；听取了城南城投公司近期融资计划报告。

【第12次政府常务会议】 7月7日，区长胡心田主持召开。学习传达了《中共上饶市委办公厅上饶市人民政府办公厅印发〈关于深入贯彻落实中央八项规定精神进一步改进作风的实施意见〉的通知》(饶办发〔2017〕12号)和市纪委《关于我市3起基层侵害群众利益不正之风和腐败问题的案件通报》(饶集中整治办字〔2017〕12号)《关于市人社局原党组成员、就业局原局长俞岳林违反中央八项规定精神问题的通报》(饶纪字〔2017〕56号)；传达全省棚改工作现场会精神并原则同意下一步贯彻落实意见；传达全省开放型经济发展大会精神并原则同意下一步贯彻落实意见；传达全省旅游发展大会精神并原则同意下一步贯彻落实意见；传达全省城乡环境工作会议精神并原则同意下一步贯彻落实意见；审议《关于选聘徐敷新等9人为镇(街道)事业编制工作人员的请示》；审议并原则通过《关于推进农民工工资实名制监管信息化工作实

施方案（送审稿）》；审议并原则通过《信州区政府核准的投资项目目录（2017年本）》；审议并原则通过《关于进一步健全信州区特困人员救助供养制度的实施细则》；审议《上饶市中心城区城中村综合改造（凤凰中大道）项目集体土地上房屋征收方案》《上饶市中心城区铁路既有线两侧棚户区改造项目国有土地上房屋征收方案》《上饶市中心城区城东胜利片区棚户区（城中村）综合改造项目集体土地上房屋征收方案》《上饶市中心城区三江片区棚户区改造项目（竹园头片区）集体土地上房屋征收方案》等4个方案；审议并原则同意《三江片区环境卫生市场化招标政府采购服务合同书（送审稿）》；听取《灵溪镇丁家洲"3·6"触电一般生产安全事故调查报告》《朝阳镇朝阳村"5·6"非法开采山石致机械伤害一般生产安全事故调查报告》；听取并原则同意2017年交通基础设施拟建项目；听取信州区2017上半年脱贫攻坚情况及下一步工作安排汇报；听取三江工业园区已征土地（金盛地块）遗留问题情况汇报并部署下步工作；审议《关于破产改制的上饶茶厂现任党委副书记刘树伟（已到退休年龄）级别认定和工作安置的建议报告》《关于陶宏华同志要求辞去区物资集团公司副总经理职务、安置到全额拨款事业单位的情况说明》；审议并原则同意2016年度公共机构节能先进单位表彰名单及兑现奖励有关事项；审议并原则通过《信州区重点项目资金管理使用暂行办法（送审稿）》；审议《关于加强新形势下老年人体育工作的意见（送审稿）》；听取三江产业新城项目建设推进情况汇报；审议《信州区供销合作社综合改革试点实施方案（送审稿）》；审议并原则通过《信州区统筹整合资金推进高标准农田建设实施方案（送审稿）》。

【第13次政府常务会议】 7月25日，区长胡心田主持召开。学习传达了市纪委《关于3起基层侵害群众利益不正之风和腐败问题的案件通报》（饶集中整治办字〔2017〕13号）；传达全国金融工作会议精神并原则同意下步贯彻落实意见；传达学习国务院安委会第七巡查组安全生产巡查反馈会和全国、全省安全生产电视电话会议精神并原则同意下一步贯彻落实意见；传达省委十四届三次全体（扩大）会议精神；传达全省新农村建设调度推进会精神并原则同意下一步贯彻落实意见；听取三江产业新城项目建设情况汇报；听取苎麻产业园项目建设及招商工作情况汇报；听取秀美乡村（通道提升）工作情况汇报；审议并原则通过《信州区2017年城乡环境综合整治总体工作方案（送审稿）》；听取农村宅基地改革工作外出学习考察情况汇报及下一步工作建议；审议并原则通过《信州区畜禽养殖"三区"划定及图集方案（送审稿）》；审议并原则同意《2017年教师节期间表彰2016—2017年度市、区两级教育工作先进集体、个人》的请示；审议并原则同意《解决信州区儿童防病保健中心服务性用房意见的请示》；审议并原则通过《关于健康扶贫医疗保障政策实施方案（送审稿）》；审议并原则同意《关于设立上饶市信州区马上落实办公室的报告》；审

议并原则通过《关于要求公开信州区公共服务事项清单（送审稿）》的请示；审议并原则通过《2017年法治政府建设要点（送审稿）》；研究三江导托渠项目占用信息服务业产业园2.2万平方米土地补偿事宜；听取关于君宇置业有限公司遗留问题处置工作的汇报并研究下一步工作意见。

【第14次政府常务会议】 8月27日，区长胡心田主持召开。学习传达省纪委《关于我省9起扶贫领域不正之风和腐败典型问题的通报》（赣纪字〔2017〕30号）、市纪委《关于2起违反中央八项规定精神案件的通报》（饶纪字〔2017〕54号）《关于开展扶贫领域"四风"问题监督检查情况的通报》（饶纪办字〔2017〕57号）、《关于中国人寿财产保险股份有限公司上饶中心支公司扶贫工作不作为问题的通报》（饶纪办字〔2017〕58号）；传达省委办公厅、省政府办公厅《关于建设开展遂川县珠田乡黄塘村"超高超大违规建房"问题整改情况的通报》（赣办发电〔2017〕49号）；传达《关于宜春市袁州区泄露国家秘密案件情况的通报（赣保密电45号）》；传达第八次全国信访工作、全省、全市信访联席会议全体（扩大）会议主要精神并原则同意贯彻落实意见；传达全省县（市、区）党政领导干部履行教育职责督导评价工作动员部署电视电话会议精神并原则同意贯彻落实意见；传达市委四届四次全体（扩大）会议精神并原则通过《信州区贯彻落实市委四届四次全体（扩大）会议精神责任分工（送审稿）》；传达全市计划生育

工作会议精神并原则同意贯彻落实意见；传达全市统计系统工作电视电话会议精神并原则同意贯彻落实意见；审议并原则同意《关于贯彻落实省信访联席会议2016年度"三无"县市区表彰精神的请示》；研究公开招聘中小学教师、特岗教师聘用、定向培养农村中小学、幼儿园教师接收安置相关事宜；审议并原则通过《信州区2017年财税工作考核办法（送审稿）》；审议并原则通过《关于开展领导干部自然资源资产离任审计的实施意见（送审稿）》；审议并原则同意《关于上饶城东集贸市场施工采用设计施工一体化（EPC）模式的请示》；听取《关于我区开展生态保护红线校核调整工作情况的汇报》；听取《关于我区中央环保督查问题整改工作有关情况的汇报》；听取《信州区2016年保障性安居工程审计发现问题整改落实情况汇报》；听取《关于灵溪派出所拆迁后委托灵溪镇政府建设的情况汇报（送审稿）》；审议并原则通过《信州区秀美乡村建设资金使用管理办法（送审稿）》；审议并原则通过《信州区2017年"清河行动"实施方案（送审稿）》《信州区"河长制"工作省级考核需要政府各部门配合完成的工作方案（送审稿）》；审议并原则通过《信州区2017年退役士兵安置方案（送审稿）》；审议并原则同意《上饶市信州区人民法院关于要求设立执行救助资金的报告》；审议并原则同意《关于要求区政府支持饶电电杆新三板挂牌的请示》。

【第15次政府常务会议】 9月16日，区长胡心田主持召开，传

达市委办公厅《关于德兴市朱某某冒充市委主要领导亲属案件情况的通报》、市委办公厅和市政府办公厅《关于进一步严肃纪律做好领导干部外出报告、报备工作的通知》；学习《江西省住房和城乡建设厅关于建立重大城市规划决策合法性审查机制及终身责任追究制度的指导意见（征求意见稿）》（赣办发电〔2017〕49号）；通报省委第三督察组对信州区脱贫攻坚工作反馈情况并部署全区下步整改工作；传达全市"学习经开区，促进县域工业经济加快发展"现场会精神并原则同意全区贯彻落实意见；审议并原则同意《上饶市信州区乡镇政府政务服务事项清单（送审稿）》；审议并原则同意《关于城南城投公司拟向市国资经营公司借款2.45亿元的报告（送审稿）》；审议并原则同意《茅家岭街道区重点建设项目被征地农民办理基本养老保险的请示》；研究2015年度"三支一扶"录用分配和2017年度"三支一扶"岗位分配事宜；审议并原则通过《信州区扶持村级集体经济助推美丽乡村建设试点财政奖补实施方案》；听取《江西汇骏祥装饰工程有限公司"6·15"触电一般事故调查报告》；审议并原则同意《关于举办信州区第三届运动会暨第四届老年人运动会的报告》。

【第16次政府常务会议】 10月9日上午，区长胡心田主持召开。传达《中共江西省委 江西省人民政府关于中央环境保护督查组移交问题线索问责情况的通报》；学习《中共江西省委办公厅 江西省人民政府办公厅印发关于深入推进脱贫攻坚工

作的意见的通知》；学习《关于转发江西省安委会办公室关于万载县荣兴烟花鞭炮制造有限公司源丰分公司'8·26'事故的通报的通知》；传达上饶市食安委全体（扩大）会议暨"双安双创"工作动员部署会会议精神并原则通过《信州区创建市级食品安全示范区实施方案》；传达市人防指挥部联席会议暨"9·18"警报试鸣活动精神并研究成立人民防空工作领导小组和人民防空指挥部相关事宜；听取《关于省委第八巡视组"回头看"反馈意见涉及区政府的整改工作情况汇报》；听取《关于西市街道退伍士兵张景皓要求安置工作岗位信访事项情况汇报》；审议并原则同意《关于组建信州区城南城市政府专职消防队的报告》；审议并原则同意《关于要求表彰2016年度综治工作先进单位的报告（送审稿）》；审议并原则同意《关于请求区政府修订产业扶持政策及招商企业扶持政策的报告》；审议并原则同意《关于要求明确城东集贸市场建设相关事宜的请示》；审议并原则通过《信州区土壤污染防治工作方案》《2017年信州区水污染防治工作计划》；听取《关于索密特实业有限公司搬迁资金的情况汇报》；审议并原则通过《推进全区公共文化服务设施建设方案（送审稿）》；研究了干部处分事宜。

【第17次政府常务会议】 11月4日，区长胡心田主持召开。传达省纪委《关于扶贫领域督察问责典型案例的通报》；听取关于信州区社会福利院项目投资建设有关情况的汇报；审议并原则同意《关于要求提高信州区老

失地农民养老待遇的请示》;审议并原则同意《关于朝阳镇、茅家岭街道片区区级重点项目被征地农民办理基本养老保险的请示》;审议并原则同意《关于我区光伏扶贫工作要点及相关请示》;听取《关于市立医院要求解决住院部综合大楼建设资金缺口以及创建三级医院资金扶持的情况汇报》;审议并原则通过《关于在全区开展机关企事业单位包干里弄小巷环境卫生工作实施方案》;审议并原则通过《信州区自然灾害救助应急预案(送审稿)》;审议并原则通过《信州区脱贫攻坚"百日行动"实施方案(送审稿)》;审议并原则通过《信州区扶贫小额信用贷款实施办法(送审稿)》;审议并原则通过《关于成立上饶市信州区养老产业发展(全面提升养老院服务质量)工作领导小组的通知(送审稿)》;审议并原则通过《信州区土地利用总体规划(2006—2020)调整完善方案备案》;听取上饶至浦城高速公路信州区段前期准备工作情况汇报;研究区政府部分领导分工调整事宜。

【第18次政府常务会议】 11月7日,区长胡心田主持召开。传达全市领导干部会议精神并研究部署下步工作;审议并原则通过《关于落实市委第五巡察组对信州区扶贫领域专项巡察反馈意见的整改方案(送审稿)》,原则同意成立信州区扶贫领域专项巡察整改工作领导小组。

【第19次政府常务会议】 11月11日,区长胡心田主持召开。审议并原则同意《上饶国际医疗健康小镇项目投资合作协议书

(补充协议)》及项目签约仪式安排;审议并原则同意《关于对吴梦等20名2013年选聘的大学生村官期满安置的报告》。

【第20次政府常务会议】 11月16日,区长胡心田主持召开。听取了2017年度军转干部和营职军转干部安置有关情况汇报;听取《关于加快区苎麻产业基地建设的情况汇报》;审议并原则同意《关于成立央企社区改造工程项目部的请示》;审议并原则同意《关于调整区生态文明先行示范区建设工作领导小组的通知(送审稿)》;审议并原则通过《信州区2017年度镇街经济社会发展和党的建设情况巡查方案(送审稿)》;审议并原则同意《中国沙溪苎麻(夏布)特色小镇概念规划及城市设计(送审稿)》和《中国沙溪苎麻(夏布)特色小镇核心区控制性详细规划(送审稿)》;审议并原则同意《上饶国际医疗健康小镇项目投资合作协议书》及其补充协议;听取全区中共十九大期间信访稳定工作情况汇报并审议原则同意《关于调整2017年度信州区重点信访积案和突出信访事项县级领导包案意见(送审稿)》;审议并原则通过《信州区迎接江西省县(市、区)党政领导干部履行教育职责督导评价工作实施方案(送审稿)》;听取了城南城投公司近期融资计划报告。

【第21次政府常务会议】 12月16日,区长胡心田主持召开。传达了全省开发区改革和创新发展动员大会精神并原则同意下步贯彻落实意见;学习《江西省安委会办公室关于深刻吸取

"11·24"特别重大事故教训切实加强岁末年初工程建设领域安全生产工作的通知》并原则同意贯彻落实意见、审议并原则同意《关于汲取北京"11·18"、天津"12·1"两起重大火灾事故教训暨推进全区冬春火灾防控工作的报告》;传达全市工业招商引资座谈会会议精神并原则同意下步贯彻落实意见;传达全市金融工作会议精神、审议并原则同意《信州区2017年防范和处置非法集资综合治理考评工作方案》;审议并原则通过《信州区社会综合治税信息共享平台建设工作方案(送审稿)》《信州区关于进一步加强税收保障工作意见(送审稿)》;听取《关于做好年底农民工工资支付保障工作的情况汇报》;审议并原则同意《上饶市城南城市建设投资发展有限公司人员年薪制试行办法(送审稿)》;研究并原则同意《关于财园信贷通不良贷款资产处置业务委托江西省金融资产管理股份有限公司统一处置的建议》;审议并原则同意《关于建设信州区公检法涉案财物管理中心的请示》;审议并原则通过《信州区2017年度法治政府建设考评方案(送审稿)》《信州区推进法治政府建设工作领导小组成员单位职责分工(送审稿)》;审议并原则同意《关于落实党政主要负责人履行推进法治建设第一责任人职责规定的实施意见(送审稿)》;审议《上饶市中心城区铁路既有线棚户区改造项目社会稳定风险评估报告》;听取关于土地报批及急需资金的情况汇报;审议并原则同意《2018年拟上报市重点建设项目表(送审稿)》;审议并原则通过《信州区2017年农村危

房改造实施方案(送审稿)》《信州区农村危房改造专项资金管理办法(送审稿)》《关于调整信州区2017年农村危房改造工作领导小组成员的请示(送审稿)》;审议《上饶市中心城区北门片区磨湾棚户区综合改造项目集体土地上房屋征收补偿方案的请示(送审稿)》《关于新一中项目集体土地上房屋征收补偿方案的补充意见(送审稿)》;审议并原则同意《关于要求出具竹园头片区棚户区改造项目征迁资金承诺函的请示(送审稿)》;审议并原则通过《关于竹园头棚改范围内5家企业国有土地使用权收回方案(送审稿)》;审议并原则通过《信州区农村生活垃圾治理督促检查工作方案(2017—2020年)(送审稿)》;审议并原则通过《信州区畜禽禁养区内规模养猪场(户)关闭补偿方案》;听取《信州区残联三次换届工作情况汇报》;听取《关于2017年度符合政府安排工作条件退役士兵的情况汇报(送审稿)》;听取2017年脱贫攻坚工作情况并原则同意下一步工作打算;审议并原则同意《关于申请拨付上饶市磷肥厂棚户区改造项目解决遗留问题资金的报告》;审议并原则通过《上饶市信州区专利奖励实施细则(送审稿)》;听取《关于城镇居民独生子女父母奖励工作落实情况的汇报》;审议并原则同意《关于区中小企业贷款担保中心停止新增担保贷款业务及相关工作的报告》;审议并原则通过《信州区卷烟零售点合理布局暂行办法(送审稿)》;审议并原则同意《上饶数字经济服务园企业入驻协议(送审稿)》《上饶数字经济服务园房屋租赁合同(送审稿)》;审议并原则同意《三江导托渠项目占用信息服务业产业园33亩土地补偿事宜的报告》;听取了城南城投公司近期融资计划报告。

办理人大代表议案、建议和政协委员提案情况

【概　况】 2017年,区政府部门共承办市、区两级人大代表建议和政协委员提案188件。其中,市人大代表建议和政协委员提案8件,区人大代表建议和政协委员提案180件,均在规定时间内办理完毕,办复率100%。区五届人大二次会议代表共提出建议86件,按建议内容分类:涉及工业交通方面4件,占4.7%;城建环保方面28件,占32.6%;人力资源和社会保障方面16件,占18.6%;财贸方面9件,占10.5%;教科文卫体方面5件,占5.8%;农林水利方面4件,占4.7%;政法方面6件,占7.0%;城镇规划方面8件,占9.3%;其他方面6件,占7.0%。区政协五届二次会议以来委员共提出提案94件,其中大会提案91件,平时提案3件。按提案内容分类:经济转型升级方面25件,占26.6%;增强民生福祉方面41件,占43.6%;打造美丽信州方面17件,占18.1%;建设法治信州方面11件,占11.7%。

信州区人民政府办公室工作

【概　况】 2017年,区政府办在区委、区政府的正确领导下,紧紧围绕全区中心工作,积极履行服务发展、服务决策、服务落实的职能,充分发挥综合协调、参谋助手作用,严格落实两个责任,严肃党内政治生活,不断完善工作制度和程序,创新服务方式,超前谋划工作,全力推动落实,较好地完成了办公室的各项工作任务,荣获"2017年度全市政府系统办公室工作争先创优先进单位"。《信州年鉴(2017)》获省第三届年鉴质量评比活动获县级年鉴一等奖,国家二等奖。区长热线工作考核获全市第二名。

【做好参谋辅政工作】 坚持以服务领导决策为宗旨,紧紧围绕区中心工作,精心组织开展调研活动。坚持把调查研究工作做在前面,切实掌握涉及全区重大问题及制约全区发展的因素,增强参政议政的针对性和实效性,为领导出谋划策、拾遗补阙。其中,《督查的辩证思维》荣获2017年度国务院办公厅"全国政府系统督查理论研究征文"优秀文章。

【办文办会工作】 全年共收文3000余件,制发公文600余件。认真搞好会务的统筹协调,加强对会议决定事项的交办和督促落实,特别是对区政府全区性会议、常务会等一些重要会议,会前对上会议题进行审核,从源头

上确保会议的权威、高效,同时加大了会议决定事项的督查力度,进一步保障区政府决策事项的贯彻落实。

【信息调研工作】　围绕全区中心工作及经济社会发展中的热点、难点问题,突出重点、体现特点、展示亮点、关注焦点、捕捉热点,全方位、多角度、深层次收集、整理、编发反映全区经济社会发展的政务信息和社会公众信息。全年,先后组织撰写了各类信息200余篇(条),编印《信州政务》52期,被上级政务刊物以及各类媒体采用36篇(条),其中国办采用1篇调研文章,省级采用2条,市政府采用33条。全面推进了政务公开、电子政务建设,全年通过各种渠道公开政府信息总计32101条,其中,政府信息公开平台发布信息23591条;召开新闻发布会2次;微信和微博等新媒体发布6869条;其他方式公开1641条;回应公众关注热点或重大舆情数309余次。全年全区受理依申请公开政府信息29件,办结29件,办结率100%。

【做好督查督办工作】　坚持把政务督查作为推动工作开展和决策落实的重要手段,围绕区委、区政府中心工作,以重要会议决定事项、重大决策、重要工作、重要批示件、督查件和交办事项为重点,加大力度、改进方式、提高实效、细化任务、明确责任、确保落实,有效促进政府重点工程、民生工程、重点工作和阶段性工作的顺利落实和推进。对各级《政府工作报告》中的各项任务,逐项逐条分解到各有关部门、单位,并定期调度督查,确

保各项工作顺利实施。抓好政府领导批示件的督查办理,确保区领导批示件件件有着落,事事有回音。抓好人大代表建议、政协委员提案的督查办理。

【《信州年鉴》首次公开出版】　按照省、市地方志的"普及一年一鉴,提升年鉴质量"的工作要求。6月份启动年鉴编纂工作,8月11日,邀请省志办年鉴处詹跃华处长授课,部门分管领导和撰稿人160余人参加的"信州年鉴撰稿人培训会",提供了部门学习交流的平台,并提高了撰稿人业务水平。《信州年鉴(2017)》采用栏目化、条目体编写,设35个栏目,近50万字,记载2016年信州国民经济和社会发展的基本情况和资料,图文并茂地反映信州面貌。《信州年鉴》首次公开出版参评,并获江西省第三届年鉴质量评比一等年鉴,第五届全国地方志年鉴评比二等年鉴。

【完成《江西年鉴》《上饶年鉴》供稿任务】　按照省、市地方志办要求,组织年鉴编写小组,广泛征集资料并认真进行编纂。重点梳理了棚户区改造、秀美乡村示范点建设、城市管理和行政执法局成立、上饶城东文化旅游综合体项目开工、信州首部电影在沙溪宋宅开拍等信州亮点工作资料。按时完成省、市两级年鉴资料撰写工作,得到省、市志办的认可。

【开展"走出书斋,面向大众"读志传志用志活动】　为积极营造依法治志的良好局面,彰显地方志工作"围绕中心、服务大局"的功能,4月22日,信州区地方志办公室牵头组织在上饶市

中心广场举办了地方志工作宣传活动。活动现场以展板的形式展示了《江西省实施地方志工作条例办法》《江西省地方志事业发展规划纲要(2016—2020)》、各级领导对方志工作的重要批示和讲话、近年来市、区地方志工作取得的成果以及信州区的历史沿革和风俗文化等。工作人员为市民提供了现场咨询服务,并向群众发放了《地方志宣传手册》及宣传袋。走出书斋,面向大众宣传吸引了市民纷纷驻足观看,现场反响热烈,营造了依法修志编鉴、传承历史文脉的浓厚宣传氛围。该活动也得到省志办的高度表扬,并在《方志江西》刊登推广该做法。

【区长热线办理情况】　全年共接听群众来电1800个,接收区长信箱295封;处理市长热线交办函1898封,人民网留言2封;办结率100%,群众满意率91.92%。基本做到群众反映的问题件件有落实,事事有回音。

(郑行懿　李冬平
毛霏羿　俞城渡)

综合管理

【概　况】　2017年,全区生产总值243.7亿元,同比增长9.2%;一产完成9.5亿元,同比增长4.3%;二产完成55.9亿元,同比增长10.1%;三产完成178.3亿元,同比增长9.1%。全区财政总收入23.89亿元,同比增长9.1%;一般公共预算收入14.76亿元,剔除营改增因素同比增长7.86%;固定资产投资180.1亿元,同比增长13.8%;社会消费品

零售总额 144.6 亿元,同比增长 11.9%;城镇居民人均可支配收入 34549 元,同比增长 9.1%;农村居民人均可支配收入 15692 元,同比增长 9.3%。

【现代农业快速成长】　大力发展绿色、有机、无公害农产品,积极引导农产品生产企业申报品牌,创建绿色食品标志 1 家,无公害产地 10 个,无公害农产品 13 家,获省级名牌农产品企业 2 家,上饶市知名商标企业 4 家。大力推广"公司+基地+农户"的产业化经营模式,已发展规模基地 98 个、家庭农场 8 家、农民专业合作社 253 家,培育了市级以上农业龙头企业 11 家。现代农业示范园科技水平明显提升,2 家市级龙头企业入驻核心区,园区规模经营趋势明显。突出"示范引领、辐射带动"作用,共吸纳就业 5300 余人,推动了农业增效、农民增收。5000 亩高标准农田已动工建设。20 兆瓦华西农光互补项目落地,形成现代农业和光伏发电有机结合的示范样板。根据全市农业产业发展战略,蔬菜、马家柚等产业基地正在积极筹划建设中。

【工业发展潜力巨大】　全区第二产业生产总值 55.9 亿元,同比增长 10.1%;区属规模以上工业企业增加值 8.26 亿元,同比增长 9.8%,增速位列全市第一;主营业务收入 26.99 亿元,工业用电量累计实现 1.6 亿千瓦时,增速均列全市前列。完成工业固定资产投资 25.6 亿元,同比增长 317.6%,增速列全市第一。以"五年决战三百亿"为总目标,每季度举行一次集中开竣工、一次大型招商活动;每月开

展一次"工业日"调度会、每月部门主官带队外出一次招商。全区新增规上工业企业 11 家,集中开(竣)工项目 63 个,开(竣)工项目总数超过前两年之和。朝阳产业园平台建设不断完善,"四纵五横"路网框架基本形成,雨污管网铺设工作有序推进。腾笼换鸟清理了江铜硫酸厂、中镁镁业、龚杏光学等 10 多家企业,共置换土地 40 余公顷,园区土地的利用效益不断提升。苎麻产业园破题开建,已有 3 家企业入驻,1 家企业已正式投产。

【服务业发展协调并进】　全区社会消费品零售总额 145.9 亿元,同比增长 11.9%;限额以上消费品零售额 72 亿元,同比增长 12%;规上服务业营业收入 56.7 亿元,同比增长 9.8%。新增规模以上服务业企业 42 家,总数达 109 家,为全市第一。上饶市大顺实业有限公司获批省级服务业龙头企业。金融保险业稳步发展,实现税收 1.43 亿元,光大银行、安信证券、永安财产保险、长江证券等一批金融机构先后落户。新兴金融企业国美网络小额贷款有限公司正在报批。信州区民间融资登记服务中心有限公司顺利开业。信息产业不断壮大,产业平台集群发展。形成了上饶信息服务业产业园、上饶慧谷大厦、上饶淘宝园、7890 众创空间、六号仓库、总部经济园、智慧信州、滴滴科技城等优质平台,全年税收完成 2.71 亿元,同比增长 8.67%。新增入园企业 77 家,累计已达 415 家。商贸流通发展态势良好,新增商贸流通企业 223 家。龙华世纪城、恒基商业广场等商

贸综合体相继开业,万达中央商务区成为城市新坐标。新培育万力时代白鱼赤乌集市、茶圣路美食街等特色商业街区 18 条。物流产业税收完成 2.67 亿元。文化旅游产业持续升温,全区接待旅游人次 2250.3 万,增长 46.4%;综合收入 173.1 亿元,增长 31.9%。

【项目建设扎实推进】　省重点项目宇瞳光学累计完成投资 3.6 亿元,是年计划投资的 180%;信江南岸景观改造当年完成投资 2.6 亿元,是年计划投资的 162.5%;索密特实业当年完成 2.15 亿元,是年计划投资的 108%;稼轩大道北延项目当年完成投资 2.1 亿元,完成年计划投资 105%。2017 年初编制了信州区 500 万元以上投资项目 260 个,其中区本级实施项目 152 个,总投资 231.5 亿元,2017 年年计划投资 70.2 亿元。通过对建设项目的跟踪督查,大部分项目按序时进度推进。全区共签约 2000 万元以上项目 118 个,签约总额 227 亿元,签约项目数量超过前两年总和。其中,过亿元以上投资项目 33 个,工业过亿元投资项目 18 个。结合全区产业导向,全区共引进光学、汽配、苎麻三大主导产业项目 33 个。

【社会事业繁荣发展】　新增转移农村劳动力就业 7216 人,城镇新增就业 5668 人,为 13518 名符合参保条件的农民办理了失地保险。城乡居民养老、医疗等各项保险参保人数和基金征缴总额持续上升。教育投入不断加大。新建和改扩建凤凰学校、市十二小、市十六小、市四中综合实验楼、秦峰岩坑小学、沙

溪向阳小学等学校，改扩建面积7.15万平方米，职业中学综合办公楼投入使用。顺利通过了省级语言文字工作专项督导、义务教育均衡发展"回头看"省级督导评估、省教育技术装备专项督导等评估检查。基本卫生公共服务全面覆盖。完成疾控中心业务大楼建设主体工程，市立医院获批全市首家县级"三级综合性医院"，灵溪镇卫生院获评全省"2016—2017"年度群众满意的乡镇卫生院。沙溪镇预防接种门诊被评为"省级五星级预防接种门诊"。文化基础设施不断完善，新建村级文化服务中心22个，村级广播站4个。区图书馆新馆正式对外开放，新建4个图书分馆。省级文保单位杨益泰府第维修基本完工，文化遗产保护成效明显，《夏布制作技术》《姚金娜民歌》《信州火针》等项目录入省级非物质文化遗产数据库系统。科技创新平台取得新成效，市五小获批国家知识产权示范学校，7890、蓝青创客、龙谷创客获批国家级众创空间称号。

【城乡建设和民生工程统筹推进】 秀美乡村建设取得新成效。农村环境卫生、饮水安全等问题得到有效解决。建设秀美乡村点115个，5个精品点成为全市秀美乡村样板。沙溪镇英塘村获评"第五届全国文明村"，沙溪镇荣获省级生态乡（镇）荣誉称号、宋宅村获评"江西省省级生态村"。棚户区改造稳步推进，全区共开展棚改项目43个，完成征收房屋面积320.76万平方米。全面完成城东胜利棚改、龙潭棚改等35个项目。全省棚改工作现场会在信州区召开。制定了

2017年—2020年脱贫攻坚工作规划，全年投入扶贫专项资金1300余万元，实施产业扶贫项目14个，脱贫381户1167人，新增识别户24户76人。通过各种培训方式，带动近800名贫困群众实现就业。在沙溪镇铅岭村、灵溪镇日升村、秦峰镇老坞村等3个省级贫困村各开工建设1个100千瓦的光伏电站，并网发电后，每个光伏电站可为每村带来收益5万元。

（肖堂松）

民族宗教工作

【概　况】 2017年，信州区民宗局在区委、区政府的正确领导下，紧紧围绕"团结、稳定、和谐、发展"的工作中心，结合实际、认真履职，依法管理民族宗教事务。

【民族工作专项资金申报管理工作】 规范项目档案管理，落实项目管理责任，会同区财政局做好2016年下达安排全区民族发展资金项目的检查验收工作。2017年度全区争取民族发展资金扶持项目4个，争取项目资金29万元。

【少数民族考生的资格审查工作】 协调做好少数民族学生民族成分审核工作。按照有关文件精神，认真审核《江西省少数民族聚居区少数民族考生登记表》。对符合条件的给予上报，对不符合要求的认真做好政策解释工作，全区全年共办理审核符合申报条件的少数民族考生18人。

【民族工作进社区显成效】 根据省、市民族工作进社区活动要求，2016年，茅家岭街道汪家园畲族社区和东市街道中山路社区确定为区"民族工作进社区"和"城市民族工作连心共建"活动试点社区，建立健全了社区民族工作的各项工作制度，各项民族团结进步宣传活动有序开展，得到了省、市有关领导的好评。2017年，汪家园畲族社区和中山路社区被评为全市第一批"民族团结进步创建活动示范社区"，汪家园畲族社区同时被评为"全省第一批民族团结进步创建示范单位"。

【积极开展民族团结进步宣传月活动】 9月份在全区范围内开展"民族团结进步宣传月"活动。结合实际，组织"三开展"活动，即开展党的民族理论和民族政策宣传（以进社区、进机关、进寺庙、进学校等"四进"为重点）、开展增进民族团结宣传教育（以少数民族聚居村居、民族小学为重点）、开展民族团结进步文艺汇演（在凤凰社区举办）、召开少数民族流动穆斯林群众座谈会、联合街道社区开展民族政策法规宣传、组织承办"中华民族一家亲、同心共筑中国梦"喜庆中共十九大民族团结文艺汇演等。

【宗教场所安全管理工作】 坚持安全为第一要务，将宗教场所安全列入了区安委会督察范围。加强了元旦、春节等重要节日期间的安全管理，深入各宗教活动场所开展以"五防"为重点的安全大检查，及时有效排查了各种安全隐患。7月份会同区安监部门对全区宗教活动场所进行

安全隐患大排查行动,进一步贯彻落实"安全第一、预防为主"的工作方针。

【开展"教风建设年"及"综治宣传月"活动】　根据市局统一部署,创建和谐寺观教堂活动为抓手,按照健全规章制度抓好民主管理组织建设的要求,以"九个着力解决"和"一个打造"为基本工作目标,使各宗教团体、各场所将教风建设落地实处、使各教职人员成为守法依规、爱国爱教的好公民、好僧尼,全力打造风清气正的宗教生态环境。开展宗教领域综治平安建设"综治宣传月"活动。3月—4月,联合区政法委、区铁路护路办、市国土局信州分局开展法治宣传活动,坚持"以人为本",从思想观念、宣传内容、方式方法上不断创新,积极营造深厚的舆论氛围,激发广大干部职工参与创建的热情,凝聚全局力量,推动综治工作和平安建设各项措施的落实,创造和谐稳定的社会环境。

【依法加强对宗教事务的管理工作】　举办新修订《宗教事务条例》培训班,11月份组织全区宗教团体负责人集中学习新《条例》,举办培训班一期;严格把好"三关"(政治关、政策关、政审关),科学合理安排宗教活动场所;做好政协提案的办理,依法依规对政协提案进行答复,政协委员对办理答复表示满意。申报寺观教堂维修补助资金项目1个,争取项目维修资金4万元。

【引导宗教与社会主义社会相适应】　组织引导宗教界人士关爱人群,回报社会,引导宗教界以宗教特有的道德感召力,广泛联系信教群众和社会各阶层人士,发扬乐善好施、扶危济困、关怀社会、服务大众的传统美德,力所能及地参与了助学赈灾、养老恤孤等慈善救助活动,全年全区宗教界共捐资捐物募捐2万多元。

【及时排查处理民族宗教工作各类矛盾纠纷】　掌握社情动态,建立处置工作机制,认真排查调处涉及少数民族的各类矛盾纠纷,对涉及的一些具体问题,坚持以政策疏导为主,切实做好各方面的工作。在春节、国庆等节假日期间,建立了突发事件应急处理工作机制,做好预测,防患未然;在穆斯林重要的传统宗教节庆日,帮助穆斯林群众解决庆祝开斋节、古尔邦节的活动场地。年内全区没有发生一起因民族问题引发的重大群体性事件,继续巩固和保持了民族团结稳定的良好局面。

(杨冰冰)

行政服务中心

【概　况】　2017年,区行政服务中心在区委、区政府的正确领导下,认真贯彻落实中共中央、国务院和省委、省政府关于加强和改进政务服务工作的决策部署,坚持需求和问题导向,以"放管服"改革为主线,以"集中、精简、高效、便捷"为目标,优化再造服务流程,加快推进"互联网+政务服务",促进实体政务大厅与网上服务平台融合,着力提升政务服务效率,提高政务服务水平。区本级18个具有行政审批职能部门和市公交公司在区行政服务中心政务大厅设置了窗口,同时对区社保局、区医保局、区国税局、区地税局、区运管所、区民政局婚姻登记处等6个专业办事大厅和9个镇、街道便民服务中心进行日常监督和业务指导。全年,区行政服务中心政务大厅窗口共受理各类事项28820件,办结28216件。镇街便民服务中心共办理各类事项119806件,监管大厅共办理各类事项1612309件。

【完善政务服务体系】　行政服务中心从以行政审批服务为主向集行政审批、公共服务、社会管理于一体的综合性政务服务场所发展升级,逐步建设成名副其实的"政务超市"。推动政务服务平台向基层拓展延伸,进一步完善镇(街道)便民服务中心功能,提高村(社区)便民服务代办点覆盖率,促进政务服务均等化、普惠化。进一步健全监管大厅和镇(街道)便民服务中心巡查考核管理办法,切实提高监管大厅和镇(街道)便民服务中心的办事效率。

【成立马上落实办公室】　为切实推进"放管服"改革,进一步优化全区发展环境,提升服务质量和效率,2017年9月1日,信州区"马上落实办公室"(简称"马上办")在区行政服务中心正式成立并运行。"马上办"按照"放管服"改革和"三集中三到位"的要求,最大限度地实现部门行政审批职能向一个科室集中、承担审批职能的科室向行政服务中心集中、行政审批事项向电子政务平台集中,切实做到审批事项进驻(区行政服务中心窗口)落实到位、授权到位、电子监察到位。"马上办"实行领导坐班制，在区级层面，每个工作日安排一名区级党政领导和人大、政协主要领导轮流坐班值班，高位协调推动；在部门层面，具有行政审批事项的相关职能部门，抽调一名分管审批业务的副职进驻区行政服务中心窗口日常坐班，使不需要现场勘察、集体讨论、论证听证的一般性审批事项，在窗口受理后直接办理到位。对审批事项实行"四马四办"，即：行政服务中心窗口或本单位自行受理有权直接办理的，实行"马上就办"；对需要区级层面协调推动的事项，由区"马上办"流转业务办理单位，实行"马上交办"；对需要协调市级层面或市职能部门相对复杂的有关事项，由"马上办"流转至区对口业务单位或提请区级分管领导，实行"马上请办"；对流转交办的重要事项，由"马上办"督查组全程跟踪，实行"马上督办"。同时开展日旬调度，对马上落实办公室受理、交办、流转、请办、督办的相关经济发展、重大项目和民生事务，实现日协调、周调度、旬通报、月总结运行工作机制，做到"及时受理、马上对接、全力协调、快速推动"。同时将区长热线办、民生通道等便民热线和举措进行整合，纳入"马上办"。至12月，共受理马上落实事项63件，办结马上受理事项63件。

【推进业务进驻扩大并联审批的实施范围】　根据江西省2017年政务服务工作"三集中三到位"要求，5月3日，召开了推进政务服务事项和审批职权集中进驻工作会议，要求具有行政审批和公共服务职能的政府部门，将行政审批和公共服务事项集中到行政服务科（股）并进驻行政服务中心。实现审批主体由分散变集中，审批权与监管权分离。强化窗口服务职能，实施"一站式"审批，打造受理窗口、办理平台和办结出口"三位一体"工作机构，做到"窗口外无审批"。进一步扩大并联审批实施范围，在企业注册实施"三证合一"审批的基础上，推进"五证合一""多证合一"，通过"一窗受理、部门共享、信息互认、一档管理"的简化办事流程，有效地解决创办企业过程中各类证照数量过多问题，不断降低创设企业的制度性交易成本，以"减证"推动"简政"，进一步优化营商环境，有效提高行政效能，激发创业活力。6月中旬，区政府办、区监察局和区行政服务中心组织督查组对各单位"三集中三到位"工作开展情况进行了专项督查，全区18个职能部门按照"三集中三到位"要求在区行政服务中心设立窗口，9个职能部门纳入综合代理窗口。

【扎实推进"放管服"改革】认真贯彻落实国务院和省、市"放管服"改革精神和区委、区政府"环境提升年"活动，进一步转变工作作风、改进工作态度、提高工作效率，大力推行"互联网＋政务服务"，不断提高政务服务效率，进一步推进简政放权、放管结合、优化服务改革。完善行政审批流程再造，对承担的行政审批事项进行程序优化和流程再造，逐项编制完善服务指南，列明名称、项目审查类型、审批依据、申请条件、申请材料、办理基本流程、办结时限、收费依据及标准、监督投诉渠道等内容，做到程序步骤清晰、流程节点具体清楚，内容发生变更时及时修订，并在网站公布。切实提高审批效率，按照省及市要求，对各进驻单位对事项办理流程进行优化，要求进驻单位对不合理的审批环节予以取消，对办理时限进行压缩，细化具体办理时限。建立首问负责、一次性告知、服务承诺、限时办结、岗位责任、责任追究等制度，坚持用制度管人管事，实现工作管理的制度化、规范化和科学化，全面提高工作效率和服务质量。推行"互联网＋政务服务"，依托江西政务服务网，促进实体政务大厅向网上办事大厅和"掌上政务大厅"延伸。对纳入行政服务中心办理的事项，逐单位、逐事项完善基础信息，充分发挥网上政务大厅查阅、咨询、投诉等功能，促进政务服务规范运作，政务信息公开透明。梳理公共服务事项。根据《信州区简化优化公共服务流程方便基层群众办事创业工作方案的通知》和《信州区推行乡镇政府政务服务事项清单制度工作方案的通知》要求，组织全区各单位及相关国有企事业单位、中介服务机构和镇、街道的公共服务事项进行了全面梳理，共梳理区本级公共服务事项352项，区乡镇政府（街道办）公共服务事项98项，并通过文件、信州区政府门户网站和江西政务服务网等渠道向社会公开。

【抓好政务服务窗口动态管理】　坚持以问题为导向，以满意为目标，做足"督、访、评"三字文章，着力打造群众满意的政务服务窗口，广泛营造人心思上、人心思进、人心思干的浓厚氛围。建立"五位一体"督查机制，通过日常巡查、明察暗访、电子监察、领导巡视、专项督查相结合，着重对窗口人员的行为规范、办件质量、作风效能等进行常态化监督检查。确保干部队伍管到位上、严到份上，不断提升窗口服务效能。窗口人员实行双重管理，业务上接受原单位指导，窗口工作期间，以行政服务中心管理为主，服从行政服务中心统一管理；是党员的要将组织关系转到行政服务中心，在行政服务中心过组织生活，参加组织活动。窗口工作人员若不能适应窗口工作或因工作表现差，有严重违规违纪行为的，行政服务中心要执行人员退回。以文明创建和优质服务竞赛为抓手，将"红旗窗口""服务明星"评比常态化，营造风清、气顺、劲足的干事氛围。全年，评出行政务服务中心红旗窗口12次50个，服务明星72人次。区市场和质量监督管理局窗口、区卫计委窗口、区地税局窗口、区社保局办事大厅被评为2017年度全区政务服务工作优质服务窗口。

（郑志军）

外事侨务工作

【概　况】　2017年，信州区有归侨28人，分别为印尼、缅甸、菲律宾、马来西亚、泰国、越南、日本、新加坡归侨。国内归侨侨眷约4000多人，海外华侨、华人约4000多人。区外事侨务工作围绕规范外事管理、优化为侨服务、加强对外交往，积极为信州区的对外开放和经济发展服务，取得了积极成效。成功举办海外华裔青少年"中国寻根之旅"夏令营——魅力信州营。被江

西省外侨办评为2017年度全省外侨工作绩效考核优秀单位。

【规范管理外事工作】　依照相关规定，规范出国团组审核。全年共办理因公出国（境）8批次、18人次。严格管理外国人入境，认真审核申请材料，全年共受理外国人到饶审核转报共6批11人次。配合市外侨办走访上饶四中、启成教育、泰摩实业等涉外企、事业单位，开展外国人在饶工作管理情况检查。

【成功举办"中国寻根之旅"夏令营】　8月1日—10日，2017年海外华裔青少年"中国寻根之旅"夏令营——魅力信州营成功举办，来自德国、美国、加拿大等国的50位华裔青少年参加了本次夏令营。本次夏令营活动的新闻被《人民日报》《江西日报》、国侨办中国寻根之旅官网、中国华文教育网、《上饶日报》和信州新闻等多家新闻媒体刊登和报道，总计上稿34篇，受到了社会各界广泛关注和一致好评。通过举办此次夏令营活动，宣传了信州区良好形象，结交了海外华校及华人社团，有效地涵养侨务资源。

【侨爱工程为贫困群众送温暖】　组织市立医院12名涉侨医疗专家组成"侨爱工程——送温暖医疗队"赴沙溪镇铅岭村开展免费义诊活动。此次活动目的重在进一步凝聚侨心，调动和发挥广大侨胞侨眷的爱国爱乡热情，深入基层做实事，做好事，真心实意为侨送温暖。据统计，此次参加义诊群众100多人，发放药品计90余件。

【落实侨务政策暖侨心】　春节

期间省、市、区各级领导亲自带队上门走访慰问侨界知名人士和困难归侨侨眷共计55户，与他们深入交谈，了解他们的近况和遇到的困难，尽力帮忙解决。及时发放老年归侨生活补贴，2017年度发放对象为18人，并为年老体弱的老年归侨上门服务。全国侨务工作明星社区——北门街道稼轩社区已形成侨务工作常态化的工作机制，经常组织各类涉侨活动，每周举办"侨之家"活动，不定期举办一些文体活动，开展侨法宣传和侨法知识讲座，并接受了全市统战工作巡查，获得好评。

【打造国际交流新平台】　以文化为纽带，打造国际交流新平台。6月，中国非遗文化周暨《美丽江西——绚烂非遗》作品及图片展在法国巴黎中国文化中心盛大开幕，信州夏布画、江西怀玉砚等非遗产品首次走进法国巴黎展出，著名汉学家、巴黎东方语言学院白乐桑教授夫妇亲临参观并为之点赞。9月，上饶徐氏中医首席中医徐绍萍率团队赴俄罗斯洽谈"智互远程医疗"合作项目，并在莫斯科顺利签署合作协议。10月，海外华侨积极响应上饶市"全民诵读《可爱的中国》"系列活动，以诵读红色经典的方式，弘扬家国情怀。德国巴伐利亚中文学校的师生们声情并茂的朗诵《可爱的中国》并录制成视频，送上了远方对祖国及方志敏故乡上饶的诚挚祝福。

（张　翼）

法制工作

【概　况】 牢固树立法治理念，依法全面履行政府职能。出台《2017年法治政府工作要点》，持续推进简政放权，开展规范性文件制定及管理工作，推进行政决策科学化民主化法治化，建立健全政府法律顾问制度，强化行政复议应诉工作。为政府出台文件、合同做好参谋。积极推动行政调解、开展"双随机、一公开"行政执法监督平台应用工作。

【推进"放、管、服"改革】 全年取消和调整区本级行政权力事项131项，其中，取消暂停39项，新增和承接省、市下放19项，调整变更73项。对政务网站公布的行政权责清单进行调整，认真梳理，逐条检查，切实做到无在行政许可目录和权利清单外运行权力。6月开始全面开展乡镇权责清单制度工作，《上饶市信州区乡镇政府政务服务事项清单（送审稿）》共计205项，（其中，《信州区乡镇政府（街道办）行政权责清单》107项，《信州区乡镇政府（街道办）公共服务事项清单》98项），政府常务会审议通过，205项乡镇政府政务服务事项清单在区政府信息公开统一平台、政府门户网站正式公布，接受社会各界监督。推进行政处罚、行政许可"双公示"工作。成立了领导小组，确定了责任部门、责任人和联络员。政府工作部门编制"双公示"目录，坚持"公开为常态、不公开为例外"原则，在作出行政决定之日起7个工作日内在本部门门户网站公示，并同步将公示内容推送至"信用上饶"市政府门户网站的"双公示"专栏。完成企业名称登记管理改革、企业登记全程电子化和电子营业执照管理应用等改革前期准备工作。10月，在企业"五证合一"与个体"两证合一"的基础上，将涉及9个部门的19项涉企（含个体）证照及备案登记事项整合到营业执照办理过程中。以"减证"带动"简政"，真正实现让"数据多跑路，企业少跑腿"，变"企业来回跑"为"部门协同办"，在幅缩短企业从筹备开办到进入市场的时间。推行企业简易注销改革，对于未开业或无债权债务与违法违规经营行为的企业支持办理简易注销。通过"互联网＋政务服务"平台的搭建，实现企业个体登记注册全程电子化。在材料齐全的情况下，将企业开业登记从4个工作日压缩到3个工作日，注销登记从3个工作日压缩至2个工作日；将个体变更、换照登记从7个工作日压缩至3个工作日。

【规范性文件审查报备】 对部门制发的规范性文件，从起草缘由、法律依据等源头把关，确保政府发文的严肃性、规范性。当年，对2015年8月以来本级政府及政府办制发的文件进行清理，清理结果报政府常务会议审议后向社会公布，及时废止、修订不合法、不适应经济社会发展需要的规范性文件。

【坚持严格规范公正文明执法】 全面落实重大决策合法性审查制度。进一步完善行政机关内部重大行政决策合法性审查机制，严格落实《上饶市县级以上人民政府重大行政决策合法性审查规定》，重大行政决策事项提交讨论前交由政府或部门的法制机构进行合法性审查，未经合法性审查或经审查不合法的，不得提交讨论、作出决策。行政检查全面落实"双随机一公开"制度。8月10日，江西省行政执法监督平台使用操作培训会议召开后，各相关单位开始"一单两库一细则"录入工作，24个行政执法部门相关信息基本完成录入。认真参与行政应诉，全年累计参加行政应诉24件，民事应诉案件1件。切实履行行政复议职责，对当事人提出的行政复议，认真进行书面审查，解决行政争议。全年累计收到行政复议案件9件，其中，维持3件，确认违法1件，责令履行1件，调解（和解）3件。

（谭　邑）

应急管理

【概　况】 2017年，在省、市应急管理部门的关心指导和区委、区政府的坚强领导下，全区应急管理工作围绕落实应急值守、信息报送、综合协调三项基本任务，巩固提升体系建设、应急演练、宣传教育三项基础工作，深入推进"三条线"基层应急管理规范化建设等工作重点，不断完善工作机制，整合各方资源，夯实基层基础，紧抓源头预防，积极应对和处置各类突发事件，为促进全区经济社会平稳较快发展提供了有力保障。

【组织体系日益完善】 组建了

信州区应急管理专家组,对火灾事故、地质灾害、自然灾害救助、重大动物疫情、高致病性禽流感、防汛抗旱等专项应急指挥部成员及时进行了调整充实,进一步完善了各村(居)应急管理信息员队伍台账。在依托消防部队继续加强区综合应急救援大队建设、依托专业部门加强专业应急救援队伍建设基础上,组建了江西省首个依托蓝天救援队的民兵预备役专业应急救援队伍,初步形成了包括综合性应急救援大队、各专业应急救援队、应急志愿者队伍、群众自治队伍等在内的应急救援队伍体系。对全区各类专项应急预案进行了梳理,《信州区突发环境事件应急预案》等专项应急预案相继出台或修订。

【基层建设更趋规范】 依托"三条线"牵头单位继续对东市街道、沙溪镇、东市街道现代城社区、北门街道稼轩社区、上饶市逸夫小学、上饶市第十一小等基层应急管理规范化建设精品示范点进行巩固提升。现代城社区荣获"全国综合减灾示范社区",全区已有全国综合减灾示范社区2个、全省综合减灾示范社区3个。坚持落实24小时值班制度和法定节假日、重大活动期间区领导带班制度,认真执行市政府应急值守视频点名制度,对各镇(街道)、区直单位值班情况不定时进行电话抽查、实地督查,信息报告和处理程序不断规范。

【综合协调作用明显】 积极参与重要时期突发事件的调度、协调,更多地关注涉及群众切身利益的"小事""琐事",主动组织有关部门现场办公。牢固树立

为市服务理念,在中心城区重大活动期间,主动对接担负区本级综合协调责任。与玉山县、广丰区、上饶县、上饶经济技术开发区签订了《应急管理区域合作协议》,为进一步加强区域合作、促进区域间协调发展奠定了更为坚实的基础。

【社会氛围更加浓厚】 在全区范围内广泛开展群众性宣传活动,采取发放资料、张贴宣传画以及专家示范、电视媒体和实物展示等多种形式,使应急知识深入人心。继续组织好由行业主管部门牵头开展的各专业类教育培训,进一步提升了全区各部门、各系统、各行业的应急处置能力。联合蓝天救援队等社会公益性组织广泛开展应急培训进校园、进社区、进企事业单位等活动。各职能部门有针对性开展了志愿者户外应急救援演练、特种设备进社区暨电梯紧急事故应急演练、高铁枢纽防恐处突应急联合演练、山洪地质灾害综合应急演练、供电反事故演习等各类应急演练活动,并在各中小学、幼儿园广泛开展避震防火逃生、防踩踏、防溺水、防暴力侵害等各类安全避险和自救演练,进一步提升了重点群体、重点区域、重点行业和重要时期应对突发事件的能力,有效推动了全区"大应急"体系建设,形成了"大应急""小应急"齐头并进的良好态势。

(杜　凯)

防震减灾

【概　况】 2017年,信州区防震

减灾局围绕区委、区政府工作要求,贯彻落实省、市防震减灾工作会议精神,树立"宁可千日不震,不可一日不防"的责任意识,以党建工作为统领,以"四网"建设为目标,以"平安信州·秀美乡村"防震保安工程项目建设为抓手,从严从实从细做好各项工作。年内,荣获2017年度全省、市、县防震减灾工作先进单位及上饶市防震减灾工作先进单位。

【防震减灾科普宣传】 做实科普宣传网建设。全区防震减灾工作通过进农村、进社区、进校园、进企业、进机关、进广场,结合快板、情景剧、展板、宣传册及宣传品等形式,在全区内开展防震减灾知识宣传活动。采取"四结合":一是与扶贫工作相结合。7月14日区防震减灾局深入精准扶贫挂点的秦峰镇东塘村,共向农民群众发放宣传图册600份、宣传作业本2000份、手袋1200个。二是与红十字会工作相结合。9月9日在上饶市中心广场举办"纪念世界急救日暨2017年生命健康安全教育主题宣传——抗震自救现场演练、急救与家庭伤害"活动,9月29日与红十字会再度携手举办防震减灾管理员和防震减灾安全员(以下简称"两员")及应急救护员培训。三是理论知识与实际操作相结合。"5·12"防灾减灾日期间,区防震减灾局与市防震减灾局在逸夫小学、现代城社区开展科普宣传工作。11月24日,区防震减灾局到茅家岭街道塔水村塔水小学开展地震应急演练,宣传应急避震的正确方法。四是与秀美乡村工作相结合。利用开展秀美乡村契机,区防震减灾局加快农居抗震设防

宣传，将农居规划与抗震设计结合。

【不断推进"平安信州·秀美乡村"防震保安工程建设】 全市防震减灾工作会议召开后，区防震减灾局高度重视，积极推动，一是区政府第一时间印发《信州区"平安信州·秀美乡村"防震保安工程实施意见》等指导性文件，成立领导小组，为防震保安工程的建设实施提供政策保障。二是在区财源紧缺的情况下，区政府专门拨付专款20余万元用于防震保安工程项目建设。三是在各镇（街）成立"两员"队伍，明确工作职责，年内各镇街共有管理员5名、行政村安全员63名。四是区政府与各镇（街）签订《信州区"平安信州·秀美乡村"防震保安工程责任书》，明确区镇街工作职责与问责机制。五是定期印发《信州区防震减灾局工作简报》，每季调度通报"平安信州·秀美乡村"防震保安工程进展情况。

【地震监测预警】 为加强地震群测群防工作，提高地震监测能力，年内通过考察、走访，确定新建3个地震宏观观测点，制定《地震宏观观测点工作制度》《地震宏观异常检查应急预案》。

【农居抗震】 夯实农居抗震网建设，区防震减灾局与各镇（街）规划办合作，年内对全区各镇（街）农村建房户进行电子台账管理，每户具体情况可通过农村建房抗震信息登记表反映，确保防震减灾局工作人员、管理员及安全员及时获得农民建房信息，并免费上门给予抗震服务

指导。制定农居抗震技术服务工作流程，统一发放《信州区农村建房抗震质量信息登记表》，引导各镇（街）规范开展农居抗震技术服务。

【业务培训】 推进现代网络建设。通过建立"两员"微信工作群、QQ工作群和"上饶市信州区防震减灾局"公众号，加强防震减灾管理员和防震减灾安全员工作交流与互动，挖掘和发挥新媒体在防震减灾工作中的作用。组织各镇（街）、村防震减灾管理员和安全员开展农居抗震技术业务培训班，推广普及农居抗震技术知识，提升"两员"和农村工匠抗震施工能力和水平。

(吕清越)

机关事务管理和接待工作

【概　况】 区委区政府接待事务办公室深入贯彻中央八项规定，《机关事务管理条例》《公共机构节能条例》《党政机关国内公务接待管理规定》《关于印发党政机关办公用房建设标准的通知》，扎实推进节约型机关建设，着力抓好机关事务管理和公务接待保障工作，全面提升机关事务管理水平，圆满完成各项工作任务。

【公共机构节能见实效】 按照信州区公共机构节能规划，制定并印发了《信州区2017年公共机构节约能源资源工作规划的通知》，明确了年度公共机构节

能目标、重点任务和工作要求。各单位根据下达的指标，先后制定了本地本单位的节能任务，确保节能目标任务完成。经过测算，2017年人均能耗、单位建筑能耗、人均水耗均能超额完成节能目标任务。在能耗数据审核上，利用集中会议、公共机构节能QQ群、节能微信群、节能办公邮箱等平台经常交流数据审核的经验和方法，各项数据和指标更加真实合理，全区能耗数据的合理性和匹配性得到进一步提升。在年初省公共机构能耗数据会审工作培训会期间，对全区能耗数据进行审核，并督促各地各单位对数据进行审核和修正。全区公共机构节能工作接受以省政府办公厅、林业厅、卫生厅、发改委和省机管局第五考核组现场考核，考核结果优秀，获得江西省公共机构节能工作先进县（市、区）荣誉称号。

【加大节能精细管理力度】 联合区质量技术监督局等单位，进一步抓好学校、医院、集中办公区等能耗总量较大的重点公共机构计量器具改造，做好节能精细化管理基础性工作。教育系统、卫生系统严格执行公共机构能源资源计量配备要求，实行分户分区分项计量，部分单位建立了智能用电计量和在线实时监测系统，监测校园用能情况。同时，加强重点部位、高耗能设备能耗情况的监测，发现异常及时排查处理，减少资源浪费。节能科组织物业工作人员加强用能巡查，多次发现水管爆漏、空调设备损坏、用能设备运行异常等现象，及时进行抢修。

【开展"绿色回收进机关"活动】

按照区商务局、区财政局、区保密局联合制定印发的《信州区"绿色回收进机关"实施方案》，促成江西中再生资源有限公司与90余家区直单位签订了《信州区"绿色回收进机关"活动合作协议》。各单位积极响应，主动将废旧商品交由回收企业处理，2017年回收了87家区直单位交来的300余台显示器、电脑主机、传真机、手机等废旧电子设备，近1000只废旧灯管和部分废旧电池等；各地各单位陆续联合中再生资源有限公司开展"绿色回收进机关"活动，并开展实质性回收。全区"绿色回收"活动推进有力，成效明显。

【节能宣传形式多样】　在做好日常性宣传的同时，重点做好节能宣传周活动，2017年节能宣传周期间，区节能办围绕"节能有我，绿色共享"的主题，组织开展了报告会、推介会、现场会，开展节能知识竞赛、科普展、主题讲座、作品征集活动，举办新能源汽车推广、能源紧缺体验、绿色低碳出行、践行垃圾分类等主题宣传活动，加大节能低碳和应对气候变化宣传力度，普及能源资源节约和资源循环利用知识。各地各部门结合自身实际，组织开展了形式多样的宣传活动，紧紧围绕"节能有我，绿色共享"主题，广泛宣传本单位、本系统节水、节电、节油、节气、节煤、节材、节粮、新技术新能源推广、资源循环利用等方面的好经验、好做法；要充分发挥公共机构示范引领作用，大力宣传本单位本系统公共机构涌现出的节能典型人物和典型事迹，展示节约型机关、节约型医院、节约型校园的风采。通过节能宣传活动的广泛开展，低碳环保理念进一步深入人心。

【公务用车改革】　开展事业单位公务用车制度改革，是全面推进公务用车制度改革的重要部分，全区事业单位行业类别众多，经费来源多样，人员身份不一，为进一步分类推进全区事业单位公务用车改革，有效保障公务活动，摸清区委、区政府直属事业单位机关本级保障范围，排查除必须保留的特种专业技术用车和必要的业务用车外，其余车辆一律取消；机要通信、应急保障等用车需求由同级公务用车平台保障；特种专业技术用车按照"有编制、有预算、有固定设备、不新增车辆"的原则逐车核定。保留的车辆、长期搭载固定设备的车辆喷涂明显标识。全区事业单位车改基础数据统计测算全面完成，参改范围、车辆的保留和取消等多项改革内容的最终确定打下坚实基础，事业单位车改工作正在稳步推进。

【机关服务管理精细化】　区接待事务办在转变服务理念，在精细化管理上见实效。落实会议服务精细化，会前与相关单位协调、沟通，最大程度满足用会需求。全年共服务会议230场，参会人数约1.8万余人，重点做好了区党代会、区"两会"的保障工作，做到零差错。大院环境提升见实效，对机关大院、大楼部分设施设备进行补充完善，对大院内的停车场、游步道、环形通道、垃圾箱等服务场所进行了功能完善。食堂管理更加规范，制定了机关食堂管理制度，切实履行好监督协调管理职能，不断加强食堂管理，提高餐饮服务质量，保障了机关干部职工的工作用餐和公务接待任务。利用节假日休息时间，完成了大楼外墙清洗、1—20楼部分楼层公用部分进行改造和会议中心外墙修缮。同时，积极抓好办公区水、电的正常运行，加大对物业管理部门的指导监督力度，做好房屋、设备、设施的维修保养。对区政府大院各单位的用水、用电的实行专人管理，做到常维修、常检查。

【公务接待】　严格落实中央八项规定，完善规章制度，厉行勤俭节约。按照《信州区党政机关国内公务接待管理实施办法》（饶信办发〔2015〕8号），明确了职能，整合了分工，确定了接待范围和对象，规范了接待程序和标准，明确了接待要求。区接待事务办召开了全区各部门分管领导及办公室主任参加的培训会，对该办法进行了解读。不定期地开展对全区各部门各单位的公务接待工作管理、指导与监督工。

（李荣州）

中国人民政治协商会议
信州区委员会

综　述

2017年，区政协常委会在信州区委的坚强领导下，认真学习宣传贯彻落实中共十八大、十九大精神，突出团结和民主两大主题，在忠诚履职中服务大局、在传承创新中增强活力，取得了政治协商有亮点、民主监督有重点、参政议政有特点的明显成效，为助推全区经济社会发展作出了贡献。

坚持党政支持，营造良好履职氛围。坚持党的领导是政协的根本遵循，主动争取党政重视支持则是政协的必修。中央、省、市有关社会主义协商民主文件下发后，区政协立即将政协协商民主建设纳入全区民主法治领域改革范畴，1月12日，代区委草拟的《中共上饶市信州区委关于加强政协工作推进人民政协协商民主建设的实施意见》正式出台。4月17日向区委常委会提交《区政协2017年度协商工作计划》议题，提请的23项年度协商计划首次纳入了全区工作总体布局，并于4月19日，召开了全区政协工作会议（时隔16年）。在区委、区政府的关心支持下，在全市率先成立了副科级的政协文史馆。同时，区政协还适时邀请党政主要领导及联系政协工作的领导来机关指导，向区委汇报换届来的政协工作。

聚焦中心工作，探索有效履职路径。始终坚持把协商民主贯穿于履职全过程，紧紧围绕中心、服务大局，把助推省域副中心城市核心区建设作为履职第一要务。年初，召开主席会议，反复研读区委常委会工作报告、区政府工作报告，将工业五年决战三百亿、建设秀美乡村、决战决胜棚户区改造、精准扶贫等区委区政府年度重点工作列入协商计划，积极运用全委会全面协商、议政性常委会议协商、主席会议专题协商、专委会议对口协商等形式，为党政决策建言献策。在秀美乡村建设专题协商会上，委员们提出当前仍然面临农民主体作用发挥不够，存在政府代替包办；规划建设标准不高，创建同质化现象严重等19个问题，引起了区委区政府的高度重视，为区委区政府在打造茅家岭塔水、秦峰老坞、沙溪龙门额等秀美乡村点提供了建设参考。

一方面，把提案工作作为民主监督的重要形式，本着"不为监督而监督，在监督中支持，在支持中促进"的初心，在报经党委政府同意后，首次对全区涉及办理提案较多的9个职能部门开展提案对口协商暨民主监督评议工作，促进职能部门的作风转变。对《莫让"空心村"成新"乡愁"》提案的办理评议，促使区委农工部采取提升主要通道沿线环境、生活垃圾治理等7大举措，对"空心村"进行大力整治，取得了很好的成效。另一方面，把视察作为民主监督的重要手段。先后组织了政协老委员"感受饶城变化，助推信州发展"主题调研视察活动、区政协常委视察信江南岸景观改造二期等9个项目群活动、部分政协委员视察乡村文化旅游活动，有力促进了各项目部建设进度和工程质量的提升。

建立了以专委会为依托，政协委员、有关专业人士、相关部门负责人共同参与的调研工作机制，按照"准确选题、深入调研、深层研究、科学分析、换位思考、合理建议"的要求，充分利用政协委员智力密集、联系广泛、视野开阔的特点，先后就推动全域旅游、打造特色小镇、提升现代农业示范园区、教育师资均衡发展、做优夏布文化产业等课题，在区内或跨省调研10余次，形成了内容翔实、建言中肯、参考价值较高的调研报告10余篇，展示了参政议政的广度、深度和力度，提高了参政议政的实效。

倾情履职为民，画出新时代

同心圆。区政协始终把关注群众困难、倾听群众呼声作为自觉行动，努力在为民履职中展现政协担当。以"义工、义捐、义讲、义诊、义演"为主要内容的"五个一"活动，"解企业用工之急，搭百姓求职之需"义工专场招聘会，14 家政协委员企业向求职者提供岗位 84 个，43 名求职者当场达成意向性协议。"教育扶贫——政协委员在行动"主题义捐活动，共募集资金 7.1 万元，资助了 29 名贫困学生。由政协委员和医疗专家组成的义诊医疗队走进沙溪镇宋宅村开展义诊活动，为近 200 名群众开展了体检义诊；送教下乡义讲活动，促进了师资交流，加快了城区教育均衡发展的步伐；义演活动现场吸引了 500 多名企业员工观看，激发了工友们的工作热情和创业激情。"五个一"活动的开展，极大提升了政协委员履职的积极性、增强了政协工作的活力，赢得了群众的广泛赞誉。区政协主席会议成员率先垂范，带领机关帮扶干部多次深入扶贫帮扶村召开推进会议，协调发展项目；深入田间地头，了解村民所急、所盼，为联系村发展"号脉开方"；深入帮扶贫困户家中，了解情况，研究策略，落实贫困户各项扶贫政策，帮助制定脱贫措施，全年累计为扶贫村争取各类帮扶资金 32 万元，协调帮助贫困户解决了房屋维修、子女入学、医疗保障等实际生活生产困难 30 多项。并号召带动 180 余名政协委员结合行业和自身优势，开展送医疗、送技术、送温暖、捐款捐物等各项活动，累计投入资金 50 余万元。

紧扣自身建设，提升服务履职水平。利用政协讲堂、专题讲座、专家辅导、周二学习例会等多种方式组织机关干部学习，提高了机关干部的政治理论素质和业务水平。修订完善了有关全体会议、常委会议、主席会议、机关干部学习、委员管理考核等单位内部管理规定 10 余项。有效推进了政协工作的制度化、规范化和专业化。按照懂政协、会协商、善议政和守纪律、讲规矩、重品行的要求，加强和改进委员服务管理。完成了新一届政协委员集中培训工作，举办了首期厦门大学政协委员素质提升专题培训，修订了《委员管理办法(试行)》，出台了《委员履职考核办法(试行)》，制定了政协班子成员联系体制外委员工作等机制，着力提高广大委员的政治把握能力、调查研究能力、联系群众能力、合作共事能力。坚决维护政协组织形象，通过对委员参加会议和各种活动、提交提案、反映社情民意等履职情况统计汇总，撤销了 1 名政协委员，口头提醒 6 名政协委员，劝诫约谈 10 名政协委员。重点打造了"四大阵地""五项活动"。"四大阵地"即"信州政协讲堂""信州政协委员活动之家""信州政协公众号""信州政协期刊"。政协讲堂邀请到了原国新办主任赵启正到信州开讲，取得了空前成效。集"学习、交流、履职、联谊"为一体的政协委员活动之家，2017 年已举办活动 3 期。政协公众号、政协期刊及时宣传委员履职风采，传递政协声音，深受各界欢迎。

重要会议

【五届一次常委会议】　1 月 6 日下午，区政协主席程茹在国际会议中心主持召开了区政协五届第一次常委会议。会议听取了《信州区经济社会发展情况通报》；学习了省第十四次党代会和全省经济工作会议精神；协商讨论了《关于加强政协工作推进政协协商民主建设的实施办法》，审议通过了《政协信州区委员会全体会议工作规则》《政协信州区委员会常委会议工作规则》《政协信州区委员会转么委员会通则》《政协信州区委员会管理办法(试行)》等多项工作制度；还研究了有关人事事宜。

【五届委员会第二次会议】　中国人民政治协商会议信州区第五届委员会第二次会议于 2 月 21 日至 23 日在信州区召开。开幕式上，书记作了题为《集纳真挚良言 汇聚真知灼见，共同建设省域副中心城市核心区》的讲话，区政协副主席翟安军向大会作了信州区第五届委员会常务委员会工作报告，柴莉萍副主席向大会作了五届一次会议以来提案工作情况的报告。闭幕式上，区政协主席程茹作了区政协五届二次会议闭幕式讲话。会议认真学习了区委书记在开幕式上的重要讲话精神，听取并审议了五届区政协常委会工作报告和提案工作报告。全会期间，委员们围绕信州区全面深化改革和经济建设、政治建设、文化建设、社会建设、生态文明建设的重要问题，深入协商讨论，踊跃议政建言，充分体现了政协各参加单位和广大政协委员胸怀大局、心系发展的政治责任感。

【五届三次主席会议】　2 月 7

日下午，区政协主席程茹在区政协会议室主持召开了区政协五届三次主席会议。会议审议了区政协五届二次会议议程、日程、值日人员名单、分组召集人名单、提案审查委员会组成人员名单；审议了区政协五届常务委员会工作报告、提案工作报告、拟表彰的优秀提案名单以及区政协五届二次常委会议议程等相关事项。

【五届二次常委会议】　2月10日上午，区政协主席程茹在国际会议中心主持召开区政协五届二次常委会议。会议听取了各专门委员会工作报告；审议通过了区政协五届二次会议议程、日程、值日人员名单、分组召集人名单、提案审查委员会组成人员名单；审议通过了区政协五届常务委员会工作报告、提案工作报告、拟表彰的优秀提案名单；观看和评审了政协工作演示文稿及《信州政协》刊物样稿。

【五届三次常委会议】　2月23日上午，区政协主席程茹在国际会议中心主持召开区政协五届三次常委会议。会议听取了各组召集人关于区政协五届二次会议期间委员们的讨论情况的汇报；听取和审议了区政协五届二次会议提案审查情况的汇报；听取和审议了五届二次全会决议。

【五届四次主席会议】　3月27日下午，区政协主席程茹主持召开区政协五届四次主席会议，会议审议通过了2017年度的23项协商计划；总结了区政协五届二次全会工作；审议通过了2017年度政协工作安排、2017年政协工作要点、2017年度调研课题、各

专委会2017年工作安排；听取和审议了全区政协工作会议筹备情况的汇报；听取和审议了区政协委员考核情况汇报。

【全区政协工作会议】　4月19日上午，区委副书记王兆强在国际会议中心主持召开全区政协工作会议，深入贯彻中共十八届六中全会精神和中央、省、市关于政协工作的新部署、新要求，总结近年区政协工作的实践经验，研究部署今后一个时期的政协工作。区委副书记、区长胡心田出席会议并作重要讲话。区政协主席程茹围绕"政""协"二字，就区政协准确定位、履职尽责进行了部署安排。区政协领导班子及区四套班子其他在家领导出席了会议。各镇（街）党委书记、联系政协工作的副书记，区委各部门、区直各单位主要负责人，各集团公司、各人民团体主要负责人，驻区条管单位主要负责人，各民主党派负责人，区政协常委、区政协老委员、退休老干部代表共计160余人参加了会议。

【五届五次主席会议】　5月16日上午，区政协主席程茹在国际会议中心主持召开五届六次主席会议，专题围绕"推进秀美乡村建设，提升信州人居环境"主题进行协商讨论，积极为区秀美乡村建设建言献策。区政协委员从不同角度、不同领域、不同层次，紧紧围绕"加快秀美乡村建设，提升信州人居环境"进行协商座谈，提出了一批有参考价值的意见和建议。

【五届六次主席会议】　7月14日下午，区政协主席程茹在区政

协会议室主持召开了五届六次主席会议。会议听取了各专委会（办）关于上半年工作总结及下半年工作计划的汇报；审议了区政协提案协商暨民主评议方案、对政府系统政协提案办理工作实施民主监督的方案；审议了"五个一"主题实践活动中"义捐""义演"的活动方案；审议了区政协五届四次常委会议程。

【五届四次常委会议】　8月10日下午，区政协主席程茹在国际会议中心主持召开五届四次常委会议。会议听取了信州区2017年上半年经济社会发展情况的通报；听取了各办（专委会）关于上半年工作小结及下半年工作安排的汇报；审议通过了撤销政协委员资格的决定；审议通过了区政协提案协商暨民主评议方案；审议通过了区政协"教育扶贫——政协委员在行动"主题义捐活动实施方案及区政协"政协委员送文化进园区"主题义演之"画好同心圆 共筑幸福梦"大型文艺晚会活动方案。

【五届七次主席会议】　9月29日上午，区政协主席程茹在区政协会议室主持召开了区政协五届七次主席会议。会议传达了信州区"国庆·中秋"期间工作部署会议精神；组织学习了习近平总书记关于主体责任、严明党的纪律和规矩的相关重要论述；听取了区政协"政协委员送文化进园区"主题义演之"画好同心圆 共筑幸福梦"大型文艺晚会筹备情况的汇报；听取了区政协委员赴厦门大学培训情况的汇报；审议了提案办理协商暨民主评议结果；审议了政协专家人才库建设方案；审议了部分区政协五届政

协委员及相关人事的任免。

专门委员会重要工作

【举办政协委员企业专场招聘会】 4月28日，社法委联合区人社局在明珠广场举办了一次主题为"为解企业用工之急，搭百姓求职之桥"的义工活动，搭建用工企业和广大百姓供职与求职的招聘平台。据统计，此次招聘会中共组织14家政协委员企业向求职者提供岗位304个，共吸引500余名求职者前往应聘。截至招聘会结束时，累计共有43名求职者当场达成意向性协议，89名求职者有初步意向。活动得到了广大老百姓的一致认可，省政协主办的《光华时报》对此也做了宣传报道。

【召开了两次对口协商会】 深入西市街道，分别走访了西市街道综治中心，了解街道网格化服务管理工作，走访了解放河社区，了解社会治理闲散青少年管理工作，走访了三官殿社区，了解社区微型消防站工作，以及万达华府物业公司、万达社区办公用房等地；深入东市街道，走访社区，在东市茶圣花园区老年体协活动中心，召集相关对口单位召开了专题座谈会，调研组与相关单位、街道及社区工作人员针对社区治理进行了面对面的深入探讨。12月14日，召开主题为关于"提升社区网格化管理水平 创建和谐平安信州"的对口协商会，协商会取得了良好效果。深入到综治服务中心，实地了解信州网格化管理建设；深入到秦峰镇，走访路底村了解信州

区农村文化，农村的乡规民约；深入到茅家岭街道钟灵社区，考察该社区打造的"四苑一中心"文化建设，了解城区开展的文明公约。12月29日，召开了主题为"开展信州文明公约 提升市民文明素质"的对口协商会。两个对口协商议题都形成了调研报告，呈报区委、区政府。

【开展"决战决胜棚户区改造"协商座谈会】 10月21日，环资委组织专委会委员深入到三江产业新城、龙潭、中轴线、铁路既有线、城东胜利等棚改现场就中心城区棚改项目专题协商议题进行实地调研，10月31日，召开了协商会，会议得到了区委、区政府的高度重视，取得了非常好的效果，副区长徐艺华亲临现场对委员提出的意见的建议做了一一解答，协商取得了非常好的效果。城乡建设与管理议政性常委会议协商，7月12日上午，召开了协商会筹备会，并对专委会人员进行分工，分为城区和镇街2个组，分头下基层进行调研。最后召开协商会并形成相关调研报告。12月份开展重点项目建设的进展情况视察活动，"两会"前联合人大，共同对信州区的重点项目进行了视察。

【提升提案办理协商实效】 强化高位推动。提案办理工作始终得到区委、区政府的高度重视与支持，区政府办公室作为提案交办和督办工作的责任单位，认真做好了提案办理的跟踪、调度和催办工作，通过倒计时提醒、微信群适时跟踪、通报监督评议结果等方式加大了督办力度。强化多层协商。将提案工作与

政协专题协商、对口协商、界别协商有机结合，深入推进了广泛多层次的提案办理协商。全年开展政协主席、副主席提案办理协商8次。同时，针对旅游产业发展和园区建设，相继开展了"城乡文化旅游"议政性常委协商会议和"开展创新园区管理与发展新机制"专题协商会议，并邀请省、市专家学者授课，提出了许多好的意见和建议。针对近两年经济界委员多次提出关于宝泽楼市场急需改造的提案，进行了两次协商，经过实地调研、召开座谈，提出了《关于对〈要求改造上饶市宝泽楼市场二楼的建议〉提案督办的整改建议》，得到了区政府主要领导的亲自批示，宝泽楼市场的环境卫生和乱搭乱建问题初步改善。强化监督评议。将"委派政协委员民主监督小组评议提案承办单位"作为加强政协民主监督工作的重点，区委办、区政府办联合下发《关于成立提案办理民主监督小组的工作方案》，组织7个民主监督小组，对8个提案主办单位48件重点提案开展监督评议。

【提升提案办理服务水平】 加强与提案委委员的联系。通过会议、培训、委员活动等形式提高提案委委员的履职能力，充分发挥专业优势。加强与各党派、界别的联系。通过走访、座谈、联合调研等形式，与各党派、界别紧密协作，发挥他们在提案组织、调研、撰写、协商等环节的组织优势和带头作用，催生了较高质量的集体提案和联名提案。加强与政协其他委办的联系。通过召开提案工作座谈会、建立工作微信群、开展联合培训、共

同协商等方式加强与其他各委办的联动和交流学习,进一步提升了全区提案工作服务质量。完善提案工作细节。对所有提交的提案,全部实现电子格式收集归档、规范排版、梳理排序,使之整齐、规范。

【区政协启动《信州文史》丛书编撰工作】　为了挖掘深厚地方历史文化积淀,发挥文史资料"存史、资政、团结、育人"的社会功能,决定编撰反映信州政治、经济、文化、教育、历史等方面的地方文史丛书《信州文史》,以此作为宣传和推介信州的精美文化名片。《信州文史》丛书主要征集近百年以来各个时期的史料,以此介绍信州的人文环境、教育传承、民族宗教、文化艺术名胜古迹、军事斗争、社会生活等方面内容,用以突出地方特色、凝聚群众力量、服务社会发展。

【首期异地委员素质提升培训班在厦门大学开班】　9月17日,信州区政协委员素质提升专题培训班在厦门大学顺利开班。区政协主席程茹在开班仪式上作了动员讲话。专题培训班采取了集中学习与分组讨论相结合的形式进行,课程涵盖了"一带一路"国际合作、委员履职、领导法制思维、国学理论等方面,邀请了庄国土、吴隆增、谢素蓉、朱泉膺等著名专家学者授课。通过培训,进一步提升了广大政协委员对政协工作的认识,加深了对更好发挥政协作为协商民主重要渠道和专门协商机构作用的理解,达到了提升素质、开阔视野、启迪思维、扩大交流的目的。

【"民办诊所对儿童过度输液现象"对口协商】　为进一步提升全区儿童就医环境,减少民办诊所对儿童进行过度输液,根据区政协2017年度工作安排,区政协教文卫体委,8月31日,区政协在上饶市中医院会议室召开了"民办诊所对儿童过度输液现象"的对口协商会。会议首先听取了区卫计委关于区民办诊所对儿童过度输液现象的情况通报,区政协委员张灵莉、杨宏辉、黄坚、黄琪、黄黎军、傅星龙、廖怀相、余光等参加会议,区政协副主席苗天红作了总结讲话。委员们在会上提出建议:区卫生行政部门应制定临床静脉输液指南及管理规定,促进临床静脉输液的规范化、合理化;加强医院门诊、儿童急诊患者的输液管理,建立医生输液约束机制,规范临床行为;建议对儿童家长在输液治疗方面的宣传和教育,让更多的儿童患者"能吃药就不打针、能打针就不输液";在医保层面促进输液的合理使用。进一步在医保管理中,将检查、检验、药品等项目均和民办诊所相关联。

【"五个一"之"教育扶贫——政协委员在行动"的主题义捐活动】　为助推精准扶贫,8月,汇聚政协委员优势合力,在沙溪镇开展了"五个一"之"教育扶贫——政协委员在行动"的主题义捐活动。此次活动慷慨解囊的委员共计10名,筹得爱心助学款7.1万元。委员们的善举体现了一种责任,传递了一份爱心,弘扬了互助精神,让更多的贫困学子圆了心中的"读书梦"。

【召开"加强教师队伍建设促进师资优质发展"专题协商会】　11月20日,区政协在国际会议中心一楼会议室召开了"加强教师队伍建设　促进师资优质发展"协商座谈会。会议由区政协副主席苗天红主持。区政协主席会议成员,区委常委、区委宣传部部长,区政协教文卫体专委全体成员,区财政、人社、编办等职能部门负责人参加了会议,区政协各委办正副主任列席了会议。区政协主席程茹在会上作了总结讲话。在会上,委员们建议要加大特殊人才的引进力度和对教师的培训力度,进一步改善教师待遇、提升教师社会地位;落实教师编制,完善科学考核制度;要加强师德师风建设,强化校长队伍管理;全面推广基础教育信息化试点工程,提高教育教学质量;多元化渠道创建人才库,淡化学校行政化趋,让"名师""专家"轻装上阵。

【开展委员送教下乡"义讲"活动】　为推进城乡教育均衡发展,让乡镇师生分享到城区优质的教育资源,进一步提升农村教育教学质量,12月6日,区政协教文卫体委联合上饶市第三保育院、朝阳镇中心幼儿园共同举办了区政协委员送课下乡"义讲"活动。区政协副主席苗天红、区政协教文卫体委主任龚博、副主任叶一华,区政协委员黄琪、许大敬、邓潇洁、施卫星、傅星龙参加了"义讲"活动。"义讲"活动分课堂教学展示和现场教研动2个环节进行。朝阳镇中心幼儿园和乡镇部分民办幼儿园共计30余名教师在现场观摩了教师江霞玉执教的大班语言活动《你会害怕吗》和周杰执教的大班音乐活动

《女王的舞会》。现场教学的两节课教学设计精巧、教学方法的巧妙运用和教师良好的课堂组织能力等，受到朝阳镇中心幼儿教师的高度赞誉。

重大活动和重要建议

【重大活动】

1月6日上午，区政协主席程茹带领政协领导班子，组织政协常委视察区迎检重点项目。区领导先后陪同视察。

1月12日上午，区政协主席程茹走访慰问劳模、困难职工、老干部及部队。区委常委、统战部部长汪东军，区人大常委会副主任王林，副区长梁丽娟先后陪同走访。

1月12日下午，区政协在区交通局召开重点提案办理协商会议。区政协主席程茹，区委常委、副区长郑文应邀出席会议并讲话，区政协副主席柴莉萍主持会议。

1月23日上午，2017年度信州区各界人士迎春茶话会在信州大酒店二楼召开。区委副书记、区长胡心田，区人大常委会主任徐志勇，区政协主席程茹等四套班子在家领导及各界人士代表等230人汇聚一堂，辞旧迎新、共话发展。

1月23日下午，区政协主席程茹主持召开党组民主生活会。

2月5日，区政协主席程茹深入挂点企业——朝阳产业园拓诚线缆制造有限公司进行新春走访调研。

4月12日上午，区政协组织召开文史专家座谈会，邀请了以市政协文史委主任艾涛等10余位文史专家为信州文史工作把脉问诊。

4月12日下午，区政协主席程茹、副主席缪红芳视察调研挂点的重点项目——水南街道信州文化服务中心进展情况。

4月19日上午，召开全区政协工作会议。区政协主席程茹围绕"政""协"二字，就区政协准确定位、履职尽责进行了部署安排。区委副书记、区长胡心田出席会议并作重要讲话。

4月27日，市政协党组书记、主席程建平率市委督导组到信州区检查市委2015年17号文件《中共上饶市委关于加强政协工作推进政协协商民主建设的实施意见》精神贯彻落实情况。区领导胡心田、王兆强、程茹、汪东军、赵建颖、柴莉萍、苗天红、缪红芳、王红林、张莉等陪同调研或出席座谈会。

4月28日上午，区政协主席程茹走访慰问困难劳动模范杨运高、李桃仙，向他们致以节日的问候，并带去党委政府的关心关怀。

5月16日，区政协副县级领导张莉主持召开2017年度首场专题协商座谈会，围绕"推进秀美乡村建设，提升信州人居环境"主题积极建言献策。区政协主席程茹出席会议并讲话，区委常委、农工部部长俞文强，副区长赵建颖应邀出席会议。

6月19日下午，区政协副县级领导张莉在江西龙谷孵化器服务有限公司主持召开中小企业融资对口协商座谈会。

6月27日上午，区政协主席程茹带领各副主席及机关干部为全区扶贫对象及困难群众捐款5500元。

6月28日下午，区政协主席程茹走访慰问了沙溪镇英塘村困难老党员余宗德、方寿泉、郑长水，送去节日的问候和组织的关怀。

7月14日上午，区政协召开提升现代农业示范园区协商会，为区农业示范园的发展出谋划策。区政协主席程茹、副主席胡频萍出席会议。

7月18日下午，区政协主席程茹主持召开党组扩大学习会，提出要建设"同心有为、活力和谐"的政协机关。

8月1日上午，区政协主席程茹带领全体在家领导班子深入三江产业新城指挥部、龙潭棚改指挥部、铁路既有线两侧棚改指挥部等征迁一线，关怀慰问一线征迁干部，送去了防暑降温慰问品。

8月3日上午，区政协开展以"学习军史、致敬军人，争做勤于履职、敢于担当的政协人"为主题的军事日活动。

8月10日，区政协开展以"城乡文化旅游"为主题的全域旅游建设视察活动并召开专题协商会议。区政协主席程茹出席并讲话。区政协副主席柴莉萍主持协商会议。副区长梁丽娟、省级旅游专家彭承、特邀嘉宾魏娜应邀出席。

8月11日上午，区政协主席程茹率队赴上海徐汇区进行考察学习。

8月17日上午，区政协在沙溪镇政府会议室举行"教育扶贫——政协委员在行动"主题义捐活动捐赠仪式，为29名贫困学生捐赠助学金共计7.1万元。

8月31日上午，区政协副主席苗天红主持召开"民办诊所对儿童过度输液现象"对口协商座谈会,为做好全区儿童输液工作建言献策。

9月7日下午,区委副书记王兆强到区政协调研指导,看望慰问政协全体机关干部,并与全体政协领导班子进行了座谈。

9月13日上午,区政协副主席胡频萍主持召开特色小镇对口协商会议,组织委员共同为信州区特色小镇建设出谋划策。

10月17日上午,区委领导到区政协机关看望慰问机关干部,在听取换届一年来区政协各项工作情况汇报之后,高度评价区政协"状态好、站位高、作风实、有成效",希望区政协继续围绕中心、服务大局,为信州经济社会发展作出新贡献。

10月24日上午,在"重阳节"来临之际,区政协组织部分政协委员深入沙溪镇油麻坞村走访贫困老人,为6名贫困老人送去了节日的祝福和关怀。

11月16日—17日,区政协党组成员程茹、翟安军、苗天红和缪红芳深入各自挂点帮扶村,向基层党员和群众宣讲中共十九大精神。

11月20日下午,区政协副主席苗天红主持召开"加强教师队伍建设,促进师资优质发展"专题协商会,广泛征求委员及相关单位的意见建议。区政协主席程茹出席并讲话。

11月24日上午,区政协组织医药卫生界委员赴沙溪镇宋宅村开展送医下乡"义诊"活动。区政协主席程茹、副主席翟安军出席活动。

12月6日上午,区政协副主席苗天红带领部分政协委员在朝阳镇中心幼儿园开展送教下乡"义讲"活动。

12月15日,区政协副主席王红林带领区政协社法委成员与相关部门单位围绕"提升社区网格化管理水平,创建和谐平安信州"开展座谈协商。区委常委、政法委书记李红应邀出席。

12月20日下午,区政协召开2018年工作务虚会,总结2017年工作情况,探讨谋划2018年工作思路。

12月27日,区政协在朝阳产业园开展"政协委员送文化进园区"主题义演之"画好同心圆共筑幸福梦"大型文艺晚会活动,为产业园的工人们送去一场"十九大精神"文化盛宴。区政协领导班子、朝阳产业园管委会干部及朝阳产业园工人等共计300余人参加活动。区委副书记、区长胡心田,副区长顾海敏应邀出席活动。

【重要建议】

《关于信州区棚改工作的几点建议》提出要本着"以人为本"的理念,在旧城改造和棚改工作这盘大棋局里,抓住规划先行这个"牛鼻子",按照规划—安置—拆迁这样的程序,有序地推进棚改工作的建议,得到区委、区政府的重视。

《信州区发展全域旅游的分析和建议》运用在贵州、广西调研的切身体会,结合信州区全域旅游的现状研究,提出了鼓励社会资本和民间资金投入、完善中心城区旅游设施建设、延长农业观光和农产品轻加工消费的价值链、发展总部经济和会展经济等一系列好的意见和建议,为信州全域旅游建言献策。

《打造最具DNA特色的秀美乡村》针对区秀美乡村建设存在相关问题,结合信州乡村实际,提出了秀美乡村建设应坚持以人为本,道法自然;应坚持因地制宜,彰显特色;应坚持系统思维、稳步推进等意见建议。

《关注儿童健康,确保"针尖"上的安全》针对城区民办诊所不同程度存在着儿童就医过度输液的现象,提出加大宣传力度,普及用药知识;职能部门要加强同教育部门合作,发挥学校教育主阵地的作用;加强医风教育,树立良好医德等关注儿童输液安全的建议举措。

《加快推进我区现代农业示范园提升》在调研视察、学习考察的基础上,结合信州实际,提出要进一步明确现代农业园区的发展规划,加快核心区发展升级;进一步打造园区产业特色,加快农业产业集聚;进一步以科技人员创新为重点,加快科技成果转化;进一步完善农业基础设施,加快园区现代化步伐;进一步加快土地流转步伐,搞好土地流转是发展设施农业的基础;进一步提高农产品的附加值;进一步拓展农业功能的建议意见。

《中小企业融资存在的问题及对策》针对中小企业融资难问题,建议要加大融资政策宣传力度、政府扶持力度,规范融资平台和企业融资管理,通过政府、企业、金融机构三方要共同努力,构建中小企业融资良性金融生态体系,实现绿色、高效、共享、共赢的良好局面。

(童淑倩)

中国共产党信州区纪律检查委员会

综　述

2017年,全区各级党委、政府和纪检监察机关以建设"廉洁信州"为目标,不断深化纪律检查体制改革,严格落实"两个责任",持之以恒落实中央八项规定精神,强化监督执纪问责,巩固深化"三转"成果,加强纪检监察队伍建设,扎实推动信州区全面从严治党向纵深发展,党风廉政建设和反腐败工作取得了新成效。

强化压力传导,夯实管党治党政治责任。区委带头认真落实主体责任,主要领导就党委(党组)落实党风廉政建设主体责任,作了专门部署,层层压实"两个责任"落实。积极推行"分层逐级约谈"制度,全区各部门单位党委(党组)书记、纪委(纪检组)书记(组长)定期约谈班子成员,班子成员约谈分管部门负责人,部门负责人约谈下属,实现党委纪委同步走,分层逐级压责任,营造"齐抓共谈"的氛围。

加强检查考核。区纪委积极履行监督责任,加强了党风廉政建设责任制落实情况的检查考核。年初,组织了6个政府组成部门主要负责人在纪委全会上述职述廉并现场接受民主测评,全区各部门单位逐一签订了责任状。建立、更新了42名县级领导个人廉情档案。对全区88个单位落实责任制情况进行集中交叉检查考核,13个单位授予先进称号,6个排名靠后的单位主要负责人被专题约谈,全区通报批评。

加大问责力度。严格执行《中国共产党问责条例》和《信州区党员干部问责实施办法》,坚持"一案双查",以问责倒逼责任落实。突出脱贫攻坚、征地拆迁、工程项目等重点领域,聚集全面从严治党落实不到位、贯彻中央八项规定精神不力等问题,开展监督检查64次,全年共对落实主体责任不力的单位主要负责人约谈提醒7批次52人,党内问责11件40人,推动全面从严治党"两个责任"落实到位。

强化纪律教育。坚持抓早抓小、抓细抓常,通过强化学习、谈话提醒等措施,经常对党员进行遵守纪律的教育,让守纪律、讲规矩成为自觉和常态。深入推进"两学一做"学习教育常态化制度化,通过"节点教育""学习日"等活动,不断推进党章党规党纪学习教育,组织协调了全区县科级干部参加全市党章党规党纪知识考试,同时组织全区86个单位党章党规党纪知识考试,全区共11530余名党员干部参加了考试。

严把廉洁关口。建立干部任用廉洁自律征求意见回复意见数据库,全年受理回复干部任用廉洁自律征求意见13件165人,做到了凡提必核,严防干部"带病提拔",有效净化了干部队伍。认真做好中共十九大代表和县、乡换届人选党风廉政意见回复工作,共对拟提名的133名区委委员、区纪委委员、市区"两代表一委员",拟提名的190名新一届区政协委员,拟提名的169名镇街领导干部进行了党风廉政意见回复,其中不同意2名干部的提名。

构建长效机制。强化纪律约束,规范基层权力运行机制,配合区委建立健全约谈提醒、个人有关事项报告、责任追究等制度;建立纪律建设专项巡察机制,加强区委、区政府重大决策、重点工作、重要项目落实情况的监督检查,织密纪律防线,做到挺纪在前。全年共查处违反党的"六项纪律"案件 53 件，党纪政纪处分 55 人，涉及副科级干部 4 人，正科级干部 5 人，使纪律真正立起来、严起来。

深化信访举报互联互通。强化"一平台一机制"管控问题线索。建立了来信、来访、来电、网络、微信"五位一体"的信访举报平台，24 小时接受群众投诉举报。同公检法、审计及涉农部门，建立"线索互送、案情互报、查办互助、结果互通"的协作机制。全力做好中共十九大期间纪检监察信访维稳工作。对 9 个镇街纪委 2013 年以来的信访举报受理办理、问题线索处置工作开展了检查，发现整改问题 4 个，促使基层纪委信访、案管工作更加规范有序。2017 年，全区纪检监察机关共受理群众信访举报 165 件，接听来电 66 件，接待群众来访 63 批 87 人次，共受理党员干部问题线索 169 件。

积极实践监督执纪"四种形态"。认真执行《中国共产党纪律检查机关监督执纪工作规则（试行）》，制定了《信州区纪委执纪审查工作流程（试行）》，严格落实问题线索处置、谈话函询、初核、监督执纪第一种形态、立案审查及案件审理等工作流程，对各办案部门及镇街纪委干部进行了专题培训，强化运用"四种形态"监督执纪的能力，全区纪检监察机关共运用"四种形态"234 人次，同比增长 112.7%。其中，运用"第一种形态"149 人次，占比 63.7%。全年立案审查 78 件，同比增长 8.3%；结案 82 件，同比增长 24.2%，处分 79 人，取消预备党员资格 1 人，给予组织处理 68 人，查处科级干部 14 人，持续保

持高压反腐态势。

全面提升执纪水平。认真学习贯彻监督执纪工作规则，制定《信州区纪委执纪审查工作流程（试行）》，并对各办案部门及镇街纪委进行了专题培训。对 2011 年 9 月至 2017 年 5 月执纪审查扣押、罚没移交的涉案款物进行了清理检查，发现并整改问题 3 个，得到了市纪委的充分肯定。严格审理把关，继续推行立案前预审、乡案区审和案件回访考察等制度，加强了案件质量检查工作，开展了案件质量"回头看"，对案件存在的问题进行了查漏补缺，在 2017 年全市纪委案件质量检查中排名第四。制定《信州区纪委"走读式"谈话安全管理暂行办法》，严格按照规范流程进行谈话。加大办案场所规范化建设力度，建成区纪委办案点和 9 个镇街纪委标准化谈话室。严格遵守审查纪律，依纪依规进行审查，做到纪律审查零违纪、零事故。

持之以恒纠正"四风"。制定下发《2017 年度元旦春节落实中央八项规定精神防止"四风"问题反弹的通知》《全区"金秋"作风督查方案》等 6 个文件，既紧盯公款送礼、公车私用、滥发津补贴、上下班纪律、"升学宴"等老问题，又密切关注隐藏在单位食堂内部和"一桌餐"等"四风"问题新动向，全年共出动督查人员 200 余人次，发现问题线索 8 件，处理 28 人，其中立案 3 起，党纪处分 3 人，诫勉谈话 3 人，通报批评 22 人。认真抓好区党风政风热线节目上线工作和群众投诉、求助事项的督办工作，处理处置群众投诉事项 171 件，办结 155 件，正在协调

办理 16 件，办结率 90.64%，推动了部门和行业作风建设，提升了群众获得感。

突出治理基层"微腐败"。加强全区职能部门落实主体责任的监督检查，集中围绕扶贫资金、土地征收、农民建房等"微腐败"易发生的重点民生领域，对侵害群众利益不正之风和腐败问题进行排查整改。全区纪检监察机关开展监督检查 67 次，受理涉及群众身边不正之风和微腐败问题线索 93 件，立案 58 件，处理人数 79 人，采取第一形态组织处理 36 人，党政纪处分 43 人，移送司法机关人数 3 人，通报曝光 16 批 34 起，持续释放越往后执纪越严的强烈信号。

发挥巡察利剑作用。认真落实市委第十巡察组巡察反馈意见整改工作，督促 32 家牵头部门单位 100 余个配合单位开展整改，扎实完成巡察整改工作。完成了省委第八巡视组巡视反馈意见整改"回头看"工作。制定了《信州区廉政巡察工作办法》，开展党风廉政建设巡察工作 2 轮，巡察单位 24 个，紧盯群众反映强烈的突出问题，盯住重点人、重点事、重点环节开展巡察，发现问题 47 个，立案 21 件，党纪政纪处分 21 人，充分发挥巡察利剑的震慑作用。

加强扶贫领域监督执纪问责。加大宣传力度，全区 122 个工作村（居），548 个自然村共张贴扶贫领域执纪问责工作宣传标语 575 条，确保扶贫领域监督执纪工作家喻户晓、深入人心。组织 7 个督查小组覆盖了全区所有村居，发现扶贫工作中的问题 48 个，及时进行整改纠正。全区共受理扶贫领域线索 47

件,其中立案 18 件,党纪政纪处分 18 人,运用第一种形态处理 35 人次,通报曝光扶贫领域典型案件 4 期 4 件,以强有力的监督执纪问责保障脱贫攻坚取得实效。

加大廉政教育力度。组织全区干部收看《造绿之殃》《蝇贪之害》《打铁还需自身硬》《巡视利剑》等电教片 40 余场。针对领导干部交流轮岗的实际,组织开展了 97 名新任科级干部任前廉政集体谈话会,增强责任意识、廉政意识和依纪依法执政意识。积极开展谈心提醒教育 600 余人,先后同下级党政主要负责人约谈提醒 69 人次,做到苗头性问题早发现、早提醒、早纠正。打造了一批党风廉政建设示范点,茅家岭街道塔水村、秦峰镇五石村已初步建成。积极开展家风家训活动。举办了"笔舞清风·墨凝廉香"家规家风家训廉政书法展。结合各镇(街道)实际和特点,组织开展了好家风好家训公益讲座、微视频展播等活动。其中,秦峰镇弘扬廉洁家风特色亮点被《江西日报》专题报道。深入挖掘了沙溪娄氏、宋氏,灵溪侯氏,秦峰刘氏等家规家训,在全区营造弘扬好家风好家训的浓厚氛围。

加强廉政宣传造势。充分运用廉政专栏、"廉洁信州"微信公众号等平台,及时发布纪检监察工作动态。全年全区纪检监察机关在市级以上各类新闻媒体上稿 112 篇,其中被《中国纪检监察报》、中央纪委监察部网站采用 17 篇;撰写了 20 余篇调研文章,其中 1 篇特色调研文章被省纪委采用,受到市纪委通报表彰。积极监看和引导网络舆情,形成正确的舆论导向。全年向市纪委报送网络舆情信息 409 期,网评文章 20 篇,被省及市纪委采用 4 篇。

加大学习教育力度。扎实推进"两学一做"学习教育常态化制度化,深入学习贯彻中共十九大精神,建立每周五学习日制度,组织纪检干部轮流授课 40 人次。大力营造走廊纪检文化氛围,设立纪检干部"学习园地"专栏,全年张贴各类学习心得 220 余篇。开展了"负责任、抓紧办、讲真话"、过"政治生日"等每月"党员主题日"活动,组织了 2 次党章党纪知识考试,增强纪检干部党纪党规意识。选派了 6 名干部参加中央、省纪委纪律审查业务培训和巡察工作;全年参加市委巡察工作和市纪委执纪审查工作 21 人次,5 名镇(街道)纪检干部在区纪委跟班学习锻炼,进一步提升全区纪检监察干部履职能力。

推进纪检监察体制改革。持续深化"三转",对 9 个镇街纪委"三转"情况进行了 2 次专项督查整改。按照中央推开国家监察体制改革试点的时间表和路线图,深入开展了县级派驻全覆盖、监察体制改革试点调研工作,成立了区监察体制改革试点工作小组、设立了办公室、明确了组成人员和工作职责;草拟并修改了改革试点工作实施方案、人员转隶方案、纪委监委"三定"方案,积极有序推进区监察体制改革试点工作。

强化内部管理和监督。完善了《信州区纪委监察局请(销)假与外出管理规定》,建立了纪检监察干部廉情档案。建立谈心谈话提醒制度,召开了纪检监察干部廉政谈话会,开展了家访谈心活动,全年对 4 名委局干部进行了谈话提醒,对出现的苗头性、倾向性问题做到早发现、早提醒、早纠正。坚持开门搞监督,通过聘请 6 名特邀监察员等方式,主动接受党内监督、社会监督、群众监督。处置纪检监察干部问题线索 3 件,其中谈话函询 1 件、初核了结 2 件。

(王　泳)

重要会议

【中国共产党上饶市信州区第四届纪律检查委员会第二次全体会议】 1 月 24 日在上饶国际会议中心举行。全会传达学习了市纪委四届二次全会精神。区委常委、区纪委书记吴武华代表区纪委常委会作了题为《忠诚履职,强化担当,推动全面从严治党向纵深发展》的工作报告。全面总结了 2016 年信州区党风廉政建设和反腐败工作,并对 2017 年纪检监察工作进行了部署。区委领导出席会议并作重要讲话。全会认为,2016 年,全区纪检监察机关聚焦主业主责,强化监督执纪问责,顺利完成了区纪委三届六次全会部署的各项工作任务,全区党风廉政建设和反腐败工作取得了新成效。当前党风廉政建设和反腐败工作还面临许多新情况新问题,要在今后的工作中认真加以解决。全会提出,2017 年要全面贯彻中共十八大和十八届三中、四中、五中、六中全会精神,深入贯彻中共中央总书记习近平系列重要讲话精神,认真落实中共十八届中央纪委七次全会、省纪委十四届二次全会、市纪委四届二次全会和省、市、区党代会决策部署，严肃党内政治生活，加强党内监督，深化标本兼治，强化监督执纪问责，驰而不息纠正"四风"，保持惩治腐败高压态势，严格执行监督执纪工作规则，建设风清气正政治生态，推动信州区全面从严治党向纵深发展，为高标准建成省域副中心城市核心区提供坚强纪律保障，以优异工作成绩迎接中共十九大召开。

（王　泳）

作风建设

【进一步推动"两个责任"落到实处】

紧紧围绕落实"两个责任"，着力在责任的明确、检查、落实等环节上下功夫，确保责任落实落细。借助巡察力量，将落实"两个责任"情况作为区委巡察的主要内容。区纪委把问责常态化，运用监督执纪"第一种形态"，坚持惩前毖后、治病救人。全年开展监督检查 64 次，对落实主体责任不力的单位主要负责人约谈提醒 7 批次 52 人，党内问责 11 件 40 人，推动全面从严治党"两个责任"落实到位。

【推动巡察全覆盖】

以巡察工作为抓手，进一步向基层延伸监督触角，着力打通党内监督"最后一公里"。3 至 4 月份，信州区纪委成立 3 个巡察组，集中 1 个月的时间，对全区 9 个镇（街道）及其下辖村居，各区直部门进行了首轮巡察。重点巡察侵害群众利益的不正之风和腐败方面问题，突出"新型农村合作医疗""农村危房改造""利用工程项目谋取私利""集体土地补偿费"等领域违规违纪问题；在违反中央八项规定精神及"四风"方面，突出"接待费居高不下"、食堂违规接待及"一桌餐"问题；区直部门职能范围"监管缺位、错位问题"等。全年共开展党风廉政建设巡察工作 2 轮次，巡察单位 24 个，发现问题 47 个，立案 21 件，党纪政纪处分 21 人，充分发挥巡察利剑的震慑作用。

【遏制扶贫领域腐败问题】

出台了信州区扶贫督导工作方案，成立了扶贫工作领导小组，下设 7 个督导组，每半个月召开一次会议。将查处的典型案例进行通报，增强警示教育震慑力。信州区纪委组织了 7 个督查小组覆盖了全区所有村居，发现扶贫工作中的问题 48 个，及时进行整改纠正。截至 2017 年，全区共受理扶贫领域线索 47 件，其中立案 18 件；党纪政纪处分 18 人，运用第一种形态处理 35 人次；通报曝光扶贫领域典型案件 4 期 4 件，以强有力的监督执纪问责保障脱贫攻坚取得实效。充分运用监督执纪"四种形态"制定出系列制度措施，实行严格的责任追究，对履责不到位、侵害群众利益等行为进行严肃问责。通过利用好问责这个"撒手锏"，进一步加大责任追究力度，强化党员干部"扶真贫、真扶贫"的责任意识和使命担当。对发生的苗头性、倾向性问题，通过"咬耳朵""扯袖子"等方式进行教育提醒；构成违纪的，严肃追究党纪政纪责任；涉嫌犯罪的，移送司法机关处理。同时，严格实行"一案双查"，对在精准扶贫工作中出现的不作为、慢作为、乱作为、铺张浪费、挥霍扶贫资金，以及弄虚作假、搞"数字脱贫"等问题的，既追究当事人的责任，也追究相关领导的责任。

【严肃查处基层"微腐败"】

按照省及市安排部署，结合实际制定了专门的集中整治《实施方案》，成立了区委书记为组长的集中整治工作领导小组。加强全区职能部门落实主体责任的监督检查，集中围绕扶贫资金、土地征收、农民建房等"微腐败"易发生的重点民生领域，对侵害群众利益不正之风和腐败问题进行排查整改。区委常委、纪委书记带队到 9 个镇街调研指导集中整治"微腐败"工作，委局领导分赴各镇街和 31 个"集中整治"工作领导小组成员单位，通过听取汇报、查看资料、实地走访等方式开展督查。全区各级党组织结合"两学一做"学习教育活动，党员先锋岗、示范窗口创建活动，"三会一课"制度等深入发动宣传；在广场、公园、集市等人群密集场所张贴标语、悬挂横幅 256 条，开辟宣传栏 74 块，下发宣传单 1.6 万余份。同时还开展了集中整治成员单位"一把手"电视访谈活动，访谈视频在电视台、"廉洁信州"微信公众号等媒体播出，取得很好的引领宣传发动效果。把"集中整治"与"精准扶贫""百日攻坚"等重点工作统筹抓、相结合，做好融合互促文章。全区纪检监察机关开展监督检查 67 次，受理涉及群众身边不正之风和微腐败问题线索 93

件,立案 58 件,处理人数 79 人,采取第一形态组织处理 36 人,党政纪处分 43 人,移送司法机关人数 3 人,通报典型案例及问题 16 批 34 起,持续释放越往后执纪越严的强烈信号。

【持之以恒纠"四风"】 坚持把顶风违纪搞"四风"作为纪律审查的重点,对涉及违反中央八项规定精神的信访件,直查快办、从严处理。紧扣元旦、春节、端午等重要时间节点,制定下发了《2017 年度元旦春节落实中央八项规定精神防止"四风"问题反弹的通知》《关于开展 2017年清明节期间督查工作实施方案》《关于廉洁过端午节的通知》《全区"金秋"作风督查方案》等 6 个文件,采取专项检查、定向抽查、交叉互查、部门联查等方式,形成监督检查新常态。全年共出动督查人员 200 余人次,发现问题线索 8 件,处理 28人(其中,立案 3 起、党纪处分 3人、诫勉谈话 3 人、通报批评 22人)。组织开展了 9 次会议会风会纪督查。组织了全省、全市深化落实全面从严治党"两个责任"视频培训会,中央、省、市纪委全会,国务院、省政府、市政府3 级廉政会议、全市信访工作会议会风会纪督查,并向市纪委报送了督查报表;协调了市纪委2017 年"春节"前明察暗访线索处置。认真抓好区党风政风热线节目上线工作和群众投诉、求助事项的督办工作,拟制并印发了《信州区 2017 年度党风政风热线节目上线筹备方案》;实施了节目上线直播。5 月 21 日晚8 点,由区长胡心田带队进行了党风政风热线节目现场直播;处

理处置群众投诉事项 171 件,办结 155 件,正在协调办理 16 件,办结率 90.64%,推动部门和行业作风建设,提升群众获得感。

【纪检队伍"打铁必须自身硬"】组织开展了 2017 年党章党规党纪考试工作。按照全市统一部署,会同逸夫小学等部门组织协调了全区 352 人进行了集中考试;部署协调了 70 余个基层党组织约 6700 余名党员党章党规党纪考试工作。坚持每周五下午学习日制度,认真组织纪检干部学习"两准则、四条例"等理论和业务知识,委局班子 6名成员开展党章党纪宣讲活动12 场次,全体纪检干部参加了党规党纪知识考试。选派了 30名干部参加上级纪委业务培训和跟班学习,抽调了 18 人次到市纪委参加案件查办工作,对45 名镇(街道)纪检干部进行了一期业务培训,全区纪检干部的业务能力明显提高。选派 40 人次纪检干部参与区委组织的年度考核、换届考察和从"三类人员"选拔镇街领导工作。

(邹　辉)

反腐败体制机制创新

【压实主体责任和监督责任】贯彻执行《中共信州区委关于落实党风廉政建设党委主体责任和纪委监督责任的实施办法(试行)》和《中共信州区委关于落实党风廉政建设党委主体责任和纪委监督责任工作责任追究办法(试行)》文件精神,积极履行监督责任,力促权力监督成为

常态。年初,组织了 6 个政府组成部门主要负责人在纪委全会上述职述廉并现场接受民主测评,全区各部门(单位)逐一签订了责任状。建立、更新了 42名县级领导个人廉情档案。对全区 88 个单位落实责任制情况进行集中交叉检查考核,13 个单位授予先进称号,6 个排名靠后的单位主要负责人被专题约谈,全区通报批评。严格执行《中国共产党问责条例》和《信州区党员干部问责实施办法》,强化责任追究,坚持"一案双查",以问责倒逼责任落实。4月份区纪委对沙溪镇青岩村报账员周某某一案进行了"一案双查",5 月份涉案的娄某某受到党内严重警告处分,周某某受到开除党籍处分。突出脱贫攻坚、征地拆迁、工程项目等重点领域,聚集全面从严治党落实不到位、贯彻中央八项规定精神不力等问题,开展监督检查 64 次,全年共对落实主体责任不力的单位主要负责人约谈提醒 7 批次52 人,党内问责 11 件 40 人,推动全面从严治党"两个责任"落实到位。建立健全党委书记、纪委书记定期约谈班子成员,班子成员约谈分管部门负责人,部门负责人约谈下属的层层约谈制度。全年区委书记、纪委书记针对落实"两个责任"、党建工作、重点项目推进工作约谈班子成员 20 余次;区政府班子成员针对城建、财税、扶贫、教育、安全、信访等工作约谈分管部门负责人 30 余次;区纪委联合组织部对省、市、区重点项目推进未按规定时间节点完成的单位主要领导进行了 8 次专题约谈。全面落实"把纪律挺在前面"的要

求,抓早抓小,以考促学,把党章党规党纪刻印在党员干部心中。区委、区纪委先后制定了《关于进一步加强纪律建设的工作意见》等12项制度,推动纪律建设在全区铺开。持续加大纪律教育,举办党章党规党纪教育活动310场,13877名党员干部接受了教育;全区组织了党章党纪知识考试292场次,共11580名党员干部参加,实现了宣纪、考纪全覆盖。根据省委组织部《关于在全省范围内开展领导干部亲属经商办企业问题专项清理工作的通知》文件要求,区委组织部开展了干部违规兼职及配偶子女违规经商办企业等专项整治。制定下发了《关于开展违规办理和持有因私出国(境)证件专项治理工作的通知》,联合区公安分局出入境管理大队,实时更新完善登记备案人员信息库。干部科集中保管科级以上领导干部因私出国(境)证件,共计收集护照206本,港澳通行证152本,台湾通行证19本。按照一事一报,做好干部婚姻变化、配偶子女出国等事项报备工作。深化领导干部经济责任审计,研究完善经济责任审计相关制度。区审计局制定了信州区2017年度经济责任审计工作计划,将33名审计对象列入年度审计项目计划。制定《上饶市信州区审计局审计复核、审理、审定暂行办法》《上饶市信州区审计局审计业务会议规则》等制度,通过建立内控制度和完善内部业务监督制度,提升审计工作质量。

【强化巡察监督和派驻监督】探索开展"机动式"巡察,针对一个突出问题及与该问题相关联的人和事开展巡察。根据省、市巡察工作要求,成立了信州区委巡察工作领导小组办公室。制定下发《2017年度元旦春节落实中央八项规定精神防止"四风"问题反弹的通知》《全区"金秋"作风督查方案》等6个文件,既紧盯公款送礼、滥发津补贴、上下班纪律等老问题,又密切关注隐藏在单位食堂内部和"一桌餐"等"四风"问题新动向,全年共出动督查人员200余人次,发现问题线索8件,处理28人。其中,立案3起,党纪处分3人、诫勉谈话3人、通报批评22人。贯彻执行区委办、区政府办印发的《信州区脱贫攻坚工作干部问责办法(试行)》,区纪委派出7名工作人员参与了区委的7个精准扶贫工作督查组对全区相关部门(单位)精准扶贫工作开展了专项督查30多次。探索建立巡察督查制度,对整改责任不落实、整改不力、敷衍整改造成严重不良影响的,抓住典型,严肃问责。拟制了巡察工作方案,组织了一轮本级党风廉政巡察工作。3月—5月,6个纪工委组成3个联合廉政巡察组对9个镇(街道)开展了一轮党风廉政巡察工作,发现问题线索47个,21个问题已转纪律审查中,给予党纪处分21人,移送司法2人。为强化专职监督职能,加强组织领导,区纪委成立落实市第五巡查组巡察反馈意见整改工作专项监督检查领导小组,分1个综合监督检查组和6个监督检查分组,11月底至12月下旬,由委局领导带队,开展扶贫领域巡察反馈意见专项检查。1月份制定了《信州区廉政巡察工

作办法(试行)》和《信州区落实市委第十巡察组巡察反馈意见整改工作方案》。组织协调并实施了市委第十巡察组巡察反馈意见整改工作。拟制《全区巡察反馈意见整改方案》及《区纪委巡察反馈意见整改工作监督检查方案》,并印发130余份;组织召开了全区巡察反馈意见整改动员会1次,督促32家牵头单位部门100余个配合单位开展整改,如期完成了全区整改工作报告,并报市委巡察办、市委第十巡察组审核通过。区纪委依据市纪委下发的《关于加强市纪委派驻机构建设的实施意见》文件,从机构设置、职能调整、职责权限、工作关系、保障措施、组织领导等方面开展了调研;同时将按照省、市部署的时间要求,及时跟进省、市纪委派驻工作,推动区级纪委派驻全覆盖。

【持续深化"三转"加强自身监督】严格落实纪律检查工作双重领导体制,切实履行对上级纪委及同级党委报告线索处置、执纪审查情况制度。根据上级纪委的规定,共书面向上级纪委报告执纪审查情况7件、向同级党委请示审批15件。每年的年中和年末,区纪委下发通知,要求各镇(街道)纪委、设有纪检组的区直单位,向区纪委报告半年和全年工作。建立健全反腐败协调小组联动机制。严格执行《关于调整信州区反腐败协调领导小组的通知》《关于成立区纪律教育工作领导小组和信访举报信息互联互通工作领导小组的通知》,完善了各部门(单位)向区纪委通报、移送党员干部违纪问题线索制度。2月份,根据反腐败协调工

作机制,紧密联系市中级人民法院、上饶县法院移送的相关问题线索,对区法院副主任科员黄某某存在的贪污犯罪问题予以党政纪处分;对原上饶市粮油收储公司经理戴某某严重违反工作纪律,涉嫌重大失渎职的案件线索移交区检察院继续办理;6月份,在办理区统计局曹某某案件过程中,由区纪委主要领导召集,先后两次召开案件调度会,由区国税、区地税对区统计局虚开发票的行为予以了税务管理行政处罚。持续深化"三转",对9个镇(街道)纪委"三转"情况进行了2次专项督查整改。按照中央推开国家监察体制改革试点的时间表和路线图,深入开展了县级派驻全覆盖、监察体制改革试点调研工作,成立了区监察体制改革试点工作小组,设立了办公室,明确了组成人员和工作职责;制定了《区监察体制改革推进工作流程》,草拟并修改了改革试点工作实施方案、人员转隶方案、纪委监委"三定"方案。《上饶市信州区深化国家监察体制改革试点工作实施方案》《中共信州区纪律检查委员会 信州区监察委员会机关职能配置、内设机构和人员编制规定》已报请省监改工作小组审批,确保区监察体制改革试点工作有条不紊推进。根据《中国共产党纪律检查机关监督执纪工作规则(试行)》,结合实际,4月份区纪委印发了《信州区纪委执纪工作流程(试行)》,找准风险点和薄弱环节,对问题线索处置、谈话函询、初核、监督执纪第一种形态、立案审查及案件审理等一系列工作流程进行了详细规定。通过对委局各室、各纪工委及镇(街道)纪委的专题培训,迅速在全区纪检监察系统推广。完善了《信州区纪委监察局请(销)假与外出管理规定》,建立了纪检监察干部廉情档案。建立谈心谈话提醒制度,召开了纪检监察干部廉政谈话会,开展了家访谈心活动,全年对4名委局干部进行了谈话提醒。坚持开门搞监督,通过聘请6名特邀监察员等方式,主动接受党内监督、社会监督、群众监督。处置纪检监察干部问题线索3件,其中谈话函询1件、初核了结2件。

(魏士秀)

查办违纪违法案件

【惩治腐败保持高压态势】2017年,对腐败坚持无禁区、全覆盖、零容忍,坚持重遏制、强高压、长震慑,坚持受贿行贿一起查,深入实践监督执纪"四种形态",坚持抓早抓小、动辄则咎。紧盯重点领域和关键环节,着力解决选人用人、审批监管、土地出让和金融信贷等领域腐败问题。严肃查处群众身边的腐败问题,把惩治基层腐败和扫黑除恶结合起来,坚决查处涉黑"保护伞"。全年全区纪检监察机关共受理群众举报166件,受理问题线索169件;运用监督执纪"四种形态"处理234人次,同比增长112.7%,其中运用第一种形态149人次,占比63.7%。立案78件,结案82件,分别同比增长8.3%、24.2%;党政纪处分83人,其中查处科级干部14人。全年共立案查处各类案件72件,其中大要案10件,处理违纪人员79人,其中正科5人,副科5人。

【正风肃纪深入推进】紧盯公款送礼、公款旅游、公车私用等老问题,密切关注"四风"问题新动向。对教育系统"吃空饷"及违规请假等问题进行了清理整顿,在全区开展了"金秋"和"中秋国庆双节"作风建设督查行动,全年共派出督查人员200余人次,发现问题线索8件,处理28人。其中,立案3起,党纪处分3人、诫勉谈话3人、通报批评22人。大力整治基层不正之风和微腐败,开展监督检查67次,受理问题线索93件,立案58件,处理79人,采取第一种形态处理36人,党政纪处分43人,移送司法机关3人,通报典型案例及问题16批34起。扎实开展扶贫领域专项治理,受理问题线索47件,立案18件,党政纪处分18人,采取第一种形态处理35人次。通报曝光扶贫领域典型案例4期4件,为打赢脱贫攻坚战提供坚强纪律保障。

【坚持依纪依法安全文明办案】出台《执纪审查工作流程(试行)》,加大办案场所规范化建设力度,完成区办案点和9个镇(街)纪委标准化谈话室建设。坚决防止案件查办过程中重实体轻程序、重查办轻管理、重结果轻过程的不良倾向,切实做到依纪依法安全文明办案。依法办案,认真落实证据收集、初核立案、调查取证、移送审理和涉案款物管理等方面的制度规定,要严格审批程序,防止随意性和不规范化;安全办案,按照办案安全的高标准严要求,严格审批备案,严格监督管理,从组织上、制度上和工作机制上保证办案安全，在安全细节问题上做到滴水不漏、万无一失；文明办案，切实保障被调查人的合法权益，坚持人性化管理，切实保障被调查人的人身权、财产权、申辩权和知情权；办成铁案，严格执行乡案区审、立案前预审和案件回访考察制度的有关规定，确保每起案件证据确凿、事实清楚、定性准确、程序完备，切实保证案件的客观公正和案件质量。

【发挥纪律审查治本功能】　坚持用典型案件对党员干部进行警示教育，深入开展"以案说纪"为主题的警示教育活动，组织党员干部观看《造绿之殃》《蝇贪之害》等警示教育片40余场次，不断提升党员干部拒腐防变的能力；切实把纪律挺在前面，注重抓早抓小，准确把握"树木"与"森林"的关系，大力推行执纪审查"四种形态"，充分运用谈心提醒、函询、通报、诫勉等方式对涉及党员干部的问题线索做到早发现、早处置，进一步规范党员干部言行，坚持"以案促防"，结合巡察督查，通过个案分析，剖析发案原因，从制度、机制和管理上积极探索加强防范的有效途径。每个案件查结后，及时向发案单位及上级主管部门通报案情，协助发案单位查找问题，完善制度，强化管理，堵塞漏洞。进一步规范整治了相关行业领域的惯性问题，起到了执纪审查综合治理的良好效果。

（林芳锋）

民 主 党 派

中国国民党革命委员会上饶市信州区总支部委员会

【概　况】　中国国民党革命委员会上饶市信州区总支部委员会由教育支部、文卫支部、综合支部等3个支部组成。2017年，有党员54人，分布在党派、经济界、教育、医卫、政府机关等界别。其中博士1名、硕士1名。本科学历26名，本科以上学历占56%；高级职称14名、中级职称20名，中级以上职称占78%。党员刘锋曾任省人大代表；5人曾任市政协委员；2人曾任区人大代表；23人曾任区政协委员，3人任区政协常委。民革信州区总支被民革江西省委会评为"全省基层组织先进单位"，郑耀龙被民革中央评为"民革全国参政议政先进个人"，李琼被民革江西省委会评为"基层服务先进个人"。2017年，在中共信州区委、民革上饶市委会领导下，在区委统战部的支持下，总支团结带领全区广大民革党员，认真履行参政议政、民主监督职能，认真组织开展各项社会活动和支部活动，并取得了较好的成绩和效果，圆满完成各项任务。

【加强组织建设】　总支高度重视组织发展，积极向民革市委会推荐政治素质好，业务技能强，热爱党派的积极分子加入民革组织。同时重视党前教育，认真做好介绍人结对联系工作，及时了解新申请入党人员的思想活动和工作情况，做到成熟一个发展一个，2017年发展了2名新党员（其中博士1名），为民革输送新鲜血液。

【积极参政议政】　充分发挥民革的界别特色，就经济体制改革、法治信州建设、城乡一体化发展、政府职能转变、社会事业改革创新、生态文明建设、两岸合作发展等内容建言献策，不断提升参政议政水平。组织部分党员赴广丰区、沙溪镇调研新农村建设及农村宅基地改革工作。为策应中共信州区委提出"做实文化旅游业，着力培养山水景观游、城市休闲游、康体健身游、乡村民宿游、文化体验游等业态，打响信州全域旅游品牌"，组织部分民革党员到广丰区就"如何打响信州区全域旅游品牌"课题开展实地考察调研活动。

【提高提案质量】　在区政协五届一次会议上，民革党员提案无论是在数量上和质量上均表现突出，大会提案93件，民革有24件提案，约占总数的1/4，涉及经济、民生、农业、心理健康、教育均衡等多方面，多件被列为重点提案。其中廖利火的《于用好资本市场脱贫政策，助推企业上市和挂牌工作的建议》等提案被评为2016年度优秀提案，占全区优秀提案的1/5。民革能参政、会谏言、有作为的良好形象得以全面展示。民革围绕中心、服务大局、敢于担当的优良传统得以充分表达，积极参加中共信州区委、区政府、区政协及中共区委统战部召开的民主协商会、座谈会和情况通报会，就信州区重大决策、发展规划及重大社会问题等充分发表意见，提出建议。

【开展社会服务工作】　全区各级民革组织坚持按照"发挥优势、突出重点、量力而行、注重实施、持之以恒"的原则，加大惠民服务力度，把关心社会弱势群体，开展扶贫济困、捐资助学，为弱势群众排忧解难当作大事来抓，开展了卓有成效的社会服务工作。利用优秀的教育资源主动与偏僻农村小学路底小学结成长期帮扶对子，促其教育水平显著提高，使得学生人数不断增加；民革信州区总支结对茅家岭街道畸口居委会，对 6 户贫困户进行精准帮扶，因户施策，确保脱贫。帮助贫困户办理大病救助、残疾证、医保等相关手续，得到贫困户的好评；积极开展 3 月 12 日植树节活动。组织医生党员到秦峰路底小学为学生进行免费体检。

【创建信州民革党员之家】　建立了上饶市第一家信州民革党员之家，为广大民革党员开展学习交流、展示风采、互帮互助、服务社会等方面提供了充满活力的载体和平台，增强信州民革组织的凝聚力。全年，党员之家迎接了全市统战工作巡查，中共江西省委统战部部长陈兴超、民革省委会副主任徐景坤、中共上饶市委统战部部长陈洪生、民革市委会主委黄统征、民革市委会班子成员、民革上饶县总支、婺源统战部等的视察和学习。

【开展祖统联谊工作】　总支带领党员多次前往台资企业调查研究，了解生产生活情况，倾听意见，帮助解决实际困难，从而加深了了解、增进友情，并为信州区招商引资工作牵线搭桥。

（李　琼）

中国民主同盟上饶市信州区总支部委员会

【概　况】　民盟上饶市信州区总支部委员会由综合支部、四中支部、三中六中支部、退休支部等 4 个支部组成。全区共有盟员 96 人，平均年龄 50 岁，中高级职称占 79%，大学本科以上文化占 56%、大专以上文化占 100%。2017 年，在中共信州区委、民盟上饶市委会领导下，在统战部的支持下，总支团结带领全区广大盟员，认真履行参政议政、民主监督职能，认真组织开展各项社会活动和支部活动，并取得了较好的成绩和效果，被评为全省先进基层组织，1 人荣获盟省委"全省优秀盟员"荣誉称号。

【社会服务】　民盟信州区总支扎实推进精准扶贫工作，挂点茅家岭解放村，盟员付瑶为驻村工作队副队长。民盟信州区总支坚持把包村联户工作作为密切党群、干群关系的重要途径，深入开展大走访、大调研，认真倾听贫困群众诉求，耐心询问每户家庭情况，逐户走访建档，与贫困户交心谈心，制定帮扶计划，推进精准扶贫。全年为贫困户送去了油米等生活慰问品及慰问金。民盟信州区总支发挥盟内心理专家人才荟萃的优势，11 月在市区小学开展送心理团队辅导活动。

【积极建言献策】　2017 年，民盟信州区总支市、区两级人大代表、政协委员共计提出政协提案 8 篇，其中集体提案 2 篇、区政协优秀提案 1 篇，区政协大会发言材料 2 篇（其中大会口头发言 1 篇）。

【组织建设】　2017 年，民盟信州区总支以加强领导班子建设为重点，认真贯彻民主集中制原则，建立健全各类会议制度和议事规则，增强组织的活力和凝聚力。支部加强组织盟员学习，要求认真领会、准确把握中共十九大精神和全会精神实质。在盟员发展方面，领导严把质量关，发展新盟员 2 人，平均年龄 30 岁，全部为大学本科学历。区总支加大干部的培养，推荐了 1 名盟员参加市委党校举办的党外干部培训班和政协委员提升培训班。3 月民盟信州区总支组织盟员开展义务植树活动，每个支部每年开展 2 次活动，上半年以集中学习为主，下半年以红色教育为主。春节、重阳节民盟信州区总支走访慰问离退休盟员共计 52 人次。

【社情民意】　为切实加强社情民意信息工作，进一步提高盟员参政议政能力和水平，民盟信州区总支落实专人负责社情民意信息工作，并与基层支部负责人以及特约信息员保持沟通联系，积极约稿。全年，上报社情民意信息 6 篇。

（付　瑶）

中国民主建国会上饶市信州区总支部委员会

【概　况】　民建上饶市信州区总支部委员会由机关支部、文卫支部、经济支部、综合支部等 4 个支部组成。2017 年，有会员 94 人，分布在党派、经济界、普教、医卫、政府机关等界别。民建会员平均年龄为 48 岁，大专以上文化程度 67 人，并有一批经济上有实力的民营企业家入会（占会员总数的 8%）。在中共信州区委和民建上饶市委的领导和关怀下，作为全省唯一的县级民建组织常设机构，引导全区民建会员全面深刻领会和贯彻落实中共十九大精神,认真学习贯彻习近平新时代中国特色社会主义思想,牢固树立政治意识、大局意识、核心意识、看齐意识,全面加强自身建设,围绕中心,服务大局,认真履行政治协商、民主监督、参政议政职能。年初,建起了"民建信州会员"群,在公众媒体上发表美篇,充分发挥思想宣传主阵地作用。鼓励会员反映社情民意,全年在民建省委会网站上稿3篇。

【走访慰问老会员】 区总支始终关心普通会员们的生活工作。1月23日至25日,民建区总支在市委会的领导下,走访慰问70岁以上的老会员,了解他们的近况,送上节日的祝福和慰问金。区总支共计走访老会员24人,并制作美篇在公共媒体上发布,得到了很好的反响。

【参政议政有成绩】 在区政协五次二届会议上,民建区总支上报给大会的提案近10份,其中区总支提交的《以应用为先导、产业为核心、创新为动力,坚持"唯快不破"的理念,全面促进信州区信息产业加速发展》提案作为大会发言提案,在会议上受到了好评。区总支积极下基层调研,《关于全面促进信州区信息产业加速发展的建议》作为提案被区政协评为五届二次会议以来优秀提案。在市政协会议上,区总支主委姜钟建提交的《充分利用新经济 高标准谋划新320国道两侧区域的发展》提案,被市政协作为主席督办提案交予相关受理部门办理,并被市政协评为大会优秀提案。

【组织建设规范化】 1月10日,召开民建信州区总支二次(扩大)会,区委常委、区统战部长汪东军、上饶市委会副主委徐忠英应邀参会并作了重要讲话,会议在加强组织建设上通过了《民建信州区总支关于加强组织建设的意见》,参会的区总支委员和各支部主委,纷纷就组织建设的现状和期待各抒己见,丰富和完善了《民建信州区总支关于加强组织建设的意见》,为下一步实际操作明确了途径,为系统化、规范化加强民建组织提供了具体的准则。

【与景德镇民建会员研讨交流】 4月27日,在2017上饶文化创意产业博览会的景德镇馆,区总支组织民建企业家会员朱岩富、臧正雷、李辉富等与景德镇民建会员研讨交流,探讨加强组织建设、爱岗敬业树形象以及如何提高参政议政水平,民建上饶市信州区总支与民建景德镇市陶瓷美术支部相约结为友好支部。

【会员卢斌为师生作"党史、国史、家乡史"的专题宣讲】 卢斌70周岁,自2005年起,已经连续14年在上饶市的各地开展自费剪报展览,卢斌被信州区关工委聘为五老关爱报告团副团长,为中小学生的爱国主义教育竭尽心力。4月28日,民建区总支老会员卢斌,在上饶市八小,为全校师生作了"党史、国史、家乡史"的专题宣讲。对学生进行爱国主义教育,使学生了解中国的历程。

【工作在扶贫第一线】 围绕区委、区政府的中心工作,民建区总支机关始终工作在扶贫第一线。区总支副主委缪斌担任岩坑村驻村队长,为帮扶的贫困户建档立卡,统计完善信息,传达国家的各种帮扶政策,解答他们的各种疑问,上门解决贫困户的切身困难,为贫困户增加低保人数,为贫困户安排危房修建基金,为贫困户解决户口落户等问题。为保障贫困户有长效收益,区总支积极参与现代农业产业园项目,为贫困户找项目,搞产业分红扶贫。包干的6户贫困户,已有5户脱贫。扶贫工作在上级扶贫成效考核与检查中,都取得了好成绩,圆满完成中共信州区委、区政府布置的扶贫任务。

【理论学习与培训】 区总支加强理论学习,努力提高会员的政治素养。通过各种形式,组织会员认真参加市委市政府、区委区政府举办的各类报告会、座谈会、培训会、学习讲座。先后有10余名会员骨干参加了省社会主义学院的研讨班以及民建骨干培训班和社情民意培训班的学习,20余名会员参加了不同形式的市、区社会主义学院短训班学习,组织参加了具有民建特色的非公经济研讨班学习。10月初,参加了区政协在厦门大学组织的政协委员参政议政提高班的学习。通过学习,使会员们进一步增强了以政协为平台,建言献策、参政议政、自觉履行参政党职能的使命感和责任感,为在各自的岗位上尽责出力提供了强大的精神动力。

【公益捐助】 2017年,组织民建区总支机关扶贫节日慰问贫困户、新华龙集团总经理龚新辉捐同心基金的教育救助、科讯飞公司总经理臧正雷等"送温暖"慰问七中贫困学子及敬老院、民建区总支主委姜钟建通过粮食收储公司免费送贫困户家用谷仓18个等活动,信州区民建会员为社会公益捐助财、物达4.7万元。

（缪　斌）

中国民主促进会上饶市信州区总支部委员会

【概　况】　中国民主促进会上饶市信州区总支部委员会(简称民进信州区总支)是江西省民进组织中第一个有编制、有行政级别、有专职干部、有办公用房的"四有"县区组织。主委1人,副主委4人,委员9人,全区民进会员共有36名,其中男会员11名、女会员25名,市政协委员3名、区政协常委3名、区政协委员7名。分别来自教育、行政、科技、电商等部门行业。其中文化教育界22名,占63%;持中高级职称27名,占84.3%;50周岁以下的20名,占68.7%。2017年,区总支被评为"民进全省参政议政工作先进集体",信州区政协副主席、民进区总支主委柴莉萍荣获民进全省参政议政工作先进个人称号,专职副主委李丽2017年荣获全省优秀民进会员称号。副主委兼秘书长俞慧撰写的《传家风 严家训 善家教》一文获"2017年江西省教育改革创新研讨会"一等奖,委员郑建华撰写论文《让小学数学生活化》在国家级期刊《教育科学》发表并获一等奖;会员徐富坤撰写的《百善孝为先》一文获"2017年江西省教育改革创新研讨会"三等奖。

【参政议政再展风采】　始终围绕全区改革发展大局,提出了很多有建设性的、有重大参考价值的提案和建议。按照"党委出题、党派调研、政府采纳、部门落实"的原则,通过广泛深入的调查研究,形成有价值的调研报告和提案,为决策提供参考,提供有前瞻性的思路和建议,真正把民主党派的"人才库""智囊团"的优势展示出来。总支委员上报参政议政课题多达8篇,1篇被评为政协优秀提案、社会调研课题10篇。向大会提交提案4篇、集体提案1篇:《推进农村电商发展,建设信州现代农业产业园》(徐晨辉)、《建立职业教育校企合作长期机制,推动信州企业快速发展》(俞慧)、《关于新320国道通车后道路安全的几点建议》(郑建华)。王玉珍委员提出的《发展健康产业,打造健康信州》荣获区政协五届一次会议优秀提案。委员俞慧的大会发言材料《深挖大数据蓝海 点燃信州发展新引擎》、委员李丽的大会发言材《让优秀传统文化滋润信州大地》等受到领导的高度关注,《深挖大数据蓝海 点燃信州发展新引擎》等3篇大会发言文稿被收录为区政协五届二次会议的大会发言材料。委员俞慧、李丽分别作了大会发言。

【参与项目奉献力量】　2017年,民进区总支派送副主委兼秘书长俞慧、兼职副主委潘元娟积极参与上饶呼叫城的建设。原专职副主委李丽参与城东指挥部稼轩北延项目部,为信州区建设奉献一份力量。

【开展活动激发活力】　7月4日下午,民进信州区总支组织会员开展了主题为"新阶层、新生代、新业态"以读书启迪智慧,用智慧滋养心灵的拆书活动。通过活动培养教育年轻一代民进会员的学习能力。7月13日,区政协副主席、总支主委柴莉萍诚邀区委统战部副部长俞奕鹏,带领民进总支会员一同参观朱颜不改——"颜"个人画展。此次活动,会员们既欣赏了油画作品,陶冶了情操,又为会员们提供了一个相互交流,互相学习、联络感情的平台,营造了良好的人文环境。

【社会服务扎实开展】　总支的"1%工程"志愿者们来到秦峰镇五石村小学开展了"1%工程放飞足球梦想"捐赠活动,向学校各班学生代表捐赠了足球。总支会员把足球送到学生代表们手中,希望他们不但要热爱学习,还要以良好的体魄及丰富的知识报效祖国。爱心助学,情暖五石,民进信州区总支为学校20名贫困学生捐赠书包、文具礼盒和课外书籍,送去党和政府的温暖与关怀。送教促交流,帮扶助成长,会员俞慧为贫困生和留守儿童带来了一堂形式多样、内容丰富的音乐课——《哆来咪》,欢快的音乐声给孩子们带来快乐和梦想。走访慰问贫困户,精准扶贫暖人心,会员们到五石村16户贫困户家中走访慰问,送去食用油、大米和防暑用品。5月28日区妇联、团区委、区总工会、民进区总支决定联合开展"关爱留守儿童 助力精准扶贫"庆"六一"活动,以实际行动成就留守儿童的梦想和希望。

（俞　慧）

中国农工民主党上饶市信州区总支委员会

【概　况】　中国农工民主党上饶市信州区总支部委员会由市立医院支部和综合支部组成，全区共有农工党党员58名，其中男28人、女30人。2017年，农工党信州区总支在中共信州区委、区政府和农工党上饶市委会领导下，在中共区委统战部的指导下，以邓小平理论、"三个代表"重要思想和科学发展观习近平新时代中国特色社会主义思想为指导，学习贯彻中共十九大精神，团结和带领全区党员，不断加强自身建设，切实履行参政党职能，发挥优势为社会服务，圆满完成各项工作。

【扶贫助困献爱心】　农工党信州区总支挂点扶贫村是秦峰镇秦峰村，郑曼华为驻村工作队副队长。农工党信州区总支坚持把包村联户工作作为密切党群、干群关系的重要途径。深入开展大走访、大调研，深挖致贫根源，逐户走访建档，制定帮扶计划，推进精准扶贫。3月，农工党信州区总支成立了"农工党信州区总支医疗志愿者服务队"，深入基层开展健康宣传和义诊服务活动。5月，农工党信州区总支医疗志愿者服务队的芦茜、杨乐华、邓筱琴、黄坚等到秦峰镇为百姓免费送医送药；6月，农工党信州区总支医疗志愿者服务队又到周田村开展"精准扶贫送温暖 下乡义诊送健康"的活动，发放宣传册700多份，捐赠药品。总支还积极参与"博爱扶贫基金"募捐活动。

【参政议政聚焦热点】　农工党信州区总支依托人民政协工作平台，以大会发言和提案形式积极建言献策，2017年，共向区政协会议提交大会发言2件，委员个人提案12件。其中谭晓红的《打造汪家园畲族风情社区 助推三江片区经济旅游事业发展》和郑曼华的《建设秀美乡村 加强农村环境卫生管理》在信州区政协五届二次会议上进行大会发言。

【空气质量与健康周活动丰富】　在第十届空气质量与健康宣传周，农工党信州区总支组织党员到周田村进行"空气质量与健康"宣传活动，宣传环保节能理念，发放各类宣传册500余份，在周田村举行义诊，接待咨询者200余人，捐赠药品价值约2000元。

【组织建设取得新发展】　农工党信州区总支以加强领导班子建设为重点，认真贯彻民主集中制原则，建立健全各类会议制度和议事规则，增强组织的活力和凝聚力。在党员发展方面，领导严把质量关，新发展了1名党员，为党员队伍增添新鲜血液。在后备干部队伍方面建设，区总支加大干部的培养，组织党员参加市社会主义学院举办的各类培训。

（郑曼华）

九三学社信州区基层委员会

【概　况】　2017年，九三学社信州区基层委员会在上级部门精心指导下，九三学社信州区基层委员会充分调动全体社员的积极性，开拓创新，勇于进取，认真学习贯彻中共十九大和九三学社第十一次代表大会精神。带领全区广大社员，圆满完成各项目标任务。

【抓基础建设促机关发展】　进一步加强机关建设，完善机关工作制度，提高工作效能。完善了财务工作，单位经费正式纳入财政预算，保证了各项工作有章可循。建立、健全和完善领导机制、工作制度和会议制度等一系列规章制度，明确委员会议、社员大会等议事程序规则，坚持和完善集体领导和个人分工负责相结合制度，注重发挥兼职领导的作用，进一步完善领导班子内部的议事和决策机制。发扬民主作风和团结的传统，建设作风优良的领导班子，全面贯彻民主集中制原则，班子成员之间相互尊重，尽可能调动各方面的积极性，发挥各方面作用，积极为广大社员服务，想方设法解决他们的实际困难。

【搭建扬优平台】　开展"书香九三"特色活动，积极响应区委、区政府"书香信州"的号召。在壹品书吧创立文化活动基地，定期开展读书活动，形式多样、内容务实、涉及广泛。提高全体社员的文化素养,促进交流,把读书学习作为一种常态,不断加强自身建设。

【搞好课题调研】　以课题调研形式聚焦社会热点,关注社会难点,提升参政议政能力。选准课题积极开展调研。5月就"学校周边餐饮环境管理问题"专题调研,6月前往沙溪对信州夏布文化产业调研。12月联合江西省科学院支社联合开展秀美乡村建设调研活动。为积极打造美丽中国"江西样板",围绕秀美乡村建设,重点对将旅游、文化、工业等产业与秀美乡村建设相结合,助力农村发展,进行了一系列的调研活动。

【民间艺术传承】　社员陈文武推广传统文化所创作的作品多次获奖。2017年度作品荣获东盟文博会"文化创新奖";第十三届深圳文博会1金2银1铜;被省文化厅选送法国巴黎美丽江西 绚烂非遗——江西省非物质文化遗产精品展;荣获第七届中国民间艺人节"产业示范奖";十三届深圳冬博会工艺美术精品展荣获1银1铜;4篇怀玉砚论文在《书法报》发表,作品履历入选2017全国"两会"特刊《当代工艺美术》《引领时代的中国学者》;被中国工业合作协会授予"中国手工艺大师"荣誉称号。

(吴雪珍)

人 民 团 体

信州区总工会

【概 况】 2017年,信州区各级工会以学习宣传贯彻落实中共十九大和新时代中国特色社会主义制度思想重点,在上级总工会和信州区委、区政府的正确领导下,紧跟新时代,强化新思想,探索新服务,全面推进各项工作,较好地完成了各项目标任务,为信州区的建设发展作出了应有的贡献。

【积极开展劳动竞赛活动】 7月,联合区卫计委、团区委、区妇联举办了全区卫生应急技能竞赛,共有8个代表队36名人员参加了比赛。9月,以"喜迎十九大、赞颂劳动美、共筑中国梦"为主题,在沙溪镇组织开展了信州区首届夏布传统工艺制作技能竞赛,5个工艺比赛,125人参赛,多家媒体现场拍摄采访,让信州区的传统手工艺再次被大家关注,激发了广大职工以更加高昂的斗志和饱满的热情服务信州区经济发展。

【加强劳模管理培养】 春节期间,走访慰问79名劳模,发放慰问金6.54万元,信州区四套班子领导分别走访慰问了10名困难劳模。组织了25名省级以上劳模体检、5名劳模疗休养,为19名特殊困难劳模申请了困难补助,发放困难补助金10.07万元。"五一"期间,开展了以"劳模美、劳动美、工匠美、园区美"为主题的群众艺术汇演和职工书画艺术作品展,推荐了11名信州区劳模工匠在上饶电视台进行专题宣传报道,掀起了向劳模工匠学习的社会浪潮。推荐评选江西省五一劳动奖章1名、上饶市五一劳动奖章3名、上饶市五一劳动奖状、上饶市工人先锋号各3家、上饶市金牌教师1名、最美上饶工匠1名、上饶市五一巾帼标兵岗2个、上饶市五一巾帼标兵2名、上饶市女创业带头人1名。

【举办形式多样的文体活动】 联合西市街道胜利路社区开展了职工文艺汇演;举办了一期女职工育婴师技能培训班,55人参加培训;组织开展了一期职工心理健康大讲堂,参加人数达100余人;积极推荐信州区职工参加上饶市总工会组织的各项职工技能大赛,广场舞比赛荣获第二名,挖掘机技能比赛荣获第三名;与团区委、区妇联、民进区总支共同开展了"关爱留守儿童、助力精准扶贫"活动;6月中旬,与上饶市总工会、建设银行上饶分行、格鲁比母婴共同开展了"第二届爱心公益活动";重阳节,信州区总工会志愿者们参加了上饶市志愿者协会组织开展的"千人饺子宴共享重阳节"活动。切实开展12·4普法活动,引导广大职工自觉遵法学法守法用法,进一步维护他们的合法权益。

【开展工会"四送"品牌服务活动】 将工会"春送岗位、夏送清凉、金秋助学、冬送温暖"活动与精准扶贫和全区重点项目工作相结合,拓宽服务渠道,扩大服务群体。加强困难职工档案管理,动态管理,分类帮扶,为1155名困难职工实现建档立卡,2017年,共筹集和发放帮扶资金92万元。"五一"期间,与区人社局、区工商联、区就业局联合举办民营企业招聘周活动,1000余人现场签订招聘意向书;7月,到精准帮扶村沙溪镇白石村和区重点项目工地发放防暑降温物品500余份,价值2.5万元;9月,助学70名困难学子,发放助学金17.25万元。12月,为63名身患大病的困难职工申请大病救助12.6万元,对769名困难职工实施生活救助,发放救助金64.2万元。

【全力推进脱贫攻坚工作】　指派驻村第一书记和驻村干部，配齐办公设备，在有限的工会经费中重点倾斜村级扶贫资金，为沙溪镇白石村安装了路灯，为解决村民饮用水慌的问题，挖凿了一口"连心井"，帮助他们解决了1千米路面硬化资金问题，并结合工会品牌服务开展各项扶贫活动，信州区总工会机关支部党员自发为危房贫困户爱心捐款2万余元，入村走访慰问贫困户8次，发放慰问品300余份，全年累计用于扶贫工作资金15万余元，并积极组织机关党员干部开展"扶贫博爱"募捐活动。

【精心打造爱心平台】　在上级总工会的精心布置和信州区委、区政府的领导下，重点打造了北门街道吉阳山社区群团服务中心，整合群团组织各项服务职能，打通服务群众"最后一公里"。在北门街道吉阳山社区、朝阳产业园区等设立了"爱心驿站"，健全服务设施，整合各项工会服务功能，开展送帮扶、送清凉、送岗位、送知识和志愿者爱心等系列关爱户外劳动者活动，使"爱心驿站"成为工会组织服务广大职工（农民工）的"前沿阵地"。

【完善维权机制建设工作】　做好园区"三师一室"（法律援助律师、工资集体协商指导师、健康工程师、劳动争议调解室）建设，深入推进工资集体协商制度，指导企业完善职工代表大会制度和厂务公开制度，继续推进维护女职工权益保障工作，推进"女职工专项集体合同"的签订，多角度多方位完善职工维权帮扶体系。10月份，组织7家

企业，107个班组1632名职工参加了"安康杯"竞赛活动，进一步提高了广大职工的安全生产意识和自我防护能力。

【继续推进基层工会规范化建设】　紧紧围绕"建家·强家·暖家"专项行动，积极探索构建工会组织建设新模式，新建基层工会52家，发展会员2100人，推进基层样板工会和联合工会规范化建设，新建基层工会示范点6家，抓住"农民工入会"这个关键，着力打造了秦峰镇五石村农民工服务中心和东市街道大井头社区农民工服务中心，使工会各项服务措施更好惠及农民工。强化已有工会组织建设，专人负责基层工会组织"三证合一"更换和办理工作，确保基层工会组织规范化建设。

【统筹推进工会各项工作】　2017年，先后组织工会干部赴全国各地总工会考察学习，举办了二期基层工会干部业务知识培训班，培训人数达200余人；进一步拓宽工会普惠龙卡的使用范围，发挥工会龙卡服务会员的作用，联合永盛超市、上饶影城、建设银行信州分行、家电协会举办系列普惠活动；持续推进女职工保障工作，11月在园区惠明科技有限公司、宇瞳光学有限公司等企业签订了"女职工专项集体合同"；加强工会经费管理和职工互保工作，加强与税务部门的沟通与联系，形成工会经费收缴合力，共征收工会经费309.7万元，完成上解工会经费任务131万元，共完成职工互助保障费56.1万元，为职工大病理赔29.1万元。

（黄　梦）

共青团信州区委员会

【概　况】　共青团信州区委员会内设办公室、学少部、组织宣传部、青年发展部等4个部门，共有基层团委13个，团支部245个，团员8912名。2017年，团区委深入学习贯彻中共十九大及团的十八大精神，坚持围绕团内工作主线，服务党政工作大局，努力破解凝聚青年难题，大力创新联系青年机制，着力创优服务青年平台，全力创建服务青年品牌，不断推动全区共青团深化改革工作实现新突破和新发展。

【举办信州区青年创新创业论坛】　1月8日，由团区委主办、7890众创空间承办的"相扶与共、众创辉煌"青年创新创业论坛在欣凯皇冠酒店举办，200多名奋斗在创新创业第一线的青年代表参加论坛。区委副书记王兆强致开幕词，团市委副书记汪剑飞就共青团如何进一步做好服务青年创业工作提出意见。该论坛是团区委2017年服务青年创新创业系列活动的始发站，也是凝聚和服务青年创新创业人才的重要举措。

【举办"青年之声"家庭教育公益讲座】　4月8日上午，由团区委主办，区教体局团委、东市街道团委、上饶合力万胜商业管理有限公司团总支承办的"青年之声"家庭教育公益讲座在万力时代影厅举行，讲座邀请全国知名家庭教育专家范津，与家长探讨"怎么说，孩子才会听"等话题，300余名学生及家长聆听讲座。

【信州志愿服务中心正式成立】 4月23日,由区文明办、团区委、区红十字会联合发起成立的信州志愿服务中心举行揭牌仪式。市委常委、宣传部部长丁晓胜、区委领导为中心揭牌并为志愿者队伍授旗,市文广局局长毛敏珍、市文明办副主任俞健、区委副书记王兆强、区人大常委会主任徐志勇、区政协主席程茹、区委宣传部部长、副区长梁丽娟分别向志愿者队伍授旗。中心的成立让信州志愿者们有了自己的大本营和根据地,标志着信州区志愿服务工作迈上新的台阶,进入制度化、规范化、常态化的轨道。

【举办"五四"爱国主义教育论坛】 5月4日上午,由区委、区政府主办,区委宣传部、区人武部、团区委、《人民法治》江西课题中心承办的"五四"爱国主义教育主题讲座在上饶国际会议中心举行,讲座邀请了中国当代著名军事专家徐光裕将军深度精彩地阐述了中国当前面临的安全形势。中国行为法学会金融法律行为研究会副秘书长王家和出席,全区各级领导干部、各行政单位负责人,以及市民朋友共770余人聆听了讲座。

【组织召开"五四"青年干部座谈会】 5月4日下午,团区委组织召开"五四"青年干部座谈会,区委领导出席会议,区委常委、组织部部长周福花主持会议,各镇街、区委各部门、区直各单位、各人民团体中的30名85后青年干部代表参加会议。会上,区委领导向全区广大青年朋友致以节日的问候和美好的祝福,并寄语希望每个青年心里有

远方,脚下有力量,记住行稳致远,把个人的理想和信州的发展联系起来,展现新时代青年干部的风采。

【举办信州区首届少儿诗词大赛】 5月20日,团区委、区教体局、上饶万达广场联合举办信州区首届少儿诗词大赛。活动以"诵读经典、传承美德,知行合一、学以致用"为主题,通过努力营造诵读中华经典古诗文的浓厚氛围,大力推动经典诵读进课堂、进校园、进家庭,在全区各学校掀起诵读经典的热潮。最终,上饶市第一小学荣获一等奖,上饶市逸夫小学获得二等奖;上饶市实验小学获三等奖。

【开展"关爱留守儿童助力精准扶贫"庆"六一"活动】 5月28日,由团区委、区妇联、区总工会、民进区总支主办的"关爱留守儿童助力精准扶贫"庆"六一"活动举办。100名留守儿童、贫困学子参加活动,游科技馆、玩心理拓展游戏、吃肯德基、看电影等活动,孩子们度过了一个特别而有意义的"六一"。此次活动是团区委青春扶贫活动的一项重要内容,目的是营造全社会关注参与精准扶贫的良好氛围,把精准扶贫做细做实,帮助农村留守儿童及贫困学子健康快乐成长、无忧无虑学习。

【首个省级改革创新研究课题顺利结项】 全省共青团改革创新有关专题研究课题《中学共青团工作现状及改革路径研究》(项目编号:TQYJ2016Z10),顺利通过团省委审核,准予结项,并颁发结项证书。此次研究通过问卷调查和访谈,充分了解了中学

共青团工作的现状,分析了中学共青团工作存在的问题。同时,通过对中学共青团改革多个维度的具体研究,有针对性地提出具体对策和建议,对中学共青团改革和日常工作及团支部、团干开展工作具有一定的借鉴作用。

【打造万力时代青年空间】 7月,由团区委、上饶市合力万胜商业管理有限公司团总支共同打造的万力时代青年空间正式开放运营。空间是依托万力时代广场打造的开放性青年综合服务平台,分为团青基地、青年驿站、志愿V站、微创社区、青年之声、青年讲堂6大区域,为青年搭建阅读交流、艺术沙龙、志愿服务、创业服务、宣传教育、影视娱乐等平台。

【举办上饶市首期青创茶经会】 9月20日,由团市委、市青联主办,团区委承办的上饶市首期青创茶经会在6号库文创园举办。团市委副书记汪剑飞出席活动。青创客、青创企业家代表共计40余人参加活动。上饶师范学院经管学院副教授林建军、江西巨网科技股份有限公司董事长郑剑波等4位嘉宾,从自己的创业经历、互联网与传统产业的融合、创业形势及环境等多角度阐述对创业的理解,给创业青年提出了宝贵意见。

【团省委"百场培训送基层"活动走进信州】 9月21日,团省委"百场培训送基层"活动信州区专场在区教体局举办。团省委办公室副主任李冻生,江西青年职业学院、江西省团校教师李彩玉为信州区基层团干授课,各镇(街道)团委、中职中学团委、

区直单位及企业团组织负责人等40余人参加培训。

【壹基金"温暖包"温暖信州】 12月16日，由团区委、区妇联、上饶市志愿者协会主办的壹基金"温暖包"温暖信州发放仪式在信州志愿服务中心举行。区委副书记王兆强、区人大常委会副主任夏子福、副区长梁丽娟、区政协副主席苗天红等出席仪式。50名受助儿童代表参加仪式。该项目是在团区委、区妇联、上饶市志愿者协会的大力号召和广泛宣传下，通过网络众筹的方式，历时3个月，共为信州区困境儿童筹集"温暖包"104个，价值3.8万元，发放区域覆盖全区9个镇街。温暖包中包含棉衣、棉鞋、书包、袋鼠玩偶、儿童减灾读本、护手霜等12样物品。

【共青团信州区第二次代表大会胜利召开】 12月27日，共青团信州区第二次代表大会召开。区委副书记王兆强、区政协主席程茹、团市委副书记詹冠男、区人大副主任夏子福、副区长徐艺华、梁丽娟、区政协副主席苗天红等出席开幕式。大会听取并审议通过了韩潇代表共青团信州区第一届委员会作的题为《不忘初心跟党走牢记使命勇担当在高标准建成省域副中心城市核心区的新征程中贡献青春力量》的工作报告。大会选举产生了由21名委员、10名候补委员组成的共青团信州区第二届委员会。在随后召开的共青团信州区第二届委员会第一次全体会议上，选举产生了共青团信州区第二届委员会常务委员、书记和副书记，韩潇当选为团区委书记，叶峰当选为团区委副书记。

（程璨加）

信州区妇女联合会

【概况】 2017年，信州区妇联在区委、区政府的正确领导和市妇联的精心指导下，紧扣区委、区政府中心工作和上级妇联工作任务，发挥优势，凝聚力量，履行职责，服务发展，响应"巾帼心向党，建功新时代"号召，团结带领全区广大妇女为把信州区高标准建成省域副中心城市核心区贡献智慧和力量，取得了一定成效。

【举办女性专场招聘暨服务园区企业招聘会】 3月7日，区妇联参与承办了上饶市2017年女性专场招聘暨服务园区企业招聘会。该招聘会在市人力资源市场举行，共有123家企业参会，招聘就业岗位高达3794个，涉及金融、教育、销售等众多行业。活动当天，来现场咨询的女性也络绎不绝，许多人甚至当场达成了就业意向。女性专场招聘会为求职妇女提供了丰富多样的就业选择，缓解了女性务工压力，深受广大妇女求职者青睐。

【维护妇女儿童合法权益】 实施"春蕾计划"与"贫病母亲救助"，维护贫困妇女儿童权益。春蕾计划是致力于帮助贫困女童、女大学生的一项帮扶工程，自该工作开展以来得到了众多单位的参与和大力支持，捐款总额达130730元，受益人数达200余人。在"99腾讯公益日"，区妇联、区团委发起了温暖包募捐活动。活动得到社会各界的大力支持，爱心人士纷纷伸出援手，共获得温暖包90个，每个温暖包价值365元，全部发放给信州区各镇街的贫困儿童。母亲节，为体现"娘家人"的关怀，在前期摸排的基础上，区妇联入户走访了10位贫病母亲，送去每人5000元的扶贫救助款以帮助她们渡过难关，改善现状。畅通信访渠道，加强妇儿维权服务，对涉及维护妇女儿童权益的案件，应帮尽帮，并及时为他们进行调解或者申请法律援助。区妇女联合会结合购买的保障妇女儿童权益的服务项目，在电话维权热线的基础上开通了"信州区妇联"微博的网上维权服务，进一步畅通了信州区妇女群众的信访渠道，为她们提供了便捷、可靠的维权服务。据统计，2017年，妇联系统共接待处理群众来信来访来电90余件次，其中12338妇女维权公益服务热线共接待来电26件，大部分都已得到妥善处理。加大向社会购买服务力度，完善向社会力量购买妇女儿童公共服务的机制，通过公开招标、邀请招标等方式吸引更多的社会力量参与承接服务项目。争取省妇联18万元经费用于儿童快乐家园、网上家长学校、妇女维权等方面服务，延长了工作手臂，更好地开展对留守流动妇女儿童、贫困妇女的关爱帮扶工作。

【开展宣传活动促进妇女儿童与社会和谐发展】 3月3日，区妇女联合会联合市妇联、市综治办等多家单位在市中心广场举行开展"建设法治中国·巾帼在行动"为主题妇女维权宣传系列活动，活动现场通过咨询台、发放宣传册的方式宣传反家庭暴力法;3月7日下午,市、区妇联在西市街道解放路社区联动开展了以"建设法治中国巾帼在行动"为主题、以《中华人民共和国反家庭暴力法》为重点的普法宣传活动,特邀法援中心律师和佰家社工心理咨询师为妇女群众答疑解惑,加大了法律宣传力度,进一步引导广大群众妇女自觉尊法学法守法用法,增强维权能力,更好维护自身权益;同期开展了《中华人民共和国反家庭暴力法》实施一周年签名活动。通过活动,大大唤起了女性同胞的自我保护意识,强化了法律宣传力度,让该法律更加深入人心、家喻户晓。6月初,参与了"上饶市信州区禁毒宣传"活动,全会干部通过微信平台关注"全民禁毒"公众号,并通过转发方式广泛进行宣传;巾帼志愿者还走进社区、走上街头向市民们分发《珍爱生命远离毒品》《如何发现和识别制毒工厂及制毒前体工厂》等宣传册,通过宣传讲解使她们了解这些违禁毒品在社会中传播可导致的危害性,应时刻注意身边的毒品违法行为,为了自身健康、家庭和谐,应远离毒品。7月,全市"平安家庭"现场推进会上与会人员参观东市街道紫园社区,实地了解社区创建工作做法,并听取信州区婚姻维护中心对婚姻家庭调解工作的经验介绍,利用文化平台打造和网格化管理、发挥婚姻调解工作的作用,有力地促进家庭和谐。

【开展"平安家庭"建设】 开展"家风、家教、家训"系列宣传活动,依托社区妇女儿童之家抓好家风建设。在全区村(社区)妇女儿童之家,重点开展了"平安家庭""最美家庭"示范创建活动。采取"示范先行、整体推进"的方式,各镇(街)全面抓好"家风、家训、家教"建设,同时依托学校开展系列家风教育活动,通过校园广播播报、集体活动等形式大力弘扬优良家风,引导广大学生将好家风带入家庭。

【推进镇街、村(社区)妇女组织换届工作】 全面部署镇(街)妇联组织换届及村(居)会改联工作,大力推进各镇(街)妇联组织区域化建设,截至年底,镇(街)妇联组织换届工作全部完成到位,选举主席9名,副主席19名,其中兼职副主席9名,执委223名;村(社区)妇代会一律改建为妇联,村(社区)妇联组织于12月底全面完成会改联工作。

【信州区妇儿活动中心竣工并投入使用】 在上级部门的支持下,12月初,信州区妇儿活动中心竣工。活动中心设有舞蹈、音乐、美术、健身等功能室,可以满足不同兴趣爱好者的需求。完善儿童活动中心的功能设施,积极开展内容丰富的儿童主题活动,并根据儿童活动中心的特色和优势,将家庭教育纳入工作范畴,开展形式多样的亲子互动和体验教育,使之成为信州区妇女儿童开展活动的又一阵地。

【精心组织各类活动】 3月10日,由区妇联组织在上饶会议中心一楼大会议举行了2017年庆"三八"节表彰会暨旗袍秀大赛。全区15支代表队近150名旗袍爱好者登台,特别是由13名县级女领导组成的表演队领衔演绎了信州女性优雅知性的一面。此次大赛规格高、水平齐、影响广,当晚《信州资讯》立即推出宣传特辑,刷爆了朋友圈,阅读量创历史新高,有效地展示了新时代信州女性积极进取、奋发有为的精神风貌。会上还宣读了三八红旗集体、"妇女儿童之家"星级创评先进单位、宣传工作先进集体、三八红旗手、四星级平安家庭暨文明家庭户的表彰决定。5月末,开展"六一"走访少儿活动,市委书记马承祖一行在区领导的陪同下到市实验小学走访看望少年儿童,给孩子们送上节日的祝福和礼物。区巾帼联谊会一行,走访慰问了灵溪镇日升小学的小朋友,赠送了书包和体育用品。开展向留守儿童献爱心、做好三个"1"活动(即捐1本书、过1个节、圆1个梦),为了让全区广大留守儿童感受到社会的关爱,加强留守儿童与外界的沟通接触,了解留守儿童所盼、所想,圆孩子们心中的一个梦,给留守儿童提供多读书、读好书的机会。

(周　璨)

信州区归国华侨联合会

【概　况】 2017年,信州区现有归侨29人,其原国籍分别为印尼、缅甸、菲律宾、马来西亚、泰国、越南、日本、新加坡;国内归侨侨眷、港澳眷属约4000多人;海外华人华侨、港澳同胞4000多人,侨资、侨属企业8家。信州区侨联在区委、区政府的正确领导下,在市侨联的精心指导下,紧紧围绕全区发展大局,坚持凝聚侨智,发挥侨力,坚持为侨服务的方针,积极履行职责,认真开展工作,团结全区广大归侨、侨眷,推动信州区经济社会和谐稳定。

【凝聚侨心、汇集侨力、为侨服务】　2017年,信州区侨联组织慰问走访倪木和、陈日升等20多户归侨侨眷,送去了总计2万余元的物资和慰问金。侨联争取到澳大利亚华人华侨魏基成在江西省侨联的"天籁列车"助残行动物资,计100多万元的助听器和老花镜,为信州区失聪人员雪中送炭。3月8日,组织走进福海老年公寓,为老人送去年了价值40多万元的助听器和棉袄棉被,为公寓一对金婚老人送上了鲜花和礼物,陪伴老人度过一个愉快的三八节。8月,为期3个月的侨资侨企业及侨界人才的调查摸底活动,在开展侨资侨属企业调研活动中,侨联深入信州区部分侨属企业了解企业生产经营情况,听取了企业提出的意见和建议,对企业反映的问题,积极帮助与有关部门协调解决。共摸底出全区规模以上的侨资企业6家,侨界优秀人才30多人,上报省侨联备案。

【开展扶贫帮困活动】　2017年,侨联扶贫帮困结对对象共6户,侨联干部每月定期入户掌握贫困户家中的生产生活生活状况,对贫困户遇到的困难切实可行加以解决,全年,共送去走访资金和物资约1万元左右。

【开展共建共享活动】　3月,与区红十字会组成旗袍秀队伍参加了区妇联组织的旗袍秀大赛,荣获优秀奖。10月,由多个群团共建的群团服务中心在上饶市北门街道吉阳山社区成立,

侨联参与其中,并在此中心成立侨胞之家,让更多的侨胞有地可去,更好地服务侨界人士。

【加强与海内外华侨华人联系】　4月,侨联赴澳门参加了第二十二届缅华互助会举办的系列活动,并带去了代表信州区文化特色的夏布画赠予澳门缅华互助会,为信州区特色文化产业走出国门,走向世界打好了前站,区归国华侨联合会参与多项联谊活动也取得了良好的交流效果。

【完成群团改革方案】　2017年,信州区出台了《信州区群团改革总体方案》,为进一步将侨联群团改革落到实处,多方调研,出台了《信州区侨联群团改革方案》,方案从侨联的领导机关组织设置和人员配置、强化侨联工作保障、侨界人士参政议政、侨联工作的开拓创新等都作了详细的改革。

（苏珊梅）

信州区工商业联合会

【概　况】　信州区工商业联合会、总商会实行"两块牌子,一套班子"的体制,共有主席1人,副主席3人(秘书长由副主席兼任),兼职副主席9人,兼职副会长11人,常委28人,执委43人。第四届执行委员会共有执委95人,执委当中有市人大代表1人,市政协委员2人,区人大代表3人,区政协委员19人(其中区政协常委6人)。2017年,充分发挥统一战线人民团体和民间商会的优势,依照章程,履行职能,较好地发挥了"桥梁""纽带"和"助

手"的作用,为全区非公有制经济健康、快速、和谐发展作出了积极的贡献。区工商联荣获全国工商联"五好"县级工商联荣誉称号,信州区白鸥园商会被评为全省优秀基层商会。

【参政议政】　在区政协五届二次会议,区工商联共递交政协提案10篇,其中立案10篇。分别是:《关于加速我区物流产业发展的几点建议》(龚桃)、《关于加强新320国道交通安全管理的建议》(俞奕鹏)、《发展信州农产品加工园的建议》(王世兴)、《关于在白鸥园后停车场修建立体式停车场的建议》(周金兵)、《关于加强对民间理财公司监管,减少恶意金融事件的提案》(廖利火等两名委员)、《关于加强对企业负责人及财务人员财税知识培训的建议》(吴承平)、《推进农村电商发展,建设信州现代农业产业园》(徐晨辉)、《关于城区占道车辆管理的几点建议》(汤淑智)、《关于"解决大病救助资金困难和银行对接"的几点建议》(马丛良)、《依托高铁优势,打造信州区域旅游品牌》(廖怀相)。区工商联通过政协委员提案的方式,认真履行了政协重要组成界别参政议政的职能。

【社会服务】　11月14日,区工商联召开"企业进村助力精准扶贫"工作推进会,有针对性地制定切实可行的帮扶措施、长远的发展规划,号召爱心企业、社会团体加入到帮扶队伍,加入到脱贫攻坚行动中来。截至12月31日,12个挂点企业一对一捐赠建档立卡贫困学生65人,现金6.92万元。同时,也号召广大

会员积极参与社会光彩事业,全年组织企业分别到各中小学进行了一系列的助学捐赠活动,累计捐赠书籍5000余册。按照区委的统一部署,区工商联机关全体干部也积极参与精准扶贫行动,挂点灵溪镇张家村,共包干12户建档立卡贫困户。

【服务会员】 结合"两个健康"活动,做了以下工作:走访了80余家会员企业、3个基层商会、1个外埠商会,充分了解了他们在当前经济形势下的经营状况,为他们出谋划策。在年初的四届二次执委会上,为广大会员对接区就业局的小额担保贷款,及时解决了部分会员资金短缺的问题,并对与会人员开展了专题财务知识培训。组织部分班子成员和兼职副主席、副会长赴湖南省韶山市工商联(总商会)和长沙市岳麓区工商联(总商会)考察招商,交流和学习对方企业的先进工作经验和成果。配合区委区政府和相关职能部门,参与举办了2017年信州区"创新发展迎五一,就业创业惠民生"民营企业招聘周活动,为会员企业提供了招聘平台。在微信公众号的微官网中,开设了政策法规、会员风采、会员活动、招聘信息等板块,及时宣传降成本优环境等相关惠及广大会员的政策,有效发布会员企业招聘信息,充分展现会员自身发展和参与光彩事业的风采。

(江 鹏)

信州区残疾人联合会

【概 况】 2017年,全区有持证残疾人6744人,从结构分类来看:视力残疾714人,占10.59%;听力残疾573人,占8.50%;言语残疾191人,占2.83%;肢体残疾3506人,占51.99%;智力残疾725人,占10.75%;精神残疾882人,占13.08%;多重残疾153人,占2.27%。

【两补工作扎实推进】 为进一步改善残疾人状况,提升残疾人幸福指数,区残联通过环环相扣、层层推进的方式切实抓好"两补"政策的实施。继续执行残疾人"两项补贴"二级三审制,即村(居)一线受理、镇街残联初审、区残联审核、区民政审定的工作机制,并进行张榜公布,受理"两补"政策实施过程中的违规行为。会同民政部门联合下发文件,对不符合享受"两补"对象及时清理,并对新增两补对象进行审核认定,确保不少不漏。全年累计10836人次享受两补资金325.08万元,惠及残疾群众4188人。

【动态更新顺利实施】 为确保动态更新工作圆满完成,区残联制定了《工作方案》,分镇、街召开了动态更新工作动员会议、开展了人员培训、积极落实调查经费及相关保障措施等,截至8月15日,信州区动态更新采集底册共有残疾人7153人,共计完成采集残疾人6618人,死亡注销379人,完成率为95%。其中,入户采集6343人,电话采集275人,经审核通过完成上报工作。

【就业创业落到实处】 2017年,区残联以残疾人"就业工程"为着力点,着力激发残疾人自我发展的内生动力。针对残疾人就业意愿、技能与用工需求结构失衡问题,区残联采取了个性化培训的方式,为企业量身定制开展DIY培训,大力推行小训班、精训班等新型培训模式,全年开展了农村残疾人实用技术培训近130人次,为企业定向培训55名残疾人,实现稳定就业。继续加强示范基地建设,相继批复上饶市圣恩农业发展有限公司、信州区残疾人电商产业孵化园等一批残疾人就业创业基地,这些基地各有特色和扶残方向:如鲜禾农业以菌菇种植产业扶贫的方式,采取"扶贫资金+建档立卡残疾人贫困家庭"投入菌菇包获取收益的方式扶持建档立卡残疾人脱贫,已在信州区多个村实现规模化种植,惠及建档立卡贫困残疾人400余人。积极引导残疾人自主创业、自谋职业,并给予政策扶持,指导和帮助他们申请贷款,解决各种困难和问题。全年共投入就业创业扶持资金8万余元,其中对11家盲人按摩店,每店给予了2000元的经营扶持,稳定了近50余个盲人就业。此外,还积极和上饶市畅通占道收费公司对接,在停车占道收费岗位上始终安置残疾人收费员50余名。通过政府购买公益性岗位和设置农家书屋管理员岗位,对191名有一定文化、素质较强的残疾人,层层选拔至各(镇)街、村(居)社区任专职委员和农家书屋管理员,此外9名镇、街道残疾人专委和2名残疾人信访工作联络员全部实现了全日制办公,"有人管事、有人办事",取得了良好的社会效益。

【康复工作稳步提升】 创建了

信州区残疾人辅助器具资源中心,扩大了服务场地、构建了无障碍环境、设置了展示区等。积极"筑巢引凤",和江西省残疾人福利基金会联手打造了全省首家县、区级"残疾人之家",并相继开展了"集善工程——澳门基金会助听行动、上海电气助行行动"等系列活动,捐赠了30台轮椅、20台助听器及约3000件服装,得到残疾群众的称赞。完成民生工程助听器、彩票公益金聋儿康复训练和"七彩梦计划"人工耳蜗等听力残疾儿童抢救性康复项目,资助康复训练补助经费32万元,发放聋儿助听器24台,受惠聋儿29名;完成7名智障儿童抢救性康复项目,资助康复训练补助经费8.4万元,并为10名残疾儿童康复训练提供了转介服务;为8名肢体残疾人免费安装假肢,为160余名残疾人送上了康复健身器材,为残疾人发放辅助器具900余件,减轻了残疾人的生活负担,提高了残疾人的出行能力。

【助推脱贫成效显著】 自脱贫攻坚工作开展以来,区残联高度重视,精心组织,全力以赴做好结对帮扶工作,选派了第一书记,成立了工作队,同时为帮扶村提供了2万元的工作经费。与"超级冠军联盟"爱心企业联合举办了以"同享一片蓝天 共献一点爱心"为主题的结对贫困户帮扶活动,为56户贫困残疾人捐赠了被子、米和油物品,使他们充分感受到社会大家庭的温暖。为贫困户柯维来爱心捐款3800元,为贫困户柯水英发放"金秋助学"金1000元。结合实际,按照"普惠+特惠"的原则,出台了《关于进一步做好建档立卡残疾贫困户"三项工作"落实服务的通知》,积极配合扶贫等部门做好相关政策解读、信息核实以及政策措施落实等工作,加快推进残疾贫困人员的脱贫进程。对未办证的残疾人及疑似人员,结对帮扶干部积极做好解释说明及动员工作,以便尽快按既定程序申办。同时针对13名常年卧床的建档立卡贫困残疾人,提供上门入户服务。

【组织建设巩固完善】 区残联顺利召开了信州区残疾人联合会第三次代表大会,大会选举产生了区残联第三届主席团主席、副主席,聘请了名誉主席、副主席,推举了执行理事会理事长、副理事长;同时召开了信州区残疾人五大专门协会换届大会,通过选举产生了信州区残疾人五大专门协会主席、副主席、秘书长;通过换届,残联的凝聚力、号召力得到有效增强,代表和服务功能不断优化。全区9个镇、街残联同步完成了换届并配备了理事长,村、居均成立了残协,公开选聘了140名残疾人专职委员,残疾人组织覆盖率100%,构建起了横向到边、纵向到底的"三级残疾人组织网络"。

【扶残助残有声有色】 利用春节、"全国助残日""国际盲人节"等节日期间走访慰问贫困残疾人,累计发放慰问金、慰问品10余万元;开展阳光家园计划托养80人,发放残疾人机动车燃油补贴156人次,实施农村贫困残疾人危房改造30户。开展"通向明天交通银行残疾青少年计划"助学项目,为4名贫困残疾学生发放助学金0.8万元。

【大力宣传营造关爱残疾人氛围】 充分利用报刊、互联网、微信平台等媒体,大力宣传残疾人事业和法律法规,尤其是各项惠残政策,提高残疾朋友的知晓度,营造理解、尊重、关心残疾人的良好社会氛围。5月18日《江西日报》专题报道了信州区的残疾人两补工作;新华社5月20日题为《奔向小康,他们也乘上了这趟"幸福列车"》的报道也做了内容摘录,《光明日报》、中国经济网等中央线上线下媒体以《郑乐平:不忘初心,前进在希望的田野上》为题相继报道了信州区残疾人郑乐平自主创建上饶市龙燕农业有限公司的感人故事,为全区残疾人创业就业树立了一个良好的榜样和典型。

(占晓英)

信州区科学技术协会

【概　况】 2017年,区科协在区委、区政府的领导下,在市科协的支持下,围绕中心、服务大局、在服务科技工作者,服务创新驱动发展,服务提高公民科学素质和服务党委政府科学决策等方面积极作为。区科协举办的"创新驱动、服务三农——农技交流现场会"荣获中国科协颁发的"2017年全国科普日优秀活动",上饶市逸夫小学科技活动中心、上饶市第五小学科普活动中心荣获"2017年度江西省科普教育基地",沙溪农业产业园被评为"江西省农函大产业扶贫实训基地",朝阳镇西园村荣获2017年度上饶市党员科普致富示范村。

【院士工作站建设】　区科协在重大项目开发、高层人才培育、科技合作交流等方面积极作为,一直把院士工作站建设作为信州区实施创新驱动发展战略一项重要工作,多次到企业实地考察调研,对符合建站条件的积极与院士沟通联系。11月,中科院桂建芳院士与上饶市信江刺鲃鱼发展有限公司成功签约成立首家市级院士工作站——信江刺鲃渔业院士工作站,有效激活企业的研发资源,提高科技成果转化效率,提升企业的核心竞争力和知名度。

【科普宣传活动】　2017年,区科协认真组织开展了"科普之春"暨学雷锋科普志愿者服务月活动、"科技活动周""全国科普日"等系列科普活动,大力营造人人讲科普的良好氛围。先后在逸夫小学、东都社区、西园科普示范基地、数字体验中心科普教育基地开展全国科普日活动,内容包括校园科技活动、社区文艺汇演、果酒品鉴会、数字体验中心参观等。在市一小开展了"缤纷科技梦、快乐嘉年华"第六届科技节活动、在三小开展了"大众参与·感受科技魅力"科学嘉年华活动,在十九小开展了科技节活动,带领灵溪小学留守儿童参观科技馆活动。在东都社区开展"社区共建话科普、居民亲情闹元宵"活动,在稼轩社区开展消防讲座进社区活动,在吉阳山社区开展环保酵素公益讲座,在钟灵社区开展江西省百场科普报告进社区及免费体检、义诊等活动。各类科普宣传活动近30次,动员和组织科技工作者、科普志愿者200余人,参加的专家、学者50余名,免费发放科普宣传资料20000余份。在社区、学校、基地等设立了"科普e站",配置科普屏媒,形成社区、学校、基地一体化的科普屏媒阵地,推送了大量惠民科普信息。

【农村实用技术培训】　区科协组织农业专家深入各镇,根据产业发展实际和农民的需要,以推广示范先进适用农业技术、新技能和市场新信息等为重点,有针对性地开展实用性和实践性强、多层次和多形式的农民培训教育,先后在镇及产业扶贫实训基地举办江西省农函大"农村新型人才素质提升培训"信州区刺鲃鱼养殖管理培训,农村党员科技致富带头人短训班无公害水果、水稻种植培训以及农函大短训班,农技交流现场会等15期,培训1300余人次,发放培训资料和科普书籍近10000份,进一步提高农村党员干部的种植养殖技术水平及科技致富能力,为全区新农村建设和农村经济发展作出积极的贡献。

【"基层科普行动计划"】　2017年,区科协继续实施"基层科普行动计划",重点关注社区、学校科普宣传,农村科普带头人、农村科普示范基地、科普教育基地等,进一步带动基层科普活动的开展。经项目申报、实地考察等,秦峰镇占村村油菜科普示范基地、沙溪镇圣恩花卉科普示范基地、朝阳镇西园生态农业科普示范基地、农村科普带头人蔡呈好、上饶市数字体验中心科普教育基地等被评为2017年上饶市"基层科普行动计划"奖补单位,下达奖补资金及科普宣传专项资金24万元。

【"银会合作"】　为解决基层农技协和小微企业融资难、贷款难等突出问题,培育和扶持一批优秀的基层农民合作组织和企业投身于农技社会化服务和现代农业发展,同时解决银行服务"三农"过程中面临的诸多难题,区科协联合多家银行开展"银会合作"工作。多次到企业调研,传达上级"银会合作"工作有关精神,部署全区"银会合作"相关工作。全年对3家单位发放贷款533万元,有效促进"科技+金融""融智与融资"的结合。

【科协系统改革】　结合信州区实际,出台了《信州区科协系统深化改革实施方案》。从优化组织结构、健全体制机制;改革学会管理机制;创新面向社会提供公共服务产品机制以及加强对科技工作者的政治引领等方面进行改革。出台了《信州区全民科学素质行动计划纲要实施方案(2016—2020年)》,进一步明确"十三五"期间全民科学素质工作的重点任务和保障措施,确保实现2020年信州区全民科学素质工作目标。

【科技信息推广应用】　积极选派企业参加市科协举办的科技信息企业推广应用服务及专利人才培训会,为企业创新提供人才、信息、技术等方面的支持,提高企业自主创新能力,促进科技成果转化。全年注册使用专利信息数据库网络企业用户10家,为企业技术创新提供科技支撑。

(卢　红)

信州区红十字会

【概　况】　2017年,在区委、区政府的正确领导下,信州区红十字会大力弘扬"人道、博爱、奉献"的红十字精神,认真履行工作职责,全年募集款物358.77万元,发展团体会员41个,建立各类志愿服务队41支,志愿者314人,荣获全市红十字系统年度综合考评第一的好成绩。

【完善组织建设工作】　建立各类志愿服务队11支(应急救援、人道救助、捐献造血干细胞、宣传无偿献血、红十字精神传播、筹资劝募、心理危机干预、医疗应急救护、遗体捐献、红十字蓝天救援——信州直属队、红歌艺术团)。设立救灾备灾仓库1个,社区公益服务点3个,义卖点2个,在全区9个镇、街设立基层红十字组织(其中西市街道设红十字会),在上饶市第十一小学成立学校红十字会。

【加强救护培训工作】　承接红十字总会"生命健康安全"项目,在各镇(街)村(居)开展12期救护员培训,共计培训救护员620名。与市红十字会在上饶市第二十小学联合打造"生命安全体验教室",成为上饶市首个生命安全体验及培训基地。持续开展救护培训进机关、进学校、进企业、进社区、进农村"五进"活动。在五小、八小、九小、沙溪中心小学、沙溪中学、灵溪中心小学、沙溪东风小学、朝阳中心小学、秦峰中心小学等近20所学校开展了应急救护进校

园培训,切实增强了孩子们自我保护和安全防范意识,提高了整体素质和应急突发事件的能力。

【拓宽筹资渠道、增强救助能力】　以"博爱扶贫基金""十分爱基金"为依托,积极推动广大干部职工、爱心企业踊跃捐款捐物。持续开展"66"救助计划,针对贫困学生、特困留守儿童、城乡特困老人、孤儿,有先天疾病的贫困人群,遭受自然灾害人群,贫困残疾人等提供帮扶和救助。为加大对六类人群(助残、助困、助医、助老、助孤、助学)的救助力度。继续开展"博爱送万家活动"。向各镇、街特困党员和特困群众及在校孤儿发放棉被、棉衣、鞋及慰问金,共计人民币40余万元。

【开展人道救援工作】　成立蓝天救援队——信州直属队,共有编内队员50人,志愿者132人。奔赴各省市10余处,参与大小救援100余起,出任安保任务80余起,宣教30余起,累计受益人数已超万人。

【促进健康事业发展】　联合卫计委、中心血站等部门积极开展无偿献血及造血干细胞捐献工作,已有156人自愿加入造血干细胞捐献志愿者的行列,成为中国造血干细胞捐献者资料库(中华骨髓库)的入库志愿者。通过宣传和动员,信州区已动员18名志愿者签署造血干细胞《高分辨检测知情同意书》,成功捐献5例,22名遗体捐献志愿者完成了登记工作。

（包　靖）

信州区文学艺术界联合会

【概　况】　信州区文联下设7个协会(信州区摄影家协会、信州区音乐家协会、信州区美术家协会、信州区舞蹈家协会、信州区作家协会、信州区书法家协会信州区戏剧曲艺家协会)和信州诗词学会、信州书画院共9个群团组织,区编制4名(参公),在职人数4人,退休人数1人。2017年按照"把握方向,加强联谊;走出去,请进来;打造精品,繁荣文艺"的工作思路,坚持"两为"方向,"双百"方针和"三贴近"原则,搭平台、抓创作双措并举,积极履行"团结引导、联络协调、服务管理、自律维权"职能,各方面的工作都取得了新进展、新成效。12月初,信州区文联组织信州书画院协助茅家岭秀美乡村塔水村创作油画工作室。

【与各单位联合举办多项文艺活动】　为进一步落实文化信州建设,切实推动全区文艺事业发展,广泛开展群众性文化活动,丰富市民精神文化生活。共举办多次特色文艺活动:1月中旬,区文联在市中心广场、信州区政府大院、秦峰镇五石村举办了3场"盛世新年 幸福信州"2017贺新春送春联公益文化活动;十余位书法名家泼墨挥毫给信州区居民带来"吉祥"和"福气"。1月底至2月初,由信州区委宣传部、信州区文联联合主办了罗田喜"笔底波澜 时代风采"油画作品展;4月中旬,上饶

市文联牵头主办,信州区文联协办了上饶市艺术家沿经济巡查路线采风活动;6月1日—5日,文联协办的上饶师范学院首届书法专业毕业展在南昌开展;6月中旬,由信州区纪检委主办,区文联协办"德润万家"家风家训书法展;7月,信州区文联选送多个节目参加上饶市少儿曲艺大赛,获特等奖6名,一等奖10名,信州区文联获得优秀组织奖;7月,由信州区美协主办,信州区文联协办的朱饶贵画展"朱颜"在带湖路文化创意空间6号楼开展;8月26日,由信州区书画院主办,区文联协办了"走进泰宁——信州书画院秋季采风行"活动;9月,信州区作协主编《信州》杂志出版;国庆期间,由信州区美协主办、区文联协办的"老年大学迎接十九大书画展";10月,区文联联合信州书画院在东岳庙主办"2017年中秋诗会",多位诗词名家齐聚一堂,对月抒怀;10月28日,由信州书画院主办、区文联协办了书画家重阳节铜钹山采风活动;11月,由信州区文联与上饶市武警支队教导队共同主办"庆祝十九大警民联欢会"活动;11月,信州书画院主办、区文联协办了万年裴梅镇稻米生产基地采风活动;12月中旬,组织信州区书画院协助沙溪向阳龙门额秀美乡村建设,打造信州区书画院夏布书画写创基地。12月,由区文联主办、信州书画院承办"庆祝十九大书画作品邀请展"开展,此次书画展共征集书画作品138件、其中参展作品123件,吸引近3000余名群众观展。这些活动取得了良好的社会反响,倡导了积极投身时代、讴歌改革发展的创作导向,推进信州文化事业的繁荣发展。

【文艺精品创作硕果累累】 坚持"出作品、出精品、出人才",从支持创作经费、搭建沟通交流平台等各方面大力支持信州区文艺工作者的艺术创作,文艺创作硕果累累。2017年,区音协的信美合唱团、民俗艺术团、串堂班等艺术团队下农村、走社区、进校园、慰问军营演出共计50余场;为保护与传承上饶信区串堂艺术,信州区音协收集并录制了老作家原创歌曲30余首;在区文联、区曲协参与主办的上饶市第八届少儿曲艺大赛中,信州区获特等奖6名,一等奖10名,涌现了很多少儿文艺人才。此外,区文联积极协调帮助区诗词学会筹资7.1余万元,用于编辑出版诗词集。

(李　璇)

信州区社会科学界联合会

【概　况】 2017年,信州区社会科学界联合会(简称信州区社联)广泛联系并发动社会科学界人士以服务全区经济社会发展为重要核心点,积极开展社会科学课题研究和社会现象调查分析、加强学术研讨交流,为区委区政府提供有价值的决策参考意见。为进一步推动信州区在产业结构调整、加快城镇化建设、发展高铁经济、重点项目推行打造最美中心城区作出不懈努力,为更好地推动信州区哲学社会发展作出积极贡献。

【积极开展社会科学课题研究】 区社联紧紧围绕区委区政府的中心工作以及目标任务,组织社科专家充分发挥"智囊团"的作用,开展有针对性的社会课题研究,努力推出一批有分量、有价值的学术分析报告,为建设最美信州提供强有力的理论支撑和智力支持。同时,区社联还认真做好组织申报市哲学社会科学规划立项课题评审工作。2017年,着重围绕信州区产业结构调整、加快城镇化建设、发展高铁经济、重点项目推进等一系列决策部署,深入开展调查研究并积极上报,在6项申报的课题中有3项通过评审并被予以立项,2篇课题在全市经济社会课题评选中分获二等奖和四等奖。

【举办社科研讨会并深入开展党的思想宣讲活动】 2017年,区社联举办多场学术研讨会,研讨会的内容主要围绕如何立足实际工作贯彻执行中央、省、市、区的重大决策部署。组织开展"党的声音进万家 先进思想上课堂"宣讲活动,通过组织本单位干部、邀请上饶师院教授进学校、进社区、进军营、进农村、进企业重点宣传习近平总书记系列重要讲话精神、中共十九大精神和全国"两会"精神等。

【广泛开展社科普及并打造社科示范基地建设】 区社联广泛开展社科普及活动,在巩固以往设立的社科普及示范基地基础上,在市区新开放的主题公园新设立了8个社科示范基地,充分发挥场地好、学员多,教学设施先进等有利条件,积极开展社科知识普及活动,深受广大群众好评,收到良好的社会效应。

【扎实开展精准扶贫工作】　根据区委的统一安排部署，2017年，区社联、爱卫办负责帮助茅家岭街道四吉村 26 户贫困村民脱贫致富。区社联干部多次上门入户实地了解他们的身体状况、生活情况和务工情况，家庭成员结构，收入情况以及迫切需要解决的问题。每一次上门走访，认真做好记录，把他们的近况以及所思所想都一一记录下来，同时把中央有关社会保障、健康扶贫等优惠政策告诉他们，帮助他们了解政策，用活政策。并经常通过电话询问、微信聊天等多种方式加强与他们的沟通联系，密切关注他们的生活状况，制定好脱贫计划与措施，帮助他们解决好生产生活中遇到的各类难题。在充分征求村"两委"干部、帮扶对象的意见基础上，重点在家庭养殖、种植等方面进行帮扶，并积极帮助协调落实产业补助资金，使贫困户深切感受到了党和政府的关怀与温暖。

（琚　玺）

法 治

公 安

【概　况】　2017年，信州公安分局紧紧围绕市局党委的决策部署，依靠科技引领、民力加持、创新驱动，大力实施公安大数据战略，着力建设智慧公安、打造数据警务，不断推进公安机关社会治理能力的跨越式发展，全力开创新时代公安工作新局面。全年分局共立刑事案件2759起，破刑事案件912起，破获年前案件688起，破获外省市案件50起，侦查终结9起。

【全国公安机关改革创新大赛信州公安斩获佳绩】　1月13日，以"创新，别样的忠诚"为主题的全国公安机关改革创新大赛颁奖仪式在公安部大礼堂隆重举行。颁奖仪式开始前，中共中央政治局委员、中央政法委书记孟建柱，国务委员、公安部部长郭声琨亲切接见了全国公安改革创新大赛获奖代表。信州公安"24小时街头合成警务工作站"获得优秀奖。

【分局开展声势浩大的"清剿传销"专项行动】　为有效打击传销违法犯罪行为，遏制传销活动的蔓延，切实维护人民群众合法权益，彻底清除影响全区社会治安稳定的毒瘤，努力营造一个良好的社会治安环境。根据分局党委统一部署，5月4日凌晨4时，分局举全局之力，调集400余名警力联合消防大队、街道社区等部门对主城区传销窝点展开统一清剿行动。此次"清剿传销"专项行动取得圆满成功，联合统一行动共清查疑似传销窝点21处，捣毁有人员的传销窝点16个，抓获传销人员143名，其中网上在逃人员1名，收缴大量传销书籍等涉案物品。

【分局举行"江西警察学院教学实践基地"揭牌仪式】　5月23日上午，江西警察学院"教学实践基地"揭牌暨"学生实习基地建设"签约仪式在信州公安分局举行，标志着信州公安分局和江西警察学院的合作迈向实际操作阶段。双方单位共同签署《江西警察学院经侦系、上饶市公安局信州分局学生实习基地建设协议书》，并为"江西警察学院教学实践基地"揭牌。

【分局完成端午龙舟保卫工作】　5月30日，"迎端午，划龙舟"活动，全区及周边乡镇的106艘龙舟参加，全区共投入2000余安保力量，其中公安警力670余名。分局民警恪尽职守、文明执勤，与武警、消防、人武、水利、海事、教育、卫生、乡镇（街道）、村（居）委会、蓝天救援队等相关部门工作人员战高温、斗酷暑，完成端午龙舟安保工作，树立了信州公安的良好形象。端午当天全区未发生一起重大治安、刑事案件或群众溺水伤亡事故。

【诸斌被公安部授予"全国公安系统二级英雄模范"荣誉称号】　2015年11月2日，信州区吉阳路一夜宵摊发生一起持自制钢珠散弹猎枪故意杀人案，造成1人死亡、3人受伤。案发后，市、区两级公安机关迅速成立专案组，案件侦破过程中诸斌光荣负伤，在被送往医院抢救后苏醒过来。2017年7月14日，全市公安机关英雄模范颁奖仪式暨"弘扬公安文化，忠诚公安事业"主题演讲比赛在上饶市公安局举行。副市长、市公安局局长邱木兴为被公安部授予"全国公安系统二级英雄模范"荣誉称号的分局刑侦大队民警诸斌颁发奖章、证书。

【信州公安抓获两名19年命案逃犯】　10月3日晚，从广州开往上饶的高铁抵达站台，信州公安分局副政委童加清与刑侦大队民警押解犯罪嫌疑人陈某平安全返回上饶。1999年8月2日，信州区发生一起凶杀案，犯罪嫌疑人陈某平伙同其弟陈某周持刀将同村陈某树杀害并致其妻重伤，案发后，2人潜逃。因受当时办案条件及科技水平所限，陈某平、陈某周未及时被抓获归案。时间流逝，刑侦大队从未放弃对陈氏兄弟的追捕工作，始终对陈氏兄弟的去向进行侦查。参与抓捕的公安民警纵贯奔袭2000余千米，辗转广州、江门等地，连续5日昼夜奋战，觅迹寻踪，全力追逃，终将2名命案逃犯抓获归案。

【举行"学习贯彻十九大精神暨五个能力知识竞赛"】　11月6日晚，信州分局在信州区国际会议中心举行"新时代、新思想、新征程"——学习贯彻中共十九大报告精神暨5个能力知识竞赛。副市长、公安局局长邱木兴出席活动，分局在家领导，科所队站负责人及民警代表共计200余人现场观看答题竞赛。经过一个半小时的激烈角逐，办公室代表队获第一名，北门派出所、商贸城代表队获得第二名，警保、督察、法制代表队经过加时赛获得第三名。

【级级媒体集中报道"赣剑1号"行动】　11月13日至14日，央视法治在线、《人民公安报》《法制日报》、中央人民广播电台及澎湃新闻5家重量级媒体集中报道"赣剑1号"行动及信州公安抓获"赣剑1号"行动公安部A级通缉盗窃嫌犯何某某。该行动由公安部统一指挥，江西省公安厅与多地公安机关密切协作，省厅刑警总队牵头成立专案组，上饶市公安局刑侦支

队主侦，信州公安刑侦大队具体侦办，行动成功摧毁多个特大攀爬入室盗窃团伙，抓获犯罪嫌疑人89名，破获案件1000余起，涉案财物价值1000余万元。央视法治在线以《江西破获特大攀爬入室盗窃案》，《人民公安报》以《徒手能爬20层高楼"蜘蛛大盗"一夜作案20起》为题，《法制日报》以《江西警方侦破公安部督办攀爬入室盗窃系列案》为题，中央人民广播电台以《江西警方牵头侦破攀爬入室盗窃系列案 抓获犯罪嫌疑人89名》为题，澎湃新闻以《起底公安部A级通缉盗窃嫌犯：能徒手爬20楼，作案像扫荡》为题，分别报道刊发大篇幅专题报道，新浪网、搜狐网、凤凰网、今日头条等门户网站竞相转载报道，全国各地网民纷纷留言点赞。

（李隽琛）

检　察

【概　况】　2017年，在区委和市检察院的领导下，在区人大及其常委会的法律监督下，在区政府、区政协以及社会各界的大力支持下，区检察院认真学习贯彻中共十八届六中、七中全会和十九大精神，紧紧围绕中心工作，积极顺应人民群众新期待，忠实履行宪法和法律赋予的职责，深化司法体制改革，切实维护社会大局稳定、促进社会公平正义、保障人民安居乐业，各项检察工作平稳健康向前发展。被评为2017年度省文明单位，在2017年度全市检察机关业务考评中取得第一名。

【认真履行审查逮捕和审查起诉职能】　密切关注社会治安和公共安全领域新动态，规范履行批准逮捕、起诉职能，依法打击各类刑事犯罪。全年共受理提请批准逮捕案件516件747人，依法批准逮捕409件596人，分别同比上升21%和16%；受理起诉案件660件967人，决定提起公诉611件893人，分别同比上升26%和39%，审结652件966人，审结率达到98.79%。批准逮捕抢劫、抢夺、盗窃等侵财类犯罪211件243人；起诉交通肇事及危险驾驶等危害公共安全犯罪111人；起诉非法吸收公众存款、诈骗和非法经营等破坏社会主义市场经济秩序犯罪39人。积极配合公安机关开展严厉打击非法传销、赌博等专项活动，共办理传销类犯罪案件42件138人，赌博案件43件72人。

【依法落实宽严相济的刑事政策】　以化解矛盾和修复社会关系为出发点，积极贯彻宽严相济的刑事政策，尤其注重挽救少年犯、初犯、偶犯和罪行较轻的犯罪嫌疑人。依法对143名犯罪嫌疑人作出不批准逮捕决定，对犯罪情节轻微、依法不需要判处刑罚的，决定不起诉37人。进一步落实办理未成年人犯罪案件相关制度，加强对涉罪未成年人的教育挽救，不起诉未成年犯罪嫌疑人10人。

【妥善处理信访矛盾纠纷】　严格执行首办责任制，领导包案和检察长接待等制度，认真落实涉法涉诉信访改革办法，试行引入第三方调解机制，妥善解决当事人诉求。共受理群众举报、来信来访33件，办理刑事申诉案件2

件,办理国家赔偿案件 2 件,受理刑事被害人救助案 1 件,对缠访、闹访的当事人,配合公安机关、法院予以坚决打击,维护正常的信访秩序。制定《关于推动律师参与化解和代理涉检信访案件工作的实施细则(试行)》,通过引入律师等第三方人员化解太极宫招待所信访案件,取得较好效果。

【集中力量查办重点领域贪污贿赂案件】 紧紧围绕区委新农村建设、棚户区改造等工作部署,按照"系统抓、抓系统"的工作思路,集中力量查办征地拆迁领域的贪污贿赂犯罪案件,立案 12 人,先后查处灵溪镇灵湖村书记杨某某等 3 人套取征地拆迁补偿款案、沙溪镇青岩村周某某等 2 人贪污新农村建设资金案。

【查办渎职侵权案件有较大进展】 针对公职人员不作为、乱作为的现象,重点查办行政执法领域渎职案件,共立案 6 人,重点案件有:区粮食局戴某某滥用职权案,朝阳镇郭某某滥用职权案,市中心区管委会刘某滥用职权案。

【积极开展职务犯罪预防】 运用"侦防一体化"机制,通过到案发单位走访座谈、上法制课、开展警示教育等方式,帮助发案单位查找漏洞,完善规章制度,筑牢思想防线。共发出检察建议 10 份,进行专项预防 4 次、开展警示教育讲座 2 场。同时联合邮政公司开展"预防职务犯罪邮路"专项活动,发送宣传资料1000 册。完善行贿犯罪档案查询机制,严把重点工程建设、政府采购等事项招投标的准入关,

全年提供无行贿犯罪证明档案查询 382 次。

【加强刑事侦查活动的监督】 加强刑事立案监督,着力纠正有案不立、有罪不究、以罚代刑等问题,通过要求公安机关说明不立案理由和向其发出不批准逮捕理由说明等"双向说理"措施,共督促公安机关立案 11 件13 人,监督公安机关撤回案件 9件 14 人。加强对刑事侦查活动的监督,着力引导公安机关搜集、固定证据,重视追究遗罪漏犯,追捕 14 人,追诉 36 人,退回公安机关补充侦查案件 155 件265 人,发出纠正违法通知书 1件,检察建议 4 件。

【加强审判活动的监督】 按照推进以审判为中心的诉讼制度改革的要求,强化对审判活动的监督,对违反法定程序、侵犯诉讼权利和超审限等问题依法提出纠正意见,对认为确有错误的判决裁定依法提出抗诉,共提出刑事抗诉 2 件 2 人;办理民事行政申诉案件 7 件,向法院提出检察建议 7 件;办理民事执行申诉案件 2 件,向法院提出检察建议1 件;提请民事抗诉 1 件,法院改判 4 件。

【推进刑事执行监督】 积极协助市检察院加强监管场所的日常检察监督,建立在押人员台账,完善日志登记,及时消除监管场所的安全隐患。积极探索羁押必要性审查工作,制定《羁押必要性审查协作办法(试行)》,办理羁押必要性审查案件 37 件 37 人。建立监外执行人员社区矫正检察档案,对严重违反规定的社区矫正人员,向司

法行政部门及时发出撤销缓刑的检察建议,均得到采纳。

【进一步深化司法责任制改革】 在率先完成员额制、大部制改革的基础上把进一步落实司法责任制作为司法改革的重点来抓,以领导带头办案为突破口,将办案力量向一线倾斜,有效缓解案多人少矛盾,全年区院领导班子成员办理案件 212 件 335人,占全院案件 18%。以绩效考核为抓手,重点解决工作量不均衡的问题,充分调动全体检察人员的工作积极性,切实增强检察官及辅助人员的责任,以案件质量评查为重点,发挥检察统一业务应用软件的作用,加强案件流程监控,通过短信提醒、电话预警、情况通报等形式,对违反办案程序的问题及时纠正,同时坚持每季度开展一次案件质量评查,对案件的事实证据、法律适用进行全面评查,切实提高办案质量。

【开展公益诉讼】 把生态环境和资源保护领域发生的侵权行为作为公益诉讼的重点,通过走访公安、环保、国土等单位,了解生态环境保护情况,排查破坏生态环境线索。对履职中发现的损害国家利益和社会公共利益的案件主动出击,提前介入张某某等 3 人攀爬损毁三清山巨蟒出山风景名胜案,引导公安机关调查取证。对群众反映岩底水库水质不达标的问题,主动联系相关部门,对水库水质进行检测,并向有关部门发出检察建议,督促行政部门依法履职。

【深化检务公开】 始终牢记检察权源于人民、向人民负责、接

受人民监督的宗旨,自觉接受人大及其常委会的监督,主动向人大及其常委会报告工作,落实人大及其常委会的决议,积极配合人大及其常委会开展专题调研和执法检查。自觉接受政协和社会各界监督,通过走访座谈的方式,虚心听取人大代表、政协委员和廉政监督员的意见和建议。深化检务公开,进一步拓展检务公开和接受群众监督的渠道,促进执法规范化建设,全年公开案件程序性信息980条,发布重要信息69条,公开法律文书584份。

【强化提升队伍业务能力】 以一线执法办案干警为重点,积极开展案件质量评比、诉辩对抗活动,增强岗位练兵的针对性和实效性,踊跃参加上级检察院举办的各项岗位练兵,10人次获得表彰。落实高检院和省院轮训任务,组织全体干警参加领导素能、各项专项业务技能及岗位技能培训23期,有效提升全院干警的业务水平。

（姚润森）

法　院

【概　况】 2017年,共受理案件8637件,受理数全省排名第9,受理案件同比下降3.42%;办结7698件(含旧存),结案数全省排名第10,同比上升11.6%;办结率89.02%,同比上升11.89个百分点;法官年人均审结案数233.2件,各项工作均取得新进展。8月,上饶市公安局信州分局驻信州法院警务室挂牌成立,为司法人员依法履职提供有力保障。2017年,10余名干警获得全国、省、市区级荣誉。其中,干警张苇在全国法院"做合格司法警察"主题演讲比赛中获得三等奖并荣立三等功,邱若琳获得全省"优秀法官"称号,民一庭被评为全市综治先进单位。中央司法改革督察组、省高院司法改革第三方评估组、省高院司法改革检查评估组先后到区法院检查评估司法改革工作,对司法改革工作均给予充分肯定。

【受理情况】 受理刑事案件650件,审结614件,判处罪犯936人(其中判处三年以上有期徒刑70人、十年以上有期徒刑10人)。依法打击暴力及侵财犯罪,审结此类案件249件583人,维护人民群众人身财产安全。审结交通肇事、危险驾驶犯罪案件101件101人,保障社会公共安全。审结涉"黄、赌、毒"犯罪案件92件125人,营造良好的社会风气秩序。从重从快打击涉传销犯罪,审结此类案件45件210人,维护社会经济秩序。保持反腐高压态势,审结贪污、贿赂等职务犯罪案件10件16人,其中审理涉违章建筑领域职务犯罪案件4件10人,有力打击涉及拆违控违的犯罪,支持推动信州城市建设发展。加强对妇女、未成年人的司法保护,审结强奸、猥亵妇女儿童案件10件10人,未成年犯罪案件20件24人,心理矫正24人,维护了未成年人合法权益。坚持宽严相济的刑事政策,依法对186名罪行较轻的被告人判处非监禁刑

受理民商事案件5637件,审结5013件,调撤1877件,调撤率37.84%。加强家事案件审判,将心理疏导引入到审理中,审结婚姻、继承、赡养、抚养案件491件,促进家庭和睦。切实保障民生权益,审结医疗纠纷、道交事故、劳动争议等案件665件,维护群众合法权益。审结金融借款纠纷740件,解决诉争标的额60929.6万元,推动金融机构处置不良资产,依法审结民间借贷案件1185件,切实维护金融秩序。注重对矛盾的化解,强化法律的调节、引导、教育功能,努力促进"案结事了"。加大对虚假诉讼行为的惩罚力度,罚款2人10万元,及时对接公安机关,加强防范。稳妥推进涉债权人达500人以上的中商广场破产案审理。

受理行政诉讼案件93件,审结89件;审查、执结非诉执行案件37件。保护行政相对人合法权益,判决行政机关撤销行政行为、履行法定职责17件。支持行政机关依法行政,判决驳回诉讼请求53件。依法审查非诉执行案件,其中准予上饶市城市管理局申请执行处罚6家占道经营的店铺,取得良好的法律效果,维护了城市管理秩序。力争行政争议实质化解,经协调后行政相对人撤诉10件。进一步落实行政机关负责人出庭应诉制度。积极配合行政案件相对集中管辖改革工作。

受理执行案件2220件,执结1945件,执结率87.61%;执行标的到位金额61403.82万元。加大查控力度,依托网络和现场查控方式,查控被执行人3550人次,冻结存款、工资11342.35万元。依法打击规避执行和拒不执行行为,拘传236人,搜查38起,拘留34人次,扣押68起,限制出入境3人,罚款

131.5 万元，以拒执罪判处 2 人次。创新执行机制，信州区"两办"联合下发《关于加强失信被执行人联合惩戒全面支持人民法院执行工作的实施意见》，构建失信联合惩戒机制；将执行工作嵌入综治网格化管理，进一步形成解决执行难的合力；与人保上饶市分公司建立并启动悬赏执行保险机制，调动全民参与执行的积极性。加大对失信被执行人的曝光力度，公布失信被执行人 1062 人次，限制高消费被执行人 1419 人次，向"法媒银"平台推送失信被执行人名单 256 人次，105 名被执行人迫于压力主动履行义务。

【完善司法救助】 为生活困难的当事人减、缓、免交诉讼费 48.14 万元，保障当事人的诉权。刑事诉讼中为 25 名符合援助条件的被告人指定辩护人，切实保障其合法权益。加大司法救助，为 8 名经济困难当事人、被害人发放救助金 31 万余元。在区委、区政府的支持下，设立 60 万元执行救助专项基金，并将救助基金纳入区财政预算，有效延伸司法救济制度，让法律更有温度。积极开展精准扶贫活动，拨付 4 万元资金给帮扶村用于建设发展，通过为贫困户减免诉讼费、优先执行、提供法律咨询等措施助力扶贫工作。

【加强司法公开】 不断推进司法公开三大平台建设，上网公开裁判文书 4289 份。创新庭审公开方式，庭审全程录音录像并存档。加大庭审直播力度，共庭审直播案件 404 件。建立规范网络司法拍卖制度，上线卖出 32 件资产，平均溢价率 33.54%，为当事人节省佣金 218.44 万元，有效维护当事人的合法权益。抓好官方网站、微信公众号等新媒体建设，发布文章、公开信息 270 余篇。不断完善公开平台，深度融合线上线下、电话、自助查询终端与网络公开，实现视频接访、远程开庭。开展法院公众开放日活动 4 次，邀请代表委员、学生、普通市民走进法院，通过亲身体验增进对法院工作了解。

【延伸服务触角】 完善诉讼服务中心和执行事务中心，打造一站式服务平台，满足群众各类服务需求。启用执行案款管理系统，实行一案一账号制度，简化缴退费手续。坚持服务基层、服务群众导向，派出法庭开展网上立案、预约接访、巡回审判，为在外务工、行动不便的当事人提供便利。落实领导干部接访制度，每周五安排院领导在立案大厅接访，将院领导专门接访制度与干警日常接访制度相结合，共接访群众 230 人次，处理信访件 122 件。深入开展综治宣传、禁毒宣传、维权宣传等活动，推进送法进校园、进社区，开展各类法制讲座 7 次。

【推进司法改革】 在上年司法体制改革试点基础上，完善相关配套制度，确保各项改革制度平稳有序运行。认真开展第二批员额法官遴选工作，充实审判力量。以科学、高效、精简为原则，加强法院内设机构改革试点工作，探索积累了以审判为中心的内设机构改革方向经验，落实法官办案责任制，保障法官裁判文书签发权。实现院、庭长带头多办案、办难案，办案常态化、规范化、制度化。院、庭长共审结案件 4117 件，占全院诉讼案件的 74.21%。

【培养队伍综合能力】 坚持"两学一做"教育常态化制度化，落实"三会一课"制度，抓好党组织标准化建设，强化干警"四个意识"，坚定理想信念。以争先创优活动为抓手，提升队伍打造精品和争先意识与能力，先后培育司法责任制改革的"信州做法"破解"执行难"的"信州特色"、心理矫正介入审判的"信州探索"等司法品牌，使试点成为亮点，用品牌推进工作。加强干警教育培训，突出司法良知和职业道德教育，组织干警参加各类培训 84 人次。加强法院文化建设，建成党建荣誉室和法警训练房，完善法院文化长廊，举行员额法官宪法宣誓、迎新年健步走、读书朗诵、党建廉政晚会等活动。

【加强基层基础建设】 以"高铁下的农村法庭"为文化主题，升级改造的灵溪法庭，与院机关同步建设发展，成为联系、服务群众的桥头堡。建成启用"收转发 E 中心"，实现诉讼文书材料集约化、智能化管理，公开送达流程信息。推行档案电子化工作，实现案卷在网上同步生成归档，提升档案工作水平。加强科技应用，服务审判，服务管理，实施电子送达、网络公告，突破空间限制，开展远程视频开庭、接访工作，减轻群众诉累。加强审执工作信息化管理，依托审执管理信息系统，密切监控各项办案指标，实时预警，不断改进工作。最高法院信息中心主任到区法院调研时对信息化建设和应用工作予以充分肯定。

【切实落实主体责任】 落实党风廉政主体建设责任，强化"一岗双责"。开展为期3个月的纪律作风集中教育整顿活动，坚持从严教育，通过运用身边的反面典型，教育警醒干警守住廉洁底线、不踩法纪红线。对重要岗位、重要人员进行约谈，做好警示预防工作。坚持抓早抓小抓日常，加强审务督查，对庭审作风、工作纪律进行明察暗访13次，通报1起。加强对干警投诉反映信息关注反馈，将"扯扯袖子、咬咬耳朵"作为执纪常态，开展提醒谈话23人次。加强廉政文化建设，丰富廉政文化载体，筑牢干警思想防线。

【主动接受监督】 坚持向区委、区人大常委会报告重大事项，及时向区人大报告工作，向区人大专题报告司法公开工作。认真落实人大交办信访件3件。建立代表联络长效机制，邀请人大代表调研、旁听庭审及座谈47人次，加强沟通联系，主动征询意见。自觉接受民主监督。主动向政协通报法院工作情况，办结政协委员提案1件。依法接受法律监督。本着有错必纠的原则，认真审理检察机关抗诉案件，支持、配合检察机关开展法律监督工作，共同维护司法权威。广泛接受社会监督。邀请人民陪审员参审案1826件，一审普通程序案件陪审率达76.02%。重视舆情，认真回复来信来访，及时回应社会关切。

（汪 群）

司法行政

【概　况】 2017年,信州区司法行政部门认真学习贯彻中共十九大精神，深刻把握新思想、新论断、新提法、新举措，紧紧围绕"抓班子、带队伍、促改革、强基层、创亮点、保稳定"工作思路，进一步加强司法行政业务建设、基层基础建设、队伍建设，群众满意度在全省100个县（区）排名全省第八、全市第一，被评为2017年度"全省公众满意政法单位"，被区人大代表评选为人民满意单位。

【建成公共法律服务平台】 7月，信州区法律服务中心建成，对群众服务。中心总面积1100平方米，分上下两层，一楼设有法律书屋、便民服务区，高标准配备大屏幕显示屏，不间断介绍公证、法援、社区矫正工作简介及流程等。二楼设有综合服务区、公证服务区、法律援助服务区、社区矫正管理区，配有公证办理叫号机、"12348"法律援助专线、远程会见系统、高清培训设备等。信州区法律服务中心的建成，为信州区群众搭建了一个社会性、专业性、便民性的"一站式"综合法律服务新平台，通过中心的服务，将把"固化的法律程序"转变为"温暖的法律服务"，由程序化工作转变为面对面服务，让群众感受到"门好进、人好找、脸好看、事好办"，切身感受到"法律服务就在身边""司法行政就在您左右"。7月底，市人大常委会副主任谢冠森一行到中心检查调研工作时，给予中心高度评价。据统计，全年司法行政各部门办结各类法律援助案件198件，参与办理区党委、政府和有关部门涉法涉诉问题，群体性纠纷、突发性事件12件，接待法律咨询1471人次，下社区、街道、镇、村法制宣传4次，办理国内公证3153件。

【推进法治信州建设】 加速推进法治建设工作进程，设立由区委书记任组长，区委常委、区政法委书记兼任办公室主任的信州区法治建设领导小组，并多次召开专题会议，研究部署相关工作，明确各项任务的责任分工和落实，下发《法治信州建设2017年工作要点》，要求全区各级党组织和各个部门齐抓共管，形成工作合力，把法治建设工作作为一个时期的主要政治任务。区普法办联合区人力资源和社会保障局、区市场监督管理局、区地税局、区妇联、区检察院等职能部门开展"一月一法"活动，共发放宣传资料10000余份，解答群众法律咨询300余人次，悬挂宣传横幅60条，展出宣传展板100余块，出动宣传车10余辆，电子显示屏滚动播出宣传标语30余次。

【细化调解工作维护基层稳定】 区人民调解工作始终坚持"调防结合，以防为主"的方针，运用排查调处、专项活动等手段，调处涉及群众利益的各种矛盾纠纷，切实维护社会稳定。健全调解工作制度、工作程序，及时发现和化解纠纷隐患和苗头，积极预防各类纠纷激化可能引起的群体性上访。在抓好传统的婚姻、邻里、家庭等常见性、多发性民间纠纷调解的同时，扩大人民调解工作领域，加强对人民调解员的业务素质培训，不断提高调解水平，增强调解效果。截至年底，全区各级调解组织共调处各类民间纠纷502起，调解成功486起，调成率96.8%。其中,调处婚姻家庭、邻里、宅基地类等常见性、一般性纠纷 428 起,占总数的 85%;损害赔偿、生产经营、征地拆迁等新型、易激化纠纷为 74 起,占总数的 15%。防止群体性上访 17 件近 300 人次,防止民间纠纷转化为刑事案件和群体性械斗 3 起 15 人次。

【强化社区矫正管理手段】　区社区矫正中心加强制度建设,即请示汇报制度、信息统计制度、矫正对象请销假制度、谈话制度,制度的严格落实。为社区矫正中心和 9 个司法所配备人脸指纹识别仪,采取人脸加指纹的报到方式,体现了刑罚执行的严肃性。同时区司法局定制了 15 个电子手环,对不服从社区矫正管理的对象使用电子手环,全天候、24 小时精准定位,让他们感觉到刑罚的威力,使矫正对象脱

管率明显下降。

【深化法律服务意识延伸服务领域】　区司法局完善法律服务参与处理公共突发事件、群体性事件、信访案件等工作机制,有效发挥公证、援助在社会治理创新中的作用,全年共办理涉访涉诉案件 58 件。另外,信江公证处积极服务市、区两级政府的重点项目。对征地、拆迁工作中遇到的现场证据保全、继承、委托等事宜,第一时间抽调公证人员赴现场办证,对因征迁需要到外地调查核实、签名的情况,公证处不计报酬、不计时间、不计路途长远,全力服务到位。已办理征迁方面的继承公证 36 件,委托公证 117 件,现场证据保全见证 7 件,为全区征迁工作的顺利推进,提供了优质高效的法律服务。

【开拓司法行政信息化道路】信州区司法局大力开拓以“一个平台、二网贯通、三项功能、四大系统”为总体思路的网络信息化建设“一个平台”是信州区公共法律服务网上平台建设;“二网贯通”是抓好硬件基础网络和软件工作专网两项基础性工作,结合江西省司法厅开展的司法行政系统纵向业务网工作,实现四级网络互联互通;“三项功能”是通过信息化手段,实现服务、宣传、管理三项基本功能;“四大系统”是通过构建业务管理、便民服务、普法宣传和综合指挥 4 个工作系统,构筑涵盖司法行政工作各项业务职能的应用平台基本框架,打造综合集成的一体化智能指挥管理服务体系,使司法行政信息化建设迈上新台阶。

（郑宇丽）

国防建设事业

信州区人民武装部

【概　况】　2017 年, 区人武部在军分区党委的正确领导下, 认真贯彻落实省军区和军分区党委全会精神, 抓经常打基础、抓全面创佳绩、抓特点求亮点, 始终突出教育引导、突出以人为本、突出军事训练、突出规范管理, 突出改变作风, 狠抓各项工作落实, 人武部全面建设保持了良好的发展势头, 连续第十年被省军区表彰为全面建设先进单位。突出"六个特点": 思想政治建设坚强有力。通过扎实开展集体谈心交流、主题教育及推进"两学一做"学习教育常态化制度化活动、给干部职工办暖心事、抓组织生活等牢固树立思想政治工作的首位意识, 按照保方向、保本色、保打赢的要求, 努力提高干部职工的思想政治素质。军事训练工作扎实推进。着眼"能打仗、打胜仗"使命要求, 强化战备建设和力量建设, 努力提升平时服务、急时应急、战时应战能力。完成专武民兵干部、民兵应急连、森林防火分队、医疗救护分队、水电气抢修分队、通信保障分队等 6 期民兵军事训练。安全管理工作全面强化。

始终把安全管理作为党委领导工作的重中之重, 通过"六管"(强化组织管, 严抓教育管, 全员联动管, 正规秩序管, 盯住重点管, 健全手段管)超常举措抓安全、促稳定。综合保障深入有效。按照军分区由"创富主导"向"备战主导"转型、"粗放自主"向"精确管控"转型的工作要求, 积极探索了适合本部特点的"五靠"(靠制度机制运行, 靠节约降低消耗, 靠开源增强活力, 靠管理提高层次, 靠基地保障扩大影响)后勤管理方法路子。征兵工作规范有序。针对网络征兵的新特点, 面对征兵工作遇到的"适龄青年报名难、网上信息核准难、廉洁征兵掌控难"等三难问题, 积极应对, 强势推进, 通过定期召开征兵推进会, 征兵小组领导包干督导, 适时调度征兵工作、出台政策、大力营造氛围等, 圆满完成了新兵征集任务, 其中大学生男兵的比例再创历史新高。党管武装有特色亮点。始终坚持强化党管武装意识、始终坚持严格落实党管武装工作制度、始终坚持给力支持, 靠政策、靠感情、靠责任、靠素质、靠作为不断浓厚党管武装工作氛围, 较好提高了党管武装工作质量。年初, 区委、区政府把武装工作列入全区工作目标细化量化管理项目; 区财政拨

专项经费用于民兵训练基地升级改造和预定新兵役前训练试点。全年, 区委中心组学习上国防教育课 4 次, 专场授课人为徐光裕将军和火箭军指挥学院专家教授; 共协调部队和军转干部子女 46 人入学, 22 名三级以上士官安置; 广泛开展国防教育"五进五送"〔进社区(街道)、进党政机关、进校园、进军营、进青年社团, 送文化、送教育、送医疗、送法律、送政策〕活动。

【信州专业应急救援分队成立】　2 月 18 日, 信州区专业救援分队成立暨开训动员大会在区人武部会议室召开, 区委常委、常务副区长郑文, 区委常委、政法委书记李红, 区委常委、区人武部部长徐建饶, 全区专武干部, 应急救援专业分队参加会议。2 月 18 日至 23 日, 在民兵训练基地组织了民兵应急分队和应急救援专业分队参加集训, 集训内容突出队列训练、授课辅导和讨论交流等。结合集训召开了征兵准备工作推进会。

【开展"征兵巡回宣传"活动】　5 月, 信州区征兵办集中组织力量开展了"征兵巡回宣传"活动, 尤其在高考期间, 到上饶中学、上饶第二中学等考点门口, 通过设点咨询、设立征兵宣传展板和分

发宣传手册等形式开展征兵宣传活动,动员优秀适龄青年接受祖国挑选,投身国防建设事业。

【保障全市操舟手骨干集训】5月19日至25日,依托信州舟艇训练基地,区人武部保障了上饶市操舟手骨干集训。12个县(市、区)的100多名舟艇操作手骨干,通过基本理论,基本操作、编队作业和故障排除等内容学习,全面提升了理论和实践能力。区人武部超前筹划、精心准备、全程参与,不仅完成了集训的教学、器材、车辆和医疗保障,而且参与了集训的组织实施和安全管理。

【舟艇应急分队开展救援保障】5月30日和6月7日,根据区委区政府请求,区民兵水上舟艇应急分队共出动冲锋舟5艘、队员36名,水上救护器材100余件。赴辖区灵溪下水点执行龙舟赛现场救援保障和市区沿河路武装巡逻任务。舟艇分队共处理4次龙舟翻船险情,营救落水群众60余人,受到区委、区政府和人民群众好评。6月24日下午,接军分区抢险命令后,区人武部紧急出动舟艇分队25人、冲锋舟4艘、橡皮艇5艘、5辆车紧急赶赴婺源执行抢险救灾任务。连续开展了2天2夜的抢险行动,成功转移群众60余人,取得了良好的政治、军事、社会效益。

【区四套班子过军事日】7月28日,区四套班子领导、区直机关主要领导、镇(街道)党政主官、镇(街道)组织员和组织干事、区直机关和镇(街道)武装部部长等共190余人参加"英雄

碑前赞英雄、清贫园里颂清贫——纪念建军90周年暨过军事日"活动,活动增强了党政领导的国防观念,密切军政、军民关系。

【省军区李晓亮副政委到区武装部调研】8月13日,省军区副政委、纪委书记李晓亮将军一行4人到信州区进行调研,重点就党管武装、民兵预备役建设及人武部全面建设进行了调研,充分肯定了区委、区政府对党管武装工作所作出的贡献。

【开展"五进五送"国防教育活动】通过微信平台将国防教育辐射党政军民各类群体,围绕新职能新使命,广泛开展国防教育"五进五送"活动,在3月、5月和7月,组织了"送教育进军营"活动、"国防教育进党政机关和青年社团"活动和"纪念建军90周年暨区领导过军事日"活动。

【完成民兵训练基地升级改造】为进一步提升民兵专业应急救援分队应急应战能力,全面履行好国防教育新职能,高标准完成新兵役前训练试点任务。6月上旬至8月底,信州区人武部升级改造了区民兵训练基地,基地的安全、训练、生活保障、国防教育等功能设施得到明显提升,实现了成为上饶市一流的国防教育基地、一流的役前训练基地、一流的民兵应急应战训练基地的目标。

【保障全省民兵工兵骨干集训】11月11日至20日,军分区依托信州区民兵训练基地承办了为期10天的全省民兵工兵分队干部骨干集训。集训突出了

基础科目的强化训练。共设置了工兵基础知识等10个课目训练;通过了专业理论、教学法、实际操作等3个课目的考核。所有参训人员考核成绩均在合格以上,达到了锻炼队伍、培养骨干、储备人才目的。区人武部参与了训练组织、行政管理和后勤保障等工作。

【保障全市民兵防火骨干集训】11月21日至25日,军分区依托信州区民兵训练基地举办了上饶市森林灭火分队民兵骨干集训,全市12个县(市、区)的民兵骨干参加了集训。军分区战备建设处处长路明生、信州区人武部部长徐建饶,分别作了开训动员和训练总结。集训采取封闭式、军事化管理,以理论辅导和训练演练相结合的方式进行,专门就中共十九大精神进行理论授课,围绕森林防火基础知识,森林防火形势分析、风力灭火机和油锯操作使用示范教学、森林火灾的预防及演练等课目进行训练。通过基地化集训,进一步优化了资源配置,培养了组训人才,练强了骨干尖子,有效提升了民兵骨干的防火灭火能力。区人武部参与了训练组织、行政管理和后勤保障等工作。

【完成区人武部职工纳编】在中央军委军队规模结构和力量编成改革工作会议之后,省、市、县党委换届不久以及市委常委议军会暨全市党管武装工作会议之后,信州区第一时间召开区委党委会和政府常务会研究制定了贯彻实施意见,较好地解决了人武部职工编制等问题。区委、区政府给予大力的政策支持,专门成立了机构,12月底完成了区人武

部 16 名在职职工纳编工作。

（范文昇　林上洪）

信州区公安消防大队

【概　况】　2017 年，信州区公安消防大队在市消防支队、区委区政府和上饶市公安局信州分局的领导下，坚持以中共十八届六中全会和十九大精神为指导，坚决贯彻习主席关于国防和军队建设的重要论述，紧紧围绕党在新形势下的强军目标，以"维护核心、听从指挥"主题教育和"两学一做"学习教育为主线，积极开展基层党组织建设和"公安消防党旗红"活动。以安全"五无"活动为契机，持续抓好安全工作，打造现代化消防铁军，部队战斗力明显增强；以深入开展防火监督检查活动，全力构筑社会消防安全"防火墙"，出色完成了各类火灾扑救和社会抢险救援任务。2017 全年，大队共接出警 473起，出动车辆 821 辆，出动警力5678 人次，抢救被困人员 268人，疏散被困人员 1951 人，抢救财产价值 1567.4 万元，参战人员无伤亡，全区火灾形势整体平稳。茅家岭街道同心村"7·17"三江桥民房火灾、中山路四股头"9·29"安居楼住宅火灾、鄱阳抗洪、G20 消防安保等工作中积极发扬了英勇顽强、不怕牺牲、连续作战的作风，赢得了地方党委政府和百姓的高度赞誉。大队被共青团中央、最高法、发改委、公安部等22 个中央部委评为全国青年文明号特别推荐集体，被省文明办评为文明单位。大队下属解放路中队被省公安厅荣记集体三等功一次；1 人次获得三星级安保标

兵，8 人次获得两星安保标兵，10人次获得一星安保标兵。

【坚持政治建警、从严治警】严格落实"两个责任"，抓班子带队伍、抓管理强素质，抓和谐促发展，部队建设呈现出人好、风正、气顺、业兴的发展态势。加强组织建设，以贯彻落实《公安消防部队党委班子建设标准》为抓手，积极构建学习型、团结型、规范型"三型"党委班子，努力提升班子的科学决策水平和核心领导作用。狠抓思想政治教育，提升部队执行能力。突出强化干部队伍、士官队伍、义务兵"三支队伍"的管理教育，有效确保部队安全稳定。加强廉政建设，营造清风正气的浓厚氛围。组织学习贯彻中央关于党风廉政建设重要讲话精神与党风廉政建设的有关规定，广泛宣传艰苦奋斗、勤俭节约的优良传统和作风，进一步提高干部对加强党风廉政建设重要性的认识。积极打造消防特色警营文化，构建和谐警民关系。贯彻落实《关于加强公安消防部队警营文化建设的意见》和《江西省省消防部队基层俱乐部建设标准》，按照"队列集合有歌声、周末假日有活动、重大节日有晚会、体育每月有比赛"的要求，扎实开展学唱战斗精神歌曲，大队购置了一大批文体器材，并邀请地方专业教师指导排练"一对一品"消防水鼓《一路向前走》，特勤中队《消防兵的滋味》，丰富了俱乐部活动。深入开展"两学一做"践行践诺活动，主动上门征求意见和建议，不断改进服务方式，提高群众对消防工作的满意度。在上饶集中营名胜区管理委员会挂牌了思想政治教育基

地，并与上饶集中营名胜区管理委员会等 5 个单位签订了警民共建协议，稳步推进共建共育、走访慰问、帮贫扶困等活动，树立了亲民、爱民、为民形象。

【部队建设稳步发展】　大队立足于提升全体官兵的体能素质和实战水平，坚持以"体能强化、技能掌握、装备熟悉"为基础，通过学习、训练、帮扶、竞赛等形式，不断增强练兵活动的针对性和有效性；以"器材装备'五知一能'比武竞赛理论考试复习题库"为重点，通过开展集中学习、自学掌握和摸底考试等形式，强化各级、各类人员业务理论素质的提高。同时，根据季节特点和自身实际情况，找准官兵们在前阶段练兵过程中存在的薄弱环节和差距，重新修订练兵计划，科学安排训练时间和内容，并切实做到干部跟班、带头训练，始终保证官兵各项基础训练的强度，确保每一名官兵都有新的提高、新的进步，以适应各种灭火救援任务需要。开展"六熟悉"120 次，演练 60 次，结合训练塔开展整建制训练 24 次，制定修改数字化预案 86 份，切实做到重点单位重点模拟，一般单位知根知底。同时，大队还参与支队组织的跨区域大型联合演练 4次，其中承担主战单位 2 次。对演练中出现的问题，大队都组织官兵进行研讨解决，同时在预案中做到有的放矢。

【开展水源普查和高层建筑排查工作】　对辖区内所有消火栓进行编号，核实所有消火栓是否完整好用，对损坏、老旧、需要增设等近况逐一进行登记，结合地图慧移动软件进行水源地图绘

制,为灭火救援过程中水源查询工作做好准备工作。对辖区民用建筑和公共建筑进行高层排查,共排查 193 个高层建筑,其中 148 个民用高层建筑,45 个公共高层建筑,同时,将符合高层标准的建筑进行细致的信息收集整理,制作辖区高层建筑台账,并依照台账信息,定期开展高层建筑实战演练。

【提高社会消防水平】　为确保全区火灾形势稳定,特别是重大消防安保活动不发生有影响火灾,全面夯实火灾防控基础,坚持热情服务,不断推动社会单位规范化建设,全面落实消防安全责任制,督察做到社会单位必须确定消防安全责任人和管理人,消控室值班人员必须持证上岗,单位内部必须开展消防巡查检查和消防疏散演练等,同时完善籍化管理档,定期向大队报送三项备案制度。开展好以高层、电气为主的多个消防专项行动检查。2017 年,大队共检查单位 5958 家,督促整改火灾隐患 5198 处,下发行政处罚决定书 81 份,临时查封 78 家,责令"三停"单位 76 家,共罚款 49.67 万元,拘留 9 人;全年全区未发生一起有影响火灾事故,无火灾事故人员伤亡,隐患整治工作取得显著成效。

【加大消防宣传力度】　大队坚持消防社会化宣传教育道路,以宣传形式多样性、基础性、多渠道性为主要工作思路,采取"引导、教育、监督"有效措施,开展社会化消防宣传教育活动:利用新媒体加强宣传力度。利用广播、电视、网络,发放消防宣传手册 2000 余份,发送消防公益短信 2 万条;开展"亮屏行动"提升宣传热度。200 多家设有 LED 显示屏的社会单位全天候、滚动播出消防宣传标语。各镇、街道、社区、(村)居委会等单位橱窗、小区楼宇电视、阅报栏等位置也张贴了消防安全宣传画册;进行重点培训拓宽宣传范围。将《中华人民共和国消防法》纳入普法内容,先后多次组织开展了各镇街道、行业系统消防检查培训、社区居民消防知识培训、派出所民警及消防协警消防业务培训,消防安全重点单位明白人培训等,共计 30 余次,有效普及全社会消防安全知识、形成社会关心、重视、支持消防安全工作的良好局面。

（周嘉伟）

工　业

综　述

2017年是信州工业经济低位企稳、提质增效的重要一年，也是全面挺进全市工业第一方阵的首战之年。全区工业经济始终坚持"主攻工业、决战园区"总战略，落实"稳中求进、改革创新、跨越发展"总要求，瞄准"五年决战三百亿"总目标，多措并举，多点发力，保持了齐头并进的良好态势。

全区38家区属规模以上工业企业累计工业增加值同比增长9.8%，增速列全市第一位；累计完成工业总产值28.1亿元，同比增长33.9%；实现主营业务收入27.0亿元，同比增长37.0%；完成工业用电量16084万千瓦时，同比增长26.21%，累计用电量增速超过全市平均水平18.75个百分点，增速列全市第三位；完成工业固定资产投资25.6亿元，同比增长317.6%，增速列全市第一位；完成利润总额6430万元，比上年同期增长619.0%；完成应交增值税17091万元，比上年同期增长82.8%；新增规模以上工业企业13家（含市经开区转入1家）。

对照市里年初下达的目标任务，全年全区规上工业企业工业增加值完成任务数的118.0%（市里任务：7亿元）；主营业务收入已完成任务数的103.8%（市里任务：26亿元）；工业用电量增幅超全市平均水平18.75个百分点；工业固定资产投资已超额完成任务，完成任务数的128.0%（市里任务：20亿元）；新增规模企业已完成108.3%（市里任务：12户）。

全区工业开（竣）工项目共计41个，其中开工项目19个，竣工项目22个。项目总投资35.02亿元（其中固定资产投资21.43亿元），较上年增长28.56%；新增销售收入57.3亿元，较上年增长54.12%；利税4.54亿元，较上年增长99.12%。

11月，区属规上工业企业江西饶电电杆实业有限公司，喜获国家"高新技术企业"荣誉称号，全区获得国家"高新技术企业"荣誉称号的工业企业已增至3家。

有色金属产业

【概　况】　2017年，全区工业迎来快速高质量增长态势，有色金属产业逐步发展成为优势产业。全区有色金属产业企业共有3家（上饶市博泽铜业有限公司、上饶市宏丰铜业有限公司和上饶市浩钰铜业有限公司），从业人员共计202名（含高技能人才8名），年主营业务收入共计5.0亿元（占比全区38家规模以上工业企业18.5%），实现利税总额6159万元。

【重点企业】　上饶市博泽铜业有限公司依托自身优势条件，进一步加大技改力度，年主营业务收入3.2亿元，实现利税4261万元，在全区有色金属产业中排名第一；上饶市浩钰铜业有限公司是7月新增的规模以上工业企业，年主营业务收入1.8亿元，实现利税1971万元。

机电光学产业

【概　况】　机电光学产业是信州区重点扶持发展的三大主导产业之一，极具传统优势。做大做强光学产业是上饶市委、市政府加快新型工业化进程、大力发展工业经济的重大战略决策，也是信州区委、区政府"主攻工业、决战园区"的重要举措之一。2017年,由上饶市宇瞳光学有限公司总投资5.1亿元,在信州区朝阳产业园建成光学园区,到年底已吸引12家企业入驻(其中规模以上工业企业1家),当年累计实现工业总产值1.6亿元、主营业务收入1.6亿元。因宇瞳光学园的技术辐射作用,直接带动20多家配套企业的升级改造,并间接带动周边近30家光学行业的跟进发展。全区光学产业发展的洼地效应已显现,技术完备、配套完整、产业链完善的格局已形成。

【光学园项目建设】　2016年9月13日,上饶市宇瞳光学园项目与朝阳产业园正式签约。该项目由福建客商张品光投资,总投资额5.1亿元,主要从事光学产业的研发与加工,并带动配套企业入驻,打造"1+X"模式光学产业基地。项目位于信州区朝阳产业园朝阳大道西侧,于2017年3月开工建设,占地面积144200平方米,总建筑面积153492.4平方米。一期工程共14栋厂房(面积约10.74万平方米),1号、2号、3号、9号、10号、11号、12号厂房和食堂已建成并投入使用,5号、13号、14号厂房及办公研发大楼正在全力建设。项目现月产光学镜片600万片,安防镜头占全球比重30%,2017年有员工1000余人。项目全部建成投产后,可年产光学镜片1.6亿片,安防镜头占全球比重45%,预计年主营业务收入可达18亿元,实现利税7000万元。

【重点企业】　上饶市宇瞳光学有限公司是全区唯一一家规模以上光学行业龙头工业企业,其前身为江西省创鑫光电有限公司,法人代表张品光,由广东东莞宇瞳光学技术有限公司于2013年4月全资收购。该企业位于朝阳产业园内,公司总投资5000万元,占地20000万平方米,已建成9800平方米厂房,3000平方米职工宿舍。拥有强大的技术研发队伍,有职工1107人,主要经营光学精密镜片、光学镜头组立、光学仪器等相关产品的研发、生产、销售和售后服务,产品主要应用于安防监控设备、汽车行车记录器、车载等高精度光学系统,月产光学产品350万片。产品70%以上销往美国、德国、日本、俄罗斯、巴西、韩国以及中国台湾、中国香港等地区。2017年,公司赴港上市申报。全年累计完成工业总产值15789万元,同比增长84.8%;实现主营业务收入15759万元,累计同比增长84.4%。

纺织服装工业

【概况】　全区规模以上纺织服装企业共有22户,其中,麻棉纺织企业15户(上饶市隆润麻纺织品有限公司、上饶市顺利夏布有限公司、上饶市宏鑫实业有限公司、上饶市信州区百宏纺织有限公司、上饶市和原麻纺织品有限公司、上饶市清川麻纺制品有限公司、上饶市同兴实业有限公司、上饶市鑫鼎纺织服饰有限责任公司、上饶市钰帛麻纺织品有限公司、上饶市勤鑫实业有限公司、上饶市星华麻纺织品有限公司、上饶市叶氏实业有限公司、上饶市拓新麻纺织品有限公司、上饶市信州区雅丽纺织有限公司、上饶市顺浩实业有限公司),服饰加工企业1户(上饶市跳跳鱼服饰有限公司),棉织手套、围巾加工企业3户(上饶市机智实业有限公司、上饶市力波实业有限公司、江西达强实业有限公司),针织品及印染加工企业1户(上饶市锦鸿针织印染有限公司),夏布扇子制品加工企业1户(上饶市千福工艺品有限公司),户外旅游包加工企业1户(上饶市德瑞达户外旅游用品有限公司)。区纺织服装工业发展参差不齐,麻棉纺织产业发展较快,针织品及印染、夏布扇子制品、户外旅游包加工行业总体平稳,服饰加工行业运营困难。上列企业完成年工业总产值共计9.8亿元,同比增长63.8%;年主营业务收入共计10.0亿元,同比增长74.8%。麻纺织产业已成为全区三大主导产业之一,是区工业经济发展的重要支柱,其产品远销日本、韩国以及东南亚等地区,蜚声海内外。2017年,全区纺织服装行业发展较快,但企业规模总体偏小,集聚效应不明显。

【重点企业】　有上饶市清川麻纺制品有限公司、上饶市钰帛麻纺织品有限公司、上饶市勤鑫实业有限公司等企业。上饶市清川麻纺制品有限公司年主营业务收入1.2亿元,实现利税1281万元,在全区纺织服装行业中双双排名第一。上饶市钰帛麻纺织品有限公司、上饶市勤鑫实业有限公司、上饶市宏鑫实业有限公司等企业，年主营业务收入均在8000万元以上，利税较为可观。

建材工业

【概　况】　信州区建材工业发展迅速，主要产品有混凝土等加工制造。新型建材是全区主导产业之一，全区规模以上建材工业企业共有2家（上饶市步鑫混凝土有限公司、上饶市恒达新型材料有限公司），全部坐落在朝阳镇境内。

【企业效益再增长】　2017年，受房地产等行业稳步发展的影响带动，信州区建材工业也呈现出良性发展态势，企业各项经济指标全面提升。上饶市步鑫混凝土有限公司实现工业总产值8669万元，同比增长265.6%；实现主营业务收入9038万元，同比增长426.1%。上饶市恒达新型材料有限公司实现工业总产值4451万元，同比增长70.3%；实现主营业务收入4451万元，同比增长70.3%。

工业国有资产经营管理

【概　况】　2017年年末，国有资产经营公司（正股级自收自支事业单位），有在职职工18人（含原国有企业挂编书记、厂长10人），保管有原上饶市啤酒厂、纺织总厂、赣东北无线电厂、五三实业（制线厂）、半导体原件厂、光学原件厂、磷肥厂、针织总厂、蜡纸厂、上新钢厂、中德化工、棉织公司、仪表厂、电池厂、塑料厂、建材厂、水动力厂、纺织服装公司、纺织供销公司、机械电子公司、飞扬公司、华姿服装厂、磁性材料总厂、软磁材料厂、毛纺总公司、染织厂、标准件厂等27家国有企业改制职工人事档案共计5514份（存于信州区档案馆），其他改制遗留资料数万份。全年，共受理各类档案查询业务1000余次，协调办理下岗职工退休手续229人，协助解决下岗职工困难诉求189件。

（蒋金彪）

电力工业

【概　况】　国网江西省电力公司上饶市信州区供电分公司担负着信州区以及上饶县部分行政区域的供电任务，供电范围包括沙溪镇、灵溪镇、朝阳镇、秦峰镇、北门街道、茅家岭街道、水南街道、三江片区以及上饶县茶亭镇、罗桥街道部分范围，面积约为339平方千米，供电人口约39.48万人。供电区域内拥有综自化变电站2座、10千伏开闭所3个；35千伏主变4台，有载调压4台，总容量28.6兆伏安；35千伏线路3条共计30.153千米。2017年，售电量完成4.38亿千瓦时，同比增长14.66%；综合线损率完成9.59%，完成年初计划值；35千伏变电站主变实现连续两年零跳闸，35千伏线路跳闸1条次，同比与上年持平；10千伏配电线路跳闸共15条次，同比上年33条次，下降18条次。完成固定资产投资3857.5万元，其中电网基建3523万元。实现利税522万元，全口径劳动生产率完成85.68万元/人·年。2017年，公司荣获集体荣誉11项、个人荣誉29项。获上饶市优秀企业荣誉称号，荣获十九届江西省企业管理现代化创新成果二等奖，公司3篇好人事迹登上省公司好人榜，公司荣获江西省厂务公开民主管理先进单位，运维检修部输电运维班荣获省公司"青年安全生产示范岗"，营销部党支部杨健党员责任区荣获"国网江西电力党员责任区"、沙溪供电所党支部荣获国网上饶供电公司电网先锋党支部，茶亭供电所、沙溪供电所党员服务队荣获上饶供电公司"优秀国家电网江西电力共产党员服务队"，营销部计量班荣获2017年度江西省质量信得过班组荣誉称号，运维检修部"旋风"QC小组荣获2017年度江西省优秀质量管理小组荣誉称号。

【安全生产局面保持平稳】　深刻吸取"5·7""5·14"等事故教训，对所有在建工程进行停工整顿，参建人员停工学习以及复工验收工作，大力开展安全管理提升、安全性评价、隐患排查等重点工作，强化线路、设备巡视检查及现场作业安全管控，未发生大面积停电、人身事故及七级以上电网、设备、信息系统事件。强化安全主体责任落实，与干部员工签订《年度安全生产责任书》，结合实际扎实开展"安全生产月""百日安全专项行动"等各类主题活动。持续推进专项隐患排查治理活动，重点落实强基固本保安全"三十条"举措，共查处各类隐患、缺陷238项，已整改152项。加大现场反违章力度，强化领导干部、管理人员到岗到位，共计履行稽查任务467人次，共查处违章18起和管理问题142处，处罚金额2.3万元。加强工程施工安全管控，共对7个施工队116人全部进行岗前安全培训、考试，建立施工单位安全管理积分制，并对积分较低的3家单位进行安全约谈。按省公司要求积极做好各级安全生产人员取证工作，全面完成121人特种作业高压证取证工作。积极应对严峻的防汛形势，及时发布预警9次，并对设备、线路进行汛期特巡特维。开展频繁跳闸和重过载线路、配变的综合整治，完成频繁跳闸的10千伏客车线、丁洲线、白茶线的整治工作。推行以设备主人制为核心的巡检责任制，抓实设备缺陷、隐患治理。集中开展线路通道"剃光头"专项行动，共清理完成3条35千伏线路、37条10千伏线路，清理杂树、毛竹等约24930棵，为2018年线路降跳闸打下坚实基础。

【电网建设稳步推进】 积极与地方政府沟通协调，成立信州区电网规划建设领导小组，完成公司电网"十三五"规划滚动修编工作，并形成信州区规划报告大纲，产生2017年—2020年的规划项目库，可研质量全省排名40位。完成2018年项目"一图一表"工作，对可研项目进行3批审核，确保项目立项的准确性和投资精准性。对接国网、省公司工业园配网投资新机制，多次对接茶亭、朝阳工业园区管委会，跟踪了解园区项目需求，将18个重点项目以信州电督〔2017〕1号文形式进行重点督办，形成园区"报告+图集+表格"的规划成果体系。收集整理电网诊断分析报告，认真梳理重、过载项目，及时列入2018年农网项目。全年完成35千伏马沙线建设投运和35千伏皂灵线改造启动工作。新建及改造0.4千伏线路259.1千米、10千伏线路56.714千米、35千伏线路6.233千米，新建及改造配变68台，新增容量1.6万千伏安。完成2017年项目80%进度和2016年农网工程建设任务，新建物资仓库及废旧物资堆场投入使用，完成灵溪供电所主体建设工作。

【管理服务稳步提升】 建立优质服务预警、通报、表态、约谈、问责工作机制，深化优质服务竞赛，每个客户经理建立客户微信群，及时发布用电相关信息，全年属实投诉18件。制定营配贯通工作方案并建立周例会制度，对年初5432条异常数据均已整改到位，高压采录率和一致率达到100%、低压采录率99.98%、变户一致率99.91%。实施"智能交费"推广攻坚，争取区政府支持性文件，充值购电低压居民客户已实现100%全覆盖。深化营销专业化管理，台区线损管理水平显著提升，日均线损优秀率86%、在线监测率96.5%；月均采集率99.82%。建立业扩监督机制，对重点工程、园区企业设立"绿色通道"，加强业扩新装客户营配贯通深化应用，保证新装客户营配基础数据一步到位。圆满完成迎峰度夏（冬）等重要时期保供电工作，统筹推进供电所的"全能型"打造、星级创建及同业对标工作。深化市、县所一体化要求，建立客户经理综合评价体系，对落后供电所、班组、客户经理定期现场召开分析提升会并实行一对一约谈。配合市公司积极服务新能源发展，圆满完成沙溪光伏接入工作。

【经营管理不断加强】 推行同业对标、业绩考核"双向融合、一体管理"，承接市公司高效的管理模式，移植市公司完整的工作机制，完善周例会以及各类专业例会制度。召开安全、廉政、服务"三合一"大会，全面部署严抓公司三大"生命线"。印发同业对标考核办法及各专业内部考核管理方案，修订印发全员绩效管理体系。迎接国网人资专项审计和国网巡视组对公司人资工作的审计检查，5项整改全部按期完成。进一步完善机构设置工作，新增水南供电所并结合省公司供电所优化调整方案的批复，对供电所内部设置进行了优化，灵溪供电所已完工春节后投入使用，为打造"全能型"供电所以及2017年的城区网格化奠定基础。加强预算执行在线监测分析，严格资金预算支出。全面开展2016年及以前的陈欠电费清理工作，实现电费"双结零"。持续加强营销稽查，累计开展用电营销稽查137次，查处各类问题526起，追补电量45万千瓦时，追补电费35万余元。规范公司及供电所食堂管理,建立公务、会议、培训用餐申请制。加强企业用车统一管理、统一调度,印发关于进一步加强车辆调度管理的通知。

【依法治企从严深入】 全面开展问题清单梳理,共梳理 10 方面专题的 19 个问题,立查立改已完成 7 个方面专题的 9 个问题,完成"四上"重点问题整改决议上报工作。健全完善"三化三有"惩防体系和协同监督工作机制,制定《公司 2017 年党风廉政建设责任制暨惩防体系建设责任分工任务分解表》,层层签订《党风廉政建设责任书》,推动全员落实"一岗双责"。通过中心组学习、专题党课、微信等形式,学习各类通报、警示教育读本。健全公司协同监督工作网络,进一步细化落实协同监督工作任务、监督事项和责任。重点查处违反公司"三个十条"、损害公司利益和品牌形象的人和事。主动接受社会监督,积极参加《党风政风热线》节目,对节目中反映的纠风行风问题进行了严肃的查处,对作风建设中暴露出的问题,进行了严格的考核。坚持以问题为导向,深入推进干部作风建设,严肃开展集中整治"一对一"约谈工作,组织党员干部和重要岗位人员签订"承诺书",共计开展自查自纠走访客户 6248 户。重点完善资金安全管理工作,4 次深入供电所进行资金安全核查与指导工作。强化"吃空饷"治理,对违反劳动纪律人员处罚 319 人次、4.38 万元,解除劳动合同 1 人,进一步激发了干部员工端正态度、提升技能与绩效的主动性。

【"三个建设"不断加强】 多渠道宣传贯彻中共十九大精神,全面推行"三知四访五必谈"思想工作方法。全面贯彻从严治党要求,完成"旗帜领航、三年登高"基础建设年任务。深入推进"两学一做"学习教育,扎实开展"讲规矩、守纪律、作表率"大讨论,"四个意识"更加牢固。支部责任区建设、党员责任区和党员示范岗创建、共产党员服务队竞赛等活动促进公司争先进位成效显著,共产党员服务队共走访客户 600 余户,解决用电问题 90 余个,参加重大保供电 20 余次。大力推进"善小"活动,深化企业文化示范点创建。积极打造青年志愿服务品牌,推进青年员工"岗位轮换",为青年员工成长成才拓展通道。成功举办职工文化成果展示,开展羽毛球、篮球、拔河等各类文体活动丰富职工业余文化生活。新建公司档案室,努力恢复历年文档材料。积极推进"精准扶贫"结对帮扶工作,深入帮扶村(沙溪镇龙头村)进行实地走访调研,对 14 户贫困家庭进行精准帮扶,并依靠自身行业特点,先后投资共计 101 万元用于帮扶村的电网改造工作,进一步增强农村经济发展后劲。进一步提升主动服务基层能力,开展抗洪救灾和迎峰度夏慰问工作,发放走访困难职工、开展金秋助学、慰问住院职工等慰问金额共计 4.4 万余元。

(倪凌燕)

轻工集团

【概 况】 区轻工集团公司是政府直属城镇大集体经济主管部门,与区手工业合作联社为二块牌子一套人马;区手工业合作联社为正科级事业单位,业务上与市手工业合作联社,省轻工行业管理办公室对口。2017 年,集团公司机关内设人秘、财务、招商财税统计、武装综治、劳资档案科等科室部门,机关有 16 人,离退休人员 67 人,改制企业留守厂长经理 3 人。2017 年,在区委、区政府的正确领导下,以宣传和贯彻落实中共十八届六中、十九大会议精神为动力,紧紧围绕实现全年目标,全力做好维稳工作,带领全体干部职工坚定信心、迎难而上、扎实工作,取得了较好的工作成绩。

【加强轻工(手工业联社)行业管理】 按照省轻工行业管理办《关于对全省手工业联社大集体企业尚未参加职工基本养老保险实行生活补助工作的通知》(赣轻字〔2010〕13 号)精神,集团公司负责受理全区 9 个乡镇街道和 27 家企业在 1966 年和 1977 年两次手工业联社企业下放到公社的人员及尚未参加职工基本养老保险的大集体退休人员申报工作;对已办理生活补助手续的 189 名退休人员,做好 2017 年度年检工作;对发放养老生活补助,做到按时、足额、无差错发放,确保这项民心工程落到实处。

【探索轻工行业集体经济发展新途径】 集团公司在朝阳产业园建成5栋(占地2.6万平方米)共1.2万平方米的标准厂房和4000平方米综合办公楼,作为"筑巢引凤"招商引资的平台和扩增税源的渠道,租赁给邦德科技有限公司和中镁镁业2家公司使用,支持朝阳产业园进一步做大做强;同时实现轻工集体资产实力的不断壮大和保值增值。

【处理好轻工企业改制遗留问题】 做好原33家企业近万名改制前已退休和改制职工个人档案的管理工作。2017年,为到龄退休的改制职工提取个人档案186人次,办理接转社保关系32人次,为到龄退休的改制职工提供原始证明材料28人次。继续做好改制前已退休和改制后离法定退休差5年的大集体职工参加城镇职工医保做好的审核上报和医保证发放等相关工作。做好33家改制企业遗留问题处理工作,集团公司实行公司领导和党委成员负责制,积极开展信访接待工作,倾听反映的问题,受理合理诉求,提供亲情服务,把矛盾化解在基层。

【积极参与扶贫攻坚工作】 集团公司先后结对扶贫贫困户34户,机关干部分别承担1户~3户特困户的帮扶工作。经全体干部因户施策、积极工作,2017年,集团公司负责帮扶的贫困户有8户达到脱贫标准,其他贫困户均不同程度提高了家庭经济收入,基本生活得到显著改善。

(杨祖春)

农 林 水 利

综　述

2017 年，区农林水利局积极贯彻中共十九大精神，以习近平新时代中国特色社会主义思想为指引，坚定不移走农业绿色发展道路，为营造山清水秀的生态宜居信州而努力。在省、市业务部门的指导下，圆满完成区委、区政府布置、下达和交办的各项工作任务。全区森林防火工作获省森林防火指挥部颁发的"春季森林防火平安县"称号。信州防汛办被市防汛抗旱指挥部办公室评为"2017 年度防汛抗旱先进单位"。

农村土地确权工作。区农村土地确权登记颁证工作共涉及 7 个镇街的 61 个行政村（居），728 个村民小组，所涉农户 3.71 万户，"二轮"承包耕地面积约 8.61 万亩。自 2014 年 5 月启动至 2017 年年底，已先后完成了入户摸底调查、外业勘测、信息录入、数据库建立、档案整理归档、省级专项检查验收、区级自查以及市级验收等工作。截至 2017 年年底，全区农村土地确权档案整理归档工作已基本完成，准备移交档案部门。农地确权信息管理平台已与市平台基本实现了链接，土地确权数据库及图件成果已通过省级验收，完成了土地确权工作区级自查、市级验收。

蔬菜、马家柚产业发展情况。根据市里提出的"东西南北中"产业发展战略，信州区定位主要是以发展蔬菜、马家柚产业为主。其中，蔬菜产业建设规划主要在沙溪、秦峰、朝阳，2017 年—2020 年规划发展蔬菜种植基地 20000 亩。今年重点做好沙溪鲜禾菌菇、华西农光互补、朝阳菌菇 3 个蔬菜基地，规划面积达 3000 亩，正在建设当中。马家柚产业基地主要规划在朝阳、秦峰、沙溪，2017 年—2020 年规划发展马家柚种植基地 20000 亩。2017 年计划 4000 亩，主要安排在朝阳镇西园村、溪边村、朝阳村、秦峰镇新塘村。已完成初步选址，形成产业发展初步方案，根据市级奖补要求正逐步落实相关奖补政策。

高标准农田建设工作。根据省及市要求，制定下发了《信州区统筹整合资金推进高标准农田建设实施方案》，组建了以区政府区长为组长信州区统筹整合资金推进高标准农田建设领导小组，领导小组下设办公室，办公室设在区农林水利局，主要履行领导小组办公室职责。根据高标准农田省级总体规划，全区计划建成高产稳产、旱涝保收的高标准农田 2 万亩。2017 年全区计划建设高标准农田面积 0.5 万亩，建设的地点在沙溪镇青岩村、五里村、白石村、宋宅村、西贩村 5 个行政村，划分为 3 个片区，项目总投资 1500 万元。已完成了项目初步设计评审，通过了项目批复和财审等相关程序，在水利平台进行项目的质量检测、施工监理和工程建设的挂网招标。11 月 21 日，五里、青岩片区已开始动工建设，争取在 2018 年 3 月底按照省及市要求完成项目建设任务。

狠抓农产品质量安全监管工作。加强镇、街监管队伍建设。落实了镇街农产品质量安全监管站负责人，建立了 7 个镇街农产品农药残留检测室，每个镇街检测室有固定的检测人员 1 人 ~ 2 人，确保了全区群众吃上安全、放心的农产品。积极开展农产品日常监管、检测工作。2017 年累计抽取蔬菜速测样品 560 批次，合格率达 100%；定点屠宰抽取生猪猪尿 2356 批次，合格率达 100%；配合省及市进行风险监测、监督抽查、专项监测约 40 批次，农药、"瘦肉精"检出率为零。有力地保障了广大人民群众的用餐健康和食品安全。为提高农产品质量，大力发展绿色、有机、无公害农产品，加强了"三品一标"生产基地建设工作,积极协助农业企业申报农产品"三品一标"等品牌标志,2017年申报了绿色食品1家,13家无公害农产品,无公害产地10个。

松材线虫病等有害生物除治工作。完成了全区松材线虫病春秋两季普查工作。年初以来清理枯死松树1416株,面积达560亩,严格按除治工作要求和程序,对松材线虫病进行了综合防治,面积达1000亩。

"河库长制"工作。完善机构建设,修订了河长制方案,正式成立了区乡村三级河长办。健全相关管理制度,将相关管理制度并统一制作上墙。制作了县级河长公示牌,自觉接受群众监督。开展专项整治,对辖区内影响环境的突出问题全面进行摸排,梳理问题清单,建立台账,逐一销号解除。

高效节水项目县建设。争取成为全省高效节水示范县,使用中央投资500万元,实施高效节水(管道灌溉)灌溉面积5000亩,项目分布在沙溪、朝阳等地,争取在年底前完成建设任务。

山塘专项整治工作。对有严重安全隐患的山塘40座开展工程设计。其中,20座最重要的山塘作为2017年第一批的整治目标,在设计完成后根据每座山塘的工程量大小,进一步明确投资计划。第二批20座山塘完成设计后报省水利厅争取下半年追加资金实施。信州区山塘专项整治工作在2016年度全省绩效考评中荣获全省第一名。

大力推广"公司+基地+农户"的产业化经营模式,已发展规模基地98个、家庭农场8家、农民专业合作社220家。通过

农业招商引进了2个项目,意向签约金额2500万元食用菌菌种培育种植及深加工项目,项目建设内容是上饶当地红菇的培育种植及深加工,项目落户地点朝阳镇朝阳村,总投资1500万元。项目实际进资300万元,实际进资率20%,7月已开工建设。信州区沙溪镇东风蔬菜基地项目。该项目总投资1000万元,项目实际进资100万元,实际进资率10%。9月开工建设。

农　业

【概　况】　2017年,为推进农业供给侧结构性改革加快培育农业农村发展新动能,围绕全年粮食生产目标,继续按照"稳水稻、扩旱粮"的发展思路,全面实施粮食稳定增产和绿色增效行动,落实"藏粮于地、藏粮于技"战略要求,切实把稳定粮食生产和发展经济有机结合起来,加强领导,强化措施,保护和调动农民群众的种粮积极性。

【粮食作物生产情况】　2017年,粮食播种面积稳定在12.95万亩(复种指数),粮食总产量4.96万吨;蔬菜播种面积4.5万亩(复种指数),总产量9.14万吨;果园面积0.2445万亩,水果总产量0.1178万吨;

【完善"三品一标"产品追溯体系】　为保障全区农产品安全,实现蔬菜、水果、畜牧产品、水产品的来源可查、去向可追、责任可究。开展追溯体系工作,完成了省、市两级下达的追溯任务。2家"三品一标"企业、1家正在

申报无公害企业的产品在12月全部纳入追溯体系,并在江西省农产品质量安全监管与追溯系统可查询。

【加强了乡镇站快速检测工作】　开展镇街监管对象入网登记并上传和生猪猪尿"瘦肉精"检测工作。2017年,镇街完成了猪尿快速检测275批次,合格率达100%;蔬菜快速由镇街抽样,在区农林水利局的帮助完成了蔬菜速测样品876批次,合格率达100%;蔬菜和猪尿快速检测抽样单、检测记录、数据保存完好,并上传到网报系统。

【强化农产品质量安全监测】　2017年,定量检测任务委托南昌允正科技有限公司完成,累计完成蔬菜样品150批次、猪肉100批次、生猪猪尿100批次和鱼肉50批次共计400批次的定量检测任务,合格率均达100%;并及时将数据和图谱上报到市农业局。

【赴山东寿光招商和农业项目招商】　3月16日—17日,区局参加了由区委领导带队,上饶市政府主办、上饶市农业局承办的在山东省寿光市举办的上饶现代农业推介会。此次推介会现场签约现代农业合作项目2个,意向签约金额1.8亿元。其中,十里湖生态农业村项目,该项目的建设内容是建成高效设施蔬菜种植和现代农业展示中心,意向签约金额8000万元,实际进资300万元,实际进资率3.75%。项目于7月开工,已进行了500亩的土地流转,设施大棚正在建设当中。农业体验示范园项目,项目的建设内容是建成集休闲、采摘、民宿

等一体的近郊生态休闲旅游景区，意向签约金额 1 亿元，该项目正在洽谈中。

（徐国萍　宋媛媛）

水 产 业

【概　况】　2017 年，全区渔业经济平稳运行，主要呈现如下特点：水产品总产量达 11617 吨，较上年增 3.1%。其中，养殖产量达 10963 吨，继续保持稳定增长。水产养殖面积略有增长，达 14065 亩，增长 1.9%。特种水产品产量保持稳定增长，总产量达 2453 吨，增长 3.4%。水产苗种繁育量稳步增加，繁苗量达到 1.08 亿尾，鱼种产量 1087 吨，大大提高了投放鱼种的自给率。渔业灾害主要表现为洪涝灾害及病虫害，致使水产养殖业损失较为严重，受灾养殖面积达 1606 亩，损失水产品产量 904 吨，直接经济损失达 613 万余元。

【继续加强渔政执法力度】　根据"河长制"的要求，联合水政、公安等多部门联合执法，大力打击电、毒、炸等有害渔具渔法，坚决取缔电捕鱼工具，严厉查处制造、加工、销售电捕捞渔具的单位和个人，全年查处渔业违法案件 5 起，有效地保护了信州区渔业生产环境。

【加强水产品质量安全监管】加强水产品质量安全的监管力度，加大了水产品市场和产地的质量抽检力度，开展水产品药残专项整治，提高水产品质量，确保信州区水产品质量安全，全年配合部、省、市抽检达 7 次，自检

6 次，合格率达 100%。

（杨谱江　翁福纯）

林 业

【概　况】　全区国土面积 31704.5 公顷，森林面积 13583.6 公顷，非林地 18120.9 公顷，森林覆盖率 40.44%，林木绿化率 42.12%，活立木蓄积量 560194 立方米。湿地总面积 1382.62 公顷，天然湿地面积 1021.36 公顷，人工湿地面积 361.26 公顷。完成省及市下达的造林任务 1000 亩，完森林抚育 8000 亩，退化林修复 7600 亩。

【森林病虫害防治工作有效开展】　圆满完成了 2017 年度松材线虫病除治工作，实现疫区拔除。对水南街道、茅家岭街道、灵溪镇和朝阳镇进行松褐天牛的综合防治，防治面积达 6000 亩，有效降低松褐天牛虫口密度。开展全区马尾松毛虫摸底调查及综合治理工作，治理面积 8000 亩。开展全区林业植物检疫执法联合行动，检查苗木经营单位 5 家，木材加工经营企业 28 家，检查木材 1632 立方米，发放宣传单和宣传手册 500 份，查处检疫案件 3 起。完成了 2017 年度病虫害测报工作。

【森林资源管理保护得到提升】　2017 年完成永久性林地征占用行政许可 16 起，面积 52.08 公顷。临时性林地征占用行政许可 3 起，面积 1.36 公顷。樟树移栽行政许可 7 起，计 4195 株。全年完成国有保护面积 1000 亩天然林保护资金补助发

放工作，在全省 92 个有任务县级单位中，信州区是已完成的 23 个任务单位之一，在全省天然林工作中名列前茅。在全区开展严厉打击各类破坏森林资源违法犯罪百日专项行动，查处 7 起行政案件。在全区范围内积极开展"世界湿地保护日""爱鸟周""百日专项行动""清河行动"等活动。出动执法人员 40 人次，检查酒店 95 家（次），发放宣传单 3000 余份，拉条幅 20 余条，放生野生动物 8 只，提高人们对生态文明保护重要性的认识对全区林业加工企业安全生产管理责任落实情况，安全生产管理制度建立和执行情况，安全风险管控情况，隐患排查治理情况，应急管理情况；涉及粉尘安全防范的管理措施制定及落实情况等工作进行检查，共清查了全区涉林企事业单位 10 家。提高了企业安全生产意识。完成 2017 年度林地变更调查暨森林资源数据更新工作。

【森林防火成效显著】　做好森林防火宣传工作，发布森林防火通告，印制并发放森林防火宣传资料到每家每户，全年共印制森林防火宣传单、禁火令、森林防火通告、公开信等宣传标语 20 余万份。做好重点防火期间的人员值班，确保政令畅通。区委区政府高度重视专业森林消防队正规化建设工作，按照省林业厅、省财政厅、省人社厅、省编办联合下发的《关于推进全省专业森林消防队正规化建设的意见》（赣林火发〔2017〕17 号）等考核工作的要求，对照考核内容和标准，查漏补缺。

（徐　鹏　黄宗波　郑　琳）

水　利

【概　况】　做好高效节水示范县工程项目,全年使用中央投资500万元,实施高效节水(管道灌溉)灌溉面积5000亩,项目分布在沙溪、朝阳等地,项目建设已完工。使用省级资金260万元,落实山塘整治21座。

【中小河流治理项目】　中小河流治理项目朝阳镇防洪工程,是2015年批复实施的项目,2017年继续实施。批复总投资2169.3万元,到位资金1071万元。已完成投资约1100.0万元,工程主要建设内容为河道疏浚清障1.334千米,加固土堤2.922千米,新建土堤0.434千米,新建中潭自排闸、1#—4#自排涵以及塘底、柯家等5座小型电灌站,并增设亲水埠台7座。项目建设基本完工,正在进行资料整理。

【农村安全饮水巩固提升工程】　2017年农村饮水安全巩固提升工程已经完工,分为农村饮水安全巩固提升工程沙溪供水区项目和灵溪镇日升村农村饮水安全巩固提升项目。其中,沙溪供水区项目批复投资513.45万元,中央预算内投资89.56万元,省级配套资金64.08万元,自筹359.8万元;灵溪镇日升村农村饮水安全巩固提升项目批复投资151.55万元,中央预算内投资26.44万元,省级配套资金18.92万元,自筹106.2万元。

【防汛抗旱工作】　2017年,提前部署防汛抗旱工作,科学调度,强化责任落实,加强监督。4月1日汛期来临前,就完成了水库度汛明白卡填报、度汛方案调整修正、水库、堤防管理员调整;落实各级责任人、抢险应急队伍及防汛物资存储;落实防汛目标责任书签订等工作。汛期不间断的开展巡查、检查、督查,强化水库调度,汛后组织水毁工程修复,确保了年度不倒一库一坝的防汛总目标实现。

【河长制工作】　2017年,中央提出了全面推进河长制,把河长制工作上升到国家战略。根据中央、省、市的要求,围绕"河清、水清、岸绿、景美"的目标,全面推进"河库长制"工作的落实。完善机构建设。修订了河长制方案,并指导镇街制定了本地的方案,落实了区、乡、村三级河长及巡查员、保洁员,正式成立了区乡村三级河长办。健全相关管理制度。在区、镇、村三级河长办拟订了《河长办工作职责》《乡镇河长工作考核内容》《巡查员工作职责》等相关管理制度并统一制作上墙。对辖区河流及小(1)型以上水库制作了县级河长公示牌,自觉接受群众监督。开展专项整治。对辖区内影响环境的突出问题全面进行摸排,梳理问题清单,建立台账,逐一销号解除。部署各牵头单位开展了清河行动,各牵头单位均制定了各自的实施方案并根据各自的管理范围,逐项予以推进,水利部门已牵头开展了3次联合执法检查。并结合水利部门自身的工作职责,对涉及水资源管理、河道岸线整治、河道采砂等3项工作开展了专项整治。

【做好水资源及河道管理等工作】　开展了入河排污口专项整治行动。全面查清了每条河道入河排污口的数量、位置、排放方式、入河方式,以及每个排污口汇入的主要污染源,并以河道为单元建立了排污口台账。依法关停非法设置的入河排污口8个,办理入河排污口审批手续2个,办理入河排污口登记审批手续2个。竖立了入河排污口监管公示牌,明确排污口设置单位、监督部门等。开展了八角塘菜场及菜场周边地区非法取用地下水集中整治工作。对八角塘菜场及菜场周边地区非法取用地下水的62户经营户进行了集中整治。先后下达了执法通知书和告知书(责令停止违法行为通知书、限期拆除违法取水设备通知书、行政处罚事先告知书、行政处罚听证通知书、强行拆除事先告知书),得到了多数取水商户理解和支持,有部分经营冰库的取水商户已改装了风冷或自来水循环冷却设备,自行拆除了取水设施,已完成16户的取水设备改装整治,其他的商户正在陆续改造中。

(占永华　蔡旭华)

农业机械化

【概　况】　2017年年底,全区农业总动力达54223千瓦,比上年增加2583千瓦,增长0.5%。其中,柴油发动机动力52716千瓦,汽油发动机动力118千瓦,电动机动力1389千瓦。农业机械原值达1.51万元,大中型拖拉机拥有量达61台,小型拖拉机114台,耕整机91台,插秧机

12台,联合收割机61台。全区水稻机耕面积12600公顷,水稻机收面积7490公顷,水稻机耕、机收综合化水平分别达68%、75.5%。

【农机购置补贴工作】 为贯彻落实中央和省、市强农惠农政策,根据省农机局赣农字〔2015〕21号《江西省2015—2017年农业机械购置补贴实施方案》的通知文件精神,信州区切实加强了本地区农机购置补贴工作的管理,严格购机程序,强化检查监督,规范、有序推进全区农机购置补贴工作。2017年,紧紧围绕"推进农业机械化又好又快发展,加快农业发展方式转变,促进农业综合生产能力提高"的目标,累计推广各类农机具183台套,受惠农户179户,享受农机购置补贴资金34.898万元。全年的农机购置补贴机具有:大中型拖拉机3台;谷物联合收割机3台;水稻插秧机2台;微耕机172台;其他补贴机具3台。

【开展拖拉机年检年审工作】 根据省、市农机监理部门的工作部署,4月对全区所有参检拖拉机进行年检年审工作,拖拉机一律上检测线,保持外观整洁、参保了交强险,年检率和参保率达到95%以上,完成了上级农机监理部门下达的任务要求。结合年检、年审工作,全区对参审、参检拖拉机驾驶员进行了《道路交通法》法规知识教育和培训工作。全年度拖拉机检验189台,全区拖拉机在册数658台,大中型61台,小型114台(其中手扶式114台),联合收割机61台,拖拉机驾驶员515人。根据省农业部、省监理总站的要求,区

农机监理工作人员进行了拖拉机存量录入,推进全区变型拖拉机信息系统管理工作。

【农机安全生产工作】 为认真贯彻落实省赣农机综〔2017〕22号文件《关于印发2017年江西省"安全生产月"活动方案》的通知精神,信州区农机站坚持"安全第一、预防为主、综合治理"的方针,突出"安全发展、科学发展"的活动主题,积极组织区农机站工作人员深入开展农机安全宣传,农机安全下基层服务,农机安全隐患排查和专项整治工作。经过安全月活动进一步提高广大群众和农机驾驶操作人员的安全意识、守法意识;提高区农机管理人员的安全服务意识;清理排查农机安全隐患,预防农机事故的发生,促进全区农机安全发展。2017年,全区农机安全生产形势持续稳定,辖区内无一例重特大安全事故。

【农机技术推广工作】 在党的一系列惠农政策的强劲支持下,信州区农机推广部门紧密结合以人为本的科学发展观实践活动,坚持"化平原、抓特色、调结构、增总量、降能耗、提效益"十八字方针,着力优化农机装备结构,加大科技创新和技术推广力度,不断提高科技水平、装备水平、作业水平和安全生产水平,以提高水稻生产全程机械化水平为重点,特别是水稻机械化种植技术为突破口,大力推广粮食烘干、果业、茶业等农机化实用技术,从而实现了全区农业机械化又好又快发展。

(徐益民)

森林公安

【概　况】 2017年,区森林公安"真抓实干、服务林区"为总目标,以执法为民、公平正义为主线,加强部门队伍建设和管理,落实部门岗位责较好地履行了部门职能作用,使局机关的各项工作规范有序地开展。年度内办理副科职级晋升2人,行政副科级别晋升2人。

【案件情况】 区森林公安局坚持保护森林资源工作,坚持积极预防、重拳打击的方式,在上饶市森林公安局的部署安排下,展开了鄱阳湖区越冬候鸟和湿地保护专项行动、打击整治涉枪违法犯罪专项情况行动等一系列打击涉林违法犯罪的专项行动。全年接处警共计187起(其中刑事案3起,林业行政案件14起),为国家挽回直接经济损失达30余万元。

【加强基层硬件建设、强化网络建设】 在领导带领全局民警的共同努力下,历经8年的办公业务技术用房于5月8日封顶。为了增强全局民警的精神文化底蕴和主人翁意识,为此,聘请了1名专业的影视制作工作人员,制作了一部信州区森林公安局自成立以来的发展史的专题纪录片,以此彰显团结向上、忠诚事业的精神风貌。着手推进现代化信息建设,先后购置无人机1台以及整套的信息采集编辑软件,应用三维立体式软件采集信州区林区相关涉林资料。电子信息集合也已初具规模,此

项工作为区森林公安局建设的现代化信息指挥中心打好了基础。

【切实化解派出所"五难"问题】 为贯彻落实省局化解派出所"五难"推进会的精神，区森林公安局在第一时间反应研究落实，查找短板，将派出所"五难"问题列入重点落实的工作之一。经过不懈的努力，基本完成了省局下达的既定目标，为基层派出所的发展提供了优越的环境。在政治方面也倾向于基层民警，2月份开始，对表现优秀的基层民警给予提拔的机会，先后提拔2人到领导岗位，为派出所配备了1名所长，1名副所长。机构级别也升格为副科级建制。

（许　超）

农业综合开发

【概　况】 信州区农业综合开发办公室为正科级参照公务员管理事业单位。下设项目科和综合科。主要负责信州区辖区（沙溪镇、灵溪镇、秦峰镇、朝阳镇、茅家岭）国家综合开发土地治理及产业化扶持工作。2017年度，上饶市信州区农业综合开发项目财政总投资为771.5万元。其中，中央财政资金355万元；地方财政配套资金142万元；自筹资金274.5万元。土地治理项目区涉及信州区沙溪镇、朝阳镇、秦峰镇、灵溪镇。

【土地治理项目】 全区2017年度国家农业综合开发土地治理项目计划总投资为281.5万元。其中，中央财政资金187.5万元；地方财政配套资金75万元（包括省财政配套资金60万元，市财政配套资金7.5万元，区财政配套资金7.5万元），自筹资金19万元（全部为投工投劳）。土地治理主项目区分别为秦峰镇五石村、朝阳镇青金村、沙溪镇铅岭村、灵溪镇邵新村。按照"田成方、渠成网、树成行、路相通、桥涵闸综合配套"的原则，建成治理农田面积0.18万亩；开挖衬砌渠道6.65千米，渠系建筑物14座，新建田间道路2.7千米。分别安排为：水利措施投资165万元，占总投资的58.61%。其中财政资金146万元，占财政资金55.6%；自筹资金19万元，占自筹资金100%。农业措施投资106.1万元，占总投资37.69%。其中，财政资金106.1万元，占财政资金40.4%。工程管护费2.6万元，占总投资0.92%。其中，财政资金2.6万元，占财政资金1.0%。县级项目管理费7.8万元，占总投资2.77%。其中，财政资金7.8万元，占财政资金3%。

【产业化发展项目】 2017年度农业开发产业化发展项目3个，涉农企业项目3个。项目总投入资金490万元。其中，中央财政资金167.5万元，省级财政配套资金53.6万元，市级财政配套资金6.7万元，区级财政配套资金6.7万元，自筹资金255.5万元。分别是上饶市信州区2000平方米食用菌大棚基地扩建项目、信州区2500平方米热带水果温控大棚种植基地新建项目、信州区400平方米循环水养殖系统基地新建项目。

【大力培训技术人员】 采取"以会代训、现场示范"形式分批、分期举办各类技术培训。通过邀请果树专家现场指导接受果农咨询，共培训栽培技术人员0.05万人次。

【顺利通过省（市）农业综合开发检查】 在接受省、市级农业综合开发工作检查中，检查组对区农发办准备工作、计划编报、项目监管、工程质量、财务管理等方面给予充分肯定。

（余接满）

现代农业示范园

【概　况】 信州区现代农业示范区管理委员会为区政府直属事业单位，主管行政区域内项目立项的审核、申报、选址和招商引资等工作，负责现代农业示范区先进技术，科技成果推广以及主导产业培育等工作，综合协调区级相关部门涉农项目资金集中投向现代农业示范区，筹集现代农业示范区基础设施、公共服务设施建设资金，改善现代农业示范区投融资环境，参与制定现代农业示范区内农业生产、农村经济的发展规划，并指导实施。2017年，圆满完成全省经济巡查任务。

【建设规模】 信州区现代农业示范园区是区委、区政府按照"百县百园"的省级农业发展战略和建设"创新创业、生态宜居信州"战略目标打造的以现代农业为核心、市场为导向、创新为动力的现代化、示范性农业园区，园区总体规划按照核心区、示范区、辐射区3个功能区域划分。其中，核心区位于素有"千年古镇,夏布之乡"的沙溪镇境内,涵盖东风、青岩、五里、何家等村,核心区面积7107亩,主要承担设施农业的科技示范展示和生态农事体验功能;示范区面积4万亩,涵盖灵溪、朝阳、沙溪、秦峰4个镇,主要承担农业科技项目引进、孵化和新品种培育以及农产品深加工市场建设;辐射区面积40万亩,规划周期为2016年至2020年,覆盖信州区所有乡镇、街道,主要为已完成市场化和成熟产品示范、技术培训、规模化推广和提供生产加工企业所需农产品。园区秉持着"以工业化理念发展园区、用市场化办法经营园区、用现代科技手段提升园区"的原则,不断强化园区建设,确定以高效设施、休闲体验、精细加工、科普示范农业等为主导的园区产业发展方向,推动果蔬高效种植、菌菇规模生产、休闲旅游观光等主导产业发展方向,以果蔬、花卉苗木、特色种养为主体,着力打造春华菌菇生态科技示范园、东风高效设施示范园、青岩农业体验示范园、五里生态农业示范园等为主体结构的现代农业"一区多园"格局。

【基础设施情况】　截至12月,示范区已建成高产稳产高标准粮田达6900亩,农业综合机械化率达到55%;示范区园艺作物设施面积402亩,设施化比重20%;农产品网络营销店2个,示范区先后建立了1个行政村远程教育平台,2个企业网站,覆盖了主要的农业产业。

【辐射带动情况】　农民教育培训情况,示范园为农函大产业扶贫训练基地,并结合区农工部、科协、妇联、团委、扶贫办等不断加大示范区农民教育培训工作,开展了阳光工程培训、新型农民培训、专业技能就业培训、巾帼创业培训、青年志愿者培训、扶贫开发培训等相关培训工作,累计培训1.6万人次。通过一系列专业技能培训,极大地提高了示范区内农民的整体素质和创业就业能力,增加了农民收入。技术推广示范工作开展情况,示范园高度重视农业技术推广示范工作,大力推广农业实用技术。用组织办培训班、现场会或请外地专家授课等多种形式,向农民群众传授实用技术。让广大农民掌握农业实用技术,熟练应用于生产实践,提高科技对农业的贡献率,为农业增产、农民增收目标的顺利实现奠定了基础。积极引进农业新品种、新技术,走试验、示范、推广的路子。累计引进推广高产优质品种28个,积极推广水肥一体及智能温控技术。这些新品种、新技术的引进、推广应用,逐渐改变了农民群众陈旧的生产观念和传统的生产方式,极大地推进了信州区农业生产快速健康发展。

(杨文洁)

园 区 建 设

朝阳产业园

【概　况】　朝阳产业园位于上饶市中心城区东南约 7 千米的信州区朝阳镇盘石村,2006 年 3 月开工建设。2009 年 5 月,经市委、市政府批准正式成立,是信州区实施"主攻工业、决战园区"的主平台和区域经济发展的主要增长极。2011 年被科技部、商务部分别授予"国家级光学高新技术产业基地"和"第四批国家科技兴贸创新基地(光机电)",2013 年被省工信委命名为省级苎麻纺织产业基地。

园区规划范围北起上广公路两侧,东邻广丰县界,南达丰溪河畔,西靠朝阳镇集镇,规划区面积 5.08 平方千米,中心区面积 4 平方千米,可利用工业用地 4000 余亩,可安排落户企业 100 多户。

已建成的 4 平方千米中心区,各项基础设施和配套设施完备,服务门类齐全,交通通信便捷,投资环境优越,拓园 0.5 平方千米。企业落户已达 84 家(其中投产 50 家,非工 3 家,在建 13 家,待产 7 家,新签约落户 11 家),安排就业 3000 余人。

园区建立了企业服务中心,区直相关办证职能部门抽调人员到园区实行联办工作机制,为企业注册公司、立项审批、缴纳税费、工程建设等进行高效便捷的"一条龙"指导服务。同时,积极搭建园区企业招工服务平台,加强企业用工信息发布和人员培训,解决企业用工难问题,园区发展软环境进一步优化。

园区产业已初步形成以光学、汽配、苎麻、定制家具为主的四大主导产业。规模以上企业已达 15 家,其中博泽铜业和天炬塑业 2 家进入上饶市 2017 年度工业企业上缴税金 50 强光荣榜行列。

2017 年,完成工业总产值 14.2 亿元,工业增加值 1.9 亿元,主营业务收入 17.03 亿元,税收 1.53 亿元,用电量 8363 万千瓦时,同比增幅在 20% ~ 40%,经济发展继续保持良好的增长势头。

【调园扩区整体规划"一个提升"】　加快园区由 3.6 平方千米中心区往西向朝阳镇方向拓展至 5 平方千米设园扩区整体规划提升改造工作的实施,委托中国美院设计院风景建筑设计研究所完成整体规划编制,区主要领导听取情况汇报并观看整体提升改造规划 PPT 展示片,提出调整建议。朝阳大道、朝阳五路、朝阳十一路等景观改造项目已启动实施,设园扩区整体规划提升改造后,景观面貌将大为改善,"产城融合"将达到一个新水平。

【建设朝阳"两条道路"】　全年征地 51.44 万平方米,拆迁 2.25 万平方米,迁坟 900 座。积极推进朝阳六路、七路"两条道路"建设,完善园区"四纵五横"路网功能。全长 1470 米、宽 24 米的朝阳六路已完成。朝阳七路东段完工后将进行附属设施的施工建设。

【清理"三大闲置地块"实施"腾笼换鸟"】　在区主要领导的高位推动下,成立了朝阳产业园处理闲置土地领导小组,采取"一企一策"的方式加快推进园区闲置土地清理工作。2017 年,纳入园区清理的僵尸企业与闲置土地包括沃普斯空调、金洋数控等 7 家企业,土地清理面积共有 22.05 万平方米,实施"腾笼换鸟"其置换新项目落户,增加土地利用效益。

【建设完善"四个配套"设施】　完善建设 4.5 万平方米、1056 套的公租房配套。2017 年全部交付使用,企业员工已陆续入住,并在一楼店面设立了医务室、网吧、超市、党建活动室、工会爱心驿站等服务设施，解决员工入住后生活娱乐等后顾之忧。完善园区污水集中处理配套。建成后的污水处理厂已投入运行，为企业与周边群众生产生活污水集中处理、达标排放，保护园区发展环境创造条件。完善标准厂房建设配套。规划 2 万平方米用地建设 5 栋标准厂房，2017 年已全部竣工交付使用，扶持小微项目进园创业，为"双创"人员提供有利条件，为培育小微项目提供发展基地。完善相关服务设施配套。园区在已有医务室、网吧、超市、党建活动室、工会爱心驿站、职工影院、篮球场、羽毛球场的基础上，高起点规划设计建设宇瞳光学老厂房商业体项目，引入中高档的休闲、餐饮、娱乐等服务业态，让园区工人不出园区就能享受到精致的商业配套服务，该项目计划于 2018 年投入使用。

【"五大特色园"建设】 经精准定向招商和对"腾笼换鸟"项目土地的调整利用，园区实施培育主导产业战略，做大经济总量。在产业培育和结构调整上，重点建设汽摩配、光学、橱柜等"五大特色园"。

光学产业园：重点以宇瞳光学东莞总部迁入园区建设光学产业园为主体，项目占地约 14.673 平方米，一期共建 14 栋建筑物，建筑面积 10.74 万平方米。

汽配产业园：重点以北京三纺机上饶气弹簧有限公司和索密特汽配实业公司为主体，建设汽配产业园。该项目占地约 40 亩，建设 5 栋厂房（1 栋办公楼、4 栋厂房），建筑面积 3.1 万平方米。各栋厂房建设进入扫尾阶段。汽配园建成后将逐步引进相关企业，形成产业集聚，为经开区建设"江西汽车城"提供零部件配套服务。随着北京三纺机、索密特汽配、江西邦德科技、汉田自控等汽配企业的落户集聚，园区已有汽配相关生产企业共 8 家。

橱柜产业园：重点以范美保罗家具实业公司为主体，规划 6.67 万平方米工业用地打造橱柜产业园，建设木制橱柜生产和原木板材加工中心。已入驻上饶市贝卡尼家具有限公司等 8 家橱柜生产企业，总投资 5 亿元，项目于 4 月开工建设，2018 年投入生产。

鞋业产业园：重点以利丰鞋业有限公司为主体，规划 5.33 万平方米土地建设鞋业产业园，已签约落户 12 家鞋业生产企业，力争 2018 年再引进落户企业 10~15 家，实现主营业务收入过 2 亿元，实施小企业大生产，打造高端品牌产业。

小微创业产业园：规划 2 万平方米项目用地，建设 5 栋厂房，已经全部竣工待安排使用，扶持小微项目进园创业，为"双创"人员提供用武之地，为项目发展培育经济增量。

【加大招商引资、加快产业集聚】 紧盯主导产业，抓好招商。全年新签约落户企业 15 家，分别是：北京世纪金工所属北京三纺机、德力西电器、浩钰铜业、镇豪服饰、城投新材料、汉达塑业、冯克电梯、聚微星科技、橱柜园家居等，总投资 14.74 亿元。

【多措并举的精准帮扶落实工作】 以"三落实"为抓手，部署推进工作。全面落实每月区长"工业日"调度会精神，把上级部署的每项工作任务分类汇总，倒排工作时序，认真落实积极加以推进。强化班子成员会工作部署，落实责任到人到岗，加强工作调度。强化工作群里的日常督查问责，加快推进各项工作。以"五人小组"为主导，实施精准帮扶。推进企业或项目加快生产建设进度，对接市、区有关部门，对重点项目实施由区分管领导挂点，园区（或招商小分队）、朝阳镇、朝阳派出所、园区供电所各一名负责人组成的"五人服务小组"，解决企业困难，确保项目能落户，能发展。全年，帮助企业解决招用工 1300 余人，"财园信贷通"贷款 5.4 亿元，协助办理各种证件 50 余份，调解企业工程欠款、欠薪、村民阻挠建设施工等各类矛盾纠纷 70 余起。

【"天网"为基础的特保队伍】 在治安维稳、优化园区发展方面投入大量资金，建设天网工程，加强园区主干道和企业的安全防范；抽调人员成立监控中心，为各分管口工作提供 24 小时全方位信息服务，震慑犯罪分子。从市特保公司聘用 12 名特保人员组建园区特保队伍，配备 2 辆专用巡逻车，加强园区安防巡逻、信访维稳、处置征迁纠纷、应急处置突发事件，并对不稳定、不安全情况及时救援，为企业消除发展障碍创造良好条件，进一步提升园区发展硬环境、软服务形象。

（王烨鹏 陶燕堂）

信息服务业产业管理中心

【概　况】 2017年,信息服务业产业园更名为信息服务业产业管理中心,并正式明确为全额拨款正科级事业单位。全年实现纳税总额达2.7亿元,营业额36亿元,位居全省县(市、区)第一名,当年新增引进企业91家,企业数量和纳税总额的稳步增长让信息服务业保持了弯道超车的快车档。

【平台建设双拳并举】 夯实企业用地"腾笼换鸟"的集约化。着力对信息产业园、上饶慧谷、淘宝园内的"三无"企业(即无销售、无税收、无人员企业)进行清理。仅在上半年,就完成了100余家企业用地的清理,为

"腾笼换鸟""筑巢引凤"夯实基础。打造产业平台"航母舰队"的集群化。为充分整合信息产业资源、集聚行业品牌优势,年初起在三江片区启动建设占地70万平方米的三江数字产业新城,其中一期滴滴呼叫城项目已经推出,与上饶信息服务业产业园、上饶数字经济服务园、7890众创空间、六号仓库文创园等信息服务业集聚区组建成庞大的产业集群。

【招商引资量扩质优】 2017年,先后举办了上饶·信州信息服务业产业北京招商推介会、第十一届中国网络品牌大会·上饶信息服务业产业招商推介会暨信州区第二次招商引资项目集中签约仪式,两次信息服务业产业招商推介会将信州区信息服务业这块金字招牌推向全国,全年共引进新纳税企业91家,入园企业累计已达424家;在保持引入企业数量高增长的同时,

更加注重企业的品牌效应,大力招引一批具有国内外影响力的"独角兽"企业,如:滴滴出行、乐视、国美金融、华拓金服、美的集团、华唐等。其中,滴滴出行、国美金融、华拓金服已落户园区,为全区信息产业的发展带来了更大的空间。

【服务企业高效贴心】 园区始终秉承"保姆式、订单式"的服务理念,为让园区企业办税更便捷,设立全国屈指可数、全省唯一的信息产业个人成本票代征点;为服务企业更加高效和贴心,在产业集聚区配套成立了"马上落实"办公室,对企业的要求,做到"四个即"(即事、即时、即办、即回)。同时还设置了微信扫描服务岗和数字服务e站,企业及前来办事人员只要用手机扫一扫,各项服务全知晓,只要用手指点一点,各类服务任其选。

(李佩龙)

财 政 税 收

财政管理

【概 况】 2017 年,全区财政部门紧紧围绕"高标准建成省域副中心城市核心区"的奋斗目标,坚持稳中求进的总基调,深入贯彻落实新的发展理念,促改革,抓管理,提质量,夯基础,强监管,推动了全区财政平稳健康发展,继续保持了第十四届省级文明单位称号。

【加强收支管理】 面对经济下行压力和政策性减收的考验,积极应对税制改革,加强收支管理,明确收入任务,强化征管措施,细化目标考核,抓好分解落实,实现了按月均衡入库。2017年,全区完成财政总收入238866 万元,同比增收 20000 万元,增长 9.13%,完成预算调整数的 103.94%,财政收入总量跃居全市第三,取得撤市设区以来历史性突破,收入增幅跃居全市第二,税收收入占财政收入比重为 85.05%,全市排名第一,超出全市平均水平 8.45 个百分点,收入质量进一步提升。全区公共财政预算收入完成 147625 万元,剔除营改增因素同比增长 7.86%;公共财政预算支出完成

277070 万元,同比增支 11302 万元,增长 4.25%,完成预算调整数的 100.00%。区本级公共财政预算收入 147625 万元,加上级补助收入 132420 万元,地方政府债券收入 30270 万元,调入资金 4774 万元,上年结余结转28364 万元,收入合计 343453 万元;减当年支出 277070 万元,各项上解支出 22972 万元,债务还本支出 25875 万元,补充预算稳定调节基金 4774 万元,收支相抵,年终结转下年支出 12762 万元。全区政府性基金本年收入27168 万元,上级补助收入 3947万元,债务收入 13482 万元,年末完成政府性基金收入 44597万元,同比增长 23.81%,加上年结余结转 9419 万元,收入合计54016 万元;全区城乡社区支出40819 万元和其他各项支出1260 万元,年末完成政府性基金支出 42079 万元,同比增长21.43%,加上解支出 232 万元,调出资金 4774 万元,支出合计47085 万元;年终结余 6931 万元。全区社会保险缴费收入72660 万元,财政补贴收入53448 万元,其他各项收入 6106万元,年末完成社会保险基金合计 132214 万元,增长 31.43%;全区社会保险待遇支出 104829万元,其他各项支出 5685 万元,年末完成社会保险基金支出合

计 110514 万元,增长 24.69%;本年收支结余 21700 万元,年末滚存结余 66579 万元。全区国有资本经营预算收入 204 万元,全区国有资本经营预算支出204 万元,收支平衡。

【加强政府债务管理】 积极发挥政府规范举债对经济社会的促进作用,加强政府债务管理,加快存量政府债务置换进度,不断化解政府债务风险。2017 年信州区政府债务全部在限额内运行。2016 年年底,信州区政府债务余额 19.56 亿元,其中,一般债务余额 18.95 亿元,专项债务余额 0.61 亿元。2016 年年底债务余额加上 2017 年当年新增债务,减去已偿还到期债务,到 2017 年年底信州区政府债务余额 18.71 亿元,其中一般债务余额 16.92 亿元,专项债务余额1.79 亿元。全年上级下达信州区政府债券资金 4.38 亿元。其中,新增债券 1.79 亿元,依法用于公益性资本支出;置换债券2.59 亿元,依规全部用于符合置换条件的清理甄别政府债务。

【全力服务发展大局】 2017年,紧紧围绕经济建设这个中心,全力服务经济发展大局,争取政府债券资金 43752 万元,全部用于置换政府债务和重大公

益性项目建设。积极盘活存量资金 6341 万元，统筹用于稳增长、调结构、惠民生等重点领域，增强盘活工作的有效性。落实结构性减税和普遍性降费政策，开展了涉企收费清理情况专项检查，按规定下调了社会保险缴费率。支持实体经济发展，"财园信贷通""财政惠农信贷通"单年累计发放贷款 6.16 亿元，共 132 户企业和 200 多户新型农业经营主体受益。助推发展升级，创新扶持方式，区财政落实工业发展、农业发展、外贸发展、旅游发展、信息服务业、物流产业、金融保险等各类产业发展资金 5.36 亿元，支持各大产业发展，支持企业做大做强。

【做优支出结构】　严格执行厉行节约各项规定，大力压减一般性支出，严控"三公"经费，财政支出继续大幅度向民生倾斜，向社会事业发展倾斜，积极保障区委、区政府确定的民生实事，全区民生八项支出完成 21.86 亿元，增长 11.6%，高出一般公共预算支出增幅 7.39 个百分点。各项民生政策提标配套、公车改革、机关事业单位人员养老保险和基本工资调标等政策全部兑现到位。

【助推脱贫攻坚】　高度重视扶贫工作，根据中央、省、市"六个精准""五个一批"脱贫攻坚总体要求，着力推进产业发展扶贫、就业扶贫、社会保障扶贫、教育扶贫、健康扶贫、安居扶贫、村庄整治和基础设施建设扶贫、结对帮扶扶贫等八大扶贫工程，全年财政共投入专项扶贫资金 2319 万元，同比增加 1106 万元，增长 91.18%。2017 年，全区共

有 381 户 1167 人实现脱贫。

【深化财政改革】　围绕深化财税体制改革的总体要求，进一步完善机制，规范管理，加快现代财政制度建设。贯彻落实《预算法》中关于各部门要按照功能分类和经济分类编制预算的规定，改进预算编制方法。预算公开全面化制度化规范化，严格执行预算公开办法，按规定全面公开区级政府预决算，转移支付情况表及说明，政府性债务情况等，设立统一公开平台，集中公开除涉密单位外的 77 家部门预决算和"三公"经费预决算，各单位的公开意识和质量进一步提高。有效防范预算编制、预算执行风险内控，提高预算编制、执行的规范性、科学性、准确性，根据《中华人民共和国预算法》等法律法规，出台《信州区财政局预算编制风险内部控制办法（试行）》和《信州区财政局预算执行风险内部控制办法（试行）》。加强财政投资评审，委托招标代理公司通过公开招标方式，建立投资评审"社会中介库"，明确全区财政投资评审项目一律采取公开摇号形式确定评审公司。"社会中介库"的建立以及摇号机制的确定，确保了财政投资项目评审工作的规范操作和阳光运行。全年完成评审项目 147 个，累计送审金额 118836 万元，审增 901 万元，审减 18419 万元，净审减 17518 万元，净审减率 14.74%。积极推进综合治税平台建设。认真落实《江西省税收保障条例》实施方案，加快完善综合治税平台。完善财政惠农补贴资金"一卡通"发放管理。实行"资金一户管、补助一卡发、服务一站办、收支一本

账"，确保各项涉农资金的安全有效运行，提升乡镇财政资金管理水平。2017 年，财政惠农补贴资金"一卡通"共发放 7300 万元，惠及 3 万余农户。

（郑贤斌）

国家税收

【概　况】　信州区国家税务局成立于 1994 年 9 月，为全职能局，主要承担税收法律、法规的贯彻执行，具体组织各项税收的征收管理，2017 年有在职干部 92 人。8 月 25 日起，王为民任上饶市信州区国家税务局党组书记、局长。内设 8 个机关职能股室（办公室、人事教育股、监察室、税政法规股、征收管理股、收入核算股、机关党办、工会）、1 个直属事业单位（信息中心）、2 个税源管理科（税源管理一、二科）、1 个纳税评估科、1 个办税服务厅、1 个农村分局（沙溪分局）。截至 2017 年年底，辖区内纳税人 25725 户，其中一般纳税人 2982 户，小规模纳税人 6689 户，个体户 16054 户。

【全力提升组织收入质量】　2017 年，区局坚持稳中求进的工作总基调，紧紧围绕组织税收这一中心，依法做好组织收入工作，提升组织收入质效，做到应收尽收，全面落实各项税收优惠政策，做到应享尽享，释放改革红利。全年共组织税收收入 117568 万元，完成计划数 101.6%；同比增收 25851 万元，增长 28.2%。落实各项退税 1.85 亿元，小微企业所得税优惠政策惠及 1537 户纳税人，减

免所得税 2371.6 万元。既圆满完成全年收入任务，又不折不扣落实各项税收优惠政策，实现了税收与经济的协调发展。

【推动全面从严治党向纵深发展】　认真学习贯彻中共十九大精神。通过观看中共十九大现场直播、召开专题学习会、建立十九大专题学习微信群等方式，在全局迅速掀起学习宣传贯彻十九大精神热潮。围绕"两学一做"主题教育活动和"讲政治、守纪律、重规矩、作示范"专题教育活动开展了专题约谈，党纪专家上警示教育课，区反渎局领导做专题辅导报告，朗诵《可爱的中国》，举办"坚守初心，固守匠心，争当出彩信州国税人"演讲比赛，组织党员先后赴怀玉山和葛源革命旧址开展廉政宣誓及重温入党誓词，召开支部书记述职评议考核会议等一系列丰富多彩的活动。党风廉政建设常抓不懈。召开了反腐倡廉专题学习会和党风廉政建设形势分析会；党组书记、纪检组长进行了 5 次约谈，共约谈 144 人次；组织全局干部职工进行党章党纪党规知识考试；持续开展"红包"和"微腐败"治理工作。着力打赢脱贫攻坚战。为 47 户贫困户建档立卡，共投入扶贫资金 4 万余元，2017 年共有 9 户脱贫。

【全面推行征管制度改革】　进一步扩大国地税合作范围，将实施纳税人分类分级管理、国地税相互委托代征、扩大财税库银联网缴税工作、扩大与有关部门合作，实现信息共享、管理互助、信用互认等工作作为重点推进任务。制定了信州区国税局征管模式改革方案。全面推行规范化、专业化、差异化管理税收征管方式，对纳税人按照规模、行业、特定业务实施科学分类，对涉税事项进行合理分解的基础上，合理调整税源管理机构人员编制、职能配置，重构职能部门税源管理职责，建立与分类分级相适应的新型征管组织体系。

【积极落实"放管服"改革】　成立了"放管服"工作小组，全面清理了行政审批事项和行政许可事项，形成了行政权责事项清单。深入开展便民办税春风行动。执行实名办税制度，成立自助办税体验专区，同时实现了 90% 以上的业务所有窗口通办；开展"容缺受理"制度，对 28 项涉税业务，容许纳税人在缺少办税资料的情况下，预先受理业务，事后补全资料；推广应用电子税务局和手机 APP，实现纳税人"多走网路，少跑马路"。

【普法宣传有声有色】　对外精心组织全国第 26 个税收宣传月、普法教育活动。联合区地税开展"税法进校园活动"，邀请市一小师生代表参观上饶市税收文化基地，并赠送各类课外读物和税法宣传资料 10000 余册。开展国地企三家"优化服务，诚信纳税"双向承诺活动。参与"12·4"法制宣传日，发放各类宣传资料 800 余份，现场解答纳税人疑问 30 余次。利用纳税人学校开展各类培训 4 次，400 人次参与其中；对内建立了干部日常学法机制，积极组织全体干部参加了"百万网民学法律"民法专场、保密法专场及国家工作人员分类学法用法考试。以"学法普法守法 共建和谐国税"为主题，拍摄"我与宪法"微视频，并

通过筛选上报至省局。

（郑慧青）

地方税收

【概　况】　上饶市信州区地方税务局于 1994 年 9 月组建成立，实行由上饶市地方税务局和信州区人民政府双重领导，以上饶市地税局垂直管理为主。下设 5 个基层分局（一分局、二分局、三分局、四分局、五分局）和 1 个直属单位（纳税服务分局），内设人秘股、税政管理股（政策法规股）、征收管理股、计划财务股、监察室（与党组纪检组合署）等 5 个职能股室，设机关后勤服务中心、发票管理所、耕地占用税和契税征收管理所等 3 个事业单位。2017 年，干部职工 95 人。其中，中共党员 70 人；已取得本科以上学历的有 60 人，占总人数的 63.5%。区局工作职责是贯彻执行国家各项税收法律、行政法规和规章，主要负责企业所得税、个人所得税、资源税、城市维护建设税、房产税、印花税、城镇土地使用税、车船税、土地增值税、烟叶税、契税、耕地占用税等 12 个地方税种的征收管理及政府授权的教育费附加、工会经费、文化事业建设费、残疾人保障基金、防洪保安资金、价格调节基金等基金（费）的代征工作。2017 年，信州区地税局在市局和区委、区政府的正确领导下，深入学习贯彻中共十九大及省、市、区财税工作会议精神，以"两学一做"学习教育常态化制度化为契机，以绩效管理考核为手段，紧紧围绕省、市局工作思路，积极响应省

局党组"二次创业"号召,积极促收履责,服务发展大局,推进依法行政,加强队伍建设,凝心聚力。

【税收环境持续优化】 2017年,面对严峻的宏观经济形势和巨大的组织收入压力,区局努力克服结构性减税政策效应凸显、现实税源不足、新增税源匮乏等因素带来的不利影响,克服超常规困难,多措并举狠抓收入。全年区局累计完成各项收入92281万元,同比减收3903万元,下降4.03%。进一步完善重点税源户联系制度,搭建与重点企业的直接沟通联系平台,通过上门走访、座谈会等多种形式,实时掌握企业入库税收及其他相关财务情况。

【税收征管高效推进】 坚持风险管理为导向,属地管理为基础的原则,精心制定方案,并做好组织落实。落实国务院商事制度改革,推进"多证合一、一照一码"和"两证整合",强化户籍登记管理。2017年,共办理登记6063户。抓实纳税大户的税源跟踪调查和税收入库工作,完成各类风险分析、推送、复核工作,共完成风险任务178户,应对入库税款4218.3万元,累计推送股权转让356户,应对完成158户,共入库税款247.17万元;定期开展管户登记、财务数据、申报征收等信息比对、核查、修补和传递,动态监控管理数据质量,在金三系统的海量数据中,共进行数据质量处理53184条。制定《征管资料管理办法》,规范征管资料的收集、传递、归档管理。

【重视规范助"放管服"】 积极开展税收执法风险管理,以市局督察内审科下发的各级疑点数据核查和稽查查办的案件为突破口,着重对执法过程中存在的各种过错行为进行风险点排查,共对近500条疑点数据进行了核查,补缴税款320万元。强化部门合作,形成征收共识,深入调研摸底,获取精准数据,增强业务培训,提升税干水平,扎实做好环境保护税开征前各项准备工作。2017年,核实环保税纳税人信息32户,确认有效户26户,识别确认率达到100%。做大做强小税种,推行以控税和房土两税明细申报,开展城镇土地使用税涉税信息核实,加强土地使用税税收管理;主动获取发改委、产业园、房管部门重点工程项目进度信息,强化已完工交付使用未办手续房产税管理,全年入库房产税、土地使用税6160.73万元。

【严管善待凝心聚力】 结合工作实际及当前政治时事,举办"青年干部上讲台""微课堂"、参加"大比武、大练兵"等,有计划、有步骤地组织干部学习培训。根据系统绩效指标,修订信州区地税局2017年绩效考核指标体系。邀请市局专家举办专题培训、点对点辅导等多种培训形式,让干部尽快上手掌握绩效考核内容,进一步提升考核工作质效和规范化水平。

(朱雅雯)

2017年信州区纳税大户

单位:万元

序号	单位名称	纳税金额
1	上饶市亿升实业发展有限公司亿升滨江花园项目部	7752.73
2	上饶市城南城市建设投资发展有限公司	2603.18
3	上饶市永利房地产开发有限公司	2009.76
4	江西龙华房地产开发有限公司上饶分公司	1081.99
5	上饶市信州区保障性住房投资建设有限公司	821.28
6	江西巨网科技股份有限公司	742.61
7	江西鹏辉房地产开发有限公司	667.03
8	上饶市恒基实业发展有限公司	618.94
9	中国大地财产保险股份有限公司上饶中心支公司	607.09
10	江西恒基房地产开发有限公司上饶分公司	585.15

贸　易

商　业

【概　况】　2017年,全区商贸工作紧紧围绕市、区经济工作会议确定的工作目标和任务,采取有效措施,狠抓工作落实,各项商贸工作稳步推进,取得了较好的成绩。截至12月,信州区商务局完成税收任务12192.26万元,占年计划的102.25%,占年奋斗目标的101.77%,同比增长7.88%,位列全区经济主管部门第二;全区引进商贸流通企业223家,引进商贸流通企业纳税额2.33亿元,同比分别增长100.9%和71.79%;全区社会消费品零售总额144.70亿元,占全市总量的17.91%,其中,限额以上消费品零售额75.14亿元,增幅12%,占全市总量的28.23%,两项总量均位居全市第一。

【商业设施逐步完善】　大型商业综合体、商业特色街、商业楼宇建成。万达广场、万力时代、星河国际、恒基商业广场等4家商业综合体相继开业,万达中央商务区城市新坐标的形成,商贸流通业档次和核心竞争力显著提升;全年新培育万达十六道金街、茶圣路美食街、水南文化创业街、星河国际十二星座风情街、万力时代白鱼赤乌集市特色小吃街等5条特色商业街,总数达18条,其中10亿元以上3条(江南商贸城建材街、步行街、汽材街),亿元以上5条(江南商贸城凤凰东大道饮食街、解放路机电家电批发、三清山大道古玩街、沿河路餐饮特色街、中山路服装街);全年新孵化万达广场、星河国际、万力时代、恒基商业广场、环球商务中心、外商大厦等6座商业楼宇,总数达17座,其中10亿元以上8座(万达广场、外商大厦、环球商务中心、三清城、金珑城、财富广场、帅特龙大厦、亿升广场),亿元楼宇8座(金扬帆大厦、时代广场、公园道1号、帝经律师事务所、星河国际、万力时代、恒基商业广场、蓝山国际)。全区商业设施总面积达350万平方米。全区电子商务企业240家,其中,规模以上企业46家,全年完成电子商务交易额103亿元,总量位居全市前列。

【金融服务业加快发展】　加快推进上饶金融中心建设,重点发展壮大驻饶金融机构、地方金融机构,打造融资平台。2017年,信州区积极主动对接国内各大银行、证券、保险企业,积极推动政、银、企对接服务平台建设,吸引了一批全国知名商业银行、证券和保险公司入驻信州,先后引进了南昌银行、九江银行、光大银行、赣州银行、中信银行、招商银行、民生银行、交通银行和浦发银行等股份制银行,全部实现了当年开业当年赢利。北京银行、兴业银行、华夏银行等多家商业银行也相继入驻。重点做好北京银行、兴业银行等金融企业对接服务工作。此外,中国平安保险、太平洋保险、新华保险、泰康保险等大型保险企业也纷纷入驻。全区各类金融、保险、证券机构注册总数达65家,四省交界区域性金融中心正在逐步形成。

【招商引资再创佳绩】　继续"走出去,请进来",积极开展招商引资活动。2017年在重庆成功举办了江西上饶信州·重庆汽配产业招商推介会,在温州、东莞等地举办了产业招商推介会。推介会邀请了当地实力企业、江西商会的领导及一批有实力、有外出投资意向的企业参加,会上区政府领导致辞作产业推介,并举行产业项目集中签约仪式。

【大力引进品牌龙头商贸企业】　积极推进沃尔玛、希尔顿国际酒店等世界 500 强商贸企业入驻落户。对接的沃尔玛、欧尚、红星美凯龙等一批世界级的商贸企业。从整体上提升全区商贸服务业的档次。大力引进各类招商代理公司,发展总部经济。

【充分发挥各类招商平台作用】 利用绿博会、赣商大会、赣港赣深活动、赣台会、赣京会、央企入赣等省内招商平台,以及厦门 98 会、中博会、泛珠会等全国性重大投资促进平台,引进一批好项目大项目。发挥上饶高铁经济试验区、江西数字经济示范区、国际医疗旅游先行区和全域旅游示范区等高端平台作用,引进一批高端项目。在省外举办 1—2 次产业推介或招商会。

【重点项目稳步推进】 2017 年,组织实施了龙华世纪城、南方棉布市场(二期)和希尔顿逸林酒店项目。其中,龙华世纪城项目由江西龙华房地产开发有限公司投资建设,总投资 10 亿元,打造集商贸综合体和住宅于一体的大型综合型项目,商业部分营业面积 4.95 万平方米,其中大润发等商业业态已入驻其中。南方棉布市场(二期)项目由上饶市天地实业有限公司投资建设,新增商业经营面积约 6 万平方米。总投资约 2.8 亿元。希尔顿逸林酒店项目由上饶市博能万力置业有限公司投资建设,投资额 5 亿元,将由世界著名酒店企业希尔顿集团管理,计划建设 330 间客房,涵盖餐饮、客房、商务、休闲等多项设施。

【开展中心城区市场集中整治工作】 积极履行区商务局对中心城区农贸市场整治协调督促职责。按照职责分工对八角塘市场内、外部环境进行整治,市场内部设施维修改造;新建 2 个中心城区农贸市场(铁路新村农贸市场、东都花园农贸市场),年底开工建设 1 个(城东丁家洲农贸市场)。白鸥园市场形象进一步提升,顺利完成白鸥园市场化运作经营权的招标拍卖工作。严抓消防安全生产工作,确保宝泽楼市场、白鸥园市场、大市场安全无隐患及市场稳定。在年初的 H7N9 流感疫情防控工作中,安排人员对八角塘农贸市场活禽区实行每日清洗消毒,对中心城区的所有农贸市场的疫情防控工作进行督促,积极有效地开展了相关宣传工作。

【成品油市场秩序专项整治活动】 联合公安、交通、安监、市监以及中石化等相关部门,成立信州区成品油市场秩序专项整治活动领导小组,充分发挥各职能部门的监管职能,形成合力,对区内成品油市场保持高压监管态势,为搞好成品油市场综合整治活动奠定了良好的组织基础。取缔了在朝阳镇七沙公路 7 千米处一村民私设的非法加油站点。联合有关部门连端沙溪 2 处非法经营点,对非法经营成品油经营者起到良好的震慑作用。

【整治九州二手车广场】 位于九州奥城旁江永路的上饶市九州二手车广场,居民多次反映广场内车辆停放混乱,影响居民出行与安全、卫生脏乱差等问题。协调了交警、城管、北门街道、吉阳山居委会等部门,多次召开现场工作会,召集二手车经营户商讨整改措施,进行多次专项的集中整治。对九州二手车广场内停放的二手车辆实行划线停放管理,指定停放区域,增加设置隔离栅、墩等相应防护措施,防止车辆违法停放,影响、阻碍行人、车辆通行,人行道上预留了 1.5 米宽的人行通道。整治中协调了有关部门对广场内市政设施、街道路灯等问题进行及时维护,清理了道路两旁乱拉乱挂物品,并落实环境卫生的保洁工作。

【节庆活动精彩纷呈】 大力发展品牌经济,促进消费经济,打造节庆活动品牌。2017 年由区商务局牵头,联合文广、旅游等部门及城区各大型商业企业,成功举办了江西信州首届互联网+美食文化年货节、江西信州首届微商创业美食节和信州区首届“秀美乡村——塔水”特色美食节等一系列商贸活动。通过开展各类商贸活动,带动实体经济与互联网经济的进一步融合,提高各大商贸综合体的人气度,活跃市场气氛,促进市场消费,切实繁荣商贸市场。与此同时,帮助企业开拓市场,积极组织企业参加国家、省、市举办的大型展会活动,成效良好。先后组织上饶市龙燕农业开发有限公司、上饶碧源茶业开发有限公司等 2 家省级龙头企业和上饶市大众食品有限公司等 3 家市级龙头企业参加了“赣品天下行”江西地方特色商品(烟台、重庆、广州)展、丝绸之路国际博览会暨中国东西部合作与投资贸易洽谈会(西安)、中国南昌第十届中国绿色食品博览会、“上饶城投杯”首届饶帮菜美食文化节等 6 项大型会展活动。

外贸外资

【概　况】　2017年，围绕纺织服装、汽车配件及农副产品加工等出口产业和产品，面向国际市场，积极引导企业着力提高产品质量和产品附加值，对重点企业、重点产品加强扶持指导，不断扩大出口产品范围。同时，主动深入和原麻纺、千福工艺品、拓诚实业等重点出口企业进行上门指导，帮助企业解决在融资、出口产品开发、市场开拓等方面存在的困难，帮助企业用足用好省、市、区三级扶持政策，从而不断做大外贸出口总量。为有效缓解中小微外贸企业融资难题，积极利用和发挥"财园信贷通"融资模式，以财政存量资金为保证金，撬动银行贷款，以帮助解决工业园区中小微企业贷款难问题。2017年，全区完成外贸出口总额35310.69亿美元，完成计划数的149.3%；完成利用外资8800万美元，完成年计划的100%，同比增长9.03%。

【注重引进增量】　坚持引资优惠政策向外贸出口企业倾斜，优先选择引进外贸出口企业落户，并全程派人做好新企业的业务指导服务，及时将国务院、国家相关部委以及省、市政府以及省、市涉外部门出台的促进外贸稳增长的相关政策向企业宣讲，让企业了解和掌握。积极鼓励和扶持外贸进出口的各项政策，按照"调结构、转方式"的总体思路，统筹两个市场、两种资源，兼顾对进出口企业的政策扶持，指导企业用足用活政策。全年新增备案上饶市信州区雅丽纺织有限公司、上饶市力波实业有限公司、上饶市钰帛麻纺织品有限公司等30家企业。

【积极开拓国际市场】　2017年，组织专门人员深入各出口企业进行业务调研，了解企业生产经营情况，掌握企业有何需求，特别是在引导企业开拓国际市场上，主动和省及市商务部门进行沟通和协调，着力为企业争取更多的展位，先后组织上饶市凯帝汽车配件有限公司参加2017莫斯科国际汽车零配件、售后服务及设备展览会；上饶市唯识贸易有限公司参加2017美国拉斯维加斯消费品展；上饶市润达实业有限公司参加环球资源电子产品展；上饶碧源茶业参加2017香港国际茶展、美食展览会及广交会、华交会等展会，不断完善和扩大出口的销售网络。

（汪新平）

供销合作

【概　况】　2017年，信州区供销社认真学习贯彻落实中共十九大全会精神，紧紧围绕以习近平为核心的党中央治国理政新理念、新思想、新战略，按照中央、省委文件精神和市供销社工作部署，把推进全区供销社综合改革工作作为重点，印发了《信州区供销合作社综合改革实施方案》，明确了综合改革的指导思想、总体要求、基本原则和重点任务；不断创新服务农村工作；稳步开展精准扶贫；继续加强党风廉政建设、综治维稳、烟花爆竹安全经营管理等工作。

【综合改革工作有序推进】　区供销社为认真贯彻落实中央、省委文件精神和市供销社工作部署，把推进全区供销社综合改革工作作为重点，认真研究、拟定了综合改革方案，8月底以区委、区政府名义印发《信州区供销合作社综合改革实施方案》，明确了综合改革的指导思想、总体要求、基本原则和重点任务。先后召开多次工作会，安排部署综合改革工作，各基层社、各单位、机关各科室结合实际情况具体落实。全区供销合作社综合改革工作正在有序推进。

【服务农村工作不断创新】　创新农业生产服务方式和手段，分层推进，促进农产品流通服务及农业生产，面向社会，加强基层社改造与基层组织建设，全年新增发展各类农民专业合作社15个；引导扶持专业合作社，加快农民致富步伐。在指导原有专业合作社规范发展的同时，继续选择产业示范和带动效应明显的专业合作社入社；依托社有企业为主体，组建县级农民合作联社，已与4家农民合作社达成意向，于8月初完成工商注册登记，按照成立农联社的程序，正在逐步开展工作；推进现有基层社升级的改造，完成空白地区基层社恢复重建，实现基层社全区镇全覆盖。全区只有秦峰镇未成立供销社，区供销社与秦峰镇政府进行协商，对成立秦峰镇基层社相关的办公地址、人员等形成了初步意见；成立社有资产管理公司，对社里现存资产进行了全面的摸底调查，对闲置资产进行盘活，提高资产的运作效率。

【加强烟花爆竹安全管理】 在全区范围内开展烟花爆竹安全隐患排查治理工作,制定并严格执行安全管理制度和安全操作规程,从业人员是否进行了上岗前安全生产培训并持证上岗,定期对烟花爆竹专营企业开展隐患排查及消防演练;广泛宣传非法生产经营烟花爆竹造成的严重危害,提高群众的自我保护意识。春节期间全面开展烟花爆竹安全检查工作,进行烟花爆竹专项整治,公布有奖举报电话加大烟花爆竹整治力度,重点实施安全经营,坚决杜绝事故发生,全区没有发生过一起烟花爆竹安全事故。

(吴秀萍　叶春燕)

粮 食

【概　况】 2017年,区粮食局不断强化基础建设,认真依法管粮、深化行业管理,对区委、区政府下达的工作任务,积极谋划、有序推进,粮食流通市场平稳有序,确保了全区粮食安全。全年成功引进6家总部经济、2家信息服务企业,完成财税任务5.62千万元,荣获2017年度全区财税工作先进单位。

【做好粮食安全省长责任制工作】 根据《上饶市信州区人民政府关于落实粮食安全省长责任制的实施方案》(饶信府发〔2016〕16号),由区粮食局牵头,具体负责粮食安全省长责任制各项工作的组织协调、监督检查、考核等相关工作,在各部门的共同努力下,2017年度信州区落实粮食安全省长责任制工

作被评为"优秀"等级(名列全市第三名)。

【开展收购资格年度审核】 加强收购资格的年度审核工作,严格按照新的《江西省粮食收购资格许可管理办法》的要求,把检验人员、仓储条件、检测设备,台账登记和经营数据等许可条件作为审核重点。

【开展粮食库存及安全储粮检查】 按照"有库(点)必到,有粮必查、有账必核、查必彻底"的原则,对辖区内国家临时存储粮(最低收购价粮)、地方储备粮,以及国有粮食企业商品粮进行了检查,确保储粮库存数量、质量以及粮情的安全,落实了制度安全、库区安全、消防安全、管理安全等,并制定了安全责任追究制。对在各阶段检查中发现的问题立即下达整改通知书,督促企业按期整改到位。

【完成区粮油应急保障配送中心组建工作】 9月,信州区粮油应急保障配送中心正式成立,建成应急配送中心1个、配送点5个,并向省粮食局申报粮油应急保障项目补助资金。

【成功申报"智慧赣粮"粮库智能化项目建设】 为建立统一、开放、多元、兼容的粮库智能化管理体系,实现全省仓储设施及库存粮食数量管理基本信息化。12月,省粮食局批准信州区粮食局"一个中心库,三个收纳库"的粮库智能化建设项目,并拨付项目资金150万元。

【加快粮食流通能力建设】 8月,"2017年中国网上早稻会"

在信州区举行,参会的有浙江、福建、安徽、江西4省8地的企业,人数达450余人,交易会上共成交早稻4.7万吨,总成交金额达1.32亿元,实行政策性粮全部在网上公开竞价交易,有力地促进粮食电子商务的发展。

【开展"世界粮食日——爱粮节粮宣传周"活动】 10月16日,上饶市粮食局、信州区粮食局、上饶县粮食局、上饶市教育局、上饶市农业局、上饶市妇女联合会、上饶市科学技术局、上饶市机关事务管理局在市中心广场开展2017年世界粮食日和全国爱粮节粮宣传周主场活动。活动现场,举行了"节约粮食,从我做起"主题签名活动、发放爱粮节粮宣传资料500多份、工作人员为广大市民提供粮油科普知识咨询。万年贡米集团、江西华宇米业有限公司、江西盛泰粮食实业有限公司等粮油加工企业在现场进行了精品粮油展示,此次活动深受广大市民的欢迎。

(张　锴)

烟草专卖

【概　况】 信州区烟草专卖局(分公司)全面贯彻落实中共十八大、十九大精神,牢固树立发展新理念,坚持稳中求进总基调,重点围绕"做好调控、管好市场、育好品牌、抓好管理、抓好党建"5项任务,推动工作有序开展。全年共销售卷烟16598箱,同比增长5%;"金圣"烟销售3745箱,同比增长36.6%;卷烟销售额6.99亿元,同比增长11.5%;单箱销售额4.2万元,

同比增长 4.4%。全年查获各类违法案件 453 起，其中 5 万元案件 28 起，寄递环节 109 起（寄递环节 5 万元案件 11 起），查获各类违法卷烟 10970.7 条（其中假烟 5017.9 条）。刑拘 2 人，判刑 1 人。2017 年，信州区烟草专卖局被江西省烟草专卖局评为"打假先进集体"。

【全面彻底抓好规范经营工作】

坚守底线不动摇，切实做到思想统一、认识到位、措施有力，努力维护健康有序的卷烟市场秩序。严格自律守底线，深刻认识坚守规范经营是企业发展的"生命线"，始终将规范经营摆在首要位置，始终将规范贯穿于卷烟经营全过程。市场整治抓关键，建立零售户监管台账，对照系统信息全面核查，对零售户停业、歇业、注销等情况实行动态管理，加强对关键环节的监管，并以依法严管大户为抓手，加强卷烟非法流通情况分析，严查严管卷烟非法流通行为，切实规范卷烟经营秩序。恪尽职守强监管，通过行政手段，加强对违法违规行为的处理。针对市场上查处的各类违法违规行为，采取停业整顿、停供紧俏货源等措施。分别对 5 万元案件、禁品、假冒卷烟、卷烟外流、多次违法的采取取消经营资格、停业整顿。共取消经营资格 6 户，停业整顿 28 户，停供"金圣"与紧俏货源 113 户，严厉打击不法烟贩。

【坚持不懈抓好专卖管理工作】

积极运用联合执法机制，加强与公、检、法的联系协作。实行"两巡三稽"和弹性错时工作制，精准打击违法违规零售户。开展物流寄递环节整治、大户整治、"今冬明春""雷霆 1 号""金盾 II"专项行动，全面整顿辖区市场。提升内部管控水平，加强对卷烟销售全过程监管，防止卷烟外流。确立了诚信互助小组运行的 7 项举措，促使诚信互助小组建设初步形成规范，客户赢利水平得到明显提高，品牌培育初见成效，市场监管力度得到全面加强。特别是小组"帮困互助基金"的筹集和使用，得到了广大零售户的一致好评，反响强烈。全年全区共成立了 11 个片区，79 个小组，共有 1511 户成员，城区覆盖面达 99% 以上。

【全力以赴抓好卷烟营销工作】

开展"金圣"升学宴、婚庆喜宴活动，引领"喜宴就用'金圣'烟"的新时尚。开展升学宴 24 场，喜宴 55 场，使用"金圣"系列卷烟 612 条。重塑"金圣"终端，探索终端建设新道路，针对不同地段、不同类别、不同档位实行个性化管理。转变客户经理工作职责，通过"算好两本账，解决一个矛盾，做好一项服务工作"提高营销网建工作水平。算好两本账，帮客户从订货品牌、规格中算好账，思考如何做到满足消费者需求，又能将利润最大化；算好违规违法账，让客户避免从外购进卷烟受到最大损失。解决一个矛盾，即解决省产烟与省外烟的矛盾。做好一项服务工作，就是全力协助诚信互助小组工作，推动小组更好更快发展。

【持之以恒抓好企业管理工作】

聚焦基础管理，加强制度建设，用制度管权、管事、管人，完善了部门、岗位职责以及各项规章制度，强化办事公开。全面落实精益管理，从专卖、营销、基础管理等方面抓住精益改善细节，抓实降本增效，不断挖掘企业增效潜力。坚持安全发展理念，加强安全生产管理，提升安全管理实效。加强教育培训，充分发挥网络学院作用，将线下和线上培训、集中和网络培训相结合，提升培训效果和质量。

【毫不动摇抓好队伍建设工作】

坚持"严管+厚爱""激励+约束"，持续加强干部职工队伍建设。扎实推进"两学一做"学习教育常态化制度化，引导职工认真学习贯彻中共十九大精神，深入学习中共中央总书记习近平系列重要讲话精神、党章和党的纪律规定，学习先进典型事迹，切实增强思想自觉。大力传导"四个一"工作理念，强化"使命·责任·担当"意识，开展"向懒政作斗争"专项行动，选树五类先进典型，鼓励干部职工尽职担当、主动作为。完善年度、季度、月度考核方案，突出考核指标，细化考核标准，明确工作目标和阶段性任务，加大激励力度，促后进赶先进，并进行团队、个人"赛马"，传导压力、激发潜能。开展"内鬼"专项治理工作，提高职工法纪意识、自律意识，推动队伍净化。

（秦珊珊）

旅　游

综　述

2017年,信州区旅发委在区委、区政府的正确领导下,在市旅发委的精心指导下,紧紧围绕"把信州打造成全市旅游发展的核心增长极和旅游强区"的目标,以改革促动力,以创新释活力,以特色优势增竞争力,借力高铁优势快速发展,"旅游+"与各大产业融合共进。全年全区共接待游客2250.26万人次,同比增长46.44%;实现旅游综合收入173.10亿元,同比增长31.85%。

旅游管理

【概　况】 2017年,区旅发委认真贯彻市旅发委和区委、区政府的有关部署,积极履行行业管理、旅游执法等职能,不断提升行业管理水平,为全区旅游行业健康快速发展提供有力保障。

【旅游项目建设】 2017年,全区与旅游相关项目共计49个,总投资1184.57亿元。其中,新开工项目23个,总投资582.76亿元。投资300亿元的城东旅游综合体项目,经239名征迁干部齐心协力、奋勇攻坚,历时213天成功签约房屋1232栋,共计106.8万平方米。续建项目19个,总投资188.27亿元。重点做好城东旅游综合体、悦江南文化旅游小镇、青青湖艺宿小镇、欢乐风暴、国际旅游港、大数据中心等重点旅游项目。

【优化旅游产业结构】 紧紧围绕"把信州打造成全市旅游发展的核心增长极和旅游强区"的目标,着力提升信州"城市旅游"服务功能,全面优化整合配置上饶主城区的交通、餐饮、住宿、旅游、购物、娱乐等各类要素,树立"大交通、大配套、大服务"的发展理念,实现同环绕上饶周边的各类景点景区的全时空无缝对接,从而实现旅游从景点景区拓展到全域全时,补足信州区自身缺乏A级景区的短板,提升吸引各地游客来信州留宿旅游的魅力。

【培育旅游新兴业态】 大力发展乡村游、定制游、研学游、医疗养生游等产品的开发力度,加强与农业、工业、商贸、医疗教育等相关产业的深度融合,不断延长产业链条,开发新业态产品。陆续引进并开工建设了城东文化旅游综合体、三江导托渠、三宝街、欢乐风暴水上乐园、高铁农都、青青湖艺宿小镇、悦江南文化旅游小镇等项目,启动了信江南岸景观改造、全区秀美乡村项目建设。

【品牌创建成果丰硕】 全年新增四星级农家乐1家——百灵草农家乐;新增3A级乡村旅游点3家——沙溪镇宋宅村、沙溪现代农业示范园、朝阳镇西园生态园;新增2A级旅游厕所1家——沙溪现代农业示范园旅游厕所。

【新创"金牌导游班"】 为满足上饶旅游人才的旺盛市场需求,充分发挥上饶市职业中学这一中等职业学校平台优势,成功在全市首次开办了旅游管理专业"金牌导游班",从各个中学挑选综合素质较好的学生24名进行导游知识培训,培养导游人才,进一步拓宽了上饶旅游人才供应渠道,进一步打牢建成全国旅游强区的人才基础。

【加强旅游市场秩序环境整治】 充分发挥主城区优势,积极邀请市旅发委联合开展旅游执法行动,多次对星级酒店、旅行社等开展"双随机一公开"检查,规范信州旅游市场秩序。联合区市场监督管理局、市公安局信州分局、区交通运输局、区安监局、区消防大队等部门在春节、"五一"、国庆等关键节点，开展旅游市场综合整治和安全生产检查，对星级酒店、旅行社、旅游客运公司等涉旅企业进行了明察暗访。累计组织行政执法人员20多人次，检查企业60家，抽查导游20人次，查处问题旅游企业3家，并现场下达整改通知书，不定期对问题企业整改情况进行检查，维护了旅游者的合法权益，进一步净化了旅游市场秩序。

【大力推进"厕所革命"】 以"旅游厕所革命"为抓手，继续推进全区公共服务设施提升工程，中心城区全年新、改建的36座公厕，其中改建提升17座危旧公厕，新建生态公厕16座，购买移动公厕3座，给饶城市民游客提供了干净便捷的卫生环境；新增2A级旅游厕所1家——沙溪现代农业示范园旅游厕所。

【倡导文明旅游】 动员全社会积极开展"文明旅游——为信州添彩"文明旅游宣传志愿活动，引导市民游客从身边的点滴做起，自觉从一言一行中去践行传递文明，中心城区的文明素质有了提升，城市秩序更加规范有序，全区综合旅游服务水准不断提升。

旅游推介

【概　况】 2017年，借助上饶"铁公鸡"交通网优势，全面开展旅游宣传营销活动，持续宣传"诚信之州，美好之城"信州旅游形象。

【精心筹划系列宣传活动】 成功举办了"中国旅游网红大会发现之旅"新闻发布会，开展了朝阳西园果酒品鉴会暨乡村旅游美食节、信州区首届"秀美乡村——塔水"特色美食节、万力时代美食节、山水田园暨上饶市游泳协会"畅游母亲河"活动、"端午粽香情"暨精准扶贫在行动包粽子大赛等节庆活动，吸引游客十余万人次。

【开展全媒体宣传】 依托报刊、电视、网络三大主要媒体开展宣传。央视和众多网络媒体多次报道辖区范围内集中营的火爆场面；依托微信、微博、微电影等"三微"开展宣传。"遇见信州"政务微信每周平均关注量已突破5万大关，在全市旅游政务微信榜单中列第一方阵。联合区委宣传部、区文广新局等开展了信州十大美景评选活动，吸引十多万网民关注，征集到市民心中认可度前十饶城景点；依托旅游文化系列丛书开展宣传。参与编辑推广反映上饶山水风光、文化历史、民俗风情的特色旅游丛书，深受广大游客喜爱，达到了成本投入低，宣传影响面广的良好效果。

【打响营销"高铁战役"】 以高铁旅游市场为重点，先后参加"江西省第四届花博会""山水启航飞约上饶（成都、青岛）"推介会、云南国际旅游交易博览会、义乌国际旅游商品博览会、江西红博会等展会，集中开展"江西风景独好"上饶信州旅游推介活动，宣传覆盖人群约300万人次，市场效果明显。

【旅游商品丰富】 信州固态酿酒工艺精品——信州春，信江水域名贵鱼种——刺鲃鱼，上饶传统小吃——上饶鸡腿、南瓜干、豆豉果，畅销国内外的信州夏布以及衍生艺术作品夏布画、夏布刺绣，样样都能让游客充分感知信州地域特色。

（温晓建）

公 路 交 通

地方交通管理

【概　况】　2017年,信州区交通运输局全面贯彻落实中共十九大精神,按照省、市、区各级交通运输工作会议部署,以加快转变道路运输发展方式为主线;以抓安全保稳定,强基础树形象,促发展惠民生为重点;以学习培训提高执法队伍素质,完善规章制度,全面落实责任,创新机制,打造提升规范服务型机关,全力构建现代道路运输体系,不断提高道路运输行业的公共服务水平和运输保障能力。在做实基础工作、规范行业管理,做细安全监管、打牢基础,做好市场监管、保障良好运营秩序,改善基础建设、转变干部作风、全面提升工作效率上下功夫,较好地完成各项工作。

【物流产业稳步发展】　全区新增物流企业新增71家,货运车辆1222辆,吨位4012吨。新增一类维修企业1家,二类维修企业9家,三类维修企业20家。实现物流产业税收2.64亿元。信州区交通运输局自身完成财税完成奋斗目标1.50亿元。

【春运保障有力】　道路春运早动员、早部署、早检查,严格按照"安全第一、保障有力、方便快捷、服务至上"的春运要求抓落实,春运期间支援广东、浙江方向运力19辆(其中广东12辆、浙江7辆);春运40天,全区共投放客运车辆运力16781辆(其中包车1387辆次、加班242班次),安全运送旅客769929人次,同比下降3%。整个春运期间未发生一起旅客滞留现象。连续12年道路春运安全零事故,有力保证了广大旅客安全、便捷出行及生产、生活等重要物质优质、有序运输,较好地完成工作任务。

【基础设施建设】　信州区交通运输局创新举措积极争取农村公路基础设施国开行贷款项目资金2.9亿元,区政府配套资金9000万元,合计3.8亿元,农村公路基础设施建设资金有了更大保障;完成老坞至林山底客运网络化连通工程1.5千米,剩余5.8千米正在进行项目招标;横街至七里门(十里至七里门段)县道升级改造项目已经开工建设;43条总里程32千米的通25户以上自然村道路项目全面推进实施;农村公路29座危桥全部开展设计等前期工作,其中7座已建设完成。2017年计划项目进展情况(含计划外项目)。25户自然村公路10千米计划已经全部完成;危桥改造5座已经完成4座;县乡道生命安全防护工程25.1千米已经开工;窄路面拓宽5.2千米及村道安保2.2千米,项目进入施工准备阶段。生命安全防护工程。信州区乡道生命安全防护工程计划项目隐患里程84.1千米,除正在施工的25.1千米,剩余的都已经完成前期施工图设计任务。

【农村公路管养】　信州区交通运输局牢牢把握管养不分家的工作方针,对66千米的县道全面日常养护,确保每天作业时间不低于3小时,不仅保障道路通畅平顺,还着力美化、净化路面。五月汛期时,成立3支巡查小分队,每天不定时到各县、乡道路以及易塌方点进行险情排查,累计清理塌方土石方200立方米,树立临时警示标志牌15块,加固路基2处,确保信州区农村道路在汛期的畅通。2016、2017两年投入186万元实施了13个养护工程。

【行业安全监管】　认真开展安全隐患排查工作。结合"全国两会安全生产专项督查""安全生产月""道路运输平安年""安全生产百日攻坚活动"等多次开展各类安全生产宣传教育活动和安全生产隐患排查整治工作。与各道路运输企业签订安全生产责任状，落实安全生产责任主体。全年无安全生产事故发生。加强日常运政执法巡查工作。稽查执法用车共出动近700余辆次，共查处违规违章车辆1600余辆，多次开展多部门、跨区域联合执法取得良好的成果。开展源头治超工作。通过深入源头企业悬挂横幅、发放《货运车辆超限超载工作服务手册》等形式广泛进行宣传，并与相关企业签订治超工作目标责任状。对政府公示的35个货运源头单位进行监管，巡查源头企业累计60余个，巡查维修企业20余个。参加信州区政府组织的多部门配合治理超限超载车辆及擅自改装车辆的综合整治，查处未经许可擅自改装车辆30余辆，证件未定期年检10余辆，对擅自改装车辆要求恢复车辆原貌规范经营。强化路政执法及校车管理工作。全年，路政上路巡查100余次，查处车辆50辆次，其中查处信华新能源光伏发电项目损坏路产路权案。协助郊区交警中队联合整治2次，查处违法港田8辆、农用车8辆、箱式货车1辆。多次联合交警、教育局校车办展开校车安全管理检查。对公路项目建设前期涉及的设计、代理、监理等未纳进招投标范围的部分实行公开、透明方式产生服务单位，使程序更加严格，操作更加规范。

【重点工程项目建设】　G320沪瑞线广丰毛家山至信州区何家段公路项目争取上级补助1135万元，12月中旬已开工建设。全力协调服务好市区重点项目：老

320信州区段拓宽改造工程已建成通车；新320国道建成通车；上丰大道建成通车；天佑大道（二期）项目建设；上蒲高速信州区段已经启动。信州区道德大道已在1月底建设完工。横七线（七沙线）七里门至十里小学段、沙溪向阳中桥均在施工中。赣东北汽车园已累计开工14栋经营用房，面积5万平方米，宝马、斯柯达4S店已经入驻园区；赣东北二手车交易市场占地3.33万平方米，经营门面店80家，现建成并投入使用，二手车交易辆数5415辆，交易均价8.5万元，交易额达4.6亿元。大力开展智慧交通的工作。在做好对传统客、货运输企业服务的同时，在智慧出行及智慧货运方面做了一些有益的探索，引进神州租车、一嗨租车、江西马车嘀嗒等公司。神州优车集团、一嗨租车集团已签约入驻市交通枢纽中心运营；马车嘀嗒科技有限公司也已签约入驻，并做好数据跟踪调试工作，业务布局、产品研发、资本市场对接等工作。

运输管理

【安全监管】　与企业签订安全生产责任状，落实安全生产责任主体；加强日常GPS动态监管和安全隐患排查工作，GPS监控平台及车载终端使用情况及在线率、GPS超速和疲劳报警处理；结合安全生产年工作开展各行业安全隐患排查整治工作；结合"安全生产月""道路运输平安年""百日攻坚活动"开展各类安全生产宣传教育活动和安全生产隐患排查整治工作。开展源头治超工作，通过深入企业

源头悬挂横幅、发放《货运车辆超限超载工作服务手册》等形式广泛进行宣传，并与相关企业签订治超工作目标责任状。对政府公示的35个货运源头单位进行监管，巡查源头企业累计60余个，巡查维修企业20余个，巩固治超成果，为推动交通运输事业发展创造良好环境。开展物流企业车辆技术档案抽查，规范企业车辆技术档案的主体落实，推动企业完善自身车辆技术档案管理。通过落实"GPS监控通报""防恐责任主体落实""近期各安全生产案例""汛期""暑运"等一系列文件的安全工作要求，推动企业加强管理、规范从业人员职业道德、提高服务质量、服务水平及建立健全各项规章制度，从而保障和促进了信州区道路运输市场的稳步、健康、有序发展。加强车站源头监管，重点检查客运站执行"三不进站、六不出站"规定落实、"三品"查堵、车辆出站前安全例检、实名购票、安全带使用、灭火器有效期等情况；完善三江客运站（降级）的监管措施；完成辖区内客运车辆安全锤更换工作。每月开展一次客运安全检查，重点检查企业安全管理制度的落实，客车安全告知制度、凌晨2点至5点停车休息制度、车辆及场所消防安全设施配备、驾驶员安全学习情况、包车客运经营者的安全例检等。

【稽查整治】　通过确定重点巡查区域，加强日常巡查，增加运政执法人员路面可见率。稽查执法用车共出动近800余辆次，共检查车辆2500余辆，多次开展多部门、跨区域联合执法。全年共查处未经许可擅自载客车

辆 15 辆,查处未经许可擅自载货车辆 60 余辆,查处不按站点停靠车辆 40 余辆,查处未经许可擅自改装货运车辆 80 余辆,查处客运车辆,货运车辆驾驶人员没办理从业资格证件 20 余人,查处汽车美容装潢经营店未经许可擅自经营的 20 余家,查处危险品货物运输车辆无从业资格证件 2 人,查处危险品货物车辆无押运人员 3 辆,查处货运车辆私自改装载危险品运输车辆 8 辆。开展"打非治违"专项行动,对主要分布在滨江路沿河段和汪家园桥头、汽车站等地段的非法客运车辆进行整治,共查处非法营运客车 50 余辆,查处非法营运货车 20 余辆,取得良好的成果,确保辖区内货运超载率不超过 1%。参加由信州区区政府组织的多部门配合治理超限超载车辆及擅自改装车辆的综合整治,未经许可擅自改装车辆 80 余辆,证件未定期年检 10 余辆,对擅自改装车辆要求恢复车辆原貌规范经营。开展驾培、维修等专项整治工作,对辖区内驾培机构、维修企业不规范行为进行集中清挂、治理,取得显著成效。开展货运代理、货运零担、货运托运的整治工作,通过发放告知书进行政策宣传,有效落实报备制度。

【质量信誉考核】　顺利完成对道路运输企业 2016 年度质量信誉考核的初评工作。驾校方面,AAA 级驾校 2 家,AA 级驾校 6 家;客运方面,AAA 级企业 5 家,AA 级企业 1 家,A 级企业 6 家;货运方面,考核 40 家货物运输企业(含危货企业),其中 AA 级企业 15 家,A 级企业 25 家;维修方面,AA 企业 1 家,A 企业 43 家。

【应急保障及值班值守】　成立信州区客货运应急保障车队,与上饶市兴荣汽车运输有限公司(驾驶员 10 名、客车 10 辆)、上饶旅游客运有限公司(驾驶员 10 名、客车 10 辆)、上饶汽运集团有限公司旅游客运分公司(驾驶员 5 名、客车 5 辆)、上饶市三江成品油运输有限公司(驾驶员 2 名、货车 2 辆)、上饶市佳丰物流有限公司(驾驶员 20 名、货车 20 辆)按年度签订应急保障协议,并要求企业认真筛选驾驶员和客货运车辆,确保应急保障有相应、能相应、快相应。"五一"、汛期、两节、"两会"等重要时段及节假日期间,均制定值班表,班子成员带头,安排 24 小时值守,确保值班值守落到实处。

【日常业务办理】　全年共新增货运车辆 1222 辆,吨位 4012 吨;新增物流企业 71 家,实现物流产业税收 2.58 亿元;新增一类维修企业 1 家,二类维修企业 9 家,三类维修企业 18 家;驾驶员从业资格证诚信考核 787 人,继续教育 1012 人;全年完成辖区客、货车辆年审工作,客、货车辆年审率达到 100%。

(袁振兴　肖　勇　余　塱)

公路建设与管理

【概　况】　2017 年信州公路分局公路桥梁 21 座(其中大桥 5 座,中桥 5 座,小桥 11 座),桥长共 1710.5 米。全年重点加大公路预防性养护工程投入,保障公路安全畅通。共修复沥青路面 21000 平方米,新砌排水沟 620 米,上范线朝阳桥、狮山桥危桥改造,绿化路树 26 千米,S203 象鼻山路段清除塌方 700 平方米。

【公路建、管、养、成效显著】　对 G320 线、大二线、郭七线和上杨线的波形护栏和防撞墙及警示桩进行日常检查,确保安全标志完整醒目,缺失处及时补充完整。加大危桥加固工程投入,加强公路日常养护工作投入。减少养护职工的劳动强度,切实有效保障了突发事件处置能力,做到公路安全畅通、路面平整美观、桥涵设施完善、交通标志完备、沿线绿化完好,达到公路"畅、洁、绿、美"要求,为车辆及居民提供更祸从天上来晚便捷的出行环境。以省道干线公路养护为重点,不断提高公路管养水平,实行公路养护常态化,积极探索和开展预防性养护,有计划地开展路面养护小修工作,保持路况稳定良好。全年共整修路肩 67000 平方米,疏通边沟 6376 米,巡路保洁 7562 千米,疏通涵洞 16 道,修路肩边坡草 56000 平方米,修补路面坑洞 21000 平方米,平均优良路率 85.7%,其中主干线优良路率 95.9%。

【确保公路安全畅通】　切实落实应急保通工作责任制,做到责任到位、措施到位、人员到位、物资到位、措施到位。抢险入时,确保公路安全畅通。加强桥梁(涵洞)的经常性检查,排除隐患,确保运营桥梁的安全。加强对 320 国道牛头山处、郭七线森林公园、上杨线象鼻山处等易发山体滑坡和泥石流的监察及布设醒目的安全标志警示牌,保障交通安全。加大公路沿线路树的排查，特别对 320 国道约 28 千米的公路沿线，胸径超过 20 厘米以上的路树进行排查和修枝清理，消除安全隐患。及时抢修水毁后的路面，清挖排水沟，修复防护工程。

【开展治理超限、超载工作】 围绕市公路管理局下达的路政管理工作目标，治超工作在时间短、任务紧的情况下，建立朝阳治超点。按照"依法严管、标本兼治、责任倒查、长效治理"的总原则和"标准更高、要求更严、治理更彻底、监管更到位"的总要求，全面彻底治理各种形式的非法超限超载运输行为，严厉打击车辆超限超载、污染路面、非法改装等违法行为。通过综合整治，有效保障人民生命财产安全，规范道路运输秩序，保护路产路权。截至 12 月 31 日，信州区联合治超共出动执法人员 820 人次，执法车辆 215 辆次，共检测余 920 辆，查处超限超载货运车辆 52 辆，卸货 820 吨。

【加大路政管理力度】 积极与交警、运管等职能部门联运，对非标、污染路面等违法行为进行专项整治，同时切实加强公路管理法律法规宣传，强化路政队伍建设，较好地履行了保护路产、维护路权的职责。以《江西省公路条例》为宣传重点，采取手机短信、报刊、报道、书写永久性标语、发放宣传单、出动流动宣传车等方式，进行入户宣传，耐心地向群众讲解法律知识。集中开展"路政宣传月"活动，组织践人员严格按照责任分工多形式开展宣传。制作墙体路政宣传标语 12 条，出动宣传车 12 次，走访厂矿、车主和沿线群众 1000 余人次，发放宣传单 900 余份。提高广大群众爱路护路意识，促使路政执法人员与群众共同维护公路，共建"品质型、平安型、生态型、服务型、阳光型"五型公路。加强普通国省干线公路排查力度，深入开展路域环境整治行动，与交警大队事故科形成联动机制，建立良好的协作机制，确保路产损失百分百赔付到位。加强同公路沿线的镇、派出所、土管、规划、城建、村委会等部门的联系，争取支持与配合，较好的保护了路产路权。全年共开展路域环境集中整治 3 次，清理非标 480 块，清理各类规程物 92 处 1350 立方米，严格控制公路两侧建筑红线，拆除违章建筑（含围墙）4 处，清理违章摆摊设点 16 处（次），全年共办理各类公路赔（补）偿案件 16 处，收取路政赔（补）偿费 136867 元。

（龚海洪）

非公有制经济

综　述

2017 年，区市场监督管理局以营造和谐高效的发展环境，公平公正的经营环境和诚实守信的消费环境为工作重点，努力促进非公经济体逐步发展壮大。信州区非公经济稳步发展，全民自主创业、投身社会主义市场经济发展的热情不减，非公经济的主体数量比例逐步提高，为促进信州区经济发展作出了一定贡献。

【深化商事登记制度改革、优化"双创"环境】　2017 年，区市管局开展了企业多证合一改革、简易注销改革与全程电子化外网申报改革，真正做到让"数据多跑路，企业个体少跑腿"，大幅缩短企业个体从筹备开办到进入市场的时间。市管局的"多证合一"改革将涉及 9 个部门的 19 项涉企(含个体)证照及备案登记事项整合到营业执照办理过程中。全年共办结 645 户企业开业登记，共办理企业简易注销登记 147 户，简易注销改革简化了企业退出程序，降低了企业的退出成本与退出门槛。

【优化行政审批、高效服务市场主体】　市管局不断优化个私企业发展便民服务措施，在更大范围、更深层次，以更有力的举措简政放权，为推进信州区经济高效快速、持续健康发展提供有力的政策支持和服务保障。在行政审批流程上，不断减少审批环节，简化审批程序，规范审批行为，同时，严格执行"一审一核制"，明确窗口每个工作人员的职责，完善"一口清"制度、限时办结制、首问负责制、微笑服务制，严格窗口工作纪律，降低市场准入门槛，对招商引资企业实行预约登记制，并对招商引资企业与残疾人士开通绿色通道，允许个体工商户转向现代企业组织形式时保留原字号登记。另外，市管局将 7 个下属分局的个体户登记注册任务一并纳入区行政服务中心的窗口统一办理，为个体私营户主提供极大便利。

私营企业

【概　况】　2017 年年底，信州区私营企业共有 13279 户(其中，有限责任公司 10863 户；个人独资企业 1126 户；普通合伙企业 554 户；集体所有制企业 200 户；农民专业合作社 250 户，全民所有制企业 54 户；其他类型企业 232 户)，占全区市场主体总量的 21.08%。注册资本总额 347.93 亿元，办理注销登记的 2200 户，办理吊销登记 1551 户。

【私营企业产业占比】　在全区 13279 户私营企业中，从事第一产业的私营企业有 475 户，占总户数的 3.58%；从事第二产业的私营企业有 1321 户，占总户数的 9.95%；从事第三产业的私营企业有 11483 户，占总户数的 86.47%。继 2014 年一系列商事登记制度改革措施(最低注册资本制度与验资制度的取消，前置改后置的推进、登记住所条件的放开、年检改年报制度的实施等)落地惠民，引起一波市场主体创业热潮后，2017 年推行了企业、个体"多证合一"改革，市场主体创业热情持续增长，创造了历年来企业增量新高峰。

【私营企业产业分布】　2017 年，新增企业 3614 户，比上年增长了 92.34%；新增注册资本 138.45 亿元，户均注册资本 383 万元，新增从业人员 43368 人。新增私营企业第一产业有 69 户，占 1.91%；第二产业 196 户，占 5.42%，第三产业有 3349 户，占 92.67%。其中，投资领域集中在批发零售业、租赁和商务服务业、信息软件业、制造业、建筑业与交通运输业,分别为1048户、772户、542户、190户、215户、76户,分别占新发展私营企业总户数的29%、21.36%、14.99%、5.26%、5.95%、2.11%。

2015年度—2017年度个体私营企业发展情况对比

表1

	2015年	2016年	2017年
新增户数(户)	1538	1879	3614
同比增长(%)	37.67	22.17	92.34
期末总数(户)	6845	7160	13279
新增从业人员(人)	18462	19880	43368
新增注册资本(万元)	289752	589840	1384497
注册资本总额(万元)	721038	1310878	3479282

个体工商户

【概　况】　2017年年底,信州区个体工商户共有48728户,占全区市场主体总量的70.29%。注册资本总额46.52亿元,办理注销登记的25507户。

【个体工商户产业占比】　在全区48728户个体工商户中,从事第一产业的有1115户,占总户数量2.29%;从事第二产业的有2129户,占总户数的4.37%;从事第三产业的有45484户,占总户数的93.34%。

【新增个体工商户产业分布】
2017年,新增个体工商户5141户,比上一年度增长18.10%;新增从业人员15423人。新增个体工商户中第一产业有59户,占1.15%;第二产业130户,占2.53%,第三产业有4952户,占96.32%。其中,投资领域集中在批发零售业、租赁和商务服务业、信息软件业、制造业、建筑业与交通运输业,分别为2511户、38户、57户、125户、6户、390户,分别占新发展私营企业总户数的48.84%、0.74%、1.11%、2.44%、0.12%、7.60%。

2015年度—2017年度个体私营企业发展情况对比

表2

	2015年	2016年	2017年
新增户数(户)	3535	4353	5141
同比增长(%)	-14.45	23.14	18.10
期末总数(户)	14195	17892	48728
新增从业人员(人)	8132	12185	15423
新增注册资本(万元)	61183	72079	82440
注册资本总额(万元)	143481	215560	465240

(朱智青)

信 息 产 业

电子政务

【概　况】 2017年,信州区电子政务工作认真贯彻中共十九大精神,本着扎实、有效、创新、提高的指导思想,在政府网站集约化建设、政府信息公开、智慧党建平台、政务办公信息化、视频会议延伸至镇街、政务网维护等方面切实履行职责,推进全区电子政务应用向更多更高层次发展。全年保障中央、省、市视频会议147次,全年视频会议安全平稳。

【政府网站集约化建设】 推进全区政府网站集约化建设,根据省政府相关文件要求,除保留信州区政府门户网站,区教体局、区商务局、区统计局、区工业和信息化委员会、区人力资源和社会保障局、区安全生产监督管理局6家政府部门网站永久关停,注销域名、标识,政务公开信息迁移至区政府门户网站。

【协同办公系统推广应用】 年初,政府部门开始使用上饶市协同办公系统,4月党委部门开始使用,两办及部分单位电子印章开始启用。办公系统涵盖全区

镇(街道)、党政机关100余家单位。不涉密、非敏感公文基本上通过网上流转、办理、下发,提高了行政效能。部分单位内部也在使用该系统进行公文流转办理。无纸、低碳、绿色、环保办公模式初步形成。

【镇街视频会议传输系统建成】 根据全市统一部署,信州区完成依托全省政务外网的9个镇街视频会议系统的建设。系统配备华为视频终端,并入全市视频会议系统,可收看全国、省、市视频会议信号。

【夯实政务网络基础】 全省粮食、卫计、司法业务系统迁入政务网。区文广新局、信息产业园、区供销社、区法律援助中心、公路分局、玛丽亚医院等单位联入政务网,进一步拓展了区政务网的服务领域。

【政府信息公开】 继续坚持"以公开为原则、不公开为例外",紧紧围绕党委、政府中心工作,加强党的建设、棚户区改造项目房屋征迁征收、精准扶贫、重点项目、美丽乡村建设、农民建房、农村危房改造、控违拆违及城市管理、城乡建设、财政预决算、公共服务清单、乡镇权责清单、市场准入清单、行政事业

收费清单、政府部门行政审批事项目录、河长制、平安信州建设等重点领域的信息公开。全区通过各种渠道公开政府信息总计32103条,其中政府信息公开平台发布信息23591条。召开微信和微博等新媒体发布6869条。其他方式公开1641条;回应公众关注热点或重大舆情数309余次。全年全区受理依申请公开政府信息29件,办结29件,办结率100%。全年信州区开通政务微博22个,开通政务微信69个。信州区官方微博@信州发布和官方微信"信州资讯"在全区网民中产生重大影响力,粉丝逐年增长,成为信州区对外发布消息的重要渠道和强大的舆论阵地。@信州发布粉丝3288个,官方微博被网友评为上饶市最接地气、最信任的官方微博。"信州资讯"粉丝28万,是江西省十大官方微信。

【智慧党建平台建成】 进一步推动区基层党建信息化工作,以信息化的理念和方式,加强城市基层党建和社会治理创新,区委组织部决定建设信州区智慧党建平台,电子政务部门在域名申请、指向,IP透传等方面全力配合。11月,智慧党建平台建成并运行,全面提升了区基层党建信息化水平,促进区基层党建工

作信息化、智能化、科学化水平。

（童明轩）

中国电信上饶分公司

【概　况】　2017 年，中国电信上饶分公司全体干部员工深入学习贯彻中共中央十九大精神和中共中央总书记习近平系列重要讲话精神，坚持党建统领、积极践行转型 3.0 战略，扎实开展各项工作，企业在经营发展、支撑服务、精神文明建设等方面取得了一定成绩。

【网络规模不断壮大】　全年有线接入线路投资 6400 万元，FTTH 端口达到 110 万个，新增 ODN 投资 600 万。新增无资源及政企支撑投资 500 万元。完成两高基站建设 56 个，争取国家资金 2000 余万，实施两期宽带普遍服务项目建设，有力改善了农村光网覆盖水平。稳步推进 4G 建设，累计建设完成 4G 基站 3602 个、3G 基站 1650 个、4G 室分 154 个、3G 室分 152 个，全面完成全市 800M 基站 NB-IOT 物联网升级改造，为下一步宽带、ITV 及 4G 业务发展提供了有力保障。

【建设"智慧城市"】　抓住"互联网+"机遇，积极响应上饶市委、市政府号召，坚持高位切入，以推动信息化和工业化深度融合、建设智慧城市、服务地方经济和社会发展为己任，把建设"智慧城市"作为服务上饶发展大局的最重要抓手，已成为"智慧城市"基础设施建设的主导者、信息化平台的提供者、内容

和应用的创新者。助力"智慧上饶"，成为全市唯一实现 NB-IoT 网络全域连续覆盖的电信运营商，窄带物联网能力全行业最佳。助力"扶贫攻坚"，精准脱贫大数据管理平台应运而生。通过聚焦扶贫对象、整合十大扶贫工程，用技术手段让扶贫干部依靠平台开展精准扶贫工作。助力"平安上饶"，正式启动社区网格化服务管理云平台。平台聚焦社会治理信息化需求、升级"南昌会议"综治信息化项目，是"互联网+政务"的创新探索。助力"智慧教育"，教育资源公共服务云平台走进偏远村小。助力"健康上饶"，借助医疗云服务和物联网技术，通过汇聚全市基层医疗卫生机构，汇集全市家庭医生团队，使居民能够方便地在线选择家庭医生。

【提升客户满意度】　坚决贯彻落实国家"提速降费"政策，严格执行实名制，把"用户满意度"作为衡量电信服务质量的重要标准，紧紧围绕"品质消费、美好生活"主题，为广大消费者提供更多用得上、用得起、用得好的智能信息服务。针对网络质量、装维服务、渠道服务、规则政策、宽带服务等重点服务项目，规范用户信息安全管理，推出"当日装、当日修、慢必赔"宽带服务承诺，强化服务管控，改善客户感知，实现整体服务水平的提升，更好地服务于广大市民。

【维护企业稳定与社会和谐】进一步强化网络支撑保障，圆满完成了全省重大项目推进动员会议保障，得到了市政府、市发改委高度表扬和肯定；在 6 月底全市发生的特大洪灾过程中，全

体干部员工全力抗洪保通信，受到了各级政府和广大群众的肯定。关爱员工提升活力。开展"送温暖""送清凉"等走访慰问活动以及丰富多彩的文体活动，关心员工身体健康。全面强化安全生产管理，为企业发展保驾护航。

【主要负责人】
党委书记、总经理：周斌翔

（谢文艳）

上饶移动信州区分公司

【概　况】　2017 年，中国移动信州分公司紧紧围绕区委区政府"建设现代化省城副业中心城市核心区"工作目标，主动适应新常态，继续保持了平稳较快的发展势头，实现了经营业绩与社会贡献的双提升。践行"正德厚生臻于至善"的核心价值观，秉承"移动改变生活"理念，坚持以规模效应拉动收入效益，强化进位赶超理念融入市场竞争环境，各项指标表现良好：全年营业收入达 3.6 亿元，增幅 12.53%，市场份额超过 85%。进一步巩固了区域市场主导地位。信州分公司荣获江西移动最高奖"县级经营单位优胜奖"（全省 22 个城区公司排名第二，列南昌湾里区之后）。在 2017 年党建工作考评中，排名全市移动第二。

【万物互联推动区域经济】　积极融入信州区建设发展大局，为入驻企业提供优质信息化服务。已为华为云计算服务中心、各产业园企业提供优质通信服务。协同公安部门实施"天网"和

"地网"工程,建立公安可视化指挥调度平台。

【提速降费推进信息惠民】 提速方面,持续加大4G网络建设力度,加快宽带提速改造和能力覆盖,打造千兆接入能力,实现全网光纤升级改造。"即报即装"小区均排名全省第一,最先打造"144"全省高品质服务标准。降费方面,9月1日,全面取消手机国内长途和漫游费,比国家要求提前一个月,为客户节省支出,相应国家扶贫号召。迎合市场需求发展趋势,在全区推广流量不限量套餐,促进上饶迈进不限量时代。创新推出"大小白卡"等日租形式宽带和流量优惠产品,宽带上网单价22元/月,同比下降28.6%,较全国平均水平低9.3元;手机上网单价0.028元/兆,同比下降40.8%。

【创新发展拉动信息消费】 全面推进"互联网+"融合发展,面向社会消费领域打造"和我信"服务平台,拉动经济消费超百万元,水电等公共事业单位缴费额超千万元,成为信州区规模最大的电子商务平台。

【发挥信息通信优势扶贫攻坚】 提高政治站位,把扶贫工作当作当前最重要的政治任务来抓。开展"信息惠民、全民4G"免费换机行动,加快4G普及,推进信息精准扶贫。在接到灵溪镇灵溪村驻村第一书记的宽带求助,立刻安排专人跟进,技术人员实地查勘,商讨解决方案,成功为村民免费开通宽带,并赠送HITV。在秦峰老坞扶贫点建设3条互联网专线,赠送3套Wi-Fi设备,投入2万余元。移动改变生活,光纤连接"精准扶贫"。

【主要负责人】
经理:宁茂军

（苏　伟）

中国联合网络通信有限公司信州区分公司

【概　况】 中国联合网络通信有限公司信州区分公司是中国联通公司上饶市分公司在上饶信州区的分支机构,下设城东、城西、乡镇等3个营销中心,截至2017年年底,信州区共有营业网点53余个,在网用户55388万余户,年营业收入3018.10万元。

【营销管理】 聚焦市场发展,实施营销管理改革。压缩管理层级,撤销主城区经营部和县公司前端部门,缩短管理半径,使营销单元组织变得灵活、高效、富有弹性,具有更强的市场反应能力和竞争能力。实施营销垂直穿透管理,划分和建立功能专一的区域营销中心,销售组织由原来的"大而全"转变为"小而专""细而专"。深化区域营销中心内的网格化营销,经营策略直接落地到区域营销中心,刚性匹配区域营销资源,实现"责权利"统一,信息对称,减少损耗,提高执行力。公司为区域营销中心的物资、财务、佣金结算等事务性工作提供集中服务支撑,建立后台支撑与区域业绩挂钩、自下而上的业绩责任承接体系,提高区域销售的纯粹性和专注性。建立全市统一的区域营销中心业绩评价体系,强化区域对

标和薪酬激励,通过激励培育人才,建设团结高效、充满活力的营销队伍。

【精品网络建设】 信州区联通公司以不断增强网络建设能力和持续提升网络支撑能力为突破口,开展4G网络的覆盖及2、3G网络的优化工作,2017年联通实现了城区的4G覆盖及乡镇覆盖,信州区成立了以余亚瀚总经理为组长的网络优化组,每月对辖区的网络进行摸底调查,对有断站的区域发现一个整改一个,要求在断站在1天内必须处理完毕。

【乡镇宽带覆盖】 完成对沙溪、朝阳、秦峰、灵溪4个乡镇的宽带代理招商,采用主干由公司建设,光交以下由代理商接入到户,公司和代理商五五分成的双赢合作模式对乡镇进行覆盖,在通过高额佣金鼓励分销商对乡镇宽带覆盖的同时也提升了对客户的服务水平。全年全区乡镇共完成663个分纤箱建设,新增宽带接入端口5304个。

【提升服务客户水平】 不断创新完善服务质量监督体系,开展"服务零容忍""服务流程优化""联通为您而变"3个专项行动,实现对公司全业务、全流程的服务质量监控,提升公司整体服务水平。开展移动网络"三个百分百"承诺服务,率先开展宽带限时承诺服务试点,全市一日通水平达到99%,72小时及时率达到100%。

【主要负责人】
信州区分公司总经理:余亚瀚

（包晓清）

信州区邮政分公司

【概　况】　2017年，按照经营架构改革要求，信州区分公司（原经开区分公司）组建成立，在省、市分公司的正确领导下，全区邮政以"创新转型发展"为主基调，按照"带好队伍、作出特色、夯实基础"总体思路，坚定发展信心，保持创业激情，企业经营发展、队伍建设、内外环境发生了深刻变化。全区继续保持健康发展的良好态势，全年业务收入2436万元，其中金融业务收入完成2224万元，完成认包计划的105.91%；增值业务收入完成124.84万元，完成认包计划的101.5%。收支差完成854万，完成认包计划的105.44%，列全市邮政第一。

【邮政通信】　信州区邮政分公司内设二部四中心，下属邮政支局、所20个，邮政绿卡代办网点8处，共设有6条邮路，邮路全长128千米，社会发行站26个，便民服务站240个，农资销售直营店18个。

【开办业务】　在巩固原有的函件、包裹、汇兑、储蓄、集邮、特快、报刊发行等传统业务的基础上，新开办了自邮一族、中邮广告、商业信函、邮政贺卡、代收代发、代理保险、邮政短信、代销飞机票、邮乐卡、邮储小额质押贷款、代销基金、账户汇款、农资产品邮购等全方位、多层次的邮政业务，建成了布局合理、技术先进、功能齐全、邮运快捷、服务优良的现代邮政通信网络。

【服务举措】　建成90个全业务电商扶贫站点，重点培育山茶油特色农副产品，逐步形成农产品电商产业销售链。

【主要负责人】
总经理：李　琪
副总经理：盛冬敏（5月任）

（饶泽权）

金 融 业

中国工商银行信州支行

【概　况】　2017 年,紧紧围绕经营转型发展目标,开拓发展思路,调整经营结构,加快发展步伐,以创建中银协文明规范服务"百佳"为契机,全力提升服务质量和服务意识,推动支行经营业绩、党风廉政、内控管理全面增强,牢固树立"安全经营"意识,扎实开展"创建最安全银行"等活动,使支行保持了持续、稳健、高效发展的新局面。6月,工行上饶分行营业部(滨江路 24 号)并入中国工商银行上饶信州支行管理,支行下设对外营业网点增至 4 个,在编员工 87人。年末,全行各项存款余额为 47.86 亿元,较上年增长 4.5 亿元;全行各项贷款余额 35.33 亿元,较年初增长 7.56 亿元;创中间业务收入 3338 万元,实现拨备前利润 1.43 亿元。实现了全年全行经营绿色安全。

【发展客户规模】　紧抓各项负债业务,大打工行产品牌,努力拓展市场。持续抓拆迁市场,继续加大走访拆迁户的频率;稳定行内基础客户,加大日常维护力度,以产品促升级,增加客户总资产;抓好对公存款业务,一方面是加大市场拓展,寻找新的增长源头。另一方面是做好服务,挖掘沉淀客户潜能。

【调整信贷结构】　注重优质客户的投放,主要投向政府项目以及个人住房贷款;大力加强民营企业营销落户,适当营销了现金流稳定、还款来源充足的实体经济小企业,额度原则上控制在 500 万元以下中小企业准入。有意识地营销一部分有利于工行信州支行存量风险贷款化解的民营企业,通过对其信贷支持来化解存量问题。做大票据贴现业务,增加新的利润增长点。加强风险排查力度,认真开展贷后管理工作。

【提升服务质量】　6 月至 10月,响应省及市分行的号召,再次参加新一届中银协文明规范服务百佳网点评选工作,全行员工发扬了首次创建工作的精神,有效推动了服务工作,实现了"服务环境、服务水平、服务效益"3 个升级。

【强化廉政案防建设】　支行与部门、员工分别签订了党风廉政建设和案件防范工作责任状和综合治理安全责任书。认真组织开展"熟知禁令,承诺执行"大讨论活动,认真组织学习《员工违规行为处理规定》(2017 年版)、各类业务"风险提示",强化案防工作,确保经营安全。

【扎实创建最安全银行工作】　促进安保工作常态化,坚持综治安全保卫工作教育,树牢安全意识。加大客户投资金融风险防范宣传,筑起安全外部"防火墙"。开展综治安全保卫工作检查,督促工作落实。进行防抢、盗、骗预案演练,掌握防范基本技能。常抓员工异常行为排查,及时掌握情况。坚持总结分析,发现问题及时采取措施加以改进。

【主要领导人】
行　长:罗黎明
副行长:郑佳毅
纪检监察员:李永红
内控专管员:黄张苗
行长助理:张坚

(管飞珍)

中国建设银行上饶信州支行

【概　况】　建行上饶信州支行隶属建行上饶市分行,支行内设综合部和个金部;下设 4 个对外营业网点,分别是支行下属的营业室、五三大道的广信支行、凤凰大道公园道1号的中心区支行和市住房公积金一楼的住房城建支行。2017年在编员工42人。建行信州支行是上饶城区金融体系的重要组成部分,也是上饶城区四大国有银行之一。建行信州支行经营业务品种齐全,主要包括存款服务、综合贷款服务、人民币理财、银行卡、汇款及外汇结算、代缴费服务、代发薪服务、电子银行服务、国内支付结算、基金相关业务、企业理财服务、金融机构服务。同时还提供各种公司银行和零售银行产品和服务,并且开展自营及代客资金业务,业务范围还涵盖基金管理、人寿保险等。在信州区政府及相关监管机构的关心与支持下,紧紧围绕"服务实体经济、防控金融风险、深化改革发展"总目标,深入贯彻新发展理念,把握信州区经济社会发展机遇,坚持稳健合规经营,全行各项业务发展呈现良好态势,截至年末,信州支行各项存款余额310549万元,其中对公存款余额247035万元,个人存款63514万元;各项贷款投放46667万元。

【大力推进普惠金融业务发展】　始终把服务信州区实体经济建设作为全行改革发展的出发点和落脚点。积极支持地方基础建设、重点项目建设、小微企业等在对公信贷投放上,大力发展"财园贷""税易贷""小微快贷""抵押快贷""质押贷"和"融E贷"等大数据产品。

【纵深推进住房金融业务发展】　不断巩固传统优势,加大个人住房贷款储备和投放,拓展二手房贷款业务,做大公积金贷款,广泛开展快贷客户的营销,积极推进个人消费金融中心建设。

【从严治党向纵深推进】　把党建工作作为引领实现跨越式发展、提升管理水平、凝聚人心士气的重要抓手,充分发挥"两学一做"学习教育作为全行党建工作的牵引作用。支行班子成员带头研究部署、协调督促党建与业务工作,各项调研累计超过10次,研究讨论问题20个,解决下属支行反馈问题15个。从二季度起到下属4个支行轮番点对点挂钩宣讲。集中开展了《员工违规违纪行为集中排查》问卷调查活动;组织签订了廉洁合规从业承诺书;组织全行员工开展个人信用情况申报、开展防止利益输送的自查自纠和相关报告工作;开展落实党风廉政建设、案防制度和特派员履职督导检查,继续深化作风建设,认真落实"一岗双责"和党风廉政建设责任制。

【主要负责人】
行　　长:程健辉
副行长:王　坚
纪检委员:童　晶

（王　坚）

中国农业银行
信州支行

【概　况】　农行信州支行隶属上饶市农行,坐落于上饶市信州区带湖路与茶圣路交叉口。支行内设部室4个:综合管理部、客户部、风险管理部、运营财会部;下设5个对外营业网点,其中支行营业部是旗舰网点,在支行一楼对外营业;其他4个是基础网点,分别是市区步行街的三清支行、紫阳公园斜对面的信州支行、胜利路雷锋像邻近的西市分理处、沙溪镇的沙溪支行。2017年,在编员工85人,部室党支委1个,基层党支部5个。信州支行是上饶市农行城区最大支行。截至年末,支行各项存款余额171199万元,各项贷款余额为116989万元,中间业务收入1014万元,营业收入6319万元,营业支出2095万元,利润4224万元。荣获"先进集体""基础管理先进单位"、全市农行信用风险监控管理及监控系统应用知识竞赛"团体二等奖",在"春天行动"综合营销活动中获"风险管控示范支行""零售业务营销示范支行"等称号。

【推进党廉建设】　信州支行党委认真学习贯彻中共十九大精神,全面从严治党、从严治行,推进党风廉政建设党委主体责任落实。根据《中国农业银行上饶分行2017年党风廉政建设责任制考核方案》,对照支行党委主体责任、纪委监督责任以及党委主要负责人、党委班子其他成员责任清单全面进行自查自评,进一步加强党廉建设。成立员工行为预警信息处置工作领导小组,推进员工行为规范化,达到有效化解风险,防范案件,支行安全运行目的。

【"三线一网格"双基管理体系】　信州支行为防范和化解金融风险,促进全行业务稳健发展,建立了"三线一网格"双基管理体系。"三线"指的是党建线、纪检线、运营线,"一网格"指的是将支行行长、支行领导班子成员、各部室、基层网点划分为一个个网格。按照"全行成网,网中有格,人员到格,责任到人,措施到位"的要求,落实员工行为有效监管。

【开展活动提升员工素质】　信州支行组织开展了《中国农业银行员工违规行为处理办法》《中国农业银行问责办法》"两个办法"学习教育活动,要求全行员工严格执行各项制度规定。8月29日举行了"我的合规我负责,别人的合规我有责"演讲比赛,提高员工责任意识。

【主要负责人】
行　　长:项政国
副行长:徐志冰　胡清芳
　　　　吴　燕　王鹏飞
（王贵平）

中国银行饶城支行

【概　况】　2017年,中国银行上饶市饶城支行在市分行党委的领导下,全行员工坚持"拼搏、开拓、创新"的精神,坚持以"在依法合规下经营、防范风险的前提下发展"的经营宗旨,坚持为饶城人民提供最优质的特色金融服务。饶城支行地处信州区中心广场五三大道51号。饶城支行现有员工12人,其中支行行长1人,副行长1人,大堂经理、理财经理、客户经理共4人;柜面设置对公、对私、派驻业务经理3个团队。厅堂配有1台智能柜台、3台自动取款1体机、1台自助存折补登终端、1台网银体验机、1台叫号排队机,1

台点验钞机、便民设施等自助设备,为客户提供高效便捷的金融体验。11月扩建后,饶城支行在人力资源、自助设备、便民设施等各方面继续强化力量,扩充资源,为饶城人民提供更加优质的金融服务。

【加强专业化服务】　饶城支行在抓好对《中国银行业柜台服务规范》《中国银行员工行为守则》《中国银行柜台服务规范》等制度的全面落实的同时,把文明优质服务与创建总行级"青年文明号单位"活动相结合,切实抓好营业环境、服务设施、员工仪容仪表、文明用语、业务技能、服务质效等方面的规范化和标准化建设。另一方面,支行重视员工进行专业知识培养。通过开展学习中行企业文化和有关专业知识,使新员工具备独特的中行素养;支行定期组织全体员工学习有关业务知识操作规程,通过邀请市行专家到部授课和员工共同学习座谈,不断提高员工的服务技巧和业务素质。支行鼓励员工参与各项专业技能培训,支行业务能手率已达100%,有4人获得AFP金融理财师专业资格证书,同时还通过开展内部岗位交叉轮岗,培养业务多面手,进一步实现服务多能化,力争为客户提供专业周到的金融体验。

【规范合规化内控】　饶城支行始终坚持贯彻"在依法合规的前提下经营,在防范风险的前提下发展",牢固树立依法合规经营的思想,严守国家金融政策和法规;利用晨会周会组织员工学习各种规章制度和收看各类警示教育片,提高内控意识。全行认真贯彻业务流程标准,严格执行

上级行的有关制度和规定,持续推进市场经营乱象整治,支行业务持续稳健发展,未出现重大业务差错和风险案件。

【提升多样化业务】　支行厅堂增设多台智能服务设备,向客户提供高效能服务,让客户自主体验智能优化业务,提高支行工作效率。并设有智能柜台服务专员与大堂经理共同引导客户体验手机银行,网上银行等云端银行业务,指尖轻点便能享受转账汇款、跨境汇款、本外币理财、外币兑换、生活缴费等多种金融服务,做客户的掌中银行,让客户享受足不出户的便捷金融体验。此外,支行着力推广中国银行为小微商户量身打造的聚合码收款业务,收款金额立刻直接入账,不再受第三方软件提款限额等困扰。支行的金融网络渠道愈加丰富与宽广,推动了新时代智能银行建设,促进了银行业转型发展。

【主要负责人】
行　　长:郑　莹
副行长:陈媛华
（滕蕙泽）

上饶银行信州支行

【概　况】　上饶银行信州支行坐落于上饶市信州区信江东路8号,是上饶银行在上饶市辖区内资产规模最大、服务能力最强、网点分布最广的金融机构之一。2017年,有在职员工96人,支行内设办公室、会计审计部、银行部,下设支行营业部、城南支行、胜意支行、江城支行、广信

大道支行等 5 个营业网点,拥有水南街、解放路社区支行 2 个。上饶银行信州支行定位于为广大客户提供优质、高效、便捷的支付结算、授信、金融产品认购等服务,为行政事单位、企业和个人客户提供高效安全的投资、融资、结算、信息咨询等个性化服务,满足辖内中小企业的信贷需求。截至年底,各项存款余额 565090 万元;各项贷款余额 242661 万元;各项收入 23815 万元,较年初增长 17.17%;实现贷款利息收入 17429 万元。各项指标均位于本地同行业前列。

【创新营销抢占市场】　转变以往"等客上门"的思维模式,深入网点附近的居民区,加大向潜在客户的直接营销力度。针对上饶市周边政府拆迁改造的情况,明确营销工作重点是拆迁款营销,多次组织各网点讨论营销方案,共享资源优势,集中力量进行地毯式营销,营销活动整体效果良好。利用佟掌柜、掌易行等新兴互联网产品的优势,积极洽谈合作商户,在完成电子银行产品营销的同时,还可以营销商户在上饶银行信州支行代发工资,将营业流水归入支行。同时对公存款营销主攻政府重点项目资金,加大存量对公客户的维护工作,加强与政府部门的沟通,了解重点项目工程、机构改革动向等一系列契机,积极开展对公账户营销工作。截至 12 月末,对私存款时点数 184546 万元,比上年增长 15173 万元,增长率达 8.96%;对公存款账户共计 1538 户,对公存款(按百分)时点较年初增加 175618 万元,增长率达 85.7%。

【电子银行业务规模持续发展】　以丰富的电子产品为依托,大力推广电子银行业务和理财业务。重点营销佟掌柜产品,成功营销太平洋百货、爱心大药房等知名商户及知名餐饮连锁公司。依托电子渠道全方位开展理财产品营销,针对部分年轻客户或容易接受新事物的客户,积极营销微众理财、微众金等业务,利用与线上外卖平台的合作及开展佟掌柜消费满减活动,积极开展上饶市民卡、掌易行等电子银行产品配套储蓄存款的营销。充分发挥产品优势,以此不断推进电子银行业务持续稳健发展。

【强化优质服务管理】　随着上饶银行网点转型的不断深入,"优质服务"这一服务理念和服务宗旨也不断升华,不断取得新的进步。严格按照优质服务 3.0 版本进行服务培训。组织网点柜面的新员工观看优质服务视频,学习总行下发的优质服务手册,按照视频和手册内容一一对照进行现场服务演练,结合优秀员工进行现场示范教学;网点制定相关制度定期开展自查、客户满意度调查,规范员工日常工作中在服务方面存在的问题;对于服务表现突出的员工给予奖励,对服务不到位的员工予以处罚,营造一个"比、学、赶、超"的工作氛围,做好服务管理,树立品牌形象。

【积极推进党支部标准化建设】　信州支行党支部在"围绕业务抓党建,抓好党建促发展"的思路指导下,不断完善支行党建工作。基于"抓优质服务,创优良环境,全力提升金融服务水平"主题,以服务为切入点,在网点窗口和机关部室设立"党员示范岗",让党员在工作中亮出身份,自觉接受群众的监督。坚持理论学习和实践教育相结合,以"两学一做"为契机,不断巩固学习成果。支行党支部于 7 月 1 日开展了"向党的生日献礼"志愿服务活动,同时在每月的党员活动日中增加了为党员过政治生日的活动项目。

【主要负责人】
行　长:马志群
副行长:占莉华
行长助理:王　河

(罗来坤)

上饶农村商业银行

【概　况】　2017 年,面对复杂多变的经济金融形势,上饶农村商业银行股份有限公司在省联社党委、市政府和上饶银监分局的关心和有效监管下,牢牢把握"固本强基、提质增效"的工作总要求,着力支持实体经济发展,不断提升服务水平,通过抓发展、调结构、优管理、控风险、强党建,实现了各项业务平稳健康发展。上饶农商银行内设:办公室、人力资源部、党群工作部、财务会计部、信贷管理部、审计部、合规部、运营管理部、信息科技部、电子银行部、业务拓展部、金融市场部、微贷事业部、三农事业部、清收事业部、后勤中心、安全保卫部等 15 个部门,下设 1 个营业部、20 家支行,有在编员工 298 人,党支部 17 个。业务范围涵盖:吸收公众存款;发放短期、中期和长期贷款;办理国内结算;办理票据承兑与贴现;代理收付款项及代理保险业务;买卖政府债券、金融债券;从事同业拆借;办理银行卡业务;代理发行、代理兑付、承销政府债券;提供保管箱服务等。截至12月末,上饶农商银行各项存款余额58.68亿元,各项贷款余额58.49亿元,缴纳各项税费2299万元,各项监管指标总体稳定。

【服务水平显著提升】 围绕提升客户满意度,积极践行"客户至上、服务至诚"的服务理念。加快升级物理渠道,合理进行网点优化撤并和功能提升,采取设立离行式自助银行、布放智能柜台等方式,扎实推进网点优化转型工作。坚持以客户为中心,创新服务模式,开展夜市银行、"领导做大堂"和"金融夜校"等活动,不断提升自身服务水平。加强科技金融推广,以"聚合支付"为切入点,整合渠道资源,实现物理网点、自助设备、网上银行、手机银行、微信平台、客服中心的信息共享、互联互通、体验一致,努力打造全方位、一站式的互联网金融服务体系。

【支农支小成效明显】 坚持"立足本土、服务社区、支农支小"市场地位不动摇,深入践行普惠金融,设立了46个"村村通"金融服务站,使广大农村客户足不出村就能够享受到高效便捷的金融服务。加快转变经营理念,以深度"四扫"为抓手,积极调整信贷投向,重点加大对涉农和小微企业的支持力度,确保涉农和小微贷款总量持续增长。对符合相关政策规定的客户,开通绿色通道,缩短办贷流程,执行优惠利率,有效解决涉农经营主体、小微企业融资难、融资贵问题。截至12月末,各项贷款中涉农贷款45.12亿元,中小企业贷款41.82亿元,有效支持了地方经济发展。

【积极履行社会责任】 上饶农商银行主动履行社会责任,开展"百福"慈善捐助活动,与上饶中学合作,向家境贫困、勤奋好学的学生捐赠助学资金。积极对接信州区资助管理中心、市扶贫办和劳动就业局等部门,发放助学、扶贫、创业等政策性贷款。截至12月末,已累计捐赠助学金56.4万元,帮助贫困学生470人次;发放助学贷款1773万元;发放下岗再就业贷款5068万元;发放精准扶贫贷款余额28527万元,累计带动服务贫困户2549人,树立了良好的社会形象。

【主要负责人】
党委书记、董事长:刘全华
党委副书记、行长:刘小平
党委委员:何　民
党委委员、纪委书记、监事长:
　　　　　邓裕林
党委委员、副行长:王祥生
　　　　　胡冬标
行长助理:林尚忠

（高铭阳）

交通银行上饶分行

【概　况】 2017年,交通银行上饶分行在总分行的领导下,在上饶市委、市政府、人行上饶中心支行、上饶银监分局的关心和支持下,继续围绕"三大任务、三大重点、三大目标",坚持"稳中求进"主基调,以改革创新为主线,着力提升规模效益、优化业务结构、抓实风险控制、加快转型发展、提高服务品质、培育干部队伍、打造企业文化、深入从严治党,实现了各项经营管理工作的稳步推进。

【规模持续发展效益逐步提升】 分行总资产规模34.32亿元,较年初新增7.43亿元,增幅27.64%。人民币各项存款余额28.46亿元,较年初新增5.09亿元,增幅21.76%。其中,对公存款余额22.91亿元,较年初新增3.21亿元,增幅16.27%;储蓄存款余额5.55亿元,较年初新增1.88亿元,增幅51.24%。人民币各项贷款余额26.58亿元,较年初新增4.25亿元,增幅19.01%。其中,对公贷款16.16亿元,较年初新增2.95亿元,增幅22.35%;零售贷款余额10.42亿元,较年初新增1.31亿元,增幅14.19%。实现经营利润6312.41万元,分行继续保持高速稳健发展。

【支持实体经济发展普惠金融】 聚焦上饶地方经济,积极参与上饶城市建设。创新投融资渠道,助力实体经济,向上投集团、国资公司、云济公司、和济公司、上饶第四中学等投放贷款近8.5亿元,同时积极配合市委市政府大力发展"两光一车"战略,鼎力支持经开区龙头企业晶科能源有限公司,增加授信额度,提供国际业务结算服务。加大普惠力度,全年实现小微贷款余额新增8300万元,较上年同期新增企业1户,获贷率为97.44%,全面完成"三个不低于"目标。积极配合地方政府开展棚户区改造，与省国开行签订资金代理协议，代理发放了近6亿元棚改资金，同时加强与房地产商的合作，向上级行争取房贷额度，促进房贷投放，助力房地产行业去库存。

【防范银行风险依法合规经营】

坚持审慎稳健的风险偏好。审慎稳健的风险偏好是交行核心竞争力的重要组成部分，坚决守住"依法合规、严循制度"的底线要求，牢牢树立"规范经营、稳健发展"的风险理念，严格执行"失职问责、违规必究"的责任文化。做好各项自查整改工作。根据外部监管机构、交总行要求，持续开展"两加强、两遏制""三三四十""深化整治银行业市场乱象""新五大领域""排雷"等专项自查工作，并对内外部检查、自查发现问题制定详细整改行动方案，确保各项问题整改到位。严格落实贷款"三查"要求。遵照监管部门及总分行要求，加强对企业经营情况的分析，做实贷前调查，根据年度授信政策及行业投向指引，作出科学的授信决策，严格执行"四及时""六必检""八必看"等贷后规定动作，提升贷款户管理质效。

【坚持优质服务推进转型发展】

积极开展"普及金融知识万里行""反洗钱宣传月""征信宣传日"等活动，走进社区、走进商圈，宣传金融知识。通过每日晨会服务演练、夕会经验总结，以精细化服务争先创优。顺利通过中国银行业文明规范服务千佳示范单位复评，同时获评上饶晚报社上饶市"金融服务标杆企业"称号。以创新网点营运模式为切入点，对柜面业务进行了全面梳理，做好"现金和非现金""柜面与非柜面"业务的分类，新配置了自助式零钱兑换机、现金循环机、智能手持终端等设备，提高了现金业务的分流率，提升营运效率。创新网点的销售模式和服务模式，充分利用网点经营模式的改革创新，提升厅堂服务质效，从传统的"以产品为中心"转变为"以客户为中心"，按照客户的需求，把产品和服务做深做精做专业，提高服务特色化水平，将网点打造成客户体验中心、服务和营销中心。

【坚持党建引领激发内生动力】

严格落实党风廉政建设责任制，持之以恒贯彻中央八项规定精神。重视党员教育工作，将"两学一做"活动常态化制度化落实到底，除进行集中学习、讨论交流和心得分享等规定动作之外，还创新形式开展了红色朗诵比赛、走进中共一大旧址等活动，丰富学习形式，落实学习成果。在中共十九大召开后，党委和各党支部立即组织全体党员干部深入学习党的十九大报告精神，加强自身的党性修养，提高政策理论水平。持续开展"两优一先"和"四亮四比"活动，每季度评比流动红旗和党员示范岗，挖掘平凡岗位上的党员优秀事迹，发挥党员先锋模范带头作用，分行党员共获评总行级表彰3人次，省行级表彰7人次。坚持规范与创新相结合，着力增强党员队伍活力，严格按照交通银行总行下发文件要求，年初即制定分行党员教育培训计划，加大党员教育培训力度，并认真组织民主评议党员，对党员进行民主评议；在全行组织开展"推先进、树先进、学先进"活动，在全行上下积极营造崇尚先进、学习先进、争当先进的浓厚氛围。

【主要负责人】
党委书记、行长：鲍江燕
党委委员、副行长：陈启明
党委委员、副行长：赵 剑
党委委员、副行长、工会主席：
　　　　　　　　　罗 莹
　　　　　　　　（徐乐文）

江西信州江淮村镇银行

【概 况】 2017年，江西信州江淮村镇银行网点数1个，员工22人。在主发起行党委的正确指导下，在信州区区委、区政府大力支持下，在人民银行和银监局的悉心指导下，坚持"业务转型发展，规范内部管理，强化风险管控"为战略目标，积极采取措施，推进各项工作开展。截至12月末，全行资产总额50978万元，较上年末增加5991万元，增幅13.32%；负债总额40307万元，较上年末增加5004万元，增幅14.17%；所有者权益总额10671万元，较上年末增加987万元，增幅10.19%。

【抗风险能力持续增强】 12月末，资本充足率为33.52%，核心一级资本充足率为32.38%，杠杆率为20.81%，资产利润率为2.06%，资本利润率9.7%。正常类贷款26464万元，关注类贷款400万元，不良贷款余额为276万元，不良贷款率为1.02%。拨备提取额为800万元，比年初增加345万元，拨贷比为2.95%，拨备覆盖率为289.88%，均超过监管标准。

【支农支小力度不断加大】 贷款规模持续扩大。截至12月底,各项贷款余额27140万元,较年初净增7631万元,增幅39.11%,完成年度目标任务的89.87%。信贷服务实体力度加大。截至12月末,涉农贷款余额19274万元,比年初增长165万元,增幅0.86%;小微企业贷款余额21545万元,比年初增长6082万元,增幅39.33%;个人贷款余额18515万元,较年初增加6240万元,增幅50.84%。

【电子银行带动效应日益显现】 电子银行业务发展迅速。截至12月末,企业网上银行50户,个人网上银行289户,手机银行签约客户1196户,较年初增加804户,金农信E付签约客户998户。电子银行业务对主营业务贡献度不断增强。共开立易贷卡1292张,授信12682万元,用信9086.2万元。电子银行业务增强了客户忠诚度。易贷卡、手机银行、网上银行、信E付多者相互融合,有效解决了物理网点不足而导致服务效率低下的问题。客户足不出户就能享受7×24小时金融需求无障碍服务,不仅丰富了结算手段,客户的忠诚度不断提升,品牌影响力日益显现。

【员工整体素质进一步提升】 组织开展了20多次全行或部门合规操作和问题整改培训,旨在提高员工的操作技能和合规意识以及风险意识。同时积极参加发起行组织开展的培训,到省联社培训学校培训、到专业培训机构参加培训,参加培训人数达20多人次,员工的素质得到进一步提升。

【主要领导人】
董事长:鲍雪松
监事长:胡　志
行长助理:田　春

(郑孝康)

中国邮政储蓄银行上饶市分行

【概　况】 中国邮政储蓄银行上饶市分行于2008年2月2日正式挂牌成立,内设办公室、人力资源部、计划财务部、基建办、监察部、法律合规部、风险管理部、信息科技部、营运管理部、授信管理部、个人金融部、公司业务部、三农金融事业部、消费信贷部、小企业金融部15个部室。全市共辖11个县(市、区)支行、1个市分行营业部,41个二级支行。截至2017年12月31日,邮储银行上饶市分行从业人员共有747人,其中合同制员工674人,劳务派遣工68人。学历结构方面,本科及以上学历共471人,占比63.05%;大专学历共229人,占比30.65%;中专及以下学历共47人,占比6.29%。辖内中共党员(含预备党员)205人,占比27.44%。2017年,在市委、市政府的正确领导下,上饶市分行紧紧围绕"稳增长、调结构、控风险、提质效"的总思路,坚持"将优势做强,把短板拉长,以创新添彩,把管理做实"发展理念,全面提升能力、强化管理,推动发展,全力支持地方经济社会发展。

【业务规模持续壮大】 截至12月31日,各项存款余额达351.976亿元,较年初净增57.13亿元。其中,个人储蓄存款余额达296.24亿元,对公存款余额达55.736亿元。各项贷款余额达121.73亿元(含票据、公贷),较年初净增24.12亿元。其中,消费贷款余额70.69亿元,三农金融贷款余额31.13亿元,小企业金融贷款余额8.25亿元,票据贴现余额5.26亿元。全年实现信用卡发卡2.27万张,手机银行新增激活4.39万户,实现代理保费1.22亿元,理财类业务有效销量7.67亿元。全年实现收入5.36亿元,利润2.7亿元。

【风险管理持续提升】 通过做细常规检查和专项检查,强化内部操作风险,全年成功堵截49起电信诈骗,为客户挽回资金损失136余万元,保障客户财产安全。扎实开展"内控优化年"系列活动,荣获全省邮储银行团体三等奖,全省邮储银行2017年案件防控工作优胜单位。组织开展的"金融知识万里行""金融知识进万家"等系列活动被市银行业协会评定为优秀组织单位,消费者权益保护工作被人民银行南昌中心支行评定为A档先进单位。多措并举,风险屏障日益坚固。强化贷款三查制度落实,严把贷款流程风险,不断加大不良贷款催收和清收力度,全年累计清收不良贷款5810万元,进一步优化信贷资产质量。开展节假日现场突击检查,推进消防及防抢、防盗、防诈骗演练,推进线路整改、金库改造等工作,综治安保水平持续提升。

【党群工作持续推进】 扎实推进"两学一做"学习教育常态化、制度化建设,创新开展"强基固本2.0"建设工程,多次邀请市委讲师团作专题辅导报告,增强全体党员党性修养。积极运用好监督执纪"四种形态",不断夯实全分行党风廉政建设工作责任,高标准落实廉洁风险防控工作。全分行广思路、多手段开展扶贫工作,将产业扶贫和智力扶贫有效结合,积极履行社会责任。开展系列关爱员工慰问活动,兑现"为员工办十件实事",落实员工健康体检和专项检查,为员工购买防暑降温药品。举办"趣味游园闹元宵""邮储银行公益日健步走""水果拼盘大赛"等一系列文化活动,充实员工文化生活。

【主要负责人】
行　　长:李　波
副行长:乔　伟　梁　敏
　　　　周卫东　龚颖安
（章国辉）

中国人民财产保险股份有限公司信州支公司

【概　况】 2017年,中国人民财产保险股份有限公司信州支公司坚持以系统"十三五"战略规划为指引,立足稳中求进的工作总基调,牢牢把握"七抓七促"总体要求,以创新为驱动,推动公司转型升级,公司主要经营指标保持较好水平,各项经营管理工作稳步推进。牢固树立质量第一、效益优先的经营意识,`化精细化管理,确保盈利能力

稳步提升,实现盈利水平与保费规模同步发展。

【创新发展诚信服务】 创新保险领域取得突破性进展。促进政府合作保险服务的政策,积极对接民政、安监等职能部门。承保政策性农房保险、安全生产责任险等险种。

【提升服务开拓思想】 通过加强专业技能培训、廉洁教育,提升员工的技能与担当,改善承保前端服务体验,对公司营业厅等客户服务环境进行了整改,增强客户体验;聚焦新兴平台,活跃公司微信公众平台,通过线下宣传和线上活动相结合,提升公司公众号的市场认知度,助推业务发展。加快推进"人保V盟"及中国人保APP进程,促进车险销售模式变革,提升分散性业务获取能力。

【三农服务扎根基层】 政策性农业保险围绕"强化合规、提质增效、巩固优势、布点增员"的总要求,信州人保公司独家承保信州区政策性农业保险业务,成立三农服务部1家,累计承保公益林保险6.24万亩,承保政策性农村住房保险37310户,让惠农政策落地。

【主要负责人】
经　　理:毛　军
副经理:孔繁德　余　滢
　　　　郑茂花
（张小梅）

中国人寿保险股份有限公司信州支公司

【概　况】 2017年,中国人寿保险股份有限公司信州支公司在市公司领导的正确领导下,紧密团结,发扬艰苦奋斗,敢拼硬仗的精神,全面完成分公司下达的各项指标任务。保证了团险业务的扩量增效,牢牢稳固了辖区的团险市场并占主导地位。完成保费1287.48万元,同比增长20.08%。其中,学平险保费814.70万元,非学平险348.95万元,扶贫险120.83万元。

【科学经营优化结构】 通过分析去年的保费结构及赔付率,明确2017年必须加大非学平险市场的开拓,现在市场竞争形势瞬息万变,固有的思维发展方式是难以在市场中立足和发展。如果仅仅依靠学平险业务支撑一个公司,尤其是团险专业公司,不管是当下还是将来都是无法适应市场发展需求。所以加大对大中专教师意外险攻克取得了一些成绩,并且多发展新的小团单。

【稳打稳扎步步推进】 继续做好建工险工作。并加强与当地质检站的联系,稳步扎实推进了建工险业务的拓展。

【主要负责人】
经　　理:王　莉
（王晓兰）

中国大地财产保险股份有限公司信州支公司

【概　况】　2017年中国大地财产保险股份有限公司信州支公司在信州区委、区政府和上级公司党总支、总经理室的正确领导下，认真贯彻落实中共十九大会议精神，秉承"简单、高效、务实、合规"的核心价值观，坚持"诚信为先、稳健经营、价值至上、服务社会"的经营理念，公司各项工作的开展稳中有进，实现保费收入3354.23万元，全年向信州区地税上缴税款总计186余万元。

【开展"三整顿"活动】　3月，在公司系统范围内开展了针对工作作风、工作纪律及工作环境的专项整顿活动，公司党员充分发挥了模范作用，带头树思想、强作风、抓工作，坚持高标准、严要求，有效增强了广大干部员工对公司文化的自信心、自豪感，引导员工积极主动维护提升公司形象，共同创建担当合作的工作作风、严谨高效的工作秩序、整洁有序的工作环境，为公司跨越发展、员工干事创业营造良好规范的内部环境。

【夯实合规经营基础】　信州支公司严格按照省保监局的要求，在合规经营范围内开展各项工作。积极配合市人民银行和市处非办，通过设置咨询台、播放LED宣传标语、摆放易拉宝、张贴海报等形式多管齐下，开展好反洗钱宣传月及防范和打击非法集资活动，向内部员工及社会公众者宣传洗钱及非法集资危害，帮助增强社会公众辨别能力和自我抵制的能力，受到了广大消费者的高度评价，帮助提升了行业的美誉度。

【狠抓综治工作开展】　公司领导班子始终将创建"平安单位"作为实现公司稳健发展、长治久安的头等大事来抓。年初与上级公司签订当年《全市系统综治责任单位社会治安综合治理责任书》，积极按照综治办要求，开展好综治宣传月活动，切实提高广大员工对抓平安、抓综治、保稳定、保安全、保发展重要性的认识，从员工意识源头抓起，做到防患于未然。

【提升客户服务体验】　信州支公司在总部的支持下，积极引导客户体验公司车辆快修平台"易修猫"、微信理赔、大地通保APP等服务。其中，微信理赔在力求快捷、准确理赔的同时，突出理赔过程中理赔人员与客户的情感交流，在客户与保险公司之间搭建了暖心服务通道，打造更人性化的理赔体验，受到了公司客户的一致好评。

【主要领导人】
经　　理：关汉平
副经理：汪　燕　徐勇军
（陈佳佳）

金融服务

【概　况】　2017年，在区委、区政府的领导下，区金融办围绕区经济、金融建设中心工作，积极协调、主动服务、强化监督管理。全年金融业运行总体健康有序、平稳增长，金融市场持续活跃，金融区位优势特点明显，金融风险防范工作有效落实。

【金融业指标平稳增长】　全区银行业金融机构人民币存款年末余额786.6亿元，排名全市第一，较年初增加90.53亿元，增长13.01%；全区个人存款余额295.8亿元，增长12.4%。全区银行业金融机构人民币贷款年末余额727.4亿元，排名全市第一，较年初增加136.9亿元，增长23.19%。

【金融组织体系不断完善】　光大银行上饶分行、赣州银行上饶分行相继开业，深圳安信证券有限公司上饶分支机构、长江证券上饶分支机构、永安财产保险股份有限公司上饶中心支公司等一批金融机构落户运营。截至2017年年底，辖区的银行业金融机构18家（其中商业银行15家，政策性银行1家，农商行1家，村镇银行1家），保险机构32家（其中在信州区开设分支机构并纳税的15家），证券机构15家，小额贷款公司1家，融资担保机构1家，民间融资登记服务机构1家。

【金融生态环境逐步优化】　贯彻落实中央、省、市关于金融服务实体经济，支持小微企业发展；做好金融防风险工作，开展防范和打击非法集资宣传教育、风险排查和涉非法集资、互联网金融、P2P网络借贷平台、小贷等各项专项整治，维护地方金融市场秩序的健康、稳定。

（吴　剑）

教　育

综　述

　　2017年是全面建成小康社会承前启后的重要一年，也是"十三五"规划第二年，更是全面建设教育现代化强区的关键之年。信州教育以中共十九大精神、习近平中国特色社会主义思想为指导，围绕办人民满意的教育为目标，在区委、区政府的坚强领导下，在上级教育行政部门的关心指导下，抢抓机遇，团结拼搏，全面贯彻党的教育方针，坚持稳中求进工作总基调，坚持发展抓公平、改革抓体制、安全抓责任、整体抓质量、保障抓党建，加快推进教育现代化。获得全国义务教育均衡发展基本均衡县、全国青少年五好小公民阳光校园我们是好伙伴主题教育活动优秀组织奖、全市中小学教育爱国主义演讲比赛优秀组织奖、全市青少年五好小公民阳光校园我们是好伙伴主题教育活动先进集体、上饶市教育工会先进单位等荣誉。

　　9月18日—20日，信州区历史上首次专门召开教育工作务虚会，就全区教育工作找短板、说问题、提建议、谋对策。会上，与会教师代表围绕学生安全、教育教学、家校合作、教育均衡发展以及如何激发教师积极性等问题畅所欲言，大家谈感受，讲对策，纷纷为信州教育建言献策。教育思维的碰撞，见仁见智的发言，让大家互相学习借鉴、激励提高，也让大家凝聚共识、统一思想，让谋划教育发展的眼光更高远、思路更清晰、措施更务实。下一步，区委区政府将根据讨论的结果制定《信州区教育发展改革三年行动计划（2018—2020年）》，为信州教育未来的发展掌舵领航。

　　为进一步落实立德树人的根本任务，培育和践行社会主义核心价值观，信州区教体局在全区中小学生中开展"四史（党史、国史、区史、校史）"进校园活动，各校通过开展"四史"参观、宣教、演讲、征文、讲故事、手抄报、绘画、摄影等多项活动培养青少年学生爱党、爱国、爱家乡、爱学校的思想情感，牢固树立并践行社会主义核心价值观念，坚定不移跟着中国共产党走，争做中国特色社会主义事业的接班人和建设者，共圆中国梦。

　　为加快推进信州区教育改革和发展的步伐，全面实现信州区教育现代化，信州区在2017年至2019年实施机关科室长、校长（含民办学校校长、幼儿园园长等）、教师、学生、家长教育素能"五大提升工程"。机关科室长通过"每周盘点"、大比武活动，强化机关科室的科学管理和工作能力；校长通过自身学习充电和利用信州区与上海黄浦区教育合作的有利契机，促进学校可持续发展；教师队伍通过公开选拔农村教师进城、教师交流轮岗、师资培训和建立考核机制等多种方式提高教师专业水平和教学能力，全面提升教学质量；学生通过课程改革、教学实践、爱心帮扶和教育评价落实核心素养，以培养学生成为"全面发展的人"；学校通过成立家长义工团、家委会等专门组织引入家长参与学校管理，利用家长资源协助学校组织开发校本课程，引导家长关注"爱心驿站""三员三巡""百千万"特色活动，利用家长学校、互联网等现代信息技术做好家长的培训工作，让家长的素能在潜移默化中提升。

学前教育

　　【概　况】　截至12月，全区有幼儿园147所，其中公办43所、民办102所。城区公办园3所，乡镇中心幼儿园2所，乡镇附属园39所。省级示范园1所，市级示范园8所，二级幼儿园16所，三级幼儿园89所。中心城区共有学前幼儿 17138 人,其中公办幼儿园幼儿数 2420 人,民办幼儿园幼儿数 14718 人。全区幼儿园教职工共 1673 人。其中,公办幼儿园教职工 249 人,占比 14.9%;民办幼儿园教职工 1424 人,占比 85.1%。全区专任幼儿教师共 1216 人,其中公办园专任教师 208 人,占比 17.1%;民办园专任教师 1008 人,占比 82.9%。园长高中阶段毕业及以上的占比 82.67%,专任教师高中阶段毕业及以上的占比 84.5%,与全市平均水平相比,高于全市平均值。

【幼儿园的"责任区管理"模式】

学前教育整体办园水平和保教质量进一步提高。城区公办幼儿园发挥示范引领作用,通过"帮扶结对"活动及"责任区管理"模式带动一批公民办幼儿园和农村幼儿园日益步入规范化轨道,小学化倾向正在逐步得到纠正。通过督导评估评出 8 所市级示范幼儿园、16 所二级幼儿园、89 所三级幼儿园,对 41 所办园条件有所欠缺的托幼机构予以降级为托儿所,并实行阶段性整合、挂靠,定期督查,对办园条件无法改善和提升的将在下一阶段予以取缔。

【扶持社会办园加强科学管理】

从办园条件、师资配备、培训提高、职称评定、等级晋升等方面,对普惠性幼儿园给予一定的优惠和奖补,并选择一批具备条件的连锁园,鼓励其探索集团化的办园路子。另一方面,进一步强化规范管理,大力推动民办幼儿园科学保教,满足社会对学前教育的多元化需求。同时,健全联审联批机制,对不具备办园条件或网点布局处于饱和的区域,本着对适龄儿童高度负责、对投资举办人真正负责的态度,从严把好审批关,引导更多的资源和要素科学投向乡(镇)、服务农村,促进学前教育的社会公平。

【整合资源要素加速建设步伐】

研究制定《关于进一步加强公办幼儿园建设和管理的意见》,确保到 2018 年每个乡镇建 1 所中心幼儿园,到 2020 年 1500 人口以上的行政村建 1 所公办园。多渠道解决乡镇公办幼儿园建设用地,合理利用乡镇学校布局调整腾出的闲置校舍,因地制宜改建公办幼儿园。区财政进一步加大学前教育的投入,设立学前教育专项资金,整合资源要素,提高全区公办学前教育资源的覆盖面和受益面。

【制定配套制度】

首先严格幼儿园准入制度,按照上级规定开展对公办和民办幼儿园检查验收工作,严格把关;其次实行分类管理,将全区所有幼儿园纳入分类定级评定,鼓励创建"区级示范园""星级幼儿园",并拿出专项资金奖励创建具有特色和品牌的幼儿园;再次是坚持科学保教,认真贯彻执行《幼儿园工作规程》和《幼儿园教育指导纲要(试行)》,以游戏为基本活动,寓教于乐,保教结合,为学前儿童提供健康、丰富的生活和活动环境,满足学前儿童多方面发展的需要,坚决防止"小学化""保姆式""看护式"教育模式和倾向。

【完善管理体制凝聚优秀师资】

制定幼儿教师培养培训计划,坚持不懈地抓好教师在职培训工作。一是采取集中培训和网上培训相结合,以《3~6 岁儿童学习与发展指南》为抓手,更新幼儿园教师理念;二是采用请进来走出去的办法,聘请名师专家授课,组织民办幼儿园园长跟班学习,开阔视野、寻找差距、促进提升。

【强化督导考核注重示范引领】

建立督导评估体系,从办园环境、园务管理、师资队伍、卫生保健、教育教学 5 个方面进行督导评估,促进民办教育水平的提高;充分发挥公办幼儿园优质教育资源优势,对普惠性民办幼儿园实行开放日活动,让民办园参与教育教学研讨,组织公办优秀教师下民办幼儿园进行指导,有效发挥公办幼儿园示范辐射作用。

【加快乡镇中心幼儿园建设步伐】

进一步加快乡镇中心园的建设,首先要保障乡镇中心幼儿园用地,要根据信州区居民子女接受学前教育的需求,科学规划,合理布局,进一步推进乡镇中心园标准化建设进程,新建、改扩建乡镇中心园要严格按照《江西省幼儿园办园标准》要求进行设计和建设,配备设施设备,使其尽快达到标准化幼儿园要求;其次要保障乡镇中心幼儿园的师资队伍稳定,要按国家要求,逐步配齐配足乡镇中心园教职工,要把乡镇中心园教师的培训工作纳入教师培训规划,逐步优化乡镇中心园教师队伍结构,提高学历层次,提高乡镇中心园保教人员整体素质。在资金分配方面,要重点往乡镇中心幼儿园投入,实现 2019 年全区所有乡镇至少有 1 所中心幼儿园。

【实施乡镇附属园向独立园建设的改建工程】　提高乡镇办园标准，逐步关停一些规模小、配套设施不完备的乡镇附属园，对于一些办园条件好、办园规模较大的乡镇附属园，要逐步完成其向独立园建设的改建工程。在配套资金的分配比例上，扶持乡镇独立园的同时，对表现优异、年度考核优秀的要给予一定的政策支持和物质奖励。

义务教育

【概　况】　2017年，全区拥有各级各类学校共计232所，公办幼儿园43所，民办幼儿园102所；公办小学66所，民办小学1所；公办中学15所，民办中学5所。全区在校学生78028人，幼儿园幼儿17138人，小学40701人，初中17200人，普通高中1888人，中职1101人。全区全年教育经费总投入38120万元，其中人员经费28100万元，公用经费3200万元，校建、设备等经费6020万元，资助金等其他经费800万元。

【完成中心城区义务教育阶段学校学位现状调查工作】　为有效化解、消除中心城区义务教育学校大班额工作，努力实现教育均衡发展，启动中心城区义务教育阶段学校学位现状调查工作。调查进一步明晰当前城区学位缺额现状，并结合人口增长规律，预测了2020年、2030年在校生数。调查工作为全区教育资源规划和布局调整工作提供了一手数据。

【重视关爱留守儿童和进城务工人员子女】　继续办好"信州区教育系统教师爱心驿站"，充分发挥学校教育在关爱农村留守儿童的主阵地作用，配合民政部门对在校留守儿童进行全面摸底。及时发现家庭生活困难、存在学习或心理问题、无监护人、身体残疾等农村留守儿童并采取有针对性措施，进行分类教育关爱与保护，精准施策。制定《信州区第二期特殊教育提升计划项目库》。重视农业转移人口随迁子女和进城务工人员子女教育。建立健全教育保障机制，规范入学申请程序，简化入学手续，促进教育公平。

【继续开展"一师一优课、一课一名师"活动】　在2016—2017年度"一师一优课、一课一名师"活动中，全区中小学校高度重视，积极参与，认真组织"晒课"和"推优"工作，超额完成上级下达的任务数。

【重视心理健康教育】　进一步加快推进中小学（幼儿园）心理辅导室建设和心理健康教育，注重心理健康教育教师队伍建设，不断提升心理健康教育水平。全区中小学校踊跃推荐教师参加各级各类心理健康教育培训班，择优推荐16人参加全省心理咨询师培训班；组织参加由市文明班在上饶市第十小学举办的全市青少年心理健康教育工作现场会。组织全区高中起始年级951名学生进行网上心理调查测试。

【组织开展全区中小学素质教育成果展】　全区中小学校踊跃参加，经学校、教研片区层层选拔，积极推荐优秀研学旅行案例，优秀英语演讲、讲故事选手，优秀辩论赛选手参加2017年上饶市中小学素质教育成果展。全区选手（作品）在片区赛和全市总决赛中赛出水平，赛出风格，取得了较好的成绩。

【初、高中综合素质评价工作有序开展】　多次召开会议布置并深入学校检查各初高中学校综合素质评价工作，学校评价做到公开、公正、公平。全区中、高考没有一个学生因为综合素质评价人为因素而影响录取。

【家校合作促发展】　2017—2018学年度信州区有23所家长函授学校，学员人数6000余名。家长函授学校密切了家校沟通配合，进一步提升全区家庭教育工作水平，促进学校教育的发展。

【办学行为规范有序】　强化中小学生学籍管理。每学期开学，召开全区各中小学校教导主任会议，专项培训全国学籍系统的使用要求和操作步骤，对在使用过程中遇到的问题给予答疑解惑，对新生信息采集、转学、休学、毕业调档等工作进一步明晰办理程序。保证"一人一籍，籍随人走"。及时更新学区信息。暑期，实地深入各新建小区，勘核所属区域，明晰所属学校，及时更新公布学区信息，为中小学校明确各自招生范围；严格控制成班率。全面落实国家、省、市关于做好2017年义务教育招生入学工作的要求，全区各校依据《2017年信州区中小学招生工作方案》和下达的招生指标，严格按学区招生，严格控制未达法定入学年龄的儿童入学，起始年级超大班额现象基本消除;落实减轻中小学生课业负担工作责任制。严格执行课程计划,严格控制课外作业量,严格确保作息时间,严格禁止违规补课行为,严格学校招生管理,转发《关于严禁违规组织义务教育阶段学生选拔性入学考试的通知》,严格编班办班行为,规范考试评价行为,规范教师行为,规范学生用书管理,严格执行"在目录范围内由学生自愿申请,学校向新华书店统一代购"的相关规定,确保把减负工作真正落到实处。

【控辍保学精准施策】　为保障适龄儿童接受义务教育权利,先后印发《关于开展教育扶贫工作的实施方案》《信州区适龄重度残疾儿童"送教上门"工作实施方案》《关于进一步做好建档立卡贫困户子女控辍保学工作实施方案》,区教体局和学校签订保学控辍责任状,明确学校校长是学校保学控辍工作第一责任人,为建档立卡贫困户子女报名设立优先报名处,开辟绿色通道,及时梳理排查掌握建档立卡贫困户子女入学现状,扎实做好建档立卡贫困户学生的教育帮扶工作,联合村、居做好辍学适龄儿童的动员劝返工作,共劝返辍学学生31名,将教育精准扶贫工作推向深入,确保不漏一户贫困户、不漏一个贫困生,确保学生不因贫辍学,让建档立卡贫困户学生顺利完成义务教育。对11名因肢体等重度残疾的辍学学生通过送教上门的形式,从暑假开始,帮助这群特殊的孩子完成每学年120学时的学习,送教上门不仅送去了文化知识,还送去了爱的陪伴与守护,圆了他们的上学梦。

【德育活动丰富多彩】　为深入贯彻落实中央关于培育和践行社会主义核心价值观的意见要求,举办"假期读一本好书"优秀读后感评比活动,共评出获奖征文84篇。组织参加"纪念建军90周年"暨"光荣的红十军"主题教育讲故事、演讲比赛。经过激烈的角逐,全区喜获所有参赛组别的一等奖。组织开展红色、绿色和古色三项文化教育活动。全区各校积极参与全省中小学生"我为家乡代言"活动,全省中小学生古诗文诵读活动,全省中小学研学旅行活动案例征集。继续传承红色基因,开展爱国主义教育,弘扬家国情怀,信州区中小学开展诵读《可爱的中国》的活动。激发广大学生的爱国主义热情。全区中小学班主任踊跃参加全省第三届中小学班主任"育人风采"展示活动。

【招考工作顺利完成】　中小学招生工作有序开展。秋季小学招生6590人,适龄儿童入学率为100%,辍学率为0,初中招生7239人,小学毕业生升入初中入学比率为100%。普通高中招生951人。圆满完成中招和学考任务。严把报名和资格审查关,周密细致组织考试、阅卷、录取等工作。全年信州区中招考试共5486人,其中报考师范定向人数233人,报考普通高中人数5253人,是近年来人数最多的一年。一中录取分数589分,二中录取分数为517分,上饶中学录取分数586分,四中录取分数线为527分。全年全区组织高二、高三年级学生学业水平考试4次。5月,组织信息技术上机考试;6月,参加学考的人数为3846人;12月,参加学考的高二人数为3849人,高三人数为3537人;首次实施11月份高三年级体育、艺术、综合实践活动三科学业水平考试考查工作。

【语言文字工作持续开展】　开展推普周活动。9月11日至17日是第20届全国推广普通话宣传周,全区各校结合实际情况,开展书法名家进校园暨规范汉字书写大会等一系列活动。持续开展语言文字规范化示范校申报工作。经省级复评,一小、小学荣获江西省"十三五"时期首批省级语言文字规范化示范校。为进一步推动全区中小学校(幼儿园)语言文字规范化建设,在学校(幼儿园)自查自评的基础上,二保、实验小学向市教育局申报语言文字规范化示范校。迎接江西省语言文字工作督导评估试评。贯彻落实《中华人民共和国国家通用语言文字法》和《江西省实施〈中华人民共和国国家通用语言文字法〉办法》,9月份迎接江西省语言文字工作督导评估试评,得到省督导专家的高度认可,促进全区语言文字工作规范化水平。开展信州方言的保护工作。贯彻落实《国家中长期语言文字事业改革和发展纲要(2012—2020年)》,推进各民族语言文字的科学保护,积极实施"中国语言资源保护工程"。面向社会公开招募方言发音人,积极会同上饶师范学院的专家团队在全区开展上饶话的调查工作,通过纸笔记录、录音、摄像等方式,全面采集上饶话原始数据,为当代和后世的语言研究留下极其宝贵的语言资料。开展信州区普通话普及情况调查工作。全区高度重视县域普通话普及情况调查工作,加强组织领导,及时落实调查工作人员,对区域内的沙溪、茅家岭、东市、北门等4个镇、街道400名群众进行抽样调查,按时完成区域居民普通话普及情况调查资料的整理、汇总、上传工作。

职业教育

【概　况】　职业中学3月份完成招生简章的编制和印刷工作。5月份对学校新开办的金牌导游班进行了面试,吸引信州区和上饶县130余名初三学生来校参加。秋季全区职业中学招生434人,一举扭转职业中学招生难的局面,在校生达到886人。全区民办职校艺术学校2017秋季招生112人,在校生共215人。两校招生数合计546人,在校生合计1101人。2017年,学校为了支持市导托渠工程建设,重新上报规划,改变学校周边1.67万平方米土地的使用性质,明确这1.67万平方米土地是职业中学未来扩增用地的对象,校园占地面积会增加,标准的田径场也在施工当中,学校继续添置一些办公设备和教学设施,同时学校也探索出适合自己发展的新路子。

【建立职业教育校企合作长效机制】　常规管理是学校工作的重要环节,也是创造学校品牌、提升教育质量、走内涵发展之路的基础性工作。开学初,区教体局结合开学工作检查,对区属职业学校的安全工作、各项常规管理进行督查。要求学校强化安全管理,进一步细化和修订各种应急预案,认真开展"防火、防震、防暴"等安全应急演练。其次要强化学生技能训练。区教体局要求区属职校在抓好学生理论学习的基础上,强化学生职业技能的培养。要求各校充分利用校内外各种实验实习基地,强化学生实践操作,提高专业技能和水平。下半年职中学前专业、电子商务专业、汽车工程专业近300名学生参加实习,年初职中学校领导就开始谋划这批学生的实习工作,先后和区就业局、区朝阳产业园的宇瞳光学集团、各公办、民办幼儿园、深圳凯旋人力资源公司联系解决学生的实习工作。特别是2015级学前教育专业63名学生通过深圳凯旋人力资源公司,安排在深圳和东莞22家幼儿园实习,受到学生和家长的一致好评。学生非常稳定无一人离开。校企融合,进行教学模式大创新。职业中学在经费非常紧张的情况下,投入巨资不让学生交一分钱,引入民营培训机构,开设化妆、美容、美甲、美术、书法、陶艺、瑜伽、创客8个社团组织,通过此类将企业搬到学校的校企合作模式,让学生在学校学习专业技能的同时,还能学习到可以直接创业的新技能,真正让每一位学生都一专多能,为将来的就业打好基础。

【不断提升职校的师资水平】为提高职业中学的师资水平,满足职业教育对专业教师需求,区教体局采取各种措施对专业教师进行培训。组织职业学校教师积极参加国家、省、市等各级教师培训,职中的陈静副校长参加了全省第42期校长任职资格培训班,艺术学校的教师黄细容参加了省里组织的培训;组织职业学校所有教师参加了"全国中小学教师远程继续培训"。并组织职校教师积极申报双师型教师的认定工作。要求学校结合信州区教育素能"五大提升工程"工作方案,全面提高学校领导、教师、学生、家长的素能,把强化教学常规检查放在突出的位置,根据学校教学需要设立教研组,在全校范围内逐步开展听课、公开课教学等教研活动,提高教师的专业技能。

【圆满完成职业学校国家助学金的核定发放工作】　每学期区教体局和核算中心以及财政局相关工作人员到区属职业学校核查学生数,完成职业学校国家助学金和免学费的学生人数核定工作。本年度共享受助学金227人次,免学费1750人次。其中,2017春享受助学金110人,享受免学费649人;2017秋享受助学金117人,享受免学费1101人。

【继续完善职业学校基础能力建设】　在区政府支持下全区职业中学经过5年建设,总投入5300万元,截至2017年年底三期工程基本完工。校园占地约3.67万平方米,校舍建筑面积为18000平方米。配合市重点工程导托渠项目组工作,顺利完成一期工程7333.33平方米土地选址意见书和项目报批听证工作。职中新建的综合办公楼暑假期间投入使用,二楼办公区室内文化墙以及走廊艺术屏风工作装饰完工,彻底改变学校的办公条件不佳现象。暑假期间职中完成电子商务教室的改造工作,使之更符合专业教学的需要。

民办教育

【概 况】 坚决贯彻党和国家对民办教育"积极鼓励、大力支持、正确引导、依法管理"的十六字方针精神和教育部关于民办教育提出的"巩固、深化、提高、发展"的要求,继续坚持教育创新,确保全区的民办教育健康、持续、稳定发展。2017年,全区民办中小学10所,其中小学学校1所,九年一贯制学校5所(尚优学校、新风学校暂停招生),十二年一贯制学历教育的民办学校2所,普通高中学校1所、职业高中1所。民办学校教职工总人数407人,其中专职教师235人,兼职教师58人,后勤工作人员114人。学校学生人数总计5535人,其中小学生1534人,中学生2563人,高中学生数1438人。

【加强常规管理、规范办学行为】 开学期间,对全区各民办学校和短期培训学校进行开学检查;要求民办学校加强师资培训、优化教师队伍;优化课程内容,推进教学质量;完善并落实各项规章制度;开展德育研究;加强校园文化建设。民办学校高度重视本校的各项工作,建立一系列有效的管理制度和责任制度,做到责任到位。

【公办学校开展传、帮、带活动】 全区民办学校相对较薄弱,想要民办学校更进一步的发展,区教体局继续借助公办学校的力量,开展传、帮、带活动,鼓励师资力量雄厚的公办学校主动帮助民办学校,如:联合区督导室、区教研室开展划片区教研活动,民办学校参加公办学校的教研、听课、学习、交流等活动,使得民办学校各方面都得到提升。在信息化发展中,各民办学校积极踊跃地在"信州区教育信息网"接入渠道发表展示本校学习生活情况、校积极向上的活动报道,展示着学校的发展。

【坚持设置标准、严格依法审批】 区教体局坚持设置标准,严格依法审批。接待、解答举办非学历短期培训机构的申请二十余起。在审批民办教育机构工作中,区教体局始终坚持按民办教育相关法律法规要求和审批程序开展工作。在受理阶段,为方便举办者,区教体局列出申请举办民办教育机构材料目录,举办者可以根据目录来准备申报材料。递交的申请材料严格按照相关文件进行审核,并报局长室研究是否予以通过。在审核评估阶段,对申请材料进行全面审查,并赴实地进行查看,然后提出综合意见报局长室决策。在发证阶段,凡经评估合格或经告知后改正符合条件的,颁发办学许可证,同时对一些不符合条件的申请作出不予批准的决定,并向举办者说明理由。2月份区教体局审核并办理"上饶市信州区智达教育培训学校"办学许可证;5月审核并办理"上饶市信州区时行短期培训学校"办学许可证;7月审核并办理"上饶市信州区群星短期培训学校"办学许可证;9月审核并办理了"上饶市信州区假日文化教育中心更换法人"的申请并作出批复和换证,同期撤销上饶市私立世龙中学信州区辖区内初中部;12月审核并办理"上饶市信州区乐学教育培训中心"和"上饶市信州区贝英乐英语培训中心"办学许可证。区教体局对校车严把审批关,联合局校车办、区交警大队、区交通局对民办外国语实验小学、华龙学校的校车加大管理力度、规范校车行驶,确保校车运行零事故。

【做好民办义务教育阶段学生学杂费的补助工作】 民办学校义务教育阶段学生学杂费补助,为一项国家对民办学校的"两免一补"普惠重点工作。为做好这项工作,区教体局认真对待,联合区财政局、局核算中心的工作人员到每一所民办学校进行人数核查,督促学校及时将补助发放到每一个学生手上,确保每一个民办学校学生都能感受到党和国家的温暖。2017年全年(含两学期)学生享受杂费补助7611人次,补助金额共计2735400元。

教育教学科研

【概 况】 信州区教科研秉持"研究、指导、服务、管理"的工作原则,以教研片区互动平台为依托,以深化学科基地建设为重点,采取"教、研、训、赛"四路并进的实践策略,采用渐进式、浸润式的推进策略,细化教学管理,优化教科研模式,强化师资培养,加快教师专业化成长,发挥区域示范、引领和辐射作用,推动全区学科基地的建设,深化服务意识,推动教师抱团实践,形成合力,深度研修,推进全区教育课程改革,打造教科研新样态,实现共荣、共生、共发展,努力实现全区教学教研科研的特色发展、创新发展和内涵发展。

【教学视导的常态化建设】 创新视导方式。区教研室创新教学视导方式，做到教研员视导和片区学科骨干教师巡课并行，课堂教学视导与教学常规调研同步，将视导的重心转向城区薄弱的学校，督促学校规范教学过程管理，为学校教学导航。逐年推进村完小常规验收工作。为促进乡镇村完小教学常规管理规范化，区教研室创新督查形式，把常规督查的重点面向村完小，采取乡镇申报、逐年验收的方法，从6月开始，区教研室对6所村完小就各学科作业常规与教师备课常规进行督查验收，变"我查你"为"我帮你"，区教研室以诚相见，在交流中直面问题，共商对策。

【学科基地的内涵建设】 开展为期一周的送教送研活动。区教研室以一校带多校的服务为依托，由中小学各片区中心校对成员校开展了一次送管理理念、送教学经验、共研促提升的活动。参与送教的教师以饱满的热情、厚实的底蕴、扎实的基本功演绎精彩课堂，参与送研的教导教科主任以真诚的对话、灵动的案例和毫无保留的做法为其他学校指明了有效促进教师专业成长的路径。开展片区"主题+三环"展评活动。为深化学科基地建设，引领各基地校拓展教研渠道，区教研室以"深化主题教研、共享团队智慧"为主题，以"主题+三环"为主线，5月在全区的六中、六小、十一小和实验片区分期分批进行片区特色教

研展示活动。来自全区的四所集团校的分管教学副校长、两处主任、学科教师共200余人参加了该次活动。年底，区教研室还组织了全区中小学学科基地"主题+三环"的团队教研展评活动。展评活动以"合力、分享、共建"为愿景，以促动片区成员校的主题教研为重点，采取中心校帮扶成员校，片区捆绑评价的方式展开。研讨活动在短短三十几分钟里被完美地展现出来，信手拈来的研究方法和收放自如的教学风格，得到与会者的高度认可。在历时一天的比赛中，既有青年教师的沉稳娴熟，又有青年教师的活泼激情，他们大方自信，魅力十足，展现了信州教师的精神风貌和专业素养。

【学科竞赛的团队捆绑化建设】 为进一步深化课堂教学改革，促进教师专业化成长，通过片区帮扶研磨，促进青年教师专业提升，落实学科教研工作，4月和10月，分别举行了信州区第二届中小学教师课堂教学竞赛月活动。小学竞赛月活动在小学语文、数学学科中首次开启片区帮扶研磨课的新型赛课方式，让与会学习的教师有耳目一新之感，也对片区教研提出了更高的要求。中学语文、数学、英语、化学、地理、信息技术、综合实践等学科也组织了优质课、微课、研磨课的现场竞赛活动。值得一提的是竞赛月的收官之战——中小学教导、教科主任技能大赛：教研活动方案设计、现场评课、片段教学、素养问答的比赛中，选手沉着测试，展现了较好的岗位素能，将日常教导教科工作的开展外化为比赛中的

每一个细节，彰显了科室工作人员的必备素养。教学竞赛月活动共评出了一等奖52人次，二等奖70人次，并为一等奖选手设立了指导教师奖；教导教科主任技能大赛评出了中学特等奖1人，一等奖3人，小学特等奖5人，一等奖7人。竞赛活动的开展不仅对学科教师专业水平、专业素能的有效检测，更为片区搭建了学科教研的互助平台，营造了"一花独放不是春，百花齐放春满园"的教研氛围。

【教师培养的专业化建设】 为更好地落实信州区教体局提出的教师素能提升工程，进一步提高乡镇学校教师学科专业素养和课堂教学能力，3月面向乡镇小学35岁以下(满2年教龄)的语文、数学学科教师和乡镇中学40岁以下的数学学科教师开展信息技术应用培训，分学科进行教学常规培训和课例研讨活动，并由学科教研员组织实施"导师带教"活动。为进一步加强中小学教师队伍建设，充分发挥学科骨干教师的示范引领作用，经教师个人申报、学校审核、专家评议等程序，对参加信州区中小学骨干教师培训的93名教师进行考核，从中评选出信州区首批学科骨干老师34名。"以赛促教，以教出优"。信州区教研室开展了一系列卓有成效的教科研活动，并取得了一定的成绩：现场课比赛荣获国家级15人次、省级35人次、市级67人次；在江西省"一师一优课、一课一名师"活动中荣获一等奖14人次、二等奖7人次、三等奖13人次；省级课题立项16个，结项8个，市级课题立项245个、结项175

个;选送市级课件 157 个、市级　论文 136 篇。

2017 年信州区主要中、小学校一览表

学校名称	校长	学校名称	校长
上饶市第一小学	程一红	上饶市信州区第三幼儿园	黄 琪
上饶市逸夫小学	马 艳	上饶市第三中学	程一晶
上饶市第三小学	梅爱琴	上饶市第四中学	孙学银
上饶市第五小学	朱有礼	上饶市第五中学	周文胜
上饶市第六小学	郑水洋	上饶市第六中学	周方田
上饶市第七小学	卢 剑	上饶市第七中学	徐肃亮
上饶市第八小学	陈东萍	上饶市职业中学	冯 健
上饶市第九小学	宋 敏	上饶市信州区凤凰学校	吕明耀
上饶市第十小学	程 敏	上饶市沙溪中学	郑 军
上饶市第十一小学	王建春	上饶市信州区沙溪宋宅中学	郑小华
上饶市第十二小学	郑有飞	上饶市信州区秦峰中学	郑宜伟
上饶市第十三小学	郑 忠	上饶市信州区秦峰第二中学	郑德忠
上饶市实验小学	汪晓瑾	上饶市信州区朝阳农业中学	王安宁
上饶市第十五小学	余 建	上饶市朝阳中学	刘谟忠
上饶市第十六小学	刘玉萍	上饶市灵溪中学	方丁旺
上饶市第十七小学	胡有旺	信州区茅家岭中心小学	邱伟华
上饶市第十八小学	周星彤	上饶市信州区沙溪中心小学	祝建华
上饶市第十九小学	万 俊	上饶市信州区灵溪中心小学	叶华强
上饶市第二十小学	吴 瑶	上饶市信州区朝阳中心小学	许大敬
上饶市第一保育院	舒亚倩	上饶市信州区秦峰中心小学	郑维锋
上饶市第二保育院	陈哲剑		

（王晓媚　王贤彬）

体　育

综　述

2017年是实施"十三五"规划的第二年,是贯彻落实《信州区2016—2020年全民健身实施方案》十分重要的一年。区教体局根据省、市体育工作会议精神,在区委、区政府的正确领导下,本着体育为全区的经济服务的指导思想,结合全区实际和2017年区教体局的工作重点,在群众体育、竞技体育、体育产业、场地建设等方面取得了较好的成绩。狠抓青少年的选材工作,完成2017年的运动员注册任务。共计注册运动员160余名。2017年中国澳门羽毛球黄金大奖赛上,张艺曼荣获"女单第三名"。李云荣获第十三届全国运动会羽毛球"团体第一名"。截至12月底招商引税工作已完成163余万元,超额完成招商引税任务。

群众体育

【开展丰富多彩的体育活动】
区体育局为丰富群众体育活动,开展了多项体育活动,全年组织参加比赛十余场。2月,成立了信州区乒乓球协会,并参加了全市乒乓球比赛,全区派出十余名队员参赛,荣获男子团体冠军和男子单打第二名。3月,举行了老年人门球比赛。4月,协助老年体协进行换届工作。5、6月,组织了全区农民划龙舟活动。5月,组织了12名队员参加上饶市与鹰潭市的乒乓球精英对抗赛,并取得优异的成绩。6月,组织参加全市一、二级体育社会指导员的培训工作。7月,申报2018—2020年的群众活动(信州区全民健身中心工程的规划工作)。8月8日,与市局、上饶县教体局一起在市民广场联合举行了全民健身展示活动。全区的展示活动项目精彩纷呈,受到了领导的高度评价和群众的喜欢。9月,组织了总工会和区人大干部职工运动会;组织37名运动员参加了全市迎国庆"鑫邦杯"乒乓球大赛,荣获团体第一名。11月9日—11日,召开全区第三届运动会暨全区第四届老年人运动会共,有50个单位近2000名运动员参加比赛,开幕式文体活动的精彩表演,区领导的健步走活动和激烈的比赛将全区2017年全民健身活动推向新的高潮。11月4日,组织举行了区全中小学田径运动会;组织全区72名乒乓球运动员参加了2017年"中国体育彩票杯"江西省乒乓球协会会员段位大赛上饶站的比赛,共有8名运动员获得荣誉,其中获得2个冠军、3个亚军、3个季军。12月份全区还承办了上饶国际半程马拉松比赛,组织西市、东市、北门、茅家岭、教体局、区委、区政府等多个方阵参与比赛。据不完全统计全区共有近4000余人参与了马拉松比赛。组织了8名运动员参加全省乒乓球协会会员段位大赛,团体第七名、个人第五名。这些活动的开展,提高了市民科学健身意识的增强,使健康文明生活方式的予以普及。

竞技体育

【体育竞训工作】
体育竞训工作以参加备战2017年江西省百县级青少年运动会和备战市第四届运动会为抓手。局领导到各训练单位慰问走访了教练员和运动员,增进了解和沟通,从思想上为运动员鼓劲;狠抓训练队伍的集训,制定了详尽的布置和训练计划;对夺金目标进行了分析和预测,做到心中有数,打有准备之仗。有田径、跆拳道、羽毛球、游泳、篮球、射击、网球、体操、拳击、足球、武术等 15 个大项的 374 多名运动员在训练。为备战市运动会在 7 月—8 月组织了全区运动队的集训。

【信州区在全市第四届运动上获佳绩】 当年参加全市第四届运动会，经过体育局、教练员、运动员的共同努力，荣获团体第二名（22.5 枚金牌）和比赛团体第三名（金牌 90.5 枚、银 45 枚、铜牌 27 枚）的好成绩。

【信州区参加"中国体彩杯"江西省百县青少年足球、篮球、田径 3 个项目比赛获佳绩】 12 月在全省举办的"中国体彩杯"江西省百县青少年足球、篮球、田径 3 个项目比赛中，全区运动员在教练员的精心指导下充分发挥"更高、更快、更强"的奥运精神，荣获足球二等奖（全省的十六名）、篮球三等奖（全省前三十二名）、田径第五十名。成绩名列全市前茅。全区足球、篮球还被组委会评为"体育道德风尚奖"。

体育产业

【体育场地、场馆建设】 围绕区经济建设工作任务，布局全民健身工程。2017 年超额完成 6 个民生工程，共完成 12 民生工程。它们分别是大兴花园、灵溪日升村、十小、十一小、森林公园、秦峰中心小学、三里亭社区、区政府办老年体协。区政府大院、龙潭村储溪人家社区、秦峰霍村，通过的勘察、设计、安装已于 12 月份全部完成，全部投入使用。

【体育彩票】 全区体育彩票发行、销售情况不乐观，为此区教体局加大力度在增机布点、营销策略做了大量的工作，到 12 月底提前完成 2000 万元全年任务的销售任务。

（周红权　冯圣华）

文 化 艺 术

综　述

　　2017 年，信州区文广新局在区委、区政府的正确领导下，在市文广新局的精心指导下，坚持以习近平新时代中国特色社会主义思想为指导，全面深入贯彻党的十九大精神和习近平总书记重要讲话精神，坚持党建引领，按照信州区委、区政府"走在前列"的要求，以建设"文化信州"为目标，努力营造出浓郁的中心城区文化氛围，较好地完成上级下达的各项目标任务。

文艺创作与演出

【越剧团赴浙江演出获好评】　2月，信州区的文化品牌上饶市越剧团开始远赴浙江演出，演出市场呈现出强劲的发展势头。截至 6 月份共计演出 180 场，观众人数达十余万人。11 月，积极参加投入做好"演艺惠民 好戏下乡"送戏下乡演出工作，努力宣传党的方针政策。开展文化惠民送戏下乡巡演演出共 46 场，获得了广大群众的一致好评。

【参加"盛世中国梦"2017 香港回归祖国二十周年庆典演出大奖赛获金奖】　8 月，信州区文化馆组织红星合唱团和百姓说唱艺术团参加由中国民间体育文化交流促进会和盛世中国梦组委会及上饶市艺术协会主办的"盛世中国梦"2017 香港回归祖国二十周年庆典演出中，荣获金奖。

【鄱阳大鼓《晒秋》获得第十五届中国人口文化曲艺类优秀奖】　9 月，由柳青、珏甫作词，周叔琛作曲，李小英导演，信州区文化馆选送的鄱阳大鼓《晒秋》获得第十五届中国人口文化曲艺类优秀奖，该节目分别代表上饶市群艺馆和信州区文化馆被选为优秀节目参加中部六省曲艺展演、江西省曲艺家协会在第三届"和平杯"曲艺票友邀请赛中获得双十佳票友节目奖。

【上饶市第二届微剧、小品大赛获得（小品类）一等奖】　10 月，由上饶市委宣传部、上饶市文化广电新闻出版局和上饶市文联主办的上饶市第二届微剧小品大赛中，信州区文化馆创作选送的小品《村长办喜事》获得（小品类）一等奖。

【手拍鼓自编套路（8 人组）一等奖】　11 月，信州区文化馆组织群星舞蹈团创作的舞蹈参加 2017 全国健身秧歌、健身腰鼓及手拍鼓大赛荣获手拍鼓自编套路（8 人组）一等奖。

文化活动

【概　况】　截至 2017 年 12 月，信州区开展了 30 余次大型文化活动。积极开展各类文化活动下基层、上社区、入园区、进军营，为进一步落实国家惠民政策，将党和国家的关怀落实到基层，覆盖到困难群众，进行了多次扶贫专场演出，真正实现党和群众零距离。

【电影放映工作成绩斐然】　上饶影城 1 月—10 月，共放映 109654 场，接待观众 162700 人次。和上年同期比较，放映场次增加 857 场。区电影公司精心组织，认真挑选了一些深受农民和学生喜爱的影片，如《永远的焦裕禄》《火车一响》等；爱国主义教育影片如《守信少年》《天边的孩子》等。完成了农村电影放映 276 场，农村学校电影放映 110 场，共计 386 场，受惠学生和农民达近 3 万人次。按时间进度超额完成了 26 场。电影公司在"六一"国际儿童节给孩子们献爱心，送免费电影进儿童福利院，在世界环保日协助市环保局在三江公园普及环保知识，放映环保影片《家园》。

【积极开展免费开放工作】　区文化馆独立教室培训继续在各个专业课程方面进行辅导，专业辅导员做好独立教学的备课，安排好每项学科的时间并正常地开展辅导。上半年累计授课 400 余节，受益市民 2 万余人次。

【挖掘、开发非遗项目】　2017年，在"非物质文化遗产"的挖掘、抢救、保护和申报等方面做了大量的资料收集和撰写工作。根据江西省文化厅"文化共享工程"有关文件精神，建立区"非遗"数据库，共有 3 项省级项目《夏布制作技术》《姚金娜民歌》《信州火针》和 3 项市级项目《信州茶灯》《信州串堂》《陈文武石雕石砚》录入省数据库系统。做好以往项目的资料整理。收集并挖掘"信州采茶戏"项目的资料。组建的民俗艺术团和"永鸣堂"串堂班参加了信州区文化馆和上饶市博物馆举办的"2017 非遗闹元宵"灯会。夕阳红民间艺术团组织赴各地演出，宣传上饶民歌 20 余场，观众达万人以上，为上饶传统音乐的推广普及作出了卓越贡献。文化馆准备在每年的 6 月 10 日非遗纪念日举办"非遗进校园"活动，向后一代宣扬和展演信州区的非遗项目。非遗项目还参与了全区民间灯彩、非遗展演等活动，获得了社会各界的一致好评。

图书馆藏

【概　况】　信州区图书馆（原名上饶市图书馆）成立于 1977年，因城市建设的需要，图书馆经历两次变迁。区委区政府于2015 年底启动了新馆改建工程，把坐落于中心地段、人口密集、交通便利的原文广新局办公楼作为新馆馆址。改扩建总投资额 600余万元，设计上充分考虑图书馆的荷载、采光、通风、减噪等特殊要求，着重打造温馨舒适的阅读环境。2017 年 4 月 23 日（世界读书日），新馆暨"移动数字图书馆"全新开放。

【新馆暨"移动数字图书馆"全新开放】　4 月 23 日，信州区图书馆新馆暨"移动数字图书馆"全新开放。该馆坐落在城市最繁华的地段（赣东北大道 67号），建筑面积近 2200 多平方米，WiFi 信号全覆盖，内设中央空调，有少儿阅览室、报纸期刊阅览室、中文读物区（外借室）、电子阅览室、古籍部等。总藏书量达 18 万余册，有珍贵的古籍善本 7000 余册，收藏有《留侯天师世家张氏宗谱》《饶州府志》《广信府志》《上饶县志》《林夫人血书碑帖》等珍贵古籍。

【全省首创古籍版本墙】　古籍版本墙由上饶市文献学会捐赠的明清版本举隅书影单页标本制作而成。选取了明清两代各种各样的版本散页，向读者直观展示版本样式，普及古籍版本知识，是文化馆最有特色的陈展形式，这种陈展形式在全省是首创。古籍单页中有雕版印刷、活字印刷、石印本、抄本、写本；门类涵盖了经史子集及契约文书、文人书画润例、版画等；印刷字体有宋体、精写刻；印刷颜色有红印本、蓝印本、墨印本；装帧形式有线装、经折装；纸张有竹纸、毛边纸、毛太纸、连四纸、皮纸、西洋纸。通过这些版本单页的展示可以使读者对古籍知识有个初步的认识并可以从这些标本中学习更多目录版本学的基础鉴定方法。

【形式多样化的阅读活动】　区图书馆新馆秉承"人性化、生态化、开放化、智能化"理念，按照"藏用结合、以人为本、以用为主"的指导思想，最大限度地发挥图书馆的教育功能、文化传播功能，开馆当日就举办各种形式的阅读活动，如"春之声"悦读朗诵分享会、少儿绘本剧场演出、"信江流韵"上饶历代金石书画文献展等。这样形式多样的活动将常态化地注入图书馆日常开放工作中。

【提升图书馆服务功能】　新馆在少儿及成人外借书籍区域还增设了 2 台图书消毒机，消除读者对流通书籍卫生情况的疑虑，为全省图书馆首创服务项目。还为视障人士铺设由馆前人行步道到三楼专门设立了"视障阅览区"的专用盲道。因地处一小、八小、市立幼儿园，市属幼儿园，市第二幼儿园的学区中心圈，还为孩子开设了下午"四点半课堂"，学生们可以集中到馆里边阅读边等待家长的接送，减少学校门口交通拥堵。在一楼服务大厅，引进了烘焙、书吧的经营项目，为读者开创了"读书、买书、休闲"为一体的阅读模式，成为饶城市民阅读的最佳场所和共享文化发展成果的最好平台。

文物保护

【概　况】　信州区文物保护工作由信州区博物馆、上饶民俗博物馆和文物管理所负责，实行三块牌子，一套人马。2017 年，有干部职工 12 人，其中副高 2 人，馆员 5 人。博物馆收藏有 1093 件（套）文物，其中国家一级文物 3 件，二级文物 10 件，三级文物 42 件。文物管理所管理着全区境内 9 处文物保护单位，其中省级文物保护单位 1 处，市级文物保护单位 8 处。博物馆负责信州区范围内的文物、收藏、研究、展示、教育工作。根据博物馆馆舍（江西省文物保护单位相府路 17 号民宅）特点，致力于上饶民俗博物馆的建设。馆内设基本陈列《美食上饶、粿味飘香》。

【文物维修扎实有效】　11 月，区博物馆坚持"有效保护，合理利用，加强管理"的文物方针，编制了省级文物保护单位相府路 17 号民宅的维修方案，经省文化厅批准，并分期分批对该建筑进行修缮，已完成项目有相府路 17 号民宅北门维修，复原该建筑的整体建筑形制，中轴线建筑梁架屋面整体维修，西厢房整体维修，主体建筑地面维修 2016 年启动的东厢房维修工程已在实施中。

【全面完成第三次全国不可移动文物普查工作】　该普查分准备工作、实地文物调查、数据资料整理 3 个阶段，历经 3 年，2017 年全面完成。完成了区境内所有古遗址、古墓葬、古建筑、石窟寺及石刻，近现代重要历迹及代表性建筑的普查。此次共采集 121 处文物点信息，其中新发现文物点 104 处，完成复查 34 处，古墓葬 3 处，古建筑 79 处，近现代重要史迹及代表性建筑 38 处。每处文物点都附有平面图、位置图共 300 张，照片共 420 张，并建立了第三次全国文物普查不可移动文物信息系统，编制了信州区第三次全国文物普查不可移动文物名录。在本次普查中，新发现了一批具有重要历史科学、艺术价值的文物点，如沙溪镇五里村郑氏宗祠、北门街道龙潭村的古戏台、社公庙以及各镇、街道的古民居。

（郑小慧　陈　蒙）

人力资源和社会保障

综　述

信州区人力资源和社会保障局根据职责划分,内设7个职能科室,分别是办公室、调解仲裁科、人才科、人事管理科、专业技术人员管理科、社保科、劳动监察科。区人力资源和社会保障局管理区就业服务管理局、区社会保险管理局、区医疗保险局、区农村社会养老保险管理局、区劳动保障监察大队、区人才流动中心。

2017年,在区委、区政府的正确领导下,在上级主管部门的大力支持下,区人社局紧紧围绕市人社工作会议精神和全区经济工作会议精神,圆满完成上级下达的各项民生任务指标。通过培训和考评,中高级专业技术人才增量不断提高。促进创新创业人才发展,并应市场需求,积极开展人才引智工作。通过加大对区属各类企事业单位的宣传力度,广泛深入园区企业调研,对接园区,推动高层次技术人才实践基地建设。加大劳动监察力度,加强劳资关系管理,严格执行农民工工资保障金制度和应急周转金制度,推行农民工工资实名制信息化监管,形成业主方、施工方、劳动部门三方可共同在线监管的管理模式,有效预防和解决拖欠农民工工资问题。就业创业工作坚持就业优先战略和积极就业政策,提供全方位公共就业服务,促进多渠道就业创业,全区就业形势稳定向好。建档立卡等各类贫困劳动力实现就业1918人,城镇登记失业率2.93%,连续3年控制在3%以内。

全力完成全区社会保险各项任务指标,实现社会保险基金的顺利征缴,为全区人民提供切实的生活保障,并积极开展社会保险稽核力度,对区内医保定点医院开展查处套取骗取医保基金专项行动,依法查处违法行为;对区内欠缴养老保险企业进行清欠催缴,保障社会保险基金的平稳运行。

有效助力脱贫攻坚工作的开展,结合人社实际,充分发挥健康扶贫、就业扶贫等优势,落实贫困户缴纳社保、医保等优惠政策,帮助其解决就业难、看病贵等实际问题,积极为贫困户开展就业技能培训,提供就业信息,推荐就业岗位,让贫困户实现就业,激发内生动力。做到因人因户施策,做到帮扶精准。2017年度信州区劳动就业服务局获"全省就业创业工作先进集体"荣誉。

人才队伍建设

【概　况】　2017年,区人社局以评促优,积极助推全区专业技术人才发展。全区专业技术人才增量不断提高,中级专业技术人员新增134人,高级专业技术人员新增53人,全区高技能人才总量稳中有升,2017年度申报的机关事业单位技师增长8人,高级工申报48人。

【加强事业单位人才队伍建设】　2017年,按照"公开、平等、竞争、择优"的原则,稳步推进事业单位公开招聘工作,共招聘、安置中小学教师74名,其中国编教师20名,特岗教师40名,定向生14名;招录"三支一扶"人员25人。

【推进人才创新创业】　全年创建2个技能大师工作室,分别是陈文武石雕艺术技能大师工作室(省级)、饶万龙黄蜡石雕刻技能大师工作室(市级);创建上饶文化创业一条街,引进文化场馆、名家工作室、文化类商铺等60多家;创建信州区信息服务业产业园创业孵化基地,400多家企业入驻孵化创业,培训电商创业人才 710 人；同时与上饶职院联合举办"信州区第二届大学生创新创业大赛"活动，40 个创新创业项目参加大赛，有力推动了全区"双创"向高新发展。

权益保障

【概　况】　开展劳动者权益的法律法规宣传，建立维护劳动者权益的协调机制。执行进城务工人员最低工资保障制度，加大劳动监察执法力度，对欠薪案件，发现一起，查处一起，对欠薪企业实行"黑名单"制度，加大企业欠薪成本，让违法失信的企业"一处违法、处处受限"；严格执行农民工工资保障金制度，做到从源头上治理和预防拖欠农民工工资行为；大力推进农民工工资实名制监管信息化工作，形成劳动部门、项目建设单位、施工单位三方共同在线监管的工作机制；加强劳动保障监察行政执法与刑事司法相衔接，对拒不支付劳动报酬的行为，及时移送公安部门，通过多措并举，切实维护劳动者的合法权益。加强劳动监察、对欠薪企业实行"黑名单"制度，加大企业欠薪成本，让违法失信的企业"一处违法、处处受限"。

【加大劳资关系管理力度】　先后发放《中华人民共和国劳动法》《中华人民共和国劳动合同法》《劳动保障常用知识》等 3000 余份，接受法律政策咨询 360 余人，常规检查各类用人单位 208 家，审查用人单位规章制度 150 余条，纠正用人单位违反规章数 50 余条。督促用人单位

与劳动者签订劳动合同 1500 余份，补签、重签劳动合同 300 余份，督促 10 家用人单位补办了医疗保险。在全区范围内开展企业薪酬调查，涉及各行各业总计 59 家企业。接受日常举报投诉 112 件，立案 61 件，已结案 53 件，涉及拒不支付劳动报酬罪案件 2 起。其余案件现场解决，法定期限内结案率 100%，为劳动者追讨工资 1210 余万元，涉及劳动者 1600 余人。

【预防和解决拖欠农民工工资问题】　通过完善"两金制度"和推进"实名制"，做到从源头上防止因拖欠工资而引发的群体性上访事件。严格执行农民工工资保障金制度和应急周转金制度，对辖区内通过招投标程序的建设单位与施工建设单位按管理办法的规定比例收取农民工工资保障金，全年累计收取保障金 1675.28 万元，有力地保障了农民工工资支付的处置能力。7 月，区政府出台《关于印发推进农民工工资实名制监管信息化工作实施方案的通知》，对全区的新建项目实行农民工工资实名制监管信息化工作。通过施工单位在项目所在地开设农民工工资专户，建设单位在拨付工程款时实行分账拨付，农民工工资由银行专户代发，同时相关信息录入"农民工工资管理信息系统"等方式，形成了一个业主方、施工方、劳动部门三方可共同在线监管的管理模式。

就业创业

【概　况】　2017 年，就业创业

形势持续向好，全年新增转移农村劳动力就业 4451 人，完成任务数的 148.37%。其中，省内新增 3395 人，完成任务数的 147.61%。城镇新增就业 5668 人，完成任务数的 177.12%。"4050"人员就业 608 人，完成任务数的 209.66%。新增家庭从业人员 1676 人，完成任务数的 152.36%。省内工业园区定向培训 2670 人，完成任务数的 133.5%。创业培训 1609 人，完成任务数的 136.36%。电商培训 710 人，完成任务数的 142%。家庭服务业从业人员培训 1326 人，完成任务数的 147.33%。发放创业担保贷款 10760 万元，完成任务数的 107.6%。其中，个人创业贷款发放 6400 万元，完成任务数的 106.67%。直接扶持 307 人创业，带动 1143 人就业。

【创新创业取得新发展】　创建信州区信息服务业产业园"一园六点"创业孵化基地，400 多家企业入驻孵化创业，吸纳就业 6000 余人，被认定为市级创业孵化基地。创新创业宣传成为信州就业微信平台、就业创业宣传栏、镇（街道）、社区就业平台宣传常态，鼓动社区村居青年群体投身创新创业。落实技能培训、创业培训、创业贷款、一次性创业补贴等创新创业扶持政策措施，将"众创"引向深入。全年开办电子商务创业培训共 24 期，培训电商创业人才 710 人；SYB 创业培训 43 期，培训初始创业人员 869 人，为 300 多名高校毕业生、返乡农民工等各类创业人员提供创业担保贷款 10760 万元，带动 1143 人就业；4 名自主创业大学生分别获得 5000 元的一次性创业补

贴;与上饶职院联合举办"信州区第二届大学生创新创业大赛"活动,40个创新创业项目参加大赛,有力推动了全区"双创"向高新发展。

【就业服务活动成效良好】
2017年,春夏秋冬四季接续在市中心广场举行大型市、区联合招聘大会,8月至9月,用时近60天,专项开展信州区2017年"服务企业发展、送岗进村入户"就业扶贫直通车、"一对一"实施精准扶贫"双送""点对点"微信公众号、移动彩信"送岗到人"等活动,使就业岗位招聘信息与劳动者尤其是建档立卡户实现了"双向优选";落实就业援助措施,开发基层社会服务管理公益性岗位544个,安置就业544人;落实失业保险稳岗补贴政策,全区21家企业获得稳岗补贴36.2万元;落实灵活就业人员社保补贴政策,79名灵活就业人员享受社保补贴政策。新建12个创业型、积极就业型社区、一网五点工作行政村,全区亮点社区、村达到58个,稳步推进"制度化、专业化、社会化、信息化、均等化"基层公共服务平台网络建设,完善了区人力资源市场信息收集、供求分析信息发布制度,实现数据集中、服务下延、全区联网、信息共享,促进城乡劳动力充分就业提供保障。

【就业扶贫成效显著】　围绕扶贫攻坚助力脱贫,以"就业一人,脱贫一户"为目标,进村入户宣传、对接就业扶贫政策举措,精准发力,精准帮扶贫困劳动力等各类就业困难人员多渠道多方式实现就业,创建就业扶贫车间10个,创建省级就业扶贫示范点企业6家,就地就近吸纳建档立卡贫困劳动力84人实现就业。送实用性技能培训到沙溪、秦峰等5镇街道,举办农业种植技术、月嫂、家政服务员等培训班,与区教体局联合开展扶贫对象家庭超龄辍学青年劳动力电商、计算机、育婴员技能培训班,285名建档立卡贫困劳动力先后参加培训,累计发放交通费生活费补贴31440元;开发扶贫就业专岗70个,安置61名建档立卡贫困劳动力在农家书屋、清扫员等扶贫专岗就业;2名自主创业建档立卡贫困劳动力分别获得5000元的一次性创业补贴。

社会保险

【概　况】　2017年,社会保险覆盖面不断扩大,全年参加城镇职工养老、城乡居民养老、医疗、工伤、生育、失业保险的人数分别达7.91万人、8.55万人、30.56万人、4.99万人、2.22万人、1.88万人,完成任务数的104.85%、106.9%、113.22%、100.04%、100.29%、102.3%;城镇养老、医疗、工伤、生育、失业保险基金征缴总额分别达50044万元、8334.88万元、748万元、401万元、315万元,完成任务数的182.18%、138.45%、125.93%、103.08%、105%;机关事业单位养老保险参保人数7651人,完成任务数的110.88%,其中:机关事业单位养老保险在职参保人数5004人,完成任务数的104.25%;机关事业单位养老保险基金征缴达9199万元,完成任务数的107.11%。机关事业单位退休人员2647人,全年累计按时足额支付养老保险待遇12939万元。

【落实社保助力脱贫攻坚】　11月17日,信州区出台了《关于印发建档立卡贫困户参加城乡居民养老保险工作实施方案的通知》(饶信府办字〔2017〕110号),根据区扶贫办提供的建档立卡贫困户系统数据,区农保局通过一摸二核三比对四反馈五协调步骤摸清核准符合参保条件的人员信息,对贫困对象的参保资格进行审核。截至12月底,信州区扶贫办审核认定的建档立卡贫困户共计8767人,其中符合由区政府为其代缴最低标准城乡居民养老保险费条件的建档立卡5235人,其中571人(327人属于重度残疾人,244人属于低保常补对象)已经享受政府代缴最低标准,另4664人是2017年新增符合条件的建档立卡贫困户,已享受由政府托底代缴每年100元/人城乡居民养老保险费的民生福利,实现应保尽保。按照赣人社〔2017〕213号文件要求,开展老农保清退工作,截至12月,老农保并入新农保人数为1904人,办理退保516人,留存186人,共计2606人,清理人员占总人数的92.86%,在时间节点上顺利完成新老农保数据清理。

医疗保障

【概　况】　2017年,城乡居民医保整合后,以加快整合、完善制度、加大征缴力度为重点,以强化管理、优化服务为手段,以保障广大参保人员的医疗待遇,维护社会稳定为基础,确保医保基金平稳运行。多管齐下,加强"两定"机构管理,以协议促管理,以检查促规范,以约谈促整改。4月,区内大部分药店和医疗机构都已通过场审并签订服务协议,针对定点药店的违规违法行为,在追缴违规违法所得的同时加大处罚力度,直至取消定点资格。全年共查处违规违纪定点机构21家,扣减违规资金33.08万元。加大基金监管力度,借力专项整治,完善医疗保险监督制度。着力网络督查,加强医保基金监督管理。

【积极探索长期护理保险政策】探索和建立长期护理制度建设、运行机制,加大宣传力度,定期运用典型赔付案例,积极宣传长期护理保险在保证社会安定,促进经济发展等方面的作用,提高长期护理保险知识,增强社会各界的保险意识,以提高长期护理保险的社会认同感及亲和力,使政府重视,政策支持,企业欢迎,百姓拥护。上饶市作为全国15个长期护理保险制度试点城市之一,努力探索,大胆实践,扎实开展长期护理保险试点工作。在市委、市政府的大力支持和市医保局的精心指导下,积极推进长期护理保险试点工作,并初显成效。截至年底,全区共有25041人参加长期护理险,已提交申请并评估的有157人,其中83人已通过鉴定被纳入长期护理险的保障范围。

【扎实推进跨省异地就医直接结算】2017年,完成了跨省异地就医住院医疗费用直接结算的测试工作和信州区参保患者在跨省异地就医住院医疗费用的直接结算。全区3家二级以上医院(上饶市立医院、上饶市中医院、清水医院)为全国设定异地就医定点医院,且全部通过了部、省、市三级跨省异地就医和省内异地就医即时结算的测试。6月底,信州区启动跨省异地就医直接结算工作,截至12月30日,跨省异地就医43人次,总费用87.86万元,报销44.2万元。异地安置登记共58人,其中职工46人,居民12人。

【多方联动开展健康扶贫】在区人社局、区卫计委、区扶贫办、区财政局、区民政局等部门相关负责人通力合作下,健康扶贫工作扎实推进,建立了城乡居民基本医疗保险、城乡居民大病保险、大病关爱、重大疾病医疗商业补充保险、民政大病救助、康健工程"六道保障线",通过"六道保障线"的政策叠加,确保农村贫困人口住院报销比例达90%。全区农村贫困人口12959人享受了健康扶贫政策,其中住院人次3599人次,产生医疗费用2826.6万元,医保报销1556.14万元,医保大病保险报销136.08万元,大病关爱报销65.5万元,商业补充保险,民政救助及政府康健工程报销816.75万元,报销比例达91.08%。建立精准的信息识别系统;全年免除全区所有建档立卡人员的参保费用,对上年全区建档立卡人员个人已缴的费用进行多次摸底核实,并向政府申请退回个缴费用;7月14日正式开通"一站式"结算平台,建立"一站式"服务窗口。

(方佳佳)

卫生　计划生育

综　述

2017年,信州区共有卫生机构404家(含一套人马两块牌子机构20家),其中三级综合医院1家,二级甲等中医医院1家,二级综合医院2家(民营),一级综合医院7家(其中民营医院6家),一级专科医院1家,一级中西医结合医院1家(民营),妇幼保健院1家,儿童防病保健中心2家,血防站1家,卫生院6家,卫生管理站6家,个体诊所153所,村卫生室(服务站)182所,社区服务中心(站)35家,门诊部19家,医务室3家。1家三级综合医院建立了感染性疾病科。

有公立医疗卫生机构21家。其中:三级综合医院1家(市立医院);二级甲等中医医院1家(市中医院);县(区)级预防保健机构3家(区健康教育馆、区血防站、区妇幼保健和计划生育服务中心);基层医疗卫生机构15家,其中基层医院7家(区第二人民医院、北门街道社区卫生服务中心和沙溪、朝阳、茅家岭、灵溪、秦峰卫生院),基层预防保健机构8家(儿保中心、第二儿保中心和沙溪、朝阳、北门、茅家岭、灵溪、秦峰卫生管理站);卫生经办性机构1家(区卫计委乡镇卫生机构会计核算中心)。

截至12月,共有各类卫生技术人员2553人,其中注册执业(助理)医师1135人、注册护士1309人、其他卫技人员235人。全区医疗机构病床总数1745张,平均每千人拥有病床3.83张;每千人拥有卫技人员5.6人,每千人拥有医师2.49人,每千人拥有护士2.87人。

全区公立卫生机构人员编制1001个(北门社区卫生服务中心、茅家岭卫生院未定编),有工作人员总数1689人。其中,在编811人,占人员总数的48.0%;单位自聘人员878人,占人员总数的52.0%。在编人员中卫生专业技术人员725人,占编制内人员总数的89.4%;非卫生专业技术人员86人,占编制内人员总数的10.6%。在编人员中有高级职称113人,中级职称462人,初级职称165人,工人或无职称71人。全区公立卫生机构总收入约3.66亿元,其中市立医院24946余万元,市中医院4696余万元,区第二人民医院1076余万元,其他医疗机构5881余万元。

(姜　玲)

医政管理

【概　况】　2017年,全区医政医管紧紧围绕深化医改重点任务和医疗质量建设要求,坚持一手抓改革、一手抓管理,以人民群众满意为目标,持续提高医疗服务水平,创新加强医德医风建设,努力构建和谐医患关系,推进全区医疗卫生事业持续健康发展。参加上饶市卫计委举办全市"安全用药"知识竞赛,荣获团体二等奖、上饶市立医院姜继锋荣获个人二等奖的好成绩。全年共受理医患纠纷6起,移交医疗事故技术鉴定案9起。处理信访投诉件5起,均予以解决,及时化解了社会矛盾。

【推进医药卫生体制改革】
2017年,信州区对2家公立医院(上饶市立医院、上饶市中医院)20%药品零差率的财政补偿每月均及时到位,全年共计补偿资金约392.1万元,积极落实政府投入。控制公立医院医疗费用不合理增长是深化医改的主要目标,上饶市立医院和上饶市中医院药占比(不含中药饮片)分别为29.77%和29.60%,百元医疗收入(不含药品收入)中消耗的卫生材料 2 家医院合计为 19.83 元，较上年同期均有所下降。稳步推进临床路径管理工作，上饶市立医院和上饶中医院实施临床路径管理病种数分别为 92 个和 73 个，入径总人数达到 9151 例。通过实施临床路径管理，进一步优化诊疗过程，规范医护人员的医疗行为，提高整体医疗质量，减少不合理检查、治疗、用药，降低总体费用，缩短住院天数，提高临床工作效率，增强医患沟通。根据《关于信州区卫计委组建医疗联合体实施方案（试行）的通知》要求，在区卫计委的协调组织下成立了医疗联合体。2017 年 6 月，上饶市立医院和上饶市中医院以“1+N”为模式，分别与区 7 所中心、乡镇卫生院签署了医联体协议，明确了未来 5 年各自的权力与义务，勾勒出发展蓝图。同时组建了医联体理事会，制定了理事会章程。继续在基层医疗卫生机构（全区所有乡镇卫生院、公立社区卫生服务机构、63 所达标村卫生室）实施基本药物制度，巩固基药实施的成果。加强对基药使用的监管，非基药采购实行备案制度，所有的基本药物都必须网上采购。加强对配送单位的监管，确保配送到位。

【开展重点业务培训初见成效】　进一步加强麻醉药品和精神药品的规范化使用，促进合理用药，保证精麻药品管理与安全。2 月底，在市立医院 15 楼会议室举办“麻醉药品、精神药品的使用与管理”培训班，全区医疗机构共 110 余人参加了此次培训。培训后对所有参加培训的医、药师进行了考核。通过对精麻药品相关法律法规、管理制度、应用流程等内容的深入培训并考核，进一步提高了医务人员依法执业意识和对精麻药品安全管理意识。

【出台《信州区卫计委鼓励医务人员进修学习暂行办法》】　6 月，出台《信州区卫计委鼓励医务人员进修学习暂行办法》，以提高区医疗卫生计生专业技术水平为核心，医疗质量和医疗安全为重点，全面增强了卫生计生专业人员的业务水平和科学教研能力。并实行以奖代补的激励措施，从卫计委办公费用中对每例进修单位人员给予 3000 元至 5000 元补助。大大提高医务人员提升自我的积极性，也为基层医疗机构培养了一批高素质人才。

【民生工程建设情况】　全年，白内障手术任务数 188 例，完成 197 例，完成 105%。先心和白血病患儿救治任务数分别为 15 例和 1 例，年度救治先心 7 例、白血病患儿 2 例，分别完成 46.7% 和 200%。尿毒症患者实施免费治疗任务数 110 例。定点医院上饶市立医院和上饶信州春华医院年度累计免费血透救治尿毒症 219 人，完成 199%。

【大力推进医疗服务质量管理工作】　1 月 17 日，联合区公安局和区食品药品监督管理局对辖区内持有《麻醉药品、第一类精神药品购用印鉴卡》的民营医院进行专项督查、整顿，切实确保区民营医疗机构精麻药品全链条管理合法、规范、安全、有序。3 月 10 日，组织专家对区二级医院内所存在的医疗质量安全问题和隐患进行排查，及时整改，纠正问题，消除隐患，维护患者身体健康和生命安全。

8 月 23 日，在上饶国际会议中心开展题为“争做方志敏式的好干部，用热血为生命加油”大型无偿献血活动，全区各部门、各单位积极响应，共有 800 余名机关干部自愿报名参加，献血量达 150750 毫升。积极开展过度医疗行为的整治，9 月，对辖区内的 2 家涉规机构进行了处罚，有力维护了群众切实权益，树立了行业良好对外形象。9 月 13 日—14 日，开展“服务百姓健康行动”大型义诊活动，分别抽调市立医院、市中医院等医疗机构 50 余名专家通过健康扶贫、城乡医院对口支援、走进社区及养老院等活动方式，通过健康体检、生化检查、疾病咨询、健康教育讲座，共服务人群 700 余人，发放各类健康宣传资料 1400 余份。

【医疗机构现场校验工作】　2017 年度，从区医疗机构现场审查专家库中挑选人员联合市卫生监督所组成现场审查专家组，对区二院、6 家卫生院及数家民营医院等机构开展校验现场审查工作，根据现场审查评分提出现场审查结论。校验现场审查工作及时准确指出一些医院自身认识不到的问题，专家会根据问题给予解决建议，帮助提高，效果明显，得到各校验单位的肯定。

【基层中医药服务能力提升工程】　完成乡镇卫生院、社区卫生服务中心、站、村卫生室等 173 家机构中医药监测数据系统录入工作。加大中医药队伍人才培养力度，全年有 19 名基层医务人员通过师承或拥有确有专长技能报考全省的传统中医学考试。经过积极筹建，年底前全区 6 所镇卫生院全面建成中医药综合服务区，服务区内设有中医诊室、中药房、煎药区、中医药文化墙等功能区域，配置了推拿床、针灸、神灯、火罐、刮痧板等基本器具，全面开展中医药服务，中医药文化逐步浓厚。市中医院的肛肠科、针灸康复科列为省级重点专科建设项目，在该院新院区分别开设单独的住院病区，分别设有 40 张床位。加强中医药医联体建设，推进分级诊疗。引导中医优质资源，共享中医院与基层医疗机构建立多种形式的医疗资源横向与纵向中医药医疗联合体；采取接受进修、轮流下派、适宜技术培训等多种形式对医联体成员单位开展中医药业务指导。

（余纪元）

社区卫生服务

【概　况】　为贯彻落实国家卫生计生委"工作落实年"和"基层卫生服务能力提升年"要求，积极落实家庭医生签约服务工作，加强乡镇卫生院建设管理，不断完善社区卫生服务体系和服务功能建设，创新工作机制，拓展服务范围，提升服务品质，促进社区卫生服务工作又好又快发展，提高群众满意度。2017 年度，建立电子健康档案 323967 份，电子建档率 75.67%。辖区内 65 岁以上老年人接受健康管理人数 27436 人。规范管理高血压、糖尿病患者 19728 人，规范管理率达到 60% 以上。儿童健康管理率达 86.55%。对重性精神病人进行管理，规范管理人数 1796 人。免费为老年人、孕产妇、高血压、糖尿病、0—6 岁儿童等六类人群提供基本公共卫生服务，使广大社区居民均能免费享受规范、完整、真实、连续的社区公共卫生服务。

【加大社区卫生服务人才培养力度】　2017 年，为努力建设一支素质较高、结构合理、适应当前形势需要的乡村医生队伍，继续培养村卫生室订单定向医学生8 名，进一步优化乡村医生人才机构。组织乡村医生开展《国家基本公共卫生服务规范（第三版）》专题培训，使所有参与基本公共卫生服务项目的工作人员都掌握国家基本公共卫生服务规范的各项内容，为广大居民的健康提供更优质的服务奠定了良好基础。

【推进家庭医生签约服务工作】　全年签约 170098 人，家庭医生签约服务覆盖率达 30%。重点人群签约 115896 人，重点人群签约服务覆盖率达 60% 以上。优先为建档立卡贫困人口、残疾人、重性精神疾病障碍患者、慢性病等重点人群提供家庭医生签约服务。

【开展基本公共卫生服务项目绩效考核】　区卫计委和区财政局共同制定了《2017 年信州区基本公共卫生服务项目实施方案》《信州区基本公共卫生服务项目绩效考核方案》，成立了信州区基本公共卫生服务绩效考核领导小组，采取书面汇报、查阅资料、现场抽查健康档案、问卷调查、入户核查、电话访谈和书面考试等形式进行绩效考核，共考核 34 家社区卫生服务机构并进行了排名。依据考核结果，及时核拨了一类项目和二类项目经费，确保社区卫生服务工作的顺利开展。

（郑玲 吴璇）

疾病预防控制

【概　况】　2017 年，信州区疾控工作按照市疾控中心提出的工作目标要求，结合信州区实际，突出重点，从加强机构队伍及服务能力建设入手，狠抓疾控机制、体制建设，进一步完善，规范疾控管理，积极主动，有效地应对各类突出公共卫生事件，取得较好成效。

【卫生应急与疾病控制】　区卫计委成立了以委主要领导为组长的突发公共卫生事件应急处理领导小组，下设医疗救治组、专家诊断组和疫情处理协调组，建立了"单位一把手负总责，分管领导具体抓"的领导工作责任机制。在卫生应急工作中，健全了卫生应急管理组织，明确责任领导，落实责任人。同时还加强了卫生应急队伍建设，成立了卫生应急队伍。加强公共卫生事件和疫情报告制度的落实，发生突发公共卫生事件和疫情及时报告。在疾控能力建设工作中，制定了工作方案，落实责任分工，实行定期通报及进度调度制度。完善了各项预案和制度，并通过加强基础设施建设和人员培训，使信州区的应急救援能力得到进一步提高。

【扩大国家免疫规划】　加强对

疾病控制工作的领导，制定并下发《信州区扩大免疫规划工作实施方案》及督导方案，按照工作内容与要求，精心组织实施，积极争取政策，及时调整和充实专业技术人员，加强人员的培训，提高人员素质，保证工作质量。2017年，全区新生儿出生数为6112人，五苗接种率达到99%，新增疫苗接种率达到90%。区卫计委和区教体局联合下发了新的儿童入学、入托时预防接种证查验制度，继续指导学校依法将查验预防接种证工作纳入新生报名程序，以乡为单位，新入托、入学儿童接种证查验率≥95%，应补种儿童完成全程补种率≥95%。

【传染病防治】 艾滋病防治工作：2017年，全区新发病人75例，共有HIV/AIDS病人310例（存活）；高危行为干预1780人次，发放宣传资料2887份，安全套7175只。2017年有省级哨点1个（暗娼哨点），共监测147人。其中，HIV哨点检测阳性3例，感染率为2%。艾滋病机会性感染救助工作，共完成有效随访HIV/AIDS病例231例；确证检测已完成146例。疾控检测（CD4）已完成113例。定点医院机构免费体检已完成193例。艾滋病机会性感染住院患者救治已完成43例。结核病防治工作：继续以医疗机构报告率、病人转诊率、病人系统管理率、结核病防治机构追踪到位率和病人家属筛查率"五率"为重点，落实结防工作各项措施。2017年，共发现结核病新发涂阳病人129例，涂阴病人166例。

【传染病疫情报告管理】 制定传染病报告督导实施方案，对每个单位进行督导，责任到人。各单位也采取相应措施，落实责任人，取得了明显成效，使传染病报告质量逐步提高。据统计，全区全年法定报告传染病发病数2050例，发病率为480.01/10万，死亡12例，死亡率2.8156/10万，全区未及时报告率为零，未及时审核率为零，重卡率零，无零缺报单位。

【血吸虫病防治】 开展春秋两季查螺工作，查螺总面积约1005万平方米，药物灭螺203万平方米。共查病3497人，未发现阳性。积极开展晚期血吸虫病人救治工作，为解决晚期血吸虫病人因病致贫的问题，2017年，对84例符合救治标准的晚期血吸虫病人进行了免费治疗。

（陈怡戎）

妇幼卫生

【概　况】 2017年，信州区妇幼卫生工作面临"两孩"政策落地，累计生育需求集中释放的新形势，着力在加快体系建设、强化优质服务、加强人才队伍建设、创新服务模式和管理机制5个方面综合提升妇幼健康服务能力的落实，从做好妇幼卫生重大项目工作和提升医疗保健及助产机构服务能力两方面着手，积极推进妇女儿童发展规划纲要的实施，全区妇幼保健工作取得了新发展，妇幼健康服务体系进一步完善，妇幼健康重大服务项目扎实开展，使区妇幼保健综合服务能力得到进一步提升。

【免费婚前医学检查】 继续加大推进免费婚检的工作力度，婚检实现婚姻登记、婚前检查一条龙服务模式。在卫计委和民政局共同努力下，婚检率逐年提高。2017年，婚检率达96%，极大地提高了出生人口素质。

【免费HIV筛查】 为提高全区出生人口素质，截至12月31日，共免费筛查孕产妇13690人，共检测出艾滋病阳性产妇2人。

【农村孕产妇补助政策】 认真组织实施《江西省2011年度农村孕产妇住院分娩补助项目实施方案》，1月—6月共有325名符合补助条件的农村孕产妇领取住院分娩补助，补助金额9.75万元。农村孕产妇住院分娩率达100%。全年对农村育龄妇女免费增补叶酸3646人，共计9505瓶。

【艾梅乙防治】 按"逢孕必检"的要求，落实预防艾梅乙母婴传播项目的实施，认真贯彻落实省卫生厅《江西省预防艾滋病、梅毒和乙肝母婴传播工作实施方案》，定期举办全区预防艾滋病、梅毒、乙肝母婴传播项目培训班，让具有助产资质的医疗保健机构，为孕产妇及所生儿童提供预防艾滋病、梅毒和乙肝母婴传播综合干预服务，最大限度地减少疾病的母婴传播，降低艾滋病、梅毒和乙肝对妇女儿童的影响，进一步改善妇女儿童生活质量及健康水平。2017年，全区共免费发放乙肝免疫球蛋白817支。

【免费孕检、妇科病普查和避孕药具自助发放全覆盖】 利用社区卫生公共服务孕产妇专项资金,与全区有助产资质的医疗保健机构签订协议,对在医疗机构内进行孕检的信州区户籍的孕产妇提供免费产前、产后检查,促进孕产妇管理的落实,实现孕期保健、产时及产后保健连续性服务,为母婴安全提供保障。为进一步提高区已婚育龄妇女的生活质量和健康水平,为全区的常住及流入育龄妇女提供免费妇科病普查服务,同时加强计生服务的宣传,用实际行动关爱妇女群众身体健康。在各乡镇(街道)、社区(居委会)安装了多台第二代身份证药具自助发放机,24 小时可领取,既方便了群众,又敦实避孕节育措施。

(郑　玲　杨　骏)

医疗资源

【概　况】　2017 年,全区共有公立医疗卫生机构 21 家,其中公立综合医院 2 家,中医院 1 家,乡镇卫生院 6 家、防疫保健机构 11 家,卫生经办性机构 1 家。社区卫生服务中心 11 家(其中 7 家为医院或乡镇卫生延伸设置)、社区卫生服务站 25 家(其中 13 家医院、卫生管理站等机构延伸设置)、民营医院 10 家、村卫生室(服务站)182 家、诊所 175(门诊部、医务室等)家。

2017 年信州区医疗资源信息表

表1

序号	机构名称	机构级别、类别
1	上饶市立医院	三级综合医院
2	上饶市中医院	二级中医医院
3	信州区第二人民医院	一级综合医院
4	信州区妇幼保健院	妇幼保健院
5	信州区血吸虫病防治站	专科疾病防治站
6	信州区健康教育馆	健康教育机构
7	信州区乡镇卫生机构会计核算中心	卫生经办机构
8	信州区沙溪镇中心卫生院	中心卫生院
9	信州区朝阳镇中心卫生院	中心卫生院
10	信州区秦峰镇卫生院	一般卫生院
11	信州区灵溪卫生院	一般卫生院
12	信州区茅家岭卫生院	一般卫生院
13	信州区北门卫生院	一般卫生院
14	信州区沙溪镇卫生管理站	卫生管理站
15	信州区朝阳镇卫生管理站	卫生管理站
16	信州区秦峰镇卫生管理站	卫生管理站
17	信州区灵溪卫生院	卫生管理站
18	信州区茅家岭卫生管理站	卫生管理站
19	信州区北门卫生管理站	卫生管理站
20	信州区儿童防病保健中心	儿童防病保健中心
21	信州区第二儿童防病保健中心	儿童防病保健中心
22	上饶信州协和医院	一级综合医院(民营)
23	上饶清水医院	二级综合医院(民营)

续表

序号	机构名称	机构级别、类别
24	上饶信州春华医院	二级综合医院（民营）
25	上饶信州惠阳医院	一级医院（民营）
26	上饶信州爱民医院	一级综合医院（民营）
27	上饶信州同济医院	一级综合医院（民营）
28	上饶信州惠民医院	一级综合医院（民营）
29	上饶市常青医院	一级综合医院（民营）
30	信州区骨伤科医院	一级专科医院（民营）
31	上饶信州申康中西医结合医院	一级中西医结合医院（民营）
32	社区卫生服务中心 11 所（其中 6 所卫生院、区二院等 7 家机构增冠社区卫生服务中心实行两块牌子一套人马管理）、站 25 所（6 所卫生管理站、第一、第二儿保、市立医院、中医院、妇幼保健院等 11 所公立单位及 2 家民营医院共 13 所机构增挂社区卫生服务站牌子）	
33	诊所 153 所、门诊部 19 所、医务室 3 所	
34	村卫生室服务站 182 所	

（余纪元）

人口和计划生育

【概　况】　信州区辖 5 街道、4 镇，128 个村（居），截至 2017 年 9 月 30 日，总人口 455471 人（含流动人口），其中，已婚育龄妇女 85799 人。2017 年，在区委、区政府的正确领导和市卫计委的精心指导下，全区卫计系统紧紧围绕改革发展大局，以深化卫生计生体制改革为契机，以改革完善计划生育服务管理为抓手，积极顺应人口与经济社会发展新形式，坚持用法治的思维、创新的精神和务实的作风推动计生工作转型发展，各项工作取得了长足的进步。信州区荣获 2017 年度全市计划生育工作考核一等奖、信州区卫生和计划生育委员会委荣获全国生育状况抽样调查优秀单位。

【全面两孩政策效果初步显现】　2017 年度，全区出生人口 6154 人，人口出生率 13.72‰，自然增长率 9.2‰，政策外多孩生育率 4.98%，完成了市政府下达的目标任务。出生人口比上年同期增加 489 人，二孩生育率为 54.8%，比上年同期提升了 2.7 个百分点。这些数据表明区实施全面两孩政策的效果已初步显现。同时，生育政策配套设施建设全面启动，服务母婴设施进一步完善。

【生育服务证改革进展顺利】按照省、市生育服务证制度改革的有关要求，统一了启动时间和便民要求，简化办证材料，全面推行在镇（街道）卫计办、民政结婚登记处和村（居）就近办证、两证同办。并推行全程代理（委托办理），实行网上办证，对查询不到或存在信息协查困难的，可在办证对象承诺后，领取生育服务证，极大地方便了群众，受到群众的一致欢迎和好评。2016 年 10 月 1 日—2017 年 9 月 30 日，共办理生育服务证 5163 件，其中，一孩 1823 件，二孩 3237 件，再生育审批 103 件。

【流动人口均等化服务全面推进】　进一步加强基层网络队伍能力建设，优先落实好流动人口预防接种、孕产妇和儿童保健、健康档案、计划生育等基本公共卫生服务，促进流动人口服务居民化、均等化，全区所有镇（街道）都纳入了基本公共卫生计生服务均等化的工作范围，覆盖率达到 100%；积极开展跨省双向协作工作。2017 年，在沙溪、灵溪、朝阳、秦峰 4 个镇开展试点基础上，积极探索驻外协会建设，流动人口关怀关爱活动和留守儿童健康关爱工作得到了持续开展和扎实推进。

【妇幼健康服务能力持续提升】　深入开展了"关注生命全周

期、服务生育全过程"及"母婴安全年"活动,为妇女儿童提供更优质的服务,进一步促进妇幼健康工作的开展。在实现免费孕前优生健康检查项目城乡全覆盖的同时,逐步形成了"政府主导、部门配合、技术支撑、专家指导、立足镇村、面向家庭"的长效工作机制。2017 年,全区已查 1433 对,完成率 102.4 %。其中,高风险人群 110 人,高风险率为 3.8 %。

【计划生育家庭发展能力持续增强】 按照"老人老办法、新人新办法"原则,继续落实国家、省、市时有各项计划生育利导政策。建立和完善了计划生育特殊家庭联系人制度,全面推进城镇居民独生子女父母奖励和失独家庭一次性抚慰金政策,积极探索医养结合工作新模式,让计划生育家庭真正感受到党和政府的关怀和温暖。2017 年,已落实农村计划生育家庭国家奖扶 519 人、特别家庭特别扶助 185 人、手术并发症 23 人、阳光助学 56 人、中考加分 78 人。

(张宁辉)

爱国卫生运动

【概 况】 信州区爱卫办紧紧围绕区委、区政府总体部署开展工作,积极探索爱国卫生工作新思路、新举措,进一步完善三江片区环境卫生管理和创建工作,建立健全各项长效管理机制等各项工作,全体干部团结一心、积极作为,推动信州区爱卫工作新发展。积极争取区委、区政府支持,增加一倍保洁经费,完成

三江片区市场化第二轮招投标,一线保洁员工资从 1300 元增加到 1880 元。积极对接中心城区环卫管理重心下移工作,基本实现平稳过渡。

【开展数字化互联监管】 对中心城区主次干道环卫机械设备、保洁人员进行电子建档管理,对 51 辆环卫机械设备加装 GPS 定位系统,接通电脑和手机终端,实行"日核、日统、日报"。网格化定人定责,完善区、街道、社区三级管理,努力推进社区环卫网格化监管。开展八角塘环境卫生整治,坚持每天夜间 5 个小时高密度机械化清洗八角塘农贸市场周边路面 241 天,实现八角塘集贸市场内部垃圾桶装化密闭运输。

【集中整治全城覆盖】 增加杂物清运车辆,实现里弄小巷偷倒垃圾和大件废弃物整治常态化,并实行"日统、日报"。开展多次卫生死角集中整治,共清理卫生死角 800 余处 1000 余车,街道和区一级全年共投入整治经费 150 余万元。督办案件快速应对。针对省、市、区等暗访督察发现的问题,快速整治,及时反馈,共整治暗访案件 100 余件,交办数字城管案件 665 件,交办综治"网格化"案件 30 余项。

【环卫宣传氛围浓厚】 通过"十大最美保洁员"微视频和"人人都是城市环境卫生守护者"公益广告的宣传,筹建"关爱环卫工人,共建爱心驿站"活动,30 余家商户爱心驿站贴牌服务,爱心驿站、最美保洁员等在市、区两级媒体多次宣传报道。表彰了一批优秀经理人、优

秀管理员、优秀环卫工人,发放各类奖励和慰问金。

【巩固国家卫生城市工作】 信州区的实地查看重点在社区、市场、学校、医院、车站。实地查看的内容主要有城区的环境卫生、创建宣传、"四害"密度等方面。针对街道社区、市场、学校、医院、汽车站提出了复审要求,街道社区做到有健康教育宣传栏,有创卫标语口号,环境要整洁有序,无卫生死角,有鼠洞的明沟要清理干净,"四害"密度低。市场做到有卫生宣传栏,实行全日制保洁,地面、摊位、厕所整洁,无乱堆乱放杂物,无积存垃圾,无卫生死角,文明经营,秩序良好,摊位落实"三个一",垃圾实行袋装化,达到环境卫生、食品卫生和除四害工作标准。学校做到有健康教育宣传栏,有宣传口号,校园环境和厕所环境整洁有序,开设健康教育课。医院做到有健康教育宣传栏和创卫宣传口号,有控烟标示,院内环境和厕所环境整洁有序,非吸烟区无烟头和烟灰缸,医疗废弃物按规定收集处置。汽车站做到有健康教育宣传栏,有创卫标语口号,有控烟标示,站内环境和厕所整洁,车辆摆放有序,无卫生死角,"四害"密度低。区爱卫办和各街道加大对脏乱差的整治力度,坚持标本兼治,加强日常检查巡查,逐条街道、逐个社区、逐个市场检查,突出整改重点,集中力量整治集贸市场、城中村、无物业管理小区等区域的环境卫生,消除卫生死角。

【病媒生物防治工作】 开展春秋两季除"四害"工作。全年投入 10 多万元。结合创卫工作,

按照市爱卫会的统一部署，认真组织开展春秋两季的除"四害"工作。委托消杀公司专业工作人员，在5个街道60余个社区居委会，按照市爱卫办统一安排，在规定时间内，按照科学方法，进行了春秋季"四害"统一灭杀，全年共投放鼠药2600千克，使用灭蚊蝇药水216千克，消杀面积达11万平方米，鼠蟑密度得到了一定的控制。为了准确掌握城区目前鼠蟑密度及其侵害率状况，请省疾控中心的专家，对城区蟑鼠灭后进行了调查检测评估，蟑螂和老鼠密度远远低于国家规定的标准，达到了预期效果。

（薛　璐）

科 学 技 术

科学技术工作

【概　况】　2017年，在区委、区政府的正确领导下，在省、市科技部门的有力指导下，区科技局立足于部门职责，创新工作思路，强化工作措施，通过强科技管理、抓科技计划、重科技创新等手段，精心组织科普宣传活动，依托科技活动周、知识产权宣传日、送科技下乡、科技入园、科技进校园、科技特派员行动等系列活动，深入园区、乡村大力宣传科技政策法规和科普知识，打好"四张（服务、众创、扶贫、特色）牌"，科技事业有了新的发展，取得了新的成效。

【积极协助上饶市科技局举办江西省科技活动周开幕式】　2017年江西省科技活动周开幕式主会场设在上饶市，作为城区地科技局，区科技局积极协助上饶市科技局举办江西省科技活动周开幕式，在组织人员、企业参展、协调通联上，全力以赴配合市局做好相关工作。精心制作展板、组织展品，参加江西省科技活动周开幕式，并组织了1000多名市民及中小学生参观。

【抓好科技特派团工作打好扶贫牌】　区科技局充分发挥好科技特派团和区农业龙头企业的作用，开展产业扶贫。农业龙头企业江西省鲜禾生态农业有限公司在江西农大科技特派团的帮助下成功推出"家庭菌包"项目。"家庭菌包"项目非常契合产业精准扶贫的要求，既为企业节省了土地、人力，又为贫困户带来了创收。鲜禾生态农业有限公司的"家庭菌包"项目带动信州区及玉山、横峰、余干等地共有数千户贫困户脱贫。

【组织高新企业申报】　2017年，区科技局认真抓好企业申报国家高新企业工作，通过努力，江西饶电电杆实业有限公司参加国家高新企业申报获得通过。至年底，信州区高新企业达到了9家。

【科技宣传工作】　加大科技宣传力度，利用相关媒体展示工作成效，培育工作典型，营造工作氛围，在市级以上媒体用稿10余篇。其中，《科技特派团的"菇"事》先后被《上饶日报》《江西科技》刊用，在上饶电视台专题中播出。

【知识产权工作】　2017年，强化知识产权创造、保护、运用，鼓励发明创造，大力推动创新驱动发展，促进专利运用和转化，信州区发布《信州区专利奖励实施细则》（饶信府办发〔2017〕129号），全年完成专利申请量731件，同比增长70.8％，总量居全省第20；专利授权完成301件，同比增长4.2％，总量居全省第23。其中，发明专利26件，占全市发明专利的50％。年内科技局协助市第五小学申报并获批国家知识产权示范校、江旺数控申报知识产权"贯标"企业。

【众创空间建设】　区科技局因势利导，鼓励一些有头脑、懂经营、乐奉献的企业家，实行企业转型或在原有企业上扩大经营范围，成立众创空间。如佰仕信息产业有限公司在原基础上成立了佰仕信息联盟；瑞廷酒店管理有限公司利用其原有的旧房打造出庭院式众创空间的"6号仓库"，将现代科技与传统风格有机结合，已入驻20家企业。7890、蓝青创客、龙谷创客这3家省级众创空间进一步完善功能、丰富内容、规范管理，申报并获批了国家级众创空间。

（章　斌）

城镇建设与管理

城乡规划

【概　况】　2017年，区规划局认真学习贯彻落实中共十九大和习近平总书记系列讲话重要精神，紧紧围绕区委、区政府经济和党的建设工作总体部署安排，加快规划编制，强化规划管理，全力服务重点项目建设，各项工作取得较好的成绩。

【规划编制】　按"多规划合一"高标准开展信州区经济与空间发展战略规划编制，已完成规划评审稿。推进沙溪镇、灵溪镇、秦峰镇、朝阳镇4镇的总规修编，完善城镇功能规划布局，灵溪镇总规定稿待专家评审、审批，沙溪苎麻文化产业园、朝阳产业园提升改造均已完成初稿，完成三江产业新城城市设计和控规编制及三江口城市设计编制。完成13个行政村的秀美乡村规划编制（通过专家评审，其中沙溪5个村、秦峰2个村、朝阳2个村、灵溪2个村、茅家岭2个村）和2个宅基地管理试点自然村（新增）的村庄规划编制。

【规划管理】　组织召开沙溪镇沙湖星城、丰溪东路二期工程、朝阳下潭加油站等建设项目审查的专家评审会12次。组织召开秀美乡村规划、朝阳镇中心区控规、城市设计等18个规划方案审查的专家评审会18次。组织评审了沙溪镇御景东方小区、沙湖星城小区等9个建设项目。组织召开信州区建设项目规划审批会3期，审议61个项目。核发规划选址24宗，用地面积193333平方米；核发用地规划许可14宗，用地面积188693平方米。核发建设工程规划许可证32件，审批建筑面积40043.45平方米，核查批前公示5项。

【重点项目建设】　主动跟踪服务三江产业新城、上饶国际医疗健康小镇、朝阳物流园、上饶野生动物世界、城东旅游综合体、红星水库旅游休闲项目等招商引资项目，力促项目落地。主动服务朝阳产业园、苎麻产业园，对工业项目从项目选址、方案审查、规划审批等环节全程提供优质高效的"绿色通道"服务。全力支持城东胜利棚改、铁路既有线棚改、汪家园三期棚户区改造项目等棚户区改造项目，并根据区委、区政府安排，组队参与城东胜利片区棚改一线拆迁工作（完成拆迁任务47栋56户15000余平方米）。完成信江南岸景观带（一期）改造项目，完成三江大道改造工程竣工验收，完成信江南岸景观带改造（二期）工程。

【农民建房管理】　农民建房领导小组共审批农民建房5批次1215户，其中沙溪镇378户，灵溪镇136户，朝阳镇371户，秦峰镇262户，茅家岭街道68户。审批中心城区边缘地带农民危旧房改建1批次24户。对农民建房管理工作存在的问题，在实践中探索创新，并总结形成"五到场一公示"合理规范管理农民建房制度（即：批前选址放线到场、基槽验线到场、建中巡查到场、房屋封顶到场、竣工验收到场，公开公示农民建房监督牌），经区委办、市委办上报被省委办公厅《今日信息汇要》第199期登载，省委副书记、省长刘奇作重要批示："就应这样抓监管、抓落实，请为文同志、陈平同志阅。"省住建厅厅长陈平批阅批示："注意总结推广信州区规范农民建的做法，落实好刘奇省长的重要批示。"并安排省厅村镇处来信州区和横峰进行了专项调研。试点农村宅基地管理。参与全区农村宅基地管理试点，围绕"规划一张图、绘就一幅画、审批一支笔、发放一本证"的工作目标努力推进。

重大基础设施建设

【概　况】　2017年,信州区确定实施500万元以上重点项目152个,其中产业发展类项目71个,基础设施类项目44个,民生改善类项目37个。服务中心城区项目108个,其中产业发展类项目19个,基础设施类项目50个,民生改善类项目39个。从而促进信州区城建、商贸、工业、农业、交通等各方面建设呈现多点开花、齐头并进的态势,有效地推进了全区经济又好又快的发展。

【重点项目投资情况】　信州区全年重大基础设施项目38个,总计划投资1056390万元,实际完成投资478208万元。其中,续建项目19个,计划总投资437140万元,完成投资226373万元。新建项目19个,计划总投资619250万元,全年完成投资251835万元。

续建项目:全信州区信江南岸景观带改造项目二期工程年底完成、槠溪南路年底完成、茶圣东路建成通车、上饶市信州区三江片区污水管网建设工程一期完成、信府路建设工程建成通车、里弄小巷两段路改造完成、同心棚户区改造安置小区、苎麻产业园(一期)、三江片区黑臭水治理工程、稼轩大道北延(信州区段)、上饶市第三中学、上饶市城东学校、龙潭村城中村改造、丰溪东路二期、数字小镇、城东集贸市场、老320国道通道提升、新320国道通道提升、机场大道通道提升、老上广线通道提升、丰溪东路一期通道提升、茅家岭、秦峰、沙溪镇秀美乡村建设等项目进展顺利。

全年新建项目19个,计划总投资619250万元,完成投资251835万元。信州区委、区政府紧紧围绕决胜全面小康、打造大美上饶总体目标,始终秉承"为市服务、借市发展、实现共赢"理念,大力发展新经济,培育壮大新功能,建设江西省数字经济示范区,打造江西最大的呼叫产业城。以开拓创新的胆识,锲而不舍的执着干劲,求真务实的工作作风,打响了一个个艰苦卓绝的棚户区改造攻坚战,2017年推进实施棚改项目43个,全年完成26个项目征迁工作,累计完成征地477.25万平方米,拆迁320.76万平方米,平均每天拆迁超1万平方米,迁坟8241座,平均每天迁坟32座,提前一年超量完成棚改目标。

【服务省市重点项目】　服务中心城区项目108个,总计划投资2450.85亿元。其中,产业类项目19个,总计划投资1005.68亿元;基础设施类项目50个,总计划投资1184.49亿元;民生改善类项目39个,总计划投资260.69亿元。已完成投资额723.09亿元,占年度总投资额的29.5%。

【重点项目建设成效】　通过项目的实施,进一步完善了城市功能,提升了城镇化建设力度,也进一步优化了城市形象。深入推动城乡一体化进程,增强集镇的凝聚力和带动力。加大治脏、治乱、治本力度,加强"五化"(洁化、美化、绿化、亮化、规范)化建设,促进集镇功能明显提升,城乡环境面貌明显改善。加强教育、科技、文化、医疗、体育等公共服务设施建设。优先发展公共交通,促进城市发展与城市交通健康协调发展。

(周发呆)

城镇建设

【概　况】　2017年,区建设局在区委、区政府的正确领导和市建设局大力支持下,紧紧围绕年初制定的年度工作规划。开阔视野、务实创新、稳中求进、主动作为、扎实工作,全面做好党风廉政建设、财税经济任务、建筑市场管理、重点项目建设、农村危房改造、精准扶贫、信访维稳、人民防空建设各项工作,为全区经济社会平稳较好较快发展,做出了积极贡献。

【抓好财税经济任务】　全力推进税收征管工作。区建设局下辖6家民营建筑施工企业,全年完成建筑业总产值8366万元,应缴建安增值税754.70万元。通过广开思路,增值税源和全方位做好企业的跟踪服务工作,尽最大努力弥补税收不足,全年完成税收收入2712.03万元,占年计划任务5954万元的45.55%;占年奋斗目标任务5983万元的45.33%。下大力气开展招商引资工作。已签约上饶市绿丰裕农食用菌科技有限公司,投资200万元;上饶市其程酒店有限公司,投资500万元;江西黑加伦信息技术有限公司200万元。3家企业已投产,并已产生一定税收。

【积极推进新型城镇化建设】
信州区积极贯彻落实全省推进新型城镇化和城市建设工作会议精神，把新型城镇化建设作为提升城市形象、美化投资创业环境来抓，紧紧围绕"大美上饶"建设目标，加快农村人口城镇化，提升公共服务水平，全力推进新型城镇化建设。本年度投资建设 44 个基础设施类建设项目。打响了历史上最大规模的城东胜利片区棚户区改造等 43 个棚户区改造项目。

【抓工程项目建设】 为加强全区基础设施建设，不断提高建设管理水平。区建设局工程管理办对全区行政区域的建设工程质量实施监督管理。全年实施重点项目 7 个，其中续建项目 3 个，分别是三江片区污水管网建设工程、槠溪南路、信府路工程。新建项目 4 个，分别是三江片区黑臭水治理工程、里弄小巷改造、数字小镇路网改造、兴隆路改造工程。按照工程施工程序分解到具体责任人，深入施工现场，对发现工程质量问题，责令返工，不留隐患，确保了工程建设质量达到设计要求和国家规定的验收标准。

【农村危房改造】 根据《江西省 2017 年农村危房改造实施方案》及《信州区 2017 年农村危房改造实施方案》文件精神，遵照"统筹规则、农户自愿、公开公正、分批实施"的工作原则，积极谋划、精心组织、规范运作、有序推进。信州区农村危房改造范围有沙溪镇、秦峰镇、朝阳、灵溪部分村庄。由区建设局实施的农村危房改造任务 91 户，其中新建（翻建）83 户，维修加固 8 户。农村危房改造的补助标准：新建（翻建）的补助标准建档立卡户、五保户每户补助 2.2 万元。低保户、残疾户每户补助 2 万元。维修加固补助标准，维修加固的四类对象，按照每户补助 0.5 万元，建设部门共拨付农村危房改造补助资金 179.8 万元，截至 2017 年年底，竣工率达 100%。

【全力做好脱贫攻坚工作】 5 月，区建设局党委对精准扶贫工作高度重视，把脱贫职责扛在肩上，把脱贫任务抓在手上，并派一名党委委员和一名干部常驻朝阳镇，结对帮扶点朝阳镇朝阳村，先为该村基础设施建设筹集资金 56 万元，完成了王家桥自然村总长 1980 米的道路硬化扶贫工程项目，解决了 14 户村民的出行难问题。投资 18 万元，完成了叶源主干护坡加固维修工程，解决了移民安置点居民出行安全问题。为因暴雨灾害导致对外出行桥梁被毁的蓬里自然村争取到桥梁重建资金支持，联系江西九洲建设设计有限公司为村里公益设计桥梁建设方案，最终在多方努力下，顺利完成了"蓬里连心桥"的灾后重建工作。开展脱贫工作以来，村容村貌、基础设施、环境卫生得到了明显提高和改善。

【抓好人防建设】 经信州区委批准，设立了由常务副区长为组长的"信州区人防指挥领导小组"，配备了 1 名专职副主任。区建设局党委根据区编委办《关于区建设局增挂区人防办牌子的通知》规定。抽调 3 名负责人防办具体的事务工作。加强人防建设、完善规章制度。按上级人防相关文件规定，印发了《信州区委、区政府、区人武部关于深入推进人民防空改革发展实施意见》和《关于人民防空军政联合报告和通报制度的通知》等有关文件，为人防工作的开展确定了制度保障。加强硬件建设，优化办公环境。区人防办投入 10 余万元人民币购置办公和专业设备，设置了人防"两库两室"，统一的人防制服。加强社区服务，普及人防知识。9 月 7 日，在水南街道金山社区开展了"九一八"警报试鸣暨人防应急响应演练活动，在社区路口摆放"人防知识图片展板"，供大家参观，向广大市民发放人防政策法规宣传单 1000 余份，人防蓝天志愿者向现场群众讲解了自我防护和伤员救治等专业知识。

【加强信访维稳工作】 区建设局党政班子在区委、区政府的高度重视和政法信访等部门的大力支持下，成立了维稳突发应急领导小组，采取重点布控、责任到人、包干负责、主动谈心交心、主动解决问题。全年完成领导批示交办件（含市长热线）5 件，区长信箱 12 件，电话受理 30 余起，妥善地处理系统直属企业改制遗留问题，装饰装修纠纷，房屋质量投诉，农民工工资等问题，切实做到接访处置到场率 100%，信访工作回复率 100%，信访等件办结率 100%。

（周发呆）

建筑业管理

【概　况】 区建设局是信州区政府对全区建筑业实行行业依法管理的主管部门，强化责任意识,抓好建设市场管理。规范建设工程招投标行为,强化建设工程施工许可证审批和管理工作,加大建筑工程质量安全生产监督力度,加强室内装饰装修工程的管理工作和建筑施工扬尘治理工作。进一步化解农民工欠薪问题。

【规范建设工程勘察与设计】勘察设计与科技教育科是区建设局对全区建设工程勘察、设计、图审、抗震、建筑节能职能部门。全年共完成 29 个施工图审查,抗震设防 6 个项目,节能备案 16 个项目、在实际操作中,对建筑节能、抗震设施由质监部门会同相关专家共同进行验收,最终进行专项备案。上饶市时代建筑设计研究院在建筑结构,给排水、电器、暖通、计算机应用等各专业不断配置齐全合理并拥有配套的精良技术和完善的管理制度,尤其是大型居住区及相关商业办公楼领域取得了业界广泛的认同。

【入驻信州区"马上办"服务平台】 9 月,建管(行政)科入驻区"马上办"服务平台前,区建设局党委高度重视,指定一名班子成员驻点窗口分管工作,根据"放管服"改革工作要求,并出台了窗口《服务规范》《纪律要求》《文明用语》等相关制度,加强对窗口工作人员培训,强化作风纪律建设。在处理业务中,对符合条件的当场接件,不符合条件的,及时告知并补办事项,大大提高了企业办事效率。行政许可事项在江西省住建厅一体化平台网上审批。窗口受理—审批(内部流程)—办结(窗口出件),从法定 15 个工作日缩短为 10 个工作日,受理办结率达 100%,2017 年共办结建筑施工许可证 23 项。

【推进建设工程招标力度】 信州区招标办在区建设局的直接领导下,严格按照法律、法规对建设工程项目的招标投标进行监督。对信州区发改委立项的本区域范围内的建设工程项目招投标,政府投资的项目全部进行了公开招标,对招标公告、招标文件等资料按规定进行审查。招标公告、招标文件结果要在江西省招标投标网、江西省公共资源交易网、市建设工程交易中心等媒体发布。开标、评标在上饶市公共资源交易中心进行,专家评委由建设单位从省专家库随机抽取,区招标办依法对开标、评标活动全过程进行监督,严格按照公开、公平、公正原则,做到阳光操作、程序合法。2017 年,信州区招标办共办理 50 万元以上的建设工程招投标项目 31 个,总投资约 18.9 亿元;工程项目监理招标 10 个,监理费约 1418 万元;工程设计招标 5 个,设计费约 328 万元;工程勘察招标 8 个,勘察费 139 万元。实现了零投诉。

【强化建筑市场监管】 信州区建筑管理站认真贯彻落实省、市、区有关文件精神,按照"安全第一、预防为主、综合治理"的工作目标,开展了工作,取得一定的成效。加大扬尘治理力度,严格执行《江西省大气污染防治条例》,落实"七个百分百"的工作标准。对施工现场围挡设量、裸土覆盖、分段作业、择时施工、洒水抑尘、地面冲洗和出入车辆冲洗提出要求和标准。认真贯彻"以人为本"的现代化施工现场管理理念,对违反施工现场标准化管理的人和事,发现一起,查处一起,纠正一起。根据施工现场的特点,按照道路硬化,现场美化,建筑材料堆放提出合理性建议,从根本上改变了施工现场的"脏、乱、差"的现象。抓好建筑市场稽查执法工作,积极推进建设领域的信用体系建设,促进建筑市场管理规范有序。一年开展打击非法施工和治理违法违规操作专项行动两次,对辖区内 38 个在建项目进行拉网式检查,对检查中发现的违法违规问题,逐条落实整改。

【抓建设工程质量提高】 区建设局质监站,认真贯彻有关法律、法规及上级有关文件精神,以确保建设工程质量为主线,以提高效率、强化服务、促进发展为目的,积极开展建筑工地创优评比活动。其中,中恒建设集团有限公司承建的上饶凤凰东大道延伸段工程建设项目荣获 2017 年度江西省建筑结构示范工程奖。通过日常监督巡查与季度质量大检查,下发工程质量隐患整改通知书 125 份。下发停工整改通知书 12 份,消除质量隐患 100 余处,着重整治以裂缝,渗漏为主的影响房屋使用功能的质量常见问题,有效预防和治理住宅工程质量常见问题,全面提升工程质量水平,有效地促进了全区建筑市场的健康发展。

【加强建设工程安全监督力度】 区建设局安全站一贯坚持"安全第一、预防为主、综合治理"的方针。2017 年,进行建筑施工安全重大危治专家论证 5 项,有效地控制了安全事故的发生，保持了全区建筑施工安全生产的态势平稳、认真做好建筑起重机械的备案、安装拆卸告知、使用登记及专项检查工作。2017年度，共办理起重设备备案登记3台、安装告知9台、使用登记9台、拆卸告知22台、下发隐患整改通知书180余份、停工整改通知书16份、发现隐患共860余条，针对检查出来的问题，责成施工企业和监理单位严格按"三定"原则整改到位，确保建筑施工现场安全稳定。

【推进建筑装饰装修工程规范化管理】　信州区室内建筑装饰管理办根据《江西省建筑管理条例》有关建筑装饰装修的法律规定，对辖区内建筑装饰市场进行了规范化管理。针对装饰队伍人员在岗情况和安全生产进行不定期的检查，全年共检查装修工程30个，查处违法装修业主及施工单位10起，并依法进行经济处罚，有效规范了装修装饰行业管理，净化了市场环境。

（周发杲）

2017年上饶市建筑企业生产经营情况

表1

企业名称	建筑业总产值	房屋竣工面积	上缴税金	利润总额	施工总承包资质等级	从业人员期末人数	小计	建筑工程相关专业职称人员		建筑工程专业注册建造师
								高级	中级	
计量单位	万元	万平方米	万元	万元	级	人	人	人	人	人
市第一建筑公司	2013	—	183.00	47.00	二级	223	11	4	7	12
市第二建筑公司	—	—	—	—	二级	5	19	4	15	9
市第三建筑公司	1000	—	90.00	50.00	二级	115	14	1	13	7
市第四建筑公司	730	—	65.70	36.50	二级	82	15	3	12	8
市兴达建筑公司	500	—	45.00	3.50	三级	56	12	2	10	5
江西日景建筑公司	4123	2.57	371.00	336.00	二级	458	13	3	10	12
合计	8366	2.57	754.70	473.00		939	84	17	67	53

注：市第二建筑公司《安全生产许可证》过期，未办理年审手续，从2016年开始，没有投入企业生产经营活动。

城市管理工作

【概　况】　2017年6月28日，市中心城区城市管理重心下移工作交接会的召开。按照市级统筹、属地管理的原则，从7月1日起，由市城管局移交给信州区具体管理的事权主要包括环境卫生、市容市貌管理、市政设施、园林绿化、违法建筑管控、城市供水、燃气管理、城管执法等8个方面。出台《上饶市中心城区城市管理和执法体制改革工作实施方案》，不仅理顺了中心城区城市管理行政执法体制，合理划分了中心城区市、区（县）城市管理职责，同时也为信州区承接工作指明了方向。紧紧围绕"干干净净、漂漂亮亮、井然有序、和谐宜居"的十六字标准，以助力高标准建成省域副中心城市核心区为目标，突出重点，开好头，起好步，有序推进了城市管理重心下移各项工作。

【环境整治初见成效】　信州区主动出击、积极配合，全力打好了五场环境整治硬仗。师院整治仗：在集中整治攻坚了一段时间后，每天坚持安排30人至40人进行维护，半月后每天定点15人现场维护，还同步对三江大道100多处老旧灯箱、路灯不亮等问题进行维修、跟换。水南街整治仗：联合街道协同水南城管大队、上饶市交警支队一大队，针对水南街的占道经营及非机动车乱停乱放现象进行了专项整治，累计清理非机动车300余辆，清理流动摊贩480余处，沿街流动水果商贩占道经营现象已清零。北门江光整治仗：联合北门街道协同北门城管大队、凤凰社区对江光小区夜宵摊及江光菜场进行了整治，每天安排10余人进行维护，八角塘整治仗：区城管局联动了市城管支队西市大队、交警一大队西市中队、西市街道等部门，组织了巡防队员、特保、物业人员，共计130余人进行整治，持续184天，下发宣传书信 1000 余份、整改通知书 300 余份、整治出店经营行为 3000 起,疏通堵塞下水道 87 处等。江南商贸城整治仗：区城管执法局在这个区域配合市局开展了各项环境整治行动 20 余次,切实做到了互联互通,联动攻坚,取得了明显成效。

【控违拆违规范建房】 信州区控违拆违工作已经打出了品牌,并且得到了市委、市政府的肯定。在承接好城市管理重心下移的同时,坚持树立底线思维,保持高压态势不放松。2017 年,全区累计拆除各类违建面积达 39.10 万平方米,涉及违建户 4353 户,责令停建或整改 1103 余户。其中,拆除存量违建 20.65 万平方米,完成总目标的 72.5%。信州区关于规范农民建房中探索"五到场一公示"的做法,还获得了省委副书记、省长刘奇的批示肯定。全局以永不打烊的精神坚持每一天全天候巡查,不分昼夜、无论晴雨、无论节假日,都有信州城管人的身影,做到城区范围内普遍查,重点时段及时查,"5+2""白+黑",日经巡查 50 千米左右、夜巡 60 次左右,拍摄照片 2360 张,下发交办函 500 余份。针对控违拆违中发现的问题,通报了一批典型事例、问责了一批失职干部、发放了一批宣传资料。

(周椿蔓)

国土资源管理

【概　况】 2017 年,上饶市国土资源局信州分局在区委、区政府和市局的正确指导下,牢牢把握"服务发展、保护资源、维护权益"的职责定位,紧紧围绕中心,服务大局,履职尽责,严肃执法,各项工作都取得了显著成效。

【资源保护和节约力度持续加大】 上饶市国土资源局信州分局强化耕地数量、质量、生态"三位一体"保护,信州区划定永久基本农田面积 5 万亩,同时设立了基本农田保护牌,签订了基本农田保护责任书,基本农田保护责任制得到了全面落实,资料齐全。在确保信州区 5 万亩基本农田保护任务的基础下,上饶市国土资源局信州分局充分考虑市区两级发展规划,在征得市、区两级政府和部门意见的基础上,科学合理调整和完善土地利用总体规划(2006—2020 年)工作,促进多规合一,所有调整均不涉及基本农田。

【服务保障发展更进一步】 上饶市国土资源局信州分局主动适应经济发展新常态,提高资源配置效率和保障能力。信州区全年共完成市、区两级 8 个批次报批组卷工作,用地总面积 340.93 万平方米;完成土地供应 30 宗,面积 40.33 万平方米,成交价款 13587 万元;继续加大批而未用土地消化力度,截至 2017 年年底,信州区报省厅审核消减批而未用面积由 297.13 万平方米减少到 147.60 万平方米,实时批而未用率为 23.04%,消化周期从 5.8 年降低至 2.9 年。

【农村宅基地管理更加科学】 信州区安排资金 470 万元对信州区 45000 余幢农村房屋进行房地一体确权调查,为宅基地管理提供了基础;在四镇一街道选取了 6 个自然村(组)进行试点,涉及 818 户,3435 人,通过管理试点共退出宅基地面积 7326.67 平方米。在"清"的基础上,还加大"查"和"疏",通过巡查和卫片图斑,发现并制止个人违法建房行为 117 件、面积为 11.3 亩。对符合"一户一宅"要求的建房户,加快审批速度,全年共审核办理农村个人建房 1173 户。维护了农民权利,体现公平公正。

【耕地占补平衡深入推进】 严格落实国家耕地占补平衡工作要求,明确地方政府补充耕地的任务责任,通过运用增减挂、土地开发复垦、"旱改水"等途径自主解决占补平衡问题。上饶市国土资源局信州分局对信州区可开发的耕地后备资源进行全面核查,结合市局大数据后备资源图斑核查立项土地开发项目 22.67 万平方米,其中 4 万平方米以下开发项目规模 10.13 万平方米;旱改水田提质项目规模约为 18 万平方米;朝阳镇城乡建设用地增减挂钩试点项目建设规模为 7.33 万平方米;秦峰镇 3 个开发项目总规模 8.67 平方米已通过专家组验收。

【民生重点工作实现新突破】 上饶市国土资源局信州分局针对信州区防治地质灾害的严峻形势,成立了以主要领导为组长的地质灾害防治工作领导小组,对全区 45 个隐患点都制定了地质灾害防治及群众转移方案,并及时发放"两卡";严格贯彻执行排查制度,值班人员实行 24 小时不间断值班,加强了对地灾隐患点的巡查和监测,实现地质灾害隐患排查工作无死角;开展了地质灾害演练，加强了地灾防治人员的业务素质，成功创建了全国地质灾害高标准"十有县"。扎实开展了信访维稳工作，按时完成了上级转办的信访件7件，完成了信息公开件2件，查处了1件网友举报件，在日常工作中实施信访案件每月一报制度，积极排查矛盾线索，实现了信访案件的及时发现、及时处理、及时解决。

【法治国土建设水平不断提高】 深入开展了行政审批事项清理工作，共取消审批事项5项，下放权限1项，贯彻落实了"放管服"的改革要求；扎实开展权力清单和责任清单的清理工作，全面执行"两随机一公开"政策要求；积极响应"一次不跑"政策，全年向区里上报8项行政许可事项，真正实现了群众办事一次不跑；认真做好了国土资源测绘地理信息工作，实现了依法科学规范管理国土资源，为区委区政府科学决策提供可靠的依据；全面开展了土地（矿产）卫片图斑执法检查工作，信州区116个卫星图斑，其中违法图斑34个，25个已整改到位；深入开展矿产资源专项整治，关停、取缔无证开采、非法砖瓦窑等矿山64个，腾出土地32.6万平方米。

（程 浩）

环境保护

【概 况】 2017年是新修订的《中华人民共和国环境保护法》实施第三年，是实施"十三五"规划中期之年。上饶市环保局信州分局深入贯彻落实新《中华

人民共和国环境保护法》，按照全省、全市环保工作会议部署，围绕服务信州经济社会发展大局，坚持以改善环境质量为主线，重点抓好污染防治、环境执法和生态创建工作，深入实施"净水、净空、净土"行动，全面改善大气、水体、土壤环境质量。信江河（城区段）断面水质达标率为97.2%，饮用水水源地水质达标率为100%，城区环境空气质量优良率为85.9%。环境质量总体保持良好，为全区经济社会发展提供了良好的生态支撑。全年对42个建设项目环境影响报告表、书出具初审意见，74个建设项目在环保部网站办理环境影响登记表备案手续。

【主要污染物减排】 按照《上饶市2017年主要污染物总量减排计划》，信州区将上饶市天元金属有限公司列为2017年大气污染减排项目，三江黑臭水体治理、沙溪垃圾中转站、上饶龙燕农业开发有限公司、平盛种猪场、三春养殖场和陈道海养殖场列为水污染防治减排项目。

【污染防治工作】 贯彻实施"净空、净水、净土"行动，积极推进大气、水、土壤污染防治工作。加强大气污染防治。开展了对市委党校、凤凰光学自动站周边2千米范围内工业企业、建筑施工场所、餐饮和烧烤油烟等污染源的排查；开展了对百灵草山庄、市委党校2个空气自动站周边涉气污染源的日查和夜巡，同时建立区大气污染防治工作微信群，开展严禁焚烧秸秆、垃圾等工作，初步形成镇（街道）大气污染防治联防联控工作机制；开展餐饮业油烟治理工作，督促市委党校等12家

餐饮业安装油烟净化装置；开展了对辖区4家服装干洗行业调查，推进挥发性有机物污染专项整治行动；大力宣传和贯彻实施《江西省大气污染防治条例》，组织区环委会部分成员单位及4家有色金属冶炼、VOC重点企业参加《江西省大气污染防治条例》视频培训，并以开展2017年全市"安全生产月"启动仪式暨宣传咨询日活动为契机，向广大市民发放《江西省大气污染防治条例》200余份宣传资料。加强水环境保护，制定了《2017年水污染防治工作计划》，明确年度工作计划目标、主要任务等。开展了信江河城区段水质情况调查，通过认真排查分析，形成《关于影响信江河城区段水质情况的调查报告》，为市有关领导决策提供参考依据；加强饮用水源保护区环境监管，对上饶市自来水厂灵溪饮用水源保护区进行检查，对2家违规砂石场破碎加工点，会同农林水利、国土、供电、公安等有关单位采取断电强制措施，查封主要生产设备，予以取缔关闭；开展了对辖区涉水工矿企业和朝阳产业园污染企业专项整治，督促朝阳产业园污水处理厂安装了在线监控设施，并与省环保厅在线监控中心联网。开展了辖区集中式饮用水源环境状况评估和基础信息调查工作，完成22家乡镇级及以下集中式饮用水源基础信息的调查，完成2家印染行业清洁化改造并核发《排污许可证》，3家民营加油站单罐改为双层罐改造工作。加强土壤污染防治。印发实施了《信州区土壤污染防治工作方案》，明确10个方面的主要任务及责任分工，开展了辖区土壤污染状况详查和农用地土壤污染状况详查点位核实

工作,共确定土壤污染重点行业企业1家、划定详查单元10个,核实农用地详查点位63个;督促5家危险废物产生单位制定了管理计划、应急预案和危险废物台账;开展了进口固体废物加工利用企业排查,责令企业建立完善进口固体废物加工利用台账,7月12日,通过了环保部打击进口固体废物加工利用行业专项行动的检查;按照省、市要求,多次征求意见,及时对接,完成了全区生态红线划定工作。继续开展耕地土壤调查,优先保护农用地土壤环境。严把建设项目环境准入关,严格执行"环境影响评价"和"三同时"制度,严守生态红线,杜绝"两高一资"企业入园落户。

【环境监管执法】 加强中央环保督察反馈问题的整改工作。及时制定《信州区贯彻落实中央环境保护督察组督查反馈意见的整改工作方案》和整改措施清单。对10个共性问题分别落实了整改措施,明确了责任人和责任单位。同时,加强调度,每月汇总整改情况,及时上报。3家民营加油站已完成油气回收装置改造,并通过验收。信州区农村生活垃圾均经收集、中转后都进入上饶市垃圾填埋场进行填埋,没有垃圾焖烧炉。禁养区内34家规模化养猪场实行关闭取缔、限养区内5家规模化养猪场实行整治。3件信访交办件已全部解决。加强环境安全工作。2月,组织执法人员对信江河沙溪至灵溪段两岸工业企业进行了认真排查,重点对国控、省控企业的环境安全进行了隐患排查。对发现的环境安全隐患,立即要求责令整改,限期消除,并对业主进行环境安全知识宣传,

让业主深刻认识到环境污染事故的发生并非偶然,杜绝侥幸心理。进一步加强工业园区企业环境监管。贯彻落实《江西省人民政府办公厅关于加强工业园区污染防治工作的意见》(赣府厅发〔2016〕6号)文件精神,制定了《信州区工矿企业及工业集聚区水污染专项整治方案》,对园区涉水企业开展专项检查。按照环保部《关于开展砖瓦行业环保专项执法检查的通知》要求,对辖区内11家砖瓦企业进行了专项执法检查。对检查中发现的砖瓦窑、黑滑石企业以及洗砂、片石开采等存在违法行为的企业报请区政府予以取缔关闭。对2家非法碎布加工厂、6家豆制品作坊、4家塑料粒子厂等"散乱污"企业实行取缔关闭。认真处理群众信访,维护群众环境权益。开展了环保涉稳问题集中排查和化解专项行动,落实防控化解措施,确保有效控制、妥善化解。共处理各类信访投诉118件,答复办理区人大代表建议2件,满意率100%。

【第二次全国污染源普查】 积极开展第二次全国污染源普查前期准备工作。根据《上饶市信州区人民政府关于做好第二次全国污染源普查的通知》(饶信府字〔2017〕190号)精神,及时印发了《上饶市环境保护局信州分局关于成立第二次国污染源普查工作办公室的通知》(饶环信保字〔2017〕9号)及《上饶市环境保护局信州分局关于印发第二次全国污染源普查工作办公室人员组成的通知》。按照国家、省政府印发的《污染源普查实施方案》,结合实际草拟了《上饶市信州区第二次全国污染

源普查实施方案》,并报区政府审议通过实施。

【生态保护】 继续深入开展生态创建工作,组织秦峰镇等11个行政村申报市级生态村并获通过。沙溪镇向阳、铅岭村正在申报省级生态村。沙溪镇宋宅村荣膺全省第八批"省级生态村"称号。开展了生态红线校核、调整和完善工作。按照省、市要求,先后5次征求意见,并与省厅、市局沟通汇报,采纳了所提出的修改意见,为信州区经济社会发展保留了生态空间。

(周卫娟)

房地产管理

【概　况】 2017年,信州区房管分局(房改办)在区委、区政府正确领导下,在市房管局的关心指导下,紧紧围绕全区经济发展中心任务,切实做好保障性住房管理、房屋征收、房管服务等各项工作,取得了显著成绩。市中心城区完成房地产开发投资83.66亿元,同比增长40.30%。其中,住宅完成投资67.28亿元,同比增长41.03%。住宅均价6969元/平方米,同比增长25.86%。二手房成交51.08万平方米,同比增长61.22%。其中,二手住宅成交48.77万平方米,同比增长78.78%;商品房销售面积175.34万平方米,同比增长6.54%。其中,住宅销售面积146.02万平方米,同比增长7.80%。批准预售面积148.81万平方米,同比增长31.23%。其中,住宅125.23万平方米,同比增长38.28%。商品房竣工面

积 130.4 万平方米，同比增长 1.77%。其中，商品住宅 66.38 万平方米，同比下降 23.23%。新开工面积 124.66 万平方米，同比增长 57.72%。其中，住宅新开工面积 98.87 万平方米，同比增长 56.36%。商品房库存面积 113.6 万平方米，去化时间 7.8 个月。其中，住宅库存面积 81.1 万平方米，去化时间 6.7 个月。全年中心城区共发放廉租补贴 2528 户，发放金额 226 万元。对 2017 年度的公共租赁住房申请对象进行了"二级审核、二榜公示"工作。全年共完成房改房部分产权转全产权 21 户、面积 1470 平方米；完成集资合作建房规范产权 18 户，面积 1260 平方米；收集房改住房资金 13 万元，拨付各单位房改房维修资金 10.3 万元。

【棚户区改造工作】　信州区的棚改工作体现为"三个前所未有"：征迁体量之大，前所未有；情况之复杂，前所未有；难度之大，前所未有。全区全年共开展棚改项目 38 个，区房管分局坚决贯彻落实中共中央、省委、市委、区委、区政府决策部署，顺应信州区棚改工作新形势，坚持以人民为中心，坚持以人民城市为中心，根据"不与民争利"的信州棚改模式，在具体工作中，制定切实可行的方案。征收补偿方案是征迁工作是否可以顺利推进的重点和基础。每个方案的制定都要做好跟踪入户调查，掌握好拆迁户的房屋面积、产权类型、住户情况、安置意愿、社会关系等基本信息，做到"不留死

角、不留盲区"。初步拟定征收方案后，张榜公示，广而告之；邀请征迁户、法律顾问团召开座谈会，面对面听取群众意见，反复讨论、反复修改，从初稿到定稿，往往要几十易其稿。严格执行方案。工作中，征收办成员严把协议审核关，坚持一把尺子量到底、一个方案推进到底、一个标准执行到底，做到拆前拆后一个样、拆贫拆富一个样、拆官拆民一个样、拆善拆恶一个样，做到公平、公正、公开。全区全年共完成棚户区改造 15958 户（套），面积 320.76 万平方米（含已拆除的存量违建房）。

【物业管理行业发展】　开展物业管理试点工作。结合"全民共建、美丽上饶"城市形象提升活动，配合市房管局在中心城区 30 个小区开展了试点工作，全面推进小区环境整治提升。引导小区加强自我管理，在强化开发小区前期物业的基础上，协助各小区建立健全业主公约、业主委员会议事规则、业主大会制度，不断规范业主委员会行为，强化业主委员会在小区管理中的作用。同时，要求社区干部进入业主委员会，指导、监督业主委员会开展工作。截至年底，中心城区小区已成立业主委员会 75 个，占小区总数 41%。有 19 位社区干部进业主委员会，对增强小区办事的规范性和透明度发挥了重要作用。

【保障性住房管理】　从年初开始对中心城区 3000 余户廉租补贴发放对象进行电子档核查工

作，共发现了 985 户发放对象住房条件发生了改变，依据政策立即停止发放补贴，为国家和政府挽回经济损失 45 万余元。配合市保障局在 7 月底开展了 2017 年公租房的申报工作，保障科收到各街道上报的资料 4000 余份，在书面资料审核当中，工作人员严格执行工作纪律，认真履行工作职责，已发现并清退了 800 余户的不合格申请对象。

公房管理工作

【非住宅店面及直管公房管理】　2017 年，区非住宅管理所、区住宅房管理所加大对非住宅店面和直管公房的管理和租金收缴力度，确保了按时按量完成租金收缴任务。其中非住宅所完成租金收入 450 万元，上缴税收 80 万元；住宅所全年收缴租金共计人民币 421 万余元。全年共维修危旧公房 112 户，总维修金额约 27 万余元，有效保障危旧公房住户的生命财产安全。天佑雅苑二期约 2100 余套公租房，主要安置桐子坞、胜利、高铁新区、天佑大道、铁路既有线等拆迁项目的拆迁户。为切实做好天佑雅苑二期公租房安置工作，9 月中旬，区住宅所抽出 6 名工作人员，成立了天佑雅苑二期公租房管理站，做好安置前期各项准备工作。10 月 1 日，住宅所又抽调人力物力，全力以赴，正式开始办理拆迁户入住安置工作，年底为 400 余户拆迁户办理了入住手续。

上饶市中心城区 2017 年廉租房承租情况

表 2   单位:平方米、套、户

项目名称	占地面积	建设规模	套数	交付套数
东都花园	53800	86534.64	1651	713
凤凰安置小区	4333.33	7486	128	63
光学路	2533.33	4500	72	26
施家山	3933.33	6255	93	72
明淑花苑	8000	33865	677	已交付
天佑雅苑	27246.67	59804.5	1038	一期已交付

(洪肖辉)

城南城投公司

【概　况】　上饶市城南城市建设投资发展有限公司(简称城南城投公司)于 2017 年 6 月 21 日出资人变更为上饶市信州区投资控股有限公司和国开发展基金有限公司,并于 9 月 28 日变更注册资本金至 3.1 亿元。公司经营范围:城市基础设施建设、土地开发、房地产开发、资产管理。

【企业融资保增长】　城南城投公司以区属重点建设项目向政策性银行、商业银行申请建设融通资金为主要融资渠道,并主要以资金成本低、期限长的政策性银行为主,商业银行辅之;同时结合流动资金贷款融资手段用以补充公司的日常运转资金及应急资金。为不断创新融资方式,充分发挥区域优势,城南城投公司深入探索并尝试以产业基金等新型融资方式进行创新,

2017 年度城南城投公司通过项目贷款、流动资金贷款等形式分别向政策性银行和商业、股份制银行等金融机构进行融资。

【公司运作增效益】　城南城投公司利用市场运作,收购了位于志敏大道南侧(2009)第 197 和 198 号地块共计 84666.67 平方米,中置电子一、二期厂区 90333.33 万平方米,丰溪东路土地 59333.33 平方米,原三源能源有限公司闲置工业用地 6666.67 平方米,五三大道等一批经营性房产面积共计 8598.7 平方米,并赎回白鸥园商业用房 5000 平方米,既加大了区里的土地收储力度,也扩大了公司资产总量,为公司融资、抵押提供了保障;为了公司后续进入企业间债券市场,进一步拓展融资渠道打好基础,根据《信州区投融资企业改革实施方案》的精神,公司先后选聘中兴华会计师事务所、东方金诚国际信用评估有限公司开展城南城投公司主体信用评级工作,于 12 月 11 日成功取得"AA"级信用等级(县级平台最高信用等级)。

【集团组建促发展】　因业务发展需要,公司人员日益增多,经请示报告,在区领导的关心支持之下,城南城投公司全体干部职工于 11 月中下旬搬迁至新办公场所办公。按照信投集团筹建计划,城投公司在 2016 年注册成立上饶市信州区投资控股有限公司的基础上,结合区政府赋予信投集团工作任务的要求,为辅助政府改善经济调控及适应公司的发展战略需求,先后设立了上饶市信州区城乡建设开发有限公司、上饶市信州区华信房地产开发有限公司,并以资本为纽带整合原有设立的上饶市城南城市建设投资发展有限公司、上饶市信州区绿色农业投资有限公司、上饶市信州区信兴旅游开发有限公司,完成了以上饶市信州区投资控股有限公司为母公司的企业集团架构,并完成了上饶市信州区投资控股集团工商登记,取得了《企业集团登记证》,也即告信投集团成立。

(汪丽娟)

经济管理与监督

国有资产监督管理

【概　况】　2017年，信州区国有资产管理办公室在区委、区政府的正确领导和市国资委的悉心指导下，全面贯彻落实中共十八大、十九大会议精神，紧紧围绕中心，服务大局。按照"抓重点、出亮点、创品牌"的工作思路，认真履行监管职责，积极探索国有资产监管的有效途径，积极服务区域经济发展，积极参与市、区两级重点项目建设，较好地完成了各项工作任务，为建设创新创业、生态宜居信州发挥了积极的作用。

【国有资产监管全覆盖】　区国资办对全区国有资产进行全面清核，摸清了家底。全区非经营性资产中房产面积为2296053.43平方米，已抵押面积8224.27平方米，非经营性土地面积为904336.5平方米。全区经营性资产中房产面积421927.276平方米（已办证面积87445.186平方米，未办证面积337890.75平方米，已抵押面积72321.706平方米），其中：住宅所管理的直管公房面积201657.62平方米，其余经营性房产面积220269.656

平方米。经营性土地面积为929421.70平方米，其中已办证面积744411.69平方米（含城投674亩土地），已抵押面积641260.68平方米（含城投674亩土地），未办证面积185010.01平方米。

【盘活国有资产打造融资平台】　区国资经营公司充分利用国有资产的资本效益，多管齐下、多措并举，积极对接金融机构，为区本级融资4.5亿元。分别为区城南城投公司融资3.75亿元；上饶大道南一段项目建设融资5000万元；上饶市中医院新院迁建项目建设融资2500万元。近年来累计融资16亿元，有力地保障了全区经济建设的快速发展。

【积极参与重点工程项目建设】　国资办受区政府领导委托，服务大数据产业园项目，协调项目部国资集团和灵溪镇、胜利村关系。已完成四大块地块签约征收房屋31栋，土地13.47万平方米，拆除征收房屋11栋。大数据产业园作为大数据企业的重要聚集基地，通过自身的规模、品牌、资源等价值为信州区经济发展和企业资本扩张起到巨大的推动作用。

【贯彻落实好社区移交工作】　信州区移交工作涉及5家央企、4个街道、15个社区。已经完成剥离国有企业办社会化职能工作的签约工作的企业有：省属企业江西盐业公司上饶华康公司、江西铜业公司德铜分公司，南昌铁路局上饶车务段、国家电网、713电厂小区。与中材机械有限公司、中国建筑材料工业地质勘查中心的签约工作在协商中。此次社区改造内容包含房屋维修、道路建设、绿化亮化、各种管线等。维修资金由各企业申报，并一次性转入指定的财政专户，通过项目改造使移交信州区的央企社区达到城市同类社区基础设施的平均水平。

【产业扶贫见实效】　国资办对沙溪镇李家村43户贫困户实行帮扶，通过制定精准扶贫工作制度，建立帮扶长效机制。并根据财政部、国家发改委、国务院扶贫办《财政专项扶贫资金管理办法》（财农〔2011〕412号）及江西省扶贫移民办公室《关于探索资产收益扶贫方式的指导方案》（赣扶移字〔2015〕33号）等文件精神，由国资办下属信州区创隆农业发展有限公司作为扶贫资金监督管理方，对江西鲜禾生态农业发展有限公司进行投资，以提高产业扶贫资金的使用效益，发放扶贫款达82万元,带动400户贫困户(滚动对象)增收致富。

(陈慧娟)

安全生产监督管理

【概　况】　2017年,全面贯彻落实习近平新时代中国特色社会主义思想和中共十九大精神,坚持安全发展、科学发展理念,坚持"安全第一、预防为主、综合治理"的方针,认真贯彻落实中央、省、市关于安全生产工作的部署要求,严格落实安全生产责任,积极开展安全生产大检查大整治及"回头看""夏季安全生产""百日攻坚"等专项行动和国务院安委会第七巡查组反馈意见整改工作,有效防范各类事故的发生,确保全区全年尤其是重要节假日、全国"两会"、中共十九大等时期的安全稳定。全区全年未发生过较大及较大以上生产安全事故,共发生各类生产安全一般事故4起,死亡4人,同2016年比事故起数减少2起,死亡人数减少2人。区安监局先后荣获"2017年度全省优秀县级安监局""2017年全省'安全生产月'活动先进单位"荣誉称号。

【严格落实安全生产责任制】区委、区政府领导班子高度重视安全生产工作,党政领导带头落实责任,全年共有5次区委常委会、9次区政府常务会及22次全区性安全生产工作会议研究部署安全生产工作,经常带队深入一线督查指导安全生产工作。年初,区政府和各镇街、园区及相关部门签订《2017年度安全生产目标管理责任状》。各镇街、园区及各相关部门严格落实镇街的属地监管责任、行业主管部门的直接监管责任和安全监管部门的综合监管责任,严管严抓本辖区、本行业领域的安全生产工作。强化落实企业安全生产主体责任。通过开展"五个一"活动,即督促企业开展一次全覆盖的安全风险辨识评估,开展一次全面除患排查治理并做好除患排查治理信息统计报送工作,开展一次系统的安全规章制度和操作规程对标梳理,开展一次全员安全教育培训,开展一次彻底的反"三违"集中行动等一系列举措,督促和帮助企业落实安全生产主体责任。

【理顺安全生产监管体制】年初,区委办、区政府办《关于印发〈信州区安全生产"党政同责、一岗双责"暂行办法〉的通知》和《关于印发〈信州区安全生产监督管理职责暂行办法〉的通知》,区政府办印发《关于调整信州区安全生产委员会组成人员的通知》,进一步明确全区各级党委政府、各级领导干部的安全生产工作责任,理顺安全生产监管体制,健全安全生产监管长效机制,形成权责明晰、职责分明的安全生产监管工作体系。

【充分发挥综合协调作用】区安委办制定年度安全生产重点工作计划,积极组织召开安全生产工作协调会议,积极组织开展联合执法行动,强化安全生产形势的分析、预测和信息报送、交流,安排3个安全生产督查组在全区范围内开展安全生产督查工作,推动隐患排查整治和"打非治违"工作;编辑每半月一期的《信州区安全生产工作简报》,反映全区安全生产各项活动及工作动态,及时传达贯彻上级有关会议精神和工作要求。

【扎实开展隐患排查整治和"打非治违"工作】　全区开展一系列安全生产工作。3月、5月先后组织开展两次拉网式的安全生产隐患大排查大整治活动及"回头看"工作;6月份开始,开展为期百天的夏季安全生产"百日攻坚"专项整治活动,突出消防、交通运输、建设工程、非煤矿山、危险化学品、烟花爆竹、特种设备、农业机械、城镇燃气等重点行业领域安全生产专项整治工作;7月开始,开展为期4个月的安全生产大检查工作及"安全生产执法年"活动;10月份,强化中共十九大期间安全生产检查工作;12月,组织开展岁末年初各项安全生产工作。6月,根据区政府主要领导要求,区安委办组织相关单位人员到湖南省浏阳市安监局学习考察,将对方在安全生产监管方面的好经验、好做法与区情实际相结合,在全区镇街、园区、相关行业主管部门推广使用《生产经营单位基本信息台账》《隐患排查整改销号台账》等台账。全区以开展"安全生产执法年"活动为抓手,加大执法监管力度,从严从实推进"打非治违"专项行动,严厉打击各类非法、违法生产经营建设行为,严肃追究企业安全生产主体责任,对违规违法行为坚决做到发现一起,处理一起。

【强化安全生产宣传培训教育】　强化安全生产宣传工作。以普及新《中华人民共和国安全生产法》《中华人民共和国职业病防治法》《江西省安全生产条例》等为重点，全区加大对安全生产和职业卫生的法律法规和科普知识的宣传力度，积极开展安全生产进机关、进企业、进社区、进单位、进学校、进家庭"六进"活动，形成全社会学法、守法、用法的浓厚法治氛围。4月，加强国务院安委会第七巡查组巡查全省期间新闻宣传工作；开展《中华人民共和国职业病防治法》宣传周活动。6月开展"主题为全面落实企业安全生产主体责任"的"安全生产月"活动。10月，加强国庆、中秋及中共十九大期间安全生产宣传工作。12月，组织参与"全国法制宣传日"安全生产法律法规宣传活动；组织开展"《中华人民共和国安全生产法》宣传周"暨城乡居民"安全用电、安全用气、安全用火"宣传活动等。积极组织安监干部培训。组织相关领导干部及安监人员进行专门培训，系统学习新《中华人民共和国安全生产法》、新《江西省安全生产条例》的相关内容。积极组织督促企业负责人、安全管理人员和特殊工种人员700余人次到市、区安全生产培训机构参训；同时，督促企业自主开展从业人员安全教育培训，整体提高企业安全管理水平，有效夯实安全生产工作基础，减少事故的发生。

【全面部署落实中共十九大期间安全生产工作】 全区对中共十九大期间安全生产工作进行早安排、早部署，7月与全区安全生产大检查工作同步部署，全面启动。9月，先后组织召开3次"中秋、国庆"暨中共十九大期间信访维稳、消防安全、安全生产工作会议，部署落实"双节"和中共十九

大期间全区安全生产工作。中共十九大召开前，先后组织镇街、安监、公安、消防、市监、旅游、文广、民政等部门联合开展"平安一号""平安二号"专项行动，到商场、酒店、车站、电影院、网吧等人员密集场所进行安全检查，为党的十九大保驾护航。

【积极推进安全生产改革发展】 中央和省《关于推进安全生产领域改革发展的意见》及市《关于推进安全生产领域改革发展的实施意见》相继颁布后，积极组织中央、省、市《意见》学习宣贯，组织参加市里专题学习宣贯《意见》电视电话会议；密集部署全面推进，组织人员座谈研讨，在广泛调研和深入讨论的基础上，着力解决制约信州区安全发展的体制机制和基础性、关键性问题，为全区全力推进安全生产领域改革发展打下基础。

【及时处理区人大建议获人大常委会肯定】 区人大常委会加强对全区安全生产工作的监督，区人大领导多次带队督查安全生产工作并调研新《中华人民共和国安全生产法》宣传贯彻情况。针对区五届人大二次会议第67号建议中提及老城区内部分烟花爆竹经营网点设置在人员相对密集地段等问题，区政府高度重视，区安监局按照严禁"上宅下店、前店后宅"规定，及时淘汰不符合安全经营条件的店面7家，并及时回复人大代表。在年末区五届人大常委会第九次会议上，区人大常委会充分肯定全区安全生产工作，人大建议案满意度测评中第67号建议的回复获得全区第三名。

（范炉敏）

价格管理

【概　况】 信州区物价局在信州区委、区政府的正确领导和上级业务主管部门的具体指导下，紧紧围绕物价这一人民群众最关心、最直接、最现实的利益问题，以深化"放管服"改革，推进依法行政为抓手，进一步加强价格调控，加强政府定价管理，加强价格监管执法，促进价格工作加快转型，为更好地服务全区经济持续健康发展作出积极贡献。2017年，信州区物价局各项工作取得了较好成绩，被信州区委评为"先进基层党组织"。

【加强价格监督管理工作】 严格落实《江西省定价目录》《经营性收费目录》清单和上级各项收费政策，共取消涉企收费项目5项、免征1项，执行率达100%。扶持小水电企业发展，根据《江西省发改委关于印发〈小水电上网电价定价规范〉的通知》（赣发改商价〔2013〕595号）和《江西省发改委关于进一步下放小水电上网电价管理权限的通知》（赣发改商价〔2016〕1293号）文件精神，信州区物价局对松坪、胜利灵湖两电站上网电价进行成本审核，并提交市发改委审批。同意松坪水电站上网含税电价为每千瓦时0.31元，胜利灵湖水电站上网含税电价为每千瓦时0.33元。根据上饶市发改委等五部门《关于转发江西省发改委等五部门〈关于进一步完善社会救助和保障标准与物价上涨挂钩联运机制的通知〉的通知》（饶发改价调〔2016〕1号）文件精神，信州区物

价局根据1月份上饶市居民消费价格总水平同比增长3.4%的实际,立即启动社会救助联运机制,按照城市15元、农村9元的标准,共发放价格补贴189711元。

【做好市场价格常态化监管和执法工作】　深入开展价格公共服务。信州区物价局举全局之力推行"市场价格网格化监管服务",将全区主要城区划分5个片区,按片区管理服务、责任到人。实施价格服务"七进",即:进社区、进学校、进医院、进超市、进农贸市场、进企业、进乡镇街道,及时宣传价格政策知识,指导和纠正价格行为、上门办理价格审批事项、更新价费公示板,补充和维修必备硬件设施,确保价格服务微信平台作用的正常发挥。扎实开展专项检查。根据上级通知要求,先后开展医疗服务收费、治理电信收费、减轻企业负担等专项检查,并对20余家公、私医疗机构发放和回收《医疗价格收费自查表》,对全区60余家电信收费点进行走访检查。针对关系群众切身利益的各项民生问题,如煤气价格、停车收费、教育医疗等,组织人员利用节假日时间进行检查,确保市场价格总体稳定。切实加强价格举报和价格行政调解工作。信州区物价局严格执行价格举报工作相关规章制度,落实价格举报责任制和日常值班纪律,确保12358价格举报电话24小时畅通,并积极发挥价格投诉举报系统平台作用,认真受理群众对价格、收费问题的投诉举报,有效地维护了广大群众的合法权益。2017年,受理价格咨询和举报电话68件,办理率100%、满意率100%。办理价格行政调解事件11起,成功率达100%,受到区综治委高度肯定,并评为行政调解工作示范点。

【加强价格监测预警分析和价格鉴定工作】　从扩大监测品种和加强监测分析上下功夫。选择具有一定代表性的经营户、大超市、大集贸市场等12个监测点,监测品种则涵盖粮食、食用油、肉禽蛋奶、水产品、蔬菜、调味品等8大类36个品种。并按照"责任到人、工作到位"的要求,狠抓价格数据的采集、整理、上报、反馈关,杜绝监测数据的失时失准现象,努力保证监测数据的全面性、准确性和时效性。截至12月,信州区物价局共编制12期《信州价格动态》在《上饶晚报》《新信州》进行发布,上报区政府价格月报表12份、价格分析12份。从价格认证鉴定质量上下功夫。信州区物价局在涉案物品的价格鉴证工作中,始终把公平、公正、守规、守纪放在核心地位,坚持做到资料齐全、程序合法、计算准确、结论真实,确保鉴证案件质量,把风险规避到最低限度。全年为公安机关办理价格鉴定19起,为稳定社会治安、改善信州区投资环境作出积极的贡献。

【做好精准扶贫工作】　根据区委、区政府统一部署,信州区物价局扎实开展"结对帮扶"活动,每次活动均由班子成员带队,把党和政府的关心、关怀和物资亲自送到贫困群体手中,耐心为他们解读党和政府关于医保、就业、产业、教育、健康等方面的惠民政策。2月,信州区物价局给茅家岭街道15户贫困对象送上500元慰问金,6月,组织全局干部职工给贫困户送上米、油等端午节慰问品。区物价局里要求所有帮扶干部每月必须不少于2次到贫困户家中进行走访慰问,帮扶干部得倒绝大部分贫困帮扶对象的认可。

（徐海军）

统计管理

【概　况】　2017年,信州区统计局紧紧围绕区委、区政府的决策部署和省、市统计局工作要求,以提高统计数据质量为中心,以提升统计服务为重心,以改革创新为轴心,勇于担当,主动作为,攻坚克难,全区统计服务走心,面貌换新,工作比心,成绩出新。

【强化基层基础建设完善统计体制革新】　加大干部使用力度,尽可能地为统计干部提供实干创业的良好锻炼平台。区统计局有3名干部被借调到别的部门,1名干部被提拔到副科级岗位,1名副科级干部在局内部重用,1名副科级干部交流到工信委。从基层抓起,从细节入手,着力打造学习型机关。形成"每周一学"制度,开展2月"学习月"活动,在局内定期开展"业务知识"互讲,要求人人备课、讲课、听课。让每个干部尽快成为适应新形势下统计工作的行家里手。形成"跟班学习"制度,要求每个乡镇指派统计员到区统计局跟班学习,进一步提升镇街统计站工作水平。加强部门协作,明确工作职责。建立健全部门统计工作联动机制,促进政府综合统计和部门统计的协调发展。完善联席制度,确保高位推动。区统计局配合区政府办下发《上饶市信州区人民政府办公室关于健全完善信州区经济运行分析联席会议制度的通知》（饶信府办发〔2017年〕3号）文件，进一步完善"一月一会"的经济联席会议制度，明确经济联席会议主要职责，区长为总召集人、常务副区长为召集人，完善了30个成员单位职责分工，并对成员单位提出具体工作要求。

【完善科学考核机制助力生态文明建设】 高度重视"河长制"及生态文明建设工作，建立健全"河长制"的工作体系，压紧压实工作责任。形成党组书记、局长亲自抓、分管领导叶慧敏直接抓的工作机制，并安排一名业务科长为联络员，参与区"河长制"相关工作。为推动全区"河长制"工作取得切实成效，全力提高生态文明建设，主动作为，报请区委、区政府将"河长制"工作及生态文明建设工作纳入全区科学发展考评体系中。积极与上级部门对接，扎实学习相关业务知识、及时了解工作要求、找准工作重点。召集30多个部门进行业务培训，普及常识、讲解指标，使各部门对生态"河长制"、文明建设等工作有了更深的了解，为后续工作开展打下坚实的基础。

【致力统计监测分析提升统计服务水平】 信州区统计局认真做好GDP及工业、投资、服务业等主要经济指标数据的统计，有效防止数据异常波动。加强对新经济活动和中小企业的应统尽统，加强对源头数据的查询审核，努力准确反映信州经济社会发展态势。监测月度投资、工业

增速异常波动苗头，及时进行预警预判，迅速报告情况、分析原因和提出建议，引起区委、区政府主要领导的高度重视，并采取了加大工作力度的措施。在每季度向区委、区政府报告主要经济指标的同时，分析数据结构，提出预警预判。加强经济运行的季度、月度分析研判工作，研究经济运行的结构、质量、效益，分析新常态下出现的新情况、新问题，为区委、区政府准确把握经济发展大局提供依据。围绕全区政治经济生活中的重点和社会各界的需要，积极开展统计新闻宣传。开通"信州统计"公众号，为人们认识统计、了解统计、参与统计增加窗口。及时准确向社会各界提供优质的统计信息服务。积极与各部门配合联动，联手调研，互通有无，资源共享，集思广益，力求出统计精品报告。每月全区各行业发布《统计专版》，包括全区经济、工业、商贸、服务业、建筑业、房地产、投资所有行业分析，系统分析全区经济走势、指出问题不足、提出科学建议。2017年，区统计局在江西省统计信息网、上饶统计信息网、中国信州、新信州等媒体采用上发表了150余篇统计分析及信息，进一步提高统计部门的社会影响。

【加强法治统计建设提升依法统计力度】 信州区统计局严格执行《统计法实施条例》和《统计违纪违法责任人处分处理建议办法》。对于统计违纪违法行为，坚持"零容忍"，加大统计执法检查力度，完善统计惩戒机制。认真开展统计执法检查，针对所有"五上"企业上报的统计报表、数据资料中存在问题，深入基层，采

取查看原始凭证、行政记录，数据审核等形式，认真开展统计执法检查，全年共检查单位30余家，立案查处3起，维护了《中华人民共和国统计法》的权威，促进源头统计数据质量的提高。配合相关部门对新增入统企业常态化实地核查，了解企业实际经营状况，严把质量关。借着8月1日《中华人民共和国统计法实施条例》正式颁布实施和12月4日全国宪法日的契机，全体干部职工通过集中学习、演讲课堂、现场宣传等丰富的形式系统学习推广新条例，并通过宣传海报、网络平台等多种媒介向基层企业宣传新条例，印发500余本新条例发放给相关入统企业，并下基层讲解新条例，让更多人了解《中华人民共和国统计法》、遵守《中华人民共和国统计法》。此外，先后把《中华人民共和国统计法实施条例》《统计违法违纪责任人处分处理建议办法》和《建立领导干部违规干预统计工作记录制度的办法》提交区政府常务会和常委会进行传达学习，并取得区委、区政府对抓数据质量的大力支持。

【统筹推进农普工作按时保质善始善终】 信州区统计局高度重视农普工作，要求各镇街认真按照国家、省、市统计局的要求抓好工作落实，全面做好全区第三次农业普查各阶段的工作。为确保第三次全国农业普查顺利开展，全区5个镇街均成立农业普查领导小组和办公室，64个行政村同步完成村级普查机构和宣传机构的组建工作；组织全区5个镇街，100余人参加的业务培训会，并将培训延伸到村、到组；信州区统计局班子全程对全区各乡镇前期工作总体

情况、农业普查工作进度、数据质量、宣传工作、pda 使用、入户率等情况进行全方位督查,对部分单位行动慢、错误多的情况的进行督促;全局建立镇街包干制,由统计局工作人员全程辅助、监督,使全区第三次农业普查能够更好地保质保量按时完成。

（严厚斌）

审计监督

【概　况】　2017 年,信州区审计局在区委、区政府的正确领导下,紧扣全区中心工作,依法履行审计监督职责,不断加强审计干部队伍建设,圆满地完成各项工作任务,为全区经济社会发展提供了有力的审计支持,并顺利通过全省文明单位荣誉的复查。全年,组织完成审计项目 63 个,其中上级交办的任务 7 个,经济责任审计 13 个,预算执行项目审计 6 个,审计调查 1 个,政府投资项目 36 个。审计共查出主要问题金额 9452.51 万元,移送处理事项 28 个,移送人员 64 人,提出审计建议 116 条。

【保障重大政策贯彻落实】　根据统一部署,开展对稳增长、促改革、调结构、惠民生、防风险政策措施落实情况的跟踪审计,项目涉及区财政、民政、发改、国土、环保、水利、农业等 32 个单位和部门,每季度上报 1 次。举全局之力,由相关的专业科室牵头,统一负责,统一实施,统一情况汇报,以各被审单位填报的情况为基础,对重点事项进行重点审计,并对上年报告中所反映的

问题重点追踪,促其整改,推动国家政策的落实。

【开展预算执行审计】　开展了 2016 年度区本级预算执行和其他财政收支的审计,重点审计 2016 年度区本级财政预算执行、区直 5 个部门预算执行和扶贫专项资金等方面情况。以预算执行为主线,以政府性资金为主要内容,加强对财政资金分配、使用和管理情况的监督,强化全口径预算管理、支出预算和政策的执行、决算的真实性;关注财政存量资金的化解情况和专项资金的使用情况,跟踪地方政府性债务情况等。针对完善预算编制和管理及加强对重点领域进行监管等方面提出切实可行的建议,维护了公共财政安全,得到区人大、区委及区政府的肯定。

【加大领导干部经济责任审计】　2017 年,正值换届年,离任审计任务集中,审计人员有限,在单位一把手亲自领导下,克服人员少的困难,合理调配力量,分类实施,统筹安排,采取“四个结合”即预算执行审计与经济责任审计相结合、专项资金审计调查与经济责任审计相结合、全面审计与突出重点相结合及群众举报线索与审计查实相结合的方式对各单位主要领导进行审计。审计移送处理事项 3 个,涉及金额 106.53 万元。

【探索开展了领导干部自然资源资产审计】　按照上级审计机关关于开展乡镇党政领导干部自然资源资产的审计试点工作要求,组织实施开展了对信州区秦峰镇党政主要负责人任中自然

资源资产审计。通过审计,揭示基层乡镇政府主要领导任职期间,在履行土地、林业、水利、环保等决策管理方面存在的问题,提高了基层领导干部对生态环境的保护意识。

【开展民生项目审计】　赴德兴市开展财政惠农补贴“一卡通”资金和村级使用的涉农财政资金审计。派出由局长任组长的审计组共发现问题 388 个,违规金额 4832.63 万元,收缴资金 621.55 万元。办理移送事项 21 个,涉及金额 391.76 万元,57 个人。赴弋阳县开展了 2016 年弋阳县城镇保障性安居工程跟踪审计。派出的审计组共发现问题 15 个,违规金额 2639.58 万元,收缴金额 181.25 万元。办理移送事项 4 个,涉及金额 2030.2 万元,人数 7 人。

【改进政府投资审计工作】　坚持以确保审计质量为主导,在改革工作方式上寻求突破,投资审计工作稳妥、积极推进。重大政府投资项目实行“二审”制,降低了审计风险;引入社会中介服务,建立了中介机构配合审计“备选库”,采取摸球方式确定委托中介机构,全过程审计跟踪监督;开展了对政府投资项目的审理,防范审计风险。

【积极完成上级交办事项】　全年共派出 43 人次参与 7 个区中心工作项目。完成区政府交办的 2017 年春节支付资金项目审计调查工作;完成区政府交办的“秀美乡村”建设资金专项审计调查;完成上饶市信江公证处资产等方面的清产核资;完成区政府交办的 2013 年至 2017 年的

扶贫财政资金专项审计；参与信州区建设项目资金使用情况审核工作；参与同心棚户区及秀美乡村资金拨付核查情况；参与信州区工业基地管理办公室（含上饶市三江工业园开发总公司）清产核资工作。

【从严管理审计队伍】　从严要求，加强班子、班子成员和党员的自身建设，强化政治纪律，努力建设学习型党组织和学习型机关。发挥党员和党员科长的政治模范和业务表率作用，激发全体党员的正能量。制定科室职责和分管领导、科长、科员岗位职责；继续实行工作人员去向报告制等考勤制度，加强机关科室管理和审计服务中心在岗人员管理；开展青年审计人员系列主题教育，建立青年审计人员每周一次主题学习会制度。

（刘玉萱）

社 会 事 务

综 述

2017年,信州区民政局围绕全区中心工作,以保障和改善民生为首要任务,重点推进民生工程,积极开展党员"两学一做"教育活动,整体工作发展良好,较好地完成了年初制定的各项工作目标,切实维护了弱势群体的根本利益,充分发挥民政在构建社会主义和谐社会中的基础作用。信州区蝉联"全国双拥模范城",并连续5届被江西省委、省人民政府、省军区授予"双拥模范城"荣誉称号;荣获"全国综合减灾示范社区";信州区多项民政业务工作列入全省前列,被评为"全省精品农村社区""全省综合减灾示范社区"。

着力改善困难群众基本生活。为贯彻落实国务院45号文件精神,区政府公开发布《关于进一步加强和改进最低生活保障工作的实施意见》(饶信府发〔2014〕12号),进一步加强和改进最低生活保障工作。信州区城市低保标准提高至530元,城市低保对象年末受益人数达到5828人,全年累计救助63109人次,共发放城市低保金2675.96万元,月人均补差水平达到320

元,区财政列支城市低保配套补助资金350万元。农村低保标准达到700元,农村低保对象年末累计受益人数达到7976人,全年累计救助98964人次,共发放农村低保金2234.78万元,月人均补差水平达到225元,区财政列支农村低保配套补助资金500万元。农村五保对象184人(其中集中供养56人,分散供养128人),共发放农村五保供养金83.93万元,区财政配套农村五保供养资金33万元。20世纪60年代精简退职老弱病残职工享受救济的对象95人,共发放救济金42.51万元。

城乡医疗救助实效明显提升。继续加大《关于进一步规范和完善城乡医疗救助制度的通知》(饶信民发〔2013〕55号)的落实力度。重特大疾病医疗救助工作和尿毒症患者血透、重性精神病治疗、农村妇女"两癌"手术和重度聋儿人工耳蜗植入康复救助等专项救助工作持续推进。做好与大病保险制度衔接,降低救助对象大病保险起付标准,努力探索推进"一站式"即时结算网络平台建设。全年共发放城乡医疗救助金970万元,区财政列支配套资金69万元(其中城市医疗救助金42万元,农村医疗救助金27万元)。资助城乡低保对象、农村五保对

象、城乡精简退职人员参保参合1.4万人,参保参合资金80万元。临时救助879人,发放临时救助资金117.67万元,区财政配套临时救助资金34万元。

信州区发生了暴雨洪涝和干旱等自然灾害,成灾面积1707公顷,农作物绝收830公顷;受灾人口41200人,紧急转移安置人口4392人;倒塌房屋7间2户,一般损坏2233间973户;直接经济损失64688万元。灾情发生后,民政工作人员在第一时间赶赴灾区查灾核灾,紧急转移安置灾民,慰问受灾群众,下拨救灾款物,帮助灾区群众开展生产自救,全年下拨救灾补助资金182万元,救助灾民特困户2896户4706人,所有下拨资金全部通过"一卡通"发放,确保救灾资金及时、足额发放到户。

举办灾害信息员培训班,加强防灾减灾救灾宣传工作,建立健全防灾害制度,认真细致地做好自然灾害应急预案完善工作。开展了"全国综合减灾示范社区"创建工作,水南街道书院路社区被评为全省"综合减灾示范社区",沙溪镇铅岭村被评为"全市综合减灾示范村"。

开展慈善募捐及走访工作。区慈善总会组织开展了"慈心大爱·慈行信州"慈善一日捐活动,资助困难大学生2名,全区

各部门和各单位积极参与活动。春节期间开展了"慈善情暖万家"活动，对全区 4 所敬老院、20 户患重病困难户和 300 余名五保户、城乡低保户和受灾特困户进行走访慰问，让这些困难群众过上了一个欢乐祥和的春节。

双拥工作

【走访慰问部队】 8 月 1 日，区委、区人大、区政府、区政协四套班子领导参加了"军事日"活动。春节、"八一"期间，区四套班子领导分别对部队进行走访慰问和开展关爱功臣活动，对享受抚恤补助的优抚对象发放慰问金、慰问信等活动，年内发放慰问金共 100 万余元。

【军民共建】 开展"二建二进"活动，即智力共建、科技共建、书籍进军营、网站进军营。信州区制定了科技拥军活动三年规划和科技拥军实施计划，组织有关部门和企业与部队单位结成科技拥军对子，广泛开展"送知识、送技术、送信息进军营"活动。

【扎实有效推进双拥工作】 高度重视部队随军家属安置、子女入学、士官安置等难点问题。部队子女优先入托、入学。为 34 名随军家属发放了待安置期间生活补助。

【优抚工作】 全区各类享受抚恤补助优抚对象 1649 人；2017 年度城镇的义务兵家庭优待金按照上年度的标准发放 12968 元/人；农村的义务兵按照上年度城镇居民人均可支配收入的 40% 的标准发放 12622 元/人；进藏兵为其他义务兵的 3 倍标准，累计发放优待金 466 万余元。所有资金通过社会化发放。为 13 户住房困难的优抚对象下拨住房维修经费 7 万余元。

【深化城镇退役士兵安置改革】 在退役士兵安置上，对符合政府安置条件的退役士兵进行量化考核，按照量化考核排位由高到低优先选择岗位，做到公开、公平、透明，取得良好效果。接收退役士兵 134 人，岗位安置转业士官 20 人，自主就业 114 人。

【着力开展敬老院等级评定和安全管理工作】 积极开展星级敬老院创评活动，全区敬老院环境进一步美化，敬老院院务管理得到加强，有效提升了敬老院的管理水平和五保老人的生活水平。全区有省级三星级敬老院 1 所，二星级敬老院 1 所。

基层政权和社区建设

【村民自治】 认真做好村务公开、民主管理工作。根据市委办公厅、市政府办公厅《关于深入推进全市农村社区建设试点工作的实施方案》文件要求，2017 年，全区农村社区建设试点是 4 个，分别为朝阳镇的朝阳村、灵溪镇的松山村、沙溪镇的宋宅村、秦峰镇的五石村。

【城乡社区建设】 根据江西省委办公厅、省政府办公厅印发《关于加强全省城乡社区协商的实施意见》文件精神及上级部门要求，结合实际，认真贯彻执行，各社区积极开展城乡社区协商工作。根据省民政厅《关于在全省城乡社区开展"绿色社区 美丽家园"创建活动意见的通知》文件精神及上级部门要求，东市街道茶圣中路社区和紫园社区、西市街道茶山路社区和桥村社区、水南街道金山社区和书院路社区、北门街道东都社区和吉阳山社区开展了创建"绿色社区 美丽家园"活动。经区政府常务会议和区委常委会议通过，信州区增设了 2 个社区居委会，分别为：西市街道的万达社区居委会和北门街道的广平社区居委会，增设后社区居委会为 61 个。继续做好农村离任"两老"人员的生活补助工作。根据省委组织部、省民政厅、省财政厅《关于认真做好农村离任老村党支部书记和老村委会主任生活补助发放工作的通知》，区委组织部、区民政局、区财政局共同对各镇、街道上报来的农村离任"两老"进行了统计、审核、公示，对全区符合条件的农村离任"两老"给予了生活补助，补助金额为村书记 160 元/月，村主任 150 元/月。2017 年全区享受农村离任"两老"生活补助的人数为 106 人，其中书记 63 人、主任43 人。

区划、地名和边界管理工作

【地名普查工作】 根据国务院和省、市政府的统一部署，此次地名普查工作为期 4 年，从 2014 年 8 月 1 日开始，到 2018 年 6 月 30 日结束。截至 2017 年年底，已全面完成外业采集、审核及入库工作。并已报请民政部、省、市普查办审核验收。共采集 11 大类地名信息 2928 条,其中单位类 972 条,非行政区域类 50 条,行政区域类 10 条,纪念地、旅游景点类 86 条,建筑物类 154 条,交通运输设施类 387 条,居民点类 794 条,陆地地形类 76 条,陆地水系类 14 条,群众自治组织类 125 条,水利、电力、通信设施类 260 条。地名标志 201 个。

【规范地名数据库】　完善和规范区级地名数据库,对数据库中的地名信息进行核实和补缺,对错误的数据进行修正,及时更新地名信息,确保地名信息的时效性,建立地名数据库动态维护管理机制,为属性数据库和空间图链接工作打下坚实基础。

【平安边界创建】　与毗邻的广丰区、玉山县、上饶县签订了平安边界协议书,并且建立健全了纠纷应急处理机制、联席会议制度、联谊互访制度、情况通报制度、矛盾纠纷排查制度等各项制度。经常与边界毗邻地区的民政部门互相走访,开展边界友好活动。年内与毗邻县没有发生边界纠纷。

【县级行政区域界线联检工作】　配合玉山县与上饶县完成了玉(山)上(饶)线的县级行政区域界线联检工作。在三县(区)共同努力下,联合检查组通过实地踏勘和走访了解,对广(丰)玉(山)线整条界线及两侧的地形、地貌、标志物按照《协议书》逐一对照检查,一致认为边界线毗邻两侧的地形、地貌、标志物没有明显变化,界线的位置走向

清晰可辨,界桩和方位物都未发现移动,整体完好无损。

【乡镇级行政区域界线联检工作】　在水南、东市、西市、茅家岭 4 个街道的共同努力下,完成了水(南)东(市)线、水(南)西(市)线、水(南)北(门)线、水(南)茅(家岭)线 4 条界线,全长约 8 千米的界线联检工作。

民间组织管理

【概　况】　2017 年,在信州区民间组织管理局注册的社会组织共有 374 家,其中社会团体 110 家,民办非企业单位 264 家。年内新注册社会团体 1 家,民办非企业 23 家。

【加强社会组织党建工作】　为健全和完善社会组织党建领导管理体制和工作体制,区民政局设立了社会组织党总支,下设党支部 10 个,下派党建指导员 18 人,纳入党建工作基数的社会组织 35 家,党员 23 人,覆盖社会组织 35 家,覆盖率达 100%。

【清理检查】　年内,配合财政部门对行业协会、商会涉企收费情况进行了清理登记,有效促进了社会组织健康发展。

社会福利工作

【建立孤残儿童信息系统】　及时准确录入孤残儿童信息,按照福利机构养育的孤儿每月 1100 元标准发放基本生活保障金。全

年发放孤儿生活费共计 678700 元;2017 上半年享受孤儿生活费 50 人,财政预拨补助金 330000 元,下半年享受孤儿生活费 39 人,财政预拨补助金 348700 元。2017 年办理收养登记 13 件。

【开展农村留守儿童调查摸底工作】　2017 年,共有留守儿童 1313 人。建立信州区东市街道施家山社区留守儿童之家,给留守儿童一个温暖的家,相伴留守儿童健康成长。

老龄工作

【开展"敬老""爱老"活动】　全区有 60 岁以上老年人 6.67 万人,其中 80 岁以上老人 8633 人。开展丰富多彩的尊老、敬老活动慰问,走访慰问敬老院、福利院老人以及特困老人 200 余人,慰问金额近 1.8 万元。

【高龄老人享受长寿补贴】　2017 年内,对持有信州区户口的 80 岁以上高龄老人发放长寿补贴,80~89 周岁 60 元/人·月,90~99 周岁 100 元/人·月,100 周岁以上 300 元/人·月,全年累计 32278 人次发放了 664.116 万元。

【居家养老服务】　为积极应对人口老龄化,加快发展养老服务业,不断满足老年人持续增长的养老服务需求,信州区积极打造居家养老服务站点,9 个镇(街)已打造完成 34 个居家养老服务站点。

其他社会事务

【婚姻登记规范化】 信州区婚姻登记处办理结婚婚姻登记3672对，办理离婚登记1156对，补领结婚登记证1066对，补领离婚238对。其中，下设登记点秦峰镇办理结婚292对，补领结婚证54对。信州区婚姻登记处婚姻登记工作中做到3个100，建档率100%、登记合格率100%、当事人满意率100%，被评为国家3A级婚姻登记机关

【殡葬管理】 全区死亡人员火化数1612具。乱埋乱葬现象得到有效遏制，清理整治乱埋乱葬3300例，开展殡葬生态整治常态化巡查，将殡葬生态专项整治工作落到实处。

（黄海娟）

扶贫工作

【概　况】 截至2017年年底，信州区农村人口数为219647人，贫困人口数3115人，贫困发生率1.42%。7个省、市两级贫困村经集中整治扶持顺利通过了市级退出考核，信州区率先在上饶市消除农村绝对贫困现象，是江西省第一批少数几个摘帽退出贫困的区（县），稳定实现扶贫对象不愁吃、不愁穿，义务教育、基本医疗和住房安全有保障。

【制订脱贫攻坚规划】 在上年全区精准脱贫目标基础上，制定了2017年至2020年脱贫攻坚工作规划，细化路线图，明确时间表，按时间节点扎实推进，并调整滚动脱贫计划，明确今后3年每年脱贫贫困人口计划。

【选派驻村帮扶工作队】 按照"单位帮村、干部帮户"的要求，向66个村选派了98名副科级以上干部驻村担任扶贫工作队和第一书记，安排结对帮扶干部1624人，并动员十大企业开展村企共建。做到"四个全覆盖"，即全区所有村扶贫工作队全覆盖，第一书记派驻全覆盖，区领导联系镇（街）帮扶全覆盖和区直单位参与精准扶贫全覆盖。

【产业扶贫工程】 严格贯彻产业扶贫核心要义，采取分类施策，因症施治。共投入扶贫专项扶贫资金1300多万元，其中区财政投入近400万元。产业扶贫投入近800万元，实施产业扶贫项目14个，帮助近1200户困难户4000余贫困人口人均增收近500元，500余户贫困户实现稳定脱贫。积极引导贫困村、贫困户借助农民专业合作社、农业龙头企业，村级扶贫车间等载体，通过以土地参股等形式发展特色种养殖。围绕"农村电商"，帮助贫困户开办网店，鼓励电商企业帮助群众销售农产品；借助丰富的旅游资源，引导贫困户发展乡村旅游、休闲农业等产业；全面落实扶贫小额信用贷款，推进贫困户实施创业和发展生产。2016年开始实施的食用菌产业与贫困户嫁接的模式得到省、市领导的充分肯定，本地优势农业产业得到充分提升和扩展。光伏扶贫正式启动，6个贫困村有望参加光伏收益。农业产业化奖补政策进一步落实。

【就业扶贫工程】 整合"家政培训""新型职业农民"和"电子商务"培训等资源，有针对性地采取就业培训、就业援助和提供公益性就业岗位等举措，实施精准就业帮扶。通过电子商务创业培训、家政培训、就近企业上岗等，带动近800名贫困群众实现就业；进一步落实"劳动者自主择业，市场调节就业，政府促进就业"政策，多渠道促进农村贫困劳动力转移就业。2017年，区就业局、农水局、扶贫办、妇联等部门开展涉农专项培训近1000人次。开发66个扶贫就业专岗，安置建档立卡贫困户就业增收。

【社会保障扶贫工程】 提高农村低保保障标准和特困人员供养标准。根据全区农村人均纯收入增幅、农村人均消费支出增幅和物价上涨等因素，逐年提高农村困难群众和五保供养人员补助水平，促使其消除绝对贫困，做到精准救助与精准扶贫有效衔接，实现扶贫支持和社会救助两条路径脱贫致富。月人均补差水平达225元，标准提高至305元。不断提高民政医疗救助水平。对城乡医疗救助政策进行调整和完善，将建档立卡贫困对象中农村低保对象医疗救助比例在原有的基础上提高5%。突出对重特大疾病的救助，逐步提高支出型贫困低收入家庭重特大疾病患者的自负医疗费用救助比例，全年共为2194名贫困对象实施了民政医疗救助，发放资助金864万元。发放临时生活救助117万元。

【教育扶贫工程】 采取教育资助一批、学校免费一批、财政支

持一批、社会资助一批、部门助学一批的办法切实减免贫困家庭就学负担。为1025名学前教育阶段的城乡贫困户入园幼儿、764名义务教育阶段的困难学生、308名高中教育阶段的困难学生、137名大学新生、75名中等职业教育阶段全日制正式学籍的特困中职学生、190名在校孤儿及准孤儿发放了资助金，确保全区所有贫困对象学生应助尽助、应贷尽贷，不让一个贫困对象学生因贫失学。实行教育扶贫校长负责制，确保保学控辍工作不留死角。

【健康扶贫工程】　建立六道保障线：城乡居民基本医疗保险、城乡居民大病保险、大病关爱、重大疾病医疗补充保险、民政大病救助、康健工程，通过前四道保障线，使建档立卡贫困人员医疗费用报销比例达90%，未达到90%的由第五道保障线进行兜底，确保建档立卡贫困人员医疗费用个人自付部分不超过10%。对前五道保障线仍有缺口的，通过政府启动康健工程给予补助，由2017年康健工程（区财政安排专项资金）解决。贫困患者住院自付医疗费用比例9.3%，落实贫困人口重大疾病专项救治政策，实行按病种定额救治，实行10种重大疾病免费救治，同时提高15种重大疾病基本医疗保险保障水平。2017年，全病种类及救治841人、1241人次，救治率64.43%。其中，22种重大疾病应救治331人，已救治188人，救治率56.8%。2017年，全区贫困人口电子建档率为92%，对辖区内所有贫困人口开展家庭医生签约服务，签约服务覆盖率达100%。全区范围内9家公立定点医疗机构（上饶市立医院、上饶市中医院、信州区二院、北门医院、沙溪中心卫生院、灵溪卫生院、朝阳中心卫生院、秦峰卫生院、茅家岭卫生院）落实"先诊疗后付费"政策，设立了"一站式"服务综合窗口。贫困患者在区外市内医保定点医院和区内非指定医院就医前三道保障线由医院直报，不足90%的人员由医院将资料报送至区医保局一站式结算窗口进行再次报销。

【危旧房改造工程】　对全区建档立卡贫困对象危房户进行了信息采集和鉴定级别工作，把住房困难贫困户全部列为安居扶贫帮扶对象。上年实施的217户危房改造，其中132户建档立卡贫困户已全部竣工，并于2017年7月通过省级交叉验收。按照上级文件要求，2017年主要以"四类对象"为主（建档立卡贫困户、五保户、低保户、残疾人家庭），实施农村危房改造106户（建档立卡贫困户91户），由区级托底为9个镇街相关C级危房进行全面修缮解决资金和脱贫户住危房问题。

【村庄整治和基础设施建设扶贫工程】　对已确定有贫困人口的村居，安排了1360万元新农村建设项目资金用于基础设施建设和村庄整治，把3个省定贫困村和4个市定贫困村作为重点巩固提升对象。2016年年底，申报的3个省级贫困村已通过退出考核程序，基本实现消除绝对贫困现象。2017年，扶贫村庄整治整村推进工作结合新农村整改实现了全区25户以上宜居自然村的道路硬化，75%硬化户户通。同时进一步优化村道路间的连通，全面提升了农村公路路网的广度和深度，全区农村生产生活条件大为改善。

【结对帮扶扶贫】　在原有"321"结对帮扶架构基础上，鉴于干部调整、人员调动，及时更替帮扶干部，有效确保帮扶工作的连续性。根据《省委组织部关于集中选派干部到村（社区）担任"第一书记"及其他职务的通知》，在实现驻村"第一书记"全覆盖的基础上，先后8次对驻村"第一书记"和驻村工作队的培训、管理、督查，保持帮扶村不变，保持队伍不变，保持帮扶力度不变。确保提高政治站位，以最严纪律补齐工作短板。同时，在全市率先出台了《脱贫攻坚常委负责制工作意见》，并建立自上而下的责任落实办法，注重发挥区委常委的示范作用，凝聚起脱贫攻坚的强大合力。

移民工作

【做好直补对象管理工作】　在充分尊重移民意愿，听取群众意见基础上，核定大中型水库现状移民3470人。其中，核定到人的移民人数1364人，无法核定到人的移民人数2106人。核定到人的移民对象以现金直补方式扶持；无法核定到人的移民对象以生产安置项目方式扶持。2017年信州区水库移民资金345.2万元。其中，直补资金81.84万元；无法核定项目资金126.36万元；后期扶持结余资金137万元；小型水库补助资金27万元。直补资金以移民机构造花名册提供给财政,财政通过"一卡通"拨付到乡镇、街道财政所,再打入每个移民对象"一卡通"账号。

【合理安排移民扶持项目】　通过召开村组会议、走访群众等形式,在充分尊重移民意愿并听取群众意见的基础上,决定采取以基础设施建设为主的项目对移民安置区群众进行扶持。2017年,共有17个移民基础设施项目的实施,其中大中型水库移民后期扶持项目7个,总资金126.36万元。7个移民项目全部启动,完成项目7个,下拨移民后扶资金126.36万元。项目完成率达100%。2017年后扶结余项目8个,项目资金110万元。已实施完成8个,下拨资金110万元。小型水库移民解困项目2个,安排项目资金27万元。2个项目全部开工,完成项目2个,下拨项目资金27万元。

【严格管理移民扶持项目】　根据江西省扶贫和移民办网上批复年度计划,确定项目实施单位,并产生项目管理小组,工程竣工后经验收合格及第三方审计,严格按照项目实施和资金使用办法进行管理,2017年共实施17个移民扶持项目,受益农村群众15639人。

（王姿予）

镇　街道

东市街道

【简　况】　东市街道位于信州区东部,辖区范围东起三清山东大道、西至步行街、南至滨江东路、北至凤凰大道,总面积7.5平方千米,总人口约9万人,下辖18个社区和1个居委会。街道设有人大工委、纪委、人武部、党政办、计生办、爱卫办、综治办、民政所、劳动保障所、宣传文化站;下辖的19个社区(居)分别为:箭道巷社区、金龙岗社区、祝家巷社区、施家山社区、五三(2)社区、南门路社区、三里亭社区、五三(1)社区、茶圣中路社区、沿城社区、建新路社区、大井头社区、体育馆路社区、中山路社区、北门村社区、现代城社区、市委市府大院社区、紫园社区、东门新村居委会。辖区内有三清城、现代城、中央公园等高档小区,亿升广场等大型购物广场。辖区高楼林立,商厦栉比,交通便捷,科教繁荣,人文荟萃,是宜商、宜业、宜居的高品位商务区和高品质生活区。2017年,在区委、区政府的正确领导下,东市街道以新发展理念适应新常态,紧紧围绕中心工作,振奋精神,扎实苦干,全力服务重点项目建设,着力维护社会和谐稳定,加速推进街道跨越发展,各项事业呈现出快速稳步发展的良好局面。街道获2017年度信访工作"三无"乡镇(街道)和2017年度全市计划生育工作目标管理先进单位。

【党建基础不断夯实】　18+1个社区(居)全面、有序地开展党建标准化建设。建成标准化体系,形成全年任务清单,强化社区党支部在基层治理中的领导核心和战斗堡垒作用,实现基层党建整体提升、全面过硬。活动建设。社区各党组织围绕党员主题活动日,通过开展集中宣讲、社区党课、党课"直播"、微信大家谈、志愿者服务、在职党员进社区服务等多种形式,深入推进"两学一做"学习教育常态化制度化。基层党组织建设。推进社区"阵地建设",为施家山、祝家巷、箭道巷、金龙岗社区落实办公用房,为基层组织场所改善创优。服务群众能力大幅提升,基层党组织堡垒不断巩固。加强党员教育管理和坚持"三会一课"制度,利用"党课主播"的创新形式为党员授课。持续对非公经济组织和社会组织的两覆盖工作进行了强化、优化。

【经济发展健康增长】　财税收入平稳攀升。街道积极适应经济调控新形势,致力于抓好项目引进,培植税源等关键环节。多措并举,引进总部经济1家,信息服务业24家,商贸流通业15家。实现招商引资新突破,新增工业企业4家,信息服务企业7家,新增流运输企业5家,新增商贸流通企业12家。2017年,财税任务20623万元,奋斗目标20721万元。截至12月底已全面完成全年财税任务。继续深化税收结构调整。抢抓市、区鼓励发展现代服务业的政策契机,物流运输业、信息服务业、规上工业经济等项目齐头并进,现代服务业发展形势喜人,税源结构不断优化,税收结构更加合理。重点项目高效推进。新落地的"恒基城市广场"是城东唯一一个大型商贸综合体项目。市、区两级重点项目铁路既有线两侧棚改项目,涉及东市片区征收总面积16.8万平方米,自7月底征收工作启动以来,东市街道调集精干力量,以扎实的作风和吃苦的精神推进征迁工作,征收房屋431栋(套)已全面完成征收任务。

【社会事业全面进步】　由管理向服务转变。始终坚持以人为本,强化服务意识,推进卫计工作由管理向服务转变,群众满意度进一步提升。强化服务能力。通过以会代训的方式提高计生业务人员综合服务能力。多渠道公开计生政策、办事程序和工作流程，落实便民维权一站式服务，生育服务卡办理数量超800余人。拓展服务内涵。强化计生宣传，通过设置宣传栏、张贴标语等方式，宣传计生政策法规、优生优育等知识，引导群众树立科学的婚育观念。转变服务理念。根据不同育龄群众需求，宣传孕前优生健康检查、避孕节育知情选择等知识，满足群众多元化的服务需求。社会保障事业稳步前进。坚持"为民解困、为民服务"的宗旨，落实解决民生、改善民生的各项要求，各项业务协调发展。社会保障事业扩面。实施低保工作动态管理，受理低保申请45户，取消不符合低保条件的对象46户。为东门村931人进行失地农民身份认定并为其中112人办理失地农民社会养老保险。建立救助体系。开展对困难群众、残疾群众的走访慰问，对三无对象发放生活补助。组织有就业需求的残疾人参与残疾人就业现场招聘大会，鼓励残疾人积极就业。

【城市管理卓有成效】　控违控建出重拳。立足辖区网格化管理实际，加强制度建设，明确工作职责，强化巡查密度，加大拆除力度，确保管控到位。全年共召开了7次私房及附属设施建设评审会，222户居民受益。拆除违章建筑166处，6732平方米，责令停建户96户。环境卫生长效治。自全市保洁工作市场化运作后，街道立足实际，重新定位，重组织领导、重工作宣

传、重协调配合，努力改善人居环境，保障人民群众身心健康。城乡环境综合整治初见成效。对辖区范围内的重点路段、里弄小巷进行日常监管和环境卫生监管。全面落实"门前三包"责任制，对环境脏、乱、差现象进行了专项的治理，对违章搭建、占道经营、乱停乱放等现象也进行了坚决取缔。

【社会治理水平提升】　强化基层基础建设，及时稳妥地调处和化解各种矛盾纠纷，较好地防止和处置了各种突发性事件，维护了社会安定。抓住落实综治责任制这个龙头。与各社区（居）签订2017年度《综治、信访工作目标管理责任书》《消防安全目标管理责任书》《安全生产目标管理责任书》等各类责任书，并将各类目标管理责任列入综合考核，对责任书的执行情况进行考评。网格化管理增强群防群治能力。编制了街道、社区和居民小组（区）三级工作网络，建立配套联动、覆盖全面的矛盾纠纷排查调处机制。共调处矛盾纠纷89例，调处成功率100%。采取"发动群众、全民参与"的方法，以社区干部为骨干，整合公安、业委会等力量，排查各种安全隐患。安全生产实行动态监管。企业信息的系统录入率达99%，督促200余家企业对安全隐患实行网上自查自报，不定期对辖区企业开展安全隐患、消防隐患排查，排除消防和安全隐患百余处。开展安全生产专项整治活动十余次。

【人居环境持续改善】　坚持"硬件建设上档次，软件建设上水平"的工作思路，不断完善社

区服务功能，以提高居民生活质量和社区的文明程度作为落脚点，社区建设的作用逐步显现。完善社区硬件。切实把社区建设摆上重要议事日程。以抓好社区硬件设施建设为突破口，积极搭建社区管理和服务平台。继上年完成6个社区办公场所升级改造后，2017年，继续完成施家山、祝家巷、箭道巷、金龙岗社区办公场所升级改造。创建社区特色。按照"一居一品"的工作思路，引导社区做好发展定位，结合自身特色，因地制宜，打造不同的"品牌社区"。如茶圣中路社区的青年空间、妇女儿童之家，现代城的安全社区，五三（2）的就业社区等等。

【主要负责人】
党委书记：刘理国
主　　任：桑　郁（任至6月）
　　　　　吕来清（6月任）
人大工委主任：洪永军

（奚萌君）

西市街道

【简　况】　西市街道位于信州区城区西部，北以凤凰中大道为界，东以带湖路、胜利路、步行街为界，西以槠溪北路为界，南以滨江西路为界，辖区总面积7.8平方千米，总户数24634户，常住人口76296人。辖区内共有马家弄、大公厂等社区居委会20个，村改居1个，150余家行政事业单位。2008年7月，街道办事处从原新建路（相府路5号）迁到凤凰大道359号（西市街道便民服务中心大楼）。西市街道是信州区最早成立的街道

之一,地处信州区主城区,商贸繁荣、环境优美、交通便利、古迹众多,辖区内有全省重点中学上饶一中;有全区最早的批发市场渡口批发街;有繁华兴旺的八角塘集贸市场、白鸥园市场、抗建路步行街、水晶宫广场;有百年老店丁大兴;有明代万历年间的奎文塔;有保存完整的杨益泰旧宅(信州区博物馆)。2017年,西市街道深入贯彻落实中共十八届五中、六中全会和中共十九大精神,在区委区政府的正确领导下,西市街道以全面深化改革为发展契机,正确把握"新常态"这一经济发展大趋势、大背景,紧扣"商贸兴街,经济强街,平安稳街,特色活街"的工作思路。以党建引领创新,打造"特色西市";以招商推动转型,打造"活力西市";以综治谋求稳定,打造"和谐西市";以事业改善民生,打造"幸福西市"。进一步强党建、调结构、保稳定、惠民生,实现了各项事业的持续、健康、协调发展。

【经济发展平稳有序】 2017年,西市街道累计实现财税任务20840.98万元,同比增长26%。其中,国税完成13357.31万元,同比增长30%;地税完成7483.67万元,同比增长26%。此外,累计完成固投项目20个,同比增长66.7%;完成固定资产投资6.14亿元,同比降低了38.9%。

【招商引资效果显著】 2017年,累计引进各类企业25家,其中信息服务业企业7家,分别为江西联竞网络科技有限公司、信州区庆发广告设计事务所、信州区方鑫信息服务中心、江西甲壳虫动漫有限公司、上饶市天创传媒有限公司、上饶安尔智科技有限公司、江西晟世能源科技有限公司;商贸流通企业11家,分别为江西乐和装饰工程有限公司、信州区开亮建材经营部、信州区国洲建材经营部、久盛贸易、泰同珠宝有限公司、永利活禅酒店、潭膺建设工程有限公司、雏鹰建设工程有限公司、江西慧充新能源科技有限公司、上饶市立成实业有限公司、上饶市森磊实业有限公司;工业4家,分别为江西镇豪服饰有限公司、江西通来萨普科技有限公司、上饶市城投新型材料有限公司、江西诗柯曼家居有限公司;物流企业2家,分别是上饶市启云物流有限公司和上饶市曾曾物流有限公司;金融企业1家,是安信证券,这些企业的入驻有效推动了街道经济的多元化发展。

【重点项目加速推进】 扎实推进万达中央商务区建设。2017年,西市街道按照区委、区政府的相关要求,顺利完成了万达CBD的建设工作,并组建了专门的服务工作组,加快推动饶城优质企业资源整合,已与平安保险、上旅集团等多家企业达成了初步入驻意向。另一方面,积极助力博泽铜业技改项目。博泽技改项目正加速推进,在街道的帮助和协调下,企业于8月份通过了省环保厅的验收检查,成功办理了《危险废物经营许可证》(临时),为实现传统重工业的转型升级铺平了道路。

【城市建设全面深入】 棚改工作蹄疾步稳,2017年,西市街道自有及服务的重点项目14个,已完成征迁任务的项目有1个,为带湖路3号。正在实施的项目有4个,其中桐子坞棚改项目已完成征迁559户,面积73175.53平方米;铁路既有线项目方面,西市街道征迁任务为330户,已完成签约319栋(套),完成进度为96.67%;完成拆除280栋(套),其中国有152套,集体128栋。同时,继续加大对老铁路沿线两侧的控违力度,配合做好铁路片区农贸市场建设的相关服务工作;凤凰大道、紫阳南大道道路提升改造项目,已完成前期摸底工作。正在开展前期工作的项目有1个,为龙潭安置小区,已成立征迁组。城市管理常抓不懈,西市街道长期保持着控违工作的高压态势,为此,街道成立了专门的巡防大队,在原有控违队伍的基础上,又面向社会招聘了5名巡防队员,重组了街道控违队伍,进一步提升了控违工作实效。共拆除违章建筑180户,面积7800平方米,责令停建22户,停建面积300平方米。促使辖区内形成了一种违法建设不能建、不敢建的良好氛围,维护了西市街道的发展秩序和建设环境。环卫方面,充分利用网格巡查的优势,加大对卫生死角的清查力度,累计清理卫生死角1089处,清运死角垃圾635车,清理高空抛物136处,确保了辖区环境的卫生整洁。此外,切实加强对违规占道经营的政治工作,协助城管部门对八角塘市场及周边环境进行了一次集中整治,有效遏制了该片区商户占道经营的现象。

【党建工作蹄疾步稳】 以"党建+"为核心,构建了党建和民生融合发展的长效机制,打通了联系服务群众的"最后一公里"。以"集中整治"工作为抓手,进一步提高了党员干部的纪律意识和责任意识。结合工作实际,进一步完善了会议、值班、请销假、报账等十大管理制度,并以"三问一访"为抓手,切实提高党员干部的宗旨意识和服务水平,累计走访入户200余人次,搜集群众建议和问题诉求48条;此外,通过开设监督专栏和群众监督电话的方式,进一步规范了干部行动,堵住了"庸政""懒政"的歪风。以"两学一做"为抓手,扎实提高党员基本素质。坚持把深化学习贯穿始终、把传承红色基因贯穿始终、把解决突出问题贯穿始终、把作风整治贯穿始终、把做合格党员贯穿始终。累计开展了各类学习教育活动120余次。

【社区建设独具特色】 网格建设全面铺开,努力夯实平台基础。在上级领导部门的大力支持和推动下,街道先后投入了86万余元,进一步整合综治、环卫、控违等各方面资源,对网格化服务管理指挥中心进行了全面的提档升级,成立了网格化服务管理指挥中心,配齐了网格员的专用手机终端,并于11月代表信州区迎接全市、全省的网格试点工作现场会,"西市格格"得到了省级有关部门的认可。另一方面,扎实做好队伍建设。在原有的81名网格长的基础上,又增设了机关网格专干16名和专职网格管理员15名。街道网格化服务管理指挥中心共认领各类数据76873条,上报工作日志2819篇,上报事件1023条,流转事件400余条,实现了"小事不出网格,大事不出街道"的社会治理新局面。品牌建设独具特色,街道着力做好"社

区差异化发展"文章,以党建为统领,推进社区民生保障工作。在"网格化"管理模式的基础上,结合社区实际,开展社区差异化品牌建设工作。通过建立以社区党员为核心的志愿服务队伍,完善以居民活动中心为基础的特色活动平台,打造了一批别具特色的亮点项目:茶山路"老年驿站",为辖区了老年朋友提供了一个娱乐、养老的新场所,桥村社区的"廉政示范点",诠释了作风建设的新风向,即将建成的"万达社区",为新时代社区建设树立了新标杆。

【和谐环境得到巩固】 作为信访的重灾区,西市街道一直以来都非常重视信访维稳工作。2017年,西市街道充分依托网格化服务管理指挥中心的平台优势,全力保障辖区和谐稳定。在街道时有的81个网格的基础上,通过周期寻访、科学管理和动态监控,实现了对辖区重点稳控人员的有效监督。上半年,共排查各类矛盾纠纷57件,调处化解55件,调处率达96%。尤其是在中共十九大期间,处理了各类信访事件十余起,并组织街道各级干部加强动态监控,为确保中共十九大期间的和谐平稳奠定了坚实基础。

【各项事业齐头并进】 民生保障全面提质,在大病救治、就业扶持、精准扶贫、卫计服务等方面持续发力。累计开展各类招聘会6场,实施医疗救助127人次,发放各类慰问、救助资金近55万元,提供创业贷款600余万,提供免费孕检8093人次,医保及社保参保率分别提高2%和5%。文化活动异彩纷呈,作为全区人口最

多的一个街道,西市街道一直以来都十分重视开展各类群众文化活动。累计组织"文化进社区,名家送春联""衣旧情深 让爱循环"学雷锋衣物捐赠活动、"百姓大舞台 大家一起来"文艺演出等各类公共文化活动30多余次,吸引了600多人次参加。在全市广场舞大赛上,代表西市街道的舞蹈队还获得了全市三等奖的好成绩。社区建设有条不紊,街道按照上级领导部门的要求,因地制宜,扎实筹备,高效推进了万达社区居委会的组建工作。截至2017年,万达社区居委会办公用房已经落实,装修工作也即将完工。社区两委的组建工作也按照上级领导部门的要求紧密推进,12月底万达社区全部筹建完毕。扎实筹备社区"两委"的换届工作。成立了以党委书记吴丽辉为组长,党委副书记、办事处主任章小荣为副组长,党群副书记、纪委书记、区委组织员为成员的"西市街道社区'两委'换届工作领导小组",并组织工作组前往各社区进行了全面的摸底工作,为下一步"两委"换届工作打下了坚实的基础。

【市政法委调研网格化管理服务工作】 1月20日,市委常委、政法委书记陈荣高调研网格化管理服务工作运行情况。陈荣高一行先后来到马家弄社区、西市街道网格化管理服务中心,认真听取了关于网格化管理服务工作的汇报,实地察看了社区网格员的工作操作流程,观看了网格化管理VCR、指挥中心工作流程演示及指挥室监控调取情况等,并就工作中存在的难题提出建议。陈荣高肯定了街道网格化管理服务工作所取得的成绩,

他指出,网格化管理的重点和难点在基层,要细化工作流程、切实排查问题、解决问题,真正把服务工作做到基层。同时,进一步强化技术支持,建立科学的考核、奖惩机制,落实责任,推进工作,为网格化管理服务工作落实到位提供有力保障。

【上饶万达中央商务区筹委会成立暨入驻企业签约大会】 万达信江双塔写字楼招商工作已经全面启动,有53家知名企业率先入驻。本次会议中,江西天亿建设有限公司、汤臣倍健、江西和益工程检测有限公司、江西大库科技有限公司、易鸿创业有限公司、上饶市新泽实业有限公司、上饶市云天科技有限公司、文俊舞蹈艺术学校、上饶市名阁风尚装饰设计有限公司、江西海西正裕实业有限公司等10家企业签署了意向入驻协议。

【市中心城区功能项目集中开工仪式在西市街道举行】 8月18日上午,在上饶市委、市政府主要领导的主持下,上饶市中心城区功能项目集中开工仪式在铁路既有线两侧棚改项目征迁现场(西市街道庆丰居委会原址)举行,市城投、市城管、部门领导、信州区代表队参加活动。此次上饶市中心城区功能项目集中开工仪式上,26个城市功能项目涵盖了小公园、地下停车场、道路贯通、城市公厕、垃圾中转站等多个方面,总投资122.3亿元。这些项目的顺利实施,必将对饶城提升城市宜居度、群众满意度,加快建设上饶市中心城区"去杂乱、补短板"和城市双修产生重大而深远的影响。

【主要负责人】
党委书记:吴丽辉
主　　任:章小荣
人大工委主任:姜中林

（徐腮明）

水南街道

【简　况】 水南街道地处上饶城区南片,东与灵溪镇、朝阳乡接壤,西以丰溪河为界与茅家岭街道相望,北隔信江河与东市街道相邻。街道总面积8.75平方千米,耕地面积74.5公顷,山林面积384.27公顷,森林覆盖率为67.5%。下辖3个行政村和9个居委会。总人口4.6万余人,其中城市居民3.96万人,农业人口0.4万人。人口自然增长率5.84‰。2017年,水南街道在区委、区政府的正确领导下,在区直各单位、各部门的大力支持下强化党建、狠抓项目、保障民生、促进和谐,实现了经济社会和党的建设全面发展。创新思路破难题,奋力拼搏促发展,街道经济呈现出总量快速扩张、结构不断优化、效益大幅提升的良好发展态势。全年水南街道财税任务13548万元,1月—12月完成财政总收入13924.67万元,国税收入累计完成5881.84万元,地税收入累计完成7979.71万元,财政自身组织收入累计完成63.13万元,完成全年任务计划数的102.29%。顺利完成区委、区政府下达的任务指标数。上饶铸辉家居有限公司开工建设,江西立宇医药有限公司实现投产,江西华庆科技有限公司实现运营,上饶索密特实业有限公司2018

年1月份投产。街道以经济发展为着力点,为投资项目提质增效。全年共引进企业45家,其中互联网企业33家、商贸企业3家、物流企业4家、工业企业3家、房地产企业1家、金融保险企业1家。引进5000万元及1亿元以上的工业项目各1家,新增联网直报入笼企业6家,其中规上服务业5家,规上工业1家。全年开展各类文化活动100余次,丰富了群众业余文化生活,组织参加全国第十三届深圳文博会,荣获4金、2银、2铜,名次排全省第一。

【项目改造建设稳步推进】 街道完成东岳护国寺改扩建项目征地拆迁工作,书院路127号崩塌治理和崂岭头小巷改造项目。为策应大美上饶建设,解决群众实际困难,街道对崂岭头施行亮化、绿化、美化工程。积极对接市政公司,完成了所有的管线下移工程,拆除崂岭头路段所有广告架、门面雨棚、钢架,统一建筑风格,打造以党建、廉政、水南特色文化为主要内容的文化墙

【脱贫攻坚取得成效】 确立"党建+扶贫"工作思路,挂图作战,强化措施,真帮真扶,全年共发放慰问金和慰问品4.8万元,为8户贫困户推荐就业,为9户贫困户办理临时救助,为11户贫困户办理低保,已脱贫38户126人。

【群团工作迎来发展】 按照妇联组织区域化建设改革的要求,完成了街道妇联换届和村居会改联换届选举工作。工青妇积极参与到党建、扶贫等工作领域,广泛宣传"两学一做"、中共

十九大精神,全年共帮扶孤寡老人 22 人次、留守儿童 26 人次,救助特困户 30 户。与有关部门共同创建了社区志愿者服务中心,积极开展扶贫助残、帮困助教、法律援助等活动,共开展扶贫帮困 400 余次,法律援助 14 次,健康检查 875 人次。老年体协工作得到加强。进一步加大了老年体协工作经费投入,在区老年体协的指导下,街道成功举办了第十一届镇街老年人运动会,积极参加区第四届老年人运动会,街道老年体协分别取得团体第三名、2 个单项第二名的好成绩。

【稳定局面得到巩固】 抓好信访维稳工作,全年排查调处各类矛盾纠纷 276 件,基本实现矛盾不出社区、不出街道;加强对信访重点人员的稳控工作,成功劝返赴京上访人员 6 人 3 次,未发生赴京进省非正常上访。抓好安全生产工作,全面开展安全生产大检查,整改安全隐患 30 余起,未发生一起安全生产责任事故,有效保证群众生命财产安全。

【城市管理工作见成效】 全年累计控违 137 件、拆除面积 6282 平方米,其中存量违建 6 件 2374 平方米,占常量违建 28.6%,存量违建逐年消除,违建行为呈逐年递减趋势。加强了环境卫生、占道管理、大气环境污染、焚烧秸秆等整治工作,城乡面貌得到改观。

【抓好卫计工作】 全面落实计生新政策,较好完成了各项目标任务,打造了书院社区流动人口管理示范点,街道被市、区两级卫计部门推荐为全省流动人口示范管理街道。12 月,水南街道迎接了 2017 年度全市计划生育目标管理考核,得到肯定。

【人大代表联络站建设】 建立了水南街道、际洲公司、金山社区 3 个人大代表联络站,开展了"校车安全管理""关爱儿童防溺水"等专题活动 6 次,收集选民意见建议 100 余条,基本得到解决或反映。

【基层党组织建设得到夯实】 配齐了 12 个村居第一书记,壮大了支部力量。开展了基层党组织标准化建设,提高了党建工作水平。创建了全区首个城市党建品牌"乐邻中心",在全区推广。打造了金山"125 党建+",书院路"六家聚一家、五园合一园"党建示范社区。

【党风廉政建设得到推进】 通过"明责""诺责""考责""问责",压实"一岗双责"。以弘扬家风家训为抓手,采取"晒、写、讲、征、评"等方式,树立党员干部廉洁自律意识,活动典型做法在《上饶日报》《读廉》上刊登。立案查处党员违纪案件 3 件,其中党内警告处分 2 名,开除党籍 1 人。协助区纪委查案 3 件,形成了打击腐败的高压态势。

【意识形态建设得到增强】 以"五个强化"为抓手,推进意识形态责任制建设,先后就意识形态工作重要性、网络信息安全、警示教育等进行专题学习 10 余次;结合两学一做,开展了"书记上党课""党员主题日"学习教育 60 场;打造了壹品书吧,开展了"廉洁书画展"活动,丰富了群众文化生活。

【主要负责人】
党委书记:徐永军(任至 6 月)
　　　　　徐传湖(6 月任)
主　任:周宏亮
人大工委主任:徐　勋
　　　　　　　　(黄克权)

北门街道

【简　况】 北门街道位于信州区北部,因广信府(上饶)旧城北门而得名,是市行政中心所在地,东邻信州区灵溪镇,西连上饶县城南靠上饶主城区,北接上饶县石狮乡,辖区总面积 23.50 平方千米,龟峰大道、广信大道、明叔路、庆丰路、带湖路、紫阳大道、凤凰大道、三清山大道、天佑大道在辖区内成"六纵三横"的区间布局,区位优势明显。北门街道下辖郭门、沽塘、民主、龙潭等 4 个行政村和东都、紫阳、稼轩、月泉、凤凰、广平、吉阳山、外沽塘、带湖路、龙芽亭等 10 个社区居委会,总户数 40457 户,常住人口 103317 人,户籍人口 56755 人,(其中农业人口 11886 人)。街道党工委下设 2 个基层党委,4 个党总支,35 个党支部,共有党员 1646 名。2017 年,在区委、区政府的坚强领导下,在区直各部门的帮助支持下,北门街道以喜迎中共十九大、贯彻中共十九大为主线,带领全体干部群众抢抓机遇,砥砺奋进,各项工作呈现出稳中有进、进中向好的态势。

【打造城市经济升级版】 克服繁重的征迁工作压力,发挥比较优势,补齐短板不足,主要指标争先进位、排位靠前,进入了"量增质更优"的快车道。经济总量不断攀升。全年实现财税收入2.39亿元,完成奋斗目标,同比增长11%,总量和增速均位列全区前列。工业、信息服务业、金融保险业等新增税收增长20%,结构进一步优化。招商工作态势良好。全年共引进企业120家,其中引进亿元以上工业项目1个,5000万元以上工业项目4个。新增规上工业企业2家、服务业企业4家,新增固投项目30个,全年实现固投30亿元,项目个数和总量位列全区前列。平台建设成效明显。加大投入、加速招商、加强服务,高标准搭建数字经济服务园、北门小微企业园、6号仓库文创园等3大发展平台;友邦商业综合体、恒大商业街区、星河国际等雏形初显,城市经济项目数量、体量、质量明显提升,发展后劲得到增强,竞争力得到提升。

【打赢重点项目建设攻坚战】功能定位,举全街之力,在服务饶城大发展上扛起责任,全力保障。全年服务市级重点项目51个,全年完成房屋拆迁100万平方米,征地153.33万平方米,迁坟3000座。征迁总量超过街道前3年的总和,取得棚改攻坚战的阶段性重大胜利。高速度推进棚户区改造。龙潭片区棚改、郭门城中村改造、磨湾棚改、中轴线棚改、白岭棚改等棚改项目快速高效有序推进,传承了信州棚改速度,体现了棚改温度,得到全省棚改工作现场会与会领导的好评。"251""205""115""133"等6个收储地块实现快速供地,收储地块数量多、面积大、

效益高,创历史新最。高效率破解遗留难题。集中精力破解了陆羽公园、国际旅游港、茶圣东路、垃圾山搬迁等多个未解决的遗留问题,得到上级的赞赏。高质量保障项目建设。全力保障市人民医院城北分院、市老年人活动中心、信州大道、消防应急救援中心、天佑大道、"三馆合一"、带湖安置小区、市儿童医院、妇幼保健院迁建等20余个项目的有序施工。

【打好城市管理组合拳】突出"美丽"主题,坚持共建共享,实施"地毯式大清理""销号式大整改""立体式大宣传""网格式大巡查",全面提升城市精细化管理水平,增添"大美北门"品位和颜值。从体现公平正义着力,坚持铁面、铁规、铁腕、铁心,紧扣重点项目、背街小巷、新建小区等突出领域,将控违拆违进行到底。全年共制止和纠正各类违法违规行为2616起,拆除存量违建8.7万平方米,违建处理逐步从"拆违"转向"控违"。从集中整治重点区域入手,整合力量开展"农贸市场、江南商贸城、九州奥城二手车市场、龙潭石材市场、凤凰社区夜宵摊点"等五大集中整治活动,打好大气污染综合防治、水污染综合治理等硬仗,以点带面,聚力补齐服务短板,攻坚解决管理难题。凤凰大道提档升级,瑞昌路里弄小巷改造完工,街景品位提升。从落实落细城市网格做起,建立市容环境联动机制和城市管理工作问责机制,强化属地管理、应急处置、部门联动等措施,全面开展"马路办公",强化对130条背街小巷、13处城乡接合部、28个无物业老旧小区楼院、铁路沿

线等区域管理力度,市容市貌得到提升。

【打响和谐发展主旋律】坚持民生优先、民生为重、民生为本,着力解决事关民生的突出问题,满足群众美好生活需要,努力打造有温度的街区。全心增进群众福祉。筑牢民生保障底线,重视关爱困难弱势群体,着力解决好群众关心的教育、就业、收入、社保、住房、医疗卫生、城市管理、公共安全等问题。失地农民参加社保实现全覆盖。长塘、天佑雅苑、带湖景苑等保障性住房陆续建成,让群众住有所居、居有安全。推出邻里守望、民族一家亲、百家宴等"贴民情系亲情聚真情"活动品牌,群众文化生活丰富多彩。全面创建社区服务品牌。社区新增设广平社区,新增社区办公用房面积2000平方米;全省第二家、全市第一家的吉阳山社区群团服务中心挂牌成立;凤凰社区戒毒康复中心、东都社区党建示范点、稼轩社区综合减灾工作等社区亮点频显。全员推进精准扶贫。全街发动,聚焦109户贫困群众精准帮扶,让贫困群众心里有温暖、生活有奔头、脱贫有动力。全力维护社会和谐安定。强化安全稳定责任制,狠抓源头防范、狠抓矛盾化解、狠抓基层治理、狠抓平安建设、狠抓安全生产,打造了综治服务平台,确保了中共十九大期间社会大局稳定,街道社会公众安全感测评工作获得全市第四。

【打牢基层党建基础】坚持不懈加强党的建设,严格抓班子、强基层、打基础、改作风,严格落实党风廉政建设"两个责任",推动

全面从严治党向纵深发展。各级党组织和广大党员对党忠诚的政治立场更加鲜明，听党话跟党走的信念更加坚定，党风政风和政治生态进一步向善向好。城市党建加快推进。建制度、活机制、重服务、创品牌，开展基层党建工作常态化督导指导和集中督查，精心打造了东都社区基层党建、吉阳山社区"睦邻中心示范点"、凤凰社区"居家养老"以及江南商贸城非公党建等品牌，构建起党员"工作在单位、活动在社区、奉献双岗位"的新机制。集体经济快速壮大。加强村居"三资"管理，郭门集体经济发展大楼运营成效明显，民主通过购买物业保障资产增值，沽塘集体资产管理有效，让广大村民共享改革带来的实惠和发展创造的红利。正风肃纪驰而不息。坚定不移推进反腐败斗争，严格执行中央八项规定精神，坚决纠正"四风"问题，从严管理村组干部，严查快办基层侵害群众利益的不正之风和腐败问题。干事氛围更加浓厚。坚持不懈用中共十九大精神武装头脑，积极推进"两学一做"学习教育常态化制度化，抽调各级干部到征迁一线、信访维稳、文明城区创建、环保督察等一线苦干实干、轮岗锻炼，各级组织和党员干部队伍的思想政治、工作作风、执政能力和廉洁自律水平显著提升。

【主要负责人】
党工委书记：周小凤（女）
办事处主任：郑　操
人大工委主任：黄　刚（任至4月）
　　　　　　　龚　敏（4月任职）
　　　　　　　　　　　（周　磊）

茅家岭街道

【简　况】　茅家岭街道位于信州区南部，位于信江河以南，东与上饶县皂头镇接壤，西与上饶县茶亭镇相接，南与上饶县尊桥乡相邻，北临信江，辖区总面积29平方千米。街道办内设党政办公室、扶贫站、卫生和计划生育办公室、综治办、民政所、劳动保障所、城建办、农业综合服务站、爱卫办、文化站、医保所、重点项目推进办公室、统计站、人武部、安全生产办公室、经济发展办公室、周田水库管委会。下辖畴口、解放、汪家园、同心、四吉、世纪花园钟灵社区、杨家湖社区等8个社区（居委会）和塔水村、周田村、茅家岭村、车头畲族村4个行政村，其中汪家园畲族居委会为全省唯一的少数民族居委会，49个自然村，82个村民小组。辖区人口4.67万人（不含师院、卫校等高校师生），其中农业人口2.02万人，居民人口2.65万人，耕地面积4900亩，养殖水面1500亩。下属社区党委8个，党支部10个，党员753名。上饶集中营旧址（茅家岭烈士陵园）以及上饶师范学院、江西医学高等专科学校、上饶幼儿师范高等专科学校均坐落于境内。志敏大道、叶挺大道十字交叉贯穿全境，随着三清山机场的通航，新320国道、上饶大道、丰溪大桥、上饶大桥的建成通车，经济发展再迎新机遇。2017年，汪家园畲族社区被命名为第一批"全市民族团结进步创建活动示范社区"。

【经济运行平稳健康】　2017年，茅家岭街道完成财税收入14737万元，完成了年初既定任务，同比增长7%。农民人均纯收入15794元，增幅10%；城镇居民可支配收入34347元，增幅8.5%。整个街道对招商报以极高的热情，洋溢着浓厚的氛围。以街道现有行业来拉动和加强外地客商感情联络；街道利用"三园"服务业的基础，集中精力探索在其产业的纵向延伸，因势利导，形成产业一条龙，达到上有高度（高端服务业出现），下有深度（基础服务业集群）。全年街道引进工业项目2个，分别为上饶市忆诚光学仪器有限公司和江西赣卤园食品有限公司；同时街道还引进信息服务业企业25家、商贸流通企业4家。固投工作全力推进，2017年街道新增固定资产投资项目15个。

【脱贫攻坚全面推进】　2017年，脱贫攻坚工作步入攻坚期，脱贫攻坚的成效不仅关系到百姓的福祉，也是衡量一个地方政治经济、社会繁荣的指标之一。因此，街道加大力气，投入大量的人力、物力和财力支持脱贫攻坚事业。通过技术培训、产业扶持、一对一帮扶、教育及医疗卫生事业的保障，全年脱贫成果喜人，全街道147户472人脱贫。未脱贫94户247人。

【项目建设如火如荼】　2017年，茅家岭街道服务市、区重点项目18个，其中新建项目6个，续建项目12个，全年完成征地约90.47万平方米，拆迁总面积约37.92万平方米。其中汪家园棚改三期、三江产业新城、大红鹰扫尾、上饶大道两侧外立面改造、新320国道两侧外立面改造、上饶师范迁建项目（东大门）、黑臭水体整治、垃圾转运站等项目征迁工作完成。在项目推进上,强化措施,实时跟进,优化环境,化解了项目推进难题,推动了项目顺利施工。三江产业新城代表全区重点项目迎接了当年全市经济巡查,赢得市、区领导充分肯定。

【秀美乡村全民欢喜】　按照全区统一部署,高标准推进秀美乡建设,同时将秀美乡村建设与控违拆违、农村环境整治、农村宅基地管理试点、壮大村集体经济等相结合,通过全村人民9个月的共同协作,把塔水村建设成集休闲、娱乐、观光为一体的田园综合体,真正做到"白墙黛瓦,小桥流水",一副古朴、简约的新式赣派古村落映入眼帘,与身旁的三清山机场,现代与传统的有机结合,得到了省、市、区各级领导的高度好评,也得到了群众的充分肯定。

【三农工作扎实推进】　2017年,完成春、秋两季动物防疫等工作,共接种注射高致病性禽流感疫苗的家禽达5万羽,疫病的免疫注射率达到了100%。认真做好森林防火工作,街道和各村（居）签订了森林防火责任状,确保街道和各村（居）有专人负责森林防火工作。不断加大农田水利建设力度,积极加快水利冬修工程进度,各项水利冬修工作进展顺利,对全街道4座小（2）型水库进行了除险加固安全评估,对街道8座山塘水库进行维修,10座山塘水库进行了测量、设计、申报工作。认真做好抗旱防汛工作。严格执行防

汛纪律,全街道各责任单位均按照防汛相关要求恪尽职守,任务明确、责任到人,汛期全街道未出现任何险情,做到了安全度汛。

【民生福祉持续改善】　切实推进饮水、医疗、养老等民生工程。推进社区、村（居）委会实现自来水全覆盖,新农合和新农保工作不断加强,参合率达到99%以上。完善低保评议制度,坚持社会监督和公榜公示相结合,每年组织召开低保评审大会,坚决杜绝人情保、关系保,并且实行城乡低保动态管理,根据走访调查情况清退不符对象人。先后对23户（集中5户,分散18户）五保户家庭开展救助工作,共计发放约9万元,发放高龄补贴346人共计26万元。鼓励各社区着手培育发展托老托幼、家政服务等社区服务业,提升养老服务业规模档次,争取每个社区建立一个居家养老服务站,加大社会事业投入促进辖区和谐稳定发展。

【维护社会稳定有成效】　坚持"打防结合、预防为主"的方针,大力开展创建"和谐平安信州"活动,不断增强社会治安防控能力,加强矛盾纠纷排查调处工作,全力维护社会政治稳定,为全街道经济稳步发展创造了良好的社会治安环境。不断加大信访排查调处工作力度,着力解决集体上访、越级上访、非法上访等突出问题,创建和谐社会环境。年初与各综治责任单位签订社会治安综合治理责任书12份,全年共调处纠纷152起,调处成功率98%。全年开展法律法规宣传集中授课28次,接受群众咨询600余人次,有效提高

了群众法律意识。针对社会转型期常见的郊区农村妇女、儿童、老年人合法权益受到侵害,而其自身维权意识淡薄的现状,印制了含《中华人民共和国婚姻法》《中华人民共和国未成年人权益保障法》《中华人民共和国老年人权益保障法》等相关法律条文的宣传传单,采取进村入户,集中讲解和个别咨询相结合的形式,为他们维护自身合法权益提供了强有力的法律支持,共向辖区12个村（居）1500余名妇女、儿童和老年人发放了传单,集中讲课12次,接受群众咨询360人次。

【主要负责人】
党委书记:方表福　徐永军
主　　任:徐传湖（任至6月）
　　　　　桑　郁（6月任）
人大工委主任:郑云评　唐建明
　　　　　　　（潘瑞越　柳如群）

沙 溪 镇

【简　况】　沙溪镇位于信州区东部,东涉信江与秦峰镇、广丰县壶桥镇隔河相望,西北与上饶县的煌固镇接壤,南与灵溪镇相连,北与玉山县的下塘乡、文成镇毗邻,东北与广丰县的湖丰镇相邻。浙赣铁路、320国道和沪昆311高速公路齐平从东南侧穿境;德上高速公路从南至北贯穿越境;三级县道横（玉山县横街）七（信州区七里门）公路从玉山县下塘乡入境,经铅岭、西坂、宋宅、英塘等村直通沙溪镇区。交通便捷、物流畅通。全镇总面积75.39平方千米（其中镇区面积约3.2平方千米）,耕地面积2.94万亩,林

地面积 4.3 万亩,森林覆盖率 42.08%,镇区绿化率 18%。沙溪镇政府内设党政办、农业办、综治办、计生办、经济发展办等 5 个部门,同时设宣传文化站、村镇规划建设办、民政所、劳动保障事务所（农医所）、计生服务所等职能站所,有干部职员 68 人。镇辖 2 个居民委员会和 13 个村民委员会;下设 183 个村民小组、11 个居民小组,共有 113 个自然村。全镇总人口 56546 人,其中城镇常住人口 1.44 万人,男性为 29527 人,女性为 27019 人,人口自然增长率 10.56‰。镇政府驻镇南新区,距上饶市区 21 千米。镇政府院内有图书室、老年活动中心等。镇内有完全中学 1 所、中心小学 1 所、初级中学 1 所、村小学 11 所、幼儿园 20 多所、镇级卫生院 1 所、村级卫生所 15 个,病床 60 张,日供水 1500 吨自来水厂 1 座。沙溪镇处于信江河谷平畈丘陵地带,地势西高东低,西北丘陵山地,平均海拔约 130 米,东南低谷平畈,海拔大约 80 米。境内有青岩寺、黄岩寺、铅石山等名胜风景古迹,还有郑以伟、娄师德等名人故居遗址。土地肥沃,是信州区的主要高产农业区,农业作物以水稻为主,经济作物有苎麻、棉花、甘蔗、茶叶、西瓜、大豆等,水产养殖有草鱼、鲤鱼、青鱼等。工业主要有有色金属加工业和夏布加工等。全镇全年财税收入从上年同期的 13689 万元,跃升至约 22625 万元,同比增长 65.27%。其中,国税 12291 万元,地税 10276 万元,财政 58 万元,完成全年目标数的 103.38%。沙溪镇与新引进的江西全通企业登记代理有限公司,合作成立全区第二个总部经济——信州总部经济基地,签约了包括滴滴打车等企业 700 余家,完成税收 6000 余万元。按质按量完成精准脱贫的任务,全年累计脱贫退出贫困户 104 户 276 人。

【重点工作布置会】 1 月 1 日,沙溪镇组织召开 2017 年重点工作布置会,会议对控违拆违、殡葬改革、森林防火等工作及重点项目进行了安排部署,镇党政主官、各重点工作分管班子成员、科室干部以及村（居）书记、主任共计 50 余人参加。

【作风建设】 沙溪镇党员干部在夯实基层党建、服务基层群众的创新道路上不断创新,立足镇情,深化开展了以"夜学提素质、夜访聚民心、夜谈促和谐、夜巡保平安"为主要内容的"乡村夜话"活动。活动开展以来,镇村干部共走访群众 3400 余户,及时为民办事 360 多件,合力打造"乡村夜话"活动示范点,为推进"两学一做"学习教育常态化制度化打下坚实基础,融洽党群干群关系新模式,取得了社会效应和工作效应的双丰收。

【控违拆违】 铁心硬手打击违法建设,共拆除违建 335 处,其中新增违建 16581 平方米、存量违建 22533 平方米,保障镇区建设规范有序;有序推进主要通道整治暨秀美乡村建设工作,共拆除"三房"6117 平方米、钢棚 270 平方米、广告牌 185 处、围墙 83 米、空心坟 16 座。

【春季计生】 2 月 10 日,沙溪镇政府携手上饶市皮肤性病防治所、信州区血防站联合举办"走进沙溪"防艾巡回演出。此次活动主要以节目表演、设立艾滋病防治宣传台、悬挂宣传横幅、发放各类宣传册、安全套等形式展开。通过此次活动,让老百姓消除对艾滋病的恐惧心理,正确认识艾滋病,关心爱护艾滋病人,预防艾滋,远离毒品,共同创造和谐美好的家园。

【廉政谈话】 为加强党员干部廉洁自律教育,筑牢党员干部拒腐防腐思想防线,保证沙溪镇党员干部的先进性和纯洁性,让干部健康成长。2 月 13 日,全镇召开新晋中层干部集体廉政谈话会。会上,全镇刚调整、提拔到位的 37 名镇中层干部集体观看了廉政警示教育片《造绿之殃》。

【违建问责】 2 月 11 日,沙溪镇西坂村西篷巡查发现 3 处无牌在建附属房,经现场核实该户未取得审批手续,属未批先建,镇控违办迅速组织第一时间拆除到位,并对违建户主进行了严厉的批评教育。针对西坂村未及时发现、制止违建行为,镇党委、政府高度重视,启动了问责机制,组织召开党政联席会决定对西坂村进行全镇通报批评,扣除控违工作经费 2000 元;对村党支部书记黄林峰、村主任林国建进行诫勉谈话,予以全镇通报批评。

【人大工作】 4 月 18 日,全区镇（街道）人大（工委）工作联席会议在沙溪镇召开。区人大常委会副主任王林,区人大常委会选任联工委主任沈彩英、副主任何菲,全区各镇（街道）人大（工委）主席（主任）参加会议,会议由区人大常委会副主任王林主持。联席会上从重要意义、主要内容、时间安排、有关要求 4 个方面对《关于建立区五届人大代表联络站的工作方案》作了具体的讲解。

【招商引资】 全年沙溪镇共完成招商引资签约项目 42 个,开放型经济位列全区第一,签约江西源华麻纺品有限公司、上饶市宏圣麻纺织品有限公司、上饶市辰达实业有限公司、江西元升铜业有限公司、上饶信华新能源有限公司、百诚房地产(建亨御景东方)、万鸿置业(沙湖星城)7 个亿元以上企业项目,8 个 5000 万元以上企业项目;新增规模以上工业企业、现代服务业企业超任务完成;财税收入在信息服务业、物流行业、商贸流通等领域效果显著。

【项目建设】 沙溪镇坚持抓好重点项目服务经济社会发展全局,总投资 3000 万元,全面完成老 320 国道沿线古街改造项目,改善城镇交通现状,加快旅游城镇建设步伐;20 兆瓦华西农光互补项目落地生根,总投资约 1.6 亿元,以建设光伏农业大棚为载体,以高科技农业种植为抓手,以提高土地综合利用效率为目标,以促进经济发展和农民增收为目的,全力打造现代农业和光伏发电有机结合的示范样板工程。

【城镇化建设】 积极与企业合作,在镇南新区地建成"建亨·御景东方""沙湖星城"等项目,打造新型城镇化建设标杆,城镇吸纳辐射和带动能力进一步增强,城镇化建设迎来快速发展时机;主动作为,积极服务老 320 国道改造升级项目,完成了沙溪境内 12.4 千米、共涉及征迁 1800 余户的项目征地拆迁任务,其中征地 11.20 万平方米、房屋拆迁 48 栋、面积约 1 万平方米;全力配合市区两级开展上浦高速(沙溪段)出口的定位和征地拆迁工作,为迎接建成沙溪镇第一条出省大通道做好准备。

【农业建设】 坚定不移地实施乡村振兴战略,加快推进现代农业发展,不断提升农业规模化、科技化和产业化水平,基本形成了"一轴一带"农业布局。农田水利基础设施进一步夯实,完成东风、何家、青岩、龙头 4000 亩高效节能灌溉项目,顺利推进 5000 亩高标准农田建设落实,1 座小(2)型水库、12 个山塘专项整治项目和 6 个水毁应急处理工程保质保量完成。

【秀美乡村】 深化落实"整洁美丽、和谐宜居"的新农村建设目标,统筹推进 45 个新农村建设点和 1 个秀美乡村示范点。高标准建成向阳秀美乡村,聘请中国美院精心设计,规划形成"一纵、两横、三片、一绿廊"的打造布局,结合古街风格、田园风格、渔村风格和徽派风格,展现了整体简约、富有层次的饶东渔村形象,全力呈现秀美乡村和乡村旅游精品点,在秀美乡村建设上争当全区领头雁。

【政务服务】 扎实推进人大代表联络站建成运行,开展代表接待选民活动 6 次,收集选民建议 33 条,积极协调各部门解决群众问题;完善便民服务大厅"一站式"联合办理机制,建立了全区第一个税务代办点,机关效能进一步提升,沙溪镇荣获上饶市总工会授予的五一劳动奖状。

【社会事业】 大力推进建设类民生工程,沙溪中学二期、公租房项目即将竣工;强农惠农政策全面落实,全年累计发放财政惠农补贴资金 1800 万元,惠及群众 1.02 万户;扎实开展卫计、民政、武装、统计、科技、交通、宗教等工作,全力支持共青团、妇联、工会、关工委等工作,不断促进社会事业和谐发展,沙溪镇团委荣获"全市五四红旗团委"荣誉称号。

【基层党建】 沙溪镇围绕学习贯彻中共十九大精神,自上而下,通过多种形式组织开展中共十九大精神学习系列活动,并围绕"深入贯彻学习中共十九大精神""基层党组织标准化建设""争做方志敏式好干部"等多个主题开展了 9 次党委中心组学习会,让中共十九大精神入镇入村,入户入心,指引沙溪广大干部群众在思想上学习贯彻,在行动上坚决落实。成立党建办公室、党宣办公室,组建了"彩虹小分队"和"党宣青年"2 支青年队伍。党建彩虹小分队成员担任村居党支部书记助理,挂点指导基层党组织标准化建设工作等工作,进一步加强党建工作,强化党建力量,破解基层党建工作者青黄不接的尴尬现状,确保党建工作有人可用;党宣青年成员深入推进全镇意识形态工作,对全镇各项工作的宣传报道进行整合推进,传播出了沙溪的新声音,树立了沙溪的新形象。

【主要负责人】

党委书记:黄玉华

镇　　长:刘均勇

人大主席：吴水军

（刘文静）

灵 溪 镇

【简　况】　灵溪镇地处信州区东郊，距市中心 6 千米，东靠信州区沙溪镇、秦峰镇，西接北门街道和上饶县石狮乡，南邻朝阳镇，北连上饶县煌固镇。灵溪镇钟灵毓秀，山水相连，历史悠久，人文和谐。源远流长的信江河、饶北河相互交汇。全镇总面积 52.6 平方千米。其中城区面积 1.2 平方千米，耕地面积 914 公顷、有林面积 2523 公顷、森林覆盖率 59.1%、城区绿化率 30%。灵溪镇下辖 10 个行政村和 1 个居民委员会，共计 75 个村小组。全镇总人口 35319 人，其中非农业人口 0.11 万人。人口自然增长率 7.5‰。2017 年，灵溪镇财政总收入 12415.69 万元，比上年同期增长 17.26%，完成年初计划的 139.82%。其中，国税完成 18633.97 万元，地税完成 3553.68 万元。固定资产投资达 20 亿元。粮食总产量达 0.78 万吨。主要农产品稻谷 0.78 万吨、豆类 405 吨、蔬菜 2014 吨、草莓 55 吨、猪肉 644 吨。农民人均纯收入达到 15410 元，增长 1000 元。2017 年，灵溪镇在全区经济和社会巡查中排名第三，全市文明村镇、全市卫生乡镇、全市信访工作“三无”乡镇、全区脱贫攻坚工作先进镇街、全区组织工作先进镇街、全区财税工作先进镇街、全区控违拆违工作先进镇街。

【招商引资持续推进】　采用精准招商、以情招商、以商招商等多种方式，共引进 23 家企业，其中投资 5000 万元以上的工业企业 2 家，商贸物流企业 9 家，信息服务业 7 家，有效改善镇政府财税结构单一的情况，并成功签约投资 4.5 亿元的悦江南文化旅游小镇项目，选址邵新村并已开展前期筹备工作。全年实际引进外资 300 万美元。

【项目建设如火如荼】　2017 年，全镇共服务重点项目建设 44 个，其中稼轩北大道、高铁农都、饶商总部基地、国际旅游港、上饶建筑科技产业园、电竞总部基地、高铁站综合枢纽立体停车场、欢乐风暴水上乐园、凤凰大道东延伸段等 20 余个项目征地拆迁工作已完成，工程建设如火如荼。大数据产业园内房屋征迁及路网建设已全面进入扫尾阶段。

【控违拆违常抓不懈】　始终保持对违建的高压态势，强化了无人机组和督查组，将技防与人防结合，对重点地块进行全方位、24 小时不间断巡查。数十次组织大型拆违行动，对发现的违章建筑，做到“发现一处、制止一处、拆除一处”。全年总计拆除砖混、砖木类违建 212 处，钢棚、简易棚 113 处，其他类违建 143 处，总计 31058 平方米，并严肃处理问责了 4 名控违不力的干部，有力打击了违建和乱建、抢建行为。

【秀美乡村有序推进】　积极争取了 2000 余万元，按照“全域全覆盖，将徽派进行到底”的要求，全面铺开秀美乡村建设，在老 320 国道及吴楚大道沿线进行全面提升改造，完成“粉墙黛瓦马头墙”改造 1000 余栋，让山更青，水更绿，环境更美丽。投入 600 余万元完成了 18 个省级新农村建设点和 3 个自建点建设，其中贫困村日升村建成了 9 个新农村建设点，有效保障了政府投资向贫困地区倾斜。

【人居环境持续改善】　扎实开展了“四乱”整治及大气污染治理工作，主要通道整治提升完成了 90% 以上；先后开展了全镇畜禽养殖污染治理专项行动及砖瓦窑专项整治行动，关闭了 6 家养猪场和 3 家砖厂、片石场；先后投入 300 余万元加强了日常环境卫生整治，确保垃圾日产日清，并进行了常态化专项督查通报，2017 年荣获“全市卫生乡镇”荣誉称号。

【民生福祉凸显亮点】　全年累计投入 600 余万元，实施了 19 个民生工程项目，新建了供电所、派出所等；卫计工作上，全年征收社会抚养费 76.7 万元，并与浙江省温州市鹿城区滨江街道创新开展了“共享均等卫计服务”流动人口服务活动；城乡居民医保持续 100% 全覆盖，并针对低保户、五保户、优抚对象、高龄老人、残疾人发放各类补贴约 300 万元；全年共审批农民建房 105 户，附属工程 30 户，发放各类监督牌 800 余张，确保“五到场”1200 余人次，并在日升村毛家试点农村宅基地改革，现已取得初步成效；开展了五老进校园宣讲家风家规活动和金秋助学活动，成功举办首届羽毛球比赛，灵溪篮球队在全区运动会上勇夺第一。精准扶贫扎实推进。全镇 572 户贫困户 1805 人，截至2017年已脱贫456户1475人，其余贫困户将分批在3年内全面脱贫。区、镇、村三级结对帮扶，全面走访入户2000余人次，免费为建档立卡五保户修建住房，全面落实健康扶贫及教育扶贫。借力上级各类帮扶资金，全年共完成了扶贫项目10个144.55万元投资，提高了贫困户平均收益890元。大力发展泥鳅特色养殖、绿色稻米种植、菌菇种植、光伏扶贫等产业扶贫，变"输血"扶贫为"造血"扶贫，有效保障了省级贫困村日升村、市级贫困村邵新村有质量、可持续脱贫。

【社会环境和谐稳定】 共投入200余万元开展综治中心、综治信息化、网格化管理等"三项建设"工作，并新建了灵溪镇戒毒中心及新综治中心，加大了对社会治安重点难题的整治及打击力度，实现了"天网"和"法网"的有效结合。全年灵溪镇共排查出矛盾纠纷31件，直接调处31件，调成率达100%，共接待来访群众329人次，接受各类咨询137人次，发放各种宣传资料1500余份。2017年获得了全市信访"三无"镇街荣誉称号。

【基层党建全面提升】 紧扣"围绕发展抓党建、抓好党建促发展"的工作思路，在重点项目建设、经济发展、脱贫攻坚等各项中心工作中融入"党建+"新模式，其中"党支部建在重点项目上"在征地拆迁中发挥了巨大作用，大批干部在一线得到了锻炼和成长。非公有制经济组织和社会组织实现了"两个覆盖"，并代表全区顺利迎接了全市现场会的召开。全面完成了村（居）基层党组织标准化建设，开展了廉政警示教育、家风家训系列活动，并在邵新村打造了家风家训示范点。深入开展中共十九大精神宣讲活动，结合脱贫攻坚工作，进一步密切了党群干群关系。

【政府效能有效提升】 全镇上下始终按照法定权限和程序行使政府权力、履行职责，加强了机关内部管理，服务水平明显提高；制定出台了《灵溪镇重大事项决策制度》，"三重一大"事项坚持集体研究决定；加强了政务信息公开，自觉接受人大监督，政府效能得到提升，全年办结各级人大代表提案11件，办结率100%。扎实开展了民政、武装、统计、科技、交通、宗教等工作，全力支持共青团、妇联、工会、关工委等工作，不断促进社会事业和谐发展。

【主要负责人】
党委书记：曾 华
镇 长：徐 明
人大主席：郑展翼（任至7月）
　　　　　汪金太（7月任）
（黄 镇）

朝 阳 镇

【简 况】 朝阳镇位于信州区城区东部，丰溪河下游，东接广丰区，西毗上饶市云碧峰国家森林公园，南邻上饶县皂头镇，北与信州区灵溪镇、秦峰乡接壤，上广路、新320国道、上广快速通道东西向平行穿境而过，二上公路与新320国道交汇横贯腹地，京（合）福高速铁路穿境而过，朝阳镇政府距上饶市区4千米，离广丰县城15千米。全镇总面积67平方千米，人口4.3万，下辖11个行政村和2个居委会，126个自然村，207个村民小组，8839户。全镇共有山林地48495亩，耕地17421亩。小（1）型水库3座、小（2）型水库10座。有1个党总支，20个党支部，共有党员775名。2017年，在区委、区政府和镇党委的坚强领导下，全镇上下紧扣区委、区政府提出的"高标准建成省域副中心城市核心区"发展战略，坚定不移抓发展，众志成城促脱贫，全心全意保民生，较好地完成了全年各项目标任务，朝阳镇全年完成财税11424.61万元，比上年增长近8.46%。农民人均收入达7985元，比上年增长8.5%。被评为上饶市卫生乡镇，社会组织福海老年公寓获得"全国文明单位"（全区首例）殊荣；2017年获得全区招商引资、脱贫攻坚、人大联络、防违控违和征兵先进镇街称号。

【项目推进多点开花】 全镇干部勇于担当、积极作为，攻坚克难，园区征地"破冰"后，快速推进，全年完成征地148.51万平方米，同比增长108%，房屋拆迁62栋，约29989平方米，迁坟1128座。其中，园区征地104.22万平方米，迁坟1128座，房屋拆除46栋，约26389平方米，涉及105户；投入1.02亿元，新建4.3千米丰溪东路二期工程，并征地15.67万平方米，拆除房屋16栋共计3600平方米。占地7100余亩，总投资达100亿元以上的上饶野生动物世界旅游综合体项目成功落户朝阳镇，征迁工作稳步有序推进。

【经济指标争先进位】 主攻工业、决战园区力度不断加大，镇党委、政府高度重视招商引资工作，坚持一把手亲自抓，朝阳镇外出招商15次，洽谈项目15个，完成5000万元以上工业项目5个，不断增强经济发展动力；全年完成财税11424.61万元，比上年增长8.46%。农民人均收入达7985元，比上年增长8.5%，完成商贸税1200万元，物流税400万元。新增2个规模以上工业企业，5个规模以上服务业企业。新增固定资产投资项目15个共3.26亿元，同比增长25.58%，经济总量不断壮大。

【秀美乡村初显成效】 投入4000多万元完成新320国道、上广公路、丰溪东路、吴楚大道等主干道27.9千米沿线房屋提升改造共2490栋，点多、面广、线长、量大，其中外墙面粉刷2392栋，坡屋顶改造2219栋，马头墙建设402栋，将徽派进行到底；投入1730万元完成19个省级、8个自建新农村建设点，有效提升生活环境；投入142万元完成农村村组基础道路建设13千米，完善全镇公路网，建成后，朝阳人居环境得到改善，朝阳的乡村面貌得到很大的提升。

【社会事业蓬勃发展】 脱贫攻坚成效显著，投入扶贫资金378万元，实施扶贫项目17个，实施危旧房改造32栋；自筹扶贫走访资金125万元走访慰问贫困户和困难户；新建2个菌菇大棚，安排贫困户就近务工；实现了贫困户产业分红全覆盖；积极落实教育、医疗、安居等其他一系列扶贫政策，全年共帮助67户建档立卡户225人圆满脱贫。

社会保障持续加强，全镇农保参保人数10703人，共计缴费1316600元，失地保认定公示951户共5836人，农保、失地保基本达到应保尽保；朝阳镇劳动保障部门对96名应届大学毕业生就业情况开展就业调查，为未就业毕业生开通就业服务；另调查上报精准扶贫公益性岗位3人，对精准扶贫对象22人进行技能就业培训等；建立健全老年人、残疾人等弱势群体关爱服务体系，全年对朝阳镇461名重度和贫困残疾人共发放护理及生活"两项补贴"6万元，发放轮椅、助听器等辅助器具120余份；为朝阳镇63位困难人员落实了低保，并清理低保不合格对象83户；城乡最低生活保障、高龄老人补贴继续调高，全年为朝阳镇1178户低保户累计发放低保金共计1347余万元，并为朝阳镇618位高龄老人发放了补贴197余万元。社会治理不断深化，积极化解信访积案，全年化解园区盘石陈年积案25件，化解率92%；全镇共排查各类矛盾纠纷126件，调处126件，调处率达100%；重大节日和重要会议敏感时期认真落实各项稳控措施，全镇未发生一起赴京、赴昌访；综治工作实现矛盾无上交、无升级、无积压、无民转刑，矛盾纠纷调处率达100%；坚决打击乱搭乱建、乱埋乱葬、乱挖乱砍现象，切实保护公平正义。集镇村庄安宁，人民群众安心，社会和谐安定，创造了"和谐朝阳"的新局面。各项事业协调发展，征兵工作，完成区人武部下达的兵员征集任务，新兵综合素质较往年有了显著提高。卫计工作，新的计划生育政策全面落实，对132对适龄夫妇进行免费

孕前优生健康检查；走访慰问47户计生困难户；为全镇397户一女、二女计生家庭户代交新农合费用共5.95万元；为全镇90人次奖扶对象发放补助金10.8万元；在"春蕾计划"助学捐款中帮助计划生育家庭贫困优秀大学生1名。移风易俗，围绕"讲文明、除陋习、树新风"，各村委会陆续成立红白喜事理事会，迅速掀起倡导婚事新办、丧事简办的新风向，狠刹婚丧嫁娶大操大办、互相攀比、铺张浪费等不良风气，加速推进文明朝阳、和谐朝阳建设。工会、共青团、妇女联合会的作用进一步发挥，统计、民族宗教、残联、老龄等工作取得新的成绩。

【自身建设稳步提升】 努力做好各项工作的同时，更加注重自身建设。扎实推进"两学一做"学习教育常态化。2017年，投入资金50余万元，制作宣传栏130余块，发放宣传资料1000余份，不断提高政治站位；新建溪边党建中心示范服务点，总投资230万元，高标准打造信州一流的党群服务中心，以党建示范点为引领全力助推基层党建工作；切实把纪律和规矩挺在前面，强化监督执纪问责，驰而不息纠正"四风"，党风廉政建设和反腐败工作取得新成效，全年共查处违纪违规案件8个，党纪处理干部8名，谈话提醒36人次，通报处理党员干部4人次，约谈12人次，微腐败专项治理工作有序推进；高效办理人大代表议案建议8件，办复率100%；办理网络问政、领导批示件26件，办结率和满意率均达100%；政务公开扎实推进，主动公开政府信息826条，公开的深度、广度持续

提升。

【主要负责人】

党委书记:李志坚

党委副书记、镇长:毛 强

人大主席:余 辉

（郑共剑 江兴）

秦 峰 镇

【简 况】 秦峰镇位于信州区东面,全镇以丘陵地貌为主,沿信江河蜿蜒而成。东与广丰区接壤,西与灵溪交界并傍临浙赣铁路,南与朝阳镇,西北隔信江与沙溪镇相望。境内七沙公路北挂320国道,南通上广公路,悠悠信江自东北方向朝西东方向流经。全镇总面积59平方千米。耕地面积24277亩(水田19324亩),林地面积40010亩,森林覆盖率达55%。2017年有人口41966人,其中农业人口41189人,非农业人口777人。下辖11个行政村,分别为霍村村、秦峰村、路底村、占村村、岩坑村、老坞村、新塘村、东塘村、下湖村、五石村、管家村,146个村民小组,镇政府驻地在秦峰村赵家。2017年,全镇社会生产总值达到11.6亿元,年均增长9.5%;财税总收入1.15亿元,增长6.5%;农村居民人均可支配收入11975元,增长8%。2017年,获得2017年度全市信访工作"三无"乡镇、全区脱贫攻坚工作先进镇街、全区落实党风廉政建设责任制工作先进镇街、全区先进基层人民武装部、全区老年体协工作先进镇街等荣誉。

【重点项目稳步推进】 2017年,投资600万元的中心集镇安置区交付使用,12户重点工程拆迁户喜迎新居;8万平方米土地开发项目实现了重大突破,仅用1个半月完成了项目建设和前期验收;路底安置区完成了选址、土地利用总体规划调整等前期工作;投资3000万元的集贸市场项目完成了土地招拍挂前期手续;投资5000万元的秦峰中心小学迁建项目尘埃落定,启动规划和土地报批程序。流转土地面积2600余亩,新建规模种养殖基地5个。投入151.1万元完成6座山塘水库除险加固和26座小型水库和下湖堤防维养,投入34万元完成水利设施水毁修复工程,启动五石丁山170亩土地整理项目。通过下湖、老坞菌菇种植基地和占村高产油茶基地等3个新建农业产业扶贫基地和农民合作社集中土地流转增加村集体收入10余万元。

【招商引资提档升级】 深入挖掘乡贤和秦峰籍创业成功人士的优势招商资源,重点开展"乡情招商""秦商回归"和"以商招商"等实效招商工作。成功承办了全球域名峰会暨第十一届中国网络品牌大会。全年共引进企业41家,14家企业实现当年引进当年纳税。共培育重点纳税企业9家,新增纳税2443.38余万元。围绕汽配、麻纺、光学、定制家居等重点产业,新引进银泰、捷希、宏达等工业企业13家,新投产欧美佳、裕久、宏瑞等工业项目8个,新创汇蒙丽轩、富宝莉等工业企业3家,新增工业规上企业1家,新培育年纳税超800万元工业项目1个,工业企业在重点纳税企业中占比达到43.57%。全年新签约现代服务业企业26家,其中物流企业4家,商贸企业6家,信息服务业企业16家。2017年,现代服务业实现税收2566.78万元,占税收比重22.32%。商贸、物流、信息服务业等有关产业分别纳税592.43万元、1320.51万元、653.84万元。

【秀美乡村硕果累累】 完成国道沿线路底、占村、秦峰、岩坑等9个行政村,22个自然村可视范围内近1300余栋房屋改造,全年,共拆除沿线"三房"59栋,钢棚48户,广告牌120余块。争取、整合资金2000余万元,结合通道沿线整治,重点打造老坞翁山——月里秀美乡村精品点,全面推进下湖白石墩、管家灵山底、路底白沙滩3个新农村建设点。建设翁山——月里秀美乡村精品点,历时7个月时间,拆除附属房、空心房、违章建筑21栋,面积2200余平方米;改造道路1.5千米,新建雨污水管道3千米。严格控拆违考核制和责任倒查制度,严厉打击各类违建行为。全年,共报批农民建房265户,审批农民建房237户,拆除违法违章建筑227例,累计拆除违法违章建筑面积3088平方米,责令停建302户。

【社会事业惠及民生】 全面甄别梳理建档立卡贫困户636户,1849人;全面完善精准扶贫工作场所建设,投入20余万元,完善镇扶贫工作站和11个行政村扶贫工作室建设。全面推进扶贫项目建设,争取资金134万元,实施扶贫移民项目8个。大力推进老坞水泥扶贫合作社,下湖菌菇种植,占村油菜扶贫合作社,新塘高产油茶合作社等扶贫产业项目建设,产业帮扶贫困户

415 户,产业分红近 40 万元。全面完成年度脱贫攻坚任务,完成 88 户 254 人脱贫,贫困发生率成功降至 0.96%,顺利通过省扶贫办组织的考核验收。全年用于民生事业资金总额达到 2147 万元。办理城乡居民医疗保险 3.6 万人,城乡居民大病保险 130 户;农村低保 1112 户,共发放农村低保金 401.84 万元,健康医疗 109.4 万元,优抚对象优抚金 101.62 万元,残疾人补贴 34.44 万元,救灾款 32 万元,计生利导资金 32 万元。惠农资金累计发放 1501.08 万元。办理农村养老保险 9630 人,缴纳养老保险费 127.14 万元,发放高龄老人长寿补贴 629 人次,发放金额 51.67 万元;实施 33 户农村危旧房改造,完成通自然村 25 户以上农村公路项目 9 千米。举办农村劳动力招聘现场会 3 次,组织 3 批次 216 人次建档立卡户、农村剩余劳动力参加家政服务、农业技能、阳光产险等岗位技能培训。武装工作,全年完成征兵任务。卫生计生工作,全面落实两孩政策,同时支持工会、共青团、妇联等人民团体发挥联系和服务群众的作用。组建干部义务夜巡小分队,发动村组干部开展"我为人人巡一夜,人人为我巡一年"的义务夜巡活动。开展矛盾大排查、积案大化解,推行领导干部进村入户接访和定期包案化解等常态化信访工作法。全年,共化解积案 48 起,调处矛盾纠纷 57 起,获得全市"三无乡镇"称号。配齐配强安全生产监管队伍,开展安全生产隐患排查,整治安全生产隐患点。

【政府建设全面提速】　以政府购买社会服务方式提供行政过程中的法律咨询。建立人大代表联络站,自觉接受人大监督。紧密联系各级媒体,广泛接受舆论监督。推行干部一线工作法,公开接受群众监督。加大政务公开力度,扩大政务公开范围,实现农民建房、农村低保、脱贫攻坚、政府预决算、"三公"经费全面公开。严格工作督查机制,实行日常工作全程督查,重点工作一线督办。加大对扶贫领域、重点项目、惠农政策和民生资金的监管力度,深入推进集中整治和查处侵害群众利益不正之风和腐败问题。

【主要负责人】

党委书记:汪华军

镇　长:岳贤猛

人大主席:郑乃金

（李祎俊）

人 物

组织机构及负责人员名录

（截至 2017 年 12 月 31 日，下同）

中国共产党信州区第四届
委员会
书 记 王其中
副书记 胡心田 王兆强
常 委 毛州同 吴武华
　　　 郑 文 周福花(女)
　　　 徐建饶 汪东军
　　　 俞文强 李 红(女)

信州区第五届人民代表大会常

务委员会
主 任 徐志勇
副主任 刘丽群(女)
　　　 章淑英(女)
　　　 王 林 夏子福
　　　 郑德成 黄爱玉(女)

信州区人民政府
区 长 胡心田
副区长 郑 文 祝少敏

徐艺华 赵建颖
梁丽娟(女) 顾海敏
牟玉华(女)挂职)

中国人民政治协商会议信州区
第五届委员会
主 席 程 茹(女)
副主席 翟安军 柴莉萍(女)
　　　 苗天红 缪红芳(女)
　　　 王红林 胡频萍(女)

信州区直属单位领导人员名单

区纪律检查委员会(区监察局、
区纪工委)
书 记 吴武华
副书记 邱模恺 康 飞
常 委 乐 俊 俞叶珍(女)
　　　 刘光沐
办公室主任 王勋成
干部室主任 郑锦荣
案理室主任 黄美芳(女)
廉政室主任 邹 辉
纪委常委、纪检室主任 乐 俊
第一纪检室主任 林芳峰
第二纪检室主任 郑 翔

信访室主任 姜碧菡(女)
宣教室主任 张治炉
行政投诉中心主任 吕俊雅
　　　　　　　　　　　(女)

区监察局
局 长 邱模恺
副局长 彭郑琳(女)
　　　 童美红(女)

第一纪工委
书 记
副书记、分局长 占发国

副科级纪检员 徐建勤(女)

第二纪工委
书 记 张 迎
副书记、分局长 傅联奎
副科级纪检员 徐达福

第三纪工委
书 记 杨祖卫
副书记、分局长 余翠珍(女)

第四纪工委
书 记 徐和冬

副书记、分局长　胡志瑜

第五纪工委
书　记　王清明
副书记、分局长　周海洪

第六纪工委
副书记、分局长　何湘满（女）
副科级纪检员　姜　伟

区委办公室
主　任　盛巧明
副主任　周勇山
区委办副主任、机要局局长
　　郑钦宏
副主任　陈　影（女）
政研室主任　周勇山
政研室副主任　钟　飞
保密局局长　汪美华（女）
督查办主任　周燕平
机要局副局长　郑红梅（女）
督查办副主任　邬姗姗（女）
民声通道工作室主任　郑艺茹
　　　　　　　　　（女）
区委正科级督察专员　杨振林
区委副科级督察专员　祝慧箭

区委组织部
部　长　周福花（女）
常务副部长　方新高
副部长　郑常勇（兼）　潘华喜
组织员办公室主任　郑飞标
　　　　　　　　　（女）
部务委员　黄　婧（女）
正科级组织员、区委人才办主任
　　苏　剑
正科级组织员、组织员办公室副
　　主任　徐小章
区委非公有制经济组织和社会
组织工委副书记　邱建英（女）

区委农村工作部
部　长　俞文强
副部长　郑　平　余接满

区农业综合开发办公室
主　任　郑云评
副主任　张　勃　汪智明

区委政法委
书　记　李　红（女）
副书记　祝少敏（兼）
常务副书记　胡永东
副书记　陈红艳（女）
综合治理委员会办公室主任
　　刘　俊
综合治理委员会办公室副主任
　　严剑波
综合治理委员会办公室副主任
　　郑良冬
"610"办公室主任　郑行旺
"610"办公室副主任　暨炜红
　　　　　　　　　　（女）

区委宣传部
部　长　毛州同
常务副部长　刘宗功
副部长　杨　松
区新闻中心主任　郑亦辉
区新闻中心副主任
　　　　　吕丽芬（女）
　　　　　刘建芳（女）
　　　　　张小宁（女）
区新闻中心总编辑　方丁丰

区精神文明建设指导委员会办公室
主　任　刘宗功
副主任　苏有洪

区委统战部
部　长　汪东军
副部长　徐　平　俞奕鹏（女）
　　　　李宏波

区民族宗教事务局
局　长　黄　刚
副局长　徐　鹏

区委、区政府信访局
局　长　冯文斌
副局长　黄志霞（女）　黄　尧
正科级信访督查专员　李晓华
　　　　　　　　　　（女）
　　　　　　　　　　李晓军

区委党校
第一校长　王兆强
校　长　郑维民
副校长　王小仙（女）
　　　　胡芳（女）
校务委员　林谋俊
　　　　　胡军霞（女）

社会主义学校
第一校长　汪东军（兼）

行政学校
第一校长　郑　文（兼）
副校长　王小仙（女）

区档案局
局　长　郑展翼
副局长　吴琴英（女）
　　　　谭　琳（女）

区委台湾工作办公室
主　任　金维俊
副主任　诸小华（女）

区直机关工作委员会
书　记　刘金有
副书记　何　聘　周建平

区委老干部局
局　长　方新高
副局长　王芝厚　周　芳（女）

关心下一代工作委员会办公室
主　任　郑招娣（女）

老干部活动中心
主　任　汪　洋

区文化艺术界联合会

主　席　谢　飞

副主席　吴　蓉(女)

副主席、秘书长　李　璇(女)

区党史工作办公室

主　任　徐　炜(女)

副主任　李志群(女)

区人大常委会工作部门

办公室主任　李海峰

财政经济委员会主任委员

　　　　　　　余洪刚

选任联工委主任　何菲(女)

法制委员会主任委员　黄金森

农业农村工委主任　董文武

教科文卫工委主任

　　　上官萍(女)

办公室副主任　周　翔

财政经济委员会副主任委员

　　　徐婉婷(女)

选任联工委副主任　周小滔

农业农村工委副主任　董文武

法制委员会副主任委员

　　　陈　璟(女)

教科文卫工委副主任

　　　方旭荣(女)

城建环资工委副主任

　　　肖　丹(女)

区政协工作部门

秘书长　吴吉江

办公室主任、副秘书长　潘建林

办公室副主任　童淑倩(女)

提案办主任　金桂华(女)

城乡建设和人口资源环境委员

会主任　杨宏庆

城乡建设和人口资源环境委员

会副主任　廖灵芳(女)

文史办主任　龚　博

文史办副主任　陶兴明

联络办主任　林雪俊(女)

联络办副主任　翁福继

区政府办公室

主　任　蒋德贤

副主任　冯文斌(兼)

　　　　杜　凯　俞子英

　　　　龚　斌

应急办主任、应急联动中心主任

　　　杜　凯

应急办公室副主任　全其乾

旅发委主任　熊　莉(女)

旅发委副主任　余建国

旅发委副主任　郑行懿

　　　　　　郑耀星

地方志办主任　李　霞(女)

热线办主任　彭　娇(女)

区委区政府电子政务办主任

　　　童明轩

区委区政府电子政务办副主任

　　　程琳琳(女)

区委区政府电子政务办副主任

　　　余联康

外事侨务办主任　余小红(女)

外事侨务办副主任

　　　　张　翼(女)

外事侨务办副主任

　　　　潘元娟(女)

金融工作办公室专职副主任

　　　吴　剑

土地储备中心副主任　钱　文

土地储备中心副主任　雷文峰

区法制办公室

主　任　廖焕青

副主任　金　波(女)　吴树宏

区委、区政府接待事务办公室

主　任　吴　涛

副主任　李荣州　吕　菁(女)

区财政局

局　长　徐叶黎

副局长　刘开颜(女)

　　　　陈广斌　龚国军

总会计师　揭利新

生产发展资金管理处主任

李道帮

政府采购办公室主任　李上勇

区政府非税收入管理局局长

　　　徐丽瑛(女)

区乡镇财政管理局局长

　　　杨昌彪

区人力资源和社会保障局

党组书记、局长　郑常勇

副局长　缪唯萍(女)　应启平

　　　　郑森生

总会计师　刘振江

人才流动中心主任

　　　　杨林玲(女)

医疗保险事业管理局局长

　　　　刘宙禄

医疗保险事业管理局党支部书

记　郑梦麟

社会保险事业管理局局长

　　　潘　云

劳动就业服务管理局局长

　　　徐光庆

农村社会养老保险管理局局长

　　　苏　政

劳动保障监察大队大队长

　　　李淑兰(女)

区委机构编制委员会办公室

主　任　王建明

副主任　陈建菲(女)

事业单位登记管理局局长

　　　李　强

区民政局

党委书记、局长　郑德郁

副局长　吴腮兴　陈　平

　　　　曹　辉

城乡居民最低生活保障管理局

局长　潘有歆

地名办主任　宋　勇

老龄办主任　颜毓红(女)

福利院书记、院长

　　　　高妍斐(女)

民间组织管理局局长

陈永华（女）

区扶贫和移民办公室
党组书记、主任　周建国
副主任　游建英（女）

区教育体育局
党委书记、局长　钟　鸣
副局长　祝林发　余其中
　　　　余凌红
工会主席　叶一华
校建办主任　张飘荣
教研室书记、主任
　　　　徐　萌（女）
四中校长党支部书记　孙学银
职中书记、校长　冯　健
沙溪中学书记、校长　郑　军
一小书记、校长　程一红（女）
逸夫小学书记、校长
　　　　马　艳（女）
五小书记、校长　朱有礼
三中党支部书记、校长
　　　　程一晶（女）

区人民政府教育督导室
副主任　黄用章　赵　敏

区教师进修学校
校　长　余　辉
副校长　吴敏慧（女）

区卫生和计划生育委员会
党委书记、主任　孙建斌
党委副书记、副主任
　　　　陈春明（正科级）
副主任　黄　珍　江黎雯（女）
　　　　强建龙　官朝昀
　　　　江铁山
总会计师　曾小妍（女）
血防站站长　程有盛
第二人民医院党支部书记、院长
　　　　刘明强
第三人民医院党支部书记
　　　　朱锡发

第三人民医院院长　郑录辉
区妇幼保健计划生育服务中心
　　党支部书记、院长　黄红芳
　　（女）

区城管局
党组书记、局长　张　弘
副局长　余仕华

市立医院
党委书记　高威华
院长、副书记　戴　军
纪委书记　杨　玲（女）
副院长　郑建国　徐立新
　　　　余云霞（女）
纪委副书记、监察室主任
　　　　吕建红（女）

市中医院
党组书记、院长　杨宏辉
副院长　汪　玮　陈临凌（女）
　　　　夏德军

区农林水利局
党委书记、局长　方表福
副局长　邓泉根　徐晓彬
　　　　郑行希
岩底水库管理局局长　王小明
森林公安局局长（森林警察大队
　　大队长）　黄　坚
森林公安局教导员　张伟波
森林公安局沙溪派出所所长
　　　　舒新生
睦州山省级森林公园管委会主
　　任　张华军
森林防火指挥部办公室主任
　　　　姚建平
畜牧兽医管理局局长　何田华
防汛抗旱指挥部办公室主任
　　　　占永华
河道堤防管理站站长
　　　　吴慧兰（女）
蔬菜科学研究所所长　余剑锋

区商务局
党委书记、局长　俞妙玲（女）
副局长　徐华琼（女）　曹金土
　　　　叶长利
商业国资公司总经理　蔡　赟
商业国资公司副总经理
　　　　郑详钢

区工业和信息化委员会
主　任　龚桃
党委书记　杨小威
副主任　陈　超　熊荣平
　　　　俞　斌
总经济师　韩　汾（女）
墙体材料革新办公室主任
　　　　余饶东

区发展和改革委员会
党组书记、主任　王　辉
副主任　郑耀龙　俞晓明
总经济师　叶　剑
铁路建设办公室主任　吴乐闽
利用外资办公室主任
　　　　陈文建（女）

**区文化广播电影电视局（区新闻
出版局、区版权局）**
党组书记、局长　胡　涛
副局长　林前飞　周　正（女）
　　　　曾　辉
图书馆党支部书记
　　　　郑文卿（女）
图书馆馆长　程　辉
博物馆馆长　周恒斌
文化馆党支部书记、馆长
　　　　骆　辉
影剧音像总公司支部书记、总经
　　理　周文芝（女）

区审计局
党组书记、局长　李积龙
副局长　阮桂英（女）　陈建中
　　　　俞卫丰
总审计师　陈华琴（女）

审计联席会办公室主任
　　张尉宗

区统计局
党组书记、局长　章　艳(女)
副局长　李　芳(女)
总统计师　叶慧敏

区国有资产监督管理委员会办公室
党组书记、主任　唐　浩
副主任　付文胜　李志维
　　潘智敏
总经济师　刘　媛(女)
产权交易中心主任　刘　锋
出资监管企业(正科级)监事会
　　主席　翁福继
出资监管企业(副科级)监事会
　　主席　冯献敏(女)

区建设局
党委书记、局长　唐筱虎
副局长　郑常忠　夏延交
　　林传东
建筑企业管理局局长　徐　翔
总工程师　徐日升
区人防办专职副主任
　　郑　旭(女)

区交通运输局
党委书记、局长　刘祖宏
副局长　游建新　徐培军
　　毛辰龙
总工程师　许光华
公路运输管理所党支部书记、所
长　毛日亮
公路站站长　陈宇戈

区粮食局
党委书记、局长　王晓武
副局长　陈少春(女)　姜钟建
　　黄禄彬
粮油收储公司党支部书记、经理
　　何为民

区安全生产监督管理局
党组书记、局长　杨国辉
副局长　高传兴　娄豪水
　　龚振龙
安全生产监察大队大队长
　　邓　钧

区住房制度改革办公室(房管分局)
党组书记、主任(局长)
　　姬峻峰
副主任　袁　振　殷　红
　　李元林
房管分局副局长　刘德永
　　汪祥华
非住宅房管理所党支部书记、所
　　长　殷　红

区爱国卫生运动委员会办公室
党组书记、主任　黄志萍(女)
副主任　苏晓辉　饶丽君(女)

区轻工集团公司
副总经理　徐雷春

区手工业联社
主　任　管建伟
副主任　郭小燕(女)
　　游玉玲(女)

区供销社(供销合作总公司)
党委书记、主任　蒋　勇
副书记、副主任　潘国良
副主任　欧　华　吴秀萍(女)

区科技局
党支部书记、局长　朱五东
副局长　章　斌　王玉珍(女)
总工程师　王应标

区规划局
党组书记、局长　朱丹双
副局长　陈　坚　王万红
总工程师　张健华

区防震减灾局
党支部书记、局长
　　冯秀云(女)
副局长　舒绍忠　杨忠朝

上饶经济开发区朝阳产业园管理委员会
党工书记　王　俊
副书记、主任　余　磊
副书记　毛　强(挂职)
副主任　郑黎军　李积彪
　　揭滢钰(女)
总工程师　丁芳明

区信息服务业产业管理中心
主　任　郭　丽(女)
副主任　郭代敏　胡　真(女)
　　章智敏

区行政服务中心管理委员会
主　任　刘桂莲(女)
副主任　占清华　郑兴富

区城南城市建设投资有限公司
总经理　钟　剑
副总经理　肖　军　钱　华
　　林　旭　严厚斌
　　孙浩澜

区人民检察院党组
党组书记、检察长　章　晖
副书记、副检察长　林　锋
副检察长　黎明华
正科级检察员　江华光
检察委员会专职委员
　　朱牡华(女)
　　支　平
反贪局局长　吴国桢
反渎职侵权局局长　吴剑锋
民事行政检察科科长
　　李　锋(女)
办公室主任　瞿宏刚
侦监监督科科长　石　文
公诉科科长　秦永红(女)

控申科科长　郑丽文(女)
职务犯罪预防科科长　张智明
技术科科长　张文斌
监察室主任　王毅峰
案件管理室主任　李竞(女)

区人民法院

党组书记、院长　杨小明
副书记、副院长　刘伯军
副院长　徐林红(女)　饶良伟
纪检组长　廖宗海
政工科长　汪群(女)
审判委员会专职委员
　　　　刘昊旻(女)
　　　　汤爱丽(女)
办公室主任　徐芳(女)
司法行政科科长　张志华
刑庭庭长　李亮星(女)
执行局综合办公室主任
　　　　王红萍(女)
民一庭庭长　郑伟东
民二庭庭长　叶丽萍(女)
行政庭庭长　熊文凯(女)
立案庭庭长　王建英(女)
立案二庭庭长　李针(女)
审监庭庭长　蔡文刚
执行一庭庭长　周贻平
执行二庭庭长　张峻豪
技术科科长　蒋龙文
东市法庭庭长　吴庆京
朝阳法庭庭长　张文华
沙溪法庭庭长　邱若琳(女)
灵溪法庭庭长　杨建波
郊区法庭庭长　杨志勇

区司法局

党组书记、局长　徐新
副局长　周军　曾勇
　　　　祝祥法
公证处主任　周军
东市司法所所长　潘艳(女)
西市司法所所长　侯含(女)
水南司法所所长　董俊(女)
北门司法所所长　洪鹰(女)

茅家岭司法所所长　夏云标
沙溪镇司法所所长　郑华梁
朝阳镇司法所所长　娄春福
秦峰镇司法所所长　程富华

区总工会

主席　刘丽群(女)
常务副主席　耿开赣
副主席　刘晓彬　叶盛

共青团区委

书记　韩潇(女)
副书记　叶峰

区妇女联合会

主席　郑柳静(女)
副主席　朱惠珍(女)
　　　　方旭荣(女)

区工商业联合会

党组书记　俞奕鹏(女)
主席　谭晓红(女)
副主席　丁丕仙(女)　贺禹铭
　　　　叶荣城

区科学技术协会

主席　周文芳(女)
副主席　卢红(女)
副主席、秘书长　曾庆荣

区残疾人联合会

理事长　王晓岗
副理事长　徐海燕(女)
　　　　王辉

区红十字会

会长　梁丽娟(女)(兼)
常务副会长　夏君英(女)
副会长　包靖
副会长、秘书长　王丽芸(女)

区社会工作者联合会

主席　黄涛
副主席　周贻洪

秘书长　琚玺(女)

区归国华侨联合会

主席　江谷(女)
副主席　张碧君(女)
副主席、秘书长　苏珊梅(女)

中国国民党革命委员会信州区总支部委员会

主任委员　郑耀龙
专职副主任委员　李琼(女)
副主任委员兼秘书长
　　　　徐媛(女)

中国民主同盟信州区总支部委员会

主任委员　龚桃
专职副主任委员　付瑶(女)
副主任委员兼秘书长
　　　　杨明(女)

中国民主建国会信州区总支部委员会

主任委员　姜钟建
专职副主任委员　缪斌
副主任委员兼秘书长　徐贻忠

中国民主促进会信州区总支部委员会

主任委员　柴莉萍(女)(兼)
专职副主任委员　李丽(女)
副主任委员兼秘书长
　　　　俞慧(女)

中国农工民主党信州区总支部委员会

主任委员　谭晓红(女)
专职副主任委员　郑曼华(女)
副主任委员兼秘书长　周宏伟

九三学社信州区基层委员会

专职副主任委员　吴雪珍(女)

江西省五一劳动奖章

汤德军　男,1975 年 12 月生,中共党员,江西万德隆实业有限公司技术顾问。"从江苏到江西""从基层钣金工作干起,到成为企业的技术骨干和专利权人",汤德军用了短短十余年的时间,实现了人生的飞跃。1998 年 12 月,汤德军投身上饶客车车身制造行业中。建国六十周年纪念活动的巡游彩车研发和设计脱颖而出,在北京天安门亮相。他通过创新技术参与上饶的经济建设,几十年来,在汤德军的努力下,带动公司的技术工人技术创新近百项,帮助带动几百名工人成为制造行业的核心技术骨干。先进事迹被当地媒体广为报道宣传。荣获江西省江苏商会 2015 年度爱心大使、2011 年获得国家"一种离合器踏板联锁操控制动器踏板的装置"专利权、建国六十周年游行彩车设计得到了国务院游行办的表彰。2017 年,获评江西省五一劳动奖章。

信州区 2017 年度"十大最美"评选结果

十大最美保洁员:李祖德、郑顺海、郑三梅、陈目细、谢显乐、林春仙、杨德财、潘明清、刘莲菊、徐明亮

十大最美创业者:万良华、刘湘、王登云、上官洪洋、章惠明、张灵莉、徐绍萍、许正生、宋恒泉、刘婷

十大最美基层干部:廖怀慈、徐功猫、郑加忠、占志忠、付冬莲、宋恒柱、姚名军、祝龙贵、黄铖、黄启湖、陈文峰

十大最美教师:杨芳、吴木兴、严蕾、郑标安、黄美仙、翁俊水、王俊杰、张桦飞、罗卓华、周莹

十大最美志愿者:周建华、徐伟丽、童志强、夏雪、汪桂红、卢伟、徐伟、王莹、董小芬、余明

十大最美政法干警:蔡骏、诸斌、邱峰、苏雪莉、刘小海、李旭升、林观涛、张玉葛、张峻豪、郑君

十大最美工匠:卞蓓华、徐富良、徐忠兴、叶建辉、林丽珍、单志海、秦宏刚、余利强、李文兵、苏桂勇

十大最美医护人员:戴光海、翁兴光、余春富、刘青翰、梁倩、许正华、林燕萍、李宇、苏小燕、朱园园

十大最美好少年:胡周缘、蔡雨含、蒋张子怡、占钟灵、潘昕童、赖佳怡、刘星雨、姜昕成、顾雨涵、徐小小

信州好人:郑美兰、李祖德、万良华、廖怀慈、杨芳、周建华、蔡骏、卞蓓华、戴光海、胡周缘

重 要 文 献

政府工作报告

——2017 年 2 月 22 日在信州区第五届人民代表大会第二次会议上

区长　胡心田

各位代表:

现在,我代表区人民政府,向大会作政府工作报告,请予审议,并请各位政协委员和列席人员提出宝贵意见。

一、2016 年工作回顾

过去的一年,新一届政府深入贯彻落实党的十八大和十八届三中、四中、五中、六中全会以及习近平总书记系列重要讲话精神,在市委、市政府和区委的正确领导下,在区人大、区政协的监督支持下,以新发展理念适应新常态、攻坚克难、奋勇拼搏,较好地完成了区四届人大七次会议确定的各项目标任务,实现了"十三五"良好开局:全年全区实现生产总值212.6 亿元,增长8.9%;财政总收入21.89 亿元,增长4.3%,税收收入占财政比重83.5%;公共财政预算收入16.08 亿元;固定资产投资完成158.3 亿元,增长12.9%;社会消费品零售总额完成129.2 亿元,增长10.5%;第三产业增加值157.15 亿元,增长8.7%;金融机构人民币存款余额696.1 亿元,增长18.9%;贷款余额590.51亿元,增长11.29%。其中,社会消费品零售总额、第三产业增加值、金融机构人民币存贷款余额等指标继续位居全市第一。在全市经济社会发展和党的建设情况巡查中实现逆袭,赢得第三名的好成绩。

一年来,我们重点抓了以下工作:

(一)强化调度、精准施策,经济运行平稳健康

面对经济下行压力持续加大的严峻形势,我们保持定力,坚定信心,全面贯彻中央、省、市经济工作会议精神,以"三去一降一补"五大任务为抓手,积极推进供给侧改革,全力打响重点工作"百日攻坚"战,统筹推进棚户区改造房屋征收、精准扶贫、重点项目建设、招商引资、秀美乡村、信访积案化解等关乎经济社会发展的各项工作。建立经济运行调度分析监测机制,落实"降成本、优环境"100 条实施细则,及时调整物流、信息产业、有色金属、总部经济等产业扶持政策,完善领导挂点和部门帮扶制度,及时帮助企业解决实际困难、增强企业信心。加快推进重大平台建设,信州总部经济园投入使用,朝阳产业园、信息服务业产业园建设取得新进展,现代农业示范区快速推进,在全市首个建成数字经济服务园。全力推进84 个市、区重点项目建设,完成征地7200 余亩、拆迁290 余万平方米。去库存成效明显,房地产待售面积27.4 万平方米,比年初减少11.3 万平方米。积极向金融机构融资,改善人居环境——秀美乡村、沙湖新城新型城镇化建设、农村公路改造工程等8 个项目融资规模超过38.5 亿元。切实加强实体企业金融服务,通过财园信贷通、惠农信贷通、中小企业融资担保中心、创业担保贷款等平台,为340 余家企业融资8.64 亿元。

(二)固本强基、加快转型,产业发展提档升级

工业经济发展更具前景。主攻工业、决战园区力度不断加大,制定了"以企业为核心、五年决战三百亿"战略规划,精心培育、做大光学、苎麻、汽配三大产业。坚持每月举办一次"工业日"会议、每季一次工业项目集中开(竣)工活动。园区

承载能力不断提高,1056 套公租房建成交付使用,日处理 2000 吨污水处理厂竣工,朝阳二路全线贯通,盘活 400 亩闲置土地,启动了调园扩区工作。全年共引入 42 家企业落户园区。其中,宇瞳光学园、索密特汽配、德峰医药等 25 家企业开工;九方商混、范美保罗家居、北京三纺机(上饶气弹簧)、帘邦窗饰、奥烽实业等 5 家企业投产。全年新增规上企业 9 家,总数达到 27 家,实现规模以上工业增加值 5.83 亿元,主营业务收入 20.7 亿元。荣获 2013—2015 年度江西工业崛起年度贡献奖。

现代服务业发展亮点纷呈。全年新增规上服务业企业 35 家,总数达到 73 家,居全市第二。物流、信息服务、金融三大产业稳定发展,分别实现税收 3 亿元、2.5 亿元、1.4 亿元,分别增长 8.3%、22.51%、19.1%;集聚效应凸显,新增 30 家物流企业,纳税额超百万元的达到 92 家;新引进 117 家信息产业企业,总数达到 333 家,新增 1 家在新三板上市,总数达到 6 家;新增赣州银行、中信银行、阳光保险电销呼叫中心、永安保险等金融保险机构开业,各类金融保险机构达 66 家。新产业新业态蓬勃发展,涌现了一号家居网、机器人餐厅、VR 体验馆等新型企业。文化旅游产业快速发展,全年接待旅游人数 1536.64 万人次,增长 45.73%;实现旅游综合收入 131.28 亿元,增长 22.23%。上饶(信州)文化创意产业园被授予"第五批江西省现代服务业集聚区"。健康养老产业不断壮大,拥有床位 2200 余张,福海老年公寓被民政部授予"民政标准化示范单位"。

农业现代化进程加快。全区共有规模以上种养殖基地 98 个,农业休闲农庄 33 家,规模以上农业企业 36 家,其中省级 3 家、市级 18 家。新增各类农民专业合作社 9 家,总数达到 161 家,创建市级以上农民专业合作社示范社 17 家,其中国家级 1 家、省级 4 家、市级 12 家。新增家庭农场 20 家,总数达到 43 家。现代农业示范区建设步伐加快,完成 7100 亩核心区规划,建成占地 1 万平方米的智能温控大棚,引入鲜禾科技、仕林蔬菜、乐村淘电商、华西和中广核农光互补等企业进驻。农田水利基础设施进一步夯实,完成 1000 亩高标准农田建设,4 座小(2)型水库和 24 座山塘除险加固整治。

(三)攻坚克难、统筹推进,城乡面貌明显改观

城市形象加快刷新。通达能力显著提升,对接广丰区的上丰大道、连接信江河谷城镇群的新 320 国道建成通车;龙潭路、明叔路、凤凰大道东延伸段、吴楚大道、货场路、丰溪东大道、庆丰北路、信江南岸二期道路等一批城区路网建成通车。城市综合体不断集聚,万达广场、星河国际、万力时代、润丰家居广场等一批商业综合体开张营业,成为城市新地标。打响了史上最大规模的棚改攻坚战,完成汪家园二期、枫炉塘、桐子坞等 26 个 5738 户 237 万平方米房屋征收工作,圆满实现"攻坚 100 天、拿下 200 万"的目标。

城乡规划管理不断规范。启动了信州区经济与空间发展战略、秀美乡村试点等规划编制工作,基本完成四镇总体规划修编。扎实开展"全民共建、美丽上饶"行动,完成八角塘集贸市场周边环境改造提升,完成云碧峰、刘家坞等马路市场的搬迁和改造,规范了废品回收站、"二手车"市场、中心城区农贸市场及各专业市场经营。铁心硬手打击违法建设,在全市率先建立了云计算中心自动比对平台,全年拆除新增违建 13.8 万平方米、存量违建 12 万平方米,全市控违征迁现场会在我区召开,控违拆违经验在全市推广。

秀美乡村创建初显成效。进一步规范农民建房管理,严格落实"三审两公示四到场"制度,有效遏制了超高超面积建房行为。开展了乱埋乱葬专项治理,启动了农村公益性墓地建设。打造了 5 个秀美乡村建设点;完成了 39 个新农村建设村点,惠及农户 3230 余户、14300 余人。投入 2600 万元用于农村环境"七改"工作,建立了户分类、村收集、镇转运、区处理的保洁长效机制,农村垃圾实现日产日清。扎实推进高铁、高速、国道等交通沿线环境整治工作,投入 1800 余万元完成 1300 余栋房屋外立面改造提升工作。荣获中国美丽乡村建设示范县、全省农村清洁工程工作先进县。

生态文明建设扎实推进。新造绿化苗木林 1450 亩,超额完成省、市下达任务。积极开展生态创建,新增 10 个市级生态村,沙溪镇获评省级生态镇,实现零的突破。全力推进"河库长制",开展了"清河行动",实施了水污染、河湖"八乱"和渔业资源保护三大类十个专项整治。完成沙溪、秦峰 2 处饮用水水源保护区划定工作,沙溪镇日处理污水 500 吨的污水处理厂建成运营。加大环境执法力度,查处违法企业 28 家,圆满完成 G20 峰会"西湖蓝"行动保障任务。荣获全省"十二五"公共机构节能工作先进县(市、区)。

(四)改革创新、扩大开放,发展活力持续迸发

重点改革蹄疾步稳。推进了城市管理和行政

执法局筹建工作,完成人防办、现代农业示范区管委会等机构设立,旅游局升格为旅发委,三江工业基地办撤销。启动了市立医院、市中医院、区妇幼保健院等三家城市公立医院改革试点工作,完成城乡居民医保整合移交,稳步启动分级诊疗试点工作。完成江西盐业公司、德兴铜矿、凤凰光学等省属驻区企业社区移交工作,完成区国有资产清查摸底工作。进一步做大市场化融资,先后成立绿色农业投资有限公司、沙湖新区投资管理有限公司、信州区投资控股有限公司。"放管服""双随机、一公开"、商事制度等各项改革深入推进,公开了 279 项政府部门行政审批事项目录和 34 项区级行政审批中介服务事项,全部取消非行政审批许可事项 56 项,公布了 188 项随机抽查事项,全面实施"五证合一、一照一码"。

开放合作不断深化。成立 32 支小分队分赴全国各地招商,先后在北京、上海、重庆、贵州举办产业招商推介会,集中引进了一批光学、汽配、定制家居、制鞋等企业入驻。全年落户重大项目 27 个,其中 2000 万元至亿元项目 11 个、亿元以上项目 16 个,实际进资 42.08 亿元,同比增长 12.93%;实际利用外资 8071 万美元,增长 10.17%;实现外贸出口 2.34 亿美元。

创新创业蔚然成风。完成专利申请量 378 件,增长 50%;专利授权 287 件,增长 20%,总量全市第一。全年新增个体工商户 4363 户,增长 23.46%,新增私营企业 2000 户,增长 17.57%;非公经济市场主体总数达到 2.85 万户,注册资本总额达 192.61 亿元。上饶 7890 众创空间、蓝青创客工场、龙谷创客茶馆获批省级众创空间。巨网科技、惠明科技等 5 家企业获批国家高新企业。

(五)以人为本、增进福祉,社会事业全面进步

民生福祉持续改善。全年民生事业投入 19.59 亿元,增长 25.03%,占财政总支出 73.7%。新增转移农村劳动力就业 4913 人、城镇新增就业 7654 人,零就业家庭就业安置率 100%。城乡居民大病保险实现全覆盖,失地农民养老保险覆盖面不断扩大。全年累计发放高龄老人长寿补贴 31588 人次,发放金额 646.34 万元;发放困难残疾人生活补贴和重度残疾人护理补贴 300 余万元,惠及 5016 人次;发放廉租房租赁补贴 198 万元,惠及 9800 余人次。群众收入水平不断提升,城镇居民人均可支配收入 31656 元,增长 8%;农村居民人均可支配收入 14358 元,增长 7.3%。建成 1300 余套城乡公租房,实施了 241 户农村危旧房改造,完成通自然村 25 户以上农村公路项目 20 公里。精准扶贫工作成效显著,7 个省、市级贫困村顺利通过市级退出考核,3216 名贫困人口经省级评估验收成功脱贫,农村贫困人口发生率由上年的 3.1% 下降到 1.4%,率先在全市消除农村绝对贫困现象,成为全省第一批退出贫困的县(市、区)。

社会事业全面进步。义务教育均衡发展,全年改扩建校舍 10 余万平方米,市第二十小学、沙溪中学、信州职教中心三期等一批学校建成投入使用,顺利通过国家义务教育均衡发展督导评估。"健康信州"加快推进,市立医院综合大楼投入使用,拥有村卫生室 108 家,实现行政村全覆盖,沙溪中心卫生院入选全国"2015—2016 年度群众满意的乡镇卫生院"。西市街道八角塘社区荣获"2011 -2015 年度全国计划生育协会工作先进单位"。圆满承办上饶国际半程马拉松赛和"海外华裔青少年中国寻根之旅——魅力信州营"活动。文化事业繁荣发展,完成博物馆和文化馆维修改造,区文化馆秧歌队在上海国际民间民俗秧歌赛上喜获一等奖。茅家岭街道钟灵社区荣获全国科普示范社区。双拥优抚安置工作再上新台阶,连续五届荣获全省双拥模范城、蝉联全国双拥模范城。

社会大局稳定和谐。在全省首创合成警务工作站,打造了永不熄灯的"智慧警务超市",获评全国公安机关改革创新大赛优秀奖。开展了社会治安集中整治"双百"和"打侵财、控发案百日攻坚"行动,社会治安状况明显好转,公众安全感、满意度得到提升。全面落实领导定期接访和包案制度,化解信访积案 55 件,成功调处各类矛盾纠纷 3300 余起,实现进京赴省到市访"三下降"。"六五"普法圆满收官,荣获全省法治县(市、区)创建工作先进单位,为全市唯一。严格落实安全生产"党政同责、一岗双责、齐抓共管、失职追责"制度,加强了重点区域、重点行业的集中整治,杜绝了较大及较大以上生产安全事故发生。东市街道金龙岗社区、西市街道桥村社区荣获全省安全社区。完成国家级地质灾害点"水南 417 号"崩塌治理项目。扎实开展治超专项整治行动,连续 11 年道路春运安全零事故。深入开展"消防执法质量提升年",完成白鸥园市场消防设施改造并顺利通过验收,成功摘除"全国 100 家重大火灾隐患单位"的帽子。连续七年被省政府评为森林防火平安县。

与此同时,统计、粮食、物价、供销、物资、供

电、保密、档案、工会、侨联、社联、工商联、共青团、地方志、妇女儿童、涉台事务、防震减灾、民族宗教、红十字会、气象服务等各项事业都取得了新成绩。

(六)求真务实、依法行政，政府效能有效提升

严格按照法定权限和程序行使权力、履行职责，自觉接受人大工作监督、政协民主监督，办理市、区两级人大代表建议 97 件，政协委员提案 129 件，办结率 100%。坚持用制度管人管事，建立了政府常务会学法制度，完善了政府法律顾问工作制度。制定出台了《信州区政府性融资资金管理暂行办法》《信州区政府投资建设项目预算评审暂行办法》《信州区政府投资项目工程变更管理实施细则(试行)》，进一步提升了政府投资项目的规范化管理水平。完善了政府预算体系，规范预算管理，实现政府及部门预决算、"三公"经费预决算信息的全面公开。建立了严格的督查机制，对部署的工作、下达的任务实行全程督查督办。深入开展"两学一做"学习教育，深入推进集中整治和查处侵害群众利益不正之风和腐败问题行动，加大征地拆迁、扶贫、涉农等领域资金的监管力度，一批群众身边的违法违纪问题得到及时查处。

各位代表！过去的一年，我们在经济下行压力增大、实体经济运行困难等严峻形势的考验下，取得了一系列成绩。这些成绩的取得，主要得益于市委、市政府和区委的坚强领导，得益于区人大、区政协的鼎力支持，得益于全区广大干部群众和驻区各单位的众志成城，得益于以书记为班长的上一届政府打下了很好的基础。借此机会，我代表新一届政府，向在各个领域辛勤劳动、默默奉献的干部群众，向给予政府工作积极支持的人大代表、政协委员，向各民主党派、工商联和各界人士，向驻区部队和武警官兵，向上一届政府班子成员、所有关心支持信州发展的同志们、朋友们表示衷心的感谢和崇高的敬意！

过去一年的成绩令人鼓舞，但经济社会发展和政府工作中存在的一些薄弱环节不容忽视：一是产业类的大项目、好项目不多，产业发展规模和质量还不够理想；二是城乡统筹力度有待进一步加大，农村基础设施和公共服务还有短板；三是部分经济指标增幅放缓，财税增长压力增大，而民生等领域刚性支出持续增长，收支矛盾更加凸显；四是政府系统少数单位和工作人员服务意识不强、工作标准不高，创新服务、攻坚克难、推动发展的

能力有待进一步提升。对于这些问题，我们将高度重视，并在今后工作中下决心加以解决。

二、2017 年工作任务

今年是本届政府全面履职的第一年。新常态下，我和政府一班人将继续积极应对各种复杂严峻的困难和挑战，以坚定果敢的行动、克难前行的勇气，干在实处再出发，走在前列谱新篇，推动经济社会持续健康稳定发展。

根据中央、省、市经济工作会议精神和区第四次党代会精神，今年政府工作的总体要求是：以党的十八大和十八届三中、四中、五中、六中全会精神为指导，深入贯彻习近平总书记系列重要讲话精神、治国理政新理念新思想新战略，特别是视察江西重要讲话精神，以及中央、省、市经济工作会议精神，全面贯彻落实市委"678"战略部署，坚持稳中求进工作总基调，适应把握引领经济发展新常态，坚持以推进供给侧结构性改革为主线，坚持以提高发展质量和效益为中心，坚持以民生改善和社会稳定为根本，抓重点，攻难点，出亮点，不断壮大实体经济，做大经济总量，提升城市品位，打造富裕美丽幸福信州，加快推进省域副中心城市核心区建设，以优异的成绩迎接党的十九大胜利召开。

今年全区经济社会发展的主要预期目标是：地区生产总值增长 9%；财政总收入增长 5%；固定资产投资总额增长 15%；城镇居民人均可支配收入和农村居民人均可支配收入分别增长 9% 和 10%；城镇登记失业率控制在 4.5% 以内，节能减排完成上级下达的计划任务。

实现上述目标，我们将重点做好以下六个方面的工作：

(一)坚持项目引领，着力扩大有效投资

突出项目的先导、核心、支撑地位，主动融入"大美上饶"建设，坚持贯彻"为市服务、借市发展、实现共赢"的理念不动摇。继续开展重大项目引进和建设攻坚行动，努力在新一轮竞争中占据优势。

乘势而上谋一批。围绕上饶高铁经济试验区、空港经济区、上饶国际医疗旅游先行区、大数据产业园和朝阳产业园、信息服务业产业园、沙溪苎麻产业园等市、区产业平台以及新老 320 国道、上丰大道等交通大动脉，结合"十三五"规划，努力寻找地方需求与国家政策支持的结合点，有针对性地挖掘、储备、布局一批质量高、成长性好、辐射

广的项目,使大平台成为大项目的承载地,交通大动脉成为产业走廊、经济带。

千方百计引一批。主动对接融入"一带一路"、长江经济带国家战略和"长珠闽"经济板块,积极承接东南沿海地区产业转移,加大项目招引力度。采用小分队招商、精准招商、专业招商、定点招商、以商招商等多种方式,围绕麻纺织、光学、汽配、定制家居、现代服务业、都市农业等产业,实施重大项目攻坚计划,瞄准跨国公司、上市公司,对接国内 500 强、民营企业 500 强,盯住新技术、新产业、新业态,全力引进一批产业关联度大、技术层次高、市场覆盖面广的投资项目。要围绕纳税大户来招商,引进一批纳税额高、无污染的大项目。全年引进 5000 万元以上项目 65 个,其中亿元以上项目 17 个。

全力以赴建一批。积极推进涵盖产业发展、基础设施、民生改善等总投资约 230.4 亿元的 150 个区本级项目建设,年内完成投资 69.24 亿元。持续发力决战决胜棚改,努力破解征迁难题,依法推进征地拆迁,鼓励货币化安置,完成征地 7000 亩,拆迁 200 万平方米以上。完善重大项目推进机制,成立高规格的项目推进领导小组,加大项目督查、考核力度,及时协调解决项目推进中的难题。全面完成信江南岸二期景观工程、三江片区雨污水管网、龙华世纪城等项目建设。高效服务中心城区大建设,全力保障城东防洪堤及滨江东路景观改造、高铁农都、市一中等 103 个重点项目序时推进。

（二）坚持量质并重,加快产业转型升级

注重从供给侧发力,以质量和效益为中心,打好产业发展攻坚战;全力帮扶实体经济发展壮大,走出一条符合信州特色的产业发展之路。

工业经济要有大突破。大力推进"以企业为核心,五年决战三百亿"计划,将工业发展专项资金提高至 5000 万元,推动工业跨越式发展。对朝阳产业园整体规划进行提升,做大做强做旺园区,加快推进基础设施、标准厂房建设和"腾笼换鸟"等工作,提升"两率一度"(投入产出率、资源利用率,园区开发度)水平。加快调园扩区步伐,年内新增 1500 亩用地,推进 1 平方公里拓园,争取申报独立园区。做强麻纺织、汽配、光学三大主导产业,力争分别实现主营业务收入 20 亿元、15 亿元、8 亿元。全力推进苎麻产业园、宇瞳光学园、汽配园建设,加快形成产业集群。促进惠明科技、金洋

数控、华信生物医药、信江酒业、欣旺卫生用品等企业达产达标。持续抓好"降成本、优环境"政策措施落地兑现,进一步降低企业用能、融资、物流等成本。鼓励企业发扬"工匠精神",支持企业提高质量在线检测、在线控制和产品全生命周期质量追溯能力,打造一批质量过硬产品。力争 2017 年新增规上企业 15 家,总数达到 42 家,实现规模以上工业增加值 8.6 亿元、主营业务收入 50 亿元、利税 2 亿元。

现代服务业要上新台阶。依托万达广场、万力时代、龙华世纪城、明珠商业广场、上饶恒大名都等商业平台,对接引进一批知名商贸企业入驻。加快发展总部经济,放大信州总部经济园政策优势,探索建立"一园多点"发展模式。推动金融服务业发展,加快推进光大银行上饶分行、长江证券、民间融资登记服务中心开业,加大力度化解不良贷款,防范和打击非法集资活动,维护金融秩序和稳定,实现税收 2 亿元。积极抢抓新经济"窗口期",依托市大数据产业园和数字中心服务园,大力发展大数据产业和数字经济。做好慧谷、淘宝园、信息产业园、数字经济园、总部经济园、7890 众创空间、6 号仓库的软硬件提升,做大做强集聚区,新引进信息服务业企业 150 家以上,新增 5 家以上互联网企业上市,实现税收 3 亿元。大力发展现代物流业,加快建设物流园,着力引进一批物流企业入驻,实现税收 2.2 亿元。稳步发展健康养老服务业,充分发挥政府主导作用和社会力量主体作用,加快养老服务模式创新,不断满足群众多层次、多样化服务需求。加快发展旅游业,积极参与国家全域旅游示范区建设,推进欢乐风暴水上乐园、城东大型旅游综合体等旅游业重点项目建设。以"全域旅游"为目标,高品位谋划乡村旅游,大力发展乡村休闲度假旅游,培育红色教育游、文化体验游、山水景观游、城市休闲游、乡村民宿游等业态,扩大信州旅游的影响力和知名度。

现代农业要加快升级。加快推进现代农业示范区建设,通过市场化手段引进投资主体,完善示范区基础设施和配套服务体系,引进农业龙头企业和科研机构参与建设运营。加快推进农产品"三品一标"认证,逐步创建一批以菌菇、蔬菜为主的市优、省优品牌。抓好农业供给侧结构性改革,优化农业产业结构,发展设施农业、精准农业、休闲观光农业,大力推广"公司+基地+农户"的产业化经营模式,发展专业大户、家庭农场、农民专业

合作社,促进农村一二三产业融合发展,让信州区的农业不在量上而在质上取得示范、辐射、带动效应,从而实现农业增效、农民增收、农村增色。完善农田水利设施建设,启动农村饮水安全巩固提升工程,完成1000亩高标准农田建设、34座山塘整治,新增高效节水灌溉面积4800亩。

(三)坚持城乡统筹,打造生态宜居家园

信州是我们的家园,是承载我们梦想的土壤。要通过绿色发展,实现城乡良性互动、共同繁荣,赋予信州更多的个性禀赋,把我们的家园建设得更加美好。

提升城市承载功能。完善城市公共服务设施空间布局,加强教育、科技、文化、医疗、体育等公共服务设施建设,全面实行居住证制度,推动城镇基本公共服务常住人口全覆盖,促进农民工市民化。优先发展公共交通,促进城市发展与城市交通健康协调发展。加快城区道路网格化建设,完成富饶路东延伸、丰溪东路二期、稼轩大道北延伸段项目建设。加快棚户区和城中村改造,统筹推进汪家园棚改三期、三宝街、磨湾、龙潭等32个棚户区和城中村改造项目。提高精细化管理水平,顺应城市管理重心下沉,承接好下放的城市管理职能,确保接得了、管得好。持续推进"全民共建、美丽上饶"行动,完成庆丰路、志敏大道、楮溪南路、叶挺大道综合改造提升。对中心城区胜利路农贸市场、八角塘集贸市场、汪家园农贸市场、江光农贸市场进行全面改造,并带动其他农贸市场提升,新建四角亭、铁路、丁家洲等农贸市场。启动石材市场、废旧钢材市场建设。加强住宅物业管理,提升物业管理水平和服务质量。巩固控违拆违成果,严禁新增违建,有序拆除存量违建。

谋划镇(街)域发展。镇街强则县域强,以做大做活做优镇、街为支撑,全力做强区本级。东市、西市、北门街道依托丰富的商业综合体和存量楼宇,加快发展总部经济、楼宇经济和商贸服务业。水南街道深入挖掘历史文化资源优势,打响文化产业品牌,高品位建设、经营水南文化街区。茅家岭街道依托丰富的高校资源、红色旅游资源和信息服务业产业园、三清山机场、赣东北汽车园等载体,大力发展校园经济、创客经济、红色旅游和空港经济。沙溪依托"千年古镇、夏布之乡"省级重点镇的经济、产业和文化优势,打造以麻文化为特色的文化古镇和城市副中心,加快推进沙湖新城建设,争创全省首批特色小镇。灵溪依托位

处高铁试验区的区位、交通优势,打造"城东商圈"和旅游集散中心,加快打造产城人融合的高铁特色小镇。朝阳依托工业、交通优势,推动"产城融合",打造现代制造业基地。秦峰依托自然资源丰富、交通便利的优势,大力发展绿色农业、"互联网+域名"产业,打造成生态休闲的特色"域名小镇"。

创建秀美乡村。深入实施"整洁美丽,和谐宜居"新农村建设行动。在茅家岭、沙溪、灵溪、朝阳、秦峰各选一个基础条件好、生态环境优的中心村进行精细化打造,形成有文化脉络、优势产业、风貌独特的示范型秀美乡村,对未列入的村子实施"七改三网"工程。加大"四乱"治理力度,持续规范农民建房管理,加快推进公益性墓地建设,守护住农村的山水田园、蓝天白云,为后人多留些"根"的记忆。深入推进城乡环卫一体化工作,推广"垃圾兑换银行"试点工作,实现农村生活垃圾减量化、无害化、资源化处理。发展壮大村集体经济,提高村级组织公共服务能力和运转保障水平。按照"房好看、地干净、殡生态、路成绿"的要求实施新老320国道、机场大道的整治提升工作,推进上广公路、上丰大道、二上线、七沙公路、信秦公路、西沙公路等沿线环境整治工作。

加大生态保护力度。开展第二次全国污染源普查工作,加强污染源治理,推进污染集中治理和达标排放。全面落实水、大气、土壤污染防治计划,实施"净水、净空、净土"行动。开展清河行动,实现全区"水面"河长制全覆盖,继续实施一批黑臭水体治理项目。持续开展生态文明创建,加大省级以上生态镇、村创建力度,力争新增10个市级生态村、1个省级生态村。积极推进秦峰、灵溪、朝阳镇中心集镇污水处理设施和管网建设,提升集镇污水处理能力。完成1000亩人工造林、8000亩森林抚育、6900亩退化林修复工作。完成全域永久基本农田划定及土地利用总体规划调整完善工作。加强环境监管能力建设,加大环境执法力度,对环境违法行为实行"零容忍"。

(四)坚持改革创新,增强发展内生动力

以问题为导向,用改革的思维、创新的方法,摆脱传统路径束缚,着力把改革红利、政策红利充分释放出来。

推进重点领域改革。深化政府机构改革,加快筹建城市管理和行政执法局。推进医药卫生体制改革,建立医疗、医保、医药"三医"联动工作机制,进一步深化城市公立医院改革。深化户籍制

度改革,全面完成户口一元化改登工作。继续推进"放管服"改革,做到能减则减、应放尽放。深化市场监管体制改革,推动"双随机、一公开"监管全覆盖。启动国有企事业单位公务用车制度改革。深化农业农村改革,启动供销改革。

深化财税、投融资体制改革。深化财政体制改革,积极推动财政事权和支出责任划分改革,推进财政专项资金管理改革,强化资金统筹使用。推行财政投资评审管理工作,对财政性资金投资项目预(概)算和竣工决(结)算进行评价与审查,最大限度发挥财政资金的使用效益。深化投融资体制改革,积极应用PPP模式、产业发展基金、专项建设基金等各类投融资方式,拓宽投融资渠道。实行企业投资项目管理负面清单、权力清单和责任清单制度,着力激发民间投资潜力和创新活力。充分发挥城投、信投、绿投等市场化融资作用,进一步提升融资带动能力,做大融资规模,促进区本级经济做大、做强、做实、做优,促进区域经济的长远发展和可持续发展。

激发创新创业热情。深入实施创新驱动"2211"工程,加强科技服务平台和创新载体建设,争创1个国家级科技企业孵化器,1个省级工程技术中心。积极培育发展创新型企业梯队,鼓励企业创建科技型企业和高新技术企业,培育3家以上高新技术企业。依托"互联网+"和上饶师院、江西医专等院校建设一批孵化器和众创空间,推动众创、众包、众扶、众筹等新模式发展,构建一批低成本、便利化、全要素、开放式的众创空间。实施更加积极的人才引进政策,大力吸引海内外领军人才、科技创新人才、文化创意人才到信州创新创业、成就梦想。

(五)坚持共建共享,构建和谐稳定大局

深入落实以人民为中心的发展思想,致力于最广大人群的需要和最弱势群体的保障,变民生的宏大叙事为具体行动,为发展铸就稳定之基。

切实增进民生福祉。坚持以创业带动就业,新增城镇就业3000人,扶持创业400人。大力实施"全民登记参保计划",实现社会保障体系覆盖率基本达到100%;完善被征地农民参保政策,有序扩大保障范围;全力帮扶低收入困难群体参保,将符合条件的各类群体纳入保障范围。全面推进"金保工程一卡通"。完善社会救助体系,落实城乡低保标准自然增长机制,扩大社会救助覆盖面,加快社会福利新院建设。巩固脱贫成效,压实结

对帮扶责任,建立健全稳定脱贫长效机制,加大产业就业扶贫力度,实现由"输血式"扶贫向"造血式"扶贫转变,鼓励和引导社会力量参与扶贫、支持扶贫。继续实施一批危桥、农村危房改造、农村公路通25户以上自然村项目。

协调发展各项事业。优化整合教育资源,新建城东学校、市第三中学,改扩建市第七中学、第十二中学、第三小学、第十五小学、第十八小学等一批学校,深入推进"腾讯智慧校园"试点工作,支持上饶职业中学申报中等专业学校。大力发展文化事业,加快完善公共文化服务设施,区图书馆、美术馆开馆运行,开展群众文化活动,办好第九届中国饶城社区文化艺术节,推进茶厂特色文化街区建设、水南文化街区二期建设。加大"健康信州"建设力度,优化卫生计生资源配置,健全疾病预防控制队伍,竣工区计生服务大楼,完善村级卫生计生服务室标准化建设,实现每一个行政村都有一所标准化建设的村卫生计生服务室。落实全面两孩政策,严格控制政策外多孩生育,推进生育全程服务。全力推进中医药事业发展,着力打造中医药健康旅游示范区建设。开展全民健身运动,继续办好上饶国际马拉松等国内外大型赛事。继续承办"海外华裔青少年中国寻根之旅——魅力信州营"活动。巩固和深化军地军民共建,广泛开展全民国防教育,进一步提高双拥共建水平。做好妇女儿童发展工作,加大对困境儿童、留守儿童的帮扶力度。提升统计工作水平,发挥决策参谋作用,加强规上企业入统工作,完成第三次全国农业普查。支持工会、共青团、妇联等人民团体工作,进一步加强外事侨务、对台事务、档案、地方志、民族宗教、气象、残疾人事业和关心下一代等工作。

加强和创新社会治理。健全重大决策社会稳定风险评估机制和应急管理机制,提高突发公共事件防范处置能力。扎实推进"智慧社区"建设,新建一批便民服务中心,做好第十届村居(社区)"两委"换届工作,深入实施村居干部收入"五年倍增"计划。完善社会矛盾源头预防和调处化解机制,扎实推进"法治信访、阳光信访、精准信访"建设,坚持依法、及时、就地解决问题与疏导教育相结合,努力通过法定途径解决信访投诉请求。提高食品药品安全监管水平和能力,加强从"农田到餐桌"全过程食品安全工作,确保"舌尖上的安全"。深刻汲取丰城发电厂"11·24"特别重大事

故的惨痛教训，严格落实安全生产责任制，强化安全生产隐患排查整治，扎实开展"安全生产执法年"活动，坚决遏制较大及较大以上生产安全事故发生，确保人民群众生命和财产安全。进一步健全防灾减灾和应急管理体系建设，提高防灾减灾和应急管理、应急救援能力。加快治超站建设，进一步提升公路网整体安全保障水平。深入开展"平安信州"建设，深入实施"七五"普法，强化社会治安综合治理，纵深推进立体化治安防控体系建设，严厉打击违法犯罪活动，不断提升公众安全感。加快推进社会诚信建设，建立完善守信联合激励和失信联合惩戒制度，让守信者受益、失信者受限。

（六）坚持依法行政，建设高效为民政府

始终本着对人民、对事业高度负责的态度，大力弘扬方志敏精神，以真抓实干赢得群众信任和支持。

更加注重解放思想。坚持与时俱进，以新理念新思维提升工作水平。强化学习意识。加强政策学习，对上级出台的政策高度关注、认真研究，及时掌握发展动态，增强谋事创业能力。强化标准意识。增强工作的前瞻性、预见性和创新性，开阔视野，放远目光，着眼争创一流、高起点、高标准开展各项工作，努力创出特色、打造亮点、树立标杆。强化创新意识。敢于破除"条条框框"，打破陈旧观念，以新理念、新思路、新举措推动工作，以思想大解放开创发展新境界。

更加注重依法行政。主动接受区人大、区政协的法律监督、工作监督和民主监督，高质量办好人大代表建议和政协委员提案。坚持运用法治思维和法治方式，深化改革、推动发展、化解矛盾，促进社会公平正义。健全依法决策机制，把公众参与、专家论证、风险评估、合法性审查、集体讨论决定作为重大行政决策的法定程序。时刻厘清并恪守政府和市场的边界，真正发挥市场对资源配置的决定性作用，促进市场主体在自由竞争下自我调节、充分发展。扎实推进"互联网＋政务服务"，逐步实现"一号一窗一网"目标，提高政务服务的便捷性。

更加注重务实担当。发扬"亮剑"精神，迎难而上，排难而进，做到"我的岗位我负责、我的职责我担当、我的工作请放心"。强化时间观念，增强效率意识，大兴落实之风，雷厉风行、一抓到底，以高效能赢得高速度，以快落实赢得快发展。大力推行一线工作法，做到实情在一线掌握、工作在一线调度、问题在一线解决，打通服务群众最后"一厘米"。建立和健全目标考核责任制，加大对全区重大决策、重点工作、重要目标任务的督查督办和跟踪问效，确保工作有部署、有落实、有反馈、有实效。

更加注重廉洁自律。巩固"两学一做"学习教育成果，认真执行"两准则、四条例"，切实履行"一岗双责"。推进审计监督全覆盖，强化对重点领域、重点项目、重点资金的审计与监察，坚持以制度管权管人管事。驰而不息正风肃纪，坚决整治不作为、慢作为、乱作为，努力实现干部清正、政府清廉。

各位代表！回首过去，我们负重拼搏、加压奋进；展望未来，我们豪情满怀、稳步跨越！让我们在市委、市政府和区委的坚强领导下，以根植于土、生生不息的姿态，撸起袖子、甩开膀子、迈出步子，凝心聚力、开拓创新、不忘初心、砥砺前行，以优异的成绩迎接党的十九大胜利召开！

关于信州区2016年国民经济和社会发展计划执行情况与2017年国民经济和社会发展计划草案的报告(书面)

——2017年2月22日在信州区第五届人民代表大会第二次会议上

信州区发展和改革委员会主任　华小荣

各位代表:

受区人民政府委托,我向大会书面报告2016年全区国民经济和社会发展计划执行情况与2017年国民经济和社会发展计划草案,请予审议,并请区政协委员和列席会议的同志提出意见。

一、2016年国民经济社会发展计划执行情况

2016年全区深入贯彻党的十八大和十八届三中、四中、五中、六中全会及中央经济工作会议精神,在市委、市政府和区委的正确领导下,在区人大及其常委会的依法监督和区政协的民主监督下,认真组织实施《信州区国民经济和社会发展第十三个五年规划纲要》,做好稳增长、调结构、促改革、优生态、惠民生等各项工作,经济和社会保持良好发展态势。

2016年全区生产总值为212.6亿元,同比增长为8.9%;一产完成7亿元,同比增长3.7%;二产完成48.4亿元,同比增长10.3%;三产完成157.2亿元,同比增长9.7%。

2016年全区财政总收入为21.89亿元,同比增长4.22%;公共财政预算收入为16.08亿元。

2016年全区全社会固定资产投资为188.3亿元,同比增长为12.9%。

2016年全区社会消费品零售总额为129.2亿元,同比增长10.5%。

2016年全区城镇居民人均可支配收入为31656元,同比增长8.04%;农村居民人均可支配收入为14358元,同比增长7.29%。

(一)项目意识不断强化,投资建设成效明显

列入2016年上饶市重点工程项目共9个,总投资47.43亿元,当年投资21.3亿元。其中,星河国际、万达广场、万力时代综合体等项目竣工并投入使用;信江南岸景观改造工程已实现通车;文化信息创意产业园(一期)、吴楚大道等项目正在施工建设;楮溪南路、上饶三中、上饶城东学校3个项目正在开展前期准备工作。2016年累计完成投资占年计划119.37%,已超出年初投资计划。

结合我区产业导向,开展了招商引资"百日攻坚"活动。成功在重庆市举办江西上饶信州·重庆汽配产业招商推介会、在上海举行"信州区承接上海工业企业产业转移项目集中签约仪式"等一系列招商活动,集中引进了一批汽配企业、定制家居企业、制鞋企业入驻,全年共引进42家企业落户园区。全年利用外资8071万美元,同比增长10.17%;实现外贸出口23412万美元。

(二)第三产业结构不断优化,多头并进协调发展

2016年,全区社会消费品零售总额达129.2亿元,同比增长为10.5%;完成限额以上消费品零售额65.59亿元,同比增长10%。

金融保险业发展态势良好,实现税收1.39亿元,同比增长19.1%。先后引进6家股份制商业银行、1家村镇银行以及15家保险机构和4家证券及期货公司,赣州银行、中信银行、永安保险、阳光保险电销呼叫中心等金融保险机构已开业,光大银行、长江证券正在积极筹建中。开展了"信州区普惠金融·政银共建社区"活动。

信息服务业迅猛发展,全区信息服务业完成税收2.5亿元,增长22.51%。全年新增117家信息产业企业,全区互联网信息服务企业增至333家。先后有巨网科技、遥望科技(付网科技)、网库股份、明家联合(创赢科技)、酷炫网络(合一科技)、联创科技(捷酷科技)等六家互联网企业成功上市,并有多家企业正在筹备上市。产业业态也越来越全,包括软件开发、游戏开发、互联网传媒、电子商务等方面。

物流集聚效应凸显,全区物流产业税收累计

完成 2.95 亿元,同比增长 8.3%。全年累计新注册物流企业 30 家,纳税额超百万的物流企业达到 92 家。

旅游产业方兴未艾,全区共接待旅游人数 1536.64 万人次,同比增长 45.73%;实现旅游综合收入 131.28 亿元,同比增长 22.23%。通过项目带动,旅游业态得到丰富。全区秀美乡村建设项目正在积极推动。

文化创意产业不断壮大,信江文化传媒有限公司被评为全省文化产业示范基地。龙谷创客茶馆、7890+众创空间、蓝青创客工场已获批省级众创空间,新业创客科技公司获批市级众创空间。上饶(信州)文化创意产业园被授予“第五批江西省现代服务业集聚区”。

(三)工业产业集聚效应初显,创新发展潜力巨大

全区第二产业生产总值为 48.4 亿元,同比增长 10.3%。实现区直属规模以上工业增加值 5.8 亿元,同比增长 6.6%;主营业务收入 20.7 亿元。工业用电量累计实现 12744 万千瓦时。

制定了“以企业为核心,五年决战三百亿”的战略目标,加强了对工业项目的管理和推进,促进工业健康发展,每月举办一次“工业日”活动,每季度召开一次工业项目集中开竣工活动。精心培育、壮大光学、汽配、苎麻三大产业,索密特汽配和宇瞳光学总部等项目落户园区,光学和汽配产业集群初具规模。带动了相关配套企业的发展,与市经开区形成分工有序、相互协作、前后配套、连接紧密的发展格局。

园区平台建设进一步加强,园区道路、雨污水管道及污水处理厂等基础设施得到完善,污水处理厂已基本竣工,朝阳二路全线贯通。盘活了 400 亩闲置土地,提高了园区土地利用效益。

(四)品牌农业建设加快,现代农业格局显现

积极引导农产品生产企业申报品牌建设,全区“三品一标”有效使用数达 12 个,其中无公害农产品 11 个,绿色食品 1 个。完成日常农产品质量安全监管、检测工作,合格率均达到 100%。全区共有规模以上种养殖基地 98 个,休闲农庄 33 家,规模以上农业企业 36 家(其中省级 3 家、市级 18 家、区级 15 家)。市级以上龙头企业固定资产达 2.6 亿元,实现年销售收入 3.8 亿元。全区有各类农民专业合作社 161 家,比去年新增 9 家,已创建市级以上农民专业合作社示范社 17 家,其中国家级 1 家、省级 4 家、市

级 12 家。家庭农场新增 20 家,总数达到 43 家。新建有一定规模的茶叶、果林基地 9 个,面积达 1000 亩,新造绿化苗木林 450 亩。

启动了以创客中心、农产品检测中心、现代农业园区管委会为主体的大楼建设,成立了上饶市信州区现代农业示范园管委会,完成 7100 亩现代农业示范区核心区规划,引入了春华菌菇基地、东方仕林蔬菜种植基地等企业,初步形成以蔬菜、菌菇等种植业为主的产业特色。

农林水利基础设施得到不断完善,全面推进“河库长”方案,拟订并实施了相关管理制度和考核办法。完成 1000 亩高标准农田建设,4 座小(2)型水库、24 座山塘除险加固整治任务。

(五)社会事业和谐发展,幸福指数大大提升

持续增加民生投入,保障和改善民生。在涉及民生的教育、社会保障和就业、医疗卫生等领域,公共财政预算支出 19.59 亿元,占支出总量的 73.7%,同比增长 25.03%。人居环境不断改善,新农村建设取得新成效。农村环境卫生、饮水安全等问题得到有效解决。宋宅村获批省级生态文明科技示范基地。

居家养老服务站建设成果不断扩大,今年新打造了 4 个居家养老服务站点,累计已到达 34 个。大力推广医养融合发展模式,社区健康养老服务得到补充,健康养老成为全省样板。残疾人“两项补贴”制度全面建立。

学校建设力度加大,改扩建校舍面积达 10 万平方米,一小城东分校、沙溪中学一期、信州职教中心三期、实验小学、沙溪向阳小学、第十六小学、朝阳溪边小学及朝阳中心幼儿园已建成并投入使用。

新增转移农村劳动力就业 4913 人,城镇新增就业 7654 人,城乡居民养老、医疗、工伤、生育、失业等保险参保人数和基金征缴总额持续上升。

医改取得初步成效,公立医院取消药品加成;村卫生室实现行政村全覆盖,共有 108 家;信州区计划生育服务站已开工建设;沙溪镇中心卫生院入选全国“2015—2016 年度群众满意的乡镇卫生院”。

加快推进了区图书馆改扩建,完成了博物馆和文化馆维修改造,区文化馆秧歌队在上海国际民间民俗秧歌赛上荣获一等奖,鄱阳大鼓《孝的音频》获得全国“牡丹奖”入围奖。

棚户区改造进展顺利,共有 46 个棚改项目在

我区实施,涉及 7215 户、总面积达 288 万平方米,实际完成 26 个 5738 户,237 万平方米房屋征收工作。朝阳产业园 4.5 万平方米 1056 套公租房即将交付使用。

二、当前经济社会面临的困难和问题

在"十三五"开局之年,全区经济运行取得了一些的成绩,为高标准建成省域副中心城市核心区,成为沪昆、合福高铁沿线有影响力的节点城市打下良好基础,但还存在很多不足之处:

1. 传统生产性服务业占三产比重过大。现代服务业发展缓慢,优势产业不明显,缺乏高端项目带动,支撑产业结构升级的基础较为薄弱。

2. 投资项目少,对外开放的水平较低,招商引资的层次不高,质量有待提升。工业集聚力不强,企业规模小而散,产业结构不合理、没有龙头企业及支柱产业,难形成比较完善的产业链。

3. 项目推动不快,存在前期工作耗时长,征地拆迁用地手续烦琐以及资金缺口等问题。并且产业未形成集群式发展,难以起到产业带动项目发展的目的。

三、2017 年经济社会发展预期目标和主要任务

2017 年经济工作的总体要求是:以党的十八大和十八届三中、四中、五中、六中全会精神为指导,深入贯彻习近平总书记系列重要讲话精神、治国理政新理念新思想新战略,特别是视察江西重要讲话精神,以及中央、省、市经济工作会议精神,全面贯彻落实市委"678"战略部署,坚持稳中求进工作总基调,适应把握引领经济发展新常态,坚持以提高发展质量和效益为中心,坚持以推进供给侧结构性改革为主线,坚持以民生改善和社会稳定为根本,抓重点,攻难点,出亮点,不断壮大经济实力,提升城市品位,打造富裕美丽幸福信州,加快推进省域副中心城市核心区建设,以优异的成绩迎接党的十九大召开。

根据总体要求,2017 年经济社会发展的预期目标是:

1.国内生产总值增长 9%。

2.财政总收入增长 5%。公共财政预算收入增长 3.5%。

3.全社会固定资产投资增长 15%。

4.规模以上工业增加值增长 8%。

5.社会消费品零售总额增长 10%。

6.城镇居民人均可支配收入增长 9%。

7.农村居民人均可支配收入增长 10%。

8.城市化率提高 0.1 个百分点。

9.城镇登记失业率控制在 4.5%以内。

10.人口自然增长率控制在 9‰以内。

11.其他指标控制在市政府下达的 2017 年计划指标以内。

围绕上述目标,2017 年建议重点抓好以下几方面工作:

(一)大力发展现代服务业,培育新经济增长点

借助宁德深水港建设,大力培育物流产业,加快空港物流园建设,同时加强第三方物流和商品配送体系建设,增强配送功能,降低物流成本,扩大网上消费。

以高铁旅游市场为重点,推动秀美乡村项目、上饶文化体育休闲运动项目建设,通过项目带动,积极发展城市旅游、文化旅游、生态休闲、工业旅游等旅游新业态。继续优化提升现有的 3 个省级特色商业街,依托上饶老字号品牌和历史文化街区等资源,培育一批具有多种业态的特色商业街,提升商业为旅游业的服务能力。

着力引进电商企业,做大做强全区"互联网+商贸"流通产业,加快跨境电子商务发展。通过实施积极的政策对接扶持,吸引更多的区外企业入驻我区电商平台交易。鼓励万达、万力、红星建材、白鸥园等大型市场、商场建设网上商城,推动传统商业的转型升级。充分放大政策优势,发展总部经济和楼宇经济。

积极推动光大银行、长江证券、民间融资登记服务中心等金融保险业的筹建和开业,引导打造金融业聚集区。建立健全金融发展的体制机制,规范发展各类新型金融机构,优化区域金融生态环境,提升全区普惠金融发展水平。进一步加大对金融服务的政策支持,确保金融业务稳定持续发展和服务持续改善。

推广医养结合发展模式,壮大健康养老产业,完善健康养老产业体系建设,培育一批高品质养老服务项目。

(二)加快推进新型工业化,打造经济增长新引擎

优化园区服务环境,坚持把园区作为转变经济发展方式的重要平台,加强基础设施等园区平台建设,积极促进园区转型提质,加快形成产城融合、镇园融合的发展格局。加快龙头项目向工业

园区等产业集聚区聚集,促进更多项目集群式发展。引导境外和区外资本更多投向光学制造、汽摩配、苎麻纺织等产业,加强与本土企业产业配套。

调优工业产业结构,改造提升传统优势产业,重点打造汽配园和光学园。促进索密特汽配、宇瞳光学等企业加快建设和投产,做大阳光保险项目产业规模,进一步促进利丰鞋业、饶电电杆、天炬塑料、东源塑业等7家规上企业做大做强,实施龙头企业带动战略。促进惠明科技、金洋数控、华信生物医药、信江酒业、欣旺卫生用品等投产项目达产达标。

全力支持苎麻纺织产业基地建设,打造成为全国重要的麻纺织产业基地。实施"互联网+制造业"行动计划,积极推进工业化与信息化两化深度融合,促进全区工业经济平稳增长。

借助上饶国际医疗旅游先行区和空港经济区等平台的建设,大力发展生物制药,使我区在生物制药方面有重大突破和发展。

(三)推动农业现代化建设,为改革创新增添新动力

进一步转变农业发展方式,不断延伸农业产业链,建立健全农业发展支撑保障体系,进一步提升农产品质量和附加值,推进农业向生态化、规模化、专业化、产业化方向发展。

推动一二三产业融合发展,围绕养殖、蔬菜瓜果、花卉苗木等优势特色农业,打造一批规模化、专业化种植基地和特而精的规模养殖基地,培育休闲农业和农产品加工。创新业态和模式,增强发展活力。

大力调整农业产业结构,提升农业产业化水平,突出品牌建设工作,重点推进信州区现代农业示范园、上饶市龙燕农业企业、信州区春华科技、朝阳西园生态园、茅家岭农业生态园等项目建设。加快龙燕香猪、春华菌菇的品牌升级,启动龙燕香猪、春华菌菇商标的市级、省级商标申报工作,逐步打造一批以香猪、菌菇、蔬菜为主的市优、省优品牌。开展各级农业龙头企业、农民专业合作社示范社建设,力争2017年培育省级农业龙头企业1家以上,市级农业龙头企业3家以上;新增规模种养殖基地10个以上;新增"三品一标"农产品2个以上;新增农民专业合作社20家以上。

全力完成1000亩的人工造林、8000亩的森林抚育、6900亩的退化林修复任务。新增农田水利

高效节水灌溉面积0.48万亩,完成山塘整治34座。推进信州区农村饮水安全工程建设,扩大沙溪、秦峰供水区集中供水范围。

(四)加快项目推进力度,形成城镇群协调发展

围绕信州区优势资源和产业,重点推动产业积聚型、税收效益型、低耗高效型项目建设,培育出一批有特色、有规模、有竞争力的产业,突出抓好带动力大、竞争力强的大项目。

牢固树立服务好中心城区建设理念,以城区拓展为抓手,大力推进城市建设,加强道路网格化和雨污水管网建设。完成叶挺大道南延伸段、庆丰路改造提升工程、楮溪南路、吴楚大道、丰溪东路二期、明淑路、信江南岸景观带改造工程绿化、茶圣路延伸、三江片区污水管网和朝阳产业园污水处理等项目建设。

持续加大棚户区改造力度。全力推进桐子坞棚改、同心棚改、汪家园棚改三期和三宝街棚改工作,开工建设金山棚户区A2地块等项目。

2017年,信州区500万元及以上投资项目数共计253个,总投资2677.06亿元,2017年计划投资293.4亿元。其中,区本级实施项目数150个,总投资230.56亿元,2017年计划投资69.4亿元;服务中心城区项目103个,总投资2446.5亿元,2017年计划投资224亿元。

(五)着力解决民生问题,促进民生事业协调发展

围绕全面建成小康社会并迈向现代化城区建设的总目标,不断健全社会保障体系,实施更加积极的就业政策,大力实施"全民登记参保计划",实现社会保障体系覆盖率基本达到100%。进一步完善养老、失业、医疗、工伤和生育"五险统征"的社会保险体系。不断提高社会保障水平,全面建立城乡居民基本医疗保险制度。推进社会服务领域和养老服务领域智慧平台建设。

推进卫生服务能力提升工程、抓好公共卫生服务落实。逐步完善村级卫生计生服务室标准化建设,2017年建公有制村卫生计生室15家。完成区疾病预防控制中心业务大楼建设和计生服务大楼建设项目,新建区妇幼保健院大楼建设项目。

全面提升教育现代化水平,进一步优化全区教育格局,提高教育均衡水平,进一步丰富优质教育资源和提升教育质量。继续推进学校建设和改造工作,完成灵溪张家小学、秦峰岩坑小学、秦峰

管家小学、上饶市第四中学、上饶市凤凰学校、上饶市第十六小学等项目建设，开工建设上饶市城东学校、上饶市第三中学等项目。

多举措发展文化体育事业，完善公共文化服务设施，办好第九届中国饶城社区文化艺术节，完成水南文化街区二期和图书馆维修改造，推进水南街道信州文化服务中心和夏布文化传习馆项目建设。继续办好上饶国际半程马拉松等体育赛事。不断推进各项改革工作，继续深化户籍制度改革，努力完成事业单位车改工作。

各位代表，2017年是信州区抢抓机遇、加快发展，努力开创经济社会发展新局面的一年，是我区新经济发展，实现弯道超车的重要之年，我们将在区委的坚强领导下，在区人大及其常委会的依法监督和区政协的民主监督下，以坚定的信心、饱满的热情、昂扬的斗志、务实的作风，为打造现代服务业新高地、区域发展新引擎、生态宜居幸福城，高标准建成省域副中心城市核心区，努力成为沪昆、合福高铁沿线有影响力的节点城市而奋斗！

关于信州区 2016 年财政预算执行情况和 2017 年预算草案的报告（书面）

——2017 年 2 月 22 日在信州区第五届人民代表大会第二次会议上

信州区财政局局长　王良福

各位代表：

受区人民政府委托，向大会书面报告 2016 年区级预算执行情况，请予审议；2017 年区级预算草案，请予审查批准。并请区政协各位委员和其他列席会议的同志提出意见。

一、2016 年财政预算执行情况

过去的一年，在区委、区政府的正确领导下，全区财政部门主动适应经济发展新常态，坚持稳中求进工作总基调，深入推进供给侧结构性改革，统筹做好财政稳增长、调结构、促改革、惠民生、优生态、防风险等各项工作，促进实现"十三五"经济社会良好开局，财政工作圆满完成全年任务。

——财政收入稳中有进。面对经济下行，政策性减收、企业减负、楼市不稳，财政收入增长十分乏力等诸多困难，我们坚持总量和质量并重的原则，狠抓财政收入不放松，强化对重点行业、重点企业、重大项目纳税情况的监控，加大协税护税力度，强化非税收入管理，确保应收尽收，全年财政总收入 21.89 亿元，再创历史新高。税收收入占财政收入比重为 83.5%，超出全市平均水平 12.8 个百分点。

——民生保障成效明现。2016 年，我区加大保障和改善民生力度。坚持民生优先导向，集中财力解决涉及群众切身利益的问题，全年民生领域支出 19.59 亿元，增长 25.03%，占财政支出的比重达 73.7%，比上年提高 6.33 个百分点。各项民生政策提标、公车改革、机关事业单位人员养老保险和基本工资调标等政策全部兑现到位。

——支持三农助力扶贫。全年农林水支出 18209 万元，比上年增加 448 万元，支持实施"农田水利""现代农业""扶贫"等项目建设，改善农田水利基础设施条件，完成土地治理项目 1 个、产业发展项目 3 个，建成高标准农田 1000 亩，整治病险塘库 32 口。投入 2173 万元，改造农村危房 241 户，投入 357 万元，实施"一事一议"财政奖补项目 40 个，投入 1200 万元用于秀美乡村建设。2016 年统筹整合财政涉农资金 2045 万元，用于精准扶贫和脱贫，同时对扶贫资金的资金用途、组织管理、项目管理、资金拨付和监督检查等方面作出规定，确保扶贫资金用准、用好、用到点子上。

——助推发展持续加力。继续实施积极财政政策并加力增效，把稳增长摆在突出位置。一是助推产业优化升级。安排工业、物流、信息服务业、金融保险业等产业引导资金共 4.63 亿元，通过产业扶持的方式，促进产业提质升级，扶持培育新兴产业创新发展，增强区域经济发展内生动力。

二是促进园区加速发展。整合资金 1.17 亿元用于园区和产业平台建设,打造园区产业集群基地。三是帮扶中小企业发展。严格落实"营改增"等减税清费政策,清理规范涉企收费,为中小企业发展营造宽松的政策环境。四是继续推进了"财园信贷通"、"惠农信贷通"、"再就业小额贷款""中小企业担保贷款"等工作,全年共发放贷款 6.5 亿元,为 243 家企业解决了融资难、融资贵等问题,取得了良好成效。

——财政改革稳步推进。按照新《预算法》要求,积极推进地方现代财政制度,加快财税体制改革,释放制度红利。一是深化部门预算改革。认真落实新《预算法》,稳步推进全口径预算管理,将所有收入纳入部门预算编制,通过规范收支行为、健全审批流程、明确管理权责,构建完整统一、有机衔接、统筹配置、规范透明的全口径预算管理新机制。二是落实税制改革,全面实施营改增;落实房地产去库存税收优惠政策,降低房地产交易成本。三是加大预决算公开力度。建立涉密信息清单管理制度,实现非涉密全公开,财政预决算、部门预决算以及"三公"经费预决算全面公开。四是推进财政投资评审。11 月份,正式启动财政投资评审工作,加强对项目资金的事前监管,当年 1 个月时间完成财政投资评审项目 3 个,评审资金 85 万元,审减投资预算 9 万元。五是积极盘活存量资金。按《财政部关于推进地方盘活财政存量资金有关事项的通知》等文件精神,通过加快执行、调整用途、收回预算等方式,全区共盘活存量资金 1.2 亿元,全部按要求投入经济社会发展急需资金的领域。六是加强财政监督。在全区范围内开展了规范津补贴发放、"三公"经费、重点民生资金等系列监督检查工作,保障了改革推进,严肃了财经纪律。

2016 年全区财政收支预算的具体执行情况:

1. 一般公共预算执行情况

全区财政总收入完成 218866 万元,比 2015 年(下同)同口径增长 4.22%;完成公共财政预算收入 160812 万元,剔除营改增因素同比增长 5.56%;全区一般公共预算支出完成 265768 万元,增长 14.30%。

(1)主要收入项目预算执行情况。税收收入 182836 万元,增长 0.33%。其中,增值税(含改征增值税)81858 万元,增长 14.36%;营业税 22517 万元,下降 24.16%。增值税增长较快、营业税下降较多,主要原因是 2016 年 5 月 1 日起全面推开营改征试点;企业所得税 24195 万元,增长 0.16%;个人所得税 7095 万元,增长 16.22%;契税和耕地占用税 18801 万元,下降 32.46%,主要是上年一次性税收入库较多;其他税收收入 28370 万元,增长 24.09%。非税收入 36030 万元,增长 29.73%。

(2)主要支出项目预算执行情况:一般公共服务支出 25433 万元,增长 20.52%,主要原因是机关事业单位普调工资等因素;公共安全支出 8613 万元,增长 4.34%;教育支出 40238 万元,增长 5.43%;科学技术支出 3046 万元,增长 7.10%;文化体育与传媒支出 2904 万元,增长 23.10%;社会保障和就业支出 60951 万元,增长 33.17%,主要原因是机关事业单位全额退休人员当年新进社保、退休人员调标等因素;医疗卫生支出 50243 万元,增长 51.79%,主要原因是新农合、城乡居民医疗保险筹资、基本卫生公共服务均等化提标等因素;节能环保 1656 万元,增长 22.58%;城乡社区事务支出 5685 万元,下降 22.80%,主要原因是上年一次性建设投入较多;农林水事务支出 18209 万元,增长 2.52%;交通运输支出 3038 万元,下降 4.88%,主要原因是上年上级一次资金投入较多;资源勘探信息等支出 14158 万元,下降 18.59%,主要原因是当年收入调整后本级财力减少,相应减少本级促发展资金;商业服务业等支出 25605 万元,增长 8.94 万元;国土资源气象等事务支出 33 万元,下降 89.56%,主要是上年地质灾害资金为上级专项一次性投入;住房保障支出 2608 万元,下降 54.82%,主要原因是上年棚改资金为一次性投入;粮油物资管理事务支出 313 万元,下降 58.60%,主要原因是上年部分支出为一次性;债务付息支出 2617 万元(当年新增支出),主要是地方政府债券规模扩大,承担的利息相应增加;其他各项支出 418 万元,下降 5.80%。

2.政府性基金预算执行情况

全区政府性基金预算收入 33994 万元,同比增长 201.35%。其中,国有土地使用权出让收入 19505 万元,国有土地收益基金收入 629 万元,其他各项基金收入 1377 万元,上级追加基金专项收入 12483 万元。

全区政府性基金预算支出 34652 万元,同比增长 210.69%。其中,城乡社区支出 32860 万元,其他各项支出 1792 万元。

3.社会保险基金预算执行情况

全区社会保险基金预算收入完成 93098 万元,

增长 21.23%。全区社会保险基金预算支出完成88832 万元,增长 17.33%。本年收支结余 4275 万元,年末滚存结余 37157 万元。

4.国有资本经营预算

全区国有资本经营预算收入 92 万元,与上年持平;全区国有资本经营预算支出 92 万元,与上年持平。

以上数字是 2016 年财政收支执行数情况,年度决算编成后,还会有些变动,届时再向区人大常委会报告。

过去一年所取得的成绩,是区委、区政府科学决策、坚强领导的结果,是人大依法监督和政协民主监督的结果,是全区人民齐心协力、奋发拼搏的结果,来之不易。同时我们也清醒地看到,受经济下行压力和政策性减收等多重因素影响,全区财政收入已进入中低速增长的新常态。财政支出刚性增长,收支矛盾呈加剧之势,政府性债务风险不容忽视,财政改革任重道远,资金使用绩效偏低,财政监督还需加强,等等。对此,我们将进一步深化改革、积极应对、努力解决。

二、2017 年财政收支预算(草案)

2017 年全区财政预算安排和财政工作的总体要求是:以党的十八大和十八届三中、四中、五中、六中全会精神为指导,深入贯彻习近平总书记系列重要讲话精神,按照中央、省、市、区经济工作会议部署,坚持稳中求进的总基调,牢固树立和贯彻落实新发展理念,实施更加积极有效的财政政策,支持深化供给侧结构性改革,扩大有效需求,培育壮大新动能,做优做实财政收入;牢固树立过紧日子思想,优化整合财政支出,保障重点领域需要;深化财税体制改革,完善预算管理各项制度,推进预算公开透明;加强财政监管,提升资金使用绩效,加强政府债务管理,促进经济平稳健康发展和社会和谐稳定,为把信州区高标准建成省域副中心城市核心区作出新贡献。

按照上述总体要求,根据我区国民经济和社会发展计划,综合考虑上一年收支预算执行和本年度收支预测等情况,编制了 2017 年区级财政预算草案。

1.一般公共预算收支安排情况

2017 年全区财政总收入预算安排 229810 万元,比 2016 年执行数增长 5%。一般公共预算收入 148130 万元,比 2016 年执行数下降 7.89%,考虑增值税收入划分改革因素,同口径增长 4.33%。

2017 年全区一般公共预算收入,加预计中央税收返还、上级各项转移支付及补助等,减去预计上解上级支出,预算当年可用财力为 222300 万元。2017 年全区一般公共预算支出安排 222300 万元,同比增长 8.28%。支出项目安排情况是:

一般公共服务支出 25646 万元,公共安全支出 4801 万元,教育支出 44215 万元,科学技术支出 3212 万元,文化体育与传媒支出 2211 万元,社会保障和就业支出 33711 万元,医疗卫生支出 27506 万元,节能环保支出 1800 万元,城乡社区事务支出 9521 万元,农林水事务支出 12795 万元,交通运输支出 1348 万元,其他各项支出 55534 万元。

2.政府性基金预算收支安排情况

2017 年全区政府性基金预算收入安排 9626 万元,其中国有土地使用权出让金收入 8034 万元,国有土地收益基金收入 440 万元,其他各项基金收入 1152 万元。加上级转移性收入、上年结余收入,基金收入总计 17726 万元。

2017 年全区政府性基金预算支出安排 16202 万元,其中城乡社区事务支出 14882 万元,其他各项支出 1320 万元。加转移性支出和调出基金,基金支出总计 17097 万元。

2017 年全区政府性基金预算年末滚存结余 629 万元。

3.社会保险基金预算收支安排情况

2017 年全区社会保险基金收入 109830 万元,其中保险费收入 51110 万元,财政补贴收入 55786 万元,转移收入 1663 万元,投资收益 771 万元,其他各项收入 500 万元。

2017 年全区社会保险基金支出 107748 万元,其中:社会保险待遇支出 104818 万元,其他各项支出 2930 万元。

2017 年全区社会保险基金收支结余 2082 万元,年末滚存结余 39239 万元。

4.国有资本经营预算收支安排情况

2017 年全区国有资本经营预算收入安排 204 万元。其中:股利、股息收入 204 万元。

2017 年全区国有资本经营预算支出安排 204 万元,其中国有企业资本金注入 204 万元。

2017 年区直部门预算请一并予以审议。另外,就几个具体问题向各位代表说明如下:

1. 收入方面。2017 年全区财政总收入预期增长 5%左右,一般公共预算收入预期同口径增长 4.33%左右。主要是基于以下因素:我国经济发展进入新常态轨道,宏观形势依然错综复杂,从我区来看,结构性矛盾比较突出,高新技术产业比重较低,竞争力不强、产业转型升级较慢,依然是经济增长主要瓶颈;物流、信息服务业、有色金属等重点行业税收形势不容乐观。受此影响,财政收入增速下行压力依然较大。但同时也看到,我区新的发展动能加快积聚,积极因素不断增多,与财政收入密切相关的一些经济指标逐步改善,改革红利加快释放,企业效益逐步好转,为财政收入增长提供了有利条件。综合分析影响我区经济社会和财政发展的各种因素,2017年收入形势仍然偏紧,但也存在一定的改善趋势,根据省、市、区经济工作会议精神,本着积极稳妥的原则,全区财政收入计划安排增长5%。

2. 支出方面。按照统筹兼顾、突出重点、有保有压原则,调整优化财政支出结构,加大重点支出保障力度。优先保障养老、医疗、机关事业单位工资等刚性支出,压减低效支出,严格控制行政性支出。2017年全区一般公共预算支出按预期增长8.28%安排。一是保障人员工资和正常运转的需要。二是突出重点,加强和改善民生,教育、社保、医疗、城乡社区、农林水、住房保障等民生类支出安排127849万元,同比增长14.82%。三是保障机关事业单位工资制度、机关事业单位养老保险制度、党政机关公务用车等改革的顺利推进。

3. 2017年地方政府新增债券待省厅核定我区额度后再编制调整预算方案,专门提请区人大常委会审查批准。

4. 2017年上级专项转移支付提前下达资金37803万元,已按要求列入当年支出预算。

5. 2017年预算年度开始后,至区人代会批准预算之前,区财政按规定安排了部分支出。截至2月20日,累计拨付23716万元。

三、坚定信心,务求实效,确保圆满完成2017年预算任务

2017年,我们将围绕财政预算收支目标,以科学发展、创新发展为主题,以转变经济发展方式为主线,以调整和优化财政支出结构为抓手,以发挥财政政策作用为支撑,努力构建完整、规范、透明、高效的现代财政管理制度,促进全区经济社会各项事业又好又快发展。

(一)努力培源保收,助力经济提质增效。积极发挥财政政策在优化结构、促进科技创新的导向作用,加快推进产业转型升级步伐,一是加强财源税源培植。全力支持朝阳产业园、沙溪苎麻产业园、信息产业园等重点产业园区建设,促进招商引资企业早日投产经营,形成新的税源;充分发挥财政资金的引导作用,带动产业转型,推动产业升级,加快产业集群发展,促进区域经济提质增效,带动财政增收。二是争取上级支持。重点关注财税体制改革动向,认真研究改革对我区当前和未来的影响,主动作为,积极应对。围绕上级重大战略决策,加大解析研究力度,准确捕捉上级资金投向,积极争取上级优惠政策、重大项目和财政资金的支持。三是强化收入征管。加强部门协调配合,完善"综合治税"机制,进一步增强工作合力。及时研判经济运行和税源变化情况,加强主体税种、重点税源监控,切实抓好挖潜堵漏,确保税收应收尽收。四是继续推进"财园信贷通""惠农信贷通"等政策,着力支持实体经济,提升发展后劲。

(二)加大统筹力度,继续办好民生实事。按照"守住底线、突出重点、完善制度"的原则,切实履行公共财政职能职责。树立过"紧日子"思想,厉行勤俭节约,反对铺张浪费,严格控制"三公"经费等一般性行政支出,将更多的财力用于改善民生,确保全区一般公共预算支出民生占比保持在70%以上。深化财政涉农资金统筹整合,完善实施细则和管理办法,探索支持精准扶贫、精准脱贫长效机制,加大农村危房改造支持力度,保障各项扶贫政策落实,确保年度脱贫攻坚任务完成。继续将民生资金纳入财政重点监督和绩效评价范围,确保好事办好、实事办实。

(三)坚持依法理财,提高财政管理水平。一是完善财政投资评审工作。健全评审管理制度,按照客观、公正、审慎、不唯增、不唯减,只唯实的原则,为财政投资把好关,发挥资金最大效益。二是继续推进政府采购工作。认真贯彻《政府采购法实施条例》,既重审批程序,更重服务质量,推进政府购买服务。做到公正廉洁,科学合理确定采购价格,确保采购服务质量,切实履行好政府采购监督职能。三是加强债务管理。做好置换债券和新增债券转贷工作,严格执行政府债务举、借、用、还管理办法,确保新增债务资金用于公益性支出。加快推进政府融资平台转型,妥善处理存量债务和在建项目后续融资。运用好PPP模式,引导社会资本参与市政公共设施、新型城镇化和产业投资。四是深入推进预算绩效评价。2017年按省、市要求将预算绩效目标管理实现全覆盖。

（四）深化财政改革，推进财税工作创新。积极关注应对"营改增"、消费税、资源税等改革，抓好税制改革前期准备工作。全面推行公务消费网络监管平台。完善政府预算体系，加强四本预算、年度预算之间的有机衔接和统筹联动。深化部门预算改革，进一步细化预算编制，提高年初预算到位率，增强预算执行的刚性约束。依法实施预决算公开，细化政府预决算和部门预决算公开内容，扩大预决算公开范围，提高预算管理透明度。推进权责发生制政府综合财务报告制度。

各位代表：做好 2017 年财政工作任务艰巨、意义重大、使命光荣。我们将在区委、区政府的正确领导下，在区人大及其常委会的监督指导和区政协的关心支持下，开拓创新，求真务实，奋发努力，扎实工作，努力完成各项预算任务，为把信州区高标准建成省域副中心城市核心区而不懈努力。

关于信州区生态文明建设和生态环境状况的报告（书面）

——2017 年 2 月 22 日在信州区第五届人民代表大会第二次会议上

信州区发展和改革委员会主任　华小荣

各位代表：

受区人民政府委托，我向大会报告全区生态文明建设情况和生态环境状况，请予审议，并请区政协委员和列席会议的同志提出意见。

一、2016 年全区生态文明建设情况和生态环境状况

2016 年，在区委的正确领导下，在区人大及其常委会的依法监督和区政协的民主监督下，在社会各界共同努力下，全区坚持在保护中开发、在开发中保护，突出抓好生态创建、污染防治、环境执法等工作，完成了各项工作目标任务。全区生态优势进一步巩固，森林覆盖率稳定在 40.6%以上，林木绿化率不低于 42.8%；资源利用效率进一步提高，万元 GDP 能耗同比下降 3.09%左右；生态文明制度体系进一步健全，河长制、全流域生态补偿等制度取得重要突破；环境质量进一步提升，信江河断面水质达标率为 96%、饮用水源达标率为 100%、城区环境空气质量优良率为 90.4%。其中，优良天数 331 天、轻度污染 32 天、中度污染 2 天、重度污染天数为 1 天。全区环境质量总体保持良好状态，为全区经济社会发展提供了良好的生态环境支撑。

（一）生态文明建设情况

结合秀美乡村建设，持续发力，久久为功，深入开展生态乡村创建工作，取得显著成效，一些镇、村环境得到整治，镇容村貌得到改善。全区投入 2600 万元用于农村环境"七改"工作，建立了户分类、村收集、镇转运、区处理的保洁长效机制，农村垃圾实现日产日清；朝阳污水处理厂即将完工；三江片区雨污水管网工程共完成管道铺设 13 公里，累计完成工程投资约 6600 万元；省级生态镇——沙溪镇建成日处理 500 吨城镇生活污水处理厂并投入运行；市级生态村宋宅村正在建设全区首座农村生活污水处理厂。沙溪镇成功创建为省级生态镇，实现我区省级生态乡镇"零的突破"，新增 10 个市级生态村，宋宅等 3 个行政村申报创建省级生态村。目前，全区已拥有省级生态镇 1 个、省级生态村 2 个、市级生态村 17 个，生态文明建设工作步入快速发展轨道。

（二）生态环境保护状况

污染防治工作有序推进。贯彻实施"净空、净水、净土"行动，制定了工作方案，以及《2016 年信州区水污染防治工作计划》《2016 年信州区大气污染防治实施计划》，积极推进水、大气、土壤污染防治工作。

一是重点加强产业园环保工作。积极协调配合《上饶经济技术开发区朝阳产业园规划环境影响报告书》通过市环保局审批；启动污水处理厂建设并加快步伐，为产业园可持续发展再添助力。出台《信州区长三角及周边地区"西湖蓝"行动区域协作保障方案》，对上饶海潮纺织、天炬塑料等 13 家企业采取限产措施，圆满完成 G20 峰会期间空气质量保障工作。

二是重点加强农村环境保护工作。对沙溪、秦峰、朝阳、灵溪四个建制镇所在地中心镇区户籍人口数、现有污水管网、集中供水量进行了调查，为我市推进乡镇污水及水环境综合治理提供依据。开展农村饮用水水源保护区划定工作，完成了沙溪、秦峰镇2处饮用水保护区划定编制，已上报市政府批复之中。

三是开展农村土壤污染调查。根据《江西省土壤污染防治重点工作方案（2015—2017）》的要求，组织开展我区土壤污染状况调查，配合省环保厅开展了土壤环境监测，完成沙溪龙头村、灵溪取水口水源保护区、朝阳下潭村等5个土壤监测点位的布点工作。

环境监管执法力度加强。突出抓好监督检查，开展环境保护法、水污染防治法等执法检查，督促区直部门依法办事、依法行政。突出抓好建言建议，创新开展"美丽家园"活动，打造大美上饶、幸福信州。提高了生态文明建设的舆论关注度和群众参与度，在全社会营造了良好氛围。

一是认真开展工业园区环境安全大检查。贯彻落实市环委会《关于开展工业园区环境安全大检查的通知》文件要求，配合上级部门对朝阳产业园内博泽铜业、信州酒业等企业污染防治情况进行检查和监察，同时派出环境执法人员积极参与，到其他县（区）进行交叉检查，取长补短。积极投入环境执法大练兵活动，既锻炼了环境执法队伍，又切实提高了执法水平，完善"双随机一公开"制度，初步建立检查对象和执法人员名录库。

二是认真完成中央环保督察各项工作。去年7月14日至8月14日，中央第四环保督察组在赣督察以及下沉到我市期间，按照市委、市政府关于做好环境保护自查和整改工作的要求，成立了由区环保分局牵头，各相关单位配合的工作小组，负责协调、联络，并做好自查与整改工作。全市共受理121件转办信访件，涉及我区3件，如市民反映朝阳农中隔壁有一砖厂，废气、噪声污染问题，接到转办件后，区委区政府领导高度重视，第一时间作出批示，要求相关部门迅速调查核实，依法处理到位。经朝阳镇政府、环保、国土、电力等有关部门联合调查，依法采取强制断电措施，责令停产整治，做到及时汇报、及时采取措施、及时妥善处理，得到上级充分肯定。去年11月17日，中央环保督察组向我省反馈了督察意见，并移交了《江西省环境保护督察责任追究问题清单》，全市共有包括各设区市均存在的共性问题15个、个性问题6个，涉及我区共性问题3个，目前已制定上报整改方案，立行立改之中。

三是认真开展违法违规建设项目清理工作。根据环保部《关于进一步做好环保违法违规建设项目清理工作的通知》和《江西省环境保护委员会关于印发进一步加强清理整顿违法违规建设项目工作的通知》要求，对违法违规建设项目，按照"整顿规范一批、完善备案一批、淘汰关闭一批"的原则，分类进行清理，以解决历史遗留的建设项目存在未批先建、批建不符、久试未验、未验先投等问题。为此，梳理出我区2015年1月1日前建成投产的24个违法违规建设项目，建立明细表，采取措施，分类指导，清理整顿。依法对江西睿丰新材料有限公司等4家企业实施淘汰关闭、对江西利丰鞋业有限公司等18家企业实施整顿规范、对上饶市众旺生猪定点屠宰有限公司等2家企业实施完善备案，全面完成清理整顿任务。

2016年，全年共审批登记表项目11个、报告表1个；对65个项目出具初审意见；对江西利丰鞋业等11个项目进行"三同时"竣工环保验收。否决6个不符合产业政策和环保要求的项目。出动环境执法人员810余人次，检查企业280余家次，其中查处违法企业并责令整改28家；立案处罚3家，处罚金额8万元；处理信访投诉87件，答复处理政协提案1件。

在取得成绩的同时，我们清醒地认识到，我区生态文明建设形势不容乐观，与上级的要求和群众的期盼相比，还存在不少问题和差距。

一是农村基础设施还较为薄弱，农村人口陈规陋习多、文化水平参差不齐、生态文明乡村建设意识还比较薄弱。二是生态环境保护压力增大。随着工业化、城市化、农业现代化的快速发展，重经济增长、轻生态保护意识仍然存在。虽然目前我区生态总体保持良好，但呈现下降趋势，2016年上饶城区空气优良率较上年下降3.8%。优良天数减少了13天，轻度污染天数增加了12天，出现重度污染1天。迫切需要我们转变发展方式，促进产业结构转型，为经济发展腾出环境容量。三是城区环境监管工作繁重。城市垃圾焚烧、餐饮业油烟污染、噪声、建筑工地扬尘等，有关部门监管执法困难。如三江片区焚烧垃圾现象，且屡禁不止，除少数企业为降低成本自行焚烧外，个别市民的不自觉行为也是主因之一。对于这些问题,我们将高度重视,认真研究,切实加以解决。

二、2017 年生态文明建设的工作思路

2017 年是江西建设国家生态文明试验区全面实施之年,也是决胜全面小康、打造大美上饶、幸福信州的重要之年,加快生态文明建设意义重大。今年工作的总体要求是:全面贯彻落实党的十八大和十八届三中、四中、五中、六中全会精神,深入贯彻习近平总书记系列重要讲话精神和治国理政新理念新思想新战略,紧紧围绕中央生态文明建设总体要求和省第十四次党代会决策部署,以建设美丽中国"江西样板"为目标,以国家生态文明试验区建设为引领,以体制创新、制度供给和模式探索为重点,着力破解制约生态文明建设的体制机制障碍,着力解决人民群众关心的突出环境问题,着力探索绿色发展新路径,为建设富裕美丽幸福信州奠定坚实基础。

主要任务:一是深入开展秀美乡村建设,开展"七改"专项行动,推动秀美乡村品味升级。二是积极推进秦峰、灵溪、朝阳镇中心集镇污水处理设施和管网建设,提升集镇污水处理能力。三是生态质量持续改善。信江断面水质达标率为97.3%;城市集中式饮用水源地水质达标率稳定达到100%;PM10 年均浓度控制在 71.8 微克/立方米以下,生态质量进一步改善。四是生态创建再上台阶。力争新创建省级生态村 1 个、市级生态村10 个。

重点抓好以下三项工作:

(一)不断开展生态文明创建

严格执行已划定的生态红线,贯彻好省生态文明示范区建设制度和生态补偿制度,促进生态保护。进一步完善排污许可证制度。加快推进环境监测、污染源在线监控建设社会化。积极开展环境污染强制责任险试点。积极推进乡镇污水处理设施和管网建设,提升城镇污水处理能力,改善农村生态环境。加大生态创建力度,力争创建工作再上新台阶。

(二)不断推进污染防治工作

贯彻落实水、大气、土壤污染防治计划。继续加强饮用水源保护区安全隐患排查,保护饮用水安全;推进乡镇污水处理设施建设,进一步改善农村生态环境质量。继续开展整治燃煤锅炉工作,全面完成 2017 年淘汰任务;继续开展餐饮油烟污染治理,切实解决餐饮油烟扰民问题。继续开展耕地土壤调查,优先保护农用地土壤环境。严把建设项目环境准入关,严格执行"环境影响评价"和"三同时"制度,严守生态红线,杜绝"两高一资"企业入园落户。大力推行清洁生产和发展循环经济,加快产业园工业污水处理厂及其配套管网建设,强化园区污染集中治理,进一步做大做优产业园,提升园区综合实力和竞争力,促进园区可持续健康发展。加强污染源治理,推进污染集中治理和达标排放。认真组织开展好第二次全国污染源普查工作,基本查清并掌握全区污染源实情,了解家底,为科学制定污染防治规划提供科学依据。

(三)不断强化环境监管执法

加强环境执法能力建设,配齐移动执法和应急设备,提升突发环境事件应对能力。认真实施"双随机一公开"制度,完善环境执法检查范围、内容、流程、计划等,规范行政执法行为。深入开展整治违法排污企业保障群众健康环保专项行动,用足、用好新《环保法》及其 4 个配套政策,严厉打击环境违法行为。及时调查处理环境纠纷和环境污染应急事故,着力解决群众反映的环境难点热点问题,确保环境信访件件有着落,事事有回音。

各位代表,建设大美上饶、幸福信州,让信州的山青、水绿、天蓝、地净是我们共同美好的愿景,历史赋予的责任。让我们更加紧密地团结在以习近平同志为核心的党中央周围,在区委的坚强领导下,进一步解放思想、坚定信心、创新实干,为早日高标准建成省域副中心城市核心区,努力成为沪昆、合福高铁沿线有影响力的节点城市而不懈努力!

信州区人大常委会工作报告

——2017 年 2 月 23 日在信州区第五届人民代表大会第二次会议上

信州区人大常委会主任　徐志勇

各位代表：

受区人大常委会委托，我向大会报告工作，请予审议，并请列席会议的同志提出意见。

换届以来主要工作回顾

2016 年 10 月换届以来，在区委的坚强领导下，区人大常委会认真贯彻落实党的十八大和十八届三中、四中、五中、六中全会以及中共中央总书记习近平系列重要讲话精神，全面贯彻落实区第四次党代会精神，切实履行宪法和法律赋予的职责，顺应新形势，展现新作为，卓有成效地开展各项工作，共依法召开主任会议 3 次，常委会会议 3 次，听取审议专项工作报告 5 项，作出决定、决议 4 项，开展调研、视察、执法检查 17 次，任免国家机关工作人员 40 人，督办代表建议意见 46 件，充分发挥了人民代表大会制度的特点和优势，为推进我区民主法治建设和经济社会发展作出了积极努力。

一、紧扣中心，服务大局，助推经济社会发展

发展是硬道理，是全区人民的最大愿望和根本利益所在，人大工作必须服从服务于发展这个第一要务。换届以来，区人大常委会紧紧抓住事关发展的大事、要事，依法履职，主动作为。

一是依法决定重大事项。审查批准了区政府《关于提请审议"信州区改善农村人居环境建设项目"购买服务资金纳入同期年度财政预算支出的议案》、《关于提请审议"信州区沙湖新区新型城镇化建设（一期）项目"购买服务资金纳入同期年度财政预算支出的议案》，作出相关决议、决定，依法支持政府重大融资项目，加快经济社会发展。

二是加强计划和预决算审查监督。听取和审议了区政府关于 2016 年 1 至 9 月份国民经济和社会发展计划执行情况、财政预算执行情况的报告，听取和审议了 2015 年度区本级预算执行和其他财政收支审计情况的报告，审查批准了 2015 年区本级财政决算，同时，督促政府及有关部门针对审计出来的问题认真进行整改。首次开展部门决算审查工作，审查了区人保局及下属四个二级局 2015 年部门预决算收支和基金运行情况，针对审查发现的预决算编制不够完整细化、预决算差异较大、会计核算不够规范等问题，提出针对性的意见，并要求整改到位。严格预算调整，审查批准了区政府《关于提请审议信州区 2016 年一般公共预算和政府性基金预算调整方案（草案）的议案》，维护了预算的严肃性。

三是助推重点产业发展。组织开展了 2015 年旅游经济发展专题询问"回头看"活动，对我区全域旅游规划编制、民宿经济发展和旅游项目建设等情况进行了调研，并听取了旅游工作情况汇报及区旅发委等 10 个单位的整改情况汇报。积极派员参与桐子坞棚改，认真做好上传下达、协调沟通、进度督查统计、信访接待等工作。精选课题开展调查研究，形成了以信州乡村生态旅游发展、普惠金融发展、休闲农业发展、秀美乡村建设等为主题的 4 篇调研文章，供区委、区政府决策参考。

二、聚焦热点，强化监督，推动依法行政、公正司法

常委会紧紧围绕社会关切，突出重点，关注热点，不断增强监督工作实效。

一是开展农产品质量安全检查。组织有关单位和部分委员、人大代表，先后到养殖基地、个体农户养殖水塘、农贸市场和大型超市，实地检查水产品养殖和批发销售环节，并进行现场抽样检测。同时，邀请水产品养殖户、经营户代表和相关单位召开座谈会，就水产品各个环节质量安全问题深入交流探讨，共同为保障群众"舌尖上的安全"建言献策。

二是开展农村"三线"搭挂情况专题调研。针对农村"电力线、通信线、广电线"三线架设无序、乱搭乱挂等现状，常委会调研组会同区供电公司等5家单位，深入沙溪、灵溪、朝阳、茅家岭等地进行调研，要求相关单位依法整治乱象，杜绝安全事故发生。

三是开展安全生产监督检查。常委会组织区安监、工商、消防等部门对各类加工厂、滑石厂、油漆、农药、化工、油库、加气站、加油站等企业逐一进行安全生产隐患排查，督促执法部门强化责任意识，加大监管力度，确保不发生一起重大安全生产事故。

四是加强部门工作监督。听取了政府相关部门关于坚决遏制违法建设、规范城乡建设秩序工作的情况报告、关于"六五"普法工作和"七五"普法规划情况的报告。加强对公检法工作的视察调研，听取了区公安分局2016年1—10月工作情况汇报，区检察院2016年司法体制改革、职务犯罪侦查、案件信息公开等检察工作情况汇报和区法院2016年司法体制改革、司法公开、执行工作等工作情况汇报，指出工作中存在的问题，针对性地提出了意见、建议。

五是强化涉法涉诉信访督办。坚持把信访工作作为倾听群众呼声、化解社会矛盾、促进社会稳定的重要工作来抓，积极参与化解社会矛盾，维护群众合法权益。换届以来，共接待来信来访97人次，其中市人大转办信访件3件，协调化解了中商广场项目申请法院破产重组等一批信访难题。

三、坚持原则，依法依规，严把人事任免关

常委会坚持党管干部原则与人大依法行使任免权相统一，规范程序，加强监督，进一步强化了任命人员的宪法意识、宗旨意识和接受人大监督意识。在人事任免过程中，严把提请关、初审关、表决关、任免关、任后监督关，加强任免前与党委组织部门及提请机关的联系协调，任命前对拟任人员进行认真审查，全面了解其现实表现情况；坚持法律知识考试，促进国家机关工作人员遵法、学法、守法、用法；坚持履职承诺公开制度，要求被任命人员就任期工作思路、目标、措施等在常委会会议上作出承诺，接受监督；开展任命人员向宪法宣誓活动，促进国家机关工作人员增强宪法意识，维护宪法权威，履行法定职责。换届以来，常委会共依法任免国家机关工作人员40人，其中，任命4人，决定任命25人，免去和决定免去11人。一名政府组成部门负责人的提请任命被依法否决，为

党委把好了选人用人最后一道关，加强了国家机关的组织建设。

四、服务主体，强化保障，充分发挥代表作用

人大代表是人大工作的主体和源泉。常委会牢固树立尊重代表、依靠代表、服务代表的理念，切实加强和改进代表工作，支持代表更好地投身信州发展的"主战场"，唱响议政督政的"好声音"，当好人民群众的"代言人"。

一是督办好代表建议。通过会议督办、现场督办、重点督办、持续督办、办理反馈、评先评优等方法，不断提高代表建议办理质量。区五届人大一次会议期间共收到代表建议、批评和意见46件，办复率达到100%。常委会专门听取和审议了区政府关于建议办理工作情况的报告，并评选出3个代表建议先进承办单位。

二是开展好代表活动。组织代表开展了"代表活动日"活动，代表们积极参与向选区献爱心、扶贫帮困、视察重点项目和秀美乡村建设等活动，听取了镇街2016年经济社会发展情况和人大工作情况汇报，并提出意见、建议。通过活动开展，代表依法履职、为民服务意识进一步强化，助推经济发展、民生改善的作用进一步发挥，与选民之间的沟通和联系进一步密切。

三是健全代表工作制度。制定了评选优秀区人大代表、优秀代表建议和代表建议先进承办单位等8个办法，完善了区人大代表联络站工作制度、区人大代表辞去代表职务和终止代表职务的暂行规定、区人大代表履职情况报告制度等，进一步促进了代表工作的制度化、规范化。

五、从严要求，干在实处，全面加强人大机关建设

新一届常委会坚持以新的理念和"一线"标准，全面加强人大机关思想、政治、作风、组织和制度建设，积极营造"团结、紧张、严肃、活泼"的机关氛围，努力把人大机关建设成有为有位有威的地方国家权力机关、依法履行职责的工作机关和密切联系群众的代表机关。

一是深化思想作风建设，从严从实蔚然成风。严格落实集体学习制度，重视学习评比，学习质量有了新提升。落实全面从严治党主体责任，狠抓思想建设，强化纪律、规矩教育，机关党员干部"四个意识"明显增强。用好批评和自我批评这把"利剑"，高质量开好民主生活会，机关党组政治生活更加健全完善。

二是狠抓制度建设,内部管理水平明显提升。制定了人大常委会机关各委室工作管理考核办法、人大宣传工作年度目标任务及考评奖励办法、镇街人大(工委)工作考核办法等制度,人大干部"一线"观念牢固树立,争先创优热情持续激发,人大工作更加规范化、制度化、科学化。

三是全面加强队伍建设,能力素质活力大为提高。成立了人大机关信息中心,坚持好中选优、优中选强,选调4名年轻干部,配强了人员力量,干部队伍结构进一步优化。组织人大干部职工学习法律法规和人大业务知识,积极开展打字比赛、爬山比赛等文体活动,人大干部履职能力、综合素质不断提高。

四是加强软硬件建设,机关面貌焕然一新。创办《信州人大》,更新优化人大网站,进一步宣传人民代表大会制度和我区人大工作,对外展示我区人大良好形象。目前,共编印《信州人大》3期,先后在《人民代表报》《时代主人》《新法制报》等省级以上媒体上稿16篇。对机关办公大楼进行了装修,更换了老旧办公桌椅和电脑,办公条件显著改善,工作环境更加舒心。

换届以来,常委会还组织召开了全区人大工作会议和区、镇两级人大工作联系会,加强对镇人大、街道人大工委的工作联系和指导;关心关爱人大老干部,召开了2次老干部座谈会,修缮了老干部活动场所,增加了老干部活动经费。此外,常委会还积极主动配合上级人大开展立法调研等相关工作。2016年12月,区人大常委会承办了市人大换届后的首次全市县(市、区)人大常委会主任座谈会,会议取得了圆满成功,得到了市人大和区委的充分肯定。

各位代表,换届以来,新一届人大常委会做了一些工作,取得了一点成绩,这得益于区委的坚强领导、"一府两院"的密切配合和全体代表的共同努力,在此,向大家表示衷心感谢和崇高敬意!

同时,我们也清醒地认识到,常委会的工作与宪法和法律的要求,与人民群众的期待仍有较大的差距,如重大事项决定权的行使有待进一步规范;人大监督方式、监督实效有待进一步改进和提升;常委会联系代表、代表联系群众的渠道需进一步拓展,等等。这些我们将在今后工作中认真加以研究解决。

2017 年工作计划

2017年,区人大常委会工作的总体要求是:以党的十八大和十八届三中、四中、五中、六中全会精神为指导,深入贯彻习近平总书记系列重要讲话精神、治国理政新理念新思想新战略,全面贯彻区第四次党代会精神,坚持党的领导、人民当家作主和依法治国有机统一,紧紧围绕"打造富裕美丽幸福信州,加快推进省域副中心城市核心区建设"的目标,依法行使职权,干在实处,走在前列,为促进我区经济社会发展和民主法治建设作出新的贡献,以优异成绩迎接党的十九大召开。

一、坚持服务大局,在助推经济社会发展上迈出新步伐

一是依法行使重大事项决定权。围绕计划执行、财政预决算、重大项目投融资、重点民生工程等经济社会发展中的重大问题,依法作出更加符合社情民意、更加符合发展需要的决议、决定,并加强监督检查,督促落实。二是加强全口径预决算审查监督。建立预决算审查监督咨询专家库,实行预算审查"三审制"。加大决算审查力度,重点审查1至2个民生部门决算。跟踪监督"同级审"整改落实,督促政府加大对审计发现问题的问责力度。制定区级财政预算审查监督暂行办法,规范完善预算审查监督制度。积极开展政府融资平台监管工作调查,促使政府有效防范和化解债务风险。三是保障和改善民生。听取和审议区政府关于棚户区改造、秀美乡村建设、旅游发展、精准扶贫的工作情况报告,继续围绕食品药品安全、农产品质量安全、生态环境保护等群众关注的热点问题,开展监督检查。四是扎实开展普法工作。重点开展环保、城乡建设、安全生产等有关法律法规宣传,积极开展世界环境日、全国土地日、中国水周和世界水日宣传活动。配合推进"七五"普法实施,举办"法制讲堂",提高全民法律意识和法制观念。

二、强化履职尽责,在增强监督实效上谋划新举措

一是强化工作监督。把"一年三问"和满意度测评作为监督的主抓手,不断增强"一府两院"的责任感、人大的存在感、代表的成就感、群众的获得感。制定"一年三问"工作暂行办法和工作方案，采取会议询问、书面询问和现场询问相结合的方法，通过年初问安排、年中问进度、年末问结果的方式，保障区人民代表大会批准的各项报告中所列目标任务得到有效贯彻落实；出台对"一府两院"及有关单位工作情况满意度测评实施方案，结合"年末问结果"工作，组织区人大代表对相关单位开展满意度测评，推进"一府两院"及有关单位依法行政、公正司法。二是强化对拟任人员的监督。坚持党管干部与依法任免相结合的原则，依法认真审查"一府两院"提请的人事任免事项，组织拟任命人员任前法律知识考试和表态发言，组织人大任命人员正式就职时向宪法宣誓，增强国家机关工作人员的法律意识、人大意识和公仆意识。对不作为、乱作为的国家机关工作人员依照有关规定启动罢免程序。三是强化法律监督。听取和审议区法院、区检察院司法体制改革工作情况汇报，继续开展"百名代表听百案"活动，组织人大代表对区公安分局禁毒工作情况开展视察调研。加强和改进规范性文件备案审查工作。开展《江西省税收保障条例》《血吸虫病防治条例》等执法检查，积极配合上级人大做好有关法律法规的执法检查和立法调研。做好日常信访工作，对疑难信访问题召开协调会交办，会后跟踪督办。

三、强化创新提高，在发挥代表作用上谋求新作为

一是提升代表履职水平。定期组织代表学习、集中轮训、学习考察，邀请代表列席常委会会议，促进代表熟悉法律、履行职责。组织人大代表参与视察调研、执法检查、工作询问、旁听庭审、咨询听证等活动，为代表履职创造条件。继续开展评选优秀人大代表活动，激发代表履职热情。二是提高议案建议办理质量。通过会议督办、现场督办、重点督办、持续督办、办理反馈、评选先进承办单位等方法，不断提升代表建议办复率、办结率和办理质量。三是加强代表和群众的联系。坚持和完善"代表进选区"、"代表活动日"、"代表接待日"、代表向选民述职制度，健全代表联络站工作制度，建立人大代表履职登记制度，建立完善代表履职档案。对履职意识差、发挥作用不好的个别代表和违法违纪、群众意见比较大的代表，坚决启动代表劝辞、罢免、终止资格等程序。

四、强化忠诚担当，在加强自身建设上实现新成效

一是强化学习意识，建设学习型机关。健全人大党组中心组学习制度，制订年度学习计划，开办专题讲座和"人大讲坛"，拓展学习平台，开展业务知识竞赛，切实提升依法履职素质和能力。加大人大工作宣传和理论研究。树立大宣传理念，大兴调研之风，办好《信州人大》，加强人大网站建设。二是强化责任意识，建设实干型机关。建立健全激励、考核机制，对区、镇两级人大工作，探索实行"量化任务、打分考核"的方式，进一步明确目标，落实责任，提升质效。三是强化人本意识，建设活力型机关。着眼于营造"团结、紧张、严肃、活泼"的机关氛围，经常性组织开展各项比赛和文体活动，让机关干部增长见识，提升素质，锻炼能力，不断增强人大机关凝聚力、战斗力。

各位代表，征程万里风正劲，重任千钧再奋蹄。2017 年，让我们在区委的坚强领导下，以时不我待的责任意识、勇于担当的为民情怀和奋发有为的工作激情，依法履职，开拓进取，不忘初心，继续前进，进一步开创全区人大工作新局面，为"打造富裕美丽幸福信州，加快推进省域副中心城市核心区建设"作出新的更大贡献，以优异成绩迎接党的十九大召开！

2017年信州区国民经济和社会发展统计公报

2017年,是党的十九大胜利召开之年,也是全面贯彻落实省第十四次党代会、市第四次党代会、区第四次党代会精神的第一年。在市委、市政府和区委的坚强领导下,在区人大、区政协的监督和支持下,全区上下紧紧围绕"高标准建成省域副中心城市核心区"的目标,深入贯彻新发展理念,坚持稳中求进工作总基调,坚持发展为要、民生为本,统筹做好了稳增长、促改革、调结构、优生态、惠民生、防风险等各项工作,圆满完成了区五届人大二次会议确定的目标任务。

一、综合

经市统计局核定,2017年,全区生产总值243.7亿元,按可比价格计算,增长9.2%。分产业看,第一产业增加值9.5亿元,增长4.3%;第二产业增加值55.9亿元,增长10.1%;第三产业增加值178.3亿元,增长9.1%。三次产业结构由上年的3.3:22.8:73.9调整为3.9:22.9:73.2。

2017年年末,常住人口42.7万人,其中,城镇人口31.9万人,占总人口的比重为74.7%,比上年末提高1.2个百分点。据信州公安分局人口统计资料显示:2017年年末,信州区户籍总人口为43.3636万人,比上年净增0.44万人,比上年增长1.02%。男女性别比为1.004:1。全年全区出生人口6753人,死亡人口3844人,迁入人口4893人,迁出人口2382人。2017年年末户籍城镇人口数为31.0011万人。

2017年,信州区财政总收入完成23.9亿元,增长9.1%,高于全市平均增幅4.13个百分点,增幅全市排名第2,总量全市排名第3,总量历史性进入全市前三;公共财政预算收入完成147625万元,下降8.2%。税收收入占财政收入比重85%,高于全市平均税收收入比重7.59个百分点,全市排名第2,收入质量保持稳定。

2017年,全年居民消费价格总指数100.4%。其中消费品价格指数100.5%,商品零售价格100.2%。

社会消费品零售总额、限额以上消费品零售、规模以上服务业企业营业收入、第三产业增加值、金融机构人民币存贷款余额、外贸出口、城镇居民人均可支配收入、农村居民人均可支配收入等指标继续位居全市第一。

二、农业

2017年,全区农业彰显区域特色,20兆瓦华西农光互补项目落地。培育市级以上农业龙头企业11家、特色种养基地98个、农民专业合作社253家。共创建绿色食品标志1个、无公害生产产地10个、无公害农产品13个,获省级名牌农产品企业2家、市知名商标企业4家。

2017年,全年粮食总产量4.95万吨,比上年增长0.2%。其中,早稻1.68万吨,增长0.3%;中稻及一季晚稻1.25万吨,增长-0.8%;二季晚稻1.47万吨,2.7%。全年粮食种植面积0.86万公顷,增长0.1%;蔬菜种植面积3206公顷,增长34.8%。蔬菜产量9.1万吨,增长22.9%。

2017年,全年肉类总产量954吨,比上年增长19.2%。其中,猪肉产量5827吨,增长4.1%;牛肉产量89吨,增长-7%;禽蛋产量390吨,增长-15.5%。年末生猪存栏40007头,增长22.4%;生猪出栏66070头,增长16.2%。

2017年,全区共有规模以上种养殖基地98个,农业休闲农庄33家,规模以上农业企业36家,其中省级3家、市级18家。新增各类农民专业合作社9家,总数达到161家,创建市级以上农民专业合作社示范社17家,其中国家级1家、省级4家、市级12家。新增家庭农场20家,总数达到43家。现代农业示范区建设步伐加快,完成7100亩核心区规划、建成占地1万平方米的智能温控大棚,引入鲜禾科技、仕林蔬菜、乐村淘电商、华西和中广核农光互补等企业进驻。农田水利基础设施进一步夯实,完成1000亩高标准农田建设,4座小(2)型水库和24座山塘除险加固整治。

三、工业和建筑业

2017,区委、区政府紧盯"县域发展攻坚年"战略目标,继续把主攻工业作为"头等大事"来抓,带领全区工业战线砥砺奋进,突出抓项目、抓调度、抓保障,全区工业经济呈现快速发展态势。

2017年,全区38家区属规模以上工业企业累计完成工业增加值增长9.8%;累计完成工业总产值28.1亿元,同比增长33.9%;实现主营业务收入27.0亿元,增长37.0%;完成工业用电量1.16亿千瓦时,增长 26.21%;完成工业固定资产投资 25.6 亿元,增长 317.6%;完成利润 0.6 亿元,增长 618.7%。全区工业主要经济指标增速均列全市前列,其中规上工业增加值、工业总产值、主营业务收入、工业固定资产投资、利润总额五大指标增速全年位居全市第一,全区工业经济在 2017 年保持了快速平稳的运行态势。

2017 年信州区建筑业总产值完成 173.7 亿元,同比增长 61.1%;竣工产值完成 122.7 亿元,同比增长 86.4%,建筑业增加值 24.2 亿元,同比增长 10.8%。

四、固定资产投资

2017 年,信州区坚持"为市服务、借市发展、实现双赢"理念为引领,牢牢把握稳中求进工作总基调,充分发挥固定资产投资对稳增长的引擎作用,狠抓重大项目建设、不断扩大有效投资,确保了全区投资平稳增长。

2017 年,全区固定资产投资完成额 180.1 亿元,比上年增长 13.8%。增速较上年高 0.8 个百分点,比全市平均水平高 1.9 个百分点。全区投资项目数 201 个,增长 84.4%。其中,全区亿元以上项目 57 个,增长 32.6%,投资项目增加为完成固定资产投资完成额打下了坚实基础。2017 年,房地产开发投资 35.0 亿元,增长 49.0%。

五、国内贸易

2017 年,信州区按照"建设四省交界区域商贸物流集散基地"和"建成省域副中心城市核心区"的要求,大力实施"商贸富区、商贸强区"战略,着力发展商贸服务业首位经济,形成了"一心三圈"商业发展格局。商业综合体数量全省第一、商业特色街数量全省第一、商业楼宇总数全省第一全市第一。

2017 年,信州区全社会消费品零售额实现 144.6 亿元,增长 11.9%,总量全市第一,占全市总量的 17.8%。如此大的总量取得两位数增长可谓是来之不易;限上单位数稳居全市第一。作为全市商贸中心,信州区一直在单位数领先其他县市。截至 12 月底,信州区在库的限额以上商贸单位数量达 117 家(含大个体),比上年同期净增 44 家,单位总数占全市 15% 左右,单位数稳居全市第一;2017 年,信州区限上商贸企业实现社会消费品零售总额 72.1 亿元,同比增长 12.0%,限上零售额总量占全市消费品零售总额的比重达 25.1%,总量位居全市第一。分行业看:限上批零实现零售额

70.6 亿元,同比增长 12.1%;限上住餐实现零售额 1.5 亿元,同比增长 3.2%。

六、对外经济

2017 年,信州区开放合作不断深化,全区共签约 2000 万元以上项目 118 个,签约总额 227 亿元。签约的 70 个工业项目,完成工商注册 62 个,注册率达 88.57%、进资率达 77.3%、开工率达 59.1%。22 个项目实现了当年引进、当年开工、当年投产。推动省际交流和经贸合作,与上海、温州等地建立了长期招商合作机制,全年出口总额 3.53 亿美元,比上年增长 50.8%;实际使用外商直接投资 8800 万美元,比上年增长 9.0%。

七、交通、邮电和旅游

2017 年,全区区属公路货物运输量 7566 万吨,比上年增长 37.91%;公路货物周转量 978670 万吨公里,增长 4.11%。全年公路客运量 1062 万人,比上年增长 14.19%;公路旅客周转量 42883 万人公里,下降 7.37%。

2017 年,信州区邮政业务总量 2.46 亿元,下降 5.73%;年末固定电话用户 10.6 万户;移动电话用户 67.7 万户。

2017 年,文化旅游产业快速发展,全年接待旅游人数 2250.3 万人次,增长 46.4%,实现旅游综合收入 173.1 亿元,增长 31.9%。上饶(信州)文化创意产业园被授予"第五批江西省现代服务业集聚区"。

八、金融和保险业

2017 年,年末市辖区金融机构人民币各项存款余额 786.6 亿元,比年初增长 13.0%。其中,非金融企业存款余额 368.1 亿元,增长 16.6%;个人存款余额 295.80 亿元,增长 12.2%。年末金融机构人民币各项贷款余额 727.4 亿元,比年初增长 23.2%。其中,短期贷款余额 658.5 亿元,增长 6.7%%;中长期贷款余额 193.3 亿元,增长 28.9%。年末金融机构人民币消费贷款余额 163.9 亿元,增长 39.8%。

九、教育和科学技术

2017 年,全年普通高等学校在校生 3.14 万人,普通中学校在校生 3.19 万人。中等职业教育招生 2.28 万人。普通小学在校生 4.03 万人。特殊教育在校生 186 人。幼儿园 147 所,在园幼儿 1.65 万人。

2017 年,全区知识产权保护工作得到加强,完成专利申请量 731 件,增长 93.4%;专利授权 301

件,增长 4.9%。上饶 7890 众创空间、蓝青创客工场、龙谷创客茶馆获批省级众创空间。巨网科技、惠明科技等 7 家企业获批国家高新企业。

十、文化、卫生和体育

2017 年,全区所有镇街和行政村实现了有线电视联网。年末共有艺术表演团体 1 个,文化馆 1 个,公共图书馆 1 个,博物馆 1 个。全区共有综合档案馆 1 个,馆藏各类档案 116 个全宗,共计 7.9 万卷。

2017 年,年末共有各类医疗卫生机构 96 个(含村卫生室),其中医院、卫生院 37 个,妇幼保健院(所、站)2 个,疾病预防控制中心 1 个,卫生监督所(中心)1 个。卫生技术人员 6777 人,其中执业医师 2250 人,注册护士 3121 人。医院和卫生院床位 6147 张。

2017 年,全区体育场馆 5 个,全年发行体育彩票 3583 万元。

十一、人民生活和社会保障

2017 年,城镇居民人均可支配收入 34549 元,增长 9.1%;农村居民人均可支配收入 15692 元,增长 9.3%。

2017 年,全年就业困难人员实现就业 622 人,发放创业担保贷款 10760 万元,扶持个人创业 307 人次,带动就业 1143 人次。年末职工参加城镇基本养老保险人数 7.906 万人,其中职工 5.0603 万人,离退休人员 2.8457 万人。参加城镇职工医疗保险人数 2.56 万人,其中,在职职工 1.19 万人,退休人员 1.37 万人。参加城乡居民基本医疗保险人数 30.57 万人,城乡居民基本医疗保险基金支出 1.67 亿元,农民参保率 97.07%,统筹基金使用率 88.07。参加工伤保险人数 4.9921 万人,其中农民工 0.4814 万人。

2017 年,城市低保标准由 480 提高了 50 元,达到 530 元,城市低保现有对象 3738 户 5828 人,全年新增 56 户 85 人,全年累计共发放城市低保金 2675.96 万元,月人均补差水平达到 350 元。农村低保标准由 270 元提高了 35 元,达到 305 元,农村低保现有对象 5064 户 7967 人,全年新增 155 户 256 人,全年累计共发放农村低保金 2234.78 万元,月人均补差水平达到 225 元。2017 年,农村五保集中供养标准省定是提高到 5100 元/年,分散供养标准提高到 3840 元/年。目前现有农村五保对象 184 人,其中集中供养 56 人,分散供养 128 人,共发放农村五保供养金 83.93 万元。年末共有提供住宿的社会福利机构 11 个。

十二、资源、环境与安全生产

2017 年,年末主要河流断面(点位)达标率为 97.2%,城区环境空气质量优良率为 86.0%,城市环境空气质量级别均为二级。

2017 年,森林覆盖率 40.44%,林木绿化率 42.12%,活立木蓄积量为 560194 立方米,森林抚育 8000 亩,植树造林植树造林完成 1000 亩,退化林修复 6900 亩。

2017 年,生态建设成效进一步显现。市区空气质量符合 Ⅱ 级标准。节能降耗取得成效,万元 GDP 能耗为 0.2202 吨标准煤/万元,比去年下降 4.05%。

2017 年,全区工矿商贸发生事故(含非生产经营性道路交通事故)4 起,比上年同期多发生 2 起,同比下降 33.3%;死亡 4 人,比上年同期多死亡 2 人,同比下降 66.7%。

注:

1. 地区生产总值和人均生产总值绝对数按现价计算,增长速度按不变价格计算。

2. 根据《国民经济行业分类》(GB/T 4754－2011),第一产业指农林牧渔业(不含农林牧渔服务业),第二产业指工业(不含开采辅助活动,金属制品、机械和设备修理业)和建筑业,第三产业指除第一产业、第二产业以外的其他行业。

3. 规模以上工业统计范围为年主营业务收入 2000 万元及以上的企业,固定资产投资(不含农户)统计范围为计划总投资 500 万元及以上项目和房地产。

4. 常住人口是指实际经常居住在某地区一定时间的人口。按人口普查和抽样调查规定,主要包括:居住在本乡镇街道、户口在本乡镇街道或户口待定的人,居住在本乡镇街道、离开户口所在的乡镇街道半年以上的人,户口在本乡镇街道、外出不满半年或在境外工作学习的人。户籍人口统计数据来源于上饶市公安局信州分局 2016 年人口统计年报数据。

(严厚斌)

2017 年度市级以上媒体用稿情况

中央媒体用稿

表1

日期	媒体	稿件名称	版面及类型	作者
1月24日	江西新闻联播	上饶市信州区：扶贫路上不落下一个贫困户		易义华
2月11日	新华社客户端	火树银花不夜天——各地欢度元宵节连线报道	长篇通讯	程迪
2月12日	新华每日电讯	花山灯海中狂欢庆佳节	第4版长篇通讯	程迪
2月14日	全球赣商网	上饶市信州区精准帮扶 引领脱贫致富见实效		叶旦鹏廉娟
2月17日	人民日报	一张署名推荐表的背后（人民日报干部选拔任用）	第16版长篇通讯	郭舒然　任江华
2月23日	新华网	信州区：做大经济总量 提升城市品位 打造宜居家园		储浩浩
2月23日	新华社客户端	信州区：做大经济总量 提升城市品位 打造宜居家园		储浩浩
2月24日	新华网	"实地巡查"成江西上饶新春加油干新动力		陈华英
3月3日	新华网	信州：免费发放"黄手环"温暖老人回家路		李冬平　江巧
3月3日	新华社客户端	信州：免费发放"黄手环"温暖老人回家路		李冬平　江巧
3月3日	光明图片	江西一女子蓄长发26年，发长3米4		夏内信　吴晓敏
4月17日	新华网	上饶市信州区：一支特殊的志愿服务队		邱薇
5月18日	新华网	折翼的舞蹈天使		胡成欢
6月14日	经济日报	棉花产业从种植端嵌入高品质	第8版长篇通讯	祝慧箭
6月21日	光明网	刺鲃鱼苗俏销	图片新闻1张	卓忠伟
7月1日	人民日报	我是共产党员	第12版图片新闻1张	卓忠伟　祝慧箭
7月3日	经济日报	饶城公共自行车	第5版头条图片新闻1张	卓忠伟
7月19日	新华社客户端	江西信州：信美之州 幸福之城		
8月4日	《人民日报》	海外华裔青少年寻根之旅信州营活动	图片1张	
9月4日	江西领导参考	上饶市信州区创新探索基层党组织标准化建设		洪鸣
9月6日	新华网	上饶市信州区创新探索基层党组织标准化建设		洪鸣
9月27日	新华网	打造全新学习平台"信州论坛"凝神聚力促发展		祝慧箭
9月27日	新华网客户端	打造全新学习平台"信州论坛"凝神聚力促发展		祝慧箭
10月13日	人民日报	人民有信仰 民族有希望 国家有力量	第9版版图图片1张	卓忠伟
10月16日	新华社客户端	征途		
10月17日	人民日报	十九大专版图片 家风家训	第14版图片新闻1张	卓忠伟

续表

日期	媒体	稿件名称	版面及类型	作者
11 月 19 日	新华网	上饶信州区:社区"四点半"课堂 无缝对接解难题		缪 慧
11 月 19 日	新华社客户端	信州区:社区"四点半"课堂 无缝对接解难题		缪 慧
11 月 21 日	新华网	音乐故事片《幸福山歌》在信州杀青		严若虚
12 月 14 日	新华社客户端	信州区:胜利片区棚改签约率达 96.50%		李冬平　缪 慧

省级以上媒体用稿

表 2

日期	媒体	稿件名称	版面及类型	作者
1 月 18 日	江西日报	信州精准扶贫引领脱贫致富	第 1 版简讯	张 弛　祝慧箭
2 月 3 日	江西日报	信州加快打造省域副中心城市核心区	第 A4 版专版长篇通讯	祝慧箭　吴晓敏
2 月 22 日	江西日报	数字体验	第 B2 版图片新闻	林 君
2 月 27 日	江西日报	产业扶贫	第 A4 版图片新闻 1 张	林 君　祝慧箭　李冬平
2 月 28 日	江西日报	"短板"变"样板""有行"到"有效"	第 B2 版长篇通讯	魏 墨
3 月 8 日	江西日报	信州铁心硬手惩戒"老赖"	第 B2 版通讯	张 弛　祝慧箭
3 月 10 日	江西日报	道德雨露润饶城	第 B2 版通讯	徐 芸　吕玉玺
3 月 14 日	江西日报	"铁拳"保平安	第 C1 版图片新闻 2 张	江 巧　林 君
3 月 14 日	江西日报	孤儿姐妹往返千里感恩"上饶爷爷"	第 C2 版长篇通讯	童梦宁　曾志江
3 月 20 日	江西广播网	以真心换民心 上饶棚改工作纪实		郑 杰
4 月 5 日	江西日报	产业送一程 爱心护一路	第 1 版长篇通讯	卞 晔　陈 芬
4 月 10 日	江西日报	关爱	第 2 版图片新闻 1 张	林 君　缪 慧
4 月 11 日	江西日报	信州区政协约谈不称职委员	B04 消息	童淑倩　李云霞
4 月 18 日	江西日报	体验休闲生活	第 B4 版图片新闻 1 张	林 君
4 月 25 日	江西日报	无标题	第 A2 版图片新闻 1 张	吴晓敏　林 君
4 月 25 日	江西日报	户外课堂	第 B4 版图片新闻 1 张	严若虚
5 月 3 日	江西日报	信州打造高铁沿线景观带	第 C1 版通讯	缪 慧
5 月 3 日	江西日报	征兵宣传	第 A4 版图片新闻 1 张	吴晓敏　林 君
5 月 4 日	江西日报	信州文化产业发展春意正浓	第 B04 版简讯(版面头条)	祝慧箭　邱 微
5 月 10 日	江西日报	枇杷丰收	第 B4 版图片新闻 1 张	吴晓敏　林 君
5 月 11 日	江西日报	文化的魅力	第 B4 版图片新闻 1 张	林 君
5 月 15 日	江西日报	信州构建"智能化"治安防控新格局	第 B4 版简讯	祝慧箭　邹 琼
5 月 18 日	江西日报	信州 300 万元补贴惠及近 4000 残疾人	第 B4 版简讯	祝慧箭　吕玉玺
5 月 19 日	江西日报	免费体检	第 B4 版图片新闻 1 张	林 君　吴晓敏
5 月 22 日	江西日报	助残在行动	第 B4 版新闻 1 张	吕玉玺　吴晓敏
5 月 25 日	江西日报	创新服务平台健全运行机制信州加快推动志愿服务规范化发展	第 B4 版通讯(版面头条)	张 弛

续表

日期	媒体	稿件名称	版面及类型	作者
5月31日	江西日报	信州4作品获文博会"中国工艺美术文化创意奖"金奖	第B4版	缪 慧
6月3日	江西日报	盛世龙舟	第A4版图片新闻1张	林 君
6月4日	江西日报	无标题	第A2版图片新闻1张	林 君
6月6日	江西日报	桃花水母现身信州水库	第C1版	林 君 吴晓敏
6月7日	江西日报	传统文化进校园	第A4版图片新闻1张	林 君 祝慧箭
6月7日	江西日报	信州区担当实干创出棚改加速度	第A1版通讯	祝慧箭
6月11日	江西日报	非遗进校园	第A1版图片1张	杨 敏
6月29日	江西日报	转出特色转出规模转出效益信州信息服务业转型升级实现三级跳	第D4版长篇通讯	祝慧箭
7月4日	江西日报	信州区高铁	第B2版图片新闻1张	林 君 吴晓敏
7月5日	江西日报	公益书吧	第B4版图片新闻1张	林 君
8月1日	江西卫视	上饶市革命英雄方迪贞儿子方前忠	卫视新闻联播	刘建芳
8月5日	江西日报	海外华裔青少年寻根之旅信州营活动	头版	
8月7日	江西卫视	采访信州区干部袁辉	卫视新闻联播	刘建芳
8月7日	江西日报	三伏天体验透心凉	头版	林 君
8月8日	江西日报	信州区国税局"青年文明号"在行动	第B4版	李冬平
8月12日	江西日报	"规、拆、改、治、建"并举提升城乡环境——访信州区委书记	第A2版头条	张 弛 祝慧箭
8月14日	江西日报	信州基层党建标准化扎实有力	第1版头条	张 弛 祝慧箭
9月26日	江西日报	上饶快递三轮车"正装"上路	第C1版消息	刘 斐
10月20日	江西日报	上饶多措并举整治露天烧烤	第A07版消息	郑 颖
10月26日	江西卫视	信州区领导干部收看党的十九届中央政治局常委见面会		
10月31日	江西日报	信州十九大综合反响	第A1版通讯	吕玉玺 祝慧箭
11月18日	江西日报	学深悟透学以致用——党的十九大精神省委宣讲团在上饶宣讲侧记	第A2版通讯	严若虚
11月28日	江西日报	信州区"四点半课堂"解家长后顾之忧 放学了志愿者领着孩子"健康"玩	第B4版	缪 慧
12月6日	江西日报	信州地税：主动接受"整治体检"做到"强身健体"	第B4版简讯	方红霞 徐理洪
12月7日	江西日报	信州地税强化监督执纪制度建设	第B4版简讯	方红霞
12月7日	江西日报	信州区地税：纪检干部"充电"忙	第C2版简讯	徐理洪

市级媒体用稿

表3

日期	媒体	稿件名称	版面及类型	作者
1月1日	上饶日报	岗位送上门	第2版图片新闻1张	杨小军

续表

日期	媒体	稿件名称	版面及类型	作者
1月3日	上饶日报	信州多举措提升母婴健康水平	第3版消息	艾梅乙
1月5日	上饶日报	马丽萍:奉公尽孝两不误	第1版通讯	方子健
1月7日	上饶日报	为征迁,亲人许多"绩"	第1版通讯	方子健
1月7日	上饶日报	清洁饶城	第2版	杨小军
1月10日	上饶日报	新颖独特的汽车影城	第1版图片新闻	杨小军
1月11日	上饶日报	廉政文化进社区	第2版图片新闻2张	杨小军
1月12日	上饶日报	过新年 住新房	第1版图片新闻1张	杨小军
1月12日	上饶日报	多彩文化墙	第2版图片新闻2张	杨小军
1月12日	上饶日报	三措并举,惩治微腐败	第3班通讯	郑华梁
1月13日	上饶日报	水南街道规范农村集体"三资"监管	第2版通讯	林信平
1月15日	上饶日报	贫困户占大嫂再也不愁了!	第1版简讯	万　明
1月17日	上饶日报	开展安全生产大检查	第2版消息	林信平
1月19日	上饶日报	这样的棚改我们一百个满意	第1版通讯	杨小军
1月21日	上饶日报	喜挂灯笼迎春节	第1版图片新闻2张	杨小军
1月23日	上饶日报	书法"大咖"为居民手写春联	第2版图片新闻一张	潘月英　杨雪娇
1月24日	上饶日报	马书记在信州区调研时强调	第1版通讯	陈绍鹏
1月24日	上饶日报	西市街道做好春节前夕流动人口服务	第3版消息	陈　建
1月25日	上饶日报	信州区圆满完成棚改"百日攻坚"任务	第1版简讯	方子健
1月26日	上饶日报	东瓦窑引水供水工程运行	第2版消息	林信平
2月4日	上饶日报	信州推进双"创释"放新活力	第1版头条	祝慧箭
2月5日	上饶日报	信州将"清欠风暴"进行到底	第2版简讯	龚　博
2月7日	上饶日报	真情攻坚 十年难题终破解	第1版通讯	方子健　吴晓敏
2月7日	上饶日报	我市干部群众收心归位忙开局	第1版通讯	孔　秦
2月9日	上饶日报	朝阳加大保洁力度改善环境	第2版消息	江　兴
2月9日	上饶日报	信州司法局为返乡农民工普法	第3版消息	孙慧芳
2月9日	上饶日报	信州警方1天 端掉2个盗车团伙	第3版简讯	贺　魏
2月10日	上饶日报	信州:流动党员离乡不离组织	第2版简讯	童天琦
2月11日	上饶日报	信州一企业成国家高新技术企业	第1版消息	蒋金彪　周敬平
2月11日	上饶日报	信州诗文化 活动异彩纷呈	第3版通讯	邱　薇　戚虹鸿
2月12日	上饶日报	鲜红的春联表心声	第1版简讯	方子健
2月12日	上饶日报	特殊的生日贺礼	第1版图片新闻2张	李祖彪
2月16日	上饶日报	信州率先基本消除农村绝对贫困现象	第1版通讯	祝慧箭　周建国
2月17日	上饶日报	开展年度党风廉政建设工作考核	第2版消息	林信平
2月18日	上饶日报	讲好故事、助"干"事	第2版简讯	周柏毅　周程成
2月18日	上饶日报	男子遗失钱包 饿晕在公交站 民警筹钱送回家	第3版消息	杨小军

续表

日期	媒体	稿件名称	版面及类型	作者
2月19日	上饶日报	百姓大舞台 居民秀风采	第2版图片新闻2张	吴晓敏
2月20日	上饶日报	这里的贫困户个个有劲头	第1版通讯	任晓莉
2月21日	上饶日报	信州:实现非公企业党组织"全覆盖"	第2版消息	周程成
2月28日	上饶日报	灵溪镇多措并举助推社会抚养费征收	第3版消息	郑思思　张宁辉
3月3日	上饶日报	贫困村发展菌菇产业	第1版图片新闻1张	夏内信　李冬平
3月4日	上饶日报	信新人大代表集中培训	第2版消息	徐文积　黄才容
3月7日	上饶日报	抚州市党政代表团来饶考察	第1版通讯	蔡晓军
3月11日	上饶日报	信州区委党校送课下基层	第2版消息	郑维民
3月12日	上饶日报	观光农业	第2版图片新闻2张	吴晓敏
3月13日	上饶日报	相"牛"	第1版图片新闻1张	徐　斌
3月13日	上饶日报	信州人大与审计相互"借力"	第2版通讯	余洪刚
3月13日	上饶日报	信州综治中心门口草坪	第2版图片1张	杨小军
3月13日	上饶日报	养女辞职守护痴呆养父母7年 候选中国好人	第1版通讯	吴晓敏
3月14日	上饶日报	水南街道开展免费孕前优生检查	第3版消息	崔广翔　汪　珊
3月16日	上饶日报	观光+民俗 引爆城郊游	第7版长篇通讯	祝慧箭　李冬平
3月16日	上饶日报	信江南岸好风光	第7版图片新闻3张	汪姗兰
3月18日	上饶日报	围绕不断加快中心城区建设 信州服务发展借力发展立新功	第1版头条	祝慧箭
3月21日	上饶日报	信州区二院为社区老人义诊	第3版图片新闻1张	祝　旬　陈建
3月27日	上饶日报	体验田园乐趣 共赏美丽春光	第3版长篇通讯	吴晓敏　李冬平
3月27日	上饶日报	信州地税加强纪律监管	第2版消息	方宏霞　徐理洪
3月29日	上饶日报	茅家岭着力提高计生工作群众满意度	第3版通讯	余　乐　陈健
3月30日	上饶日报	执纪审查工作加力加压	第3版消息	郑翔
3月30日	上饶日报	开展春季交通安全隐患集中整治	第4版消息	姜燕
3月31日	上饶日报	种植"致富菇"	第1版图片新闻	徐　斌　吴晓敏
4月2日	上饶日报	新生儿上户口要带什么材料	第3版消息	郑　欢
4月7日	上饶日报	信州:让漂着的老表,有了家	第1版通讯	邱建英
4月7日	上饶日报	气象日里学气象	第3版图片新闻1张	伊田英
4月11日	上饶日报	生产车间忙	第2版图片新闻1张	吴晓敏
4月13日	上饶日报	信州打造党课"网上课堂"	第1版通讯	周柏毅　周程成
4月13日	上饶日报	担当实干 让省党代会精神落地生根	第3版通讯	
4月14日	上饶日报	信州开展国家安全形势教育	第2版消息	国安宣
4月15日	上饶日报	让文化与相关产业高度融合	第2版长篇通讯	祝慧箭　张东红
4月16日	上饶日报	公车统一贴标识	第1版图片新闻1张	吴晓敏　李冬平
4月16日	上饶日报	集结媒体资源做好新闻宣传	第2版消息	洪　刚　婉婷　才　容

续表

日期	媒体	稿件名称	版面及类型	作者
4月17日	上饶日报	信州村官助力农业普查	第2版通讯	刘开源
4月17日	上饶日报	大井头社区举办消防知识讲座	第2版消息	汪香香
4月17日	上饶日报	昔日村完小今朝变"天堂"	第3版整版新闻	徐　芸　祝慧箭 李祖标　李冬平
4月18日	上饶日报	无标题	第2版图片新闻1张	吴晓敏　李冬平
4月18日	上饶日报	秦峰镇依托健康宣教园开展宣传活动	第3版消息	李　琼　汪姗兰
4月19日	上饶日报	信州党员主题活动有创新有特色	第1版通讯	祝慧箭　周程成
4月21日	上饶日报	共享单车 乐享出行	第1版图片新闻2张	卓忠伟　祝慧箭
4月21日	上饶日报	无标题	第3版图片新闻1张	黄美仙
4月24日	上饶日报	信州区图书馆昨日开馆	第1版消息	祝慧箭
4月24日	上饶日报	科技促生产	第2版图片新闻2张	吴晓敏
4月25日	上饶日报	信州投入2000万整治铁路沿线环境	第2版通讯	缪　慧
4月26日	上饶日报	市立医院给党员微信行为"划红线"	第3版消息	吕建红
4月26日	上饶日报	上饶市五小举行微课制作培训	第2版消息	林　艳
4月28日	上饶日报	感受夏布文化魅力	第3版图片新闻2张	贺　魏
4月29日	上饶日报	灵溪打造"最美高铁线"	第2版通讯	缪　慧
4月30日	上饶日报	信州努力构建区域科技创新体系	版通讯	朱五东
5月1日	上饶日报	信州惩戒老赖有办法	第2版通讯	祝慧箭
5月1日	上饶日报	招聘会吸引众多求职者	第2版简讯	童淑倩
5月2日	上饶日报	多部门协同治理消防通道违停	第2版简讯	
5月2日	上饶日报	网格化服务提升群众满意度	第3版简讯	姜　燕
5月2日	上饶日报	北门街道计生宣传氛围浓厚	第3版简讯	卢羽双
5月2日	上饶日报	信州提升计生药具服务水平	第3版简讯	
5月4日	上饶日报	"智能化"治安防控带来稳稳的幸福	第1版通讯	祝慧箭　邹　琼
5月4日	上饶日报	开展宣传教育活动	第3版图片1张	陈　建　黄　靖
5月4日	上饶日报	市逸夫小学掀起思维导图培训	第3版简讯	龚慧群　於德芳
5月7日	上饶日报	信州联合治超截获"百超王"	第1版简讯	金均均　江　巧
5月9日	上饶日报	村有一"老" 赛有一"宝"	第1版图片新闻	卓忠伟　邱模恺
5月10日	上饶日报	水南街道审计村居财务	第2版消息	林信平
5月10日	上饶日报	小菌菇 大财富	第2版图片新闻2张	吴晓敏
5月11日	上饶日报	重大项目引领 工业强势反弹 商贸持续繁荣	第1版头条	祝慧箭
5月11日	上饶日报	换位体验 感受艰辛	第2版图片新闻2张	卓忠伟　刘二生
5月12日	上饶日报	"政协讲堂"增强委员履职本领	第2版通讯	吴吉江　童淑倩
5月12日	上饶日报	信州深入推进校园法治文化建设	第3版通讯	孙慧芳
5月14日	上饶日报	产业送一程 爱心护一路	第1版通讯	卞　晔　陈　芬
5月14日	上饶日报	村级纪检检查员乐当村情摄像头	第2版通讯	魏士秀

续表

日期	媒体	稿件名称	版面及类型	作者
5月14日	上饶日报	"晒、写、讲、征、评"出好家风	第2版通讯	林信平
5月15日	上饶日报	不断加大放管服力度,信州:让手续清爽 让办事顺畅	第1版头条	祝慧箭 邱 微
5月16日	上饶日报	无标题	第1版图片1张	吴晓敏
5月16日	上饶日报	信州300万补贴近4000残疾人	第1版通讯	祝慧箭 戴 华
5月16日	上饶日报	留守儿童赠送图书	第3版消息	陈 建
5月17日	上饶日报	鞋"行"欧美	第1版1张	卓忠伟 祝慧箭
5月17日	上饶日报	信州:以考促学 以赛促学 以干促学	第1版简讯	祝慧箭 周程成
5月18日	上饶日报	水南街道集中排查安全隐患	第2版消息	林信平
5月18日	上饶日报	无标题	第2版图片1张	焉寒瑾
5月20日	上饶日报	免费发放轮椅 情暖残疾老人	第2版图片新闻2张	吴晓敏
5月21日	上饶日报	信州打造"秀美乡村"建设新样板	第1版头条	邱 微 绉 琼
5月21日	上饶日报	信州推进人大代表联络站建设	第2版消息	余洪刚 徐婉婷
5月21日	上饶日报	信州棚改:多措并举 创造"信州速度"	第4版专版	蔡晓军
5月23日	上饶日报	信州标准化建设 基层党组织	第2版简讯	刘开源
5月23日	上饶日报	信州妇幼保健院 开展免费妇科病普查	第3版消息	
5月24日	上饶日报	确保惠农资金及时发放	第2版消息	徐 建 周 昭
5月25日	上饶日报	信州:扯袖常提醒 筑牢"防火墙"	第3版消息	余洪刚 徐文积
5月25日	上饶日报	这里有一群人均73岁税务老年志愿者	第2版通讯	邱 微
5月25日	上饶日报	水南街道出台作风建设问责办法	第3版消息	林信平
5月26日	上饶日报	信州32个招商引资项目集中签约	第1版消息	李冬平
5月27日	上饶日报	水利安全生产检查	第2版图片新闻1张	廖长生 吴晓敏
5月27日	上饶日报	免费培训育婴师	第2版消息	刘 萍 高 妍
5月28日	上饶日报	老党员吕裕荣的为民情怀	第2版通讯	刘开源
5月28日	上饶日报	"粽"情"粽"意	第2版图片新闻1张	潘月英 杨雪娇
5月31日	上饶日报	道相通 心相知 力相合 信州把志愿服务管理"统"起来	第1版通讯	张 弛 祝慧箭
6月1日	上饶日报	防汛练兵	第2版图片2张	郑 欢
6月2日	上饶日报	欢乐过"六一"	第1版图片新闻2张	李冬平
6月4日	上饶日报	不忘初心好扬帆 信州区推进基层党组织标准化建设	第1版通讯	徐 芸
6月4日	上饶日报	信州开展勤政廉政教育月活动	第2版简讯	李冬平 刘寒松
6月6日	上饶日报	21个棚改项目部成立了临时党支部 信州用真心换贴心 用真诚赢坦诚	第1版头条	祝慧箭 邱 微
6月9日	上饶日报	全省棚户区改造现场会在上饶召开	第1版头条	程绍鹏
6月9日	上饶日报	信州区党员争当群众服务员	第1版简讯	李云霞
6月9日	上饶日报	逸夫小学学生干部进行"传帮带"	第3版简讯	郑 群 王 韦

续表

日期	媒体	稿件名称	版面及类型	作者
6月12日	上饶日报	信州作"赛场"记者大比拼	第1版图片2张	徐　斌
6月13日	上饶日报	西市街道做好流动人口动态监测调查	第3版消息	刘　君　陈　健
6月14日	上饶日报	无标题	第1版图片新闻1张	吴晓敏
6月14日	上饶日报	信州"一街一品"抓团建留住年轻人	第1版简讯	李冬平　韩　萧
6月15日	上饶日报	信州以"精准灌溉"确保教育公平	第1版头条	祝慧箭　江　巧
6月15日	上饶日报	信州区"流动党校"进社区	第3版消息	周柏毅　王小仙
6月16日	上饶日报	用三种"软文化"塑造主工干部新形象	第2版简讯	刘开源
6月16日	上饶日报	妙用括号	第3版消息	郑一诺
6月17日	上饶日报	紫阳社区开展安全生产月活动	第2消息	王　莉
6月17日	上饶日报	晒"绝活"	第2版图片新闻1张	吴晓敏
6月17日	上饶日报	宋宅综合稿	第3版专版	《上饶日报》记者
6月17日	上饶日报	大美上饶好生态"水中熊猫"现身周田水库	第6版长篇通讯	韩　冷　吴晓敏　廖长生
6月19日	上饶日报	感受时代脉搏 发现信州之美	第2版专版	《上饶日报》记者
6月22日	上饶日报	沙溪夏布专版	第5版专版	《上饶日报》记者
6月24日	上饶日报	现代农业应紧抓"+"理念	第2版通讯	丁　华
6月26日	上饶日报	"脸谱"蜘蛛	第2版图片1张	卓忠伟　祝慧箭
6月27日	上饶日报	无标题	第2版图片1张	杨雪娇
6月28日	上饶日报	灵溪村章专管确保透明使用	第2版消息	郑德智
6月30日	上饶日报	市逸夫小学深入推进课程教研	第3版消息	於德芳
7月1日	上饶日报	重温入党誓词	第1版图片1张	卓忠伟　祝慧箭
7月2日	上饶日报	信州:党员志愿者走进困难群众家中	第1版简讯	龚俊慧
7月3日	上饶日报	信州信息服务业实现三级跳	第1版头条	祝慧箭
7月3日	上饶日报	人工繁育刺鲃鱼	第1版图片1张	卓忠伟　祝慧箭
7月4日	上饶日报	专管"大事"的"芝麻官"	第1版简讯	蔡晓军
7月4日	上饶日报	信州区二院精准施策帮扶贫困户	第3版消息	陈　建
7月5日	上饶日报	入党70年 初心永不变	第1版头条	蔡晓军
7月6日	上饶日报	支部有活动 党员面貌新—信州区开展"党员主题日"活动侧记	第3版通讯	周程成
7月6日	上饶日报	灵溪镇:党员干部合力推进征迁工作	第3版消息	黄　镇　田雨晨
7月7日	上饶日报	信州公安独树一帜 创新宣传形式	第2版消息	徐　芸
7月8日	上饶日报	信州:惠民件件实事 百姓个个舒心	第1版头条	邹　琼
7月9日	上饶日报	无标题	第2版图片新闻1张	吴晓敏
7月11日	上饶日报	全国农村门球大联动上饶选拔赛开赛	第1版消息	章汉根
7月14日	上饶日报	信州:强产业化为脱贫力	第1版通讯	吴晓敏
7月14日	上饶日报	上饶四中开展红色文化研究活动	第3版消息	邹　萍

续表

日期	媒体	稿件名称	版面及类型	作者
7月15日	上饶日报	组织人大代表开展述职评议	第2版消息	何　菲　周小滔
7月17日	上饶日报	信州工业经济发展动力强劲	第1版2条	祝慧箭　李冬平
7月17日	上饶日报	上百小选手曲艺颂家乡	第2版消息	方子健
7月25日	上饶日报	居民有了身份证	第1版图片新闻2张	徐　斌
7月28日	上饶日报	信州红十字会成立"博爱扶贫基金"	第1版消息	邱　薇
7月31日	上饶日报	无标题	第2版图片新闻1张	吴晓敏
8月1日	上饶日报	信州区开展军日活动	第1版图片新闻1张	吴晓敏　李冬平
8月2日	上饶日报	信州区召开全会贯彻市委全会精神	第3版通讯	祝慧剑
8月4日	上饶日报	鼓足干劲忙生产	第1版图片1张	徐　斌
8月4日	上饶日报	书香伴暑假	第3版图片1张	徐　斌
8月10日	上饶日报	奋力探索"决胜全面小康,打造大美上饶"的信州实践	第3版通讯	
8月10日	上饶日报	集中整治	第2版图片1张	吴晓敏
8月15日	上饶日报	管建伟:工作一定争上游	第1版通讯	马　慧　徐　芸
8月15日	上饶日报	信州启动计生药具"宣传服务月"活动	第3版消息	陈令乐
8月16日	上饶日报	廖怀慈:想在前才能干在先	第1版通讯	马　慧　徐　芸
8月16日	上饶日报	信州区伟80余名农民工追薪379万元	第2版消息	方子健
8月16日	上饶日报	无标题	第2版图片1张	谢丽慧
8月16日	上饶日报	为大桥换新衣	第2版图片1张	杨小军
8月17日	上饶日报	7.26重要讲话精神	第1版图片1张	徐　斌
8月17日	上饶日报	水南街道加强扶贫领域监督执纪问责	第2版消息	林信平
8月19日	上饶日报	投资4亿光学产业园试运营	第2版图片2张	吴晓敏
8月14日	上饶日报	我市"扮靓"58条主要通道沿线		
8月23日	上饶日报	郑亦辉:筑牢地方新闻宣传新阵地		
9月2日	上饶日报	顺应新形式　展现新作为	第1版头版长篇通讯	
9月2日	上饶日报	喜领新课本	第2版图片新闻1张	徐　斌
9月3日	上饶日报	信州教育农民建房讲规矩	第1版简讯	吴晓敏
9月3日	上饶日报	北门开展优生优育知识宣传	第2版消息	王　伟
9月5日	上饶日报	信州人大代表阻力脱贫攻坚	第2版消息	何　菲　周小滔
9月6日	上饶日报	信州"访谈"弘扬好家风	第2版通讯	信　宣
9月7日	上饶日报	信州率先成立马上落实办公室	第1版通讯	徐　芸
9月8日	上饶日报	我市首个公益项目启动	第2版消息	贺　魏
9月9日	上饶日报	信州档案数字化稳步推进	第2版消息	项招敏
9月12日	上饶日报	无标题	第2版消息	徐　斌
9月13日	上饶日报	水南线上线下开展廉政教育	第2版消息	林信平
9月14日	上饶日报	再见吧,妈妈!	第1版图片新闻1张	吴晓敏

续表

日期	媒体	稿件名称	版面及类型	作者
9月14日	上饶日报	信州送"两学一做"专题党课进机关	第1版消息	段红云
9月14日	上饶日报	无标题	第3版图片1张	周灵飞
9月15日	上饶日报	无标题	第1版图片1张	卓中伟　童美红
9月15日	上饶日报	信州:全力抓棚改 群众得实惠	第1版消息	李冬平
9月15日	上饶日报	信州重点建设项目须建档案登记	第2版消息	信　宣
9月17日	上饶日报	"道德讲堂"传递廉政正能量	第2版消息	彭　云
9月18日	上饶日报	干在实处竞风流 奋勇争先看信州	第3版专版	缪　慧　吴晓敏 李冬平
9月23日	上饶日报	信州为600辆快递车办理"身份证"	第1版头条	方子健
9月27日	上饶日报	送"福"上门	第2版图片新闻1张	李祖标
9月29日	上饶日报	沿城社区结对共建志愿服务活动暖人心	第2版消息	毛丽燕
10月1日	上饶日报	信州用绣花功夫打造精美城市	第1版通讯	祝慧箭
10月12日	上饶日报	信州法治电影送基层	第2版简讯	孙慧芳　郑宇丽
10月12日	上饶日报	紧扣项目 加快进度 全力推进高铁经济试验区建设	第1版头条	蔡晓军
10月13日	上饶日报	无标题	第3版图片1张	徐　斌
10月14日	上饶日报	邻里节 话幸福	第1版图片1张	徐　斌
10月19日	上饶日报	信州一批文化产业项目集中签约	第5版简讯	缪　慧
10月22日	上饶日报	喜讯传到 畲族村	第1版图片1张	徐　斌
10月22日	上饶日报	沙溪举办夏布制作技能竞赛	第2版简讯	张小宁　黄　慧
10月23日	上饶日报	信州四个步骤优化干部队伍	第2版通讯	魏士秀
10月24日	上饶日报	移动警务室亮相中心城区	第1版消息	祝慧箭
10月24日	上饶日报	水南街道全力打造计生"微服务"	第4版消息	林信平　陈令东
10月27日	上饶日报	信州靠科技创新实现"弯道超车"	第1版头条	祝慧箭　姜　帅
10月27日	上饶日报	廉政宣誓为干部戴上"紧箍咒"	第3版图片1张	祝雪津　刘寒松
11月5日	上饶日报	廉政文化"晒上墙"	第1版图片新闻1张	徐　斌
11月6日	上饶日报	家门口的"菜篮子"	第2版图片新闻1张	徐　斌
11月7日	上饶日报	马承祖在信州区调研时强调 加快发展新经济 培育壮大新动能 在迈入新时代中赢得主动优势未来	第1版通讯	程绍鹏
11月10日	上饶日报	征迁拆的是房　心中装的是人	第1版通讯	李冬平
11月14日	上饶日报	面对面听意见	第2版图片1张	徐乐希
11月16日	上饶日报	聚焦新目标 实干谱新篇	第3版长篇通讯	
11月18日	上饶日报	《幸福山歌》传唱信州故事	第3版通讯	戚虹鸿
11月19日	上饶日报	沙溪开展"送法进书屋活动"	第2版通讯	孙慧芳　郑宇丽
11月21日	上饶日报	信州"四点半课堂"解家长后顾之忧	第2版通讯	缪　慧
11月25日	上饶日报	无标题	第2版图片1张	徐　斌

续表

日期	媒体	稿件名称	版面及类型	作者
11月27日	上饶日报	优中选优 加强培训 信州积极在非公企业中发展党员	第2版消息	郑础鑫
11月28日	上饶日报	信州为建档立卡贫困户代缴养老保险	第2版消息	覃 莹
12月1日	上饶日报	信州法援中心提升法援服务质量	第3版通讯	孙慧芳
12月8日	上饶日报	上饶市第三幼儿园举行亲子运动会	第3版简讯	黄 衍
12月8日	上饶日报	信州"四点半课堂"开辟孩子成长新天地	第3版教育周刊	缪 慧 张子健
12月10日	上饶日报	饶城步行天桥何时改造结束？即将完工通行	第3版通讯	郑 欢
12月15日	上饶日报	平安护航	第3版简讯	缪树方
12月16日	上饶日报	"2017年度中国散文会"在京举行 我市一作家作品获一等奖	第3版简讯	戚虹鸿
12月16日	上饶日报	快把饶信文化请进城里来	第3版长篇通讯	
12月17日	上饶日报	商贸城部分店铺占道经营 城管及时整治	第3版简讯	郑 欢
12月17日	上饶日报	信州地税设立监视员强化监督	第2版消息	方红霞
12月18日	上饶日报	无标题	第2版图片1张	吴晓敏 廖长生
12月19日	上饶日报	爱心墙 暖人心	第1版图片1张	卓忠伟 缪 慧
12月21日	上饶日报	普法宣传	第3版图片新闻1张	贺 魏
12月21日	上饶日报	蟊贼专偷学生手机	第3版通讯	高 俊
12月22日	上饶日报	家校微信群，让家校联系更通畅	第3版通讯	贺 魏
12月23日	上饶日报	水南对拟脱贫户进行入户核查	第2版简讯	林信平
12月24日	上饶日报	市第十五小学什么时候扩建？预计明年8月	第3版简讯	郑 欢
12月24日	上饶日报	好市民救人记	第2版简讯	方子健
12月24日	上饶日报	关爱户外劳动 各级工会共设立爱心驿站17座	第2版简讯	孔 秦
12月24日	上饶日报	信州:棚改干部办的都是群众盼的	第1版通讯	孔 秦
12月25日	上饶日报	信州公安民警有了自己的"家"	第2版通讯	蔡晓军
12月26日	上饶日报	宣传	第1版图片新闻1张	卓忠伟
12月28日	上饶日报	美在信江水 上饶市城东文化旅游综合体项目胜利片区棚改纪实	第4版专版	吴云萍

索 引

说 明

索引以条目为基本单位,提取主题词,按汉语拼音字母顺序排列。由类目、分目提取的索引采用黑体字,由条目提取的索引采用宋体字。标引词后面的数字示页码,字母 A 表示左栏,字母 B 表示中栏,字母 C 表示右栏。彩页、特载、大事记、专记、人物、重要文献等未标索引。

K